Teoria sociológica contemporânea

COLEÇÃO SOCIOLOGIA
Coordenador: Brasilio Sallum Jr. – Universidade de São Paulo

Comissão editorial:
Gabriel Cohn – Universidade de São Paulo
Irlys Barreira – Universidade Federal do Ceará
José Ricardo Ramalho – Universidade Federal do Rio de Janeiro
Marcelo Ridenti – Universidade Estadual de Campinas

Dados Internacionais de Catalogação na Publicação (CIP)
(Câmara Brasileira do Livro, SP, Brasil)

Teoria sociológica contemporânea : autores e perspectivas / Carlos Eduardo Sell, Carlos Benedito Martins (orgs.). – Petrópolis, RJ : Vozes, 2022. – (Sociologia)

Vários autores.
Bibliografia.
ISBN 978-65-5713-509-9

1. Sociologia I. Sell, Carlos Eduardo. II. Martins, Carlos Benedito. III. Série.

22-108761   CDD-301

Índices para catálogo sistemático:
1. Sociologia 301

Cibele Maria Dias – Bibliotecária – CRB-8/9427

Carlos Eduardo Sell
Carlos Benedito Martins
(orgs.)

Teoria sociológica contemporânea

Autores e perspectivas

Petrópolis

© 2022, Editora Vozes Ltda.
Rua Frei Luís, 100
25689-900 Petrópolis, RJ
www.vozes.com.br
Brasil

Todos os direitos reservados. Nenhuma parte desta obra poderá ser reproduzida ou transmitida por qualquer forma e/ou quaisquer meios (eletrônico ou mecânico, incluindo fotocópia e gravação) ou arquivada em qualquer sistema ou banco de dados sem permissão escrita da editora.

CONSELHO EDITORIAL

Diretor
Gilberto Gonçalves Garcia

Editores
Aline dos Santos Carneiro
Edrian Josué Pasini
Marilac Loraine Oleniki
Welder Lancieri Marchini

Conselheiros
Francisco Morás
Ludovico Garmus
Teobaldo Heidemann
Volney J. Berkenbrock

Secretário executivo
Leonardo A.R.T. dos Santos

Editoração: Fernando Sergio Olivetti da Rocha
Diagramação: Raquel Nascimento
Revisão gráfica: Bárbara Kreischer
Capa: Editora Vozes

ISBN 978-65-5713-509-9

Esta obra foi inicialmente publicada pela Annablume, em 2017.

Este livro foi composto e impresso pela Editora Vozes Ltda.

Sumário

Apresentação da coleção, 7

Apresentação, 9
 Carlos Benedito Martins

Prefácio, 13
 Gabriel Cohn

Introdução – O que é teoria social contemporânea?, 15
 Carlos Eduardo Sell

Parte I – Realismo *versus* antirrealismo, 41

1 Realismo crítico, 43
 Cynthia Lins Hamlin

2 Pós-estruturalismo, 65
 Josias Vicente de Paula Júnior

3 Sociologia simétrica, 81
 Fabrício Neves e Guilherme Sá

Parte II – O individualismo metodológico e as microssociologias, 99

4 Individualismo metodológico, 101
 José Luiz Ratton

5 Interacionismo simbólico, 121
 Jordão Horta Nunes

6 Etnometodologia, 141
 Antonio Augusto Pereira Prates

7 A sociologia de Alfred Schütz, 163
 Hermílio Santos

8 A "virada pragmática" na sociologia francesa pós-bourdieusiana, 179
 Diogo Silva Corrêa e Rodrigo de Castro

Parte III – O holismo metodológico e as macrossociologias, 201

9 Talcott Parsons: a teoria geral da ação e seu legado, 203
Frédéric Vandenberghe

10 A teoria de sistemas sociais de Niklas Luhmann, 218
João Paulo Bachur

Parte IV – A busca da grande síntese: o link micro-macro, 235

11 O estruturalismo genético de Pierre Bourdieu: uma breve introdução, 237
Carlos Benedito Martins

12 A sociologia francesa hoje, 258
Paulo Henrique Martins

13 Anthony Giddens: a dualidade da estrutura, 281
Gabriel Peters

14 Norbert Elias: civilização, figuração e processo social, 305
Leopoldo Waizbort

Parte V – A teoria da modernidade e a ontologia de nossa era, 329

15 Pós-modernidade, 331
Carlos Alfredo Gadea

16 Sociologia da globalização e a globalização da sociologia, 347
Carlos Benedito Martins

17 Modernidades múltiplas, 366
Carlos Eduardo Sell

18 Pós-colonialismo, 383
Adelia Miglievich-Ribeiro

19 A pesquisa sobre modernidade na América Latina, 403
Sérgio Costa

Parte VI – Os diagnósticos do presente e a teoria social normativa, 423

20 A Escola de Frankfurt, 425
Barbara Freitag-Rouanet

21 Novas formas de pensamento crítico, 442
José Maurício Domingues

Sobre os autores, 455

Apresentação da coleção

Brasilio Sallum Jr.

A *Coleção Sociologia* ambiciona reunir contribuições importantes desta disciplina para a análise da sociedade moderna. Nascida no século XIX, a sociologia expandiu-se rapidamente sob o impulso de intelectuais de grande estatura – considerados hoje clássicos da disciplina –, formulou técnicas próprias de investigação e fertilizou o desenvolvimento de tradições teóricas que orientam o investigador de maneiras distintas para o mundo empírico. Não há o que lamentar o fato de a sociologia não ter um *corpus* teórico único e acabado. E, menos ainda, há que esperar que este seja construído no futuro. É da própria natureza da disciplina – de fato, uma de suas características mais estimulantes intelectualmente – renovar conceitos, focos de investigação e conhecimentos produzidos. Este é um dos ensinamentos mais duradouros de Max Weber: a Sociologia e as outras disciplinas que estudam a sociedade estão condenadas à eterna juventude, a renovar permanentemente seus conceitos à luz de novos problemas suscitados pela marcha incessante da história. No período histórico atual este ensinamento é mais verdadeiro do que nunca, pois as sociedades nacionais, que foram os alicerces da construção da disciplina, estão passando por processos de inclusão, de intensidade variável, em uma sociedade mundial em formação. Os sociólogos têm respondido com vigor aos desafios desta mudança histórica, ajustando o foco da disciplina em suas várias especialidades.

A *Coleção Sociologia* pretende oferecer aos leitores de língua portuguesa um conjunto de obras que espelhe o tanto quanto possível o desenvolvimento teórico e metodológico da disciplina. A coleção conta com a orientação de comissão editorial, composta por profissionais relevantes da disciplina, para selecionar os livros a serem nela publicados.

A par de editar seus autores clássicos, a *Coleção Sociologia* abrirá espaço para obras representativas de suas várias correntes teóricas e de suas especialidades, voltadas para o estudo de esferas específicas da vida social. Deverá também suprir as necessidades de ensino da Sociologia para um público mais amplo, inclusive por meio de manuais didáticos. Por último – mas não menos importante –, a *Coleção Sociologia* almeja oferecer ao público trabalhos sociológicos sobre a sociedade brasileira. Deseja, deste modo, contribuir para que ela possa adensar a reflexão científica sobre suas próprias características e problemas. Tem a esperança de que, com isso, possa ajudar a impulsioná-la no rumo do desenvolvimento e da democratização.

Apresentação

Carlos Benedito Martins

Este livro é o resultado de um trabalho coletivo que congregou pesquisadores de diferentes instituições do país, pertencentes a distintas gerações que direta e/ou indiretamente têm se dedicado ao ensino e à reflexão de questões referentes ao debate teórico contemporâneo. A ideia de sua elaboração surgiu de uma estimulante conversa informal que tive com Carlos Eduardo Sell no final do Encontro da Anpocs (Associação Nacional de Pós-Graduação e Pesquisa em Ciências Sociais) em 2015. Durante esta interlocução constatamos a ausência de um livro realizado por pesquisadores brasileiros, com vista a fornecer uma paisagem intelectual a propósito de determinadas vertentes explicativas que, em larga medida, estruturam o pensamento teórico contemporâneo. A partir de então, pouco a pouco, esta troca de ideias inicial foi assumindo uma formatação mais concreta, de modo que se transformou num projeto de realizar um livro de teoria sociológica contemporânea.

Ao longo do livro o leitor perceberá as condições sociais, políticas, culturais, acadêmicas e institucionais que se encontram subjacentes à trajetória da teoria sociológica. Neste sentido, a Grande Depressão da década de 1930 e a Segunda Guerra Mundial afetaram decisivamente o percurso da teoria sociológica contemporânea. As esperanças utópicas de reconstrução social do mundo do pós-guerra foram vitais para modelar a natureza e as construções de determinadas teorias sociológicas nas décadas de 1940 e 1950. As obras de Talcott Parsons, de Robert Merton e também de Karl Mannheim são ilustrativas deste período de otimismo nas possibilidades de racionalização e planificação da vida social. Estas esperanças começaram a desvanecer por volta da década de 1960.

O ano de 1968 marcou um período de forte contestação cultural, política e social em diversos países. Vários movimentos, entre os quais a luta pelos direitos civis, e também a emergência de uma contracultura capitaneada por jovens espalhados em diferentes partes do mundo, colocaram em questionamento tanto os fundamentos da ordem social, política e cultural quanto as soluções propostas pelos partidos de esquerda visando à transformação social. Os trabalhos de Castoriadis e Morin, Touraine (*Le Mouvement de Mai ou le communisme utopique*), Tood Gitlin (*The Sixties*), da australiana Julie Stephens (*Anti-disciplinary protest*) delinearam a variedade de movimentos sociais que mobilizaram atores em várias partes do mundo durante a década de 1960. Os modelos culturais associados à sociedade do consumo, da abundância e de êxito material, tiveram sua legitimidade severamente abalada por estes movimentos.

A sociologia também foi afetada por este clima de contestação social de tal forma que o panorama teórico no interior da disciplina alterou-se profundamente a partir do final dos anos de 1960. Os paradigmas explicativos centrais que estruturavam a reflexão e a pesquisa na sociologia passaram a ser questionados, tanto socialmente quanto com relação aos seus alcances explicativos, diante das profundas transformações sociais, culturais e políticas que perpassavam as diversas sociedades contemporâneas naquele momento. Nesta direção, a obra de Alvin Gouldner *The Coming Crisis of Western Sociology* é significativa na medida em que analisa de forma pormenorizada a ascensão da análise funcionalista e as condições sociais e teóricas do declínio deste paradigma, que durante um longo período predominou na sociologia norte-americana e que também esteve presente em várias sociologias nacionais, inclusive no continente latino-americano e no Brasil.

Após um período de intensas lutas intestinas em torno das disputas entre distintas tradições teóricas, é plausível postular que por volta dos anos de 1970, emergiu um debate intelectual mais arejado no interior da sociologia. Nesse sentido, paralelamente ao questionamento dos modelos teóricos que plasmavam a reflexão e a pesquisa ocorreu também uma proliferação de novas abordagens explicativas que ganharam visibilidade na sociologia, tais como individualismo metodológico, interacionismo simbólico, etnometodologia, escolha racional. Ao mesmo tempo, verificaram-se determinadas revisões de contribuições do pensamento sociológico clássico, ensejando o surgimento de correntes neoweberianas, neomarxistas, neoestruturalistas etc., de tal forma que se constitui um campo teórico marcadamente diversificado que se encontra presente neste livro.

Na esteira desta diversificação teórica, surgiram posturas explicativas heterodoxas que procuraram incorporar tradições explicativas que eram consideradas como mutuamente excludentes. De certa forma, os trabalhos de Pierre Bourdieu expressaram esta mutação ao absorver em suas pesquisas determinadas contribuições epistemológicas e teóricas de Marx, Durkheim, Weber e outros autores contemporâneos, ancorando-as numa revisão do legado estruturalista empreendida por ele. Talvez, o mesmo pode-se dizer a respeito de alguns trabalhos de Erving Goffman que, treinado num ambiente manifestamente interacionista no qual pesavam as contribuições de George Herbert Mead, Willian Thomaz, Herbert Blumer, entre outros, estabeleceu um criativo e sutil diálogo com a obra de Durkheim. Se num primeiro momento esta postura causou certa perplexidade, gradativamente sociólogos em várias partes do mundo passaram a dialogar e/ou integrar em seus trabalhos tradições teóricas que não se comunicavam anteriormente, seja para articular dimensões macro e micro da vida social, seja para desvendar múltiplas dimensões da sociedade contemporânea.

A leitura dos textos da coletânea evidencia o investimento intelectual de distintas perspectivas teóricas existentes na sociologia contemporânea visando analisar as complexas mudanças econômicas, culturais e políticas que surgiram a partir de meados do século XX e que têm se intensificado no tempo presente. Nesse espectro têm-se autores que irão proclamar o advento de uma nova época, acentuando a existência de uma ruptura com a modernidade, proclamando o advento de uma pós-modernidade. Simultaneamente, um conjunto de autores advoga que a modernidade é um projeto inconcluso e, portanto, a época atual caracteriza-se por uma alta modernidade. Outras vertentes analíticas irão ressaltar a existência de múltiplas modernidades. O processo de globalização, ao reverberar no interior da sociologia, possibilita um maior intercâmbio entre as diversas sociologias nacionais, desencadeando a emergência de novas abordagens que irão desafiar algumas das premissas constitutivas do pensamento social "ocidental".

Diante desta diversidade de enfoques teóricos, determinados autores como Ilana Silver, Nicos Mouzelis, Gerard Delanty, entre outros, ressaltam que a sociologia, longe de estar experimentando uma crise interna, encontra-se num profícuo momento intelectual. Direta e/ou indiretamente a reflexão desses e outros autores sugere a necessidade dos sociólogos de rever crítica e constantemente suas preferências teóricas e metodológicas e indagar a respeito da pertinência do arsenal teórico que vem informando o seu olhar analítico sobre a vida social nos dias atuais.

A leitura desta coletânea deixa claro que a teoria ocupa uma posição central na atividade do trabalho de pesquisa na sociologia. As diversas teorias existentes no contexto da sociologia contemporânea constituem uma fonte de inspiração intelectual para o pesquisador produzir novos conhecimentos. Longe de estimular o culto da teoria pela teoria, a leitura deste livro busca acentuar sua função estratégica na condução de pesquisas empíricas, capazes de desbravar novas realidades da vida contemporânea. Kant já alertava que a teoria pela teoria é vazia e a pesquisa empírica sem teoria é cega. Em larga medida, este livro orienta-se nesta direção. Nesta mesma rota, procura incentivar a leitura paciente e detalhada das diversas teorias sociológicas contemporâneas (e clássicas também), de suas respectivas arquiteturas internas – ou seja, seus pressupostos, suas articulações conceituais – e dos seus contextos externos; ou seja, do período histórico em que foram produzidas, as relações de poder político-acadêmico, as estruturas ideológicas que as permearam. Os organizadores desta coletânea acreditam que este exercício intelectual constitui um momento fundamental no processo de amadurecimento acadêmico de um graduando ou pós-graduando em sociologia, que constitui o público-alvo deste livro. Ao mesmo tempo, consideram que graduação e a pós-graduação constituem-se um momento rico no processo de formação intelectual dos estudantes e do pesquisador e, portanto, ao invés de realizar conversões teóricas precoces, deveria tirar proveito deste rico momento existencial e acadêmico para expandir sua curiosidade científica, abrindo sua mente para entrar em contato com uma pluralidade de autores e correntes teóricas da atualidade.

Distanciando-se de uma pretensão de exaurir as questões concernentes à teoria sociológica contemporânea – que seria um propósito inexequível –, esta coletânea busca encorajar os estudantes de graduação e pós-graduação a buscar continuamente novas fontes de informação sobre as múltiplas questões que perpassam o campo teórico da sociologia contemporânea.

Por último, gostaria de assinalar que o projeto deste livro derivou da agenda de trabalho da atual diretoria da Sociedade Brasileira de Sociologia (SBS 2015-2017), a qual elegeu como uma de suas prioridades acadêmicas uma maior interlocução acadêmica com os cursos de graduação existentes de norte a sul no país, visando ao aprimoramento acadêmico da formação fornecida aos seus estudantes.

Prefácio

Gabriel Cohn
USP

Um grupo seleto de 22 pesquisadores se reúne para fazer um balanço das grandes tendências da atual teoria sociológica. Mas o resultado vai além do campo da teoria no sentido mais estrito, de sistema conceitual integrado e consistente, que afinal é coisa de especialistas. A ênfase dos artigos aqui reunidos consiste, sim, no exame dos recursos analíticos mobilizados na pesquisa. Isso, todavia, sem ignorar sua relevância para a compreensão dos grandes temas do mundo contemporâneo, nem as circunstâncias em que é produzida. Ninguém está fazendo teoria pelo mero prazer de teorizar (por mais que lhe agrade fazer isso, o que é ótimo). Todos os autores neste volume estão atentos para os problemas do mundo presente, e é por isso que examinam o caráter e a validade dos conceitos sem os quais não há como conhecê-lo em profundidade.

Diante da emergência de novos temas e problemas, as ciências sociais foram desafiadas a repensar-se. Essa observação é retirada de um dos artigos do presente livro. Nela encontra-se, condensado, o espírito que permeia o conjunto, até porque repensar-se é o carma das ciências sociais. É verdade que não se encontrarão aqui novas soluções para as questões propostas por dezenas de estudiosos importantes nos principais centros de pesquisa. Nem é esse o propósito. O que se busca é uma visão clara das tendências atuais. Importante, e muito digno de nota, é que o livro reúne um conjunto de pesquisadores brasileiros amplamente qualificados para discutir com seriedade e conhecimento de causa uma importante parcela daquilo que se vem fazendo, ao longo de várias décadas, nos principais centros mundiais de estudo da teoria sociológica em suas diversas modalidades. Boa parte dos participantes tem formação avançada nas sedes europeias de pesquisa na área, enquanto a antes hegemônica produção norte-americana vai gradativamente passando ao segundo lugar.

Falando-se de produção dominante, há um ponto de grande importância na produção na área (sempre lembrando que a pesquisa teórica naturalmente é minoritária e exige qualificações específicas). É que não é nada trivial que todos os participantes no volume sejam brasileiros (natos ou, nos casos de Barbara Freitag e Frederic Vandenberghe por adoção, para sorte nossa), todos fortemente envolvidos na consolidação da pesquisa sociológica em escala nacional, escapando da hegemonia do triângulo São Paulo/Rio/Minas. Isso com a agravante de que os organizadores certamente tiveram bastante trabalho na montagem do conjunto, não por falta e sim por excesso de candidatos qualificados, que vão se multiplicando com a presença de pesquisadores mais jovens com elevado talento espalhados pelo país. Tudo isso mostra que estamos diante de algo muito significativo. É que a sociologia brasileira alcançou um estágio de desenvolvimento que a coloca plenamente em condições de diálogo com os centros tradicionalmente mais importantes e renomados no mundo. Tal é o nível de sofisticação, em escala internacional, da sociologia praticada no Brasil.

Na sua prática os sociólogos se defrontam com um denso emaranhado de formas de convivência. Ajudá-los a desentranhar isso em cada caso é tarefa da teoria sociológica, que lhes permite ver mais longe e ir mais fundo. E é tarefa interminável, porque as formas de convivência mudam com o tempo e geram novas em múltiplos níveis. A teoria desenreda o novelo das formas sociais e nelas encontra material para produzir conceitos. Munida de conceitos e observação direta, a pesquisa empírica identifica na vida social concreta aquelas formas para examiná-las com os recursos do método científico. Nisso, gera estímulos para a formulação de novos problemas e para permitir avanços significativos em ambas as áreas. E, como a teoria social mexe com todos os temas do estudo da sociedade, ela é fundamental para todos os que apreciam o avanço do conhecimento na área. Este livro está aí para fornecer elementos para isso, para pesquisadores e estudantes.

Introdução

O que é teoria social contemporânea?

Carlos Eduardo Sell

De volta aos manuais![1] Consciente de seu valor e tendo em vista a lacuna de materiais produzidos no Brasil[2], a Sociedade Brasileira de Sociologia (SBS) patrocinou, em 2017, a elaboração do livro *Teoria sociológica contemporânea – Autores e perspectivas*, agora especialmente relançado pela Editora Vozes. O livro reúne textos inéditos de pesquisadores de diferentes gerações que têm se consagrado de forma especializada ao aprofundamento e estudos de autores e correntes do pensamento sociológico. Tal empreendimento revela o quanto a pesquisa sobre a teoria sociológica *per se* constitui atualmente uma sólida área de investigação da sociologia brasileira; como mostra, por sinal, o longo histórico dos Grupos de Trabalho de Teoria Sociológica da SBS e de Teoria Social da Anpocs (Associação Nacional de Pós-Gradução e Pesquisa em Ciências Sociais). É importante ressaltar esta novidade: trata-se da primeira publicação brasileira que, de forma coletiva, visa apresentar, de modo amplo e sistemático, o conjunto das teorias sociológicas atuais, fornecendo a estudantes de gradução e pós-gradução de ciências humanas, e ao público em geral, uma visão atualizada, crítica e abrangente das discussões sobre a natureza da ciência sociológica e de suas principais perspectivas e abordagens teóricas contemporâneas[3].

---

1. Um levantamento abrangente está fora do escopo desta introdução, mas alguns exemplos merecem ser destacados. No caso da literatura em inglês, por exemplo, Jonathan Turner (2010; 2013; 2014) e Jeffrey Alexander (1982a; 1982b; 1983a; 1983b) são autores bastante prolíficos. Charles Lemert (1993), Charles Lemert e Anthony Elliott (2014), Craig Calhoun et al. (2008), George Ritter (2008) e John Scott (1995) também oferecem um panorama bastante elucidativo. No cenário francês temos livros bem elaborados como os de Berthelot (2000), Béraud e Coulmont (2008), Jacquemain e Frére (2008) e Bronner e Keucheyan (2012). Em língua alemã foram publicados recentemente, entre outros, o *Handbuch soziologischen Theorien* (Manual de teorias sociológicas) de Kneer e Schroer (2009), a trilogia (por autores) organizada por Dirk Käsler (2005) e o estudo sistemático de Wolfgang Schluchter (2015).

2. Dentre as exceções, destaca-se o escrito de Domingues (2003). Os demais e poucos materiais existentes são, em geral, traduções, tais como em Lallement (2008), Corcouff (2001), Giddens e Turner (1999) e Kumar (1997).

3. Um interessante precursor deste modelo é a coleção *Grandes Cientistas Sociais* (coordenada por Florestan Fernandes) que em seus 60 volumes apresentou uma antologia de alguns dos principais

Em função deste objetivo, levanta-se logo o problema de determinar o que devemos entender (para os fins desta coletânea) pelo objeto em questão: Afinal, do que trata a teoria sociológica contemporânea? Desdobrando os termos e levando em consideração o caráter multiparadigmático da sociologia, vale perguntar: (1) o que significa "teoria", (2) o que entendemos pelo adjetivo "sociológica" e, por fim, (3) como determinar o que é "contemporâneo"?

O lugar da teoria na atividade sociológica, como em qualquer ciência, é objeto de inúmeros debates no campo da epistemologia. Mas, independente da concepção professada, seguimos Jeffrey Alexander (1987) quando chama a atenção para o fato de que entre a "teoria", de um lado, e a "empiria", de outro, temos diferentes níveis de abstração que começam no terreno das observações factuais até chegar ao plano mais vasto das pressuposições gerais, onde ele localiza, de fato, a chamada "teoria sociológica" (em sentido estrito)[4].

Consequentemente, a teoria (em seus diferentes modelos, graus de abrangência e complexidade) é um elemento intrínseco da atividade sociológica e, nesta medida, concerne a qualquer profissional desta ciência (mesmo aquele que não é especialista na teoria em si mesma e tem vocação eminentemente empírica), não é o que está em questão aqui (SWEDBERG, 2014a; 2014b). É claro que toda investigação sociológica é, a seu modo, além de empírica, intrinsecamente teórica. Portanto, não é neste sentido que utilizamos aqui a expressão teoria sociológica, mas no sentido dado a ela por Alexander, quer dizer, enquanto conjunto de pressupostos gerais sobre a vida social e sobre a sociedade que não são resultado direto ou necessário da indução a partir do empírico (generalização).

Tendo respondido – em linhas gerais – ao que entendemos por "teoria", vejamos o que significa o segundo termo da questão; ou seja, o que é uma teoria sociológica. Embora, neste aspecto, a influente proposta de Giddens (2003, p. XVII) tenha deitado profundas raízes no léxico contemporâneo, não seguimos aqui a distinção que ele propõe entre "teoria social" e "teoria da modernidade". Nos termos do autor, a teoria social seria uma atividade interdisciplinar que trata da natureza das ciências sociais, bem como das relações entre agência e estrutura, definindo-se a sociologia a partir do tema mais específico da modernidade. Ou, para dizê-lo em termos simples e diretos: para Giddens, teoria sociológica = teoria da modernidade. Nossa definição engloba as duas dimensões. Assim, ao nos referirmos à teoria sociológica apontamos para aquelas concepções gerais (produzidas no interior ou

---

pensadores do conjunto das ciências humanas (incluindo clássicos e contemporâneos) com excelentes introduções explicativas.

4. Mouzelis (1995, p. 1), de forma mais simples, adota a distinção entre teoria como recurso (meio) ou como fim, ou nas suas próprias palavras: "(i) teoria como um conjunto de enunciados substantivos inter-relacionados que tenta nos dizer algo novo, algo que não conhecemos sobre o mundo social, quais enunciados podem ser condicionalmente provados ou refutados através da investigação empírica; e (ii) teoria como um conjunto de ferramentas que simplesmente facilitam, ou preparam o terreno, para a construção de teorias substantivas".

incorporadas à disciplina de sociologia) que dizem respeito à natureza das ações, relações, processos e estruturas sociais em sentido amplo e da sociedade moderna em sentido particular. Na acepção aqui adotada, a teoria é um âmbito próprio da sociologia que se ocupa tanto do social (em sentido abstrato ou amplo) quanto da sociedade moderna (em sentido concreto ou restrito) e nessa medida ela compreende tanto a "teoria do social" [*Sozialtheorie*] quanto a "teoria da sociedade" [*Gesellschaftstheorie*]. A teoria da sociedade moderna, por sua vez, distingue-se da diagnose social ou dos "diagnósticos de época" [*Sozialdiagnose*] que possuem um acento primordialmente crítico ou normativo. Neste caso podemos falar também da "crítica da sociedade" [*Gesellschaftskritik*].

É a partir desta concepção que as correntes e autores apresentados neste livro foram selecionados, pois trata-se de nos remetermos àquelas: (1) teorizações abrangentes que nos fornecem um retrato das propriedades gerais da atividade humano-social e; (2) uma definição ou uma diagnose crítica da vida social em suas condições atuais.

Para dizê-lo novamente: a teoria sociológica é o ramo da sociologia que se ocupa tanto da teoria do social (em nível abstrato) quanto da teoria da sociedade moderna (em sentido concreto). Em função desse entendimento ficaram de fora desta coletânea problemáticas particulares e determinadas da sociologia (como classe social, gênero, poder, arte, direito, raça, Estado, ciência etc.) que, se não deixam de ser fundamentais em si mesmas, e mesmo que intimamente relacionadas com o eixo de muitas das teorias sociológicas atuais, quando tomadas isoladamente nos arrastariam para um sem-número de campos aplicados ou específicos da investigação sociológica, como a sociologia política, a sociologia da religião, a sociologia do direito, a sociologia da ciência, a estratificação social, gênero etc.

Quanto ao período contemporâneo que, diferente do "clássico", não se organiza em torno de um cânon de autores consensualmente estabelecido (Marx, Durkheim, Simmel, Weber), adotamos como critério geral (ainda que não de forma rígida) um corte temporal que contempla as grandes teorias [*grand theories*] que marcaram o discurso sociológico especialmente no contexto do Pós-Segunda Guerra Mundial até a atualidade. Embora não tenhamos a pretensão da exaustividade, procuramos oferecer um panorama tão amplo e plural quanto possível (e também levando em consideração as dificuldades operacionais que tal empreitada comporta em termos de expertise), incluindo na discussão aquelas que nos pareceram as correntes mais influentes e ainda atuais das últimas décadas. Isso não significa que todas as linhas de pensamento estejam presentes (se é que isso é possível).

O leitor poderá sentir falta, por exemplo, do funcionalismo (na versão de Robert Merton) ou mesmo de certas correntes do marxismo (ainda que a Escola de Frankfurt e as novas teorias críticas estejam bem representadas), mas nosso entendimento foi que estes já são temas bem trabalhados (pelos menos em seus pressupostos básicos) nos textos de teoria social clássica. Há ainda quem possa lamentar a ausência da sociobiologia, da sociologia histórica, da sociologia estrutural (Peter Blau), dos estudos culturais (Raymond Williams, Stuart Hall), do behaviorismo social (de George Homans), da teoria das redes (Harrison White), da sociologia cultural (Alexander), do estruturalismo (Lévi-Strauss), da teoria da complexidade (Edgar Morin), do neoinstitucionalismo e de tantas outras vertentes ou autores do pensamento social contemporâneo. Sem deixar de reconhecer a inevitável seletividade de um empreendimento complexo como este, buscamos, de todo modo, fugir tanto da tendência documental quanto vanguardista. Evita-se tanto o mero registro histórico-descritivo, por um lado, quanto a fixação em modismos que proclamando solenemente suas viradas (*turns*) parecem esquecer as correntes de longo alcance que informam a discussão teórica em sociologia, por outro.

O estudo da teoria sociológica comporta diferentes estratégias analíticas que podemos classificar, *grosso modo*, da seguinte maneira[5]:

• A primeira estratégia é de cunho histórico-sociológico e busca reconstruir as condições intelectuais e sociais que presidem à elaboração das teorias sociológicas[6]. Parte-se do pressuposto de que os discursos teóricos produzidos pelos sociólogos são, também eles, produtos sociais e o que se faz, neste caso, é uma sociologia da sociologia ou uma sociologia dos sociólogos (PIRIOU, 1999)[7].

• A segunda, de tipo sistemático, intenta, em direção diferente, elaborar um corpo cumulativo e integrado de temas, problemas ou questões, que são constitutivos da matéria ou conteúdo da teoria sociológica (ou da sociologia geral, para retomar uma terminologia mais antiga)[8].

O que se pratica, neste segundo caso, é a chamada metateoria (a reflexão teórica sobre a teoria (RITZER, 1991)). Por este ângulo são critérios analíticos estruturados *a priori* que informam a análise. Nesta segunda estratégia os caminhos novamente se bifurcam, pois a elaboração de uma teoria sistemática também pode seguir a via histórica (organizando tais temas a partir da sequência cronológica de autores, correntes ou escolas que estabelecem certas tradições de pensamento em cujo núcleo reside um conjunto de problemas inter-relacionados) ou a via sistemá-

---

5. Seguindo-se a célebre distinção proposta por Robert Merton (1970) entre história e sistemática.

6. O influente estudo de Fritz Ringer (2000) sobre os "mandarins alemães" e de Wolf Lepenies (as três culturas de 1996), ambos tratando da sociologia clássica, são modelares neste sentido.

7. Peter (2015) distingue entre três modalidades de análise da teoria sociológica: a "cognitiva" (que pode ser histórica ou paradigmática), a "discursiva" (que analisa as propriedades do discurso e seus efeitos) e a "social" que, por sua vez, pode estar centrada nos atores sociais ou nas instituições sociais.

8. O termo "sociologia sistemática" era de uso bastante generalizado no pós-guerra, mas vem sendo esquecido. Dentre alguns exemplos podemos lembrar de Georg Simmel (2006) que já diferenciava entre sociologia geral (histórica), sociologia formal (ou pura) e sociologia filosófica. Karl Mannheim (1971) propõe a distinção entre sociologia geral e sistemática, de um lado, e a sociologia histórica, de outro (esta última dividida entre sociologia comparada e dinâmica social). Por fim, Florestan Fernandes (1970, p. 57-73) diferencia entre a sociologia sistemática (ou formal), a sociologia descritiva, a sociologia histórica e a sociologia comparada.

tica (lógico-conceitual), neste caso privilegiando questões e problemas estruturantes e fundamentais do discurso sociológico[9].

Com esta coletânea não se pretende um estudo crítico que visa discutir, no âmbito da pesquisa avançada, *issues* da teoria sociológica[10], mas também não uma mera descrição ou elenco histórico-descritivo, optamos pela segunda estratégia, o que nos levou a organizar os capítulos em torno de quatro problemáticas-chave do âmbito teórico em sociologia. Elas podem ser sintetizadas nos seguintes termos:

1) *ontologia e epistemologia* (que contempla o debate entre realismo x antirrealismo)[11];

2) *metodologia* (que contempla o debate micro x macro ou agência x estrutura)[12];

3) *modernidade* (que diz respeito às características da sociedade moderna);

4) *normatividade* (que se situa no nível do dever-ser)[13].

O primeiro tópico diz respeito aos fundamentos ontológico-epistemológicos da sociologia (e das ciências sociais), o segundo tópico diz respeito à chamada "teoria do social" [*Sozialtheorie*], o terceiro nos remete à "teoria da sociedade" [*Gesellschaftstheorie*] e a quarta problemática, por fim, aos "diagnósticos críticos sobre nossa época" [*Sozialdiagnose*]. Estes quatro eixos organizam a coletânea, ainda que, por razões didáticas, o tópico da metodologia, dedicado à apresentação das abordagens holistas (prioridade explicativa do macro), individualistas (prioridade explicativa do micro) e sintéticas (superação das dualidades e síntese macro e micro), e dada a sua centralidade na teoria sociológica, tenha sido desdobrado em três partes. Isto não implica, contudo, que cada uma destas problemáticas não volte a ser eventualmente discutida no interior das outras seções e capítulos do livro, a depender do pensador, teoria ou assunto em pauta. A organização na forma de partes não deve induzir a uma leitura estanque do livro, menosprezando-se a imbricação destas quatro questões nos diferentes capítulos que compõem a coletânea. Nas linhas seguintes vamos detalhar melhor cada uma destas problemáticas.

---

9. A perspectiva era bastante comum nos primórdios da sociologia acadêmica no Brasil (cf. FERNANDES, 1970, ou mesmo MANNHEIM, 1971). No campo internacional não custa lembrar dos célebres textos de Pitirim Sorokin (1969) e de Talcott Parsons (1969).

10. Um balanço crítico da produção brasileira em teoria sociológica é realizado por Costa (2010).

11. O que não quer dizer, é claro, que a chamada "filosofia das ciências sociais" (ou mesmo a filosofia da sociologia) restringe-se a este ponto. Para um panorama global, cf. Rosenberg (1995).

12. Nos termos de Joas e Knöbl (2004), além do tema da "ação" (micro) e da "ordem" (macro), não podemos esquecer ainda do tema da "mudança". Para um retrato desse último tema cf. Jäger (2003).

13. Uma explicitação mais ampla do âmbito e natureza desses problemas pode ser encontrada em Vandemberghe (2009) e em Knöbl e Joas (2004). A posição realista encontra-se representada em Searle (1997) e o construtivismo em Iacking (2001). O estado da arte do debate micro-macro (ou holismo *versus* individualismo) está bem retratado em Zahle e Collin (2014). Um acervo dos diferentes diagnósticos do tempo presente pode ser encontrado em Kron (2010) e Dimbath (2016). Para o tema da normatividade em teoria social, o que inclui a chamada "filosofia social", cf. Jaeggi (2009).

1 Lógica e ontologia nas ciências sociais: realismo x antirrealismo

No plano epistemológico, o problema da cientificidade da atividade socioló-gica sempre figurou como um tema central desta disciplina. No âmbito do debate sobre a natureza da sociologia como ciência encontramos, de um extremo a outro, a posição naturalista e a posição hermenêutica (às vezes também chamada de inter-pretativa), ambas postulando leituras diferentes sobre a proximidade e a distância das ciências histórico-culturais com relação ao método das ciências experimentais (das chamadas ciências da natureza). Por essa via desemboca-se no conflito entre concepções unitárias, duais ou dualistas do método científico em sociologia, cada uma oferecendo uma visão diferente sobre a especificidade da sociologia enquan-to ciência social. Toda a polêmica está centrada na seguinte indagação: ao consti-tuir-se como ciência, a sociologia deve assumir o mesmo padrão metodológico das ciências estabelecidas, ou ela precisa erigir fundamentos epistemológicos que a diferenciam daquele conjunto? Dessa questão básica seguem-se diversas outras indagações, entre elas: assumindo-se que existam diferenças relevantes, quais são exatamente suas peculiaridades e, principalmente, quais as implicações disso para o modo como entendemos e praticamos a sociologia enquanto atividade científica?

O debate sobre o caráter do método científico na sociologia (ou invertendo os termos, da natureza da sociologia enquanto ciência) é um tema perene da episte-mologia sociológica e coloca em cena a disjuntiva naturalismo contra hermenêu-tica. Podemos encontrar o tema refletido nas obras clássicas de Émile Durkheim (para quem o fato social deve ser concebido, à maneira das *hard sciences*, como coisa – o que nos leva para a posição naturalista que defende a unidade do méto-do científico) e de Max Weber (que, apesar disso, não radicaliza a diferença entre ciências naturais e ciências do espírito, propondo antes a integração da dimensão hermenêutica (*Verstehen*) no modelo causal (*Erklären*), até chegar às obras con-temporâneas de Roy Bhaskar (que defende uma posição naturalista de caráter não positivista); Jon Elster (que defende o caráter causal-explicativo da ciência social, mas considera a hermenêutica uma subespécie do método científico), passando por Anthony Giddens (com sua tese da hermenêutica dupla entre os conceitos do senso comum e os conceitos das ciências sociais), até chegar a proposições de Pier-re Bourdieu que, na esteira de Gaston Bachlelard, enfatiza a ruptura entre ciência e senso comum. O tema continua atual e a teoria sociológica contemporânea nos oferece um amplo repertório de soluções para esse velho dilema da sociologia, sempre às voltas com sua identidade enquanto ciência.

No entanto, na parte predominantemente lógico-filosófica deste livro, privile-giamos outra linha de debate, conferindo maior atenção à acirrada polêmica que hoje se desenrola entre as abordagens realistas e antirrealistas do saber científico--social (a chamada *scientific War*). Neste debate, o que está em jogo não é tanto a questão do estatuto lógico de cientificidade do método sociológico, mas a sua capacidade de ter acesso às propriedades constitutivas da realidade externa, bem como o estatuto de verdade das teorias científicas, quer dizer, o modo como a ciência estabelece a relação entre conceito e realidade ou entre a teoria e as entidades observáveis e não observáveis do mundo. Em última instância, na complexa batalha entre posições realistas (que na terminologia filosófica, diz respeito ao nível ontológico, semântico ou epistêmico[14] e antirrealistas, o que se discute são o alcance e o limite do nosso conhecimento e o valor cognitivo da ciência (DUTRA, 2003). Trata-se de um debate que coloca em tela a seguinte pergunta: Em que medida as teorias científicas acessam e descrevem o mundo tal como ele é?

Para os realistas, não só existe objetivamente um mundo exterior independente do observador (incluindo o mundo social), como também podemos conhecê-lo (pelo menos em parte) nas suas estruturas e nas suas propriedades essenciais, apesar dos condicionantes sociais que afetam a observação. Eles sustentam, assim, a tese da correspondência (possível) entre teoria científica e realidade social. No campo oposto (por vezes também chamado de idealista), adota-se a premissa de que o conhecimento é sempre determinado pelo contexto do observador, sendo toda teoria científica, fundamentalmente, uma convenção, discurso ou representação social: todo conhecimento é sempre relativo ao contexto social e, por isso, é historicamente contingente. Em termos filosóficos vale dizer que, para estas visões, real é o que o conhecimento indica como real, ou em outra fórmula, a realidade é igual à observação da realidade. Advém daí o fato de tais correntes tenderem a ser classificadas, em regra, no campo do relativismo.

Essa incorporação do debate filosófico entre realistas e antirrealistas (ou realistas e nominalistas, para retomar a nomenclatura medieval) na sociologia alimenta-se da chamada virada linguística (tanto na sua variante analítica quanto continental, chamada de pós-estruturalismo) e no campo das ciências sociais, entre outras correntes, das inovações trazidas pelos estudos sociais da ciência e da tecnologia, pela teoria dos sistemas (Bruno Latour e David Bloor, de um lado, e Niklas Luhmann, de outro), bem como pelos defensores do chamado realismo crítico (Roy Bhaskar e Margaret Archer). Seguindo de perto os debates filosóficos, estas correntes sociológicas renovaram a velha questão da relação entre conhecimento e realidade social.

No entanto, ordenar tais correntes sociológicas no esquema realismo x antirrealismo não é tão simples, pois não se trata da mera transposição do debate filosófico para o âmbito da sociologia. O debate sociológico não só possui sua própria nomenclatura, como as posições adotadas não são rígidas e esquemáticas, dificultando classificá-las, de um lado ou de outro, no *continuum* realismo *versus* antirrealismo. Além disso, questões epistemológicas (que dizem respeito ao conhecimento) e questões ontológicas (que dizem respeito ao ser) não podem ser

---

14. O primeiro discute a existência (ou não) de um mundo externo, independente do observador. O realismo epistêmico debate o quanto pode ser conhecido sobre esse mundo; enquanto o realismo semântico o que pode ser dito sobre o mundo.

facilmente dissociadas. Mesmo o "realismo crítico" de Bhaskar e Archer tenta se distanciar do empirismo positivista (que adota premissas realistas bastante fortes), enquanto as correntes do construtivismo e do pós-construtivismo, apesar de sua ênfase nos fatores simbólico-discursivos, adentram fortemente em questões ontológicas. De todo modo, o realismo crítico aponta para a dimensão intransitiva e transitiva da realidade e, desta feita, não nega a possibilidade de acessarmos, relativamente pelo menos, certas propriedades essenciais da realidade social, ainda que não deixe de considerar os condicionantes sociais do observador. Já socioconstrutivistas e pós-construtivistas tendem para a posição antirrealista, embora estejam em desacordo quanto ao modo de determinação social dos fenômenos naturais, pois enquanto os primeiros afirmam que a realidade natural (tal como a concebemos) também é uma construção social, os pós-construtivistas argumentam que ambas, natureza e sociedade, precisam ser igualmente levadas em consideração em seu processo de coconstituição (princípio da simetria). Na ponta extrema, os pós-estruturalistas, por sua vez, entendem que o conhecimento (saber) não pode ser dissociado das redes de poder e das estruturas do discurso que constituem nosso mundo e nossa subjetividade.

Outra tendência filosófica importante no campo da teoria sociológica é a redescoberta da "ontologia social" (SEARLE, 1997; TAYLOR; DREYFUS, 2015; WESSLER, 2011). Dado que este é um movimento ainda em curso, podemos localizar, *grosso modo*, três orientações filosóficas distintas com maior impacto nas ciências sociais, ambas representadas pela sua filiação à tradição aristotética, fenomenológica (Husserl) ou spinoziana. À primeira pertencem nomes fundamentais da filosofia social analítica, como John Searle, Margaret Gilbert, Raimo Tuomela e Michael Bratman. Na vertente que se filia à Spinoza, não sem passar por Deleuze e Guattari, entre outros, cabe destacar os importantes trabalhos de Eduardo Viveiros de Castro (2014) e dos antropólogos como Bruno Latour[15] (2012), Philipe Descola (2011) e Tim Ingold (2011) que buscam superar a oposição natureza/cultura. No campo da sociologia, contudo, a corrente mais influente é aquela representada pelo realismo crítico, tendo a sua frente nomes como Roy Baskhar (1997), Margaret Archer (1995), Elder-Vass (2012) e Andrew Sayer (2000), apenas para citar alguns dos mais conhecidos. Apesar das abissais diferenças entre estas perceptivas, elas têm em comum a busca por inverter a lógica de supremacia da epistemologia sobre a ontologia do social (falácia epistêmica) e, dessa forma, reintroduzem na sociologia a pergunta essencial sobre o que constitui, em suas propriedades últimas, a própria natureza ou identidade daquilo que nós chamados de "social".

---

15. As constantes oscilações da produtiva obra de Latour dificultam a análise do seu pensamento. Mas que sua obra, intenções à parte, não escapa do antirrealismo, é demonstrado de forma convincente por Elder-Vass (2008).

O que é o social (ontologia), bem como o que é "real" na "realidade social" e ainda como podemos ter acesso cognitivo a ela (epistemologia) são, portanto, assuntos que dividem profundamente a teoria sociológica contemporânea. Como não constitui intenção desta introdução assumir uma posição nesta controvérsia, o importante é chamar a atenção para a natureza filosófica destes temas e, principalmente, para as indagações fundamentais nela implicadas: o que a sociologia, entendida como ciência, sendo também ela própria um produto social, pode nos dizer objetivamente sobre o que "é" (*óntos*) e como podemos conhecer (*epistéme*) o produto das atividades humanas coletivamente organizadas?

2 O problema macro-micro-macro

Determinante para a definição da natureza da sociologia como ciência é, desde as suas origens, a célebre oposição entre o indivíduo e a sociedade, termos que nos apontam para os diferentes níveis de análise com os quais lida esta ciência. Independentemente de como sejam concretamente definidos, do ponto de vista metodológico, a oposição entre o nível micro e o nível macro indica diferentes escalas de observação do mundo social. "Micro" ("Meso") e "Macro" não são entidades concretas, mas abstrações analíticas que configuram o discurso sociológico. A partir dessa escala analítica podemos identificar teorias sociológicas com focos diferentes, seja aquelas centradas no nível micro e nos contextos subjetivos de interação (chamadas por isso de microssociologias), até aquelas que se concentram no nível macro e nas propriedades estruturais-objetivas de longo alcance e duração (denominadas macrossociologias), sem esquecer dos níveis intermediários (meso), como os grupos, redes, organizações sociais etc., e, é claro, sem esquecer também do fluxo de cruzamentos e interconexões entre estes múltiplos níveis. Logo, priorizar a observação do nível micro ou macro de análise sociológica não significa reduzir o social a apenas um destes polos.

Abordagens microssociológicas priorizam o plano das interações sociais, mas nem por isso negam necessariamente a existência de um plano macro e, na mesma direção, nem toda teoria focada em realidades sociais que transcendem o plano dos indivíduos (macrossociologia) nega a existência do plano dos atores.

A distinção entre microssociologia e macrossociologia não deve ser confundida com as estratégias explicativas empregadas para entender a relação entre a escala mínima e a escala máxima da realidade social (que devem ser entendidas como unidades de observação). Nesse caso, é a partir do critério explicativo, ou seja, a depender da estratégia causal empregada para explicar a relação entre elas que podemos diferenciar entre o holismo metodológico (no qual existe uma prioridade explicativa do nível macro sobre o nível micro, ou seja, *downward causation* ou macrodeterminação) e o individualismo metodológico (no qual existe uma prioridade causal do nível micro sobre o nível macro, ou seja, *upward casusation* ou microdeterminação)[16]. As teorias sociológicas de tipo relacional[17]ou sintético, por sua vez, constituem uma "terceira sociologia" que busca superar explicações unilaterais, esforçando-se em oferecer diferentes soluções que prometem, cada uma a seu modo, estabelecer um link adequado e equilibrado entre a dimensão individual-subjetiva (micro) e estrutural-objetiva (macro) na explicação do universo social. Nesta perspectiva, deveríamos evitar tanto as visões macrodeterministas quanto microvoluntaristas, buscando uma plataforma capaz de superar suas unilateralidades e integrar suas contribuições. Para esta terceira sociologia, também chamada por Jeffrey Alexander (1987) de "novo movimento teórico", o nível micro e o nível macro são considerados codeterminantes.

Portanto, enquanto a oposição entre microssociologia e macrossociologia diz respeito apenas ao foco de interesse (tratando-se de primado analítico), a oposição entre holismo (por vezes também denominado de coletivismo) e individualismo diz respeito ao modo como o nível micro e o nível macro estão articulados analiticamente (ou causalmente), razão pela qual trata-se da questão metodológica determinante (tratando-se do primado teórico). O debate individualismo x holismo diz respeito, em primeiro lugar, à relação (de causa e efeito) entre os níveis micro e macro e aos poderes causais que devemos atribuir a cada um deles. Trata-se de um problema que diz respeito às formas de explanação sociológica: teorias holistas privilegiam o polo explicativo do objeto (causalidade descendente ou do macro para o micro) e teorias individualistas o polo explicativo do sujeito (causalidade ascendente ou do micro para o macro). Por essa razão, a "redução" (que para o individualismo significa a remissão do macro ao micro) e a "emergência" (que para o holismo significa a independência do macro em relação ao micro) estão no centro do atual debate teórico em sociologia. Para entender melhor estas questões, podemos recorrer ao conhecido Modelo de Múltiplos Níveis elaborado, entre outros, por James Coleman (1990) e Hartmut Esser (1993). Este modelo pode ser visualizado como segue:

---

16. Existem, naturalmente, diversas maneiras de conceber e definir os conceitos de individualismo e holismo como estratégias metodológicas. Gert Albert (2016), p. ex., diferencia entre versões fortes e fracas. Dessa forma teríamos a seguinte sequência: 1) holismo forte, 2) holismo moderado, 3) individualismo moderado e 4) individualismo forte.

17. O termo "relacional" ou "sintético" é utilizado aqui em sentido amplo, como sinônimo de uma "terceira sociologia" situada entre as opções opostas do holismo e do individualismo. Ele não deve, contudo, ser confundido com o "paradigma relacional", tal como desenvolvido, entre outros, por Emirbayer (1997) ou Donati (2011). Embora esta teoria também proponha uma síntese entre o nível micro e macro, recusa, por outro lado, a substancialização da dimensão subjetiva ou objetiva e defende uma ontologia radicalmente processualista. Nessa visão, as relações sociais não estão contidas na sociedade: elas são a sociedade.

Fonte: Esser, 1999, p. 98.

A partir deste esquema podemos distinguir e isolar claramente as diferentes estratégias causal-explicativas com os quais lida a metodologia sociológica. Utilizando este modelo como plataforma, também podemos reconhecer que são três os momentos (ou passos) fundamentais da metodologia sociológica:

1) *Lógica da situação (direção macro-micro)*: visa explicar a influência do nível macro sobre o nível micro (direção macro-micro). Investiga-se o contexto objetivo (ou exterior) no qual estão situados os atores sociais (independente de sua consciência ou percepção) e o modo como essa realidade é percebida e elaborada pelos próprios sujeitos (definição subjetiva da situação).

2) *Lógica da ação (momento micro-micro)*: visa explicar os microfundamentos da realidade social (direção micro-micro) e investiga os critérios de escolha na eleição entre diferentes alternativas ou possibilidades de agir, bem como as formas ou padrões adotados pelos sujeitos em suas condutas sociais e nos seus contatos sociais (interações ou relações sociais). É neste nível que vamos encontrar teorias que tratam do comportamento (Georg Homans), da ação (Weber, Schütz, Parsons, Habermas, escolha racional etc.), da agência (Giddens, Bhaskar, Archer etc.), do ator-rede (Latour), da prática social (Bourdieu, Boltansky), da interação (Simmel, Gofmann), da dualidade da contingência (Parsons) etc.

3) *Lógica da agregação e da transformação (direção micro-macro)*: visa explicar como os efeitos agregados e não intencionados das ações e relações sociais, uma vez combinados, estão na raiz das estruturas, instituições e sistemas socioculturais. Trata, portanto, de investigar os mecanismos implicados na transição do nível micro para o nível macro (direção micro-macro) e de procurar compreender a conexão entre os microfundamentos da realidade social, as instituições, estruturas ou mesmo da ordem social, da sociedade ou da cultura no seu conjunto.

Este modelo, apesar de útil para entender os momentos da análise sociológica (e as diferentes relações causais possíveis entre os diferentes planos analíticos da realidade social), nada nos diz, em princípio, sobre o conteúdo de cada um deles. Afinal, quando nos referimos ao nível "micro", "meso" e "macro", do que estamos falando? De fato, como os níveis de análise sociológica são concebidos apenas como referentes analíticos (possuindo, dessa forma, um caráter abstrato), temos plena liberdade para entender quais são seus referentes empíricos (pelos quais eles adquirem feições concretas). É por essa razão que existem, no discurso da teoria sociológica, maneiras tão variadas de definir o que "é", do ponto de vista substantivo, o plano individual e o plano coletivo. Ação, agência, actância, prática, práxis, interação, relação social, mundo da vida (no plano micro); ou estrutura, dispositivo, instituição, ordem, sistema, cultura e sociedade (no plano macro); sem esquecer das redes, classes sociais, organizações, no plano meso; o fato é que existe um vasto e rico repertório de conceitos pelos quais a sociologia procura nos colocar em contato com os modos de ser e viver coletivamente.

3 Teorias da modernidade: a ontologia do presente

Quando nos remetemos ao termo modernidade atingimos outro núcleo vital da teoria sociológica, qual seja, não apenas o "social" de forma geral e abstrata (indeterminado), mas o social de acordo com a modalidade particular e concreta (determinada) em que o vivenciamos hoje. Não se trata, portanto, de perguntar o que é sociedade no sentido genérico, mas de nos indagarmos sobre o que é a nossa sociedade ou, dito de outra forma: como é a sociedade em que vivemos no aqui e agora da história? Ou por outra: em que mundo vivemos? Sem reduzi-la a este ponto, neste quesito podemos dar razão a Anthony Giddens, quando afirma que no coração da sociologia está sempre uma teoria da modernidade ou, para voltar à terminologia aqui adotada, uma teoria da sociedade [*Gesellschaftstheorie*]. Não é outra a conclusão de Habermas (2009) quando nos lembra que a sociologia é, antes de tudo, uma "teoria da atualidade" ou mesmo de Michel Foucault (2008) que nos fala da "ontologia do presente". É claro que nem de longe poderíamos arriscar aqui a tarefa de descrever os múltiplos conteúdos abrigados em torno do vastíssimo conceito de "modernidade". Embora esta expressão praticamente não se encontre nos clássicos (ainda que a referência ao moderno ou aos tempos modernos não seja incomum, como no caso de Georg Simmel e de Max Weber), o fato é que, se ela encontrou tamanha centralidade no discurso sociológico, é porque permite expressar a variedade de pontos de vista que buscam identificar os elementos e reconstruir os processos que constituem a consciência que formulamos sobre nossa época.

Tentar agrupar as diferentes teorias sociológicas que buscam categorizar a sociedade moderna a partir de um quadro de referência comum é um exercício tremendamente difícil. Na busca por fornecer algum grau de articulação e inteligibilidade ao emaranhado complexo de teorias que procuram nos fornecer uma ontologia do presente, vamos nos servir das célebres categorias tempo e espaço, dois *a-priori* kantianos que, por sinal, estão no centro das discussões sociológicas contemporâneas. A aceleração do tempo (ROSA, 2005) e a compressão do espaço (HARVEY, 1993) são dois caracteres constitutivos de nossa era e a literatura sociológica se dedica extensamente à relação entre estes fenômenos. No entanto, neste tópico, com finalidade didática, tais termos serão utilizados de forma ligeiramente distinta.

Ao nos referirmos ao tempo designamos determinada concepção da história que informa as teorias sociológicas e que explicita o modo como elas enxergam o *modus operandi* e os resultados dos processos de transformação social que estão na raiz do mundo moderno. Nessa acepção, o conceito de tempo é tomado como uma categoria que diz respeito à dinâmica de nosso tempo. Segue-se que as teorias da modernidade podem ser lidas como grandes relatos das mudanças sociais que trouxeram consigo uma profunda descontinuidade em relação às formas de experiência e vivência social anteriores. Não seria, pois, incorreto dizer que a sociologia pode ser definida como uma teoria da mudança social. Quanto ao espaço, ele não é tomado aqui em sua acepção estritamente geográfica, pois o que se quer indicar é o alcance ou abrangência, quer dizer, a extensão que as teorias sociológicas atuais conferem ao tipo de relações, processos e instituições sociais que configuraram a sociedade moderna. Trata-se de entender como o raio de abrangência das formas modernas de vida transcendem o seu próprio contexto de nascimento e vem carregado de implicações globais.

As categorias de espaço e tempo indicam, em suma, que a sociologia concebe a sociedade moderna como marcada pela ruptura e pela dinamicidade no plano da historicidade e pela transcendência no plano de seu raio de abrangência e extensão. Por isso, elas nos servirão como eixos para que possamos exibir um panorama geral das principais teorias produzidas pela sociologia pós-Segunda Guerra sobre a natureza do mundo que compartilhamos.

3.1 Tempo

Em sua fase fundadora, o discurso sociológico buscou traçar o caráter de nossa época a partir de um recorte histórico-temporal demarcado a partir da oposição entre tradição e modernidade. É nesse registro que surgem as dicotomias fundadoras da teoria sociológica da modernidade, dentre as quais podemos lembrar da célebre oposição entre comunidade e sociedade (Ferdinand Tönnies), solidariedade mecânica e solidariedade orgânica (Émile Durkheim), modos de produção pré-capitalistas e capitalistas (Karl Marx), racionalidade material e racionalidade formal (Max Weber), e assim por diante. Cada par de oposições quer assinalar uma diferença, demonstrando o caráter de descontinuidade que a consciência moderna possui de si mesma, como aponta o segundo termo de cada um destes pares conceituais, que é aquele que designa o que é próprio ou específico em nossa era.

Sob certo aspecto, esta tentativa de ler a modernidade sob o registro de sua temporalidade e historicidade se prolonga na teoria sociológica do pós-guerra. É claro que até final dos anos 70 do século passado ainda poderíamos, descontadas todas as simplificações, dividir as teorias da sociedade moderna em duas grandes imagens. Elas nos foram legadas pelo funcionalismo e pelo problema da "ordem" e da "integração", de um lado; e pelo marxismo e pelo problema da "mudança" e do "conflito", de outro. Mas, ao longo dos anos de 1980, esta disputa começou a ruir e novas concepções da sociedade moderna se multiplicaram na imaginação sociológica. Estas teorias não estavam mais tão preocupadas em entender a gênese da modernidade, demarcando sua diferença com formas sociais consideradas anteriores. Seu foco começou a se concentrar em entender como a sociedade moderna se vê confrontada com sua própria dinâmica interna e com mudanças que envolvem não tanto o seu processo de formação, mas o seu processo de transformação.

Este novo foco provocou um deslocamento da teoria sociológica que, lentamente, se movimentou da dualidade tradição e modernidade para dicotomias imanentes que procuram assinalar uma diferença interna. No bojo deste processo de autorreflexividade, a modernidade não se define mais a partir do confronto com seu outro temporalmente anterior, mas consigo mesma: o outro da modernidade não é mais a tradição (moderno x pré-moderno), mas as consequências de seu desenvolvimento e consolidação (moderno x transformação do moderno). Não espanta, pois, que o termo "pós" continue a ser, até hoje, um dos principais recursos da sociologia para delimitar uma ruptura que se dá no interior do próprio processo moderno. Precursora desta tendência foi a teoria da sociedade pós-industrial (Daniel Bell), uma das primeiras a chamar a atenção para uma mudança estrutural das formas modernas de vida, ainda que muito focada no plano econômico. A ela seguiram-se as discussões sobre o pós-socialismo, o pós-fordismo, o pós-trabalho, o pós-classe, a pós-história, o pós-social, o pós-humano, o pós-colonial, o pós-antropoceno e muitos outros tipos de pós ("depois de").

Foi com o conjunto de teorias e abordagens agrupadas sob a denominação da pós-modernidade (em íntima associação com o pós-estruturalismo) que esta nova consciência histórico-temporal adquiriu sua expressão mais consequente, sugerindo uma ruptura de caráter radical que estaria a nos levar para além do horizonte moderno (LYOTARD, 1979). O que seria esta condição pós-moderna é algo que será discutido em capítulo específico deste livro. O fato é que nem todos aceitaram a tese de um corte tão profundo contido na expressão "pós", e sem deixar de reconhecer as mudanças em curso, não perderam de vista também os elementos de continuidade e persistência no interior do moderno. Não se trata de uma transformação para além da modernidade, mas na própria modernidade. Daí a proliferação de novas expressões como "segunda modernidade", "modernidade tardia", "modernidade reflexiva", "alta modernidade", "modernidade líquida" (em oposição à modernidade sólida), "modernidade radicalizada" e assim por diante. Nesta perspectiva reconhece-se que a modernidade vem passando por profundas mudanças, mas elas são transformações *ad intra* e não rupturas que nos levam para um mundo completamente diferente. Daí o esforço sociológico em forjar conceitos que consigam captar esta mútua imbricação entre continuidade e mudança, persistência e inovação, ordem e ruptura, de uma forma de viver socialmente que faz da contestação contínua de si mesma seu modo próprio de ser.

3.2 Espaço

Nem bem o debate sobre a radicalidade e a intensidade das transformações histórico-imanentes da realidade contemporânea se encontrava em curso e uma nova frente de investigação começou a ganhar força, ampliando os termos da discussão sobre o caráter da sociedade moderna. Ela veio impulsionada pelas transformações tecnológicas, econômicas, políticas e culturais que se acentuaram dramaticamente durante os anos 90 do século XX. Nesse período, novas tecnologias da comunicação, informação (especialmente o surgimento da rede mundial de computadores), a crise ecológico-ambiental, a universalização da noção de direitos humanos, o colapso da experiência socialista (fim da União Soviética) e a integração dos mercados de bens e de finanças com a concomitante crise do Estado-nação e seus mecanismos de regulação econômica (keynesianismo) e rede de proteção social (Welfare-State), entre outros fenômenos, indicavam que estava em curso uma nova frente de transformações nas relações, processos e estruturas sociais, com implicações planetárias.

Este conjunto de transformações não dizia respeito tanto à dimensão da experiência histórico-temporal da modernidade, mas ao seu alcance espacial, quer dizer, ao raio de alcance ou à proximidade e distanciamento das relações entre todos os indivíduos de nossa "aldeia global" (McLUHANN, 1967). Tentativas anteriores de compreensão de fenômenos sociais planetários não devem ser esquecidas e já vinham, de certo modo, sendo discutidas nas teorias da modernização (PARSONS, 1967), do imperialismo ou mesmo das célebres discussões sobre a dependência na América Latina. Mas em que medida essas novas formas de conectividade entre os indivíduos, atores coletivos, grupos, organizações, estados, movimentos, instituições, sociedades e culturas, estaria passando por um novo estágio de expansão quantitativa e de adensamento qualitativo? O que há de especificamente novo no momento que estamos vivendo e para onde ele está nos levando? Era este o desafio que se impunha pensar e, mais uma vez, a radicalidade e intensidade das transformações estimulou um intenso debate teórico. Sem pretender um levantamento completo, podemos identificar, pelo menos, quatro tendências no seio da literatura sociológica que aprofundam esse tema. Elas podem ser classificadas dependendo de suas diferentes ênfases teórico-semânticas, a saber: econômica, política, cultural e institucional.

1) A primeira destas tendências orienta-se pela semântica econômica, já implícita no conceito de "globalização" oriundo da ciência econômica. É nesta direção que se movem muitas das novas teorias do marxismo que se esforçam por pensar a globalização como uma nova etapa do modo de produção capitalista (IANNI, 1991). A mais ambiciosa destas tentativas é a análise do sistema-

-mundo (Terence K. Hopkins, Samir Amin, Giovanni Arrighi, André Gunder Frank e Immanuel Wallerstein) entendido como uma totalidade econômica que engloba a realidade global e que diferencia entre regiões centrais, periféricas e semiperiféricas do capitalismo (WALLERSTEIN, 1974; 1980; 1989). Também para Dirlik (2003) o capitalismo é a força motriz de uma modernidade global. Outros sociólogos, porém, tentam fugir da ênfase primordial em fatores econômicos, procurando conferir um sentido sociológico mais vasto ao conceito de globalização. Tais teorias da globalização visam reformular o conceito para entender o redimensionamento e o entrelaçamento da dimensão local, nacional e global (FAETHERSTONE, 1990). Qualquer evento local possui, potencialmente, um alcance global e, na mesma direção, fenômenos globais afetam a realidade local (na expressão de Roland Robertson (1992); trata-se, portanto, de uma "glocalização"). Por esse viés, a globalização é um fenômeno multidimensional que engloba não apenas os fatores econômicos, mas também a interligação e a interdependência entre elementos políticos, culturais, ambientais, religiosos, migratórios, culturais, artísticos etc.

2) Uma segunda vertente da literatura orienta-se pela semântica política, colocando no eixo de suas reflexões o fenômeno do (pós-)Estado (que, na célebre acepção weberiana, é aquele ente social que, dentro de determinado território, é o único que possui legitimidade para aplicar a força física). Não por acaso, tais teorias tentam entender os processos de desterritorialização das relações sociais. São estas ideias que nós vamos encontrar na teoria da transnacionalização e da cosmopolitização de Ulrich Beck (2000), bem como na tese do cosmopolitismo de conexões de Craig Calhoun (1995). Estes sociólogos nos convidam a superar o nacionalismo metodológico e a assumir a perspectiva globalista, libertando a sociologia da identificação entre o conceito sociedade e o conceito de Estado-nação (CHERNILO, 2010). Nessa mesma linha podemos situar as teorias da democracia cosmopolita e do Estado pós-nacional de Jürgen Habermas (2001; 2012) e de outros autores da teoria crítica, como Seyla Benhabib (1986; 2002) – que reflete sobre os processos de constitucionalização global – e Nancy Fraser (2014) – que discute a justiça no quadro pós-westfaliano, todas preocupadas em captar e promover as novas formas de política que emergem no plano global.

3) A reflexão sobre o caráter global do moderno também segue na direção da semântica simbólico-cultural. Reflexo desse *cultural-turn* é, em primeiro lugar, a teoria das modernidades múltiplas e sua tentativa de dissociar modernidade e Ocidente (EINSENSTADT, 2001). Partindo do clássico conceito de civilização e da sociologia da cultura de Max Weber, Alfred Weber, Karl Jaspers e outros autores, essa abordagem procura mostrar que, à medida que as formas de experiência moderna deixaram a civilização europeia e foram levadas para outros continentes e civilizações, elas foram recriadas e transformadas pelas elites locais, dando origem a novos modos de vivência e organização do

moderno, como é o caso da modernidade anglo-americana, da modernidade ibero-americana ou da modernidade japonesa (EINSENSTADT, 2010), entre outras. É neste sentido que podemos falar, então, da multiplicidade da modernidade ou mesmo de modernidades múltiplas. Este esforço de transcendência da sociologia do seu contexto histórico-local de nascimento (a Europa moderna) para a assunção de um ponto de vista global que incorpore perspectivas daqueles situados em outros quadrantes planetários prossegue com os estudos pós-coloniais e, no caso da América Latina, decoloniais (QUIJANO, 2000). Radicalizando, a partir da teoria do discurso (BHAMBRA, 2014), a dimensão crítica e tomando como ponto de partida a experiência histórica das sociedades que foram fruto do colonialismo e do imperialismo (SPIVAK, 2010), tais abordagens questionam a dicotomia discursiva Ocidente *versus* Oriente (SAID, 2007) e, especialmente, a imagem deste último, colocando-se a possibilidade de pensar em "modernidades alternativas" (GAONKAR, 2001) ou mesmo "modernidades entrelaçadas" (CONRAD; RANDERIA, 2012).

4) Por fim, a busca por uma teoria que integre a dimensão econômica, política e cultural em uma semântica institucional, não se deve esquecer, deve muito à reflexão pioneira de Niklas Luhmann (1997), Peter Heintz (1982) e John Mayer (1997), precursores na aplicação do conceito de sociedade para a realidade global. Daí o termo empregado por eles: sociedade mundial [*World Society* ou *Weltgesellschaft*]. Na acepção desse último estamos frente a uma única sociedade, com dimensões planetárias (o que não exclui diferenças regionais e distinções culturais), resultado do fato de que os sistemas sociais da modernidade funcionalmente diferenciada não obedecem a fronteiras espaciais. Os sistemas econômico, político-jurídico (organização política em torno do Estado-nação acoplado à ordem jurídico-constitucional), científico, religioso, da educação massificada e outros possuem uma dinâmica própria e colocam em comunicação, pelo menos potencialmente, todos os indivíduos do globo terrestre. Ao mesmo tempo, eventos, atores e estruturas globais também são causas motrizes de uma ordem social de nível global (STICHWEH, 2000). A sociedade mundial, nas suas múltiplas dimensões (econômica, política, cultural etc.), constitui uma única realidade com características próprias e autônomas que não pode ser reduzida à escala cultural, regional, nacional ou local. Em Thomas Schwinn (2006) esta plataforma institucional vai servir para reformular, em chave weberiana, a teoria das modernidades múltiplas, ainda que ele rejeite a ideia de uma sociedade mundial.

Mas não é apenas a diferença na semântica discursiva (econômica, política, cultural ou institucional) que desafia a sociologia na busca por um olhar global, transnacional, múltiplo ou pós-eurocêntrico. Não se trata apenas do ponto de partida empírico (mercado, Estado, culturas, instituições, sistemas sociais ou periferias) a partir do qual se observa o fenômeno que divide as atuais teorias da modernidade em sua escala global. Neste rico embate conceitual, as teorias também divergem sobre o caráter universal ou particular do modo de vida social que emergiu na Europa a partir do século XVI e que passou a ser designado de modernidade. Ainda que na realidade atual, as relações, processos e estruturas sociais dessa forma de vida tenham se mundializado, resta saber se vivemos em um mundo mais uniforme ou ainda mais diverso. O que nos une e o que nos separa? Como pensar os elementos de homogeneidade e de heterogeneidade da realidade global? O que há de universal e ao mesmo tempo de particular no modo de ser moderno?

Esta vasta, criativa e rica discussão sociológica de teorização sobre o caráter da sociedade moderna, seja no que tange ao plano histórico (tempo), seja no tange ao plano global (espaço), está contemplada especialmente na terceira parte desta coletânea que discute, muito particularmente, as teorias da pós-modernidade, da globalização, das modernidades múltiplas e do pós-colonialismo. No entanto, a ontologia da nossa era não se limita apenas a esta parte do livro e teorias da sociedade moderna também podem ser procuradas em outros capítulos, como nas teorias da segunda modernidade (Anthony Giddens), da sociedade de risco (Ulrich Beck), na teoria dos sistemas sociais de Parsons e Luhmann ou mesmo na provocativa tese de que jamais fomos modernos, tal como aventado por Bruno Latour, entre outros. Juntos eles compõem um rico quadro daquela que pode ser considerada a pergunta vital da ciência sociológica desde o seus primórdios: Em que mundo vivemos? Questão que volta a aparecer no tópico seguinte, mas desta feita com acento primordialmente normativo que pode ser assim traduzido: Em que mundo queremos viver?

4 Normatividade: entre crise e crítica

Também faz parte da consciência sociológica de análise do moderno apreendê-lo enquanto horizonte de experiência social que carrega consigo dilemas e possibilidades. Abre-se, a partir daí, a janela para a dimensão crítico-normativa da teoria sociológica, ou seja, para aquela dimensão que, a partir do diagnóstico do presente e de nossa expectativa de futuro (sempre ancorada em escolhas valorativas) problematiza nossa experiência social em termos de suas contradições e potencialidades. Neste sentido podemos afirmar que existe um elo intrínseco entre diagnóstico e crítica. O lugar e a função da normatividade na teoria sociológica continuam a ser alvo de acirrado debate, tema discutido especialmente no interior da Escola de Frankfurt que sempre defendeu esta possibilidade a partir da ideia de "crítica imanente", ainda que a articulação entre ser (âmbito descritivo) e dever-ser (âmbito prescritivo) tenha sido posta em dúvida desde Max Weber. Colocando a questão em termos mais amplos, também podemos dizer que, vivida como questionamento e urgência (ou seja, como condição de "crise", no sentido de Koselleck (1999), é a própria modernidade que coloca a si mesma sob a permanente hermenêutica da suspeição. A semântica da crise, ao mesmo tempo em que coloca o presente sob exame do tribunal da razão e da moral, também nos permite refletir sobre as escolhas que desejamos fazer. E, frente às alternativas disponíveis, temos mais uma janela aberta, e ela nos leva para o horizonte da decisão, quer dizer, da ação política.

Sob quais modalidades a suspeição (teórica) e a decisão (prática) podem ser efetivamente articuladas no interior do discurso teórico-científico da sociologia (que é empírica) não deixa de ser, novamente, um problema epistemológico. Por este ângulo estão em tela as seguintes indagações: (1) uma teoria (sociológica) crítica é possível? E, no caso afirmativo: (2) o que é teoria crítica, ou seja, em que condições cognitivas a crítica (normativa) dos valores e a crítica (científica) dos fatos podem ser articulados?

No entanto, não buscamos reduzir o tema apenas à versão que lhe é dada na tradição da teoria crítica da Escola de Frankfurt e sua tese da crítica imanente. Sem deixar este tópico de fora (cf. o capítulo sobre a Escola de Frankfurt), nossa escolha não recaiu nas condições formais da crítica, mas em suas modalidades concretas, ou seja, buscamos oferecer um retrato plural das avaliações substantivas e das escolhas políticas que delas derivam. Duas grandes tendências ideológicas aparecem aqui retratadas. De um lado, aquelas que se situam no horizonte normativo da esquerda, em especial nas suas expressões mais contemporâneas (cf. o amplo panorama traçado por Domingues) nas quais o clássico problema da desigualdade vem articulado também à questão da diferença e da identidade (raça, gênero etc.). Mas seria um erro ignorar que as plataformas valorativas que subsidiam a reflexão sociológica são múltiplas, razão pela qual as tendências "conservadoras" – sintetizadas sob o mote da crítica da modernidade técnica – poderiam ter sido apresentadas e nos familiarizar com nomes como Arnold Gehlen, Helmut Schelsky ou mesmo Peter Sloterdjick, entre outros. E, mesmo que não incluídas, não se deveria esquecer que sociologias de corte liberal, como as protagonizadas por Ralf Dahrendorf, Raymond Aron ou Raymond Boudon, por exemplo, fazem falta.

Lacunas à parte, nossa intenção de fundo foi deixar fluir – sem prejulgamentos e conscientes do valor da pluralidade –, as diferenças de avaliação sobre as formações sociais hipercomplexas e culturalmente plurais da atualidade, confrontadas com o desafio de compatibilizar diferentes concepções de "bem" (valores éticos concretos) e do "justo" (processos formais de tomada de decisão de caráter equitativo), como veremos no conjunto da parte final deste livro (*Os diagnósticos do presente e a teoria social normativa*).

5 Uma teoria sociológica é possível?

Por fim, um dilema final que diz respeito ao campo da sociologia refere-se ao problema da unidade da teoria sociológica. Ocorre que essa ciência nunca se cristalizou em torno de uma teoria, e cada nova tentativa de proporcionar unidade ao campo teórico apenas aciona o mecanismo da fragmentação crescente. Por essa razão é sempre mais adequado falar em teoria(s) sociológica(s) no plural do que no singular. Caoticamente plural, a teoria sociológica não consegue resolver o dilema da necessidade e desejabilidade de um paradigma (quer dizer, um corpo único de raciocínio sistemático) ou, para colocar o ponto na forma de uma pergunta, não há consenso em torno da seguinte indagação: Uma teoria sociológica é possível e desejável? Enquanto alguns veem tal estado plural como uma anomalia, outros concebem o caráter multiparadigmático como uma situação absolutamente normal em se tratando de ciências sociais. O primeiro grupo busca superar esta fragmentação pela via da convergência ou da síntese de várias teorias, enquanto os partidários da pluralidade preferem apostar na pura ou simples concorrência ou mesmo na complementaridade de perspectivas diferentes (KNEER; SCHROER, 2009, p. 11-13).

Embora esta coletânea não advogue por uma posição específica neste debate, nosso empenho em indicar âmbitos de discussão que articulam o discurso teórico em sociologia (ontologia social, epistemologia, metodologia, modernidade e normatividade) não deixa de apontar nossa confiança na tradição sociológica e para a existência de dilemas e problemas que atravessam temporal e estruturalmente esta ciência. Segundo nosso ponto de vista, eles constituem um núcleo que confere certo grau de sistematicidade, coerência, continuidade e articulação ao campo da(s) teorias(s) sociológica(s) contemporâneas, mostrando sua vitalidade, sua pertinência e sua atualidade.

Não é o caso aqui de oferecer uma síntese dos capítulos que, a partir destes eixos, exploram e aprofundam alguns dos principais autores: Talcott Parsons, Erving Goffman, Herbert Blumer, Alfred Schütz, James Coleman, Jon Elster, Niklas Luhmann, Bruno Latour, Roy Bhaskar, Margaret Archer, Anthony Giddens, Pierre Bourdieu, Max Horkheimer, Theodor Adorno, Jürgen Habermas, Axel Honneth, Nancy Fraser, Sheyla Benhabib, Wolfgang Schluchter, Shmuel Eisenstadt, Thomas Schwinn, Norbert Elias, Bernard Lahire, Luc Boltanski, Allain Caillé, Jean François Lyotard, Frederic Jameson, Zigmunt Bauman, Michel Foucault, Jacques Derrida, Ernesto Laclau, Ulrich Beck, Arnold Gehlen, Peter Sloterdijk, Hardt e Negri, Slavoy Zizek, Edward Said etc.) e linhas de pensamento (teoria dos sistemas, interacionismo simbólico, fenomenologia social, etnometodologia, teoria da escolha racional, teoria da dualidade da estrutura, dualismo analítico (ou teoria morfogenética), realismo crítico, estruturalismo genético, sociologia figuracional, processo civilizador, teoria do ator-rede (ou simétrica), autopoiese, sociedade de risco, teoria crítica, ação comunicativa, reconhecimento, teoria da dádiva, pragmatismo, modernização reflexiva, modernidades múltiplas, pós-colonialismo, pós-estruturalismo, pós-modernidade etc.), abarcando o que de melhor tem sido feito em termos de teoria sociológica na contemporaneidade. Mais importante será convidar o(a) leitor(a) a apreciar este trabalho coletivo e inovador que, assim acreditamos, irá contribuir, no âmbito do ensino, para uma recepção crítica e aprofundada do pensamento sociológico atual, hoje confrontado com transformações radicais no campo da epistemologia e com a potencialização das tendências mais profundas dos tempos modernos.

Referências

ALBERT, G. (2016). Holismo metodológico moderado: uma interpretação weberiana do modelo macro-micro-macro. *Política & Sociedade*, v. 14, n. 34, p. 43-76.

ALEXANDER, J. (1982a). *Positivism, presuppositions, and current controversies.* Berkeley: University of California Press [Theoretical Logic in Sociology, vol. 1].

ALEXANDER, J. (1982b). *Antinomies of classical thought, Marx and Durkheim.* Berkeley: University of California Press [Theoretical Logic in Sociology, vol. 2].

ALEXANDER, J. (1983a). *Classical attempt at theoretical synthesis: Max Weber.* Berkeley: University of California Press [Theoretical Logic in Sociology, vol. 3].

ALEXANDER, J. (1983b). *Modern reconstruction of classical thought: Talcott Parsons.* Berkeley: University of California Press [Theoretical Logic in Sociology, vol. 4].

ALEXANDER, J. (1987). *Twenty Lectures: Sociological Theory since World War II.* Nova York: Columbia University Press.

ALEXANDER, J. (1995). Modern, Anti, Post, and Neo – Hows Social Theories Have Tried to Understand the "New World of Our Time". *Fin de Siècle social theory: relativism, reduction, and the problem of reason.* Londres: Verso, p. 6-64.

ARCHER, M. (1995). *Realist social theory: the morphogenetic approach.* Cambridge: Cambridge University Press.

BECK, U. (2000). The cosmopolitan perspective: sociology of the second age of modernity. *British Journal of Sociology*, Londres, 51 (1), p. 79-105.

BENHABIB, S. (1986). *Critique, norm and utopia: a study of the foundations of critical theory.* Nova York: Columbia University Press.

BENHABIB, S. (2002). *The claims of culture: equality and diversity in the global era.* Princeton: Princeton University Press.

BÉRAUD, C.; COULMONT, B. (2008). *Les courants contemporains de la sociologie.* Paris: PUF/Licence.

BERTHELOT, J.-M. (2000). *La Sociologie française contemporaine.* Paris: PUF.

BHAMBRA, G.K. (2014). As possibilidades quanto à sociologia global: uma perspectiva pós-colonial. *Sociedade e Estado*, v. 29, n. 1, p. 131-151.

BHASKAR, R. (1997). *A Realist Theory of Science.* Londres: Verso.

BRONNER, G.; KEUCHEYAN, R. (2012). *La théorie sociale contemporaine.* Paris: PUF.

CALHOUN, C. (1995). *Critical social theory: culture, history and the challenge of difference.* Oxford: Basil Blackwell.

CALHOUN, C. et al. (2008). *Contemporary sociological theory*. 2. ed. Malden: Blackwell.

CHERNILO, D. (2010). *Nacionalismo y cosmopolitismo: ensayos sociologicos*. Santiago: Universidad Diego Portales.

COLEMAN, J.S. (1990). *Foundations of Social Theory*. Harvard: Harvard University Press.

CONRAD, S.; RANDERIA, S. (orgs.) (2012). *Jenseits des Eurozentrismus: Postkoloniale Perspektiven in den Geschichts- und Kulturwissenschaften*. Frankfurt a. Main: Campus.

CORCUFF, P. (2001). *As novas sociologias: construções da realidade social*. São Paulo: Edusc.

DESCOLA, P. (2011). *Jenseits von Natur und Kultur*. Berlim: Suhrkamp.

DIMBATH, O. (2016). *Soziologische Zeitdiagnostik: Generation, Gesellschaft, Prozess*. Paderborn: Wilhelm Fink.

DIRLIK, A. (2003). Global modernity? – Modernity in an age of global capitalism. *European Journal of Social Theory*, Londres, 6 (3), p. 275-292.

DOMINGUES, J.M. (2003). *Teorias sociológicas no século XX*. Niterói: UFF.

DONATI, P. (2011). *Relational Sociology – A New Paradigm for the Social Sciences*. Londres/Nova York: Routledge.

DUTRA, L.H. (2003). *Introdução à teoria da ciência*. 2. ed. Florianópolis: UFSC.

EINSENSTADT, S. (2001). Modernidades múltiplas. *Sociologia*, n. 35, p. 139-163.

EINSENSTADT, S. (2010). Modernidade japonesa: a primeira modernidade múltipla não ocidental. *Dados – Revista de Ciências Sociais*, v. 53, n. 1, p. 11-54.

ELDER-VASS (2008). Searching for realism, structure and agency in actor network theory. *The British Journal of Sociology*, 59 (3), p. 455-473.

EMIRBAYER, M. (1997). Manifesto for a Relational Sociology. *The American Journal of Sociology*, v. 103, n. 2, p. 281-317.

ESSER, H. (1993). *Soziologie – Allgemeine Grundlagen*. Frankfurt a. Main/Nova York: Campus.

FAETHERSTONE, M. (1990). *Nationalism, Globalization and Modernity*. Nova Delhi: Sage.

FERNANDES, F. (1970). *Elementos de sociologia teórica*. São Paulo: Cia. Editora Nacional.

FOUCAULT, M. (2008). O que são as Luzes? In: MOTTA, M.B. (org.). *Ditos e escritos: arqueologia das ciências e história dos sistemas de pensamento*. Vol. 2. 2. ed. Trad. E. Monteiro. Rio de Janeiro: Forense Universitária.

FRASER, N. et al. (2014). *Transnationalizing the public sphere*. Cambridge: Polity.

GAONKAR, D.P. (2001). *Alternative modernities*. Durham: Duke University Press.

GIDDENS, A. (1991). *As consequências da modernidade*. São Paulo: Unesp.

GIDDENS, A.; TURNER, J. (orgs.). (1999). *Teoria social hoje*. São Paulo: Unesp.

HABERMAS, J. (2001). *A constelação pós-nacional: ensaios políticos*. São Paulo: Littera Mundi.

HABERMAS, J. (2009). *A lógica das ciências sociais*. Petrópolis: Vozes.

HABERMAS, J. (2011). *Zur Verfassung Europas: ein Essay*. Berlim: Suhrkamnp.

HACKING, I. (2001). *¿La construcción social de qué?* Ed. Paidós Ibérica.

HABERMAS, J. (2012). *Sobre a constituição da Europa: um ensaio*. São Paulo: Unesp.

HALLER, M. (2006). *Soziologische Theorie im systematisch-kritischen Vergleich*. Wiesbaden: Verl. für Sozialwissenschaften.

HARVEY, D. (1993). *A condição pós-moderna*. São Paulo: Loyola.

HEINTZ, P. (1982). A Sociological Code for the Description of World Society and its Change. *International Social Science Journal*, 34, p. 12-21.

IANNI, O. (1991). *Teorias da globalização*. Rio de Janeiro: Civilização Brasileira.

INGOLD, T. (2011). *Being Alive: Essays on Movement, Knowledge and Description*. Londres: Routledge.

JACQUEMAIN, M.; FRÈRE, B. (2008). *Épistémologie de la sociologie: Paradigmes pour le XXIᵉ siècle*. Bruxelas: De Boeck Supérieur.

JAEGGI, R. (2009). *Was ist Kritik?* Frankfurt a. Main: Suhrkamp.

JÄGER, W. (2003). *Sozialer Wandel in soziologischen Theorien der Gegenwart*. Wiesbaden: Westdt.

JOAS, H.; KNÖBL, W. (2004). *Sozialtheorie – Zwanzig einführende Vorlesungen*. Frankfurt a. Main: Suhrkamp.

KÄSLER, D. (2005). *Aktuelle Theorien der Soziologie: von Shmuel N. Eisenstadt bis zur Postmoderne*. Munique: Beck.

KNEER, G.; SCHROER, M. (orgs.) (2009). *Handbuch soziologische Theorien*. Wiesbaden: Springer.

KRON, T. (2010). *Zeitgenössische soziologische Theorien: Zentrale Beiträge aus Deutschland*. Wiesbaden: VS Verlag für Sozialwissenschaften.

KUHN, T.S. (2007). *A estrutura das revoluções científicas*. 12. ed. São Paulo: Perspectiva.

KUMAR, K. (1997). *Da sociedade pós-industrial à pós-moderna: novas teorias sociológicas sobre o mundo contemporâneo*. Rio de Janeiro: Zahar.

LALLEMENT, M. (2008). *História das ideias sociológicas: de Parsons aos contemporâneos*. 3. ed. Petrópolis: Vozes.

LATOUR, B. (1994). *Jamais fomos modernos: ensaio de antropologia simétrica*. 2. ed. Rio de Janeiro: Ed. 34.

LEMERT, C. *Social Theory: the multicultural and classic readings*. Boulder: Westview.

LEMERT, C.; ELLIOTT, A. (2014). *Introduction to Contemporary Social Theory*. Routledge.

LEPENIES, W. (1996). *As três culturas*. São Paulo: Edusp.

LUHMANN, N. (1997). *Die Gesellschaft der Gesellschaft*. Vol. 1 e 2. Frankfurt a. Main: Suhrkamp.

LYOTARD, J.F. (1979). *La condition postmoderne: rapport sur le savoir*. Paris: Minuit.

MANNHEIM, K. (1971). *Sociologia sistemática: uma introdução ao estudo da sociologia*. São Paulo: Pioneira.

MAYER, J.W. (1997). World Society and the Nation-State. *American Journal of Sociology*, 103, p. 144-181.

McLUHAN, M.; FIORE, Q. (1967). *The Medium is the Massage: An Inventory of Effects*. Nova York: Bantam Books.

MERTON, R.K. (1970). *Sociologia: teoria e estrutura*. São Paulo: Mestre Jou.

MIGNOLO, W. (2003). *Histórias locais/projetos globais: colonialidade, saberes subalternos e pensamento liminar*. Belo Horizonte: UFMG.

MOUZELIS, N. (1995). *Sociological Theory: What Went Wrong? Diagnosis and Remedies*. Londres: Routledge.

MOUZELIS, N. (2008). *Moderns and postmodern theorizing: Bridging the Divide*. Cambridge: Cambridge University Press.

NORTH, D. (1990). *Institutions, Institutional Change, and Economic Performance*. Cambridge: Cambridge University Press.

PARSONS, T. (1967). *Sociological theory and modern society*. Nova York: Free Press.

PARSONS, T. (1969). *Sociedades: perspectivas evolutivas e comparativas*. São Paulo: Pioneira.

PETER, L. (2015). Wie und warum betreibt man Soziologiegeschichte? In. MOEBIUS, S.; DAYÉ, C. *Soziologie-geschichte: Wege und Ziele*. Frankfurt a. Main: Suhrkamp, p. 112-147.

PIRIOU, O. (1999). *Pour une sociologie des sociologues – Formation, identité, profession*. ENS Éd.

QUIJANO, A. (2000). Colonialidad del poder, eurocentrismo y América Latina". In: LANDER, E. (org.). *La colonialidad del saber – Eurocentrismo y Ciencias Sociales: perspectivas latino-americanas*. Buenos Aires: Clacso.

RINGER, F. (2000). *O declínio dos mandarins alemães*. São Paulo: Edusp.

RITZER, G. (1991). *Metatheorizing in sociology*. Lexington: Lexington Books Heath.

RITZER, G. (2008). *Modern sociological theory*. 7. ed. Boston: McGraw-Hill.

ROBERTSON, R. (1992). *Globalization – Social Theory and Global Culture*. Sage.

ROSA, H. (2005). *Beschleunigung – Die Veränderung der Zeitstrukturen in der Moderne*. Frankfurt a. Main: Suhrkamp.

ROSENBERG, A. (1995). *Philosophy of Social Science*. Boulder: Westview.

SAID, E. (2007). *Orientalismo: o Oriente como invenção do Ocidente*. São Paulo: Companhia das Letras.

SAYER, A. (2000). *Realism and social science*. Londres: Sage

SCHLUCHTER, W. (2015). *Grundlegungen der Soziologie: eine Theoriegeschichte in systematischer Absicht*. Tübingen: Mohr Siebeck.

SCHWINN, T. (2006). Die Vielfalt und die Einheit der Moderne – Perspektiven und Probleme eines Forschungsprograms. *Die Vielfalt und die Einheit der Moderne: Kultur-und strukturvergleichenden Analysen*. Wiesbanden: VS Verlag, p. 7-34.

SCOTT, J. (1995). *Sociological theory: contemporary debates*. Aldershot: Elgar.

SEARLE, J.R. (1997). *La construcción de la realidad social*. Ed. Paidós Ibérica.

SOROKIN, P.A. (1969). *Novas teorias sociológicas*. Porto Alegre/São Paulo: Globo/USP.

SPIVAK, G.C. (2010). *Pode o subalterno falar?* Belo Horizonte: UFMG.

STICHWEH, R. (2000). *Die Weltgesellschaft – Soziologische Analysen*. Frankfurt a. Main.

SWEDBERG, R. (2014). *The art of social theory*. Princeton: Princeton University Press.

SWEDBERG, R. (2014b). *The Art of Social Theory*. Princeton: Princeton University Press.

SWEDBERG, R. (2014c). *Theorizing in the Social Sciences: The Context of Discovery*. Stanford University Press.

SIMMEL, G. (2006). *Questões fundamentais de sociologia*. Rio de Janeiro: Zahar.

TAYLOR, C.; DREYFUS, H. (2015). *Retrieving Realism*. Harvard: Harvard University Press.

TURNER, J. (2010). *Handbook of sociological theory*. Nova York; Springer.

TURNER, J. (2013). *Contemporary sociological theory*. Los Angeles: Sage.

TURNER, J. (2014). *Theoretical Sociology: a concise introduction to twelve sociological theories*. Los Angeles: Sage.

VANDENBERGUE, F. (2009). Prefácio à edição brasileira: Metateoria, teoria social, teoria sociológica. *Uma historia filosófica da sociologia alemã*. Vol. 1. São Paulo: Annablume, p. 1-37.

WALLERSTEIN, I. (1974). *The Modern World-System – Vol. I: Capitalist Agriculture and the Origins of the European World-Economy in the Sixteenth Century*. Nova York/Londres: Academic Press.

WALLERSTEIN, I. (1980). *The Modern World-System – Vol. II: Mercantilism and the Consolidation of the European World-Economy, 1600-1750*. Nova York: Academic Press.

WALLERSTEIN, I. (1989). *The Modern World-System – Vol. III: The Second Great Expansion of the Capitalist World-Economy, 1730-1840's*. São Diego: Academic Press.

WALLERSTEIN, I. (2011). *The Modern World-System – Vol. IV: Centrist Liberalism Triumphant, 1789-1914*. Nova York: Academic Press.

WESSLER, U. (2011). *Heteronomien des Sozialen: Sozialontologie zwischen Sozialphilosophie und Soziologie*. Wiesbaden: VS Verlag für Sozialwissenschaften.

ZAHLE, J.; COLLIN, F. (2014). *Rethinking the Individualism-Holism Debate: Essays in the Philosophy of Social Science*. Cham: Springer.

Parte I
Realismo *versus* antirrealismo

1
Realismo crítico

Cynthia Lins Hamlin

O realismo crítico é um movimento na filosofia, na teoria social e em áreas correlatas, associado ao pensamento do filósofo anglo-indiano Roy Bhaskar. De um ponto de vista estritamente filosófico, o realismo crítico inverte a primazia que a filosofia moderna conferiu à epistemologia (o estudo do conhecimento) sobre a ontologia (o estudo do Ser). Ao enfatizar a pergunta "o que é isso?", em detrimento de "como conhecer isso?", o realismo crítico recusa a redução do mundo àquilo que conhecemos ou pensamos sobre ele. Neste sentido, representa uma alternativa importante tanto às abordagens positivistas, que tendem a identificar o real com aquilo que podemos conhecer empiricamente, quanto às abordagens pós-modernas, que tendem a concebê-lo como mero construto social. Mais especificamente, o realismo crítico considera que as filosofias da ciência implícitas a essas abordagens consistem em ideologias filosóficas que impedem o desenvolvimento do projeto de emancipação humana iniciado no Iluminismo, e que precisa ser retomado de uma perspectiva, ao mesmo tempo, crítica e reconstrutiva.

A crítica de Bhaskar às filosofias da ciência dominantes deu origem a uma ontologia geral que define a realidade como algo diferenciado, estruturado e em constante mudança. Sua aplicação ao domínio social se mostrou particularmente fértil para as ciências humanas. Não por acaso, hoje é possível encontrar adeptos do realismo crítico em áreas tão distintas quanto filosofia, linguística, economia, direito, sociologia, relações internacionais, estudos feministas e de gênero, dentre outras. É, contudo, na sociologia que o realismo crítico tem exercido um impacto mais marcante[1]. Um dos produtos da filosofia das ciências sociais de Bhaskar é o "modelo transformacional de atividade social", que considera tanto a agência quanto a estrutura como aspectos da matriz social irredutíveis um ao outro. Este

---

1. No Brasil, além da sociologia, o realismo crítico tem se destacado na linguística, particularmente na Análise do Discurso Crítica, informada pelos trabalhos de Norman Fairclough. Para uma boa síntese do tipo de trabalho desenvolvido nesta área, cf. Resende e Ramalho (2006) e Barros e Resende (2016).

modelo caiu como uma luva para os debates de síntese da década de 1980 (ALE-XANDER, 1987), especialmente para o debate agência/estrutura que caracterizou grande parte da sociologia britânica das últimas décadas do século XX.

Por se tratar de um movimento metateórico, o realismo crítico não endossa uma teoria sociológica particular, mas é compatível com muitas delas. É possível, por exemplo, encontrar convergências entre a concepção de prática de Bhaskar e aquelas desenvolvidas de maneira independente por autores como Anthony Giddens e Pierre Bourdieu – ainda que haja controvérsias acerca da extensão e consequências dessas convergências (cf. ARCHER, 1995; DOMINGUES, 2000; 2004; SCRIBANO, 2009; VANDENBERGHE, 2010). Devido à sua ênfase na inter-relação entre agência e estrutura, além de uma concepção de agência informada pelo conceito de poder causal, Bhaskar chegou a considerar a teoria da estruturação de Giddens como um exemplo particularmente adequado de teorial social realista, mas foi Margaret Archer quem encontrou uma afinidade especial entre sua sociologia morfogenética e o realismo crítico. A partir de uma crítica àqueles dois autores, Archer desenvolveu uma versão particular de teoria social realista, levando o próprio Bhaskar a rever sua posição inicial em relação a Giddens. Archer é hoje considerada não apenas uma das principais representantes do realismo crítico, mas da sociologia britânica contemporânea.

É essa relação entre os elementos metateóricos e teóricos do realismo crítico que constituirá o eixo deste capítulo. Dedicarei a primeira parte ao esclarecimento das principais ideias da filosofia bhaskariana, com ênfase em sua filosofia das ciências sociais e em seu modelo transformacional da ação social. Em seguida, discorrerei sobre o desenvolvimento dessas ideias na teoria morfogenética de Margaret Archer.

1 Roy Bhaskar

Filho de mãe inglesa e pai indiano, Ram Roy Bhaskar nasceu em Londres, em 1944, e faleceu em 2014. Sua mãe assumiu a identidade étnica do marido após o casamento. Ambos eram adeptos da teosofia, uma espécie de "hinduísmo para indianos ocidentalizados" (BHASKAR; HARTWIG, 2010, p. 3), e bastante tradicionais. Em uma série de entrevistas concedidas a Mervyn Hartwig (ibid.), Bhaskar conta que sua infância e juventude foram marcadas por um sentimento ambíguo de pertencimento e não pertencimento. Na escola, era alvo constante de *bullying* e de racismo; na família, refere-se à relação com seu pai em termos gramscianos, uma "guerra de posição", sobretudo no que diz respeito às suas escolhas profissionais. Embora o plano de seu pai fosse que ele estudasse medicina – chegou a matriculá-lo, sem seu conhecimento, na conceituada *King's College Medical School* –, Bhaskar graduou-se em Filosofia, Política e Economia na Universidade de Oxford, em 1966. Nesse mesmo ano, e na mesma universidade, começou a ensinar no Pembroke College e deu início a uma tese de doutorado em Economia do Desenvolvimento, que depois se transformou em uma crítica das ciências sociais, sob a orientação do filósofo e psicólogo social Rom Harré. Bhaskar tinha relações ambivalentes com a academia. Embora nunca tenha defendido sua tese, foi professor em Edimburgo e, mais tarde, em Sussex. Mas foi como pensador independente, ainda que com ligações acadêmicas em Tromso (Noruega), Orebro (Suécia) e Londres, que trabalhou a maior parte de sua vida.

Sua obra, como sua vida, transita mundos distintos: Ocidente e Oriente, o aqui e o além, a realidade e a "metarrealidade". Sua filosofia, como o feminismo, desenvolveu-se em três ondas (VANDENBERGHE, 2010, p. 22). A primeira delas, conhecida como realismo crítico clássico ou tradicional, desenvolveu-se entre as décadas de 1970 e 1980, e envolve três temas principais: uma filosofia realista da ciência (o "realismo transcendental"); uma filosofia das ciências sociais (o "naturalismo crítico")[2]; uma crítica às ideologias implícitas às filosofias da ciência que impedem o pleno desenvolvimento da liberdade humana (a "crítica explanatória"). As principais obras desta onda são *A Realist Theory of Science* (Uma teoria da ciência realista), de 1975, *The Possibility of Naturalism* (A possibilidade do naturalismo), de 1979, *Scientific Realism and Human Emancipation* (Realismo científico e emancipação humana), de 1986, e *Reclaiming Reality* (Reivindicando a realidade), de 1989.

A segunda onda, conhecida como realismo crítico dialético, teve início nos anos de 1990 com a publicação de *Dialectic: the Pulse of Freedom* (Dialética: o pulso da liberdade), em 1993, e *Plato etc.* (Platão etc.), em 1994. Consiste em uma extensão e aprofundamento da ideia de crítica explanatória em direção a toda a tradição da filosofia ocidental, desde os gregos até as abordagens contemporâneas. Concebida como uma metacrítica que assume a forma de uma teoria geral e não hegeliana da dialética, busca transcender as dualidades e separações da filosofia, como sujeito/objeto, indivíduo/sociedade, fato/valor, natureza/sociedade. Com ênfase em noções como negatividade, ausência, mudança e totalidades abertas, a dialética é concebida, de forma um tanto elíptica, como algo que possibilita "ausentar ausências" (ou restrições) – tanto no plano ontológico quanto no epistemológico e no ético. Trata-se, em última análise, de um processo de aprofundamento do conhecimento acerca da natureza estratificada e constelacional do Ser, um conhecimento que nos levaria da alienação à emancipação (BHASKAR, 1998; HARTWIG, 2007). As obras desse período foram adquirindo um caráter cada vez mais hermético, e a possibilidade de aplicação às disciplinas substantivas ficou cada vez mais remota. A segunda onda do realismo crítico foi, na verdade, um grande divisor de águas entre os adeptos do realismo crítico. Muitos se recusaram a surfar esta onda, cujos textos chegaram a ser qualificados por Vandenberghe (2010, p. 34) como "no limite entre o *nonsense* e a insanidade".

---

2. O termo realismo crítico deriva da junção dos termos "realismo transcendental" e "naturalismo crítico".

A terceira onda é conhecida como realismo crítico dialético transcendental. Fruto da "virada espiritual" de Bhaskar, esta fase representa uma preocupação com a metarrealidade. Nas palavras de Gary Hawk (2016, p. 32): "se o realismo crítico é uma filosofia da ciência e o realismo crítico dialético é uma filosofia da dialética, a filosofia da metarrealidade é uma filosofia da liberdade, do amor e da criatividade; uma filosofia sobre eu e você, uma filosofia que oferece a identidade sobre a diferença, a unidade sobre a cisão, uma filosofia do não dual". Os principais livros desta fase são: *Reflections on metaReality: Transcendence, Emancipation and Everyday Life* (Reflexões sobre a metaRealidade: transcendência, emancipação e vida cotidiana), de 2002; *From Science to Emancipation: Alienation and the Actuality of Enlightenment* (Da ciência à emancipação: alienação e a atualidade do Iluminismo) de 2002; *The Philosophy of metaReality: Creativity, Love and Freedom* (A filosofia da metaRealidade: criatividade, amor e liberdade), também de 2002.

Nesta fase de sua obra, Bhaskar faz uso extensivo de conceitos filosóficos do budismo e do hinduísmo, concebendo o mundo em que vivemos como um mundo de ilusão e de opressão que não permite o pleno desenvolvimento do potencial humano. Este mundo ilusório, marcado por dualismos, seria uma "demi-realidade", termo usado por ele para indicar que podemos até sentir que algo é real, mas este sentimento baseia-se em crenças falsas. Aprofundando ainda mais seu projeto metacrítico, Bhaskar procura agora transcender dualidades como Oriente/Ocidente, *yin/yang*, sagrado/profano, céu/terra. Como afirmou, ao criticar o dualismo de Kant expresso na conclusão da *Crítica da razão prática*, "não é que exista o céu estrelado sobre mim e a lei moral em mim [...]; a verdadeira base de nossa existência virtuosa reside no fato de que o céu estrelado está dentro de você, e você está dentro dele" (BHASKAR, 2002c, p. 351). Para Bhaskar, ao nos tornarmos conscientes de nossa conexão profunda com outras pessoas e com o mundo (pois também se trata de uma ecologia profunda), podemos dar início ao processo de "transformação e destruição das estruturas de opressão, alienação, mistificação e miséria que nós mesmos produzimos" (ibid., p. vii). Embora esta concepção alargada de realidade tenha consequências para a primeira fase do realismo crítico (ao considerar que a ciência dá conta apenas do demi-real, o mundo da ilusão e das aparências), Bhaskar ainda considera que o realismo crítico clássico é uma boa filosofia relativa a este mundo.

Ainda que reconheçamos que "a quebra de uma onda não possa explicar o mar inteiro" (Vladimir Nabokov), de um ponto de vista da teoria social, propriamente dita, é a primeira onda do realismo crítico que nos interessa aqui[3]. Por esta razão, dedicarei o restante desta seção ao esclarecimento dos três grandes temas

---

3. Para a influência da terceira onda do realismo crítico em trabalhos em sociologia da religião, cf. esp. Archer, Collier e Porpora (2014).

que informam a primeira onda: o realismo transcendental, o naturalismo crítico (incluindo o modelo transformacional da ação) e a crítica explanatória[4].

Realismo transcendental

O realismo transcendental, que marcou o projeto intelectual de Bhaskar no início dos anos de 1970, localizava-se na interface de duas críticas principais à filosofia da ciência hegemônica à época: o positivismo (BHASKAR, 1997; BHASKAR; HARTWIG, 2010). A primeira vinha sendo desenvolvida por autores como Bachelard, Popper, Kuhn, Lakatos, Feyerabend e Sellars. Em termos bastante gerais, essa crítica levou à negação da teoria monista do desenvolvimento da ciência defendida pelos positivistas (sobretudo do Círculo de Viena). De acordo com esta teoria, a ciência era um tipo de conhecimento empiricamente verificável e, por esta razão, apresentava um progresso linear e cumulativo. Diferentemente dos defensores da teoria monista, aqueles autores enfatizavam a dimensão sócio-histórica do conhecimento (notadamente Kuhn), assim como o caráter sobredeterminante da teoria em relação aos fatos. Nos termos de Popper, não existe observação teoricamente neutra; nos de Bachelard (1975, p. 57), "qualquer dado deve ser encontrado como resultado". A importância desta crítica refere-se àquilo que Bhaskar denomina de dimensão epistemológica ou transitiva da ciência, isto é, à consideração (antiempirista e antipositivista) de que o conhecimento não é um simples reflexo, em nossas mentes, de nossas experiências do mundo. Em vez disso, nossas experiências são mediadas por ideias gerais anteriormente existentes e, neste sentido, todo conhecimento é também social e historicamente contingente.

A segunda crítica, representada por autores como Michael Scriven, Mary Hesse e, sobretudo, por Rom Harré, chamava atenção para o papel dos modelos, das metáforas e das analogias na ciência, rechaçando a teoria dedutivista da filosofia da ciência positivista. De acordo com esta teoria dedutivista, cujo melhor exemplo é o modelo nomológico-dedutivo de Carl Hempel (1965), a explicação baseia-se em uma concepção de lei causal humeana que não possibilita distinguir adequadamente entre uma relação causal e uma relação meramente acidental entre dois eventos. Isto porque Hume define uma lei causal em termos de "conjunções constantes entre eventos", uma concepção segundo a qual não se pode sustentar a ideia de necessidade (que distingue uma relação causal de uma acidental): o que chamamos de necessidade seria um mero hábito mental, gerado pela observação repetida de determinados eventos que se seguem uns aos outros (sempre que A, então B; ou, numa versão probabilística, em x% das vezes em que A ocorre, então B). Uma explicação baseada nessa concepção de lei causal fundamenta-se na ideia simplista de que algo ocorreu porque as coisas sempre ocorrem daquela forma. Em um exemplo anedótico, William Outhwaite refere-se à fraqueza intrínseca das ex-

---

4. Parte desta exposição baseia-se em Hamlin, 2000.

plicações baseadas nesta concepção de lei: "Se eu perguntar por que meu trem está atrasado, eu posso ser parcialmente satisfeito se me for respondido que o trem das 8:55h sempre está atrasado, mas mesmo a *British Rail* dificilmente ousaria oferecer esta afirmação como uma *explicação*" (1987, p. 21, ênfases do autor).

Ao enfatizarem a importância dos modelos, metáforas e analogias, autores como Hesse e Harré negam que a ciência proceda simplesmente por meio de deduções a partir de leis gerais. Ao invés disso, frequentemente os cientistas introduzem analogias entre a forma ou o comportamento de objetos desconhecidos (sobre os quais, portanto, não se formularam leis) e objetos conhecidos de outros domínios. Um exemplo conhecido disso é a analogia entre o comportamento dos gases e as bolas de bilhar, utilizada pela teoria dinâmica dos gases (HESSE, 1963). Para Harré (1986), esses modelos funcionam como a base da construção de conceitos que fazem referência às propriedades, tendências, disposições, formas de ação ou poderes das entidades. Assim, em lugar de se conceber uma explicação a partir de leis definidas em termos de "conjunções constantes entre eventos", a explicação pressupõe uma concepção de lei causal relativa a mecanismos que dizem respeito ao modo de comportamento dos objetos.

A adoção da concepção de lei causal acima implica um modelo explicativo distinto do modelo nomológico-dedutivo ao introduzir o elemento *agência* na história causal: "uma *Entidade Particular* tem uma *Tendência* que, se *Liberada*, em um certo tipo de situação, é manifesta em uma *Ação* observável, mas quando *Bloqueada*, não apresenta nenhum efeito observável" (ibid., p. 284, ênfases do autor). A noção de agência ou ação implícita neste modelo de explicação diz respeito, portanto, aos poderes causais de um objeto, que podem ou não ser efetivados ou manifestos, mas que estão operantes (ao menos potencialmente) e definem a própria natureza daquele objeto: "a relação entre aquilo que uma coisa é e aquilo que ela é capaz de fazer e de sofrer é naturalmente necessária" (HARRE; MADDEN, 1998, p. 109). Definir cientificamente uma entidade, nesse sentido, é caracterizar os poderes e suscetibilidades causais que ela possui em virtude da sua estrutura interna.

Esta crítica à teoria dedutivista da filosofia da ciência positivista constitui a base daquilo que Bhaskar denomina dimensão ontológica ou intransitiva do conhecimento, isto é, relativa aos objetos do mundo e suas propriedades e poderes que independem das nossas concepções (ideias, teorias etc.) a respeito deles. Mas antes que a defesa da dimensão ontológica pudesse ser plenamente desenvolvida, um outro passo seria necessário. Isso porque Harré não demonstrou como, diante da relatividade do nosso conhecimento (conforme estabelecido pela primeira crítica ao positivismo), podemos sustentar sua dimensão ontológica. O realismo de Harré precisou ser aprofundado por meio daquilo que, desde Kant, se conhece como "argumentos transcendentais": um tipo de argumento que normalmente assume a forma de "o que deve ser o caso para que X seja possível?", ou seja, "de algo efetivo para um 'algo' mais fundamental que sustenta a possibilidade do primeiro" (COLLIER, 1994, p. 20). Neste sentido, a última pá de cal sobre o caixão do positivismo requereu uma análise da atividade científica a fim de estabelecer suas condições de possibilidade, o que Bhaskar fez ao considerar a seguinte questão: "dado que a ciência ocorre, como deve ser o mundo para que ela seja possível? (BHASKAR, 1997, p. 43).

Bhaskar parte do princípio de que a atividade experimental é a mais básica das ciências (naturais). De maneira geral, um experimento deve possibilitar a identificação de leis ou mecanismos causais a partir do isolamento de um evento X (a causa) de outros eventos que possam estar também influenciando um dado evento Y (o efeito). Um experimento é, portanto, normalmente executado sob condições de isolamento do mundo, isto é, em sistemas fechados, pois no mundo real, que é um sistema aberto, normalmente não podemos identificar determinadas sequências de eventos. O cerne de seu argumento é o de que só se pode assumir que os mecanismos causais que operam nos experimentos continuam operando no mundo real se se considera a independência entre os mecanismos causais e os eventos que observamos nas situações experimentais. Nesse sentido, uma condição da inteligibilidade da atividade experimental é a de que, em um experimento, o cientista é o agente causal de uma *sequência de eventos* (uma sequência de eventos permite identificar uma possível relação causal entre dois ou mais eventos), mas não é o agente da *lei causal* que a sequência de eventos permite ao cientista identificar (ibid., p. 12). Em resumo: ao estabelecer que no experimento geramos ou provocamos uma sequência de eventos, mas não uma lei causal, Bhaskar conclui que existe uma distinção (ontológica) entre uma lei científica e um padrão ou sequência de eventos.

Seguindo de perto a concepção de lei e de explicação causal de Harré, Bhaskar defende uma concepção de mundo estratificada ao operar uma distinção entre três domínios da realidade: o "empírico" (*empirical*), o "factual" (*actual*) e o "real" (*real*). O domínio empírico pode ser acessado por experiências a partir da observação direta e não apresenta problemas particulares para a maioria das concepções de ciência. O domínio do factual, por sua vez, inclui não apenas experiências, mas também eventos, que podem ou não ser observados (por não existir ninguém para observá-los, por serem muito pequenos/grandes/rápidos/lentos etc. para serem percebidos pelos instrumentos de observação disponíveis) (OUTHWAITE, 1983). A existência de um domínio factual implica, portanto, que aquilo que ocorre na realidade não é necessariamente percebido da forma como ocorre e, contrariamente ao que acreditam os empiristas (às vezes chamados de realistas empíricos), "ser" não é "ser percebido": algo pode existir sem que seja diretamente percebido, apenas inferido a partir dos efeitos que gera (a força gravitacional seria um bom exemplo disso). Finalmente, há o domínio do real, que inclui os mecanismos, isto é, os processos ou estruturas subjacentes que geram os eventos. A ausência de um evento não significa necessariamente que não existam tendências subjacentes que estejam operando, mas pode significar que elas estejam sendo contrariadas por outras tendências e, por esta razão, não se manifestem (a resistência dos parafusos que prendem o lustre ao teto de seu quarto, impedindo que ele sucumba à força da gravidade, gerando um evento como uma queda).

Em resumo, em lugar de uma ontologia plana que reduz o mundo àquilo que se manifesta empiricamente, o realismo crítico concebe o mundo como diferenciado e estratificado ou estruturado (a estratificação da natureza deriva da estratificação dos mecanismos causais: não pode haver mecanismos químicos, a menos que existam mecanismos físicos; mecanismos biológicos, a menos que existam químicos etc.). E dado que, para os realistas, o termo "estrutura" sugere "um conjunto de elementos internamente relacionados cujos poderes causais, quando combinados, são emergentes daqueles de seus constituintes" (SAYER, 2000, p. 13), a noção de emergência assume um papel central nesta ontologia. É importante notar, contudo, que a filosofia pode estabelecer, por meio de argumentos transcendentais como o desenvolvido acima, a ideia de um universo estratificado, mas quais estruturas (e objetos) são reais deve ser estabelecido pelas ciências particulares. Mas será que os princípios do realismo transcendental se aplicam às ciências sociais? Essa é a questão que ocupa o naturalismo crítico.

Naturalismo crítico

Demonstrada a inadequação da concepção positivista de ciência natural, recoloca-se um dos problemas centrais da filosofia das ciências sociais: Em que medida existe (ou deve existir) uma unidade de método entre os dois tipos de ciência? Sabemos que a filosofia das ciências sociais divide-se em duas tradições distintas: uma naturalista (e, em larga medida, positivista), que reivindica esta unidade; uma antinaturalista – representada pela hermenêutica e, mais recentemente, pelo pós-modernismo e pelo pós-estruturalismo – que estabelece uma ruptura metodológica entre as duas com base no caráter significativo e socialmente construído dos objetos sociais. A possibilidade de uma ciência social naturalista não positivista depende da resposta à seguinte questão: "Que propriedades as pessoas e as sociedades possuem que podem torná-las possíveis objetos de conhecimento para nós?" (BHASKAR, 1979, p. 17).

De acordo com Bhaskar, existem cinco características do domínio social que constituem limites ao naturalismo: três dizem respeito a limites ontológicos, duas a limites epistemológicos. Lembremos que, para os realistas críticos, a ontologia tem prioridade em relação à epistemologia. Neste sentido, é a natureza do objeto de conhecimento que determina e prescreve a forma como ele pode ser conhecido, não o contrário. Por esta razão, Bhaskar inicia seu argumento partindo da dimensão ontológica. De um ponto de vista ontológico, as estruturas sociais apresentam as seguintes diferenças em relação às estruturas naturais: elas não existem independentemente (1) das atividades que governam; (2) das concepções dos agentes acerca do que estão fazendo em suas atividades; e (3) são apenas relativamente duradouras (de forma que as tendências que elas governam podem não ser universais no sentido de invariantes espaçotemporais) (ibid., p. 48-49).

No que diz respeito aos limites epistemológicos, o primeiro deles deriva do fato de que os mecanismos sociais existem apenas em sistemas abertos, excluindo, portanto, a possibilidade de experimentação, predição e testes teóricos decisivos nas ciências sociais. O segundo limite epistemológico é relacional: dado que a ciência social é parte de seu próprio objeto de estudo, seus resultados tendem a alterar o objeto. Giddens (1991, p. 24) se refere a isso em termos de uma "dupla hermenêutica" segundo a qual "o conhecimento sociológico espirala dentro e fora do universo da vida social, reconstituindo tanto este universo como a si mesmo". De acordo com essa tese, a caracterização da dimensão intransitiva pode se tornar problemática porque o conhecimento (objeto transitivo) é uma prática social que pode ser tomada como um objeto (tornando-se, portanto, um objeto intransitivo). Um exemplo disso é o gênero, um conjunto de práticas (movimentos corporais, ações, significados etc.) relativas ao que concebemos como masculinidade e feminilidade. Para os realistas, contudo, o processo de produção de um objeto pode ser conceitualmente dependente, mas a partir do momento em que passa a existir como algo objetivo pode constituir um objeto possível de investigação científica. Mais importante: para Bhaskar, mais do que para Giddens, além de representar um limite ao naturalismo nas ciências sociais, o caráter relacional dessas ciências constitui uma base importante para a crítica das concepções leigas, com fins emancipatórios. Isso representa o cerne de sua ideia de crítica explanatória.

Um dos sentidos da ideia de crítica diz respeito ao fato de que as explicações cotidianas dos agentes sociais podem ser contraditas pelas explicações dos cientistas sociais. Neste sentido, ao fornecer sua própria explicação das coisas, a ciência social critica (parte de) seu objeto. Num nível mais profundo, contudo, a crítica refere-se às próprias instituições que geram concepções falsas do mundo: um exemplo desse tipo de crítica explanatória é a análise de Karl Marx sobre o salário, que, por um efeito ideológico do capitalismo, aparece como pagamento (justo) pelo trabalho. Criticar esta falsa crença é criticar o próprio sistema capitalista, conclamando seu questionamento e destruição. Neste sentido, Bhaskar contesta a ideia de neutralidade axiológica fundamentada na distinção entre fato e valor: *ceteris paribus*, "é melhor acreditar no que é verdadeiro do que no que é falso, da mesma forma que (mantidas as condições) é melhor que as instituições que geram crenças falsas sejam substituídas por, ou transformadas em, instituições capazes de gerar crenças verdadeiras" (COLLIER, 1994, p. 172).

A análise dos limites ontológicos e epistemológicos acima gera um naturalismo qualificado, crítico, no sentido de um naturalismo que reflete sobre seus próprios limites e incorpora alguns elementos de outras tradições, como é o caso da hermenêutica e do pós-estruturalismo. Esta crítica engendra um modelo transformacional de atividade social. Ao conceber o objeto da sociologia em termos relacionais, este modelo busca articular a relação entre estruturas sociais e agência humana, de forma a evitar tanto o voluntarismo das abordagens individualistas quanto o reificacionismo das abordagens holistas. Assim, Bhaskar reivindica a realidade e o caráter irredutível da estrutura e dos agentes humanos, ao mesmo tempo que, por meio de uma distinção analítica entre os dois, evidencia seu caráter processual, temporal. Vejamos este modelo mais detidamente.

Diferentemente de uma ontologia social individualista, que reduz as estruturas sociais aos indivíduos com base em critérios observacionais (atomistas), Bhaskar estabelece a realidade das estruturas a partir de um critério causal. *Grosso modo*, este critério baseia-se na "capacidade de uma entidade cuja existência é duvidosa em operar mudanças em coisas materiais" (BHASKAR, 1979, p. 16). Um exemplo desse tipo de argumento pode ser encontrado (de maneira implícita) na obra de Durkheim quando ele estabelece, em *Da divisão social do trabalho*, que, embora a solidariedade não se preste à observação direta, sua realidade pode ser inferida dos efeitos mais perceptíveis e mensuráveis que ela gera. Mas Bhaskar não compartilha do holismo durkheimiano, que tende a reificar a sociedade. Mais influenciado pelo estruturalismo de Althusser, de Lévi-Straus e de Chomsky do que pelo positivismo de Durkheim, ele entende as estruturas em termos de *relações*, não de coisas. De fato, as abordagens individualistas estão essencialmente certas quando afirmam que a sociedade não existiria sem a atividade humana, assim como as abordagens hermenêuticas (sobretudo aquelas relacionadas à pragmática da linguagem), quando insistem no fato de que nenhuma atividade social seria possível sem que os indivíduos tivessem alguma concepção acerca do que estão fazendo e por que o estão fazendo. O erro destas últimas seria o de postular que, pelas razões acima citadas, os indivíduos criam a sociedade. Profundamente influenciado pela concepção de práxis de Marx, Bhaskar defende que

> se a sociedade já está sempre constituída, então qualquer práxis humana concreta ou, se se quiser, ato de objetivação, só pode modificá-la. Ela não é o produto de sua atividade (não mais, devo argumentar, do que a ação humana é completamente determinada por ela). A sociedade encontra--se em relação com os indivíduos, portanto, como algo que eles nunca fazem, mas que existe somente em virtude de sua atividade (ibid., p. 42).

Este argumento estabelece duas coisas principais: primeiro, que a sociedade é uma condição transcendental e causalmente necessária para a mediação intencional, ou seja, sem uma matriz social, a ação intencional não faria sentido; segundo, as razões e motivos dos agentes individuais não podem ser reduzidas aos imperativos das estruturas sociais (BHASKAR, 1996; HARTWIG, 2007). Em resumo, a concepção relacional do objeto da sociologia implica pensá-lo como (1) um sistema de *posições* (locais, funções, regras, deveres, direitos etc.) ocupadas por indivíduos e (2) das *práticas* desempenhadas em virtude da ocupação de tais posições (BHASKAR, 1979, p. 51). Vejamos, agora, como Archer incorpora essas ideias à sua teoria morfogenética.

2 Margaret Archer

Magaret Scotford Archer nasceu na cidade inglesa de Grenoside, em 1943. Graduou-se em sociologia pela London School of Economics and Political Science, em 1964 e, três anos mais tarde, obteve seu doutorado na mesma universidade com uma tese intitulada *As aspirações educacionais de pais da classe trabalhadora inglesa*. Durante sua formação, sofreu uma forte influência de alguns de seus professores: Karl Popper, Tom Bottomore e o filósofo e antropólogo Ernest Gellner (seu orientador de doutorado). Em 1972, fez um pós-doutorado na Sorbonne, Paris, tendo passado os meses de verão trabalhando junto a Pierre Bourdieu e sua equipe. Seu trabalho na Sorbonne consistiu em uma comparação entre a estrutura do sistema educacional britânico e o francês. Durante os sete anos seguintes, dedicou-se à compreensão da estrutura dos sistemas educacionais nacionais e suas consequências para a interação e para a mudança social.

Desde que se graduou, em 1964, Archer ensinou Sociologia nas universidades de Cambridge, Londres (LSE), Reading e Warwick, onde passou a maior parte de sua vida acadêmica e de onde é professora emérita aposentada. Em 1986, foi eleita a primeira presidenta da Associação Internacional de Sociologia e, em 2014, foi designada pelo Papa Francisco como presidenta da Academia Pontifícia de Ciências Sociais do Vaticano, ocupando, desde então, o cargo mais elevado conferido a uma mulher naquela instituição. Lá, desenvolveu pesquisas sobre o tráfico de seres humanos e sobre a relação entre solidariedade e governança. Também é presidenta do Centro de Ontologia Social, atualmente com sede na Universidade de Londres. Archer, no entanto, minimiza a importância do gênero em seu currículo. Em uma entrevista recente concedida a um grande jornal da Inglaterra (ELMES, 2014), afirma que "à exceção de ter ficado grávida e dado à luz, nunca fiz nada 'como uma mulher'. O gênero [...] é uma construção social e isso possibilita que mulheres privilegiadas fiquem livres para se opor a ele". Contudo, isso não a impede de reconhecer, na mesma entrevista, que se sentiu ofendida e chocada quando um jornal inglês anunciou seu papel no Vaticano com a manchete: "Avó, 71 anos, combate traficantes de escravos para o papa". Para ela, "sexismo + ageísmo = desconsideração".

Até o momento, Archer publicou 13 livros e editou outros 14, além de ter escrito mais de 60 artigos. Do ponto de vista de uma teoria social realista, suas obras mais importantes fazem parte de duas trilogias. A primeira trilogia, publicada entre 1988 e 2000, apresenta sua teoria em termos das relações entre estrutura, cultura e agência: *Culture and Agency: the place of culture in social theory* (Cultura e agência: o lugar da cultura na teoria social); *Realist Social Theory: the morphogenetic approach* (Teoria social realista: a abordagem morfogenética); *Being Human: the problem of agency* (Sendo humano: o problema da agência). A segunda, escrita entre 2003 e 2012, foca um aspecto principal de sua teoria da agência humana, o conceito de reflexividade, concebido em termos das conversações interiores do agente consigo mesmo: *Structure, Agency and the Internal Conversation* (Estrutura, agência e a conversação interior); *Making our Way Through the World: human reflexivity and social mobility* (Construindo nosso caminho pelo mundo: reflexividade humana e mobilidade social); *The Reflexive Imperative in Late Modernity* (O imperativo reflexivo na modernidade tardia).

Cultura, estrutura e agência[5]

Ao lado de autores como Anthony Giddens, Archer elegeu a relação agência-estrutura como um dos principais problemas da teoria social, um problema que, para ela, é parte de uma questão ontológica mais ampla: em que medida a sociologia deve endossar uma ontologia estratificada segundo a qual estruturas e as pessoas possuem propriedades e poderes específicos e irredutíveis uns aos outros. Assim como ocorreu em relação à teoria da estruturação de Giddens, sua teoria morfogenética foi desenvolvida de maneira independente dos trabalhos de Roy Bhaskar, já em suas reflexões sobre educação. O termo "morfogênese" foi tomado de empréstimo do sociólogo estadunidense Walter Buckley (1967, p. 58) para se referir aos "processos que tendem a elaborar ou alterar a forma, estrutura ou estado de um dado sistema". Em contraste com isso, o termo "morfostase" diz respeito aos processos que tendem a preservar essas mesmas formas, estruturas ou estados (ibid.). De foma bastante resumida, a abordagem morfogenética de Archer especifica como as estruturas condicionam a interação social que, por seu turno, leva a uma reelaboração ou modificação sistêmica. Seu esquema básico é resumido como Condicionamento Estrutural → Interação Social → Elaboração Estrutural, um esquema que é desenvolvido e aprofundado ao longo de sua obra, sobretudo em seus dois livros subsequentes, que buscaram dar conta da estruturação da cultura e das instituições sociais, respectivamente.

Ao aplicar os princípios do realismo crítico à sua teoria, Archer reforça que tanto a cultura quanto a estrutura social devem ser concebidas como fenômenos emergentes objetivos, relativamente independentes das representações dos indivíduos presentes "aqui e agora", e cujas propriedades sistêmicas são acionadas, elaboradas e modificadas nas interações entre indivíduos e grupos. Dizendo de outra forma, estruturas sociais e cultura são o resultado histórico da ação de pessoas e grupos, sobretudo de pessoas que já morreram há muito tempo, mas sua continuidade ou modificação depende da ação dos indivíduos e grupos contemporâneos. Isso significa dizer que tanto as abordagens que reduzem estruturas e cultura às ações individuais (o que Archer denomina de "conflação para baixo") quanto aquelas que desconsideram a importância da agência humana ("conflação para cima") devem ser rejeitadas. Em vez disso, estruturas e cultura devem ser compreendidas a partir de uma perspectiva relacional que, ao reconhecer sua de-

---

5. Parte desta seção e da próxima baseiam-se em Hamlin, 2014.

pendência mútua, assim como da agência humana, separe, analiticamente, esses elementos. Neste sentido, uma das teses centrais de cultura e agência (1988) é a de que, embora os domínios estrutural e cultural digam respeito a coisas distintas e relativamente independentes entre si, o problema da cultura na teoria social pode e deve ser trabalhado da mesma forma que o problema da estrutura e sua relação com a agência humana. Archer chama esta abordagem de "dualismo analítico".

A base do dualismo analítico de Archer é a distinção operada por David Lockwood entre integração sistêmica e integração social[6], mas um de seus problemas é como aplicar esta distinção ao domínio cultural. A principal diferença entre estrutura e cultura é que, enquanto a primeira diz respeito às condições materiais da vida em sociedade, a cultura diz respeito ao seu aspecto ideacional; enquanto a estrutura opera por meio dos condicionamentos causais da ação, a cultura opera por meio de relações lógicas entre proposições. Tratá-las como sinônimas leva à impossibilidade de se compreender a vida social em termos da inter-relação entre nossos interesses (derivados de nossa posição na estrutura social) e nossas ideias (derivadas de nossa apropriação do sistema cultural). Isso porque Archer considera que a cultura, como as estruturas sociais, apresentam propriedades emergentes. Seguindo Lockwood de perto, ela opera uma distinção entre a cultura como fenômeno objetivo (um *sistema cultural*, repleto de contradições e complementariedades, "maior" do que a soma das ideias, crenças e valores individuais), e as apropriações e elaborações que os indivíduos e grupos fazem de partes desse sistema de acordo com seus interesses e objetivos em suas interações socioculturais. Assim, em termos práticos, embora alguém possa acreditar na existência de um deus criador do universo, isso não significa que esta pessoa não possa adaptar esta crença no sentido de torná-la mais ou menos compatível com a teoria da evolução, por exemplo. Da mesma forma, embora alguém possa ocupar o *status* de estudante de sociologia, isso não significa que esse estudante necessariamente se interesse por aquilo que sua professora de teoria social tem a dizer. Como veremos adiante, as propriedades dos sistemas (cultural e social) são acionadas pelos agentes a partir de seus próprios poderes causais emergentes.

O dualismo analítico é considerado por Archer uma condição necessária ao modelo transformacional da ação. Dito de outra forma, se sociedade é concebida tanto como precondição quanto como resultado da agência humana, a única forma de se evitar o colapso imediato entre estrutura e agência – uma forma de reducionismo que Archer atribui à praxiologia de Giddens e de Bourdieu e que denomina de "elisionismo" ou "conflação central" – é distinguir claramente es-

---

6. *Grosso modo*, a distinção entre integração social e integração sistêmica diz respeito a focos de análise (e identificação de mecanismos) distintos para a compreensão da reprodução ou da mudança social: a integração social diz respeito ao "grau de ordem ou de conflito entre os atores", sendo, portanto, relativa ao nível das (inter)ações; a integração sistêmica, ao grau de compatibilidade ou incompatibilidade/contradição entre "as partes do sistema social", relativa ao nível estrutural (LOCKWOOD, 1964, p. 244).

ses elementos e introduzir uma dimensão temporal na análise. Diferentemente do que ocorre na teoria da estruturação, essa dimensão temporal possibilita pensar a relação entre agência e estrutura (e agência e cultura) em termos dos condicionamentos estruturais exercidos sobre os agentes em um tempo T1 → as interações sociais e seus resultados em um tempo T2 e T3 → a reprodução ou transformação das estruturas em um tempo T4 (ARCHER, 1995).

De acordo com os princípios do realismo crítico, os agentes humanos também apresentam poderes e propriedades emergentes que não podem ser reduzidas à sua inserção sociocultural. Ocorre, entretanto, que a teoria social, incluindo a realista, dedicou muito mais atenção à dimensão estrutural do que à dimensão da agência. Nesse sentido, os livros subsequentes de Archer constituem uma tentativa de remediar este problema. O primeiro deles (ARCHER 2000a), que representa o elemento final de sua trilogia sobre o problema agência/estrutura, consiste não apenas numa forma de resistência ao "imperialismo sociológico" e sua tendência de representar os seres humanos em termos exclusivamente sociais, mas também numa resposta às vertentes "pós-modernas" relacionadas à "morte do sujeito". Diferentemente dessas abordagens, seu agente humano é definido em termos de subjetividade, compreendida em termos de uma vida mental interior e privada, que o torna capaz de reflexividade.

Assim como em suas obras anteriores, Archer se empenha em resistir às diversas formas de reducionismo e elisionismo que caracterizaram o debate agência/estrutura. Trata-se, em outros termos, de reconhecer a inter-relação e, portanto, a diferença, entre os poderes (causais) e propriedades dos agentes humanos, por um lado, e os poderes e propriedades do ambiente (natural e sociocultural) nos quais as práticas humanas são conduzidas. São justamente esses "poderes causais" do agente humano que Archer teoriza a partir da noção de reflexividade. A reflexividade importa, porque é por meio dela que ocorrem as influências condicionais dos fatores estruturais e culturais sobre os cursos de ação. Dizendo de outra forma, as estruturas sociais e a cultura não têm, necessariamente, uma influência direta e imediata na ação humana, mas seus efeitos dependem da forma como os agentes as interpretam (em termos realistas, trata-se da "ação-dependência" das estruturas sociais). Reflexividade, no sentido usado por Archer, deve ser entendida num sentido bastante amplo: "o exercício regular da habilidade mental, compartilhada por todas as pessoas (normais) de considerarem a si mesmas em relação aos seus contextos (sociais) e vice-versa" (ARCHER, 2007a: 4). Esta definição pressupõe a existência de um domínio mental privado, relativo àquelas atividades da mente humana das quais o sujeito tem consciência. A deliberação reflexiva consiste, neste sentido, em um exercício (auto)crítico no qual desejos, crenças, emoções etc. estão sob escrutínio, podendo levar a um autoconhecimento (falível e sujeito às armadilhas do inconsciente) relativo ao que fazer, ao que pensar e ao que dizer. Esta capacidade, por seu turno, depende da emergência de um sentido de *self* (definido em termos bastante convencionais, i. e., como a continuidade da nossa consciência).

Para Archer, nosso sentido de *self* difere de nossa identidade pessoal, sendo não apenas universal, mas também algo que compartilhamos com alguns animais, que têm noções de suas formas e limites corporais, conseguem diferenciar entre eles próprios e outros objetos e detêm intencionalidade (no sentido fenomenológico). Isso significa, para ela, que o sentido de *self* é pressocial e prelinguístico, dependendo, conforme argumenta Merleau-Ponty, dos encontros entre nossos corpos e o ambiente. Há, portanto, uma primazia da prática em relação à linguagem na forma como aprendemos a nos diferenciar de outros objetos ou, nos termos de Piaget, em nosso "descolamento referencial" de outros objetos (ARCHER 2000b, p. 60). Esta primazia deve ser entendida como uma oposição àqueles tipos de construtivismo que, ao insistirem na centralidade da linguagem, consideram o agente como uma mera posição no discurso. Em suas palavras, defender a primazia da prática significa "tornar as práticas incorporadas dos seres humanos no mundo mais importantes do que suas relações sociais para a emergência do sentido de *self* [...] e para o desenvolvimento de suas propriedades e poderes, ou seja, reflexividade, que existe apenas como potência para cada recém-nascido" (ARCHER, 2000a, p. 121). Por outro lado, a linguagem deve ser entendida como uma prática emergente, mais especificamente, como uma "propriedade emergente, dado que é uma prática causalmente eficaz" (ibid., p. 157).

Sem um sentido de *self* os seres humanos não podem desenvolver sua identidade pessoal, que pode ser definida a partir das coisas com as quais nos importamos e que nos torna seres humanos únicos, e sem uma identidade pessoal não podemos desenvolver uma identidade social. De um ponto de vista ontológico, os seres humanos consistem em um tipo de ser que Charles Taylor (2005) caracterizou como "avaliadores fortes", diferindo de outros animais por termos a capacidade de conferir significado às três ordens que, para Archer, compõem a realidade humana: a natural, a prática e a social. As diferentes situações colocadas pelas três ordens assumem distintos "aspectos de significância" para nós, fazendo emergir emoções relacionadas ao nosso bem-estar físico, na ordem natural, à nossa competência performativa, na ordem prática, e à nossa autoestima, na ordem social (ARCHER, 2003). Dado que precisamos estabelecer práticas consideradas satisfatórias em cada uma das três ordens, devemos definir quais as nossas "preocupações últimas" (aquilo que realmente importa para nós) e como nossas outras preocupações, secundárias, subordinam-se e acomodam-se a elas. Ocorre, no entanto, que essas "avaliações fortes" requerem uma reflexão articulada sob a forma de narrativas, e é aí que a dimensão social ("discursiva", nos termos de Archer) adquire uma importância central no estabelecimento de um *modo vivendis* único e verdadeiramente subjetivo. E aqui Archer recorre à tradição do pragmatismo norte-americano a fim de dar conta da estrutura interna dessas narrativas. Vejamos.

De uma perspectiva da filosofia da mente, o principal problema que a noção de reflexividade encontra é o de saber como podemos conhecer nossos próprios pensamentos. Isso porque, como demonstrou Kant, a introspecção, como forma de (auto)conhecimento, pressupõe uma cisão no *self* segundo a qual somos, simultaneamente, sujeitos e objetos. Diante desse impasse, as tentativas de se construir o conhecimento com base na introspecção foram progressivamente abandonadas. Para Archer, no entanto, existe um substituto para a noção de introspecção que nos possibilita pensar sobre o sujeito como alguém que tem uma vida interior privada e extremamente rica, cuja compreensão é fundamental para o entendimento dos fenômenos humanos. A ênfase, aqui, recai sobre a possibilidade da compreensão dos estados subjetivos. O que está pressuposto na noção de introspecção (*intra spectare*, ou "olhar para dentro") é que aquele que observa é o mesmo que é observado. É com base na rejeição do autoconhecimento fundamentado no metafórico "olho interior" da introspecção que Archer desenvolve seu conceito de reflexividade como a "conversação interior" que ocorre privadamente em nossas mentes. A partir de uma releitura de pragmatistas como William James, Charles Peirce e, em menor medida, George Herbert Mead, Archer substitui o modelo de conhecimento baseado na visão por um que enfatiza a audição e a fala.

A importância que Archer atribui a James refere-se ao abandono progressivo da visão em favor da audição em suas tentativas de lidar com aquilo que ele considera o aspecto mais central de nossa vida mental: o pensamento. Os pensamentos particulares (subjetivos) devem ser distinguidos de ideias abstratas, que fazem parte do domínio público ou, mais apropriadamente, cultural (como uma teoria, p. ex.). Neste sentido, todo pensamento tem uma ontologia baseada na primeira pessoa: "todo pensamento é parte de uma consciência pessoal" (JAMES, apud ARCHER 2003, p. 59). Algumas das intuições de James são complementadas pela semiótica de Peirce. Ao enfatizar a realidade (objetiva) dos signos, que são essencialmente públicos ou coletivos, o pensamento, que é nada mais do que um conjunto articulado de signos, passa a ser concebido como algo privado, mas que faz uso de meios públicos. Além disso, Peirce retoma a ideia da "fala silenciosa" de Platão: "O pensamento, afirma Platão, é a fala silenciosa da alma consigo mesma. [...] Da proposição que todo pensamento é um signo, segue que todo pensamento deve se referir a um outro pensamento, deve determinar um outro, dado que essa é a essência do signo" (PEIRCE, apud SHORT, 2007, p. 34). Esta última frase introduz a questão da sequencialidade do pensamento e, assim como o diálogo, ele envolve uma alternância entre as falas e implica uma "escuta": "dado que a alternância é intrínseca à conversação, dado que falar e responder são sequenciais e não simultâneos, o problema intratável de se ter que se postular uma consciência dividida não se coloca" (ARCHER, 2003, p. 66). A alternância, por seu turno, implica a capacidade do sujeito de se projetar no tempo, o que leva Peirce a conceber o pensamento como um diálogo interior entre diferentes "fases" do ego.

Essa diferenciação do ego em fases baseia-se em duas proposições: a primeira é que um *self* pré-existente necessariamente antecede as atividades dialógicas que o transformam; a segunda, que o *self* elaborado (modificado) necessariamente se sucede àquelas atividades (ibid., p. 71). Na linguagem da semiótica, essas "fases" são definidas em termos de um esquema tripartite que envolve um "objeto" (ou um referente), um "signo" (que representa o objeto em termos de algo diferente) e um "intérprete" (aquele sobre o qual um efeito é exercido). Archer, embora reconheça que Peirce nunca utilizou esses termos, traduz o esquema em termos de um "Mim" (objeto), o "Eu" presente (signo) e um "Você" futuro como um intérprete. O Mim, que equivale ao que Peirce chama de *self crítico*, representa um resumo do passado, o ponto-final de ciclos semióticos anteriores ou um conjunto de hábitos ou disposições do sujeito, no sentido de responder de uma maneira particular a determinadas circunstâncias. O Eu representa uma fonte de criatividade e inovação (ele é o único capaz de ação, já que se encontra no presente) e, diferentemente do Id freudiano, não diz respeito a um conjunto de pulsões primárias (e inatas), mas a poderes de transformação que se atualizam (no sentido do realismo critico, i. e., se "manifestam") como resposta aos problemas colocados pelo ambiente sociocultural. São, neste sentido, as contingências dos sistemas sociais e culturais que, por seu caráter essencialmente aberto, possibilitam a reflexividade e a ação humana. O Você, por seu turno, diz respeito à projeção de nossos *selves* no futuro em função dos problemas colocados ao Eu.

Assim como ocorre na relação agência/estrutura, o dualismo analítico e sua dimensão temporal assume uma importância central na conversação interna, que também envolve dois momentos analiticamente separados: o primeiro diz respeito à relação entre o Eu e o Mim (como quando nos damos conta de que nossas formas rotineiras de agir não mais nos permitem "prosseguir" no fluxo de nossas ações e tentamos nos convencer que deveríamos adotar um curso de ação alternativo); o segundo momento envolve uma conversação entre o Eu e o Você (como quando usamos nossa imaginação para projetarmos como seria se fôssemos ou agíssemos de outra forma). Obviamente que nem tudo é fala: existem as imagens, muitas delas sem direção ou propósito específicos.

Reflexividade

Se em *Sendo humano* (2000a) Archer está fundamentalmente preocupada com uma ontologia do agente humano, em *Estrutura, agência e a conversação interna* (2003) o foco recai nos mecanismos por meio dos quais as estruturas sociais são mediadas pela agência humana. Além de retomar suas reflexões sobre a estrutura das conversações internas, aqui, Archer desenvolve uma tipologia básica e não exaustiva dos tipos reflexivos: reflexivos comunicativos, reflexivos autônomos, metarreflexivos. De forma resumida, reflexivos comunicativos caracterizam-se pela transposição quase que imediata das conversações interiores para o plano das conversações interpessoais: é uma espécie de "pensar em voz alta" e cujas preocupações centrais dizem respeito às suas relações interpessoais, sobretudo família e amigos. Os reflexivos autônomos são definidos como pensadores independentes, cujas reflexões são orientadas para objetivos práticos, sobretudo relativas ao mundo do trabalho. Metarreflexivos, por seu turno, são pensadores críticos que refletem exaustivamente sobre suas preocupações últimas e, assim como os reflexivos autônomos, têm suas conversações internas dirigidas a seus próprios *selves*. É importante considerar que, embora Archer refira-se a "tipos reflexivos", não se trata de tipos psicológicos, já que um mesmo indivíduo pode, num espaço de tempo relativamente curto, passar de um modo a outro de reflexividade, dependendo das circunstâncias e de suas preocupações momentâneas. O ponto central desta tipologia é que, por meio de diferentes formas de reflexividade, os agentes humanos examinam suas preocupações pessoais a partir de suas circunstâncias sociais, e avaliam suas circunstâncias a partir de suas preocupações. Mais uma vez, a reflexividade é tratada como um mecanismo que torna possível a mediação entre propriedades e poderes subjetivos (relativos aos agentes), e propriedades e poderes objetivos (relativos às estruturas sociais e à cultura). As mediações entre cultura, estrutura e agência geram um modelo de explicação sociológica que, assim como o fez Bourdieu por outras vias, permite ligar objetivismo e subjetivismo na análise dos fenômenos sociais:

> (i) Propriedades estruturais e culturais moldam *objetivamente* as situações que os agentes enfrentam involuntariamente, e possuem poderes para gerar obstáculos e oportunidades em relação às:

> (ii) próprias configurações de preocupações dos agentes, tal como definidas subjetivamente em relação às três ordens da realidade natural – natureza, prática e sociedade.

> (iii) Cursos de ação são produzidos através das deliberações reflexivas dos agentes, que determinam subjetivamente seus projetos práticos levando em consideração suas circunstâncias objetivas (ARCHER, 2016, p. 90; ênfases no original).

Para Archer, contudo, os diferentes tipos de reflexividade não geram as mesmas consequências em termos internos (individuais) e externos (sociais), reforçando sua tese de que estruturas e agentes não podem ser reduzidos uns aos outros. Em *Construindo nosso caminho pelo mundo* (2007a), ao investigar a relação entre diferentes práticas reflexivas e padrões individuais de mobilidade social, Archer demonstra que a reflexividade comunicativa é internamente associada à imobilidade social, a reflexividade autônoma à mobilidade ascendente e a metarreflexividade à volatilidade social ou à mobilidade lateral. Devido às preocupações últimas de cada um desses tipos de agentes, externamente, os reflexivos comunicativos contribuem para a estabilidade social e para a integração; os reflexivos autônomos para o aumento da "produtividade social"; os metarreflexivos para o desenvolvimento de valores contraculturais que desafiam a comodificação e burocratização das relações humanas.

A partir do último livro de sua segunda trilogia, *O imperativo reflexivo na modernidade tardia* (2012), Archer muda o foco de uma *abordagem* morfogenética para uma *sociedade* morfogenética. Em consonância com algumas ideias dos teóricos da aceleração (p. ex., ROSA, 2013), Archer defende que a modernidade tardia caracteriza-se pela aceleração da morfogênese e pela extensividade da reflexividade, sobretudo da metarreflexividade. A substituição da "descontinuidade contextual" que caracterizaria a modernidade pela "incongruência contextual" das sociedades europeias contemporâneas, faria com que tanto o hábito (no sentido de comportamento tradicional) quanto o *habitus* (no sentido de Bourdieu) sejam cada vez menos relevantes para a agência humana (ARCHER, 2011).

Mas se Acher tem feito coro aos críticos do *habitus* bourdieusiano por não dar conta adequadamente da reflexividade individual e da mudança social, seu conceito de reflexividade tem sofrido a crítica oposta. Ela não apenas minimiza a persistência da reprodução social ao subestimar a influência de fatores sociais cruciais como origem social, socialização familiar etc. (CAETANO, 2015), mas, ao desconsiderar os elementos tácitos e "pré-reflexivos" do comportamento humano, termina por gerar uma concepção de sujeito hiper-reflexivo e autocentrado (HAMLIN, 2014). Não por acaso, diversas tentativas de síntese entre seu conceito de reflexividade e uma sociologia disposicional de raízes bourdieusianas têm sido propostas[7]. Este nos parece um caminho particularmente promissor para uma teoria social que busque refletir sobre os agentes humanos em relação com a sociedade.

Referências

ADAMS, M. (2006). Hybridizing Habitus and Reflexivity: towards an understanding of contemporary identity? *Sociology*, v. 40, n. 3, p. 511-528.

ALEXANDER, J. (1987). O novo movimento teórico. *Revista Brasileira de Ciências Sociais*, São Paulo, v. 2, n. 4, p. 5-28, jun./1987.

ARCHER, M. (1988). *Culture and agency: the place of culture in social theory*. Cambridge: CUP.

ARCHER, M.S. (1995). *Realist social theory: the morphogenetic approach*. Cambridge: CUP.

ARCHER, M.S. (2000a). *Being human: the problem of agency*. Cambridge: CUP.

ARCHER, M.S. (2000b). Realismo e o problema da agência. *Estudos de Sociologia*, Recife, v. 2, n. 6, p. 51-75.

ARCHER, M.S. (2003). *Structure, agency and the internal conversation*. Cambridge: CUP.

ARCHER, M.S. (2007a). *Making our way through the world: Human reflexivity and social mobility*. Cambridge: CUP.

---

7. Para algumas dessas relações e tentativas de síntese, cf. esp. Sweetman, 2003; Sayer, 2005; Adams, 2006; Elder-Vass, 2007; Mouzelis, 2008; Caetano, 2012; Penna, 2012; Vandenberghe, 2016).

ARCHER, M.S. (2007b). The trajectory of the morphogenetic approach: an account in the first-person. *Sociologia, Problemas e Práticas*, Lisboa, n. 54, p. 35-47.

ARCHER, M.S. (2011). *Habitus*, reflexividade e realismo. *Dados: Revista de Ciências Sociais*, Rio de Janeiro, v. 54, n. 1, p. 157-206.

ARCHER, M.S. (2012). *The Reflexive Imperative in Late Modernity*. Cambridge: CUP.

ARCHER, M.S. (2016). Explicação e compreensão podem ser ligadas numa história única? In: VANDENBERGHE, F.; VERAN, J.-F. (orgs.). *Além do* habitus: *teoria social pós-bourdieusiana*. Rio de Janeiro: 7 Letras.

ARCHER, M.S.; COLLIER, A.; PORPORA, D.V. (2014). *Transcendence: Critical Realism and God*. Londres: Routledge.

BACHELARD, G. (1975). *Le nouvel esprit scientifique*. Paris: PUF.

BARROS, S.; RESENDE, V. (orgs.) (2016). Polifonia. *Dossiê – Estudos críticos do discurso e realismo crítico: contribuições e divergências*, Cuiabá, v. 23, n. 33.

BHASKAR, R. (1979). *The Possibility of Naturalism: A philosophical critique of the contemporary human sciences*. Brighton: The Harverster Press.

BHASKAR, R. (1986). *Scientific Realism and Human Emancipation*. Londres: Verso.

BHASKAR, R. (1989). *Reclaiming Reality*. Londres/Nova York: Verso.

BHASKAR, R. (1993). *Dialectic: The Pulse of Freedom*. Londres: Routledge.

BHASKAR, R. (1994). *Plato etc.: the problems of philosophy and their resolution*. Londres/Nova York: Verso.

BHASKAR, R. (1996). Naturalismo. In: BOTTOMORE, T.; OUTHWAITE, W. (eds.). *Dicionário do Pensamento Social do Século XX*. Rio de Janeiro: Zahar.

BHASKAR, R. (1997). *A Realist Theory of Science*. 2. ed. Londres: Verso.

BHASKAR, R. (1998). General Introduction. In: ARCHER, M. et al. (eds.). *Critical Realism: Essential readings*. Londres/Nova York; Routledge.

BHASKAR, R. (2002a). *From Science to Emancipation: alienation and enlightenment*. Nova Deli/Londres: A Thousand Oaks/Sage.

BHASKAR, R. (2002b). *Reflections on Meta-Reality: transcendence, emancipation and everyday life*. Nova Deli/Londres: A Thousand Oaks/Sage.

BHASKAR, R. (2002c). *The Philosophy of Meta-Reality: creativity, love and freedom*. Londres/Nova York: Routledge.

BHASKAR, R.; HARTWIG, M. (2010). *The Formation of Critical Realism: A personal perspective*. Abingdon: Routledge.

BUCKLEY, W (1967). *Sociology and Modern Systems Theory.* Nova Jersey: Prentice Hall.

CAETANO, A. (2012). A análise da reflexividade individual no quadro de uma teoria disposicionalista. In: LOPES, J. (ed.). *Registros do Actor Plural: Bernard Lahire na Sociologia portuguesa.* Porto: Afrontamentos.

CAETANO, A. (2015). Defining personal reflexivity: A critical reading of Archer's approach. *European Journal of Social Theory,* v. 18, n. 1, p. 60-75.

COLLIER, A. (1994). *Critical Realism: An introduction to Roy Bhaskar's philosophy.* Londres: Verso.

DOMINGUES, J.M. (2000). Social Integration, System Integration and Collective Subjectivity. *Sociology,* v. 34, n. 2, p. 225-241.

DOMINGUES, J.M. (2004). *Ensaios de sociologia: teoria e pesquisa.* Belo Horizonte: UFMG.

ELDER-VASS, D. (2007). Reconciling Archer and Bourdieu. *Sociological Theory,* v. 25, n. 4, p. 325-346.

ELMES, J. (2014). Q&A with Margaret Archer. *The Times Higher Education,* 22/05 [Disponível em https://www.timeshighereducation.com/news/people/qa-with--margaret-archer/2013413.article – Acesso em 20/06/2016].

GIDDENS, A. (1991). *As consequências da modernidade.* São Paulo: Unesp.

HAMLIN, C. (2000). Realismo crítico: um programa de pesquisa para as ciências sociais. *Dados – Revista de Ciências Sociais,* Rio de Janeiro, v. 43, n. 2, p. 373-397.

HAMLIN, C. (2014). Uma hermenêutica das conversações interiores: a noção de sujeito em Margaret Archer e em Hans-Georg Gadamer. *Revista Brasileira de Sociologia,* v. 2, n. 4, p. 10-47.

HARRÉ, R. (1986). *Varieties of Realism: A rationale for the natural sciences.* Londres: Basil Blackwell.

HARRÉ, R.; MADDEN, E.H. (1998). Conceptual and Natural Necessity. In: ARCHER, M. et al. (eds.). *Critical Realism: Essential readings.* Londres/Nova York: Routledge.

HARTWIG, M. (2007). *A Dictionary of Critical Realism.* Londres/Nova York: Routledge.

HAWKE, G. (2016). A Brief Introduction to the Philosophy of Meta-Reality. *Polifonia,* Cuiabá, v. 23, n. 33, p. 29-36, jan-jun.

HEMPEL, C. (1965). *Aspects of Scientific Explanation and Other Essays in the Philosophy of Science.* Nova York/Londres: The Free Press/Collier-MacMillan.

HESSE, M. (1963). *Models and Analogies in Science.* Londres: Sheed and Ward.

LOCKWOOD, D. (1964). Social Integration and System Integration. In: ZOLLS-CHAN, G.; HIRSCH, W. (eds.). *Explorations in Social Change*. Boston: Hughton Mifflin.

OUTHWAITE, W. (1983). Toward a Realist Perspective. In: MORGAN, G. (ed.). *Beyond Method: Strategies for social research*. Londres: Sage.

OUTHWAITE, W. (1987). *New Philosophies of Social Science: Realism, hermeneutics and critical theory*. Londres: MacMillan.

PENNA, C. (2012). Reflexividade e agência na teoria sociológica contemporânea. *Ciências Sociais Unisinos*, São Leopoldo, v. 48, n. 3, p. 192-204, set.-dez.

RESENDE, V.; RAMALHO, V. (2006). *Análise de discurso crítica*. São Paulo: Contexto.

ROSA, H. (2013). *Social Acceleration: a new theory of modernity*. Nova York: Columbia University Press.

SAYER, A. (2000). Características-chave do realismo na prática: um breve resumo. *Estudos de Sociologia*, Recife, v. 2, n. 6, p. 7-32.

SAYER, A. (2005). *The Moral Significance of Class*. Cambridge: CUP.

SCRIBANO, A (2009). *Estudios sobre teoría social contemporánea: Bhaskar, Bourdieu, Giddens, Habermas y Melucci*. Buenos Aires: Ciccus.

SHORT, T. (2007). *Peirce's theory of signs*. Cambridge: CUP.

SWEETMAN, P. (2003). Twenty-First Century Disease? – Habitual Reflexivity or the Reflexive Habitus. *The Sociological Review*, v. 4, n. 51, p. 528-549.

TAYLOR, C. (2005). *As fontes do* self: *a construção da identidade moderna*. São Paulo: Loyola.

VANDENBERGHE, F. (2010). *Teoria social realista: um diálogo franco-britânico*. Belo Horizonte/Rio de Janeiro: UFMG/Iuperj.

VANDENBERGHE, F. (2016). A sociologia na escala individual: Margaret Archer e Bernard Lahire. In: VANDENBERGHE, F.; VERAN, J.-F. (orgs.). *Além do* habitus: *teoria social pós-bourdieusiana*. Rio de Janeiro: 7 Letras.

2
Pós-estruturalismo

Josias Vicente de Paula Júnior

1. Origens e delimitação geral

O pós-estruturalismo é um movimento amplo e complexo demais para poder ser contido em uma definição simples. É preferível situá-lo historicamente, proporcionando um entendimento sobre o que se insurgiu, assim como delimitar alguns traços gerais e um denominador comum aos vários autores a ele relacionado. Como corrente teórica, surge sobretudo a partir da filosofia e da crítica literária, porém com desdobramentos nas mais diversas disciplinas: história, pesquisas em educação, ciências sociais etc. Outra característica do pós-estruturalismo é sua origem "francesa". São pensadores franceses, tais como Jacques Derrida, Michel Foucault, Jacques Lacan e Roland Barthes, que estão no epicentro de sua erupção.

A ideia de tratar como um conjunto homogêneo certo grupo de pensadores – os pós-estruturalistas – não é totalmente consensual. Podemos referir ambiguidades quanto a isto. Estas vão desde a confusão com os termos utilizados, tais como pós-modernistas (LOVIBOND, 1989) ou neoestruturalistas (FRANK, 1989) etc., até o não reconhecimento da possibilidade de agrupamento de autores supostamente tão dessemelhantes (SCHRIFT, 2006). Não podemos deixar de assinalar, ainda, que a grande maioria dos teóricos arrolados como pós-estruturalistas tampouco se reconhecem como tal; a identificação é antes imputada, mas não reivindicada.

Será contra a lógica do estruturalismo que se voltarão as críticas pós-estruturalistas. O estruturalismo havia galgado a posição de hegemonia teórica desde os anos de 1950, tendo destaque os trabalhos de Claude Lévi-Strauss. *Grosso modo*, o projeto estruturalista visava estender o método da linguística estrutural de Ferdinand de Saussure para o estudo das ciências humanas. Dentre as características primordiais desse intento estavam:

- a busca por uma cientificidade estrita;
- um conhecimento formal, nomotético e universal;
- o rebaixamento epistemológico da história;
- a existência de um ímpeto fortemente antissubjetivista.

Com base nesses pressupostos, a proposta estruturalista atacava o que lhe parecia ser as fraquezas de seus adversários contemporâneos: a) a filosofia da consciência de base fenomenológica (Edmund Husserl), b) o subjetivismo racionalista do existencialismo (Jean-Paul Sartre), e c) o historicismo marxista.

Foi de grande importância no estruturalismo seu antissubjetivismo, o qual ficaria assinalado na história das ideias como "a morte do sujeito", ou como "anti-humanismo". Contrário ao *cogito* cartesiano, o estruturalismo retirava da interioridade do sujeito o protagonismo no processo de conhecimento. Como dissera Lévi-Strauss, postulava-se uma "racionalidade sem sujeito"; deste último, aliás, disse: "insuportável *enfant gaté* [criança mimada] que tem ocupado tempo demais na cena filosófica e impedido qualquer reflexão séria ao exigir atenção exclusiva" (LÉVI-STRAUSS, 2011, p. 663). A noção de estrutura organiza de forma específica o pensamento, dá-lhe direção e contornos. Segundo Merleau-Ponty (1964, p. 149), "a presença da estrutura fora de nós, nos sistemas natural e social, e dentro de nós como função simbólica, aponta para um caminho além da correlação sujeito-objeto que dominou a filosofia de Descartes a Hegel".

Por fim, transcreveremos uma passagem de Lévi-Strauss que resume os traços gerais da teoria estruturalista. Um comentário que faz acerca da fonologia (linguística estrutural), a qual seria a primeira ciência social a descortinar "relações necessárias". As demais ciências sociais deveriam segui-la no método, cujas etapas são:

> Em primeiro lugar, a fonologia passa do estudo dos fenômenos *conscientes* para o de sua infraestrutura *inconsciente*; recusa-se a tratar os *termos* como entidades independentes, tomando como base de sua análise, ao contrário, as *relações* entre os termos; introduz a noção de *sistema* [...] finalmente, ela visa à descoberta de *leis gerais*, descobertas ou por indução, "ou deduzidas logicamente, o que lhes dá um caráter absoluto" (LÉVI-STRAUSS, 2012, p. 60).

Dando ênfase à estrutura (leis gerais, regras) subjacente aos fenômenos, o estruturalismo findou por centrar-se na elucidação de relações sincrônicas antes que na dinâmica diacrônica, retirando da história o núcleo central explicativo da realidade social. Para melhor compreensão das mudanças epistemológicas apresentamos inicialmente a corrente estruturalista a fim de esclarecermos o que, a partir do pós-estruturalismo, é continuidade e o que é ruptura. Naquilo que o pós-estruturalismo se distancia do estruturalismo é que encontramos os temas que ajudam a pensá-lo com certa unidade. Nessa perspectiva, destacamos quatro pontos que são comuns aos autores pós-estruturalistas e que são gestos teóricos contestadores de tendências dominantes no estruturalismo:

> 1) A volta a um pensamento historicamente constituído;
>
> 2) Um retorno às reflexões sobre o sujeito;
>
> 3) Um foco sobre as diferenças, singularidades, negando discursos totalizantes;
>
> 4) Uma volta à filosofia, contrária ao caráter cientificista do estruturalismo (SCHRIFT, 2006).

Dentre o conjunto de autores pós-estruturalistas, destacaremos três pensadores: Michel Foucault, Jacques Derrida e Ernesto Laclau. A escolha reflete, evidentemente, a relevância e o impacto da obra desses teóricos na contemporaneidade.

2 Michel Foucault: sujeito, poder e saberes

Michel Foucault (1926-1984) foi antes de tudo um pensador contrário a concepções teóricas totalizantes e sistemáticas (SARUP, 1993). Pode-se dizer que sua reflexão percorre linhas de forças metodológicas diversas, operando mais ou menos de acordo com os objetos investigados conforme a época de elaboração conceitual e textual, ou seja, operam no percurso epistemológico de Foucault diferentes momentos como pesquisador e formulador de caminhos argumentativos. Dentre os métodos podemos destacar a arqueologia dos saberes, a genealogia do poder e a analítica do sujeito. De acordo com a prevalência de cada um desses métodos, pode-se ainda dividir a trajetória de Foucault em dois períodos: o primeiro deles registrando a primazia da estratégia arqueológica e o segundo sobre as inquirições acerca do poder e do sujeito.

A mirada histórico-filosófica de Foucault aponta sempre para as descontinuidades culturais, para as rupturas, para a diferença entre as épocas, entre o presente e o passado, entre outras. Não se encontra no autor uma visão de evolução ou progresso histórico, na qual o presente se explica por conexões causais necessárias entre o que foi e aquilo que é agora. Pelo contrário, o esforço é por demonstrar o caráter de possibilidade das instituições e formações discursivas, sua contingência muitas vezes escondida. Quando a estratégia dominante em suas pesquisas foi a arqueológica, Foucault se encontrava muito próximo do clima estruturalista que pairava na França. Em verdade, seu livro de 1966, *As palavras e as coisas: uma arqueologia das ciências humanas*, foi considerado por muitos como um exemplar paradigmático do método estrutural (CASTRO, 2015). Nele, como antes em *O nascimento da clínica* (1963) e como ainda será em seu último livro da década de 1960, *Arqueologia do saber* (1969), Foucault se preocupa com a condição de possibilidade do discurso, uma estrutura, um *a priori* histórico que condiciona o que se pode dizer num determinado horizonte temporal.

Tal análise, como se vê, não compete à história das ideias ou das ciências: é antes um estudo que se esforça por encontrar a partir de que foram possíveis conhecimentos e teorias; segundo qual espaço de ordem se constituiu o saber; na base de qual *a priori* histórico e no elemento de qual positividade puderam aparecer ideias, constituir-se ciências, refletir-se experiências em filosofias, formar-se racionalidades, para talvez se desarticularem e logo desvanecerem [...] o que se quer trazer à luz é o campo epistemológico, a *epistémê* onde os conhecimentos, encarados fora de qualquer critério referente a seu valor racional ou a suas formas objetivas, enraízam sua positividade e manifestam, assim, uma história que não é a de sua perfeição crescente, mas, antes, a de suas condições de possibilidade (FOUCAULT, 2000, p. XVIII-XIX).

Mais tarde, em *Arqueologia do saber*, Foucault definirá este *a priori* histórico na noção de *episteme*:

> Por *episteme* entende-se, na verdade, o conjunto das relações que pode unir, em uma dada época, as práticas discursivas que dão lugar a figuras epistemológicas, a ciências, eventualmente a sistemas formalizados; o modo segundo o qual, em cada uma dessas formações discursivas, se situam e se realizam as passagens à epistemologização, à cientificidade, à formalização [...]. A *episteme* não é uma forma de conhecimento, ou um tipo de racionalidade que, atravessando as ciências mais diversas, manifestaria a unidade soberana de um sujeito, de um espírito, ou de uma época; é o conjunto das relações que podem ser descobertas, para um época dada, entre as ciências, quando estas são analisadas no nível das regularidades discursivas (FOUCAULT, 2008a: 214).

Logo se vê, portanto, que Foucault não reproduz mecanicamente o método estrutural. Ele introduz o elemento essencial da descontinuidade. Ou, melhor dizendo, a estrutura apriorística que condiciona aquilo sobre o que pode ser dito e o que pode ser pensado varia historicamente, não é algo inalterável, estático ou fora do processo histórico. Tal aspecto afasta Foucault de uma identificação estrita com o movimento estruturalista. Mais ainda, Foucault não lida apenas com as formas de conhecimento aceitas por sua cientificidade. Interessa-se, seguindo seu antigo orientador Georges Canguilhem, por "tudo o que 'contém pensamento' em uma cultura" (CASTRO, 2015, p. 18): a filosofia, a literatura, os sistemas administrativos, o direito, a discussão penal, a medicina etc. são os saberes, enfim, que são escrutinados.

Dos trabalhos de Foucault que vão ganhando acento neste contexto de sua produção intelectual vai se intensificando a necessidade da ênfase de vínculos entre discurso, verdade, poder e desejo (vontade). Não seria equivocado dizer que a influência de Nietzsche sobre seu pensamento se intensifica ao final de seu "período arqueológico"[8]. A própria escolha terminológica, genealogia, ressente esta

---

8. Cumpre frisar que a periodização tem fins meramente didáticos, realçando variações de intensidade, já que a arqueologia e a genealogia convivem no pensamento de Foucault, coabitam sua forma

influência. Mais do que isso, para a compreensão de sua concepção de genealogia é *mister* a leitura de seu texto seminal, preparado em 1971, "Nietzsche, a genealogia e a história". Com a genealogia, seguindo a inspiração nietzscheana, Foucault se insurge contra o modelo clássico de historiografia que busca a origem das coisas em seus fundamentos, cujo desdobramento é a pesquisa das essências; história que tem na "origem" o ponto precípuo de um processo que se desenvolve. Contrariamente a isto, a genealogia enfoca a dispersão, a descontinuidade, a complexidade e a fragilidade dos fatos históricos:

> A genealogia não pretende recuar no tempo para restabelecer uma grande continuidade para além da dispersão do esquecimento; sua tarefa não é a de mostrar que o passado ainda está lá, bem vivo no presente, animando-o ainda em segredo, depois de ter imposto a todos os obstáculos do percurso uma forma delineada desde o início. Nada que se assemelhasse à evolução de uma espécie, ao destino de um povo [...]. A história "efetiva" se distingue daquela dos historiadores pelo fato de que ela não se apoia em nenhuma constância: nada no homem – nem mesmo seu corpo – é bastante fixo para compreender outros homens e se reconhecer neles (FOUCAULT, 1979, p. 21, 27).

O corpo é moldado, fortalecido e envenenado, por regimes alimentares e morais. A história incide sobre o corpo, forja-o e arruína-o. Ou seja, o corpo, a verdade, tudo está dentro e participa do descontínuo na história; sacudida e dinamizada pelo "jogo casual das dominações". Com isto Foucault se afasta radicalmente das visões teleológicas da história e da sociedade.

Não existe uma verdade exterior ao contexto e à historicidade. Mais do que isto. Como afirma em entrevista concedida em 1977 a Alexandre Fontana, intitulada "Verdade e poder", para Foucault a verdade não existe fora do poder. A verdade é deste mundo; ela é produzida nele graças a múltiplas coerções e nele produz efeitos regulamentados de poder. Cada sociedade tem seu regime de verdade, sua "política geral" de verdade" (FOUCAULT, 1979, p. 12). O poder "necessita" de um saber que o justifique e por meio do qual se exerça; assim como qualquer saber participa, é parte da regência do poder, da regulação daquilo que pode e não pode ser dito, feito, pensado etc.

O poder, em Foucault, e isto é elementar para compreender suas ideias, não é algo negativo, somente. Não é só o que restringe, impede, controla, reprime. Pelo contrário, o poder produz. Dentre aquilo que ele fabrica está o sujeito (FOUCAULT, 2008b, p. 161, 252). O sujeito e a subjetividade são fabricados pelo saber-poder, pelas técnicas e engrenagens constituintes do sistema de verdade de cada

---

de manuseio teórico. Alternam-se na precedência de uma sobre a outra, enquanto estratégia metodológica, de acordo com momentos específicos do conjunto da obra, derivando daí a possibilidade de estabelecer períodos. "*Não há pré e pós-arqueologia ou genealogia em Foucault.* Contudo, o peso e a concepção dessas abordagens mudaram no decorrer de seu trabalho" (DREYFUS; RABINOW, 1995, p. 116).

época. O poder, portanto, não é uma coisa exterior à verdade, como usualmente se crê. Foucault denuncia este subterfúgio, este equívoco, este desejo de mascaramento que caracteriza o poder moderno; engano que leva muitos a pensarem que estão opondo uma verdade ao poder, como forma de resisti-lo, quando na verdade estão colaborando para o seu funcionamento (FOUCAULT, 1988).

Por fim, há que se chamar a atenção para a discussão foucaultiana acerca da biopolítica e da governamentalidade. A partir do século XVIII a vida, o próprio componente biológico, entra no centro do cálculo político. Foucault alude a três processos que devem ser pensados em correlação, tanto pelas condições de sua emergência como pela lógica articuladora que os reveste, a saber: a) uma nova concepção quanto ao governo, b) a centralização econômica e c) o surgimento da população como componente da atenção política. Diferente do que chamou de "soberania", dá-se início à biopolítica. A soberania tem a si mesma como finalidade; o poder soberano tem por meta manter-se. Com a "governamentalização do Estado" será a população o objeto da ação do poder. O fim do governo é gerir sua população, no que diz respeito aos seus costumes, seus hábitos; agir sobre sua saúde, mitigando ou erradicando a fome, as doenças etc. A população "aparece como sujeito de necessidades, de aspirações, mas também como objeto nas mãos do governo; como consciente, frente ao governo, daquilo que ela quer e inconsciente em relação àquilo que se quer que ela faça" (FOUCAULT, 1979, p. 289).

Rompe Foucault, assim, com diversos motivos centrais do estruturalismo, promovendo: a valorização incondicional da história, do poder, dos vínculos entre poder-sujeito-saber; e com a relativização da cientificidade.

3 Jacques Derrida: o descentramento da estrutura e a desconstrução

Talvez não seja exagero afirmar que o texto inaugural do pós-estruturalismo tenha sido o ensaio *A estrutura, o signo e o jogo no discurso das ciências humanas*, proferido por Jacques Derrida (1930-2004), num colóquio internacional na Universidade John Hopkins, Baltimore, organizado por René Girard, em 21 de outubro de 1966. Nele, com muita clareza, Derrida estabelece o papel desempenhado pelo conceito de estrutura na história da metafísica ocidental, deslindando suas aporias e, ao mesmo tempo, sua necessidade. Ouçamos o autor:

> Seria fácil mostrar que o conceito de estrutura e mesmo a palavra estrutura têm a idade da *episteme*, isto é, ao mesmo tempo da ciência e da filosofia ocidentais, e que mergulham suas raízes no solo da linguagem comum, no fundo do qual a *episteme* vai recolhê-los para trazê-los a si num deslocamento metafórico (DERRIDA, 1995a, p. 230).

A estrutura tem sido, contudo, pensada como algo centrado. Ora, o centro dessa estrutura é aquilo que ao mesmo tempo permite o jogo das substituições, repetições, transformações, mas torna a escapar este mesmo jogo. O que nos leva a concluir que o centro está simultaneamente dentro e fora da estrutura:

> O conceito de estrutura centrada é com efeito o conceito de um jogo *fundado*, constituído a partir de uma imobilidade fundadora e de uma certeza tranquilizadora, ela própria subtraída ao jogo. A partir desta certeza, a angústia pode ser dominada (DERRIDA, 1995a, p. 231).

O que Derrida pretende é atacar a longa tradição do pensamento fundacionista, essencialista. A tarefa é mostrar que, no momento em que se dá conta de que o centro não é ocupado por um fundamento inamovível – pelo contrário, sendo substituídos periodicamente os elementos que o encarnam –, "tudo se torna discurso". Ou seja, a problemática da universalidade é invadida pela linguagem. Ao seguir este intuito, Derrida é influenciado, sobretudo, por Nietzsche e Heidegger, em sua crítica à verdade e ao esvaziamento do ser, respectivamente.

Derrida empreende uma inovadora análise do signo, e rompe com a visão de Saussure. O signo, para Derrida, é uma "estrutura de diferença", posto que não exista unidade possível entre um referente (origem) e um sentido (um fim). Cada significante remete para outro significante, um signo para outro signo, e assim por diante. A estrutura do signo está atravessada pelo traço do outro que está desde já e para sempre ausente (SARUP, 1993, p. 33):

> A "imotivação" do signo requer uma síntese em que o totalmente outro anuncia-se como tal [...] no que não é ele [...]. O rastro, onde se imprime a relação ao outro, articula sua possibilidade sobre todo o campo do ente [...]. Mas o movimento do rastro é necessariamente ocultado (DERRIDA, 2006, p. 57).

E ao método[9], ou melhor dizendo, à estratégia elaborada para perscrutar as interrupções dos jogos de significação, das operações dissimuladas de fundação, Derrida chamará de desconstrução. O que vem a ser a desconstrução? É possível dar-lhe uma definição simples e direta?

> O exato significado e missão da desconstrução é mostrar que coisas – textos, instituições, tradições, sociedades, crenças e práticas de qualquer tamanho e tipo de que você precisa – não têm significados definíveis e missões determináveis, que são sempre mais do que qualquer missão que se queira impor-lhes. Que elas ultrapassam os limites que atualmente ocupam. O que realmente está acontecendo nas coisas, o que realmente ocorre, está sempre por vir (CAPUTO, 1997, p. 31).

Para além do esclarecimento trazido pela citação anterior, ou ainda, para uma aproximação à noção de desconstrução, é preciso afirmar que o termo assume várias significações nos textos do autor (VERGANI, 2000, p. 15-22). Entretanto, indubitavelmente, seu aspecto invariável é sua vocação para desestabilizar os li-

---

9. Importa salientar que em Gasché (1986, p. 123) "desconstrução é também desconstrução do conceito de método".

mites atuais de uma significação, constituindo-se numa abertura radical ao devir, ao futuro. Como bem assinala Richard Beardsworth (1996), a metafísica, contra a qual Derrida se insurge pode ser compreendida como uma forma peculiar de organizar o tempo. Ela rejeita a temporalidade ao cindi-la em atemporal e temporal, eterno e transitório. Em outras palavras, a história da metafísica rejeita a finitude. Assim, o papel da crítica desconstrucionista é explicitar a irredutibilidade de todas as formas de organização social (lógica, econômica, política, discursiva etc.), a dimensão finita do tempo e da existência.

O que, talvez, mais importa reter aqui, como desdobramento da crítica derridiana, é que a consequência desta "invasão da linguagem", somada ao desmascaramento das supostas fundações e centros que negam a finitude e o caráter inarredável do campo da significação, dizíamos o mais importante, é que a consequência disso tudo se revela numa nova concepção ontológica do social, uma concepção ontológica que se perfaz na contingência do político. Político que se engaja ao longo de todo o tecido do texto, desde que recordemos que um dos mais conhecidos lemas da desconstrução é: "não existe o fora-texto". Desta forma, assim fala Derrida, acerca do discurso, do político e da verdade:

> É inevitável, não se pode fazer nada, e principalmente não se pode falar, sem determinar (de um modo que não é só teórico, mas prático e performativo) um contexto. Essa experiência é sempre política, porque implica, nessa determinação mesma, um certo tipo de relação não "natural" com o outro [...]. Uma vez que se reconheça essa generalidade e essa estrutura *a priori*, pode-se perguntar não se uma política está implicada (ela sempre está) mas qual política está implicada nessa prática contextualizante [...]. Em suma, não creio em nenhuma neutralidade possível neste campo. O que se chama de "objetividade", por exemplo, científica [...] só se impõe no interior de um contexto extremamente amplo, antigo, poderosamente instalado, estabilizado, ou enraizado num feixe de convenções (DERRIDA, 1991, p. 186).

A propósito, ainda, das consequências políticas da desconstrução, o próprio Derrida (apud GASCHÉ, 1986, p. 137) é quem assevera que a mesma "não pode limitar-se ou proceder imediatamente à neutralização". Ou ainda: "Não há lugar neutro ou natural no ensino" (DERRIDA, 2002, p. 69). Isto é, ativar as práticas da desconstrução implica um compromisso ético, o qual passa pela denúncia à metafísica da presença, pela inversão das hierarquias historicamente estabilizadas pela metafísica etc. Algumas vezes, de modo equivocado, tratou-se a desconstrução como atitude evasiva, desprovida de instrumentos e interesse frente às questões do poder. Em verdade, tal crítica expõe ingenuidade ante o pensamento derridiano. Elaborando acerca da lida desconstrucionista com a série de oposições binárias disposta pela metafísica, por exemplo, Derrida afirma:

> Essa estratégia [da desconstrução] deveria evitar simplesmente neutralizar as oposições binárias da metafísica e, ao mesmo tempo, simplesmen-

> te, residir, no campo fechado dessas oposições e, portanto, confirmá-lo. É preciso [...] passar por uma fase de inversão [...]. Fazer justiça a essa necessidade significa reconhecer que, em uma oposição filosófica clássica, nós não estamos lidando com uma coexistência pacífica de um face a face, mas com uma hierarquia violenta. Um dos dois termos comanda (axiologicamente, logicamente etc.), ocupa o lugar mais alto. Desconstruir a oposição significa, primeiramente, em um momento dado, inverter a hierarquia (DERRIDA, 2001, p. 47-48).

Vale a pena concluir essas palavras sobre Derrida lembrando sua intervenção mais diretamente vinculada ao marxismo. Em 1993, três anos apenas após a derrocada do "socialismo real", e quando o marxismo – a clássica emanação da tradição da reflexão crítica – sofria a pressão dos "vencedores", Derrida escreve *Espectros de Marx*. Neste livro, pondera sobre o legado do marxismo, posicionando a desconstrução nessa espectralidade da herança. Posicionamento de chamamento à justiça; justiça que passa pela disjunção com o presente. Uma justiça que não é vingança nem cálculo, justiça que é dom ao outro. Sem essa disjunção a desconstrução:

> Repousa na consciência tranquila do dever cumprido, perde a oportunidade do porvir, da promessa ou do apelo, do desejo também (i. e., sua "própria" possibilidade) desse messianismo desértico (sem conteúdo e sem messias identificáveis [...] na espera ou na chamada do que denominamos aqui, sem saber, o messiânico: a vinda do outro, a singularidade absoluta e inantecipável do que chega como justiça. Esse messiânico, acreditamos que ele permanece uma marca *indelével* – que não se pode nem deve apagar – da herança de Marx, e sem dúvida do *herdeiro*, da experiência da herança em geral (DERRIDA, 1994, p. 46-47).

Eis a desconstrução envolvida, envolvimento reiteradamente afirmado, com a reivindicação de justiça, com a ética, por intermédio do acionamento do político na luta contra as opressões.

4 Ernesto Laclau: pós-estruturalismo e marxismo

O marxismo clássico pode ser demarcado a partir da enumeração de algumas premissas que lhe dão coerência e explicitam seu impulso:

a) uma história teleológica, cujo fim implica a resolução dos conflitos humanos;

b) toda sociedade é marcada pela exploração e dividida em classes;

c) a crença na determinação estrutural, isto é, no caso marxista, a crença na determinação econômica dos processos sociais;

d) o proletariado é a concreção do momento de negatividade, o sujeito que incorpora a totalidade das opressões, consistindo ainda no ator redentor da humanidade.

Com Ernesto Laclau (1935-2014) todos estes pressupostos serão negados. Entretanto, é como pós-marxista que o autor reivindicará ser reconhecido (LACLAU, 1993). Dito isto, para uma melhor compreensão do pensamento deste teórico, é preciso reportá-lo ao seu contexto.

Compondo suas obras a partir do final da década de 1970, sua intervenção se dá em meio à "crise da esquerda", com a perda de força dos partidos socialistas e dos sindicatos, com o declínio e ulterior derrocada do "socialismo realmente existente, simultaneamente à eclosão de novas formas de reivindicação social, os "novos" movimentos sociais: ecologista, étnicos, raciais, feminista etc. (SMITH, 1998). Em 1985 vem a público o livro-chave para entendimento de sua visão teórica, *Hegemonia e estratégia socialista*, escrito em coautoria com Chantal Mouffe. Nele, o autor propõe o conjunto de supostos que definem a singularidade de sua inovação teorética. Primeiramente, aponta a partir de que critérios o projeto socialista estava estrangulado, sendo insustentáveis os seguintes pontos: prioridade ontológica da classe trabalhadora; a ideia de revolução; a utopia de uma sociedade com uma vontade unitária e homogênea no mundo pós-revolucionário, que significaria em outros termos, uma sociedade pós-política.

A estratégia metodológica usada por Laclau para superar tais impasses do marxismo é a incorporação do pós-estruturalismo. Neste tocante, sua dívida com Jacques Derrida é evidente e, aliás, plenamente reconhecida. O dado fundamental aqui foi a assimilação por Laclau da crítica derridiana da noção de estruturas fechadas e centradas. Portanto, a própria sociedade é uma estrutura incapaz de seu fechamento último (sutura, em seu léxico usual) e passível a complexos processos de (re)centramento. Acerca disso, da influência da desconstrução em seu pensamento, Laclau assim afirma em seu ensaio *Deconstruction, Pragmatism, Hegemony*:

> A abordagem desconstrutivista é altamente relevante a duas dimensões do político – como oposto ao "social" [...]. O primeiro é a noção do político como momento instituinte da sociedade [...]. Hoje, nós tendemos a dessedimentar o social e a "reativá-lo", referindo-o ao momento político de sua instituição originária. Agora, este processo de dessedimentação é ao mesmo tempo um processo de destotalização do social [...]. Porque dado que a sociedade não é mais concebida como sendo unificada por uma lógica subjacente endógena, e dado também o caráter contingente dos atos de instituição política, não há um *lócus* a partir do qual uma ordem soberana possa ser pronunciada (CRITCHLEY, 1996, p. 47-48).

Portanto, uma vez que a sociedade não é unificada e centrada por uma instância específica – a economia, por exemplo –, resta-lhe como instante instituinte o político. Contudo, não existe um caráter necessário em qualquer dessas tentativas de fundamentar uma ordem; tais tentativas são sempre contingentes, precárias e nunca totalmente bem-sucedidas. É importante apreender a diferenciação que Ernesto Laclau empreende entre "sociedade" e "social". A "sociedade" deve ser entendida como suportando uma concepção que acredita "na possibilidade de fechamento de todo sentido social em torno de uma matriz, a qual pode explicar todos os seus processos parciais" (LACLAU, 1999, p. 146). Esta posição é aquela típica do estruturalismo clássico. Porém, para alguém que quer tomar uma posição pós-estruturalista, como é o caso do autor em questão, e assumir uma concepção segundo a qual o fechamento de qualquer contexto sob uma totalidade unificada é impossível, o correto seria o uso do termo "social".

Outro nome dado àquilo que Ernesto Laclau produziu é teoria do discurso. Sintonizado com a virada linguística, seu trabalho é essencialmente recortado pela importância fundamental da linguagem. Daí a centralidade do conceito de discurso em sua obra. Convém saber, para evitar mal-entendidos, que, com discurso, não se quer significar apenas palavras faladas ou escritas. Tecnicamente, em seu pensamento, discurso abrange o linguístico e o extralinguístico; o motivo por trás da escolha deste termo advém da intenção de exprimir que "toda configuração social é uma configuração *significativa*" (LACLAU, 1993, p. 114). O social é, desta forma, um arranjo significativo móvel, instável, contingente. Todo esforço é no sentido de subverter e implodir qualquer ideia de sociedade essencialmente fundamentada[10].

Para Laclau, o social é irremediavelmente atravessado pelo antagonismo, que pode ser explicado como expressão do excesso de significados em relação à possibilidade de significação. Há sempre mais de uma maneira de definir valores tais quais liberdade, democracia, bem-estar. As várias propostas significativas disputam o sentido. Simplificando um pouco, para exemplificação e esclarecimento maior, digamos que existe para a ideia de uma "boa sociedade" a mesma variedade de significados. Ora, o discurso, à medida que estabiliza temporariamente uma rede de significados definidos, exclui outros. É esta relação de exclusão o campo do antagonismo, que, como tal, como aquilo que foi excluído mas pugna por uma ressignificação, ameaça constantemente a identidade significativa que logrou se estabelecer. Por conseguinte, o antagonismo é a sombra que precariza toda a identificação, todo sentido ora estável, porquanto é tido como aquele "fora" que impede a sutura final da sociedade. "[...] o antagonismo, como testemunha da impossibilidade de uma sutura final, é a 'experiência' do limite do social" (LACLAU--MOUFFE, 2015, p. 203).

Por fim chegamos ao outro conceito fundamental para Laclau, o de hegemonia. A múltipla possibilidade de significação é o "campo da discursividade". Como vimos, é neste campo que radica o antagonismo que, como tal, é aquilo que torna possível a construção da identidade assim como a impede de ser plenamente estável. Como chamamos a operação através da qual um sentido se estabiliza, ou seja, um discurso se configura? A resposta é: hegemonia:

---

10. No caso do marxismo clássico, que também é um exemplar de estruturalismo, o fundamento substantivo da sociedade era a economia. A instância econômica cumpria de modo necessário a função de centro unificador e estabilizador. As demais esferas da totalidade: política, cultura etc., constituindo apenas epifenômenos da instância primordial.

Segundo tenho sustentado em meus trabalhos, "hegemonia" é o conceito-chave para pensar a política. Entendo por "hegemonia" uma relação pela qual um conteúdo particular assume, em um certo contexto, a função de encarnar uma plenitude ausente (LACLAU, 2002, p. 122)[11].

É mediante a lógica hegemônica, isto é, mediante o desdobramento de um projeto hegemônico politicamente, que um sistema discursivo logra se fixar parcialmente, estabilizando contextualmente as relações sociais. Pois, se um discurso nunca conseguirá se estabilizar em sua plenitude, dada a amplitude antagonística do campo da discursividade, tampouco é possível a ausência discursiva (TORFFING, 1999). Estamos diante de um trabalho de Sísifo, ininterrupto, porém nunca terminado. Nas palavras de Laclau "a humanidade não conhece o sétimo dia", o dia do descanso.

Considerações finais

Do ponto de vista da discussão epistemológica, a influência do pós-estruturalismo nas ciências sociais se fez sentir numa radicalização da sombra do perspectivismo nietzscheano sobre as construções teóricas. O perspectivismo se consolida como um desdobramento lógico da concepção que subjaz à relação entre conceito e real, entre observação/descrição e fato. Seguindo a máxima de Nietzsche segundo a qual "não há nenhum 'fato em si', mas antes um sentido há de sempre ser primeiramente intrometido para que um fato possa haver" (NIETZSCHE, 2008, p. 290), o pós-estruturalismo implica necessariamente a soberania da interpretação, com a possibilidade incontornável da pluralidade virtual da "leitura" da realidade.

Este aspecto é fulcral para o entendimento do movimento e marca de maneira explícita sua diferença diametral em relação ao viés estruturalista. Não se trata apenas do abandono de pretensões universalistas; trata-se de argumentar pela impossibilidade lógica e epistemológica da universalidade. Uma vez que a relação com a realidade social nunca é imediata, porém mediada pela significação; e uma vez que o ato de significar, e, portanto, representar o real é atravessado por injunções existenciais e sociais múltiplas (classe, gênero, religião, trajetória biográfica etc.), o acesso ao factual deve ser compreendido como essencialmente diversificado, vário. Falando de forma didática: a impossibilidade de um entendimento comum sobre um processo social qualquer não radica na dificuldade de aceitação

---

11. Nos anos finais de sua vida, Ernesto Laclau se empenhou na defesa da tese acerca da importância da lógica do populismo para compreensão da política. Expandiu sua concepção de sujeito, fazendo intervir no processo o elemento do afeto. Contudo, ainda em seu último livro, sua ideia quanto à hegemonia não se alterou. "O argumento que desenvolvi é que, neste ponto, existe a possibilidade de que uma diferença, sem deixar de ser *particular*, assuma a representação de uma totalidade incomensurável [...]. Esta operação, pela qual uma particularidade assume uma significação universal incomensurável consigo mesma, é o que denominamos *hegemonia*" (LACLAU, 2005, p. 95; grifos nossos).

universal de uma explicação singular, posto que o desacordo se dá anteriormente à própria explicação, no instante de nomeação e conceituação. Um mesmo "fato" pode ser lido como *impeachment* ou como golpe, transformando-se o gesto interpretativo numa atitude de disputa. Não é à toa, talvez, que nos últimos anos, dada a disseminação da inspiração pós-estruturalista em nossa cultura, um termo como pós-verdade venha ganhando tanta importância.

Evidentemente, tal afastamento de uma reivindicação realista mais sólida suscita debates e controvérsias importantes. Insistindo ainda no traço nietzscheano do pós-estruturalismo como definidor de seu impulso (SCHRIFT, 1995), frequentemente se acusa o movimento de relativismo. Relativismo que franquearia espaço para ameaças graves à ética, à democracia etc. Assumindo-se que o conhecimento se resume à "vontade de poder" dissimulada na vontade de verdade (MACHADO, 1999) se abriria o flanco para todo e qualquer projeto de dominação, sem nenhuma salvaguarda propiciada por um dispositivo racional.

Os autores pós-estruturalistas contra-argumentam. Antes de qualquer coisa, Derrida, por exemplo, se insurge contra aqueles que enxergam apenas um relativismo niilista em Nietzsche, partindo de sua concepção sobre política, democracia e sujeito: "desde que, em minha opinião, Nietzsche critica uma forma particular de democracia, em nome da 'democracia do futuro', não considero Nietzsche um *inimigo da democracia em geral*" (DERRIDA, apud PETERS, 2000, p. 80). Tal democracia do futuro, a "democracia porvir" derridiana, se manifestaria em toda diferença em relação à realidade e ao ideal da democracia atual (DERRIDA, 1994). Seria marcada e atravessada radicalmente pela alteridade[12].

No tocante à questão do sujeito, diferentemente de sua total retração no estruturalismo (basta lembrar que Paul Ricouer alcunhou a vertente estruturalista de um "kantismo sem sujeito"), o pós-estruturalismo opera um "retorno do sujeito", nas palavras de Derrida. Aliás, a expressão, ou melhor, a ideia de retorno do sujeito é notada e comentada por um dos melhores críticos do estruturalismo, François Dosse. Este autor (1998) faz ver que, no arco de declínio estruturalista, o formalismo linguístico-estrutural paulatinamente perde espaço e prestígio. O recuo formalista (e seu sujeito ausente) propicia a retomada da reflexão sobre o sujeito em novas bases, com Julia Kristeva e Tzvetan Todorov apostando na intersubjetividade dialogística de Mikhail Bakhtin e Roland Barthes, abandonando as pretensões científicas iniciais por um mergulho subjetivo na esfera literária. Michel Foucault, num texto de 1982, proclama: "Não é, pois, o poder, mas o sujeito que constitui o tema central de minhas pesquisas" (FOUCAULT, 2014, p. 119).

---

12. Sobre os desdobramentos ético-políticos da atração teórica escolhida, é oportuno lembrar aqui que a *democracia radical*, concebida por Ernesto Laclau e Chantal Mouffe, é consequência da desfundamentação do social – entendido a partir de um campo de discursividade. Longe do relativismo, os autores se posicionam explicitamente no campo político e imbricam sua formulação teórica ao posicionamento adotado. Cf. sobretudo Laclau, 1993; Laclau-Mouffe, 2015.

Foucault sustenta que a luta contemporânea característica é aquela contra o assujeitamento, contra o aprisionamento dos indivíduos a identidades. Daí sua atenção se voltar para as técnicas de si, as quais:

> permitem aos indivíduos efetuar, sozinhos ou com a ajuda de outros, certo número de operações sobre seu corpo e sua alma, seus pensamentos, suas condutas, seu modo de ser; *transformar-se a fim de atingir certo estado de felicidade, de pureza, de sabedoria, de perfeição ou de imortalidade* (ibid., p. 266; grifo nosso).

Afirma Foucault, sobre ele próprio, que era sua intenção fazer uma investigação acerca do saber que dissesse tanto sobre a dominação quanto pelo que se refere ao si, finalizando com uma autocrítica, segundo a qual talvez tenha sublinhado demais o lado da dominação e do poder.

Enfim, o rastro pós-estruturalista deixado nas ciências sociais se deixa ver pelo acento construtivista quanto à ontologia, pela impressão de uma subjetividade simultaneamente descentrada e reconfigurável em certa medida, por uma preocupação ético-política de desconstrução das estruturas de opressão, e pela diluição das pretensões científicas. Como movimento que é, segue aberto em suas possibilidades de novas formulações.

Referências

BEARDSWORTH, R. (1996). *Derrida and the political*. Londres/Nova York: Routledge.

BENNINGTON, G.; DERRIDA, J. (1996). *Jacques Derrida – Por Geoffrey Bennington e Jacques Derrida*. Trad. Anamaria Skinner. Rio De Janeiro: Zahar.

CAPUTO, J.D. (1997). *Deconstruction in a nutshell: a conversation whith Jacques Derrida*. Nova York: Fordham University Press.

CASTRO, E. (2015). *Introdução a Foucault*. Belo Horizonte: Autêntica.

CRITCHLEY, S. et al. (1996). *Deconstruction and pragmatism*. Nova York: Routledge.

DERRIDA, J. (1991). *Limited Inc*. Campinas: Papirus.

DERRIDA, J. (1994). *Espectros de Marx: o estado da dívida, o trabalho do luto e a nova internacional*. Rio de Janeiro: Relume-Dumará.

DERRIDA, J. (1995a). *A escritura e a diferença*. São Paulo: Perspectiva.

DERRIDA, J. (1995b). *Salvo o nome*. Campinas: Papirus.

DERRIDA, J. (2001). *Posições*. Belo Horizonte: Autêntica.

DERRIDA, J. (2002). *Who's afraid of philosophy? – Right to philosophy I*. Stanford: Stanford University Press.

DERRIDA, J. (2006). *Gramatologia*. São Paulo: Perspectiva.

DREYFUS, H.L.; RABINOW, P. (1995). *Michel Foucault, uma trajetória filosófica – Para além do estruturalismo e da hermenêutica*. Rio de Janeiro: Forense Universitária.

FOUCAULT, M. (1963). *O nascimento da clínica*. Rio de Janeiro: Forense Universitária.

FOUCAULT, M. (1979). *Microfísica do poder*. Rio de Janeiro: Graal.

FOUCAULT, M. (1998). *História da sexualidade I: a vontade de saber*. Rio de Janeiro: Graal.

FOUCAULT, M. (2000). *As palavras e as coisas: uma arqueologia das ciências humanas*. São Paulo: Martins Fontes.

FOUCAULT, M. (2008a). *A arqueologia do saber*. Rio de Janeiro: Forense Universitária.

FOUCAULT, M. (2008b). *Vigiar e punir: nascimento da prisão*. Petrópolis: Vozes.

GASCHÉ, R. (1986). *The tain of the mirror: Derrida and the philosophy of reflection*. Cambridge: Harvard University Press.

JOHNSON, C. (2001). *Derrida: a cena da escritura*. São Paulo: Unesp.

LACLAU, E. (1993). *Nuevas reflexiones sobre la revolución de nuestro tiempo*. Buenos Aires: Nueva Visión.

LACLAU, E. (1999). Hegemony and the future of democracy: Ernesto Laclau's political philosophy. In: WOSHMA, L.; OLSON, G. (eds.). *Race, Rhetoric, and Postcolonial*. Albânia: Suny Press, p. 129-164.

LACLAU, E. (2002). *Misticismo, retórica y política*. Buenos Aires: Fondo de Cultura Económica.

LACLAU, E. (2005). *La razón populista*. Buenos Aires: Fondo de Cultura Económica.

LACLAU, E. (2011). *Emancipação e diferença*. Rio de Janeiro: EdUERJ.

LACLAU, E.; MOUFFE, C. (2015). *Hegemonia e estratégia socialista*. São Paulo/Brasília: Intermeios/CNPq.

LÉVI-STRAUSS, C. (2011). *O homem nu*. São Paulo: Cosac Naify.

LÉVI-STRAUSS, C. (2012). *Antropologia estrutural*. São Paulo: Cosac Naify.

LOVIBOND, S. (1989). Feminism and Postmodernism. *New Left Review*, Londres, 178, p. 5-28. nov.-dez.

MACHADO, R. (1979). Introdução – Por uma genealogia do poder. In: FOUCAULT, M. *Microfísica do poder*. Rio de janeiro: Graal, p. VII-XXIII.

MARCHART, O. (2007). *Post-foundational political thought: political diference in Nancy, Lefort, Badiou and Laclau*. Edimburgo: Edinburgh University Press.

MERLEAU-PONTY, M. (1964). *Signos*. Barcelona: Seix Barral.

PETERS, M. *Pós-estruturalismo e filosofia da diferença*. Trad. Tomaz Tadeu da Silva. Belo Horizonte: Autêntica.

SARUP, M. (1993). *An introductory guide to poststructuralism and postmodernism*. Londres: Harvest Wheatsheaf.

SCHRIFT, A.D. (1995). *Nietzsche's French Legacy: a geneology of poststructuralism*. Nova York/Londres: Routledge.

SCHRIFT, A.D. (2006). *Twentieth-Century French Philosophy: key themes and thinkers*. Oxford: Blackwell.

SMITH, A.M. (1998). *Laclau and Mouffe: the radical democratic imaginary*. Londres/Nova York: Routledge.

TORFING, J. (1999). *New Theories of discourse: Laclau, Mouffe and Zized*. Londres: Blackwell.

VERGANI, M. (2000). *Jacques Derrida*. Turim: Paravia/Bruno Bondadori.

3
Sociologia simétrica

Fabrício Neves
Guilherme Sá

Já faz aproximadamente 40 anos que as teorias construtivistas emergiram com força nos estudos culturais, em especial nos estudos sociais em ciência e tecnologia (Science and Technological studies, em inglês, STS). Os princípios que subjaziam estes estudos orientavam os pesquisadores para uma postura simétrica em relação às causas do conhecimento verdadeiro e falso (BLOOR, 1991), e os atentava para a indissolubilidade dos contextos de produção e justificação do conhecimento científico. Munidos desse espírito de reforma epistemológica, tais pesquisadores desenvolveram uma série de estudos microssociológicos em grandes centros de produção de conhecimento (KNORR-CETINA, 1981; LATOUR, 1987), elaborando um menu conceitual potente capaz de dar conta da construção *in situ* do fato científico e de sua circulação pelas mais remotas áreas da sociedade global. Tais estudos acabaram também por impactar na própria teoria social (LYNCH, 1993).

A teoria social incorporou avanços dos STS, em termos epistemológicos, metodológicos e teóricos e, na maioria dos casos, assumindo posturas relativistas e construtivistas. As pesquisas sociais identificaram-se com programas de pesquisa emergidos nesta área de estudo, repensando vários problemas que compunham seu cânone investigativo, como o problema da ação, da estrutura, da reprodução e construção social. Também as duas áreas comunicaram-se na troca de experiências metodológicas, principalmente no que dizia respeito ao papel do investigador em campo, o que por vezes lhe exigia uma postura completamente nova ao ver emergir novos objetos de investigação. A mensagem foi clara: as ciências sociais foram desafiadas a repensarem-se, principalmente, a antropologia e a sociologia.

O que mais se destacou nestas novas abordagens sociológicas do conhecimento foi o que se convencionou chamar de "abordagens simétricas", com seus distintos "princípios de simetria" (DOMENECH; TIRADO, 1998). Se primeiramente os pressupostos epistemológicos da abordagem simétrica do conhecimento eram caros a uma matriz construtivista, ao considerar simétrico o resultado do conhecimento no que tange a sua "verdade" e "falsidade" (BLOOR, 2009), posteriormente procederam-se giros ontológicos que evidenciavam uma nova dimensão simétrica, a saber aquela entre (actantes) humanos e não humanos (CALLON, 1986). Um terceiro princípio de simetria também fora reivindicado ao relacionar "modernos" e "não modernos" (LATOUR, 1993), no entanto, sem o mesmo impacto e difusão se comparado aos anteriores. Atualmente, novas propostas têm emergido (NEVES, 2015; LAW; LIN, 2015) e serão à frente consideradas.

Este capítulo traçará um histórico do debate sobre os distintos princípios de simetria, com ênfase nas abordagens das áreas da sociologia do conhecimento científico e dos estudos sociais em ciência e tecnologia, as quais foram responsáveis pela emergência de tal abordagem. O que se apresentará será a ruptura que o primeiro princípio da simetria realizou com a epistemologia mais tradicional e o lugar legado por ela à sociologia no debate sobre a natureza do conhecimento científico. Será tratado em seguida do que representou o segundo princípio para a abordagem do conhecimento e como tal proposta teórica, central para a teoria do ator-rede, estabeleceu ruptura no próprio campo e fora dele.

Finalmente, mas não menos importante, será tratada a aparente negligência de se levar à frente o terceiro princípio de simetria. Tal princípio não alcançou o centro dos interesses dos estudos sociais em ciência e tecnologia, nem criou um programa de investigação capaz de dar conta das especificidades do conhecimento em contextos sociais distintos da "modernidade". Em um exercício hipotético elaboraremos as razões de tal negligência, indicando possibilidades investigativas em contextos distintos daqueles aos quais se inseriam os dois princípios anteriores.

O primeiro princípio da simetria

Os debates sociológicos sobre o conhecimento científico experimentaram um período de relativo consenso no que diz respeito ao papel que a sociologia deveria assumir na compreensão da verdade científica. Tal consenso sustentava uma divisão do trabalho no qual cabia à sociologia o estudo dos desvios da razão em direção à verdade, ou seja, o estudo dos fatores sociais que incidiam no "caminho natural" da ciência. O tribunal da verdade era habitado por epistemólogos, lógicos, filósofos, aqueles supostamente portadores de instrumentos capazes de justificar racionalmente a verdade do conhecimento, justificativa alegadamente isenta de "interesses mundanos" pelo uso do método adequado. Cabia à sociologia estudar o erro na aplicação do método científico e as afirmações equivocadas sobre a natureza. Tal erro era identificado com interesses políticos e econômicos, psicologia humana, competição, entre outros, e estava ligado à história externa da ciência, menos importante do ponto de vista filosófico.

> A estrutura geral dessas explicações destaca-se claramente. Todas elas dividem o comportamento ou a crença em dois tipos: certo e errado,

verdadeiro e falso, racional ou irracional. Invocam em seguida causas sociológicas ou psicológicas para explicar o lado negativo da divisão. Tais causas explicam o erro, a limitação e o desvio. O lado positivo dessa apreciação é bem diferente. Aqui a lógica, a racionalidade e a verdade aparecem ser suas próprias explicações. Nesse caso, não há necessidade de invocar causas psicológicas ou sociais (BLOOR, 2009, p. 23).

Deve-se a Thomas Kuhn (1962) uma mudança nesta perspectiva, apresentando um vívido relato das dificuldades da abordagem racional da ciência e oferecendo um ponto de vista que relacionava psicologia coletiva, organização institucional da ciência e construção política de grupos interessados para o estabelecimento de paradigmas (TURNER, 2008). Esta sociologização do processo de estabelecimento da verdade científica, embora duramente criticada, forneceu premissas para um encorajamento das investidas sociológicas na área antes restrita à epistemologia. O livro que sintetizou as aspirações da sociologia na compreensão do processo de estabelecimento das verdades científicas foi *Knowledge and social imagery*, de David Bloor ([1976] 2009), a carta de intenções de uma nova área sociológica, a saber, os estudos sociais em ciência e tecnologia (NEVES; TEIXEIRA, 2013).

Tal obra inicia-se com uma interrogação negada à frente: "A sociologia deve renunciar à explicação do conhecimento?" (BLOOR, 2009). Para poder levar a cabo a empreitada de compreender o conhecimento científico, não mais legando à sociologia uma condição de acanhamento epistemológico, Bloor (2009) propõe quatro princípios para um "programa forte em sociologia do conhecimento", em oposição àquele que renunciava ao estudo do conhecimento científico. Os princípios são: causalidade, imparcialidade, simetria e reflexividade. Reconhecidamente, a "força" do programa e sua notoriedade deu-se por razão do terceiro princípio, o princípio da simetria. Tal princípio postulava que a sociologia do conhecimento deveria ser simétrica em seu estilo de explicação. Os mesmos tipos de causas explicariam crenças verdadeiras e falsas (BLOOR, 2009).

O princípio da simetria do programa forte, articulado aos outros princípios, forneceria a base para uma atitude encorajadora da sociologia para estudar o conhecimento. Tal atitude se pronunciou logo, legando aos estudos sociológicos do conhecimento científico uma nova visão de seu objeto. A ciência não seria mais considerada uma instituição "sobre" as outras instituições sociais, desacoplada das "dinâmicas mundanas" coletivas de poder, recursos materiais, conflitos pessoais, entre outras[13]. Da mesma forma o conhecimento verdadeiro não poderia mais ser o resultado teleológico das "boas aplicações" do método científico e da justificação lógico-racional. Desta forma, os princípios indicavam um caminho simétrico para

---

13. Bloor (1983; 2009) sustenta-se nas investigações de Ludwig Wittgenstein (1968) e em Peter Winch (1970) para elaborar suas considerações sobre a dinâmica prática de justificação do conhecimento, para os quais tal se sustentaria por formas de vida cujas dinâmicas nada têm a ver com fundamentos últimos, mas seriam relacionadas com expressões e lógicas de coletividades humanas específicas.

a investigação sociológica que não separava mais "contexto da descoberta" e "contexto de justificação" do conhecimento, ou uma "história interna" e uma "história externa" da ciência.

> O que antes aparecia como universais são agora variáveis e relativos às práticas sociais. A distinção entre verdade e erro em Bloor passa a ser uma distinção situada no marco do conjunto de experiências e crenças que são compartilhadas por uma coletividade e que conformam o conteúdo de uma cultura. Segundo esta concepção da simetria, verdade e erro têm o mesmo tipo de causa: o social (DOMENECH; TIRADO, 1998).

Muitos trabalhos passaram a compartilhar do princípio de simetria do programa forte. Possivelmente aquele que ficou mais conhecido tenha sido o trabalho de Shapin e Schaffer (1985), *Leviathan and the air-pump: Hobbes, Boyle, and the experimental life*, que reconstitui a controvérsia entre Thomas Hobbes e Robert Boyle a respeito da natureza e potencialidades do experimento, tratando as duas partes envolvidas simetricamente e relacionando o resultado da controvérsia ao contexto social. O programa forte legou também à sociologia em geral uma compreensão do "social" intrinsecamente abarcadora de toda experiência humana. Tal perspectiva, além do mais, superou o objeto inicial do programa forte, a saber, o conhecimento científico, e se apropriou de novos e instigantes temas como o gênero (HARDING, 1993), o *cyborg* (HARAWAY, 1991) e a cultura (ALEXANDER, 2003), para citar apenas alguns.

No entanto, emergiram críticas a tal projeto, principalmente por conta de seu fundamento supostamente idealista, subjetivista e construtivista radical[14]. Flew (1982) acusa os sociólogos do conhecimento de suspenderem os fatos para promoverem a simetria entre crenças falsas e verdadeiras. Laudan (1984) acusa o princípio da simetria de ser relativista e de recair em um "tudo ou nada" para a análise da ciência. Argumenta que as razões são um tipo de causa, e às vezes essas razões-causas estão presentes indicando a relação fato-verdade, embora outras vezes tal causalidade racional não se apresente levando necessariamente ao erro. Neste caso, a sociologia ou a psicologia deveriam ter algo a dizer. Callon (1986) sustenta que o princípio da simetria do programa forte é assimétrico e paradoxal. Para ele, "e este é o lugar onde o paradoxo é revelado, [...] estes cientistas sociais agem como se esse agnosticismo em relação à ciência natural e tecnologia não fosse também aplicável à sociedade. Para eles, a natureza é incerta, mas a sociedade não é" (CALLON, 1986, p. 2). A partir dessa crítica é que o princípio da simetria generalizada é proposto.

---

14. Bloor responde aos críticos em muitos lugares, vale destacar Bloor (1984), Bloor (2009) e Barnes, Bloor e Henry (1996).

O princípio da simetria generalizada e um (suposto) passo além

Como se não bastasse o golpe deferido contra uma epistemologia já fortemente interiorizada, posteriormente os teóricos dos STS investiram contra o próprio cânone da concepção ontológica moderna que tratava assimetricamente sociedade e natureza, desde, ao menos, René Descartes. Derivou-se daí a generalização do primeiro princípio de simetria, investindo-o contra qualquer ontologia que separasse de um lado "o social" e de outro "o natural". Dessa postura teórica que rompia com os estudos sociais da ciência anteriores, emergiram novas formas de conceber a construção dos fatos científicos, mas que não demoraram muito para influenciar novamente o centro da teoria social como um todo, principalmente através das emergentes teorias pós-sociais (LATOUR, 2005).

Latour (1994) inicia sua "teoria da modernidade dos não modernos" indicando a assimetria presente nos estudos anteriores a respeito do conhecimento científico, o que acarretava perdas conceituais e unilateralidades para a compreensão sociológica. Lança mão do estudo de Shapin e Schaffer (1985), citado acima, tomado como uma obra exemplar da sociologia do conhecimento. O valor do livro estaria antes de tudo em se opor às assimetrias metodológicas no tratamento dos cientistas em contenda, no caso, Hobbes e Boyle, para os quais havia uma teoria política que fora esquecida pelos cientistas naturais e, por outro lado, uma matemática desconhecida para os cientistas políticos.

> Ao invés de uma assimetria e de divisão – Boyle com a ciência, Hobbes com a teoria política –, Shapin e Schaffer traçam um belo quadro: Boyle possui uma ciência e uma teoria política; Hobbes uma teoria política e uma ciência (LATOUR, 1994, p. 22).

O estudo de Shapin e Schaffer vai se concentrar na lógica de argumentação dos dois cientistas sem assumir o ponto de vista historiográfico prevalecente na vitória do método experimental de Boyle. Ora, Boyle cria o estilo empírico da ciência moderna ao estabelecer como centro da lógica científica a argumentação com base na (re)criação do fenômeno por meio de instrumentos artificiais – a bomba a vácuo. Por outro lado, Hobbes não desenvolve seu método científico com base na observação ou opinião, mas sim por meio da demonstração matemática, único procedimento capaz de operar consenso contra todo dissenso imaginado. Nega-se, portanto, a "criação artificial" de fenômenos como prova de qualquer coisa, posto ser capaz de enganar o espírito, o que o distanciaria do método experimental. Ao fim, segundo Latour, Shapin e Schaffer optam por defender que aquilo que direcionou a vitória de Boyle foi a sociedade (política, interesse etc.), as experiências e crenças compartilhadas coletivamente, em detrimento do fenômeno natural. Nesta opção residiria a filiação de Shapin e Schaffer à matriz construtivista dos estudos sociais em ciência e tecnologia e que, ademais, seria prova de uma assimetria latente nestes estudos: naturalistas para a sociedade e construtivistas para a natureza.

Como alternativa a essa assimetria, Latour buscará propor um caminho contrário à proliferação de dicotomias conceituais que, segundo sua perspectiva, dificultavam o avanço teórico dos STS. A modernidade seria antes de tudo este espaço/tempo de assimetrias irreconciliáveis, caso seguíssemos o caminho trilhado até agora por uma vida intelectual nos termos dos "modernos". Uma constituição que separa natureza e cultura, ciência e poder, sujeitos e objetos, que separa as "competências das coisas e das pessoas" (LATOUR, 1994, p. 35), que purifica a natureza e a sociedade e resiste à contaminação de umas pelas outras, negando qualquer tipo de hibridização.

> A palavra "moderno" designa dois conjuntos de práticas totalmente diferentes que, para permanecerem eficazes, devem permanecer distintas, mas que recentemente deixaram de sê-lo. O primeiro conjunto de práticas cria, por "tradução", misturas entre gêneros de seres completamente novos, híbridos de natureza e cultura. O segundo cria, por "purificação", duas zonas ontológicas inteiramente distintas: a dos humanos, de um lado, e a dos não humanos, de outro. [...] O primeiro, por exemplo, conectaria em uma cadeia contínua a química da alta atmosfera, as estratégias científicas e industriais, as preocupações dos chefes de Estado, as angústias dos ecologistas; o segundo estabeleceria uma partição entre um mundo natural que sempre esteve aqui, uma sociedade com interesses e questões previsíveis e estáveis, e um discurso independente tanto da referência quanto da sociedade (LATOUR, 1994, p. 16).

A necessidade de evitar as assimetrias supostamente presentes no primeiro princípio de simetria já fora discutida anteriormente em texto seminal escrito por Michel Callon (1986) e em um conhecido livro do próprio Latour ([1987], 2000). Tal princípio orientou o que se convencionou chamar de "sociologia da translação" proposta em tal artigo como um programa de pesquisa, em moldes análogos aos do programa forte. A sociologia da translação seria composta de três princípios inseparáveis (CALLON, 1986): agnosticismo (imparcialidade entre os atores envolvidos na controvérsia), simetria generalizada (o compromisso para explicar pontos de vista conflitantes nos mesmos termos) e livre-associação (o abandono de todas as distinções *a priori* entre o natural e o social). Novamente, o princípio mais controverso, aquele que geraria debates acalorados, seria o princípio da simetria, agora generalizado ao que passou a ser chamado universo não humano. Segundo ele, "os ingredientes das controvérsias são uma mistura de considerações relativas tanto à sociedade quanto à natureza" (CALLON, 1986, p. 199). Em seu estudo empírico em que aplicara esses princípios, Callon (1986) chega à conclusão de que

> a tradução é o mecanismo pelo qual os mundos social e natural progressivamente tomam forma. O resultado é uma situação em que certas entidades controlam as outras. Entender o que os sociólogos geralmente chamam de relações de poder significa descrever a maneira pela qual os atores são definidos, associados e, simultaneamente, obrigados a manterem-se fiéis às suas alianças. O repertório de tradução

não é concebido apenas para dar uma descrição simétrica e tolerante de um processo complexo que constantemente mistura uma variedade de entidades sociais e naturais. Ele também permite uma explicação de como alguns obtêm o direito de expressar e representar os muitos atores silenciosos dos mundos sociais e naturais que eles têm mobilizado (CALLON, 1986, p. 214).

Deste programa de pesquisa com princípios e repertórios conceituais e metodológicos, construído a partir da alegação de assimetrias e radicalismos construtivistas nos estudos sociais em ciência e tecnologia, emergirá uma teoria conhecida como teoria ator-rede, a qual inaugurará duas tendências na teoria social do início do século XXI, a saber, giros pós-sociais e o "giro ontológico", os quais serão abordados mais adiante.

A teoria ator-rede

Bruno Latour e Michel Callon elaboraram, a partir dos princípios descritos acima, a teoria do ator-rede (ANT, sigla em inglês para Actor-Network Theory), possivelmente a mais influente teoria contemporânea dos estudos sociais em ciência e tecnologia. Para a ANT, "uma rede é composta de uma série de elementos heterogêneos, animados e inanimados, que estão vinculados uns aos outros por certo período de tempo" (CALLON, 1987, p. 93). A rede se constitui por atores humanos e não humanos, ambos tidos como "actantes". Isso nos leva à regra metodológica de que não se deve escolher de antemão coisas ou atores humanos para compor a análise social (LATOUR, 1999). Assim, fazendo jus ao princípio do agnosticismo da sociologia da translação, a ANT postula que qualquer coisa que produza efeito no mundo, que repercuta na reprodução ou na produção do fenômeno deve ser igualmente considerada.

Claramente, tal postura metodológica é uma tentativa de sair do beco sem saída das dualidades "modernas" entre sociedade/natureza, sujeito/objeto, verdadeiro/falso. Os autores tratam, simetricamente, o sujeito que conhece e o objeto do conhecimento, apontando para uma variedade de elementos que supera o local do laboratório, da organização e do próprio Estado na legitimação do conhecimento científico e da tecnologia. Latour (1999) nega qualquer diferença de nível entre o laboratório e o âmbito macrossocial, como é evidente, já que, ao ganharem mérito por força de sua conclusão, os cientistas usam este crédito acadêmico para alargar seu espaço, podendo alcançar todo o mundo, mudar a sociedade, como um processo político.

Nesse sentido, a ANT não opõe ciência e sociedade ou ordem social, estes âmbitos se intercalam, coproduzindo o fato científico e a sociedade em um processamento em rede. Para que se possa estudar este processo, faz-se necessário um processo de "tradução" constante entre os âmbitos que se multiplicam na rede, processo que resulta na estabilidade do artefato científico. Mais do que isso, o processo de tradução refere-se àquele de definição e redefinição das questões envolvidas na pesquisa, de tal modo que os outros atores envolvidos entrem em acordo quanto à definição, já que, por exemplo, por meio de figuras e elementos gráficos, o resultado se torna "óbvio". Porém, o processo institui legitimidade e poder de forma assimétrica, fazendo com que algumas entidades controlem outras quando assumem a forma de porta-vozes da questão. O processo de tradução "permite uma explicação de como poucos obtêm o direito de expressar e representar os muitos atores silenciosos dos mundos natural e social que eles mobilizam" (CALLON, 1999, p. 82).

Do processo científico, traduzem-se eventos políticos e vice-versa, o laboratório alcança o parlamento por meio da eficiência tradutora de seus porta-vozes. Todo o processo opera em rede, que é a unidade analítica, embora não seja definida com limites e ordens *a priori*. Em termos metodológicos, definir o conhecimento científico é seguir a rede que o (des)estrutura. Callon (1987) indica dois procedimentos metodológicos para análise de rede, uma vez que ele entende que a "realidade é infinita"; assim todo ator, na prática, utiliza o processo de "simplificação" para associar-se somente àquelas entidades que importam, fazendo com que aquilo que importa esteja em "justaposição" na rede: "as simplificações são possíveis somente se os elementos então justapostos em uma teia de relações, mas a justaposição dos elementos inversamente requer que eles sejam simplificados" (CALLON, 1987, p. 95).

Outras análises de rede oferecem elementos que podem somar-se aos anteriores na descrição desta abordagem. Pode ser listada a notável contribuição de John Law, próxima a de Latour e Callon, porém com o acréscimo do conceito de sistema, entendido quase nos mesmos termos que rede. Através de alguns estudos empíricos, Law (1987) busca tratar o social, o econômico, o político, o natural e o técnico simetricamnete, relacionando-os de maneira que o fechamento da controvérsia sobre o conhecimento científico e tecnológico seja apresentado como o resultado deste arranjo de âmbitos. Recorrendo ao princípio da simetria generalizada de Callon, Law (1987, p. 130) argumenta que, já que não se concede *status* privilegiado a nenhum dos elementos da rede, "a forma que estes elementos assumem na rede pode ser, e frequentemente é, uma função das características tecnológicas e naturais do sistema", e também sociais, de tal sorte que o relacionamento entre eles é contingente e rearranjos e resignificações sempre são possíveis e quase sempre ocorrem. Portanto, o fechamento de uma controvérsia científica e tecnológica dependerá do arranjo em rede que se estabelece entre os elementos heterogêneos em disputa na construção do sistema tecnológico. Como resultado daquele arranjo, Law se refere ao processo como uma "engenharia heterogênea" que

> busca associar entidades desde pessoas, habilidades, artefatos e fenômeno natural. Isto é bem-sucedido se a consequente rede heterogênea é capaz de manter algum grau de estabilidade em face das tentativas de ou-

tras entidades ou sistemas para dissociá-las nas suas partes componentes (LAW, 1987, p. 129).

A sociologia simétrica de Callon e Latour encontrará, após anos de intensa discussão, adesão em seu manual que sintetiza seus pressupostos, métodos e teorias: livro editado primeiramente em inglês *Reassembling the social: an introduction to actor-network-theory* (LATOUR, 2005). Nele será questionada a própria noção de social e sua explicação, a partir da qual a própria tradição sociológica se constituiu e se constitui. Latour contesta a existência de um domínio tal como o "social", como relações que se estabelecem em um âmbito específico, estável, portanto com disposição para ser explicado, compreendido. Estas orientações "tradicionais" do social o têm tratado de tal forma que este, visto como dado, explicaria aspectos de outros âmbitos como a economia, a política e a ciência. Inversamente, Latour advoga por um tratamento do social que o considere como agregados que poderiam ser explicados por associações específicas do tipo econômicas, políticas e científicas. Mais do que isso, o conceito de social deveria ser estendido para além dos agregados de seres humanos. Desse modo a sociologia não seria a "'ciência do social', mas de como *rastrear associações*. Nesta ótica, o social não designa algo entre outras coisas, [...] mas um tipo de relação entre coisas que não são sociais em si mesmas" (LATOUR, 2008, p. 19).

O que se propõe é uma sociologia das associações[15], na qual o social não seria o reino da estabiliadade e da recorrência, nem do típico e do não problemático. Assim, "social, para a ANT, é o nome de um tipo de associação temporária caracterizada pela maneira como se reúnem e geram novas formas" (LATOUR, 2008, p. 97). As associações se mostram mais vulneráveis que os sistemas sociais, mais evanescentes que as estruturas, mais fugidias que as ações. Deve-se, assim, não assumir simplesmente a projeção simbólica dos actantes não humanos nas associações, mas também sua capacidade de reconfigurar e constituir vínculos entre si e entre eles e os humanos. Nem os humanos devem ser considerados a partir de uma sociologia excepcionalista, mas deve-se considerá-los como atores com capacidade de desenvolver sua própria teoria do social.

> A tarefa não é impor alguma ordem, limitar a gama de entidades aceitáveis, ensinar aos atores o que eles são ou adicionar um pouco de reflexividade à sua prática cega. De acordo com um *slogan* de ANT, devemos "seguir os próprios atores", isto é, tentarmos nos atualizar com suas inovações, muitas vezes loucas para aprender com elas, no que se tem convertido a existência coletiva nas mãos de seus atores, que métodos foram desenvolvidos para fazer que tudo se encaixe, que descrições poderiam

---

15. Tal postura teórica Latour (2008) tributaria a alguns sociólogos negligenciados do *mainstream* das ciências sociais. A primeira referência seria à obra de Gabriel Tarde, sociólogo francês contemporâneo e opositor de Émile Durkheim. Tarde defendeu uma sociologia que não considerasse o social como algo dado, objetivo e exterior aos indivíduos, mas como um princípio de conexões, da mesma forma como a física e a biologia faziam em seus respectivos marcos.

definir melhor as novas associações que parecem ser obrigados a estabelecer (LATOUR, 2008, p. 28).

Para realizar esta abordagem com tudo aquilo que ela oferece de disruptivo com formas tradicionais de fazer sociologia, Latour (2008) descreverá alguns procedimentos aos quais o pesquisador imbuído dos pressupostos da ANT deveria atentar. Eles tomam como controverso aquilo que se tem como garantido no universo do social tal como conhecemos. Para ele, são cinco as fontes de incertezas: a natureza dos grupos; a natureza das ações; a natureza dos objetos; a natureza dos fatos; a natureza dos estudos chamados de "sociais". Ao responder às questões, destacam-se os pressupostos simétricos atentados acima e a ideia de associações.

Para Latour, não existem grupos, mas a formação constante de coletivos, nos quais actantes se associam e se desassociam. Tais coletivos são compostos de vínculos instáveis, mas que deixam rastros por onde se poderia encontrar o fio condutor da descrição da dinâmica do grupo formado. A identificação de tais coletivos pode ser alcançada de várias maneiras, desde a manifestação de actantes humanos e seus relatos sobre sua trajetória, até a trajetória da poluição de um rio por uma empresa. O que está entre o dono da empresa, o químico despejado, o rio, os ribeirinhos, o lucro, a exportação de minério de ferro é a matéria-prima a partir da qual a sociologia da ANT começa a reagrupar. Nada disso deve ser tomado como dado sem que sejam dispostos em relação aos outros actantes da rede. O que nos leva à outra incerteza: Como agem/atuam?

Para a ANT não se deve tomar a ação a partir de âmbitos estruturados previamente, como se os atores portassem a substância do social. Um ator seria, na expressão de Latour (2008, p. 73), "um móvel branco de uma enorme quantidade de entidades que convergem até ele". As atuações são incertas e sujeitas a intervenções inesperadas e consequências não pretendidas, as quais são tributadas não somente aos actantes humanos, mas também aos não humanos. Mesmo as racionalizações humanas devem ser relacionadas com a rede onde tiveram lugar, não no sentido de "revelar a verdade", mas para mostrar os arranjos que se formaram, no espaço/tempo relativo ao que se expressa. O pesquisador é também um ator, e como tal assume um lugar na rede, com as consequências acima indicadas para os atores associados.

A discussão sobre os atores liga-se a dos objetos, os quais, segundo a ANT, igualmente têm capacidade de agência. Talvez esta seja a posição mais controversa da teoria do ator-rede, aquela que mais recebeu críticas. Objetos na abordagem proposta são incorporados ao curso normal da ação; afinal, como dito acima, ao suspender a existência de uma substância social por trás das ações, não seria razoável buscar esta mesma substância por trás dos objetos que cortam, explodem, quebram etc. Ao não abordar mais a substância do social, deixa-se de lado também a discussão da intencionalidade, alegadamente atributo do mundo social. Desta forma, "qualquer coisa que modifica com sua incidência um estado de coisas é um ator ou, se não tem figuração ainda, um actante" (LATOUR, 2008, p. 106).

A quarta fonte de incerteza diz respeito às questões de fato e de interesse. Latour (2008) retoma novamente a discussão sobre construtivismo e realismo, realizando uma espécie de acerto de contas com seus colegas de disciplina e com os cientistas naturais que se envolveram na chamada "guerra das ciências"[16]. Tratou de superar os radicalismos epistemológicos que se acumularam sem que os lados da controvérsia pudessem chegar às suas conclusões. Desta forma, Latour argumenta lançando mão do exposto acima sobre o social, ou seja: não haveria nada de especial nos produtos das associações, científicas ou não, que devesse ser explicado pela substância do social. Nos laboratórios há associações de humanos e não humanos, como supostamente haveria nas cortes judiciárias, nas secretarias públicas e nos altares das igrejas. Mesmo os fatos e interesses deveriam ser descritos como manifestação das associações sem que fossem remetidos às instâncias políticas ou ontológicas *a priori*.

Finalmente, como descrever tais associações? Ele responderia ao problema do relato e do texto e às alegações de que eles desvirtuariam a suposta realidade dos fatos em análise sociológica, trazendo o relato para o primeiro plano, ou seja, para a própria associação. O texto passa a ser um ator/mediador das passagens da rede, sem reduzir-se à contenda fria da disputa do campo ou às enfadonhas descrições supostamente neutras e distanciadas. Ou seja, o sociólogo deve-se assumir como aquele que participa da realidade e do próprio texto, ao mesmo tempo que deve se esforçar para que esteja claro no texto o máximo de objetividade requerida na observação das associações seguidas. Latour (2008, p. 187) "definiria um bom informe como aquele que rastreia uma rede". O que ele quer dizer com isso pode ser observado na citação abaixo.

> Com esta palavra quero referir-me a uma série de ações na qual cada participante é tratado como um mediador com toda a lei. Para dizer de maneira muito simples: um bom relatório do ANT é uma descrição narrativa a uma proposta em que todos os atores fazem alguma coisa e não se limitam a apenas ficar sentados. Em vez de transportar efeitos sem transformá-los, cada um dos pontos do texto pode se tornar uma bifurcação, um evento ou a origem de uma nova tradução. Enquanto se trata aos atores não como intermediários, mas como mediadores, tornam visível o movimento do social para o leitor (LATOUR, 2008, p. 187).

O terceiro princípio da simetria

Outros empreendimentos teóricos reivindicaram outros princípios de simetria para além dos dois indicados acima. Bloor (2009, p. 259) chega a falar em

---

16. Sobre "Guerra das ciências" cf. Brown, 2001.

princípios de simetria "psicológico" e "lógico". No entanto, mais nos interessa é que em *Jamais fomos modernos* (1994; 1991) Latour apresenta um terceiro princípio da simetria além dos dois indicados acima.

> Suponhamos que, tendo voltado definitivamente dos trópicos, a antropologia decida ocupar uma posição triplamente simétrica: explica com os mesmos termos as verdades e os erros – é o primeiro princípio de simetria; estuda ao mesmo tempo a produção de humanos e dos não humanos – é o princípio de simetria generalizada; finalmente, ocupa uma posição intermediária entre os terrenos tradicionais e os novos, porque suspende toda e qualquer afirmação a respeito daquilo que distinguiria os ocidentais dos Outros (LATOUR, 1994, p. 101-102).

O terceiro princípio traz a agenda das outras culturas/naturezas que emergem além das redes às quais o sociólogo/antropólogo do "centro" associa. Assume-se com esta proposta simétrica que novos protocolos de pesquisa poderiam emergir, com especial ênfase aos conhecimentos e epistemologias que aparecem em redes diversas daquelas. É como se a proposta de Latour (1994) estivesse fora de contexto, como uma ideia fora do lugar, já que ela deveria ser do interesse da "periferia", dos "não modernos", do "sul". Por isso talvez seja uma agenda ainda pouco estudada pelos STS, embora claramente explicitada em outras abordagens, principalmente naquelas ligadas à herança intelectual pós e decolonial. É nessas heranças que as discussões sobre "epistemologias do sul", "conhecimentos locais", lançam luz sobre processos de produção de conhecimentos que emergem em um contexto e ganham sentido nele. Talvez os dois princípios fossem o bastante para abordagens associadas ao centro da produção científica – diga-se de passagem, que representa uma pequena parte da rede mundial de produção de conhecimentos –, mas não o seria para todos os outros locais que associam diferentemente atores humanos e não humanos.

Neste sentido, não há como negar que a contundência da ironia revelada em seu ensaio *Jamais fomos modernos* seja sentida de forma assimétrica nos diferentes contextos Norte e Sul. Parafraseando Lévi-Strauss, que certa vez definiu o bárbaro como aquele que crê na barbárie (1976 [1952]), poder-se-ia dizer que os modernos são aqueles que acreditam na modernidade. Contudo, o próprio emprego de um verbo representacionalista não deixa de facultar àqueles que se relacionam com a modernidade, ainda que como um projeto, duas alternativas. A primeira delas o verdadeiro juízo da crença em que a modernidade se apresenta como um projeto de redenção político-social, que libertará os incautos de uma existência imiscuída e opacificada em virtude da indivisibilidade das esferas da vida social no mundo. Mercado, política, religião e ciência, todos apartados assegurariam alguma segurança àqueles que previamente eram forjados numa confusão e profusão de marcadores sociais (em sentido clássico). Neste primeiro cenário, bem descrito por Latour, o projeto de modernidade revela-se em alguma "esperança" proveniente dos "ventos do Norte" de que essa divisão traria alguma segurança ao mundo. A ironia revelada neste projeto – e já abordada anteriormete neste capítulo – é que, ao assim proceder, os modernos viram-se envoltos em uma descomunal rede de híbridos de natureza e cultura, religião e política, ciência e mercado etc. Se tal crítica se mostrou capaz de mobilizar boa parte dos debates acadêmicos no Hemisfério Norte para além dos estudos sociais da ciência e tecnologia, uma forma um tanto quanto diferente pode ser percebida em sua recepção no contexto das relações Sul-Sul.

A ironia da própria ironia latouriana é que esta não "surpreenderá a todos não por ser *exótica*, mas pelo fato de poder ter sempre estado *oculta*; quando terá sido *óbvia*" (VELOSO, 1992). Sobre ela subjaz a segunda alternativa de relação ao projeto de modernidade imposto sobre as periferias em um mundo historicamente marcado por assimetrias Norte-Sul. Entenda-se que, nesse contexto, aproximamo-nos de uma discussão sobre periferalidade nas ciências àquela postulada como necessária ao terceiro princípio de simetria, a saber, a que "ocupa uma posição intermediária entre os terrenos tradicionais e os novos, porque suspende toda e qualquer afirmação a respeito daquilo que distinguiria os ocidentais dos Outros" (LATOUR, 1994, p. 101-102). Se a suspensão das afirmações de tudo aquilo que distinguiria ocidentais/modernos dos "Outros"/não modernos é algo salutar para o encaminhamento de uma sociologia/antropologia simétrica, então levar a sério a produção de modos de existência "fora do eixo" torna-se fundamental.

Entretanto, não é possível ignorar o caráter hegemônico de um projeto de modernidade perpetrado por décadas de expropriação e opressão colonial. Mais do que ignorarem a imposição da lógica e dos valores modernos, uma vasta população viu-se impelida a conviver com eles e forçosamente a relacionar-se com eles. O resultado desta justaposição não deve ser visto como a configuração de coletivos "não modernos" (como poderia ser previsto em uma projeção dualista latouriana), mas como a emergência de coletivos que se constituíram "apesar dos modernos". É sobre esta égide – a voz daqueles que são diretamente afetados por certo projeto de modernidade alienígena – que o terceiro princípio de simetria torna-se atual e central para a arena de disputas que compõem a atualidade não apenas dos estudos sociais das ciências, mas toda a teoria social contemporânea comprometida em não mais propagar por atos ou omissões as assimetrias das experiências empíricas falseadas em pensamento.

Simetria e diplomacia

Passadas mais de duas décadas desde a publicação de *Jamais fomos modernos*, o foco de Latour parece ter deixado de ser as chamadas "guerras da ciência" e passou a se voltar para combater o que considera uma crescente "guerra de mundos". Ao acompanhar esse processo cabe pensar como as noções de simetria também se orientaram até aqui.

Estamos hoje em uma situação de guerra de mundos com relação à composição, aos seres do mundo, às cosmologias. [...] Estamos em uma situação de não globalização. O que existe é uma guerra de mundos. A questão é que a diplomacia só existe porque há guerra (LATOUR, 2014, p. 507-508).

Em *Investigação sobre os modos de existência* (2019 [2012]), publicação resultado de um extenso programa de pesquisa colaborativa que pretendia mapear os diversos modos de existência dos "modernos" e elaborar um protocolo para a abordagem de uma "antropologia dos modernos", Latour recupera a ideia de diplomacia, já trabalhada em *Políticas da natureza* (2018 [2004]). Para ele a antropologia serviria mais de parâmetro a um projeto diplomático, uma vez que se caracterizaria por sua política de composição e não fundamentalista, do que a um projeto propriamente epistemológico. Desta forma, Latour afirma que é a função diplomática da antropologia que ele procura cultivar na antropologia simétrica.

Ao reintroduzir a dimensão da alteridade ontológica no campo das ciências sociais – especialmente na Antropologia, junto a pensadores como Eduardo Viveiros de Castro e Philippe Descola – Latour situa seus coletivos como produtos e produtores de mundos, e, portanto, de naturezas diversas. Os modos de existência expressam as formas como podem conviver esses coletivos mediante essa heterogeneidade coproduzida. A marca da modernidade europeia não passa despercebida de sua análise, já que ele entende que há "indiferença dos europeus a outras políticas a partir do fato de que eles definem os seus valores em termos de modos de existência" (LATOUR, 2014, p. 506). Se por um lado não há mais a apaziguadora sensação de vivermos em um mundo – cuja natureza nos unifica – , por outro, há o convencimento de que a multiplicidade cultural, embora capaz de apontar regimes de desigualdade, não evidencia as assimetrias que compõem este cenário de "guerra de mundos".

A premência de retomar esta antropologia simétrica vem acompanhada no pensamento latouriano de uma nova tomada de consciência, o enfrentamento dos dilemas interpostos pela chamada "intrusão de Gaia" (LATOUR, 2017; STENGERS, 2015). A reação intempestiva de Gaia se apresenta como uma realidade incontornável a todos os coletivos neste evento-momento denominado Antropoceno. O organismo vivo de Lovelock (1972), Gaia é resgatada por Latour para reafirmar a importância desse "terceiro lugar", desde sempre onipresente, como preconizava o contrato natural já proposto por Serres (1994), porém excluído do contrato social firmado pela história humana contada pelos "modernos".

A reação impositiva e brutal do planeta às intervenções humanas na biosfera agravaram as condições de vida das populações imediatamente mais suscetíveis às variações do clima, geraram crises migratórias, acentuaram os conflitos políticos e étnicos, propiciaram a subida de regimes neofascistas. Tudo isso em uma cadeia de eventos intensos e numa espiral avassaladora em que os antigos acordos, que unificam a natureza ao mesmo tempo em que a despolitizam – posto que a separam da sociedade –, passam a ter pouco ou nenhum valor. Urge, portanto, a demanda por uma nova política ecológica que compreenda não apenas os conflitos interculturais, mas fundamentalmente que se posicione em torno dos conflitos ontológicos, a saber, a guerra de mundos, a guerra de seres do mundo, bem como a disputa acerca de quem são os seres que compõem o mundo.

Ainda que, de forma imediata, o horizonte visível de conflitos sociais aponte para uma enorme desigualdade entre os povos que se dispõem na superfície do planeta, a imposição de Gaia, como uma presença incontornável, tende a colocar a guerra de mundos em outros termos, em uma razão simétrica para todos os "terrestres" que aqui habitam. Por conseguinte, a importância da antropologia e seu compromisso diplomático mais uma vez se coloca ao traduzir políticas em relação ao multirrealismo e ao pluralismo ontológico. Só assim a tarefa de administrar a tensão que Gaia, ou o sistema Terra, impõe a todos os coletivos poderia se mostrar viável. Por fim, em *Dónde aterrizar* Latour retoma seu entendimento acerca desses "terrestres", que aqui se encontram, mas que ao contrário de serem unificados em torno da concepção moderna de natureza, são seres que compartilharam os mesmos constrangimentos diante da ação do planeta. Seu princípio de coesão só pode se dar, todavia, a partir de composições múltiplas internas, mas igualmente relacionais quanto ao agente Terra. Ao entender que é dado a esse "Terrestre" recompor a política na medida em que "Cada uno de los seres que participan en la composición de un terreno de vida posee su propria manera de identificar qué es local y qué es global, y de definir su implicación con los demás" (LATOUR, 2019b, p. 134).

O novo e dramático momento da simetria não pode ser definido por uma identidade coletiva; entretanto, aquele se dará nos termos do compartilhamento de um grande problema, na partilha de uma aflição. Mas o que fazer? A essa pergunta Latour responde reafirmando um dos movimentos básicos da teoria ator-rede: antes de tudo, descrever. Agir politicamente continua a ser inventariar meticulosamente cada ser animado, por assim dizer, cada actante que compõe um "Terrestre". Tomar a descrição como a primeira etapa para fazer política no antropoceno indica que seu complemento, o ato de pesquisar os contextos de vida dos quais um determinado terrestre depende para sobreviver, pode relacioná-lo com outros terrestres que partilham desta mesma dependência.

> [...] Isto vale para un lobo y para una bactéria, para una empresa y para un bosque, para una divinidad y para una familia. Lo que hay que documentar es cuáles son las propiedades de un terrestre – en todos los sentidos de la palabra propiedad –, es decir, qué lo posee y de qué depende, y cuya privación lo haria desaparece (LATOUR, 2019b, p. 136).

Ainda que guerra de trincheiras da ciência, na qual esteve envolvido no início de sua carreira, tenha legado os princípios de sua antropologia simétrica, é possível identificar que essas ferramentas ainda permeiam o repertório latouriano para o enfrentamento de novas batalhas, mesmo que essas batalhas de hoje demandem a ampliação de seu próprio coletivo.

Referências

ALEXANDER, J.C. (2003). *The meanings of social life: a cultural sociology*. Nova York: Oxford University Press.

ARNES, B.; BLOOR, D.; HENRY, J. (1996). *Scientific knowledge*. Chicago: University of Chicago Press.

BLOOR, D. (1983). *Wittgenstein: A Social Theory of Knowledge*. Londres: The Macmillan.

BLOOR, D. (1984). The Strengths of the Strong Programme. In: BROWN, J.R. *Scientific rationality: The sociological turn*. Dordrecht: Reidel.

BLOOR, D. (1991). *Knowledge and Social Imagery*. Chicago: The University of Chicago Press.

BLOOR, D. (2009). *Conhecimento e imaginário social*. São Paulo: Unesp.

BROWN, J.R. (2001). *Who rules in science – An opinated guide to the wars*. Cambridge: Havard University Press.

CALLON, M. (1986). Some elements of a sociology of translation: domestication of the scallops and the fishermen of St. Brieuc Bay. In: LAW, J. *Power, action and belief: a new sociology of knowledge?* Londres: Routledge, p. 196-223.

CALLON, M. (1987). Society in the making: the study of technology as a tool for sociological analysis. In: BIJKER, W.; HUGUES, T.; PINCH, T. (eds). *The social construction of technological systems*. Massachusetts: MIT.

CALLON, M. (1999). Some elements of a sociology of translation: domestication of the scalops and the fishermen of St. Brieuc Bay. In: BIAGIOLI, M. (ed.). *The Science studies reader*. Nova York/Londres: Routledge.

DOMENECH, M.; TIRADO, F.J. (1998). Claves para la lectura de textos simétricos. In: DOMENECH, M.; TIRADO, F.J. (orgs.). *Sociologia simétrica*. Barcelona: Gedisa.

FLEW, A. (1982). A Strong Programme for the Sociology of Belief. *Inquiry* 25, p. 365-385.

HARAWAY, D. (1991). A Cyborg Manifesto Science, Technology, and Socialist-Feminism in the Late Twentieth Century. *Simians, Cyborgs and Women: The Reinvention of Nature*. Nova York: Routledge, p. 149-181.

HARDING, S. (1993). *The science question in feminism*. Nova York: Cornell University.

KNORR-CETINA, K. (1981). *The Manufacture of Knowledge – An Essay on the Constructivist and Contextual Nature of Science*. Oxford: Pergamon.

KUHN, T.S. (1962). *The Structure of Scientific Revolutions*. Chicago: University of Chicago Press.

LATOUR, B. (1987). *Science in Action – How to Follow Scientists and Engineers Through Society*. Cambridge: Harvard University Press.

LATOUR, B. (1993). *We Have Never Been Modern*. Cambridge: Harvard University Press.

LATOUR, B. (1994). *Jamais fomos modernos – Ensaio de Antropologia Simétrica*. Rio de Janeiro: Ed. 34.

LATOUR, B. (1999). Give me a Laboratory and I Will Raise the World. In: BIAGIOLI, M. (ed.). *The Science studies reader*. Nova York/Londres: Routledge.

LATOUR, B. (2000). *Ciência em ação – Como seguir cientistas e engenheiros sociedade afora*. São Paulo: Unesp.

LATOUR, B. (2005). *Reassembling the Social – An Introduction to Actor-Network--Theory*. Oxford: Oxford University Press.

LATOUR, B. (2008). *Reensamblar lo social: una introducción a la teoria del actor--red*. Buenos Aires: Manantial.

LATOUR, B. (2014). Múltiplos e animados modos de existência – Entrevista com Bruno Latour. Org. de J. Dias, R. Sztutman e S. Marras. *Revista de Antropologia*, 57 (1), p. 499-519.

LATOUR, B. (2017). *Facing Gaia: eight lectures on the new climatic regime*. Oxford: Polity Press.

LATOUR, B. (2019a). *Investigação sobre os modos de existência: uma antropologia dos modernos*. Petrópolis: Vozes.

LATOUR, B. (2019b). *Dónde aterrizar: cómo orientarse em política*. Madri: Taurus.

LAUDAN, L. (1984). The Pseudo-science of Science? In: BROWN, J.R. *Scientific rationality: The sociological turn*. Dordrecht: D. Reidel.

LAW, J. (1987). Technology and heterogeneous engineering: the case of Portuguese expansion. In: BIJKER, W.; HUGUES, T.; PINCH, T. (eds.). *The social construction of technological systems*. Massachusetts: MIT.

LAW, J.; LIN, W. (2015). *Provincialising STS: postcoloniality, symmetry and method* [Disponível em http://heterogeneities.net/publications/LawLinProvincialisingSTS20151223.pdf].

LÉVI-STRAUSS, C. (1976). Raça e história. *Antropologia estrutural II*. Rio de Janeiro: Tempo Brasileiro.

LYNCH, M. (1993). *Scientific practice and ordinary action Ethnomethodology and social studies of science*. Cambridge/Nova York/Melbourne/Madri/Cape Town/Singapura/São Paulo: Cambridge University Press.

LOVELOCK, J.E. (1972). Letter to the Editors – Gaia as seen through the Atmosphere. *Atmospheric Environment*, v. 6, p. 579-580.

NEVES, F.M. (2015). *Bíos e techné: estudo sobre a construção do sistema de biotecnologia periférico*. Brasília: UnB.

NEVES, F.M.; PINTO, V.T. (2013). A carta de intenções de David Bloor: história, ciências. *Saúde-Manguinhos*, v. 20, p. 346-350.

SHAPIN, S.; SCHAFFER, S. (1985). *Leviathan and the Air Pump: Hobbes, Boyle and the Experimental Life*. Princeton: Princeton University Press.

STENGERS, I. (2015). *No tempo das catástrofes*. São Paulo: Cosac Naify.

TURNER, S. (2008). The Social Study of Science before Kuhn. In: HACKETT, E.J.; AMSTERDAMSKA, O.; LYNCH, M.; WAJCMAN. J. *The handbook of science and technology studies*. Massachusetts: MIT, 2008.

VIVEIROS DE CASTRO, E.B. (2002). *A inconstância da alma selvagem* [e outros ensaios de antropologia]. São Paulo: Cosac & Naify, 551p.

WINCH, P. (1970). *A ideia de uma ciência social*. São Paulo: Companhia Editora Nacional.

WITTGENSTEIN, L. (1968). *The "Philosophical Investigations"*. Londres: Macmillan, 1968.

Parte II
O individualismo metodológico e as microssociologias

4
Individualismo metodológico

José Luiz Ratton

Introdução

O objetivo deste capítulo é discutir as principais contribuições de Jon Elster e James Coleman para a teoria sociológica contemporânea. Existem alguns traços comuns importantes presentes na obra dos dois autores, o que justifica um capítulo que apresente, conjuntamente, suas respectivas obras:

- a identificação de ambos com a construção de explicações dos fenômenos sociais baseadas em mecanismos;
- o compromisso com o Individualismo Metodológico (IM);
- o lugar privilegiado da racionalidade (e suas limitações) nos respectivos modelos teóricos.

De alguma forma, ambos encaixam-se na formulação sintética proposta por Goldthorpe (1998, p. 167): apresentam um compromisso com o Individualismo Metodológico, ou seja, com primado explicativo da ação individual em relação aos fenômenos sociais; acreditam que uma teoria da ação é central para a sociologia; defendem que a teoria deve ser apta para tratar dos problemas da ligação micro--macro; mas, sobretudo, entendem que a primazia sociológica deve ser dada ao nível analítico, especialmente para as consequências (intencionais ou não intencionais) da ação individual.

1 Jon Elster

De um ponto de vista metodológico, Elster esteve comprometido, desde os seus primeiros escritos, com o Individualismo Metodológico e com um tipo de explicação ao mesmo tempo causal e intencional, supostamente compatível tanto com os pressupostos de racionalidade de seu modelo quanto com as normas sociais e com as emoções. Recentemente, ele tem mostrado desilusão com a ênfase nomológica dada aos seus primeiros escritos metodológicos e inclina-se hoje por uma qualidade de explicação que, sem abrir mão, em algum grau, da perspectiva generalizante, reconhece a sua insuficiência e opta por uma explicação da ação humana através de mecanismos. Para Elster, mecanismo é algo intermediário entre leis e descrições, padrões causais facilmente reconhecíveis e que ocorrem frequentemente sob condições geralmente desconhecidas ou com consequências indeterminadas, permitindo mais explicação do que predição (ELSTER, 1999a).

1.1 Elster e o Individualismo Metodológico

É sabido que um dos pontos marcantes da obra de Elster, e uma de suas principais contribuições para a filosofia das ciências sociais, é a defesa persistente que faz do IM. Em uma famosa e repetida declaração, o autor afirma que:

> Por Individualismo Metodológico eu entendo a doutrina de que todos os fenômenos sociais – sua estrutura e sua mudança – são em princípio explicáveis em termos que somente envolvem indivíduos: suas propriedades, seus objetivos, suas crenças e suas ações (ELSTER, 1985a, p. 5).

Elster estabelece algumas distinções fundamentais para que possamos entendê-lo, indicando inicialmente o que ele não é. Assim, são descartadas algumas considerações equivocadamente associadas com o Individualismo Metodológico, a saber:

1) A perspectiva atomista. Para Elster, como vimos anteriormente, os processos sociais devem ser explicados em termos dos indivíduos e de suas relações, o que implicaria na eliminação do atomismo como uma possibilidade de entendimento do IM elsteriano. Para Elster (1986a), a explicação não implica que os indivíduos sejam átomos com uma existência pré-social antes de formarem a sociedade. As relações entre os indivíduos são elementos constitutivos fundamentais da explicação social.

2) O egoísmo. O IM é compatível com qualquer conjunto de motivações. Para Elster, a adoção do egoísmo (ou autointeresse) como elemento constituinte da explicação não deve ser considerado um dogma. A assunção do autointeresse como um dos elementos de motivação da ação tem como razão o fato de esta ser:

> A hipótese motivacional mais simples e mais parcimoniosa. Dado que é sempre melhor explicar com menos do que com mais, é consequentemente o ponto natural de partida para qualquer investigação empírica [...]. Em qualquer ocasião dada, está aberta à confirmação ou não confirmação empírica (ELSTER, 2000a, p. 25).

O ponto anteriormente citado pode ser convincentemente corroborado se retornarmos ao texto de Elster quando ele afirma que a racionalidade, enquanto elemento de seu Individualismo Metodológico, "é consistente com qualquer assunção motivacional, inclusive aquelas de altruísmo e inveja" (ELSTER, 2000a, p. 25), e que a teoria não tem consequências para o conteúdo da explicação no nível individual. A afirmação de que os indivíduos são racionais e egoístas não é elemento constituinte da teoria. Racionalidade e ação autocentrada (egoísmo) fazem parte do repertório das motivações da ação humana, mas não constituem os únicos nem os principais elementos que orientam o agir (ELSTER, 1986a).

3) A adesão à escolha racional. Como em relação à adoção dos postulados da escolha racional, Elster afirma que o Individualismo Metodológico não implica na assunção incondicional do pressuposto da racionalidade. A adoção da racionalidade como dimensão fundamental da ação humana teria três razões:

> (i) os seres humanos são caracterizados pelo desejo de comportarem-se racionalmente;

> (ii) de um ponto de vista metodológico, se queremos dar sentido ao que as outras pessoas fazem, temos que assumir que elas são racionais;

> (iii) em qualquer situação dada, a assunção da racionalidade está aberta à confirmação empírica (ELSTER, 2000a)[1].

A posição correta sobre o Individualismo Metodológico, segundo Elster, é de que:

> Deveria ser óbvio que o IM não implica racionalidade, mas é consistente com qualquer assunção motivacional ou mesmo com a assunção de que todo comportamento individual tem um caráter puramente reflexo. Deveria ser óbvio que a assunção de racionalidade não implica que o comportamento é autointeressado, mas é consistente com qualquer assunção motivacional, inclusive aquelas de altruísmo e inveja. É menos óbvio que a assunção de autointeresse é falha quando implica racionalidade. Ainda que uma pessoa possa ser irracional e agir fora do autointeresse, se ela acredita que todas as coisas foram consideradas, ela pode escolher um curso altruístico de ação, e, ainda assim, sucumbir à fraqueza de vontade e escolher a ação que melhor promova o seu próprio interesse (ELSTER, 2000a, p. 25).

4) O caráter inato ou "dado" dos desejos. O Individualismo Metodológico seria consistente com a opinião de que os desejos são formados pela sociedade, ou melhor, no sentido atribuído por Elster, por outros indivíduos. Podemos corroborar esta posição de Elster utilizando-nos da própria definição fornecida por ele sobre cultura, um conceito aparentemente estranho às filiações teóricas de nosso autor. Pois, quando Elster (1999b, p. 6) afirma que "uma cultura ou uma sociedade induz conceitos e crenças específicos, ou que ela condena ou aprova certas práticas", quer dizer somente que: "(i) os indivíduos nestas culturas compartilham os conceitos,

---

1. Note-se, portanto, que para Elster, apesar da racionalidade estar no ponto de partida da explicação, não existe comprometimento absoluto com o princípio da racionalidade, de um ponto de vista explicativo.

crenças, valores ou normas; (ii) que falta aos indivíduos de outras culturas os conceitos, crenças, valores e normas em questão".

5) O individualismo político ou ético, pois o Individualismo Metodológico é compatível com qualquer orientação política ou normativa. Nas palavras de Elster, "existe uma pressuposição em favor das teses do comportamento individual, mas isto está fundamentado em considerações puramente metodológicas e não em quaisquer pressupostos sobre a natureza humana" (ELSTER, 1985a, p. 6).

1.2 Os conteúdos da explicação individualista em Elster: racionalidade, normas e emoções

No tópico anterior foram delimitados os contornos do IM elsteriano e definidas as suas formas. Mas é possível defender a ideia de que cada postura individualista metodológica comporta internamente conteúdos diferentes. Sendo assim, é preciso responder qual é o conteúdo, o que "preenche" o IM de Elster.

1.2.1 Elster e a racionalidade

Little (1991) afirma que o comprometimento elsteriano com o IM está articulado intimamente com a sua ênfase nas Teorias da Escolha Racional (TER) em relação à explicação social. Segundo Little (1991, p. 183), o "Individualismo Metodológico forçaria o cientista social a voltar-se para os processos no nível individual que produzem resultados sociais e a TER forneceria um relato geral de como estes processos ocorrem".

O ponto de partida de Elster em relação à teoria da escolha racional é a consideração de que ela é uma teoria normativa ou prescritiva: diz às pessoas como escolher e atuar da melhor maneira possível para atingir seus objetivos (ELSTER, 1986b). Ademais, oferece, mas unicamente em um nível secundário, uma descrição explicativa da conduta humana. Desta perspectiva, a hipótese é que podemos explicar como as pessoas agem supondo que cumprem com as prescrições da teoria normativa.

Voltemo-nos para a estrutura b´-i-a da explicação da opção racional da conduta. Ela é composta por três condições (ou três níveis) diferentes. Em primeiro lugar, para que uma ação seja racional, deve constituir-se como o melhor meio para satisfazer os desejos do agente, dadas suas crenças. Este é um requisito bastante pobre, e não pode sustentar isoladamente a ideia de racionalidade.

Aqui devemos estipular que as crenças são, em si, racionais. Isto quer dizer que estão baseadas na informação de que dispõe o agente. Encaixam-se nesta condição tanto crenças acerca de assuntos reais quanto conexões gerais em forma de lei. Em particular, estão constituídas por crenças acerca das oportunidades de que dispõe o agente em um determinado momento. Na realidade, o próprio Elster indica que a TER, de forma geral, se define em termos de desejos e oportunidades, e não de desejos e crenças. De acordo com esta versão, a teoria diz que um agente racional elege o elemento de maior preferência de seu conjunto de oportunidades. Em algumas situações, quando a escolha é simples, esta formulação revela-se adequada. Mas devemos levar em conta o fato de que é possível que o agente não conheça todo o conjunto de oportunidades objetivas de que dispõe. Um motorista que chega a uma cidade desconhecida sem contar com um mapa não saberá de todos os caminhos que lhe permitirão percorrê-la (ELSTER, 1986b; 1989a).

Neste tipo de caso, o agente deve usar qualquer informação que possua para poder formar alguma crença ou estimação subjetiva das alternativas. Tal subjetividade não indica irracionalidade. Ao contrário, o conceito de racionalidade é que pode ser considerado subjetivo.

Ora, ser racional não significa que alguém sempre tenha êxito no que se propõe: só implica que não terá motivos, depois de produzido o fato, para pensar que deveria ter atuado de outra forma. Tampouco uma crença racional tem que ser verdadeira: só dever estar bem fundamentada na informação disponível. O critério de atribuição de racionalidade das crenças proposto por Elster é de que "as crenças são racionais se são formadas mediante procedimentos que, no longo prazo, tendem a produzir mais crenças verdadeiras do que qualquer outro procedimento" (ELSTER, 1997, p. 112). No entanto, pode ser observado que, em certos casos concretos, a crença assim formada pode não corresponder aos fatos. Portanto, a formação de crenças é vulnerável a influências distorcidas de diversos tipos.

Em segundo lugar, uma crença não pode ser considerada racional simplesmente por estar bem fundamentada na informação disponível. Voltando ao exemplo do motorista: se este chega a uma cidade desconhecida e está apressado, talvez deva comprar um mapa para obter informações acerca dos possíveis caminhos, ao invés de apenas lidar com a informação disponível sem o mapa.

A terceira condição para que exista conduta racional é que o agente adquira uma quantidade ótima de informação, ou seja, que invista uma quantidade ótima de tempo, energia e dinheiro em reunir esta informação. Frequentemente será irracional não investir nada de tempo em recolher informação. Se alguém está comprando um bem valioso deve comparar as várias opções disponíveis e investigar cada uma delas com certa profundidade. Deve ser levado em conta, para este tópico, que existem situações em que coletar muita informação pode se tornar perigoso. Entre estes dois extremos existe um nível ótimo de busca (ELSTER, 1989b). Vários fatores podem influenciar a quantidade de informação coletada por um ator racional, dentre os quais as crenças dos agentes sobre os custos e os valores esperados para reunir informação e seus desejos, ou seja, quão importante é a decisão para ele.

A síntese realizada acima busca evidenciar como Jon Elster trata de iniciar a explicação dos fenômenos sociais através da adoção de uma concepção de racionalidade individual bastante peculiar. Tal concepção foi problematizada através da exposição de suas falhas, da sua indeterminação, da sua imperfeição. A ela foram acrescentados elementos motivacionais outros como as normas sociais e, posteriormente, as emoções. Mas a racionalidade individual segue como o elemento primeiro, central e organizador da teoria individualística da ação de Elster, o núcleo duro cercado por uma cinta protetora, se pudermos usar as palavras de Imre Lakatos.

Podemos, então, concordando com Little, argumentar que a TER, na obra de Elster, tem funcionado como um programa de pesquisas para as Ciências Sociais. Repetindo: em tal programa de pesquisas, o traço fundamental (ou hipótese central) do IM elsteriano é de que a racionalidade intencional individual é o móvel fundamental da ação humana, e a explicação dos agregados sociais é vista como o resultado dos esforços individuais na busca de seus interesses, dadas suas crenças em um determinado ambiente de escolha.

Este programa seria plausível, pois os seres humanos são seres propositivos capazes de formar crenças e escolher ações, baseados em seus objetivos e crenças. O desenvolvimento do programa teria incluído novas hipóteses motivacionais na teoria da ação humana: as normas sociais e as emoções. Mas, como afirmado anteriormente, o Individualismo Metodológico, como o núcleo duro do programa de pesquisas não foi alterado. O IM reafirma a compatibilidade com os elementos acrescentados ao programa de pesquisa: normas sociais e emoções – em cujo centro está e permanece a racionalidade –, que desde os primórdios da obra de Elster nunca foi vista de forma acrítica, como o móvel principal da ação humana.

1.2.2 Elster e as normas sociais

Desde meados da década de 1980, Elster dedica especial atenção ao papel das normas sociais na motivação ou no constrangimento da escolha individual. Mas tal posição, que poderia sugerir, em alguma medida, uma sinalização de concessão a algum tipo de holismo metodológico, está inteiramente articulada com o IM de nosso autor. Segundo Elster, a distinção entre normas e racionalidade não pode ser confundida com a distinção entre o IM, por um lado, e um enfoque mais holístico, por outro. Ele propõe uma teoria das normas sociais no interior de um enquadramento teórico inteiramente individualista. Desta maneira, as normas sociais podem ser entendidas como "a propensão a sentir vergonha e a prever sanções aplicadas pelos demais ao pensamento relativo ao comportamento que de certa maneira é proibido" (ELSTER, 1989c, p. 105). As normas não pairam sobre os indivíduos, mas estão materializadas nas ações, sanções, gestos de aprovação e desaprovação dos indivíduos concretos que formam o "ambiente" dos outros indivíduos.

Três ressalvas devem ser feitas para que a compreensão do caráter individualista das normas sociais permaneça evidente: em primeiro lugar, a propensão referida acima deve ser compartilhada por várias pessoas para que a norma possa ser interpretada como social. Em segundo lugar, e ainda em referência ao caráter social de tais normas, o não cumprimento de uma norma "dispara" outra norma, de nível superior, que nos "manda castigar a quem viola a norma de primeira ordem". E, finalmente, que este sistema de crenças compartilhadas e emoções não deve levar-nos a conceber normas como entidades supraindividuais, com existência independente daqueles que a sustentam. Note-se que a dimensão cognitiva – as crenças dos indivíduos – está articulada com uma dimensão emocional – a vergonha que os indivíduos sentem – quando a norma está em operação.

Deve também ser mencionado que a incorporação das normas sociais dentro de uma "teoria individualista da ação" permite a Elster construir uma teoria da motivação individual empiricamente mais adequada que fornece, inclusive, relatos mais complexos acerca do funcionamento dos processos sociais.

1.2.3 Elster e as emoções

E é exatamente o argumento que finalizou a seção anterior, que pode ser usado para justificar – ao menos inicialmente – o alargamento do "conteúdo" propriamente dito do Individualismo Metodológico de Jon Elster. Ou seja, uma teoria individualística das ações humanas, fundamentada na racionalidade e nas normas sociais, permanece insuficiente para cobrir toda a imensa extensão de comportamentos humanos.

Para compreender como a inclusão das emoções, como parte do repertório de motivações humanas, articula-se com o IM, Elster propõe que dois pontos são relevantes:

1) entender as relações entre cultura e emoções;
2) entender a relação entre escolha e emoções.

A mais importante conexão entre cultura e emoções está relacionada a uma das dimensões específicas mais relevantes para Elster: as normas sociais. Existiria uma relação dual entre emoções e normas sociais. Por um lado, as emoções de vergonha e contentamento sustentam as normas sociais que prescrevem e proscrevem o comportamento em um grupo específico (ELSTER, 1999b). Por outro lado, as emoções ocorrentes, as expressões e as disposições emocionais são elas próprias sujeitas às normas sociais.

Outro tópico importante diz respeito à relação entre emoção e cognição. Uma emoção não pode ser o alvo de uma norma social a menos que ela seja parte de um repertório conceitual do grupo em questão. Desta maneira, as crenças causais podem constranger nossa habilidade para justificar as emoções.

A outra forma de abordar as emoções proposta por Elster se dá através da investigação das relações entre emoções e escolha. Três perguntas são relevantes para a compreensão destas relações, segundo Elster: "Podemos escolher nossas emoções? Como as emoções afetam a racionalidade da escolha? Quando emoção e interesse nos forçam em direções alternativas, como eles interagem na produção da escolha?" (ELSTER, 1999b).

De acordo com Elster, a resposta à primeira pergunta parte do pressuposto de que, embora as emoções não possam ser escolhidas por si mesmas, podem ser "abordadas" pelo indivíduo que a apresenta, buscando ou evitando as condições sob as quais elas ocorrem, favorecendo ou resistindo a suas expressões características, e cultivando disposições para tê-las. Quanto ao impacto da emoção sobre a escolha, teríamos que levar em conta que as emoções afetam as condições para a escolha em geral e para a escolha racional em particular. Assim, os sentimentos de urgência apresentados por muitas emoções podem interferir na aquisição racional de informação. Nos casos extremos, a tendência de ação associada com a emoção pode esconder completamente considerações de outras opções e de consequências de longo prazo. E, finalmente, quando as emoções coexistem com outras motivações, elas frequentemente desempenham um papel duplo na geração dos comportamentos, que não pode ser reduzido à conformação de parâmetros de recompensa para a escolha racional; eles também afetam a habilidade para fazer escolhas racionais com aqueles parâmetros. A exigência, aqui, não é que as emoções determinam completamente a escolha ou que não exista uma ponderação realizada pelo indivíduo entre recompensas emocionais e outras recompensas. Mais do que isso, o argumento é que a própria ponderação é modificada por uma das recompensas que é ponderada contra a outra.

Chegamos ao ponto fundamental. Afinal, a investigação de Elster sobre as emoções é compatível com o Individualismo Metodológico? A discussão acima nos dá pistas para a construção da resposta, utilizando as categorias de Elster. Por um lado, Elster assegura, *grosso modo*, que as emoções não são fruto da escolha, mas interferem de várias maneiras nas escolhas, racionais ou não, dos indivíduos. Este ponto não parece comprometedor para o IM de Elster. Comprometeria, no máximo, a dimensão intencional da ação individual, o que não eliminaria o Individualismo Metodológico.

Assim, se tomamos um indivíduo típico por referência, veremos que as ações do indivíduo em questão e as ações de outros indivíduos em relação com o primeiro poderiam provocar o surgimento de emoções – no nível individual – que não estariam governadas por escolhas intencionais, mas que implicariam – causalmente – na produção de um tipo de ação que pode ser visto como uma resposta comportamental no nível individual.

O outro ponto, que aparentemente desafiaria o IM de Elster, parece não incomodá-lo. Como Elster não é um atomista, parte do suposto de que os indivíduos não estão situados em um vácuo social, mas em uma intrincada rede de relações com outros indivíduos. Assim, o fato de que culturas específicas selecionariam normas sociais, valores e crenças, também específicos, que estariam disponíveis para os indivíduos não ameaça o seu projeto de redução. Nas palavras do próprio autor, isto significaria apenas que os indivíduos naquela cultura compartilham conceitos, crenças, valores e normas e sabem que os compartilham e que os indivíduos de outras culturas não compartilhariam tais conceitos, crenças, valores e normas devido à sua ausência (ELSTER, 1999b, p. 6).

1.2.4 Para além da explicação: compromissos normativos na obra de Elster

Em *Logic and Society* (1978), Jon Elster Elster faz uma afirmação que creio ser a chave para o entendimento de sua obra:

> O postulado básico de que parto é que o objetivo das ciências sociais é a liberação do homem. Estas permitiriam ao homem libertar-se, por si mesmo, das forças causais que, ao mesmo tempo, formam e pervertem suas intenções; e, ao mesmo tempo, o tornariam capaz de se tornar consciente, sem obstruções, de seus objetivos livremente escolhidos. Atualmente, esta é uma ideia ambiciosa e uma das conclusões da análise é que ela não pode ser alcançada. Contudo, acredito que esta é a ideia regulatória que deveria sempre guiar o cientista social (ELSTER, 1978, p. 158).

Sem o entendimento das ideias supracitadas, acredito não ser possível nem razoável dar algum sentido às formulações elsterianas discutidas até agora. A existência de um princípio regulatório para as Ciências Sociais, preenchido pela ideia de liberação do homem, está, em Elster, diretamente ligada a elementos de natureza moral.

Concordo com Mongin (1991) que boa parte dos escritos de Elster são uma tentativa de pensar as coisas humanas a partir da TER. E prosseguimos com este autor quando ele afirma que o conceito de escolha racional em Elster pertence aos domínios tanto de uma psicologia dos sentimentos quanto de uma filosofia moral. Assim, se, como vimos há pouco, o objetivo das Ciências Sociais é aumentar a liberdade na sociedade, a TER, sua crítica e suas variações podem ser extremamente valiosas porque o foco de tal teoria é a escolha intencional (e racional) a partir das alternativas disponíveis. E estar consciente das alternativas disponíveis, certamente, nos tornaria mais livres.

Mas Elster estabelece de forma precisa até onde pode ir uma teoria da racionalidade e como ela pode ser empregada nas Ciências Sociais. Elster afirma, de forma inequívoca, que "a racionalidade não é a chave para explicar todo o comportamento. Não é a chave para explicar a justiça social ou o bem-estar social. Mais importante, a racionalidade é uma norma e um ideal. É algo para avaliar a conduta e não para explicá-la" (ELSTER, 2000d, p. 257). Percebe-se, assim, que toda a complexa taxonomia da racionalidade (e sua crítica) utilizada por Elster funciona como um ponto de partida, contra o qual serão confrontadas as condutas humanas específicas. A racionalidade opera como a referência normativa fundamental que não explica a realidade, mas serve como parâmetro de avaliação da conduta dos indivíduos.

2 A teoria social de James Coleman

2.1 Algumas premissas

O conjunto de interesses empíricos de Coleman sempre foi bastante amplo. Conflitos comunitários, funcionamento de sindicatos, estruturas sociais nas escolas secundárias, difusão social de inovações, (des)igualdades de oportunidades educacionais, capital social, quantificação de processos sociais e da ação social. O tema recorrente que o acompanha, desde o início de sua carreira, é o do comportamento coletivo, que ocupa valor estratégico no desenvolvimento da teoria da escolha racional baseada na interação social proposta pelo autor (ZABLOCKI, 1996).

Para compreender o esquema teórico de Coleman, o ponto de partida obrigatório é seu impressionante livro de síntese: *Foundations of Social Theory* (1990). Partindo da premissa de que um modelo único de ação deve ser passível de aplicação a qualquer evento social que demande explicação, Coleman deixa claro seus compromissos como o Individualismo Metodológico, a Teoria da Escolha Racional e a explicação causal nas Ciências Sociais.

> Na construção de sua teoria, Coleman evita dois tipos de posturas metodológicas:
>
> (1) Não lhe interessa explicar o comportamento dos indivíduos a partir dos seus estados mentais, tarefa que considera própria dos psicólogos.
>
> O que deve interessar ao sociólogo são os tipos de padrões comuns observáveis gerados por agrupamentos de indivíduos, coletividades.
>
> (2) Não se contentar com meras associações estatísticas, que buscam explicar os comportamentos individuais através de correlações externas entre variáveis individuais, por um lado, e dimensões mensuráveis dos comportamentos dos grupos ou do contexto social, por outro.
>
> A tarefa primordial das Ciências Sociais é explicar os sistemas sociais de comportamento. Correlações externas de características dos grupos não são suficientes para explicar as dinâmicas dos comportamentos dentro dos grupos e muito menos suas origens. O comportamento (social) no nível sistêmico, para ser explicado, necessita ser decomposto em suas partes componentes, levando à unidade primordial de análise: o indivíduo, em sua relação com o agrupamento coletivo (COLEMAN, 1990; FAVELL, 1996).

2.2 O Individualismo Metodológico de James Coleman

Segundo Udehn (2002), o Individualismo Metodológico de Coleman foi pela primeira vez claramente expresso em um artigo de 1964, inspirado pela teoria das trocas de George Homans, cujo ponto de partida são as teorias de Thomas Hobbes e Adam Smith, em oposição ao *homo sociologicus* do *mainstream* da tradição sociológica. Nas palavras de Coleman (1964, p. 167), "vou começar com uma imagem do homem totalmente livre: não socializado, totalmente autointeressado, não contido pelas normas de um sistema, um calculador racional voltado para seu próprio autointeresse". Desde então, Coleman teria se dedicado prioritariamente ao desenvolvimento de uma teoria geral dos sistemas sociais e à explicação do surgimento das normas sociais em termos de indivíduos.

O IM de Coleman, segundo Zablocki (1996), pode ser definido da seguinte forma:

- Todos os fenômenos sociais podem estar relacionados a mecanismos no nível individual.

- O indivíduo deve ser definido de uma forma minimamente reducionista.

- O IM de Coleman não comporta nenhum tipo de reducionismo, especialmente reducionismos de natureza psicologicista. Haveria, em Coleman, um minimalismo psicológico, com um modelo quase primitivo de *self* como unidade de ação, que tomaria emprestado da psicologia somente o estritamente necessário para adequar-se a um modelo de realidade social observável.

Um outro ponto relevante, normalmente interpretado erroneamente na literatura sociológica não individualista, é que, da mesma forma que nas formulações de Jon Elster, o IM colemaniano não implica necessariamente na assunção da racionalidade como uma propriedade obrigatória do ator.

Não é difícil perceber que o IM de Coleman é uma versão fraca desta orientação metodológica das Ciências Sociais. De acordo com Jeperson e Meyer (2011), seu principal compromisso explicativo é desenvolver explicações, fornecendo microfundamentos sobre o macronível, o comportamento do sistema, a estrutura institucional e os fenômenos históricos (COLEMAN, 1990).

Para empreender tal tarefa é necessário decompor os sistemas sociais em partes, através da análise. Contudo, observe-se que a unidade última de análise proposta pelo autor é o indivíduo e sua relação com os agrupamentos coletivos. Se o objeto de investigação está localizado no nível do sistema social, a tarefa do pesquisador será sempre identificar mecanismos de análise interna dos componentes sistêmicos (FAVELL, 1996).

No entanto, as formas gerais de ligação do nível micro com o nível macro são as ações deliberadas (ou intencionais) dos atores individuais. Enfatiza-se aqui um elemento ao mesmo tempo necessário e óbvio do Individualismo Metodológico de Coleman: os seres humanos são atores propositivos (intencionais) cujas ações independentes produzem, reproduzem ou transformam os resultados sociais sistêmicos. É preciso notar que tais resultados devem incorporar, necessariamente, atores corporativos ou organizacionais, que também serão tratados por Coleman como atores propositivos ou intencionais.

2.3 Coleman estruturalista?

Uma interpretação habilidosa do Individualismo Metodológico de Coleman, que nos alerta para suas dimensões estruturais, é aquela proposta por Udehn (2002). De acordo com este autor, por algum motivo, os traços estruturalistas de Coleman não atraíram tanta atenção quanto o seu individualismo. Contudo, estariam presentes de forma clara tanto em *Power and the Structure of Society* (1974) quanto em *The Asymmetric Society* (1982). Nesses livros, Coleman enfatizaria a análise do desenvolvimento e da transformação de estados, corporações, sindicatos, partidos etc., como a característica distintiva da sociedade moderna. A consequência de tal desenvolvimento é que os sistemas sociais são agora constituídos por dois elementos distintos: pessoas singulares e atores corporativos. Como consequência desta separação, será necessário distinguir entre as pessoas (indivíduos reais) e as posições que ocupam como atores corporativos (COLEMAN, 1974, p. 36-49; 1982, p. 14, apud UDEHN, 2002).

Da mesma forma, Udehn afirma que o assim chamado estruturalismo de Coleman não teria se constituído simplesmente como uma etapa passageira em sua obra, mas como uma característica recorrente e constante de sua teoria social, incluindo sua obra tardia, estando presente tanto nas *Foundations* quanto em seu discurso presidencial na Associação Americana de Sociologia em 1992 (COLEMAN, 1993). O argumento que me parece esclarecedor é que Coleman argumenta que as posições ocupadas por pessoas, e não as próprias pessoas, são os elementos a serem tomados para análise na estrutura social quando se fala de atores corporativos. Desta maneira, as relações entre atores corporativos, portanto, são relações entre as posições, não entre pessoas (UDEHN, 2002).

De alguma maneira assemelhado ao individualismo institucional popperiano, o Individualismo Metodológico de Coleman poderia ser chamado, inclusive, de "individualismo estrutural", como propuseram alguns autores holandeses como Lindenbergh (1996) e Wippler (1978). O que definiria o individualismo estrutural é a constatação de que as "estruturas sociais" são tratadas como variáveis exógenas, como antecedentes das explicações científicas voltadas para fornecer microfundamentos aos fenômenos sociais (UDEHN, 2002). Nas palavras de Wippler, "o individualismo estrutural exigiria em primeiro lugar que as explicações dos indivíduos sejam explicadas e que os resultados coletivos das ações interdependentes de muitos indivíduos sejam explicados" (WIPPLER 1978, p. 143).

2.4 A teoria da ação, a escolha racional e os sistemas sociais

O modelo de ação humana colemaniano pressupõe um ator propositivo-racional. A utilização da ação intencional individual como a moeda corrente e elementar de todas as ações individuais sociais garantiria, no plano explicativo, a simplicidade da passagem do micro para o macro através das possibilidades combinatórias das características externas dos indivíduos em interação.

É imperativo repetir que o movimento agregador em direção ao macronível precisa ser compreendido de forma complexa e integralizadora, indicando as diferentes formas pelos quais os sistemas sociais podem ser formados.

Para Coleman, a transição do micro para o macro não pode ser vista como uma agregação simples e imediata. O que está em jogo na formação dos sistemas sociais, que apresentam organização e constituição interna complexas, são os "gradientes de poder" e de "interesse" inscritos nos processos de produção dos arranjos institucionais. Diagnosticar o papel dos interesses e poderes relativos é a chave para a boa análise social.

Segundo o próprio Coleman, um dos seus principais propósitos é mostrar como a organização social pode ser incorporada na teoria econômica, sem que isto signifique abandonar a concepção de ação racional individual (COLEMAN, 1984, p. 88). Lindenbergh (1996), por sua vez, afirma que Coleman estaria ainda vinculado a uma forma de conceber a escolha racional dependente da microeconomia e da análise econômica das instituições. Predomina o princípio de que o comportamento é motivado pela motivação sob constrangimentos, ou seja, o que acontece na interação social é determinado pela razão entre as recompensas e custos de ação alternativos (COLLINS, 1996).

Neste enfoque, o consenso de indivíduos independentes sobre a alocação de direitos é o mecanismo central de criação da ordem. O fato de que Coleman expande esta concepção incorporando os diferenciais de poder seria uma contribuição enriquecedora do seu programa teórico de pesquisas, provavelmente derivado da formação sociológica deste autor. Vale notar que Coleman nunca abriu mão de uma crítica permanente da tendência do *mainstream* econômico de ignorar a estrutura social, ao mesmo tempo em que insiste que as organizações sociais e as estruturas sociais não podem prescindir da economia neoclássica (COLEMAN, 1994, p. 166).

É bem provável que a introdução da teoria da escolha racional na sociologia colemaniana tenha se dado através da influência de George Homans. Vale notar que, desde seus primeiros artigos, o autor já se incomodava com o uso psicologizante e orientado predominantemente para pequenos grupos da Teoria da Escolha Racional. O segundo momento da aproximação de Coleman com a TER teria ocorrido no período em que ele busca investigar processos educacionais, utilizando recursos com experimentos derivados da Teoria dos Jogos. A ideia que ocorre a Coleman é que a estrutura social poderia ser conceitualizada como um número de posições com incentivos tanto quanto regras ligadas a elas. Um sistema social concreto ocorreria quando indivíduos preenchessem estas posições e agissem racionalmente seguindo regras e incentivos (SWEDBERG, 1996). De alguma forma, há vínculo do autor com um conjunto de diferentes tradições, dificilmente unificáveis, vinculadas à ideia de escolha racional e que alcançam, nos anos de 1980, um tipo de movimento ecumênico, do qual Coleman faria parte, combinando uma análise teórica sociológica em qualquer nível, com uma teoria da justiça social e análise de políticas (COLLLINS, 1996):

> Uma última observação sobre o tema. Por um lado, é preciso concordar com Heckman e Neal (1996), quando afirmam que há dois Colemans quando o tema é a TER: por um lado, o teórico da escolha racional que de forma permanente e consistente se interessou pelas forças que moldam as pessoas e as instituições. De outro, o Coleman cientista social empírico, muito menos preocupado com um compromisso com determinados tipos de escolhas quando analisa seus dados. O autor de *Foundations* era empiricamente orientado de uma forma profunda. Não tinha compromisso com uma agenda teórica prévia se um fenômeno social não se encaixava em seus modelos e o perturbava, o que o tornou alguém muito diferente de outros teóricos da escolha racional (HECKMAN; NEAL, 1996).

2.5 A arquitetura básica da explicação por mecanismos e alguns conteúdos sociológicos

Discutidos os principais conteúdos da versão colemaniana do IM e da TER, é possível apresentar a conhecida síntese da natureza da explicação neste autor (COLEMAN, 1990; FARARO, 1996):

> i) Em primeiro lugar, é necessário identificar e conectar as condições "sistêmicas" iniciais com as condições iniciais do "ator" (a passagem do nível macro para o nível micro).

> ii) Dadas as preferências dos atores e as oportunidades e constrangimentos situacionais, é preciso mostrar as lógicas próprias que constituem as ações e as implicações e consequências das ações individuais específicas (as conexões micro-micro).

> iii) Finalmente, é necessário mostrar e demonstrar como as ações de todos os atores combinam-se para produzir um resultado sistêmico (a passagem do nível micro para o nível macro).

Em síntese, Coleman está preocupado com uma construção teórica que vai do nível superior (os sistemas sociais) para baixo (seus componentes e subcomponentes) e retorna ao primeiro nível, apresentando modelos de mecanismos explicativos causais que deverão ser testados de acordo com os critérios empíricos e através de pedaços conceituais básicos que se encontram na teoria; em outros termos, a especificação de mecanismos que devem formar a boa teoria social.

Presentes nos primeiros capítulos de *Foundations of Social Theory* (1990) estão algumas observações complementares, mas fundamentais para entender o "recheio" sociológico do modelo formal de Coleman:

i) A passagem do nível micro para o nível marco, ou seja, a agregação das ações individuais resulta, "de forma não linear", em agregados sociais sistêmicos, cujas propriedades continuam exercendo influência nas ações individuais.

ii) O foco da análise deve ser dirigido para as propriedades externas dos indivíduos ou dos sistemas (FARARO, 1996). Há pouco espaço para estados mentais ou para a subjetividade em Coleman. Em seguida, o foco deve orientar-se para os mecanismos internos que produzem tais aspectos externos.

iii) Em Coleman há dois tipos de entidades: a) atores (individuais e corporativos) e b) recursos. As relações que conectam atores e recursos são os controles e os interesses. A consideração conjunta de controles e de interesses de forma conjunta tem implicações tanto microssociológicas quanto macrossociológicas: a variação do valor dos recursos disponíveis e o poder relativo dos diferentes atores dentro dos sistemas de ação é de suma importância para a natureza da própria explicação.

iv) As preferências dos atores dependem fortemente da posição social dos mesmos, assim como as possíveis variações das escolhas dos atores dependem das oportunidades situacionais (constrangimentos) vinculadas aos sistemas sociais.

v) O interesse de Coleman na explicação do comportamento dos sistemas sociais está dirigido tanto para situações de equilíbrio quanto para situações de não equilíbrio, se quisermos usar um vocabulário que é caro tanto à teoria parsoniana quanto à teoria econômica, que tanto interessa a Coleman.

Haveria duas dimensões a serem tratadas. Por um lado, interessa compreender o equilíbrio das condições que podem ser especificadas para um conjunto de pessoas, mas não para uma única pessoa, tal como um conjunto de normas que governa o uso da vestimenta (COLEMAN et al., 1996). Por outro, é de extrema importância explicar as condições de não equilíbrio, que podem ser especificadas para um conjunto de pessoas, como o pânico da multidão em um teatro (COLEMAN et al., 1996).

2.6 Dimensões normativas e propósitos públicos da teoria em James Coleman

À guisa de conclusão desta breve exposição sobre os traços gerais da teoria social de James Coleman gostaria de acentuar dois pontos.

O primeiro diz respeito às articulações entre o plano explicativo e o plano normativo na obra deste autor. Favell (1996) apresenta uma interpretação que me parece bastante elucidativa. Por um lado, Coleman busca oferecer uma teoria que seja capaz de dar conta do mundo real dos arranjos consensuais, que se equilibram entre os pesos relativos dos poderes, interesses e controles dos atores. Contudo, também defende a ideia de que a explicação científica adequada para os fenômenos sociais é aquela que se baseia em mecanismos capazes de identificar e desvelar a moralidade interna, própria dos sistemas sociais. Desta maneira, por meio da identificação e análise de tais moralidades internas, é possível compreender, a partir das visões dos atores que participam e se submetem a tais sistemas, como elas a percebem tanto como legítima quanto como passíveis de transformação. Dito de outra forma, haveria uma réstia de subjetividade no modelo objetivista de ator de Coleman.

Finalmente, é preciso notar que poucos cientistas sociais foram tão atuantes e efetivos na formação de um debate sobre políticas públicas quanto Coleman (HECKMAN; NEAL, 1996), motivado por seus interesses científicos pelas relações entre escola e sociedade. Se a centralidade da explicação (como tarefa sociológica) que repousa no duplo movimento analítico do sistema social para os seus componentes mínimos e de volta para o sistema social (o problema macro-micro-macro) é o que garante a efetividade explanatória de tal método, é o mesmo tipo de explicação que forneceria as bases para uma intervenção baseada no conhecimento sociológico, que possibilitaria a mudança do comportamento do sistema (COLEMAN, 1990, p. 4). Em outros termos, o analista social deve ser capaz de produzir uma explicação efetiva dos fenômenos sociais, mas com propósitos públicos.

Considerações finais

As teorias sociais derivadas das obras de Jon Elster e de James Coleman compartilham, como foi dito anteriormente, um conjunto de características: a vinculação a formas (distintas) do Individualismo Metodológico[2], o compromisso com uma explicação causal com pretensões analíticas baseadas em mecanismos sociais, a adoção de uma teoria da ação em que a racionalidade ocupa um papel relevante[3], além de uma visão crítica da explicação funcional nas Ciências Sociais. Provavelmente formam, juntamente com o trabalho de Raymond Boudon, os esforços teóricos mais abrangentes e consistentes das Ciências Sociais contemporâneas para explicar e compreender os fenômenos sociais a partir de uma perspectiva metodologicamente individualista.

Referências

Obras de James Coleman

COLEMAN, J.S. (1964). Collective Decisions. In: COLEMAN, J.S. *Individual Interests and Collective Action*. Cambridge: Cambridge University Press, p. 15-32.

---

2. Em Elster, mais robusto; em Coleman, mais fraco.

3. Mais desenvolvida em Elster do que em Coleman.

COLEMAN, J.S. (1966). Foundations for a theory of collective decisions. *American Journal of Sociology*, v. 71, n. 6.

COLEMAN, J.S. (1974). *Power and the Structure of Society*. Nova York: Norton.

COLEMAN, J.S. (1982). *The Asymmetric Society*. Nova York: Syracuse University Press.

COLEMAN, J.S. (1984). Introducing Social Structure into Social Analysis. *American Economic Review*, v. 74, p. 2.

COLEMAN, J.S. (1986). Social Theory, social research, and a theory of action. *American Journal of Sociology*, 91 (6), p. 1.309-1.335.

COLEMAN, J.S. (1988). Social Capital in the creation of human capital. *American Journal of Sociology*, 94, p. 95-120.

COLEMAN, J.S. (1990). *Foundations of Social Theory*. Cambridge: Harvard University Press.

COLEMAN, J.S. (1993). The rational reconstruction of society. *Journal of Institutional and Theoretical Economics*, 149 (1), p. 213-232.

COLEMAN, J.S. (1994). A vision for Sociology. *Society*, 32 (1), p. 29-34.

COLEMAN, J.S.; KATZ, E.; MENZEL, H. (1966). *Medical Innovation*. Indianápolis: Bobbs-Merrill.

Obras de Jon Elster

ELSTER, J. (1978). *Logic and Society: Contradictions and Possible Words*. Nova York: Wiley.

ELSTER, J. (1980). Cohen on Marx's Theory of History. *Political Studies*, 28 (1), p. 121-128.

ELSTER, J. (1982). Marxism, Functionalism and Game Theory. *Theory and Society*, n. 11, p. 453-482.

ELSTER, J. (1983a). *Explaining Technical Change*. Cambridge: Cambridge University Press.

ELSTER, J. (1983b). *Sour Grapes – Studies in the Subversion of Rationality*. Cambridge: Cambridge University Press.

ELSTER, J. (1984). *Ulysses and the Sirens* [Ed. rev., 1979]. Cambridge: Cambridge University Press.

ELSTER, J. (1985a). *Making Sense of Marx*. Cambridge: Cambridge University Press.

ELSTER, J. (1985b). The nature and scope of Rational-Choice Explanation. In: LePORE, E.; McLAUGHLIN, B.P. (eds.). *Actions and Events: Perspectives on the philosophy of Donald Davidson*. Oxford: Blackwell, p. 60-72.

ELSTER, J. (1986a). *An Introduction to Karl Marx*. Cambridge: Cambridge University Press.

ELSTER, J. (ed.) (1986b). *Rational Choice*. Nova York: New York University Press.

ELSTER, J. (ed.) (1986c). *The Multiple Self*. Cambridge: Cambridge University Press.

ELSTER, J. (1986d). Reply to coments on Making Sense of Marx. *Inquiry*, 29 (1), p. 65-77.

ELSTER, J. (1989a). *Nuts and Bolts for the Social Sciences*. Cambridge: Cambridge University Press.

ELSTER, J. (1989b). *Solomonic Judgments – Studies in the Limitations of Rationality*. Cambridge: Cambridge University Press.

ELSTER, J. (1989c). *The Cement of Society*. Cambridge: University of Cambridge Press.

ELSTER, J. (1989d). Social Norms and Economic Theory. *Journal of Economic Perspectives*, 3 (4), p. 99-117.

ELSTER, J. (1990a). *Psychologie Politique (Veyne, Zinoviev, Tocqueville)*. Paris: De Minuit.

ELSTER, J. (1990b). Entrevista de Jon Elster a Richard Swedberg. In: SWEDBERG, R. (ed.). *Economics and Sociology*. Princeton: Princeton University Press.

ELSTER, J. (1990c). Self-realization in work and politics: the Marxist conception of the good life. In: ELSTER, J.; MOENE, K. (eds.). *Alternatives to Capitalism*. Cambridge: Cambridge University Press.

ELSTER, J. (1990d). Merton's Functionalism and the Unintended Consequences of the Action. In: CLARK, J.; MODGIL, C.; MODGIL, S. (eds.). *Robert Merton: Consensus and Controversy*. Londres: Falmer Press, p. 129-135.

ELSTER, J. (1990e). Racionalidad, moralidad y acción colectiva. *Zona Abierta*, 54/55, 1990.

ELSTER, J. (1991). Marxismo analítico, o pensamento claro – Entrevista de Jon Elster a Esther Hamburger. *Novos Estudos Cebrap*, n. 31.

ELSTER, J. (1993). Some Unresolved Problems in the Theory of Rational Behavior. *Acta Sociologica* 36 (3), p. 179-190.

ELSTER, J. (1996). Rationality and the Emotions. *The Economic Journal*, 106 (438), p. 1.386-1.397.

ELSTER, J. (1997). *Egonomics – Análisis de la interacción entre racionalidad, emoción, preferencias y normas sociales em la economia de la acción individual y sus desviaciones*. Barcelona: Gedisa.

ELSTER, J. (1998). A Plea for Mechanisms. In: HEDSTRÖM, P.; SWEDBERG, R. (eds.). *Social Mechanisms: An Analytical Approach to Social Theory*. Nova York: Cambridge University Press.

ELSTER, J. (1999a). *Alchemies of the Mind: Rationality and the Emotions*. Cambridge: Cambridge University Press.

ELSTER, J. (1999b). *Strong Feelings – Emotions, Addiction, and Human Behavior*. Cambridge: MIT.

ELSTER, J. (1999c). Davidson on Weakness of Will and Self-Deception. In: HAHN, L.E. (1999). *The Philosophy of Donald Davidson*. Chicago: Open Court.

ELSTER, J. (2000a). Rationality, Economy and Society. In: TURNER, S. (ed.). *The Cambridge Companion to Weber*. Cambridge: Cambridge University Press.

ELSTER, J. (2000b). Rational Choice History: a case of excessive ambition. *American Political Science Review*, v. 94, n. 3, p. 685-695.

ELSTER, J. (2000c). *Ulysses Unbound*. Cambridge: Cambridge University Press.

ELSTER, J. (2000d). *Las limitaciones del paradigma de la elección racional – Las Ciencias Sociales em la encrucijada*. València: Institució Alfons el Manànim.

ELSTER, J. (2004). *Closing the Books*. Cambridge: Cambridge University Press.

ELSTER, J. (2005). Motivations and Beliefs in Suicide Missions. In: GAMBETTA, D. (ed.). *Making Sense of Suicide Missions*. Oxford: Oxford University Press.

ELSTER, J. (2007). *Explaining Social Behavior*. Cambridge: Cambridge University Press.

ELSTER, J. (2009a). *Le désintéressement*. Paris: Seuil.

ELSTER, J. (2009b). *Reason and Rationality*. Princeton/Oxford: Princeton University Press.

ELSTER, J. (2010). *L'irrationalité*. Paris: Seuil.

ELSTER, J. (2012). *Collective Wisdom: Principles and Mechanisms*. Cambridge: Cambridge University Press.

ELSTER, J. (2013). *Securities against Misrule: Juries, Assemblies, Elections*. Cambridge: Cambridge University Press.

ELSTER, J. (2015). *Secrecy and Publicity in Votes and Debates*. Cambridge: Cambridge University Press.

Bibliografia de apoio sobre os dois autores

CLARK, J. (1996). *James S. Coleman*. Londres/Nova York: Routledge/Falmer.

FARARO, T.J. (1996). Foundational Problems in Theoretical Sociology. In: CLARK, J. (ed.). *James S. Coleman*. Londres/Nova York: Routledge/Falmer.

FAVELL, A. (1993). James Coleman: Social Theorist and Moral Phillosopher? *American Journal of Sociology*, v. 99, n. 3, p. 590-613.

FAVELL, A. (1996). Rational Choice as Grand Theory: James Coleman's Contribution to Social Theory. In: CLARK, J. (ed.). *James S. Coleman*. Londres/Nova York: Routledge/Falmer.

GOLDTHORPE, J.H. (1998). Rational Action Theory for Sociology. *The British Journal of Sociology*, v. 49 (2), p. 167-192.

HECKMAN, J.; NEAL, D. (1996). Coleman's Contribution to Education: Theory, Research Styles and Empirical Research. In: CLARK, J. (ed.). *James S. Coleman*. Londres/Nova York: Routledge/Falmer.

HEDSTROM, P.; SWEDBERG, R. (1998). Social Mechanisms: An Introductory Essay. In: HEDSTROM, P.; SWEDBERG, R. (eds.). *Social Mechanisms*. Cambridge: Cambridge University Press.

JEPPERSON, R.; MAYER, J. (2011). Multiple Levels of Analysis and the Limitations of Methodological Individualisms. *Sociological Theory*, 29, p. 1.

LINDENBERGH, S. (1996). Constitutionalism versus Relationalism: Two versions of Rational Choice Sociology. In: CLARk, J. (ed.). *James S. Coleman*. Londres/Nova York: Routledge/Falmer.

LITTLE, D. (1991). *Varieties of Social Explanation*. Oxford: Westview Press.

LÓPEZ-GUERRA, C.; MASKVIKER, J. (2014). *Rationality, Democracy, and Justice*. Cambridge: Cambridge University Press.

MONGIN, P. (1991). Rational Choice Theory considered as Psychology and Moral Philosophy. *Philosophy of the Social Sciences*, v. 21, n. 1, p. 5-37.

RATTON, J.L. (2003). *Ulisses liberto ou Prometeu acorrentado? – Virtudes e limites da explicação da ação na obra de Jon Elster*. Tese de doutorado, UFPE.

RATTON, J.L.; VENTURA DE MORAIS, J. (2003). Para ler Jon Elster: limites e possibilidades da explicação por mecanismos nas Ciências Sociais. *Dados*, v. 46, n. 2.

STEINER, P. (2003). Les Foundations de James S. Coleman: un introduction. *Revue Française de Sociologie*, v. 44, n. 2.

SWEDBERG, R. (1996). Analyzing the Economy: On the Contribution of James S. Coleman. In: CLARK, J. (ed.). *James S. Coleman*. Londres/Nova York: Routledge/Falmer.

UDEHN, L. (2002). The Changing Face of Methodological Individualism. *Annual Review of Sociology*, v. 28, p. 479-507.

WIPPLER, R. (1978). The structural-individualistic approach in Dutch Sociology. *Netherlands Journal of Sociology*, 4, p. 135-155.

ZABLOCKI, B. (1996). Methodological Individualism and Collective Behaviour. In: CLARK, J. (ed.). *James S. Coleman*. Londres/Nova York: Routledge/Falmer.

5
Interacionismo simbólico

Jordão Horta Nunes

A perspectiva de análise sociológica conhecida por interacionismo simbólico compreende um leque de vertentes com influências e desenvolvimentos diversos, algumas constituindo propriamente tradições de pesquisa, como as escolas interacionistas de Chicago, Iowa, Minnesota e Indiana. A primeira exposição sistemática de seus princípios teóricos e procedimentos metodológicos foi realizada por Herbert S. Blumer, no livro *Symbolic Interactionism: Perspective and Method*, publicado em 1969. No entanto, o primeiro emprego do termo data de 1937, num artigo em que Blumer, discorrendo sobre os fundamentos da psicologia social, relacionava formas culturais em grupos sociais não somente a diferentes modos de agir, mas a símbolos comuns que orientam seu comportamento e que são mutuamente compartilhados por seus membros. Blumer, já como docente na Universidade de Chicago, sustentava que os psicólogos sociais que defendiam esta concepção poderiam ser convenientemente designados como "interacionistas simbólicos". No livro escrito três décadas mais tarde, o sociólogo reconhecia a influência seminal de George Herbert Mead (1925), filósofo e psicólogo social que o antecedera em Chicago, na perspectiva analítica que já se desdobrava em derivações metodológicas distintas por iniciativa de Manford Kuhn em Iowa. A tríade de proposições que Blumer creditou ao interacionismo simbólico tem sido retomada em diversas obras introdutórias, como a exemplo de Charon (1995) e de reconstrução crítica da perspectiva (DENZIN, 1989; SNOW, 2001; FINE, 1992; 1993) e convém retomá-la aqui, já que em sua base também foram sustentadas importantes críticas e limitações (COHEN, 1989; FINE, 1992; HALL, 1972; HUBER, 1973; STRYKER, 1988):

> a) as pessoas agem com base no sentido que as coisas apresentam para elas; essas "coisas" compreendem o que se pode distinguir no mundo: objetos físicos, categorias de objetos, instituições, ideais, atividades e situações;

b) o sentido dessas coisas é derivado ou emerge da interação social que mantemos com outras pessoas;

c) esses sentidos são manipulados e modificados por um processo interpretativo usado pelos agentes para compreender e lidar com os objetos que constituem seus mundos sociais (BLUMER, 1969, p. 2).

Ainda que tais proposições sinalizem uma ontologia em que o ser social se caracteriza por agir em relação aos outros com base na compreensão de seu contexto social e de construir estratégias e artifícios para contornar obstáculos, sua formulação é muito sintética e deixa em aberto inúmeras implicações metodológicas, já que diz algo sobre o social, mas não como construir ou fundamentar um conhecimento a seu respeito. Por outro lado, se a considerarmos como uma heurística positiva em um programa de pesquisa científica, na acepção de Lakatos (1978), a ausência de elementos propriamente identificadores da perspectiva em termos epistemológicos torna-se fator explicativo da amplitude e diversificação que esta veio a assumir. É necessário, no entanto, ressaltar, com base na própria obra de Blumer em que a tríade aparece, uma heurística negativa do programa, ou seja, o conjunto de regras metodológicas que se deve evitar.

O interacionismo herda do pragmatismo de George H. Mead, John Dewey, William James e Charles Peirce a rejeição ao conhecimento fundado na distinção entre sujeito e objeto, que valoriza a objetividade garantida por sua exterioridade em relação ao mundo que, embora impossível diante da imersão do sujeito na vida prática, seria contornável mediante procedimentos técnicos. O conhecimento deve ser considerado como atividade que implica o desvelamento do objeto, mas não no sentido da metáfora ótica de uma visão privilegiada pelo uso metódico da razão, que nos afasta da penumbra de se basear na opinião ou no senso comum, mas de uma atividade prática, participante, um tipo de arte que envolve manipulação consciente e orientada de objetos e situações.

O conhecimento científico da realidade social seria análogo à atividade de um artista, um artífice, um artesão que interage continuamente com a matéria que está transformando. O conhecimento científico surgiu das artes e tecnologias, em que se emprega ferramentas para transformar objetos; portanto, mesmo em seu sentido intelectual, tem uma natureza instrumental: "uma coisa é mais significante por aquilo que ela torna possível do que por aquilo que ela é imediatamente" (DEWEY, 1929, p. 128). Blumer, que compartilhava essa acepção, sustentava que o desvelamento necessário no conhecimento científico implica "nos aproximarmos da área e a 'escavarmos' por meio de um estudo cuidadoso" (BLUMER, 1969, p. 39). Primeiramente exploramos "a área" empregando técnicas como observação direta, recurso a entrevistas, relatos de histórias de vida, leitura de cartas, uso de diários, consulta de arquivos públicos, discussões em grupo. Tais procedimentos são adaptados ao contexto da situação pesquisada e avaliados por sua adequação e capacidade frutífera. O resultado é um relatório descritivo, sem invocar teorias ou necessariamente pressupor um esquema conceitual. O procedimento analítico surge numa segunda etapa, a "inspeção", em que se relaciona o conteúdo empírico com elementos conceituais analíticos, identificando a natureza empírica de relação entre elementos como integração, mobilidade social, liderança carismática, compromisso social, envolvimento na interação, além de outros. Esses elementos podem se referir a processos, organização, relações, redes de relações, estados, elementos da organização pessoal e acontecimentos; podem ainda ser distribuídos em graus de generalização diferentes. Esse conjunto de procedimentos é explicado por uma analogia ótica "ativa": trata-se de examinar um objeto estranho sob vários ângulos, elaborar questões sobre ele, examiná-lo novamente à luz de tais questões (NUNES, 2005, p. 30-31).

Seria adequado considerar as três premissas atrás destacadas, articuladas a uma heurística crítica da herança cartesiana objetivista e suas consequências metodológicas tais como apontadas por Blumer, como base de um arcabouço conceitual que englobaria as subsequentes transformações da perspectiva interacionista e até mesmo de suas dissidências na época em que foi formulada? Certamente não, e alguns autores, a exemplo de Norman Denzin (1992) e David Snow (2001), já reconstruíram a perspectiva identificando com mais precisão um conjunto de proposições que fundamentariam um quadro conceitual atualizado. Não seria possível reconstruir adequadamente, nos limites deste capítulo, o desenvolvimento da perspectiva até o presente. Pretendo realizar uma breve análise de alguns conceitos fundamentais no repertório do IS, destacando transformações e desenvolvimentos específicos relativos a dois elementos teóricos fundamentais na perspectiva: a teoria do *self* e o conceito de definição da situação. A partir desse ensaio analítico, tento atualizar a identificação de princípios teórico-metodológicos da perspectiva interacionista. Num terceiro momento especulo sobre a viabilidade do interacionismo simbólico influenciar, em parceria com outras perspectivas, a pesquisa empírica pautada por marcadores sociais que, *grosso modo*, não figuram em seu repertório conceitual clássico: gênero, raça e classe.

1 A teoria social do *self*

O interacionismo simbólico tem em sua base uma teoria ontogenética do ser social elaborada por Mead, que relaciona o desenvolvimento da capacidade de se tornar um objeto social, de considerar-se e ser considerado pelos outros como pessoa, ao processo comunicativo, mediado pela linguagem. O desenvolvimento do *self* remete a condições epistemológicas, sociais e mentais para que nos tornemos pessoas sociais e sejamos assim reconhecidos. O desenvolvimento cognitivo é considerado como um processo eminentemente social, ainda que esteja relacionado com intenções, e disposições, com origem em estados mentais inacessíveis à observação empírica. Também a própria pessoa, como objeto social, que tem mais de um aspecto, como já reconhecia William James, ao considerar o "Eu", dimensão pura do *self*, que origina uma identidade social, como entidade que permanece no fluxo dos transitórios estados de consciência, mas é inacessível à observação. Já o "Mim" corresponde ao aspecto empírico do *self*, ao *self* como objeto, que se efetiva na comunicação. Esse "mim", em seu aspecto material, compreende o corpo físico, as coisas que possuímos com base no trabalho, as roupas etc. Em seu aspecto espiritual, o "mim" se traduz em disposições para agir. No aspecto social, corresponde às imagens e representações que fazem de nós, ou seja, o "mim" social está associado aos círculos de relacionamento da pessoa. Mead aprimora a distinção entre "Eu" e "Mim" de James, concebendo o aparecimento do *self* como a condição primordial da própria racionalidade. É necessário que estejamos aptos a nos tomar como objetos para que possamos pensar, pois o pensamento é um tipo de diálogo interno.

A teoria do desenvolvimento do *self* aparece em diversos textos, com destaque para o livro *Mind, self and society*, compilado por seus próprios alunos com base em anotações em sala de aula. Outros conceitos importantes na perspectiva do interacionismo simbólico são trabalhados na teoria, como cooperação e tomada de papéis (*role taking*). O desenvolvimento do *self* ocorre em três fases. Na primeira, a criança simplesmente imita ações de outras pessoas que procuram socializá-la. A interação que ocorre com seus pais ou quaisquer outros não comporta uma comunicação simbólica, pois não há ainda uma autoconsciência na criança que a leve a perceber ou interpretar que os gestos ou sons que envolvem a comunicação estão ligados a suas intenções ou disposições e, muito menos, às intenções de pessoas com quem se comunica.

Na segunda fase, as interações já comportam o desenvolvimento da linguagem, constituindo a "brincadeira". A criança assume, nessa fase, a perspectiva das pessoas que respeita, que teme ou com quem se identifica. Essas pessoas, designadas por Mead como "outros significantes", representam modelos de papéis para o comportamento da criança. Geralmente são os pais ou parentes, mas também podem ser quaisquer personagens, reais ou fictícios (super-heróis, artistas, personagens etc.). Criando "amigos" invisíveis, a criança passa a conversar consigo mesma e, em suas brincadeiras, a tomar o papel de outros, assumindo papéis sociais estereotipados, geralmente associados a ocupações, como detetives, soldados, médicos, manequins, bombeiros, "donas de casa" etc. O *self* social, condição para o pensamento e a ação racional, emerge de uma prática comunicativa de tomar o papel dos outros significantes e a si próprio como objeto.

A terceira fase do desenvolvimento é o "jogo", em que a criança não só toma o papel de outro, como faz na "brincadeira", mas assume papéis de vários participantes e guia suas ações convenientemente, incorporando em seu jogo as reações de outros jogadores em suas diferentes posições, num tipo de razão organizada que foi nomeada por Mead como "outro generalizado", que acompanha e controla a conduta e propicia a emergência do *self* na experiência do indivíduo (MEAD,

1925, p. 269-270). A socialização, na teoria do *self* de Mead, significa uma internalização do "outro generalizado", ou seja, das regras da sociedade.

A teoria do *self* desenvolvida por Mead foi interpretada nas sucessivas gerações de sociólogos interacionistas, a partir de Blumer, mas também de outros influenciados pela perspectiva e que vieram a incorporar alguns de seus elementos, de forma reconstrutiva ou crítica em suas próprias teorias, como Alfred Schütz, Jürgen Habermas e Axel Honneth. Na tradição interacionista simbólica, o elemento da teoria do *self*, que foi objeto de primazia na interpretação e rendeu extensões importantes, foi a ação de tomada de papéis. Tomar papéis numa interação implica agir como se esses fossem reais e objetivos e tomá-los como modelos para selecionar, dentre as representações mentais disponíveis, aquelas que correspondem a esses papéis, assumindo critérios de validação.

O primeiro critério consiste na antecipação do comportamento de outros significantes, um pré-conhecimento que depende da existência de regras, ainda que não rígidas, que permitam avaliar a coerência de uma manifestação de comportamento como papel social. O segundo critério é externo e consiste na aprovação (ou não) da manifestação do comportamento como papel por outras pessoas. A forma mais simples desse critério de validação é o reconhecimento e a designação de um nome de uso comum para o papel. Sociólogos interacionistas como Ralph Turner (1975) e Anselm Strauss (1997) enfatizaram o nomear e o classificar como ações de identificação que constroem identidades, mas também revelam, gráfica e simbolicamente, a perspectiva do classificador. Classificar desperta expectativas, envolve antecipações. Segundo Strauss, os valores atribuídos ao objeto não estão realmente no objeto (valor como relação), mas na relação entre este e aquele que lhe dá o nome. Estamos, portanto, diante de uma interpretação propriamente linguística da teoria do *self*, que nos indica como o sentido pode surgir numa interação, mediante uma ação simbólica que implica seletividade de representações, rememoração, antecipações análogas a hipóteses sobre prováveis consequências dessa ação, reavaliações diante de juízos críticos. Num primeiro exame essa interpretação tenderia a valorizar exemplos de atos de nomeação prototípicos, como cerimônias de casamento, batizado ou formatura, em que a emergência de um sentido e sua relação com regras tradicionalmente reconhecidas, esperanças e intenções depositadas no ato é facilmente percebida. No entanto, há outras situações que podemos considerar típicas, em que a nomeação ou classificação, ainda que não "rotulem" ou atribuam características, envolvem relações de poder, prestígio, indicam deferências ou atribuem distinções identitárias que transcendem as situações em que ocorrem. É o caso de interações entre médicos, enfermeiros, pacientes e visitante em hospitais ou clínicas psiquiátricas, pesquisadas por Strauss (1964), Erving Goffman (1974) e outros. Mas também de entrevistas de seleção para cargos, situações de constrangimento em reuniões sociais e rituais de interação muito comuns na vida cotidiana, como cumprimentos e saudações.

No que concerne à teoria do *self* analisada sob a ótica de interações simbólicas ou comunicativas, uma linha interpretativa desenvolve uma gramática das interações, a exemplo de Goffman em *Comportamento em lugares públicos* (2010) [1971], *Ritual de interação* (2011) [1967], aprimorada, em obras subsequentes, como *Representação do eu na vida cotidiana* (2006 [1959]) e *Os quadros da experiência social* (2012 [1974] numa análise situacional de interações ou *performances*. Porém, há uma inflexão na interpretação da teoria do *self* que vai conduzir a uma vertente do interacionismo simbólico voltada aos estudos culturais, no início dos anos de 1990, mas que tem raízes em uma teoria de ação simbólica mais antiga, inscrita no modelo dramatúrgico elaborado por Kenneth Burke, filósofo e teórico da literatura, entre 1935 e 1945. Sua ênfase não é numa acepção psicológica dos motivos, mas na ação de efetivá-los em formas básicas do pensamento que estão presentes nas imputações de motivos nas mais diversas formas de discurso, como estruturas metafísicas sistematicamente elaboradas, juízos legais, poesia e ficção, obras científicas e políticas, em notícias e na conversação comum.

O modelo dramatúrgico tem, no interacionismo simbólico, sua extensão metodológica mais fecunda na teoria sociológica dos motivos, formulada inicialmente por Charles Wright Mills, em artigo exemplar no que concerne à relação entre base empírica e referencial teórico, exposta com economia e precisão: "motivos são palavras, vocabulários típicos que se referem a consequências situacionais antecipadas de uma conduta questionada" (MILLS, 1940, p. 905). Ainda que não possamos alcançar empiricamente os estados mentais de outros, podemos pesquisar os motivos por meio da construção de vocabulários típicos latentes em situações e ações específicas. Recorrendo explicitamente ao modelo de Burke, Mills sugere uma forma de pesquisar sociologicamente os vocabulários de motivos: deve-se identificar, em cada grupo dominante para a formação da opinião dos indivíduos, o vocabulário de motivos aceito, os extremos do discurso. O controle metodológico das atribuições de motivos para atos específicos depende da determinação, caracterização e localização desses grupos (MILLS, 1940, p. 910).

A teoria sociológica dos motivos surgiu no contexto de uma crítica que Mills estabeleceu aos pragmatistas, em sua dissertação defendida em 1944 (MILLS, 1964), direcionada principalmente a Dewey e à inadequação de seu modelo biológico para explicar a ação e a reflexão, negligenciando as interações sociais e, do ponto de vista sociológico, desconsiderando Weber e Marx e questões de classe, dominação e poder. Com base na concepção weberiana de motivo como conexão de sentido que aparece como fundamento de sua conduta para um ator ou para quem observa a sua ação (WEBER, 2002, p. 10), Mills propõe uma crítica ativista da cultura, já na época movida pelos meios de comunicação, iniciando pela identificação de vocabulários de motivos relacionados a novas práticas culturais transformadoras.

A teoria sociológica dos motivos, com origem no dramatismo de Burke, desenvolvida por Mills e aprimorada por Lyman e Scott (1989), constitui o principal elo entre as primeiras aproximações do interacionismo com os estudos culturais e com as teorias da ação coletiva envolvidas na organização e pesquisa dos movimentos sociais. Em artigo publicado em 1993, Robert Benford ilustra bem esta articulação, analisando como o movimento de desarmamento nuclear, nos Estados Unidos durante a década de 1980, reconstruiu simbolicamente o sentido de um relato de experimentos científicos com primatas. O suposto relatório evidenciava que o aprendizado de uma máxima de ação transformadora, que contribui para o bem-estar do grupo, poderia ocorrer independentemente da observação direta e do aprendizado por imitação diante da evidência de uma resposta positiva de um estímulo, desde que a ação fosse observada por muitos indivíduos num tipo de organização social comunitária. O fenômeno do centésimo macaco que teria incorporado na prática a orientação da ação transformadora transmitida aos 99 primeiros, mas não observada empiricamente pelo último, foi empregado pelo guru humanista Ken Keyes, que o transformou numa parábola, reproduzida em mais de um milhão de cópias na publicação *The Hundreth Monkey*, motivando a ação de salvar o mundo da guerra nuclear: quando muitas pessoas se conscientizam, essa nova conscientização crítica pode ser comunicada de uma mente a outra:

> Sua consciência é necessária para salvar o mundo da guerra nuclear. Você pode ser o "centésimo macaco". Você pode proporcionar a energia consciente adicionada para criar a conscientização compartilhada da urgente necessidade de rapidamente alcançar um mundo livre do nuclear (BENFORD, 1993, p. 196).

Benford identificou, em sua análise, quatro vocabulários que emergiram da interação entre ativistas, patrocinadores, simpatizantes e "outros significantes": severidade, urgência, eficácia e decência. Essas formas de falar forneceram aos atores razões convincentes para agir em prol do movimento a favor do desarmamento nuclear ou de sua organização.

2 Definição da situação

A perspectiva sociolinguística de análise da construção do *self* ou de sua emergência em situações interativas rendeu vários desdobramentos nas teorias de mobilização social e também no campo mais abrangente das teorias dos movimentos sociais. Entretanto, o conceito que integra o núcleo duro do repertório do interacionismo que influenciou propriamente uma teoria da ação coletiva na perspectiva interacionista é o de definição da situação.

A análise da situação social é considerada como um processo cognitivo-perceptivo que precede e condiciona a ação social. Os indivíduos "definem sua situação", examinam e deliberam o que está em jogo antes de cada ato concreto.

"Na realidade, não só os atos concretos são dependentes da definição da situação, mas toda uma conduta de vida e a personalidade do próprio indivíduo derivam, gradualmente, de uma série de tais definições" (THOMAS, 1923, p. 42). Blumer (1939), em sua teoria do comportamento coletivo, considera que a reorientação do *self*, motivada pela insatisfação social e objetivada por novos anseios e desejos, instaura condições para a emergência de um movimento social em que a ação coletiva toma o lugar do comportamento coletivo. Blumer não se limita a analisar as formas de mobilização coletiva, mas propõe princípios para sua organização e efetivação: deve-se identificar *selves* e papéis em consonância com tipos de situação social diferentes. Quando ainda não se atingiu a consciência coletiva da injustiça social e da necessidade de combatê-la, o líder deve conduzir as pessoas a questionarem suas inserções na situação social, fermentando a inquietude. Quando essa consciência já existe, o "agitador" atua intensificando e reorientando as tensões existentes, para que se alcance maior certeza em relação a formas de agir. Segundo Blumer (1939), há um perfil de *self* e um tipo de *performance* adequados ao líder em cada situação característica (ibid., p. 260).

Goffman sofisticaria a análise interacionista da situação no artigo "A situação negligenciada" (2002 [1964]). A situação é considerada como ambiente que promove "possibilidades mútuas de monitoramento", ou seja, que avaliemos o comportamento de outros para definirmos como agiremos em resposta, num contexto de regras sociais tacitamente aceitas. Além de uma "gramática" das interações em tipos de situação social relacionadas a algum tipo de distinção, subordinação e dominação, em que ocorre uma depreciação do *self*, a análise de Goffman nos conduz a uma pragmática de contorno ou reversão dessas situações, ainda que direcionada mais à análise do que à orientação prática da conduta individual ou coletiva. Num artigo publicado quando ainda cursava o doutorado em Chicago "Acalmando o otário" (GOFFMAN, 2009) analisa uma situação peculiar, típica na aplicação de práticas desenvolvidas por vigaristas e conhecidas como "contos do vigário" (*con games)*: acalmar o otário, que consiste em tranquilizar a vítima do golpe, para que ela não denuncie imediatamente o caso à polícia, tentando convencê-la de que o ridículo a que se submeteria pela delação seria pior do que a perda material sofrida, já que o "otário", de certa forma, colaborou, voluntariamente, ainda que persuadido, e agiu de forma a ter como consequência o prejuízo. A manobra envolve sucessivas definições da situação pelo otário, desde se colocar como "esperto", tomando vantagem da situação para um benefício à custa de praticamente nenhum trabalho, depois a indignação ao se constatar que não só não obteria o benefício, mas fora enganado e perdera bens em virtude do estelionato sofrido e finalmente a reacomodação "envergonhada" do *self*, diante do receio de nada obter com a delação. Pior que tudo, a constatação de que sua identidade está mais para "otário" do que para esperto ou inteligente, capaz de avaliar as circunstâncias e se dar bem em seu contexto. Essa situação torna-se um modelo para a análise não só de outras situações similares, mas de convenções sociais e arranjos institucionais que envolvem artifícios engenhosos de reorientação do *self* diante de perdas da autoestima relacionadas a deslocamentos em posições sociais.

O modelo anteriormente exposto nos permite compreender desde práticas como a "delação premiada", que envolve reversões de avaliação de conduta e de reorientação do *self*, já evidenciadas na própria enunciação oximórica da expressão que a designa. Por outro lado, vemos que o conceito de definição da situação não remete apenas a encontros, entrevistas, reuniões, ou seja, situações de interação tipicamente presenciais, mas à constituição de empresas, instituições ou instâncias administrativas que operacionalizam as definições de situações e deslocamentos identitários envolvidos. Tomemos apenas um exemplo, de planos de demissão voluntária, oriundos de políticas governamentais que afetam, por vezes, setores econômicos específicos e suas famílias ocupacionais correspondentes, ou, mais frequentemente, de práticas de gestão em empresas privadas ou plantas industriais.

Há um debate sobre a pertinência ou não de se considerar Goffman como representante do interacionismo simbólico. Gonos, por exemplo, sustenta que Goffman se afastava do interacionismo, sobretudo em sua concepção de *frame* (quadro), que o aproximaria mais de uma análise estruturalista que "identifica mundos bem definidos nos quais a ação acontece" (GONOS, 1977, p. 857). Prefiro aqui considerar que a ênfase construcionista que caracteriza a perspectiva em seus vários desdobramentos, desde Blumer, indica-nos que a perspectiva pode ter incorporado alguns elementos do estruturalismo. Entretanto, como bem ressalta Perinbanayagam (1985), as aproximações sociológicas com base na metáfora da sociedade como linguagem, que articulam o pensamento e a organização social, como na 'teoria de grupo-grade' de Mary Douglas (1978) ou das representações coletivas e formas primitivas de classificação de Émile Durkheim (1989), têm como unidade a sociedade e não o processo comunicativo na interação. Perinbanayagam propõe a perspectiva da construção (*making*) do mundo, que constitui ao mesmo tempo um ordenamento simbólico. Os objetos do mundo – homem, mundo, espaço, tempo, e localização incluída –, tornam-se disponíveis à cognição humana, à ação e à interação por um processo simultâneo de nomeação (NUNES, 2005, p. 95-96).

A noção de *frame* goffmaniana traz uma inflexão fenomenológica no repertório conceitual interacionista, reconstruindo a ideia de definição da situação. No livro *Frame Analysis*, publicado em inglês em 1974 e traduzido no Brasil em 2012 sob o título *Os quadros da experiência social*, Goffman conserva os mesmos focos temáticos de livros precedentes, interações simbólicas situadas em encontros, reuniões, *performances*, jogos, vigarices, ilusões, estratégias. No entanto, a perspectiva de análise é outra, já que o novo objeto são as condições sob as quais percebemos essas experiências, ou seja, a "moldura" por meio da qual consideramos essas experiências como a "realidade", ou como cena de teatro, ficção, *performance*, vídeo, ou qualquer forma de representação socialmente reconhecida. Fiel à perspectiva do interacionismo, que valoriza a identificação e análise dos sentidos que emergem de interações simbólicas na vida cotidiana, Goffman analisa as transformações nos quadros da experiência e da percepção. Como pode a construção mais "objetiva" de uma experiência simples, como a de observar duas pessoas se agredindo na rua, se transformar, mediante formas de organização adequadas, em outros quadros da percepção, como uma *performance* teatral em espaço público? Referendando a ideia de "múltiplas realidades" que é trabalhada por William James e Alfred Schutz, Goffman concebe a realidade social como um complexo quadro composto de lâminas sucessivas de organização da percepção e da experiência. Pode-se presenciar uma cena, reorganizá-la mentalmente e produzir uma crônica para um jornal que, por sua vez, pode originar um filme, uma história em quadrinhos ou se transformar numa anedota, ao ser recontada por alguém, empregando alguma estratégia simbólica. Essa transformação perceptiva não é, no entanto, refratária à apreensão empírica, como são os estados mentais e motivações a estas associadas. Há sinais metacomunicativos que sinalizam a passagem de um nível a outro da realidade como, por exemplo, a batida de claques para indicar o início de uma tomada cinematográfica ou os sinais sonoros sucessivos e a abertura das cortinas prenunciando a abertura de uma peça teatral.

A teoria do *frame* antecipa, prefigurando, as interações e a comunicação no mundo contemporâneo, em que qualquer indivíduo pode construir múltiplos avatares em redes sociais, e a transformação de quadros torna-se uma regra materializada com o emprego de *gadgets* e aplicativos onipresentes que permitem a fácil manipulação de sons e imagens, criando "memes" criativos, cuja função vai da simples diversão ao protesto social. A reorientação da definição da situação por meio da ideia de transformação de quadros impulsiona a análise de diversos fenômenos identitários contemporâneos, como a pragmática da construção de gênero e a manipulação de *selves* e representações em campanhas políticas. Entretanto, privilegiamos aqui, encerrando as considerações sobre o construto de quadro na tradição do interacionismo simbólico, a formulação teórica do quadro do protesto (*protest frame*).

3 O quadro do protesto

Em sua reconstrução do esquema conceitual do interacionismo simbólico, David Snow considera o conceito de quadro como a "ilustração e a amplificação concreta do modo pelo qual o sentido e a simbolização podem ser culturalmente impetrados e incorporados" (SNOW, 2001, p. 371). À organização de um movimento social importa identificar as formas organizações ou relações que impulsionam ou retardam a fixação dos sentidos, para que as simbolizações se tornem justificadas e rotineiras, incorporando-se em disposições para agir socialmente reconhecidas. Snow e Robert Benford foram os primeiros, na tradição interacionista, a construir, com base na experiência prática de movimentos sociais que analisaram ou participaram, um esquema conceitual que identifica os elementos de um quadro da percepção de potenciais afiliados ao movimento (SNOW; BENFORD, 1988):

> a) o enquadramento diagnóstico, em que se apresenta uma nova interpretação dos assuntos ou eventos, com a intenção de mobilizar para a ação;

> b) o enquadramento prognóstico, apresentando uma solução ao problema diagnosticado;

> c) o enquadramento motivacional, em que se tenta prover uma razão ou motivo para agir conjuntamente.

Com base no esquema criado por Goffman em sua análise das transformações do quadro, Snow (1986) e Snow e Benford (1988) desenvolveram os conceitos de alinhamento e ressonância do quadro do protesto. O alinhamento consiste na associação de orientações interpretativas do indivíduo e do movimento social, de forma que algum conjunto de interesses, valores, crenças e atividades individuais e as atividades, metas e a ideologia da organização do movimento social sejam congruentes e complementares (SNOW, 1986, p. 464). Propõem, também influenciados por Goffman, uma série de analogias e metáforas para caracterizar os processos de alinhamento no quadro do protesto: fazer uma ponte (*bridging*), amplificação, extensão e transformação. Já a ressonância remete à efetividade do quadro do protesto, à sua capacidade de resolver os dilemas sociais que lhe deram origem à sua organização.

O ativismo e a análise científica dos movimentos sociais parecem encontrar um contexto prático comum no quadro do protesto ou da ação coletiva, que é considerado, por alguns autores (TARROW, 1998; SCHERER-WARRER, 2005; GOHN, 1998; NUNES, 2013), como complementar a outras vertentes de análise dos movimentos sociais, pautadas na valorização da política cultural ou das oportunidades políticas. Os quadros culturais, derivados da tradição ou já transformados pela publicidade ou políticas de dominação ou exclusão, devem ser identificados e reconstruídos mediante negociações com representantes da sociedade civil e até do Estado, e sua identificação e transformação pode ser realizada por ativistas e organizadores, empregando os recursos teórico-metodológicos do quadro do protesto, numa perspectiva interacionista.

Diversos trabalhos têm sido publicados a respeito do quadro do protesto numa acepção interacionista simbólica, no contexto internacional e mais recentemente na produção sociológica latino-americana, focalizando ações ou movimentos coletivos. Edwin Cruz-Rodríguez analisou, em artigo publicado (2013), a maior greve no setor cafeicultor até então ocorrida na Colômbia, com base na teoria interacionista do quadro do protesto articulada com outros enfoques. O quadro da ação coletiva, segundo Cruz-Rodrígues, embasado por Snow, Benford e Tarrow, denota "esquemas interpretativos" por meio dos quais os participantes de um movimento social concebem e explicam o mundo, funciona como um "corretivo ao estruturalismo de certos enfoques" (2013, p. 148). O autor ressalta a importância da cultura nos processos de mobilização e acata a ênfase colocada pelos teóricos dos novos movimentos sociais, como Mellucci (2001), nos processos coletivos "que medeiam entre as condições estruturais, a ação e a construção de identidades". No Brasil, Kelly Prudêncio vem empregando, a partir de sua tese de doutoramento (2009) e em artigos subsequentes, a teoria do quadro para analisar processos de mobilização na mídia ativista pela internet. Sob o foco das extensões do conceito na área da comunicação em sentido lato, destaca-se o artigo de Mendonça e Simões (2012), com a reconstrução da gênese da noção em Bateson e Goffman e identificando três correntes principais de análise empírica:

a) estudos microssociológicos centrados na análise da situação interativa;

b) análises de conteúdo discursivo;

c) as análises de *framing effects*.

Acatamos aqui a crítica que os/as autores/as expressam no final do artigo, ressaltando que algumas perspectivas inspiradas no *frame* da ação coletiva enfatizam o caráter instrumental da organização de quadros de mobilização, pragmaticamente orientadas e certos fins pré-fixados. Ainda que consideremos que "possam ser mobilizados estrategicamente, é preciso ter em mente que quadros são estruturas simbólicas que vinculam atores sociais e são por eles transformadas" (MENDONÇA; SIMÕES, 2012, p. 198) e estas características estão inequivocamente ancoradas na tradição epistemológica do interacionismo simbólico.

Considerações finais

A breve apresentação da perspectiva do interacionismo simbólico que aqui propus com base em dois importantes elementos de seu repertório teórico – teoria do *self* e o conceito de definição da situação – não nos autoriza aqui a formular rigorosamente um conjunto de proposições que sintetizaria a heurística positiva da tradição, atualizando o que já fizeram, com propriedade, Sheldon Striker (1980) e David Snow (2001). Isso não nos impede, no entanto, de identificar, retomando as contribuições destes e de outros autores, algumas proposições que um pesquisador orientado pela perspectiva e levando em conta seu desenvolvimento desde precursores como Mead e Blumer, deveria considerar: a prioridade epistemológica é conferida à interação social contextualizada situacionalmente; a natureza do *self* e da organização social é emergente e derivada do processo social da interação, que tem sua correspondência subjetiva na definição da situação; uma explicação ou interpretação do comportamento social deve incorporar a perspectiva do ator e não se basear apenas numa abordagem externalista ou na perspectiva do observador; valoriza-se a agência e o caráter deliberadamente ativo dos seres humanos, com ênfase nas estratégias e artifícios empregados para a consecução de objetivos individuais ou coletivos; a abordagem epistemológica deriva da tradição interpretativa/compreensiva e compreende um tipo de construcionismo social; as situações sociais são linguisticamente mediadas.

Em seus desdobramentos institucionais, a tradição interacionista simbólica não se resume ao âmbito da microssociologia e tem, inclusive sob a orientação de Blumer, incorporado temas em âmbito macro, como em seu texto escrito na década de 1960 e postumamente publicado em livro, "Industrialização como um agente da mudança social" (1990) ou no paradigma desenvolvido por Peter M. Hall para a análise das organizações (1987). Vários comentadores, como Denzin (1992) e Fine (1993), criticaram a equivocada ideia de que a perspectiva se reduziria ao âmbito micro. Entretanto, considerando o núcleo central da perspectiva, aqui ampliado para incorporar seus inúmeros desdobramentos, pode haver dúvidas sobre sua viabilidade na análise bem-sucedida de temas tradicionalmente ligados a relações de dominação e desigualdade e a marcadores de classe, gênero e raça. Em relação a questões de gênero, a lista de obras é imensa, abarcando desde a identidade de gênero até interseccionalidades com raça, religião e padrões culturais. No periódico *Symbolic Interaction*, por exemplo, especificamente dedicado à perspectiva, o tema já aparece num artigo (MARTIN, 1978) publicado no segundo número do periódico, tratando de políticas sexuais e negociação identitária em interações de trabalho vivenciadas por mulheres policiais, numa ocupação claramente orientada pelo gênero masculino. Segundo Norman Denzin (1992) e Patricia Clough (1987), houve uma reorientação da perspectiva enfatizando a produção de textos sobre gênero e sexualidade a partir da incorporação do pensamento de teóricas feministas e da reconstrução de autores como Lévi-Strauss, Lacan, Althusser, Barthes, Derrida e Foucault. Para os interacionistas, gênero e sexualidade são construções sociais que emergem sob um regime patriarcal, em que as mulheres são passadas de homem a homem, como moedas de troca (CLOUGH, 1987, p. 10). As abordagens interacionistas alinham-se às concepções pragmáticas de construção de identidades de gênero e aos ativismos feministas ou LGBT. Recentemente a perspectiva abrigou estudos sobre identidades interseccionais, como transgêneros (VRIES, 2012) e tem privilegiado a técnica da autoetnografia para tratar da temática da experiência e da percepção em construções identitárias estigmatizadas, como no caso da identidade *gay* (ADAMS, 2010).

A perspectiva crítica na tradição interacionista à dominação de gênero não se limita à questão das opções sexuais, mas abarca sobretudo a crítica ao arranjo entre sexos que Hochschild e Machung (1990) designaram como "mito da família tradicional", que envolve transformações com a afluência crescente das mulheres no mercado de trabalho "externo" e o surgimento de novas formas identitárias ou da reconstrução das características representações da "mulher reprodutora" e "homem provedor", no contexto de uma sociedade de classes. Um exemplo extremo dessas transformações no quadro da "família tradicional" está representado no artigo em que Jennifer Wesely (2009) pesquisa a experiência de um grupo de mulheres em situação de rua, destacando sua incorporação sexualizada em condições estruturais mais amplas de uma desigualdade de gênero. Empregando entrevistas em profundidade, a autora identifica uma sexualização precoce que degrada e viola as mulheres, prejudicando sua autoestima na juventude e gerando sequelas na vida adulta. As jovens aprendem que os homens as querem apenas para sexo e que elas deveriam usar a sexualidade em seu favor. Segundo uma de suas interlocutoras: "Eu deveria ir para a cama com todos aqueles homens diferentes para conseguir o que queria [...]. Minha mãe sempre disse que tínhamos uma 'fazedora de dinheiro'".

A perspectiva de análise interacionista da raça contradiz o essencialismo com base em fatores genéticos e favorece geralmente investigações qualitativas de como as pessoas desenvolvem uma compreensão da própria raça e das de outros por meio da interação. A raça não é algo que nasce em virtude de características naturais ou psicológicas, mas um conceito, uma representação que pode mudar de acordo com as forças sociais e as próprias ações das pessoas. A tendência é analisar a raça em interseção com outros marcadores de desigualdade, como classe e gênero, enfatizando sua construção "performática" na interação contínua e diante de outras formas identitárias. Na perspectiva interacionista, raça é compreendida melhor como algo que se "faz" do que como algo que se "tem". Segundo Edward Morris (2007, p. 410), a "raça é desenvolvida e ritualizada por meio de padrões de interação – ocasionalmente negociados e alterados, mas com maior frequência reificados e mantidos como um conjunto de expectativas baseadas na percepção de outros sobre 'o que a pessoa é'". Morris parte de um elemento conceitual importante na tradição interacionista, a nomeação ou designação, no caso da raça. Os *surveys*, em geral empregados em análises sociodemográficas, empregam uma identificação dos respondentes com categorias sobre as quais existe um certo consenso de reconhecimento social ou empregam, alternativa ou concomitantemente, uma questão aberta, de autoidentificação. Porém, nos dois casos a resposta compõe uma dimensão da raça que, para eles, não indica o sentido completo do conceito. Diante dessa dificuldade, Morris propõe, com base em estudo de caso realizado e na reconstrução da temática da raça na perspectiva interacionista, duas possíveis soluções: primeiramente, os pesquisadores devem sempre reconhecer a forma que escolhem para identificar a raça e os meios que usaram para decidir a caracterização racial. Cada método revela um aspecto particular do conceito e uma certa verdade sobre o fenômeno da construção racial. Em segundo lugar, os pesquisadores devem atentar para a influência de contextos particulares racializados e como as pessoas falam sobre raça e a desenvolvem (*perform*) nesses contextos (em casa, em escolas de elite, entre pares da mesma raça, nas "tribos" etc.) (MORRIS, 2007, p. 422-423). Esta proposta de análise ilustra, *grosso modo*, o emprego metodológico da teoria do *self*, considerado como resposta reflexiva que conecta processos societais a interações sociais e da definição da situação, identificando vocabulários de motivos em contextos racializados diversos.

O recurso ao interacionismo simbólico para a análise de classe é menos frequente e é plausível reconhecer que a perspectiva não desenvolveu ainda uma teoria madura da divisão em classes com base numa visão da estrutura social. No entanto, registram-se tentativas de, com base em formulações originárias, como a de Blumer, construir um instrumental conceitual passível de operacionalização na análise dessa temática. Dentre estas, destaco aqui o estudo de caso elaborado para analisar a transformação da estrutura de classes na China pelo sociólogo Johannes Han-Yin Chang (2000). Acatando as proposições básicas blumerianas, Chang ressalta o "link histórico" que uma perspectiva interacionista de análise da emergência de uma nova estrutura de classes deve manter: "não se pode compreender uma ação conjunta e os sentidos que a guiam sem colocá-los num contexto histórico envolvendo as condições estruturais e culturais relevantes que as ações conjuntas prévias produziram" (CHANG, 2000, p. 225). O autor aprimora o modelo esboçado por Blumer (1969), que privilegia a ação guiada pelo sentido como variável independente para explicar a estrutura de classes, formulando um novo modelo, que considera a nova estrutura de classes na China como uma consequência da reforma econômica, ação coletiva guiada por processo de concentração e divisão de poderes. A reforma é guiada por um conjunto de sentidos dominantes, que prevaleceram diante de outros sentidos desviantes. Por sua vez, esses sentidos emergem de uma matriz interativa de fatores estruturais e culturais, mas também físicos e relacionados a ações (BLUMER, 1969, p. 227).

Chang empregou como fontes entrevistas com 125 cidadãos chineses que experimentaram mudanças na posição social (camponeses, trabalhadores urbanos, trabalhadores em zonas rurais, pequenos proprietários autônomos, empresários burgueses, profissionais, funcionários públicos e aposentados), notícias da mídia e documentos governamentais. Com base nesses tipos de dados quantitativos e qualitativos, o autor examina: a) como uma interpretação negativa do sistema econômico sob o governo de Mao passou a dominar na China e deu origem à reforma em andamento; b) como os sentidos conflitantes direcionaram e perturbaram as reformas de concentração e divisão de poder associadas com diferentes grupos de interesses; c) como os sentidos de motivações continuamente inventadas justificaram a reforma; d) como eventualmente esse complexo processo alterava o sistema econômico maoista ao mesmo tempo que produzia um novo padrão de estruturação de classe.

Os exemplos apresentados, ainda que em pequeno número, são representativos de que a perspectiva interacionista está suficientemente consolidada para influenciar pesquisas sociológicas a respeito de classe, gênero e raça, além dos focos aqui empregados nesta introdução à perspectiva, ou seja, as práticas culturais e a orientação de movimentos sociais. Estas últimas considerações remetem às críticas que a perspectiva interacionista tem recebido, desde seu início. Denzin (1992) agrupa essas críticas teórico-metodológicas em quatro tipos, incidindo sobre os seguintes pontos: a) a qualidade dos dados usados para testar uma teoria; b) o rigor na análise científica de documentos que se supõe representar a experiência humana subjetiva; c) a localização do pesquisador na atividade da pesquisa; d) a definição dos principais termos; e) o lugar da teoria na interpretação das descobertas científicas.

É razoável supor que a maioria dessas críticas esteja amparada por uma visão objetivista de ciência e, assim, não poderiam ser atendidas, já que se privilegia a interpretação e os sentidos e o objetivismo externalista constituiria, conforme já se argumentou, a heurística negativa, ou seja, o que deve ser evitado metodologicamente na perspectiva. Entretanto, houve a tentativa de conciliar a valorização epistemológica dos sentidos expressos em vocabulários com os procedimentos verificacionistas empregados em testes de teorias, por iniciativa de Manford Kuhn (1964). Acatando a teoria do *self* de Mead, Kuhn discordava de sua operacionalização por técnicas qualitativas e abordagem naturalística, propondo a constituição de termos científicos empiricamente ancorados e até a observação em ambientes controlados. Assim, muitas críticas foram absorvidas internamente na própria perspectiva, com seu desdobramento em tendências que, no entanto, não se afastavam do núcleo central de proposições proposto por Blumer com base em Mead. Por outro lado, o referencial de fundamentação da sociologia compreensiva e seus desenvolvimentos técnicos e metodológicos correlatos vieram a contestar com sucesso as críticas que se dirigiam, mais genericamente, ao privilégio conferido pela perspectiva às técnicas qualitativas. Entretanto, conforme se evidenciou no artigo de Chang a respeito da estrutura de classes na China, são também comuns as triangulações empregando abordagens qualiquantitativas e análise documental.

Resta salientar uma crítica que se pode estabelecer à perspectiva, tal como reconstruída com base nos elementos aqui privilegiados, a caracterização linguística da definição da situação e a análise e orientação de movimentos sociais: a ausência de reflexão normativa, que fizesse jus à sua ênfase na disposição do ser humano a agir, apoiando ou se contrapondo a sentidos de orientação emergentes das interações de que participa. As mobilizações coletivas, inclusive aquelas que, no decorrer do tempo, obtêm algum sucesso em suas reivindicações e se consolidam como movimentos sociais, são de natureza e objetivos muito diferentes, variando do fundamentalismo religioso e de reivindicações conservadoras a perspectivas emancipatórias e defesas de direitos a segmentos excluídos e estigmatizados. A organização de movimentos seria apenas instrumentalmente direcionada? A avaliação de sua eficácia ou ressonância deve ser independente do conteúdo ético ou moral das opções de mudança social propostas? A perspectiva parece não oferecer uma resposta ou proporcionar elementos para uma discussão no aspecto da moralidade ou da normatividade em ações coletivas, como mobilizações e movimentos sociais, ainda que sua repercussão em teorias como a da ação comunicativa em Habermas (1987), da justificação em Boltansky; Thevenot (1991) e a teoria social do reconhecimento desenvolvida por Axel Honneth (2003) possam indicar elementos ainda a serem integrados numa teoria ou repertório conceitual interacionista voltado à reflexão sobre a moralidade e a ética na orientação e pesquisa de movimentos sociais pautada no quadro do protesto desenvolvido por Snow e Benford, na esteira de Goffman.

Referências

ADAMS, T.E. (2010). Paradoxes of Sexuality, Gay Identity, and the Closet. *Symbolic Interaction*, v. 33, n. 2, p. 234-256.

BENFORD, R.D. (1993). "You Could Be the Hundredth Monkey": Collective Action Frames and Vocabularies of Motive within the Nuclear Disarmament Movement. *The Sociological Quarterly*, v. 34, n. 2, p. 195-216.

BLUMER, H.S. (1937). Social Psychology. In: SCHIMDT, E.P. (ed.). *Man and society*. Englewood Cliffs: Prentice-Hall.

BLUMER, H.S. (1939). Collective behavior. In: PARK, R. (ed.). *An Outline of the Principles of Sociology*. Nova York: Barnes/Noble, p. 221-280.

BLUMER, H.S. (1969). *Symbolic Interactionism: Perspective and Method*. Englewood Cliffs: Prentice Hall.

BLUMER, H.S. (1990). *Industrialization as an agent of social change – A critical analysis*. Nova York: Aldine de Gruyter.

BOLTANSKI, L.; THEVENOT, L. (1991). *De la justification – Les économies de la grandeur*. Paris: Gallimard.

CHANG, J.H.-Y. (2000). Symbolic Interaction and Transformation of Class Structure: The Case of China. *Symbolic Interaction*, v. 23, n. 3, p. 223-251.

CHARON, J.M. (1995). *Symbolic interactionism – An introduction, an interpretation, an integration*. 5. ed. Uper Saddle River: Prentice-Hall.

CLOUGH, P.T. (1987). Feminist Theory and Social Psychology. *Studies in Symbolic Interaction*, n. 8, p. 3-22.

COHEN, I.J. (1989). *Structuration Theory: Anthony Giddens and the Constitution of Social Life*. Nova York: St Martin's Press.

CRUZ-RODRIGUEZ, E. (2013). "Todos somos hijos del café": sociología política del Paro Nacional Cafetero. *Entramado*, Cali, v. 9, n. 2, p. 138-158.

DENZIN, N.K. (1989). *Interpretive Interactionism*. Newbury Park: Sage.

DENZIN, N.K. (1992). *Symbolic Interactionism and Cultural Studies: The Politics of Interpretation*. Oxford/Malden: Blackwell.

DEWEY, J. (1929). *Experience and nature*. Londres: George Allen & Unwin.

DOUGLAS, M. (1978). *Símbolos naturales: Exploraciones en cosmología*. Trad. Carmen Criado. Madri: Alianza.

DURKHEIM, É. (1989). *Formas elementares da vida religiosa: o sistema totêmico na Austrália*. São Paulo: Paulinas.

FINE, G.A. (1992). Agency, Structure, and Comparative Contexts: Toward a Synthetic Interactionism. *Symbolic Interaction*, n. 15, p. 87-107.

FINE, G.A. (1993). The sad demise, mysterious disappearance, and glorious triumph of symbolic interaction. *Annual Review of Sociology*, n. 19, p. 61-87.

GOFFMAN, E. (1996). *A representação do eu na vida cotidiana*. Petrópolis: Vozes, 1996.

GOFFMAN, E. (2002). A situação negligenciada. In: RIBEIRO, B.T.; GARCEZ, P.M. (orgs.). *Sociolinguística interacional*. 2. ed. São Paulo: Loyola, p. 13-20.

GOFFMAN, E. (2009). Acalmando o otário – Aspectos de adaptação à falha. Trad. Jordão Horta Nunes. *Plural – Revista do Programa de Pós-graduação em Sociologia da USP*, São Paulo, v. 16, n. 1, p. 195-211.

GOFFMAN, E. (2010). *Comportamento em lugares públicos*. Petrópolis: Vozes.

GOFFMAN, E. (2011). *Ritual de interação – Ensaios sobre o comportamento face a face*. Petrópolis: Vozes.

GOFFMAN, E. (2012). *Os quadros da experiência social – Uma perspectiva de análise*. Petrópolis: Vozes.

GOHN, M.G. (2008). *Novas teorias dos movimentos sociais*. São Paulo: Loyola.

GONOS, G. (1977). "Situation" versus "frame": the "interactionist" and the "structuralist" analyses of everyday life. *American Sociological Review*, 42 (6), p. 854-867.

HABERMAS, J. (1987). *The theory of communicative action – Lifeworld and system: a critique of funcionalist reason*. Trad. Thomas McCarthy. Boston: Beacon.

HALL, P.M. (1972). A Symbolic Interactionist Analysis of Politics. *Sociological Inquiry*, n. 42, p. 35-75.

HALL, P.M. (1987). Presidential Address: Interactionism and the Study of Social Organization. *Sociological Quarterly*, n. 28, p. 1-22.

HOCHSCHILD, A.R.; MACHUNG, A. (1990). *The second shift*. Nova York: Avon Books.

HONNETH, A. (2003). *Luta por reconhecimento: A gramática moral dos conflitos sociais*. São Paulo: Ed. 34.

HUBER, J. (1973). Symbolic Interaction as a Pragmatic Perspective: The Bias of Emergent Theory. *American Sociological Review*, n. 38, p. 278-284.

KUHN, M.H. (1964). Major trends in symbolic interaction theory in the past twenty-five years. *The Sociological Quarterly*, v. 5, n. 1, p. 61-84.

LAKATOS, I. (1978). *The methodology of scientific research programmes*. Cambridge: Cambridge University.

LYMAN, S.M.; SCOTT, M.B. (1989). Accounts. In: *A sociology of the absurd*. 2. ed. Dix Hills: General Hall, p. 112-132.

MARTIN, S.E. (1978). Sexual Politics in the Workplace: The Interactional World of Policewomen. *Symbolic Interaction*, v. 1, n. 2, p. 44-60.

MEAD, G.H. (1925). The Genesis of the Self and Social Control. *International Journal of Ethics*, n. 35, p. 251-277.

MENDONCA, R.F.; SIMOES, P.G. (2012). Enquadramento: diferentes operacionalizações analíticas de um conceito. *Revista Brasileira de Ciências Sociais*, São Paulo, v. 27, n. 79, p. 187-201.

MILLS, C.W. (1940). Situated Actions and Vocabularies of Motive. *American Sociological Review*, v. 5, n. 6, p. 904-913.

MILLS, C.W. (1964). *Sociology and pragmatism – The higher learning in America*. Nova York: Oxford University.

MORRIS, E.W. (2007). Researching Race: Identifying a Social Construction through Qualitative Methods and an Interactionist Perspective. *Symbolic Interaction*, v. 30, n. 3, p. 409-425.

NUNES, J.H. (2005). *Interacionismo simbólico e dramaturgia: a sociologia de Goffman*. São Paulo/Goiânia: Humanitas/UFG.

NUNES, J.H. (2013). Interacionismo simbólico e movimentos sociais: enquadrando a intervenção. *Sociedade e Estado*, Brasília, v. 28, n. 2, p. 257-277.

PERINBANAYAGAM, R.S. (1985). *Signifying acts – Structure and meaning in everyday life*. Carbondale: Southern Illinois University.

PRUDÊNCIO, K.C.S. (2009). *Mídia ativista: a comunicação dos movimentos por justiça global na internet*. Tese de doutorado em Sociologia Política. Florianópolis: UFSC.

SCHERER-WARREN, I. (2005). Redes sociais: trajetórias e fronteiras. In: DIAS, L.; SILVEIRA, R. (orgs.). *Redes, sociedade e território*. Santa Cruz do Sul: EdUnisc.

SNOW, D.A.; BENFORD, R.D. (1988). Ideology, frame resonance, and participant mobilization. In: KLANDERMANS, B.; KRIESI, H.; TARROW, S. (eds.). *International Social Movement Research*. V. 1. Londres: JAI.

SNOW, D.A. et al. (1986). Frame Alignment Processes, Micromobilization, and Movement Participation. *American Sociological Review*, v. 51, n. 4, p. 464-481.

SNOW, D.A. et al. (2001). Extending and broadening Blumer's conceptualization of symbolic interactionism. *Symbolic Interaction*, v. 24, n. 3, p. 367-377.

STRAUSS, A. et al. (1964). *Psychiatric ideologies and institution*. New Brunswick: Transaction Books.

STRAUSS, A. et al. (1997). *Espelhos e máscaras – A busca de identidade*. São Paulo: Edusp.

STRYKER, S. (1988). Substance and Style: An Appraisal of the Sociological Legacy of Herbert Blumer. *Symbolic Interaction,* n. 11, p. 33-42.

TARROW, S. (1998). *Power in movement – Social Movements and Contentious Politics*. 2. ed. Cambridge: Cambridge University Press.

THOMAS, W.I. (1923). *The Unadjusted Girl with cases and standpoint for behavior analysis*. Boston: Little Brown.

TURNER, R.H. (1975). Role-taking: process versus conformity. In: BRISSETT, D.; EDGLEY, C. (eds.). *Life as theater – A dramaturgical sourcebook*. Chicago: Aldine, p. 109-122.

VRIES, K.M. (2012). Intersectional Identities and Conceptions of the Self: The Experience of Transgender People. *Symbolic Interaction*, v. 35, n. 1, p. 49-67.

WEBER, M. (2002). *Economía y sociedad – Esbozo de sociología comprensiva*. Madri: Fondo de Cultura Económica.

WESELY, J.K. (2009). "Mom said we had a money maker": Sexualization and Survival Contexts among Homeless Women. *Symbolic Interaction*, v. 32, n. 2, p. 91-105.

6
Etnometodologia

Antonio Augusto Pereira Prates

A etnometodologia emerge na década de 1960 entre um grupo de sociólogos da costa oeste americana como um programa de pesquisa voltado para a "descrição", ao invés da explicação, de como as pessoas no seu dia a dia criavam "métodos" para dar um sentido, *a posteriori*, para suas atividades comuns. Baseados na suposição de que a vida cotidiana era um fenômeno natural, não problemático, *taken-for granted* (para usar uma expressão central na tradição da etnometodologia) pelos membros da sociedade, esse grupo de pesquisadores questionou a postura epistemológica dos sociólogos convencionais que assumiam que o único conhecimento válido sobre as práticas sociais era aquele derivado da produção científica da sociologia em contraposição ao conhecimento gerado pelo senso comum. Para os etnometodólogos esta distinção era ilusória porque também o sociólogo era um membro comum da sua sociedade e, como tal, não poderia transcender a lógica das atividades sociais no âmbito da vida cotidiana (TURNER, 1974).

Este movimento etnometodológico, por assim dizer, gerou reações que o viam desde algo novo, revolucionário, fruto da turbulência cultural dos anos de 1960, contrapondo-se ao paradigma hegemônico da sociologia da época, eivado de toda sorte de "estruturalismos"; até aquelas reações que o viam como uma expressão do caos teórico pela qual passava a sociologia nessa década, ao deixar de lado os grandes temas da disciplina, tais como a estrutura de classe, a desigualdade, a mudança social etc., entre outros de natureza macrossocial, para se apegar à "trivialidades" do senso comum e da vida diária dos indivíduos vivendo em sociedade. Ele era acusado de cair, assim, em um excesso de "subjetivismo", sem qualquer preocupação com uma busca pelo melhor entendimento da estrutura social, vista como a realidade objetiva e central da sociologia científica (COSER, 1975; COLEMAM, 1968). Meu intento aqui, mais do que "analisar", é apresentar e "descrever", a partir de seu contexto histórico de surgimento, a proposta da etnometodologia para o estudo e o conhecimento da estrutura social.

1 Breve histórico do movimento

No final da década de 60 do século XX, emerge no cenário sociológico americano uma nova postura teórico-metododológia que transcende os limites dos debates convencionais entre determinismo *versus* construtivismo, ou ordem *versus* conflito ou, ainda, entre estruturalismo *versus* interpretativismo[1].

Esta nova postura foi gerada nos *campi* da Universidade da Califórnia, especialmente na Ucla, San Diego, Irving, Berkeley, Sta. Bárbara, mas, surpreendentemente, seu *founding father*, Harold Garfinkel, foi formado em Havard e teve como orientador de tese de Ph.D. nada menos do que o Professor Talcott Parsons, certamente um dos mais ambiciosos teóricos das ciências sociais desde a última metade daquele século. No período do pós-guerra, a sociologia americana, mais do que em qualquer outro lugar no planeta, estava se sedimentando como uma disciplina profissional nos moldes das profissões liberais clássicas, como a medicina, engenharia e advocacia, adquirindo legitimidade e prestígio como uma "carreira" profissional científica típica daquelas profissões. Do ponto de vista acadêmico, a hegemonia do paradigma estrutural-funcional transcendia os particularismos ideológicos que caracterizavam as ciências sociais e humanas desde o século XIX. Naquele momento, mesmo as dissensões teóricas e ideológicas dentro da disciplina sociológica não ameaçavam a estabilidade "quase" consensual do estrutural-funcionalismo. Os livros-texto utilizados nos cursos básicos de sociologia nos Estados Unidos ensinavam os conceitos sociológicos como se fossem unidades unívocas para abordar fatos e fenômenos sociais nos moldes das ciências naturais. Conceitos como os de grupo social, interação social, cultura, sociedade, instituição social, hierarquia social, apenas para ilustrar alguns dos mais básicos da disciplina, eram definidos como se fossem tão claros e concisos como aqueles de átomo, molécula ou célula na física e biologia. De outro lado, o debate teórico que permeava o mundo acadêmico girava em torno de ênfases sobre temáticas distintas, como Ordem e Conflito, Mudança e Estabilidade Social; todas sustentadas por abordagens distintas, mas, inquestionavelmente, todas de natureza macroestrutural. A exceção foi o debate que ocorreu no ambiente norte-americano (que permanece até os dias de hoje) entre a Escola de Chicago, com forte influência do pragmatismo de William James, que nos anos de 1960 tinha como carro-chefe o interacionismo simbólico

---

1. Entretanto, como bem mostra Anne W. Rawls, Garfinkel foi contemporâneo de Wittgenstein e W. Mills, e como tal partilhava o mesmo *feeling* dos anos de 1930. "Durante os anos de 1930, os três (Garfinkel, Mills e Wittgenstein), seguindo linhas de pensamento independentes, confrontaram os legados problemáticos do empiricismo e do neokantianismo, buscando uma solução para o problema do significado nas contingências aparentes das formas sociais reais do uso da linguagem e das práticas sociais" (RAWLS, 2002, p. 3). Seus estudos, desde o início dos anos de 1940, vêm influenciando várias linhas de pesquisa na sociologia americana, como a *labeling theory* e a teoria dos jogos, com seu artigo Trust. Mas foi com a publicação do *Studies* em 1967 que impactou o *stablishment* da sociologia convencional, especialmente nos Estados Unidos.

de George Herbert Mead, Herbert Blumer e Erving Goffman e a sociologia estrutural parsoniana das universidades do Leste, Harvard e Colúmbia.

Deste debate emergia uma questão bem genuína acerca do debate macroestrutural. O foco da questão era o conceito de realidade social. A questão era se esta poderia ser vista como objetiva e externa às consciências individuais (na mais pura estirpe durkheimiana); ou se ela deveria ser tomada como um processo em construção via negociação de *selves* e identidades dos atores em presença mútua (na mais pura estirpe meadiana e, especialmente, blumeriana). Embora a linha divisória deste debate fosse bastante distinta do debate macroestrutural – o foco aqui era a abordagem estrutural *versus* a interpretativa –, o conceito de estrutura social não estava em xeque. A abordagem interacionista (simbólica), ainda que critique radicalmente o conceito reificado de estrutura social sustentado pela teoria estrutural, especialmente a estrutural-funcional, não nega a utilidade deste conceito como referência relevante. Ela o entende como um *frame* (quadro) (BLUMER, 1969) para a discussão do contexto de interação tomado como "encontro" ou "situação" onde os atores negociam o conceito de realidade social que orienta suas linhas de ação frente ao Outro.

É neste cenário que surge a etnometodologia. Para uns, uma "seita" no mais puro significado do conceito weberiano de seita religiosa; para outros, uma revolução epistemológica da sociologia que cria um novo paradigma (no mais puro significado kuhniano deste termo) e ainda, para outros, uma simples manifestação de "modismo" intelectual, sem qualquer consequência importante para o desenvolvimento do *corpus* da teoria sociológica contemporânea. É necessário lembrar, ainda, que a linguagem utilizada pela etnometodologia, especialmente por Garfinkel e seus seguidores mais próximos, é bastante obscura para os "sociólogos leigos" (RAWLS, 2002, p. 17-18). Ironicamente, a terminologia específica criada pela etnometodologia tem alguma semelhança, em termos de obscuridade, com a linguagem parsoniana que constituiu para Garfinkel a teoria formalista por excelência, motivando a própria criação da etnometodologia.

Pretendo, neste capítulo, evoluir numa apresentação – bem didática – da proposta central e dos conceitos básicos da etnometodologia, especialmente daqueles elaborados por Harold Garfinkel no seu texto, hoje clássico, *Studies in Ethnomethology*, bem como discutir as repercussões deste programa de pesquisa no contexto da sociologia contemporânea. Não é meu intuito avaliar criticamente as contribuições e prejuízos que porventura a etnometodologia tenha produzido para nossa compreensão de realidade social e da ação social na sociologia contemporânea.

2 A origem do termo e a tradição teórica da etnometodologia

Em 1945, Harold Garfinkel recebeu um convite de Fred Strodbeck e Saul Mendlovitz para se juntar a eles, na escola de Direito da Universidade de Chicago, em um projeto voltado para a investigação das atitudes e comportamentos de jurados no processo de deliberação do tribunal de Wichita. As deliberações dos jurados foram gravadas por uma câmera, o que possibilitava entrevistá-los com a pré-ciência do conteúdo das fitas. O interesse básico da investigação era procurar identificar o que fazia com que um grupo de pessoas leigas em Direito se comportassem como jurados competentes para formarem uma sentença, em todos os sentidos, consistente. Vejamos o próprio relato de Garfinkel:

> Eu estava interessado em algo como o uso dos jurados de algum tipo de conhecimento da maneira pela qual as coisas organizadas da sociedade operavam – conhecimento no qual eles se baseavam facilmente e que requeriam um do outro [...]. Eles não agiam, enquanto jurados, como se fossem cientistas, no sentido reconhecido de cientista. Entretanto, [...] eles não queriam ser tomados como portadores de senso comum enquanto usavam noções de senso comum (GARFINKEL, 1974, p. 15-16; tradução livre).

Os jurados procuravam, através de raciocínios e justificativas de senso comum, elaborar um sentido de ordem e de "racionalidade" para suas decisões de forma intrínseca à realização da tarefa prática de ser jurado. Uma coisa não se separava da outra, ou seja, o contexto e a sua elaboração prática constituíam uma única realidade assumida pelos jurados. Mas é somente mais tarde, já na Universidade de Yale, quando estava trabalhando com os arquivos de áreas culturais, que Garfinkel percebeu que as classificações ali utilizadas, tais como etnobotânica, etnofisiologia, etnofísica, sugeriam "que o prefixo *etno* parecia referir-se, de uma maneira ou outra, à disponibilidade para um membro (da sociedade) do conhecimento de senso comum desta sociedade como conhecimento de senso comum de 'qualquer coisa" (GARFINKEL, 1974, p. 15-17; tradução livre).

Como podemos perceber, a escolha do termo etnometodologia foi claramente uma questão típica de *serendipity*. Garfinkel o encontrou quando estudava variações culturais em arquivos etnográficos da Yale. O termo denota o uso do conhecimento prático de um "membro" de uma sociedade para manejar atividades específicas e de senso comum dentro de uma configuração (*setting*) social, como a botânica, ou a medicina, ou outro ambiente qualquer:

> A palavra etnometodologia representa uma ideia muito simples. Se alguém assume, com faz Garfinkel, que o caráter significativo, padronizado, ordenado da vida cotidiana é algo que as pessoas devem trabalhar constantemente para realizar, então deve-se também assumir que eles têm algum método para fazê-lo (RAWLS, 2002, p. 5).

2.1 A tradição teórica da etnometodologia

Talcott Parsons foi o ponto de partida para Garfinkel iniciar seu percurso de montagem de uma perspectiva teórica que colocou de ponta-cabeça a sua monumental teoria da ordem social. Apenas para efeito didático, vou relembrar, ainda que de forma breve e muito simplificada, as linhas gerais da teoria parsoniana da ordem social.

A questão central colocada por Parsons é conhecida como a "questão hobbesiana da ordem social". De acordo com esta questão, a solução utilitária proposta por Hobbes para a superação do estado da natureza (da guerra de todos contra todos) seria o contrato social baseado na capacidade racional dos indivíduos em maximizar segurança em troca da perda de uma parcela de sua liberdade individual. O contrato social asseguraria a paz social através da criação de uma entidade mais poderosa do que a força de qualquer indivíduo ou coalizão de interesses particulares: o Leviatã. Parsons elabora, com base em Durkheim e Freud, uma solução alternativa à questão da ordem. Articulando o conceito de valores culturais com o de superego para explicar como surge a conformidade normativa, escapa-se, assim, do dilema hobbesiano da ordem social. A teoria parsoniana busca articular as predisposições orgânicas do ator (*need-dispositions*) com a orientação normativa dada pelos valores do sistema cultural, passando pelos processos de "definição da situação" pelo ator e pela complementaridade de expectativas entre *alter* e *ego* como fundamentos da teoria geral da ação. Desta forma, esta teoria tenta integrar os níveis macro e micro social: cultura com personalidade[2]. A integração social é vista, nesta perspectiva, como uma propriedade intrínseca do sistema social.

Deve-se salientar, entretanto, que Parsons admitiu a possibilidade da existência de uma tensão intrínseca no sistema social a partir do seu teorema da "dupla contingência" na interação social. Segundo este teorema, a incerteza gerada no processo de interação social por causa da possibilidade de inconsistências entre as expectativas de *alter* e *ego* constitui um elemento constante de instabilidade do sistema social. Contudo, Parsons não levou adiante as consequências deste teorema. Sua ênfase recaiu sobre a compulsão do sistema social para a manutenção da ordem, realizada através das pressões internas da institucionalização do sistema cultural, reduzindo ao máximo o coeficiente de incerteza propiciado pela dupla contingência da interação social. De outro lado, a racionalidade do ator, articulando meios e fins, na busca de realização de seus interesses próprios, é mediada pela complementaridade de expectativas geradas pelo processo de socialização. É esta presunção que leva Garfinkel (1967) a ver o ator parsoniano como um *cultural dope*: "Por *cultural dope* eu me refiro ao homem-na-sociedade-do-sociólogo que produz as características estáveis da sociedade pela ação em conformidade com as alternativas legítimas de ação que a cultura comum provê" (GARFINKEL, 1967, p. 68; tradução livre).

A teoria parsoniana, portanto, resolve o problema hobbesiano da ordem através de um sistema lógico, totalmente abstrato. Nele não há lugar para a preocu-

---

2. Para uma excelente apresentação e discussão da teoria parsoniana, cf. Paixão, 1989.

pação básica de Garfinkel em definir o caráter prático-concreto das atividades do dia a dia (rotineiras) que, como veremos, constituem para ele o cerne da ordem social. Esta realidade do "aqui e agora" da estrutura social é totalmente esvaziada pelas categorias analíticas da teoria parsoniana. De acordo com Garfinkel, a ordem social é um processo construído pelos membros da sociedade nas suas atividades práticas cotidianas relatáveis como racionais no contexto específico em que acontecem, produzindo para si mesmos e para qualquer outro membro competente da sociedade o senso de estrutura social[3].

Uma segunda tradição teórica dominante no cenário contemporâneo da sociologia americana, o interacionismo simbólico, fruto do ambiente intelectual altamente instigante e criativo da Universidade de Chicago, nos anos 20 e 30 do século passado, apresentava uma abordagem sociológica aparentemente bem mais consistente com a etnometodologia. Norman R. Denzin (1970) sugeriu, por exemplo, que as duas perspectivas compartilham princípios substantivos e metodológicos semelhantes. A ênfase de ambas as abordagens na subjetividade dos indivíduos e no processo de interação social não apenas as aproximam, como também as distanciam do paradigma estrutural funcional de Parsons. Denzin argumenta que ambas as abordagens se situam na mesma tradição teórica da microssociologia e que muitos dos temas abordados por ambas são confluentes. Dentre os exemplos, ele cita o estudo do comportamento desviante realizado por Howard Becker (1963) que, com sua teoria dos rótulos, argumentou que o comportamento desviante é um produto do processo interativo e não uma propriedade de atos sociais. Já Cicourel (1968), na tradição etnometodológica, desenvolve a hipótese de que o comportamento desviante é produto das atividades organizacionais realizadas pelos membros responsáveis pela caracterização construída do comportamento desviante através de práticas e regras da "lógica em uso" dos procedimentos interpretativos (PAIXÃO, 1989). Nas palavras de Denzin (1970, p. 73):

> Estes estudos de organização social sugerem um ponto adicional de convergência com a perspectiva interacionista. Tradicionalmente, interacionistas têm empregado uma concepção de organização que enfatiza trabalho e as interpretações dadas a posições na divisão do trabalho, atentando para o fato de que a chave de uma organização está [...] na estrutura informal.

---

3. Sharrock e Anderson (1986) fazem referência a uma conversa entre Edward Shills e Fred Strodtbeck relatada por Garfinkel que ilustra bem a centralidade deste ponto para a etnometodologia. "Strodtbeck queria escrever um *paper* sobre o que fazia do júri um pequeno grupo. Shills então o questionou perguntando por que, ao invés dessa questão, não perguntar o que faz do júri um júri. Strodtbeck convenceu a Sills que ele estava fazendo a pergunta errada. Ele, entretanto, não persuadiu a Garfinkel. Era o tipo de questão feita por Shills que Garfinkel quer manter, e são questões de como são feita as atividades e o que elas são, que tem motivado o trabalho de Garfinkel e seus estudantes na organização do trabalho e ocupações desde a publicação de *Studies in Ethnomethodology* em 1967" (GARFINKEL, 1967, p. 5).

Ao comentar esta posição de Denzin, dois importantes etnometodólogos do grupo de Harold Garfinkel, Don H. Zimmerman e D. Lawrence Wieder, discordam da sua tentativa de "forçar" uma complementaridade entre as duas perspectivas. Nas palavras destes etnometodólogos, "inspecionando as observações de Denzin, parece que seu declarado compromisso com o interacionismo simbólico levou-o ao erro sistemático no tratamento de um número de questões críticas" (ZIMMERMAN; WIEDER, 1970, p. 286). Eles sugerem ainda que o mesmo não esclarece as diferenças fundamentais entre as duas abordagens. Por exemplo, o interacionismo simbólico não abandona a noção de "ordem factual" como interpretação científica da realidade em contraposição à ordem normativa que rege o comportamento dos atores. Isso ocorre porque esta última pode ser explicada pela referência objetiva do mundo social à ordem factual. Eles citam Denzin para ilustrar esta perspectiva:

> Como o sumário da posição do interacionismo simbólico, ele [Denzin] diz que sua resposta à questão de como é possível a ordem social baseia--se no suposto de que a sociedade é possível porque *selves* interativos partilham os mesmos significados, definições e situações da ordem simbólica (DENZIN, 1971, apud ZIMMERMAN; WIEDER, 1970, p. 287).

Para D.H. Zimmerman e D.L. Wieder (1970), a resposta à questão de como é possível a ordem social na perspectiva do interacionismo simbólico está muito mais próxima ao modelo estrutural do que da etnometodologia. De acordo com eles:

> Se "problemática", "negociada", ou "processual", se encapsulado na linguagem das normas, como no caso dos funcionalistas estruturais, ou significados emergentes partilhados, como no caso dos interacionistas, o resultado final é o mesmo: ação social estável é produto da orientação do ator para e em conformidade a normas e significados compartilhados (mesmo que somente dentro de uma interação particular) (ZIMMERMAN; WIEDER, 1970, p. 288).

Como se pode depreender das referências anteriores, a etnometodologia exige um *status* teórico completamente à parte das tradições sociológicas em voga. Neste sentido, há claramente um rompimento paradigmático com a "ciência normal" da sociologia convencional. Zimmerman e Pollner (1970, p. 103) assim se expressaram sobre esta questão:

> Nós temos sustentado que há uma convergência fundamental entre a investigação leiga e profissional. Ambos os modos de investigação subscrevem formal e substantivamente concepções idênticas de fato social. Cada modo pressupõe a existência de estruturas objetivas de atividades as quais permanecem implícitas aos procedimentos através dos quais suas características são tornadas observáveis.

Tendo por base esses autores, a etnometodologia sugere que a natureza das pesquisas sociológicas convencionais não é diferente das realizadas pelas pessoas comuns, vistas como sociólogas leigas em suas tarefas práticas de analisar e interpretar o sentido de suas ações e dos outros com base em realidades tomadas como dadas – *taken for granted*.

2.2 Fundamentos fenomenológicos da etnometodologia

Em primeiro lugar, é importante assinalar, como o fazem Sharrock e Anderson (1986), que embora seja correto assumir que a fenomenologia de Edmund Husserl e Alfred Schütz constitua o *background* filosófico de onde emergem os postulados da etnometodologia, "não é absolutamente essencial que para compreender e praticar a etnometodologia seja necessário ter um envolvimento comparável com a fenomenologia" (SHARROCK; ANDERSON, 1986, p. 6). Apesar disso, é importante explicitar, ainda que de forma muito sintética, quais são as proposições centrais da fenomenologia que foram incorporadas por Garfinkel. Embora tenha buscado se alimentar em Edmund Husserl, A. Gurwitsch e Alfred Schütz, foi com este último que Garfinkel teve mais familiaridade. A obra de Schütz tem, no plano filosófico, a influência de Edmund Husserl, William James, Merleau-Ponty e Henry Bergson (WALSH, 1967), mas no plano sociológico seus grandes interlocutores foram Max Weber, George Herbert Mead e Talcott Parsons[4].

Um dos pressupostos mais fundamentais da fenomenologia "é a busca de uma concepção mais clara de como teorias se relacionam com o mundo da forma como o experimentamos" (SHARROK; ANDERSON, 1986, p. 8). Para isso é necessário suspender, colocar "entre parênteses" – *epoché*[5] –todas as dúvidas decorrentes de teorias e experiências passadas sobre o mundo para que possamos acessá-lo como "ele nos parece ser", sem qualquer questionamento se esta "aparência" é válida ou não:

> Ao desenvolver sua sociologia interpretativa, Schütz traz à tona um tema importante que será encontrado no trabalho tardio de Husserl, qual seja, a constituição do mundo da vida (*lifeworld*). No mundo da vida nós experimentamos objetos, pessoas, teorias etc., de maneira

---

4. A obra de Schutz produziu no cenário da sociologia contemporânea dois tipos distintos de influência. A primeira, liderada por H. Garfinkel, utilizou a teoria de Schutz para criar uma perspectiva completamente estranha à formulação teórica dos clássicos. A segunda, liderada por Berger e Luckmann (2006), buscou em Schutz a base para reintegrar os clássicos Marx, Durkheim, Weber e Mead, no estilo da tentativa parsoniana (SHARROCK; ANDERSON, 1986, p. 11).

5. Sharrock e Anderson (1986) apresentam uma ótima explicação para o termo husserliano *epoché*: "Para o indivíduo que está experimentando, a experiência do mundo não é uma corrente sem fim de estímulos sensuais indiferenciados. Experiência no mundo da vida, que Schutz seguindo o que Bergson chama de *durée*, é organizado. Nós experimentamos objetos, pessoas, eventos. Esta organização é facilitada pelo que Schutz e Husserl chamam de *epoché* da atitude natural. O que caracteriza a atitude científica é que qualquer coisa pode ser colocada em dúvida. Mesmo as proposições mais básicas estão disponíveis para escrutínio e revisão. Na atitude natural esta possibilidade é suspensa. O mundo da vida cotidiana, o mundo da experiência comum, é tomado por nós como sendo primordialmente o mundo real. As coisas são justamente como elas aparecem" (SHARROK; ANDERSON, 1986, p. 36).

muito diferente da forma pela qual nós as experimentamos na ciência, por exemplo. No mundo da vida nós adotamos a atitude natural. Na ciência nós encontramos explicitamente a atitude teórica. O que caracteriza a atitude natural é a presunção de que as coisas são como elas aparecem. Nós não supomos, em nossos propósitos da vida ordinária, que nossos sentidos nos pregarão peças ou necessitarão ser suplementados, estendidos ou melhorados. Nós também não supomos que nossas expressões teóricas serão inconstantes, que deverão ser checadas, validadas ou revistas (SHARROCK; ANDERSON, 1986, p. 35-36; tradução livre).

É este mundo sensível, fundado na experiência do dia a dia, minha e dos meus semelhantes, ou seja, do mundo social, que constitui o estofo básico do conhecimento teórico, seja do leigo ou do cientista (SCHÜTZ, 1962a). Esta proposição levou Schütz (1970b) a conceber, com base na teoria dos "tipos ideais" de Weber, que a única forma de compreendermos o mundo da vida cotidiana – *everyday life* – seria através de "tipificações" das nossas experiências partilhadas intersubjetivamente. São estas tipificações, uma primeira ordem de teorização do mundo, que nos permitem, como "pessoas comuns", desempenhar nossas atividades diárias, comunicar com o outro e compreender o que se passa em torno de nós de forma não problemática, ou seja, sem questionamentos sobre a validade desta ordem tomada como "natural" dentro dos contextos específicos. As pessoas, no seu dia a dia, usam o estoque de conhecimento de senso comum, disponível no universo da intersubjetividade (constituído de tipificações) para agirem sem qualquer sentimento de ansiedade ou dúvida se estão agindo corretamente ou não. O mundo do dia a dia, a realidade da *everyday life*, é *taken for granted*. As pessoas, membros da sociedade, habitam este mundo, mas, ao mesmo tempo, podem passar a outras realidades ou "províncias" de significados distintos, "múltiplas realidades" na expressão de Schütz (1962b), como, por exemplo, o mundo dos sonhos, o mundo das artes, o mundo da ciência, e assim por diante.

Todos estes mundos são compostos por significados "finitos", e embora se possa, a qualquer momento, passar de um mundo para os outros, eles não se misturam nem se superpõem. Cada mundo tem sua própria esfera autônoma. Mas é a postura frente ao mundo cotidiano que determina a maneira como lidamos com o aqui e agora da nossa prática diária. Ao contrário da postura científica, que implica questionar o conhecimento de senso comum, a postura prática do membro da sociedade é tomá-lo como fenômeno natural e como referência fundamental de sua vida. Sim, os outros mundos estão disponíveis, mas como realidades passageiras e provisórias frente a contundência do mundo da vida cotidiana.

Mas e o conhecimento científico? De que é ele constituído? Schütz (1967; 1970a) responde a esta questão argumentando que ele também é constituído de tipificações das tipificações do senso comum da sociedade – tipificações de segunda ordem. Portanto, por ser um procedimento idêntico, embora em um segundo nível, àquele do mundo cotidiano, sua natureza não difere da teorização de primeira ordem, a da vida cotidiana. Nesta linha de argumentação, não há como fugir ou transcender o conhecimento de senso comum. Mesmo a linguagem científica, totalmente diversa daquela do senso comum, não possibilita a prática científica se isentar do contexto do senso comum, pois as categorias primárias do mundo social partem do mundo do dia a dia que envolvem todos os membros da sociedade, incluindo os cientistas. De acordo com Douglas (1970, p. 25):

> Uma vez que nós reconhecemos que todo conhecimento, certamente todo conhecimento significativo dos fenômenos humanos é, em última instância, baseado em nossa experiência de senso comum e, consequentemente, nunca pode ser totalmente examinado e expurgado de elementos e relações "não racionalizados" ou práticos, então devemos concluir que o fundamento de toda ciência clássica, a concepção absolutista de objetividade, nunca pode ser realizada.

H.C. Elliot (1974) ilustra bem esta tese mostrando como os elementos do senso comum, sejam eles físicos ou comportamentais, estão presentes na vida laboratorial dos cientistas:

> O investigador científico, de fato, nunca se separa do mundo do dia a dia (*everyday life*). Sua maneira de perceber seu ambiente de trabalho ilustra isso claramente. Em nenhum livro, artigos, aula, ou discussão informal, o cientista deixa de se referir aos objetos descritíveis de um mundo de senso comum. Ele tem um *lab*; ou seja, um lugar de trabalho com paredes, piso, teto, mesas, cadeiras e aparelhos. E tudo isto pode ser descrito pelo senso comum [...] (ELLIOT, 1974, p. 24).

Da mesma forma, Elliot continua a mostrar, em termos comportamentais, que a presença de categorias de senso comum contamina sistematicamente o ambiente de trabalho científico. Ele sugere que há sempre, no ambiente do laboratório, certo grau de discrepância entre o previsto pelos procedimentos formais de confiabilidade de um experimento e a prática no laboratório. Por exemplo, a observação de um mostrador em uma escala que formalmente requereria do cientista um monitoramento quase constante é, de fato, realizado algumas vezes no dia, dada a percepção de senso comum de que a experiência passada não exige tal nível de precisão. Este fato demonstra outra suposição fundamental de Schütz (1962): a de que todos os objetos do mundo social são constituídos dentro de uma moldura de "familiaridade e de pré-convivência" (apud HERITAGE, 1993, p. 230) "suprido por um estoque de conhecimento à mão, o qual é indubitavelmente social em sua origem" (HERITAGE, 1993, p. 230).

Com isto não se quer dizer que a supremacia do conhecimento de senso comum sobre todas as outras esferas de realidade invalida o conhecimento científico. Este permanece válido, mas a sua prática de produção não transcende a natureza das práticas de produção de um mundo com sentido intersubjetivo.

3 A etnometodologia: afinal, o que é?

Embora possamos encontrar na literatura etnometodológica variações de linhagem filosófica, alguns mais próximos de Schütz, outros de Wittgenstein, ou variações de foco, uns mais "situacionistas", outros mais "linguistas" (DOUGLAS, 1970, p. 32-33), há entre eles um indiscutível consenso sobre o que a etnometodologia busca compreender e descrever. Como foi deixado claro por Garfinkel (ao discutir como os membros do júri criam e sustentam um sistema de ordem com justificativas racionais baseadas no bom-senso para justificar a validade de suas sentenças), a etnometodologia busca explicitar e descrever como os membros[6] de um grupo ou sociedade operam no seu dia a dia para sustentar um sentido racional de ordem sem, entretanto, estarem comprometidos com este empreendimento de forma consciente. Talvez o ponto central da abordagem etnometodológica é a proposta de que os membros, em uma situação específica de interação, ao mesmo tempo que operam suas atividades dentro da situação, explicitam as formas ou métodos usados para sustentarem a aparência de que tudo anda e está bem. De fato, a etnometodologia, distintamente da sociologia convencional, parte da investigação empírica sobre práticas sociais da vida diária e não de teorias gerais sobre fenômenos extraordinários. Neste sentido, Garfinkel (1967) sugere que:

> Contrariamente a certas formulações de Durkheim, que nos ensina que a realidade objetiva dos fatos sociais é o princípio fundamental da sociologia, iremos postular, a título de programa de pesquisa, que para os membros que fazem sociologia o fenômeno fundamental é a realidade objetiva dos fatos sociais enquanto realização contínua das atividades combinadas da vida cotidiana dos membros que a utilizam, considerando-os como conhecidos e evidentes, processos ordinários e engenhosos, para essa realização (GARFINKEL, 1967, apud COULON, 1995, p. 24).

Já no primeiro capítulo, ele faz a seguinte apresentação:

> Os estudos seguintes (presentes no livro) buscam tratar de atividades práticas, circunstâncias práticas, e a prática do raciocínio sociológico como tópico de estudo empírico, e ao dar atenção normalmente dada aos eventos extraordinários, às atividades mais comuns da vida cotidiana, busca-se abordá-las como fenômenos que existem em si mesmos (GARFINKEL, 1967, p. 1).

---

6. Como bem acentua Coulon (1995), "No vocabulário etnometodológico a noção de membro não se refere à pertença social, mas ao domínio de uma linguagem natural [...]. Tornar-se um membro significa filiar-se a um grupo, a uma instituição, o que exige o progressivo domínio da linguagem institucional comum [...]. Um membro não é, portanto, apenas uma pessoa que respira e pensa. É uma pessoa dotada de um conjunto de modos de agir, de métodos, de atividades, de *savoir-faire*, que a fazem capaz de inventar dispositivos de adaptação para dar sentido ao mundo que a cerca. É alguém que, tendo incorporado os etnométodos de um grupo social considerado, exibe 'naturalmente' a competência social que o agrega a esse grupo e lhe permite fazer-se reconhecer e aceitar" (COULON, 1995, p. 47-48).

Como sugere Coulon,

> Diferenciando-se [nisto] dos sociólogos que geralmente consideram o saber do senso comum como "categoria residual", a etnometodologia analisa as crenças e os comportamentos de senso comum como os constituintes necessários de "todo comportamento socialmente organizado" (COULON, 1995, p. 30).

Esta é a exortação primordial para se realizar a prática etnometodológica. Como pode ser depreendido do que já foi dito, de forma nenhuma a etnometodologia constitui uma alternativa metodológica à sociologia convencional e muito menos compete com ela sobre a "veracidade" ou mesmo a plausibilidade de suas conclusões. Ela não pretende teorizar ou explicar a estrutura social e sim descrever como os membros envolvidos nas suas práticas do dia a dia a constroem e lhes dão um sentido racional, compreensível para qualquer membro – leigo ou sociólogo – da sociedade. E o fazem de forma tão competente que os sociólogos convencionais tomam esta construção racional relatável, via uma lógica reconstruída, como fato exterior objetivo e determinante do comportamento dos membros que a construíram, como seu objeto de estudo científico. Mais recentemente, Garfinkel retoma a sociologia durkheimiana em outro veio, para tentar demonstrar que mesmo ela, vista pelo *staff* sociológico como a base por excelência da sociologia estrutural--funcional, sofre uma reviravolta com os estudos empíricos de Durkheim, realizados mais tarde. No livro *Ethnomethodology's Program: Working Out Durkheim Aphorism* (2002)[7], Garfinkel sugere que a leitura de Durkheim pela sociologia convencional considera apenas uma face de sua a obra: a face positivista. A outra face, elaborada especialmente nas *Formas elementares da vida religiosa*, onde ele estabelece uma nova perspectiva epistemológica distante do positivismo e bem próxima da fenomenologia, sempre foi negligenciada pela sociologia convencional. De acordo com Rawls:

> Há outra maneira de interpretar o aforismo de Durkheim que é mais consistente com a posição global de Durkheim como ela emerge no seu trabalho mais tardio. Esta visão foca sobre a construção da compreensão humana e da ordem social como características processuais vinculadas às práticas rituais. Nesta visão Durkheim não é um positivista. "Fatos sociais" são sempre fenômenos socialmente construídos (RAWLS, 2002, p. 20).

Para fechar esta brevíssima apresentação da proposta etnometodológica, trazemos uma referência clássica de Zimmerman e Pollner (1970) sobre o conceito etnometodológico de estrutura social e, em seguida, uma apresentação hiperdidática do Coulon (1995) do que seja a etnometodologia:

> As características distintivas da perspectiva alternativa (referem-se à etnometodologia), a qual oferecemos aqui, reside na proposição de que as

---

7. "O aforismo de Durkheim se refere à afirmativa nas 'Regras do Método Sociológico' de que 'a realidade objetiva dos fatos sociais é o fenômeno mais fundamental da sociologia'" (RAWLS, 2002, p. 20).

estruturas objetivas da atividade social devem ser olhadas como situadas, acomodações práticas do trabalho através do e pelo qual a aparência de estruturas objetivas é mostrada e detectada (ZIMMERMAN; POLLNER, 1970, p. 103).

Já Coulon (1995) apresenta um conceito muito claro e conciso (o que, diga-se de passagem, é muito raro entre os próprios etnometodólogos) do que seja a etnometodologia. Sem ferir a sua integridade como abordagem inovadora, ele afirma:

> A etnometodologia é a pesquisa empírica dos métodos que os indivíduos utilizam para dar sentido e ao mesmo tempo realizar as suas ações de todos os dias: comunicar-se, tomar decisões, raciocinar. Para os etnometodólogos, a etnometodologia será, portanto, o estudo dessas atividades cotidianas, quer sejam triviais ou eruditas, considerando que a própria sociologia deve ser considerada como uma atividade prática (COULON, 1995, p. 30).

Outra face da abordagem etnometodológica que é importante salientar é uma certa diferenciação de áreas de estudos empíricos dentro dela. Grande parte destes estudos refere-se a temas e problemas correntes na literatura sociológica, mas com uma perspectiva radical de rompimento com os pressupostos da investigação sociológica convencional baseados nos cânones da ciência hipotético-dedutiva como tipificada pelas ciências naturais. Assim, os estudos organizacionais de Aaron Cicourel (1968), Garfinkel (1967) e Bittner (1965), entre outros, negam radicalmente o enfoque da sociologia convencional das organizações a partir do estudo descritivo das práticas cotidianas dos seus "membros" na construção de sistemas inteligíveis de ordem social, ao invés de buscarem nas supostas dimensões estruturais das organizações os elementos determinantes do sistema de ordem. Como já mencionado anteriormente, estes elementos estruturais da organização, considerados pelos sociólogos profissionais, não passam, na perspectiva etnometodológica, de produtos das realizações, no cenário do dia a dia e no âmbito do senso comum, das atividades práticas de seus membros. Vale, contudo, destacar o que ficou conhecido como "análise de conversação" que gerou muitas críticas e "picuinhas" no cenário sociológico como um exemplo típico da preocupação dos etnometodólogos com trivialidades e sua irrelevância dos temas e resultados das suas pesquisas (COLEMAN, 1968; COSER, 1975). De outro lado, entretanto, esta área de investigação é considerada pelos etnometodólogos como a mais consistente e cujos resultados explicitam mais claramente a tese etnometodológica da realização prática da estrutura social. Heritage (1993, p. 256), por exemplo, afirma:

> Análise de conversação foi desenvolvida durante os 15 anos passados como aspecto vigoroso e distintivo da etnometodologia. Durante esse tempo a perspectiva produziu uma literatura substancial de pesquisa a qual é contundentemente cumulativa e interconectada. De todos os ramos de pesquisa da etnometodologia, a análise de conversação é talvez aquela mais envolvida com a análise direta da ação social.

Mas em que consiste esta abordagem da "conversação"? H. Sacks (1992) foi um dos mais importantes precursores deste tipo de estudo[8]. O objetivo primordial deste tipo de análise é descrever como, em uma das atividades mais de senso comum e naturais dos membros da sociedade, pode-se facilmente detectar como as pessoas constroem um sentido de ordem que permite a cada um, por vez, se expressar frente ao outro ou aos outros. O conteúdo das mensagens ou "quem" está envolvido na conversação não tem qualquer interesse para a análise de conversação. Como sugerem Sharrock e Anderson (1986), a análise de conversação preocupa-se com a organização das falas e a distribuição de turnos de fala entre os participantes e não com quem fala ou escuta.

De acordo com Sacks e Schegloff (1973), o processo natural da conversação na vida cotidiana evidencia, da forma mais simples possível, a prática etnometodológica de criação de ordem e estabilidade como realização dentro do contexto específico onde ocorre:

> Nós temos procedido sob a suposição [...] de que, na medida em que os materiais trabalhados por nós exibem regularidade, eles se mostram desta forma não apenas para nós, na verdade não em primeiro lugar para nós, mas para os coparticipantes que os produziram. Se os materiais [...] foram ordenados, isto ocorreu porque foram metodicamente produzidos pelos membros da sociedade [...] (SACKS; SCHEGLOFF, 1973, apud HERITAGE, 1993, p. 257).

A alternância de falas – *turn-taking systems* – não é programada nem pode ser antecipada, pois ela reflete a situação momentânea do encontro, mas, ao mesmo tempo, mostra que tem princípio, meio e fim. Aí está para a etnometodologia o grande trunfo da análise de conversação, ao mesmo tempo em que ela mostra a competência das pessoas para sustentarem um sistema ordenado de intercâmbio das falas dentro de contextos específicos, ela mostra sua organização globalmente estruturada. Isto, entretanto, não elimina o caráter "emergente" da conversação: "a conversação é realizada *in loco*, é idealizada ao mesmo tempo em que é implementada: é uma atividade improvisada" (SHARROCK; ANDERSON, 1986, p. 71).

Podemos, agora, passar a apresentar os conceitos-chave da etnometodologia. Iniciaremos pelo conceito de "indexalidade". Embora este termo venha de uma linhagem técnica da linguística para referir-se a expressões como "eu", "aqui", "agora", Garfinkel ampliou o seu significado para compreender qualquer referência implicada em um contexto social (HERITAGE, 1993). Este é um dos conceitos fundamentais para a etnometodologia que em sua proposta de descrição de práticas, métodos e atividades dos "membros" de uma cena qualquer não abre mão da ideia do contexto específico em que se dão ou correm estes eventos. Garfinkel (1967, p. 5)

---

8. A maior parte da obra de H. Sacks é composta por seus cursos sobre conversação publicados somente em 1992 e pelas anotações de seus alunos, como as de Gail Jefferson de suas conferências dadas entre 1964 e 1972 (COULON, 1995, p. 82).

mostra como as expressões indexas são logicamente incompatíveis com o fazer das ciências exatas. De acordo com ele, é o caráter "indexado", particular, específico de uma situação da vida cotidiana que o torna impossível de ser tratado como categoria formal independente do contexto, como se idealiza nas ciências exatas.

Na perspectiva etnometodológica não faz qualquer sentido um conjunto de falas ou expressões verbais fora do seu contexto. Todo cenário da vida cotidiana compõe-se de expressões indexadas, impregnadas de contexto, biografias e temporalidades. Estas expressões adquirem racionalidade através de propriedades organizacionalmente ordenadas e, como tal, demonstráveis. A regra do *et caetera* é parte constitutiva do "não dito", do implícito no contexto, mas que não pode ser traduzido em palavras. A expressão *et caetera* é usada para dizer aos "membros" de um cenário que eles sabem o que queremos dizer, que não é necessário especificar literalmente o significado subtendido pela expressão. Como sugere Coulon, "a regra do *et caetera* exige que um locutor e um ouvinte aceitem tacitamente e assumam juntos a existência de significações e de compreensões comuns daquilo que se diz quando as descrições são consideradas evidentes, e mesmo que não sejam imediatamente evidentes" (COULON, 1995, p. 36).

Outros dois conceitos-chave da etnometodologia são o *account* e a reflexividade[9]. Consideraremos estes dois conceitos juntos, pois eles são inseparáveis dentro do contexto etnometodológico. Já no capítulo primeiro do *Studies in Ethnomethodology* Garfinkel, ao sugerir que a recomendação central do livro de que as atividades dos membros que produzem e administram cenários organizados de afazeres da vida cotidiana são idênticas com os procedimentos deles para tornar aqueles cenários *accountable*, afirma que "o caráter 'reflexivo' ou 'encarnado' das práticas de *accountings* e *accounts* constituem a cruz daquela recomendação" (GARFINKEL, 1967, p. 1).

Accounts são, portanto, descrições relatáveis e racionalmente compreendidas pelos membros de uma cena cotidiana envolvidos organizacionalmente na realização de atividades ordinárias da vida. "Falar de ações sociais como *accountable* é falar delas como observáveis e reportáveis, dizer que elas são tal que as pessoas podem vê-las... e podem falar delas para os outros" (SHARROCK; ANDERSON, 1986, p. 56). Ou seja, as ações sociais vistas como *accountable* são necessariamente reflexivas do que elas representam no processo de realização de atividades comuns, diárias, e impregnadas de sentido imediatamente compreendido pelos semelhan-

---

9. É bom lembrar que o conceito de reflexividade na etnometodologia nada tem a ver com o de "consciência reflexiva". Reflexividade na etnometodologia significa que os membros "tratam como os mais passageiros dos fatos aquelas descrições (*accounts*) dos membros de todos os tipos, em todos os seus modos lógicos, com todos os seus usos e para todos os métodos de sua montagem, como características constituintes dos cenários que eles tornam observáveis. Os membros conhecem, requerem, contam com, e fazem uso desta reflexividade para produzir, realizar, reconhecer, ou demonstrar adequação-racional- para-todos-propósitos-práticos de seus procedimentos e descobertas" (GARFINKEL, 1967, p. 8).

tes. Para Garfinkel esta característica do conceito de *accountability* é crucial, pois ele rejeita o uso que a sociologia convencional faz deste conceito como sendo algo "transparente", descritivo, sem qualquer implicação contextual ou como sendo algo "inerte", sem envolvimento, como o próprio processo do qual emergem atividades e a organização que podem ser descritas racionalmente pelos *accounts* (HERITAGE, 1993, p. 249).

O quarto conceito-chave da etnometodologia proposta por Garfinkel é o do "método documentário de interpretação". Este conceito foi buscado na sociologia do conhecimento de Karl Mannheim (1952). Nas palavras de Garfinkel (1967, p. 78):

> De acordo com Mannheim, o método documentário envolve a pesquisa de "um padrão idêntico homólogo subjacente a uma vasta variedade de realizações de significados totalmente diferentes. [...] O método consiste em tratar uma aparência real como 'um documento de' como 'apontando para', como se posicionando em nome de um pressuposto padrão subjacente".

Para os etnometodólogos, este método é fundamental para descrever e interpretar o significado das atividades das pessoas em situações do dia a dia. São as informações de *background* de contexto que possibilitam aos indivíduos atribuírem sentido e racionalidade para suas ações (*accounting*). Estas informações de *background* são tomadas como elementos naturais que formam aquele contexto. Elas não são passíveis de questionamento ou de dúvida, elas são *taken for granted* e, como tais, elas permitem aos indivíduos agirem "naturalmente" no seu dia a dia. Garfinkel desenhou um experimento para explicitar o uso, pelas pessoas, do método documentário de interpretação. É importante salientar que Garfinkel via seus experimentos mais como ilustração do seu argumento do que como um procedimento experimental *stricto sensu*. Ele convidou estudantes para seções de aconselhamento psicológico com um terapeuta. Este ficava em um cômodo separado do cômodo do estudante que lhe dirigia perguntas de seu interesse apenas através do interfone. O terapeuta, na verdade, era um experimentador que respondia às questões dos estudantes na forma de "sim" e "não", obedecendo a uma ordem aleatória. O estudante foi instruído para que após a resposta "sim" ou "não" do terapeuta, desligasse o interfone e gravasse um relato do que achava da resposta recebida. É surpreendente que todos os estudantes buscavam um sentido "oculto" na resposta aleatória do terapeuta. Mesmo quando percebiam uma clara incongruência entre respostas seguidas, eles buscavam, através de respostas anteriores ou posteriores, uma conexão de sentido baseada na suposição de que as respostas do terapeuta expressavam um raciocínio racional e congruente com aquilo que questionavam. Ou seja, em momento algum duvidaram de que havia uma justificativa "racional" por trás das respostas do terapeuta, que se ajustava a um padrão subjacente do contexto baseadas no estoque de conhecimento de *background* tomado como "natural". Nas palavras de Heritage (1993, p. 237):

Eles (os estudantes) interpretavam o significado do "conselho" por referência ao seu próprio conhecimento de senso comum dos vários aspectos normativamente valorizados da coletividade deles – conhecimento que eles pressupunham existia em comum com o terapeuta.

No final, relataram que a seção de aconselhamento foi muito útil e produtiva e que estavam satisfeitos com a "ajuda" recebida (GARFINKEL, 1967, p. 79-94). Outra ilustração do uso do método documentário por pessoas comuns é o diálogo entre marido/mulher no dia a dia. Vejamos, por exemplo, um pequeno trecho deste diálogo[10]:

"Marido: Dana conseguiu pôr uma moeda no parquímetro hoje sem precisar ser levantado."	"Esta tarde, ao trazer Dana, nosso filho de 4 anos, da creche para casa, ele conseguiu alcançar alto o suficiente para pôr uma moedinha dentro de um parquímetro, quando estacionamos em uma zona de parquímetros, enquanto que antes ele sempre tinha que ser levantado para conseguir alcançar aquela altura."

Fonte: Garfinkel, 1967, p. 38.

No lado esquerdo do quadro está o que foi literalmente dito e do lado direito o que o estudante, a pedido de Garfinkel, achava sobre o que eles estavam falando[11]. O lado direito mostra o relato do estudante tentando tornar o diálogo compreensível, fazendo referência a indícios não ditos de *background* do contexto. Ao examinar este material, Garfinkel sugere, entre outras coisas, que:

> [...] Assuntos que os dois compreendiam em comum eram compreendidos somente no e através do curso do trabalho de compreensão que consistia em tratar o evento linguístico real como um "documento de", como "apontando para" [...] um padrão subjacente [...] (GARFINKEL, 1967, p. 39-40).

Ou seja, para se entender o que eles estavam falando era necessário buscar – via método documentário – a referência no contexto.

4 Breve referência aos experimentos de "ruptura" (*breaching experiments*) de Garfinkel e aos estudos de campo da etnometodologia

Os "experimentos de ruptura" sugeridos por Garfinkel tinham como objetivo mostrar que as pessoas, quando confrontadas no seu dia a dia com a quebra

---

10. Os trechos contidos no diálogo estão presentes na tradução realizada por Adauto Vilelia, Paulo Cortes Gago e Raul Francisco Magalhães, todos da Universidade Federal de Juiz de Fora. O resultado da tradução foi publicado na revista *Teoria e Cultura*.

11. Neste exercício, Garfinkel queria, entre outras coisas, demonstrar que por mais que o estudante se esforçasse para esclarecer completamente o assunto da conversa literal, ele nunca conseguia porque sempre haveria algo ambíguo ou incompleto necessitando de revisão. Entretanto, na conversa cotidiana os interlocutores não tinham qualquer dificuldade para serem entendidos (GARFINKEL, 1967, p. 26).

inusitada de padrões esperados de expectativas, não seriam, como poderia ser deduzido da teoria parsoniana da ordem, levadas a um comportamento errático, anômico ou caótico. Ao contrário, elas tentariam achar, mesmo com certa dose de frustração, raiva ou surpresa, uma saída que restabelecesse ou fizesse algum sentido "natural" daquele evento de quebra da estabilidade tomada como naturalmente dada – *taken for granted*. Com isto Garfinkel queria demonstrar que os indivíduos criam, interpretam e montam, via métodos específicos e locais, um modelo de ordem que continua válido no contexto cotidiano. Estes experimentos são de vários tipos, desde jogos como o "jogo da velha" (*tic-tac-toe*) até os encenados pelos estudantes de Garfinkel para se comportarem como visitas em suas próprias casas.

No primeiro caso, o experimentador convida alguém para o jogo e, quando este marca um X na célula do jogo, o experimentador desmancha sua marca ou a coloca em outra posição, coloca uma marca entre duas células ou em duas células ao mesmo tempo. Ou seja, desconsidera totalmente a regra do jogo. Na maioria das vezes o jogador ingênuo, com alguma perplexidade, sugere que o outro esteja fazendo uma piada ou que ele estava obedecendo a regras de outro jogo etc. Ou seja, os jogadores ingênuos criam um novo cenário de ordem com base em "justificativas" (*accounts*) do senso comum, "algo estava acontecendo de forma diferente", desenvolviam uma estratégia de espera para ver o que acontecia, buscavam formas de atribuir sentido ao evento. Somente alguns poucos tentam fazer valer as regras originais do jogo, criando assim um ambiente de tensão mais intensa, mostrando que o modelo de interpretação criado determinava o tipo de reação emocional das pessoas envolvidas.

Em outro experimento, os estudantes tinham que se comportar como se fossem hóspedes em suas casas, mas sem assumir este papel:

> A alunos de graduação foi atribuída a tarefa de ficarem de 15min a 1h observando as atividades em suas casas, enquanto fingiam que eram hóspedes. Foram instruídos a não demonstrarem que estavam representando um personagem. Trinta e três alunos relataram suas experiências (GARFINKEL, [1996] 2011, p. 120).

Nos seus relatos sobre a experiência, os estudantes apagaram as informações de *background* familiar, biografias e significado contextual das cenas relatadas. No dizer de Garfinkel, eles "comportamentalizaram" as cenas familiares. Eles se sentiram extremamente desconfortáveis ao notar e descrever o comportamento dos membros da família de forma literal e precisa sem significado contextual. Alguns expressaram que aquilo não constituía a "verdadeira imagem da família". Eles estavam convencidos de que aquela visão do ponto de vista de hóspede não representava o verdadeiro ambiente de sua casa. Vários outros experimentos foram realizados por Garfinkel com o intuito de demonstrar como a perda da realidade de senso comum produzida pelos eventos experimentalmente planejados induzia as pessoas a buscarem um restabelecimento do sentido do senso comum como base para o entendimento do que estava se passando. De acordo com Heritage (1993, p. 239):

Os experimentos de ruptura de Garfinkel foram originalmente designados, com efeito, para imobilizar o método documentário de interpretação e criar cenas de total inatividade e anomia. De fato, entretanto, eles raramente fizeram isto. O método documentário permaneceu em funcionamento e as pessoas conseguiram responder ao que acontecia com elas.

Quanto aos estudos de campo, a etnometodologia produziu um enorme acervo de pesquisas empíricas. Para citar apenas alguns como ilustração, temos na área da sociologia das organizações, estudos sobre o sistema judiciário, prisões, hospitais e práticas policiais. Refiro-me, aqui, aos trabalhos de Bittner (1967; 1974), Cicourel (1968), Zimmerman (1974), Sacks (1992), Wieder (1974) e Pollner (1974). Todos esses estudos baseiam-se na perspectiva etnometodológica e procuram descrever como as organizações e burocracias criam os "fatos" que são os próprios objetos de sua prestação de serviços. Por exemplo, Cicourel (1968) mostra como a taxa de delinquência apresentada nas estatísticas oficiais esconde procedimentos dos policiais e funcionários da justiça que registram mais casos de delinquência quando os autores vêm de lares divorciados do que quando vêm de lares com dupla paternidade. O próprio fenômeno da delinquência juvenil é "criado" pelos relatórios baseados nos relatos dos pais, psicólogos e assistentes sociais. Garfinkel (1967) mostra como os registros nos arquivos clínicos em um hospital psiquiátrico obedecem mais às conveniências organizacionais do que aos requisitos clínicos de uma boa prática médica. Temos também os estudos de Garfinkel, Lynch e Livinstone (1981) sobre a prática de cientistas em laboratórios. Estes são apenas uma pequena amostra de um volume bem maior de estudos empíricos sob orientação etnometodológica[12].

5 Notas finais

A etnometodologia, como tentei mostrar neste texto, representa um "movimento" intelectual vigoroso dentro da disciplina sociológica. Independentemente de ter ou não constituído uma alternativa epistemológica à sociologia positivista hegemônica no cenário internacional, incluindo aí as perspectivas marxistas e da escolha racional, a etnometodologia foi de fato uma "pedra no sapato" do *establishment* sociológico do último quartil do século XX. A presença de pesquisadores etnometodólogos nos melhores departamentos de sociologia da Ucla e de outros *campi* da Universidade da Califórnia e os trabalhos publicados de Garfinkel, Zimmerman, Wider, Cicourel, entre outros, obrigou dois dos mais eminentes teóricos da sociologia americana e mundial, L. Coser e J. Coleman, a se pronunciarem, até de forma agressiva, à ameaça que aquela corrente intelectual trazia à hegemonia do paradigma estrutural da "ciência sociológica normal" da época. Neste sentido, o impacto intelectual da etnometodo-

---

12. Para uma revisão sucinta, mas qualificada destes estudos, cf. Heritage (1993, p. 251-256) e Coulon (1995, p. 93-114).

logia no cenário sociológico não apenas não foi trivial, como chegou mesmo a ser de grande relevância. Quanto às contribuições da etnometodologia para a sociologia convencional, podemos citar várias como, por exemplo na sociologia da linguagem, especialmente através da "Análise da conversação" que teve como um dos seus expoentes teórico-metodológicos H. Sacks. Na área da sociologia das organizações, além das contribuições diretas de E. Bittner, podemos identificar a influência etnometodológica no "novo institucionalismo" organizacional nos trabalhos de Meyer e Rowan (1991), que tentam articular uma análise descritiva do dia a dia dos membros dentro das organizações com os mitos e cerimônias da estrutura formal voltada para a legitimação delas nos seus ambientes. Ou com a tentativa de DiMaggio e Powell (1991) em articular as abordagens micro e macro, tomando a organização institucionalizada como cenário de eventos organizacionais, apenas para citar os de maior visibilidade nos anos de 1990. Na área da ciência política temos os trabalhos de James March e J.P. Olsen (1989; 1995) que propõem uma abordagem da política voltada para as práticas culturais dos atores, vivenciando o dia a dia das instituições políticas. Outra área onde a influência da etnometodologia foi relevante é a da "prática de pesquisa em laboratório". Como sugeriu Coulon (1995), o estudo de Steve Woolgar e Bruno Latour (1979) se inspirou na etnometodologia para a criação do termo "etnografia reflexiva", referindo-se "ao propósito de explicar simultaneamente o objeto da pesquisa e a *démarche* empregada durante a pesquisa" (COULON, 1995, p. 88). Um pouco mais tarde, em 1981, surge o estudo mais consistente de Garfinkel, Lynche e Levingston (1981) sobre as atividades dos cientistas no laboratório. O estudo etnometodológico das atividades científicas não se interessa pelos fatores sociais ou estruturais que afetam a dinâmica da pesquisa científica na linha da sociologia da ciência clássica, e sim pelas próprias atividades realizadas pelos cientistas no processo de pesquisa. A etnometodologia sugere que sempre haverá atividades no dia a dia do laboratório que fogem às regras e procedimentos estritos da experimentação científica.

Referências

BERGER, P.; LUCKMANN, T. (2006). *A construção social da realidade.* Petrópolis: Vozes.

BLUMER, H. (1969). *Symbolic Interactionism: Perspective and Method.* Nova Jersey, Englewood Cliffs.

CICOUREL, A. (1968). Police Practices and Official Records. In: TURNER, R. (ed). (1974). *Ethnomethodology.* Baltimore: Penguin.

COLEMAN, S.J. (1968). Review Symposium on H. Garfinkel's Studies in Ethnomethodology. *American Sociological Review*, v. 33, n. 1, p. 122-130, fev.

COSER, l. (1975). Presidential Adress: Two Methods in serach of a Substance. *American Sociological Review*, v. 40, n. 6, p. 691-700, dez.

COULON, A. (1995). *Etnometodologia*. Petrópolis: Vozes.

DENZIN, N.K. (1970). Symbolic Interactionism and Ethnomethodology: A Proposed Synthesis. In: DOUGLAS, J.D. *Understanding Everyday Life: Toward the Reconstruction of Sociological Knowledge*. Chicago: Aldine, p. 259-284.

DiMAGGIO, P.; POWELL, W. (1991). Introduction. In: POWELL, W.; DiMAGGIO, P. (eds.). *The New Institutionalism in Organization Analysis*. Chicago: University of Chicago Press.

DOUGLAS, J.D. (1970). *Understanding everyday life*. Chicago: Aldine.

ELLIOT, H.C. (1974). Similarities and differences between science and common sense. In. TURNER, R. (ed.). *Ethnomethodology: Selected Readings*. Harmondsworth: Penguin, p. 21-16.

GARFINKEL, H. (1967). *Studies in Ethnomethodology*. Englewood Cliffs: Prentice Hall.

GARFINKEL, H. (1974). The origins of the term "ethnomethodology". Apud TURNER, R. (1970). Words, Utterances and Activities. In: DOUGLAS, J. (ed.). *Understanding Everyday Life*. Chicago: Aldine, p. 15-18.

GARFINKEL, H. (2011). Estudos dos fundamentos rotineiros das atividades cotidianas. Trad. Adauto Vilella, Paulo Cortes Gago e Raul Francisco Magalhães. *Teoria e Cultura*, Juiz de Fora, v. 6, n. 1/2, p. 113-142, jan.-dez.

GARFINKEL, H.; LYNCH, M.; LIVINGSTON, E.I. (1981). The Work of a Discovering Science Construed with Materials from the Optically Discovered Pulsar. *Philosophy of the Social Sciences*, v. 11, n. 2, p. 131-158.

HERITAGE, G.J. (1993). Ethnometodology. In: GIDDENS, A.; TURNER, J. (eds.). *Social Theory Today*: Polity Press, p. 224-272.

LATOUR, B.; WOOLGAR, S. (1979). *Laboratory Life: the Social Construction of Scientific Facts*. Londres: Sage.

MANNHEIM, K. ([1921] 1952). The Interpretation of Weltanshauung. In: MANNHEIM, K. *Essays on the Sociology of Knowledge*. Londres: Routledge & Kegan Paul, p. 33-83.

MARCH, G.J.; OLSEN, P.J. (1989). *Rediscovering institutions: The Organizational Basis of Politics*. Nova York: Free Press.

MARCH, G.J.; OLSEN, P.J. (1995). *Democratic Governance*. Nova York: Free Press.

MEYER, W.J.; ROWAN, B. (1991). Institutionalized Organizations: Formal Structure as Myth and Ceremony. In: POWELL, W.; DiMAGGIO J.P. (eds.). *The New Institutionalism in Organization Analysis*. Chicago: University of Chicago Press, p. 41-62.

PAIXÃO, L.A. (1989). A teoria geral da ação e a arte da controvérsia. *Revista brasileira de Ciências Sociais*, v. 4, n. 11, p. 4-56, out.

POLLNER, M. (1974). Sociological and common sense models of the labelling process. In: TURNER, R. (ed.). *Ethnomethodology: selected readings*. Harmondsworth: Penguin, p. 27-40.

RAWLS, W.A. (2002). Editor's Introduction. In: GARFINKEL, H. *Ethnomethodology's Program*. Ed. de Anne Warfield Rawls. Londres: Rown & Littefield, p. 1-64.

SACKS, H. (1992). *Lectures on conversations*. 2 vol. Ed. de G. Jefferson. Oxford: Basil Blackwell.

SHARROCK, W.; ANDERSON, B. (1986). *The Ethnomethodologists*. Londres: Ellis Horwood and Tavistock.

SCHUTZ, A. ([1932] 1967). *The Phenomenology of the Social World*. Chicago: Northwestern University Press.

SCHUTZ, A. (1962a). Commonsense and Scientific Interpretations of Human Action. *Collected Papers*. Vol. I. The Hague: Martinus Nijhoff, p. 3-47.

SCHUTZ, A. (1962b). On Multiple Realities. *Collected Papers*. Vol. I. The Hague: Martinus Nijhoff, p. 207-259.

SCHUTZ, A. (1964). The Social World and the Theory of Social Action. *Collected Papers*. Vol. 2. The Hague: Martinus Nijhoff, p. 3-19.

SCHUTZ, A. (1970a). Concept and Theory Formation in the Social Sciences. In: EMMET, D.; MACINTYRE, A. (eds.). *Sociological theory and Philosophical Analysis*. Nova York: Macmillan, p. 1-19.

SCHUTZ, A. (1970b). The problem of Rationality in the Social World. In: EMMET, D.; MACINTYRE, A. (eds.). *Sociological theory and Philosophical Analysis*. Nova York: Macmillan, p. 89-114.

TURNER, R. (1970). Words, Utterances and Activities. In: DOUGLAS, J. (ed.). *Understanding Everyday Life*. Chicago: Aldine, p. 165-187.

WALSH, G. (1967). Introduction. In: SCHUTZ, A. On Multiple Realities. *Collected Papers*. Vol. I. The Hague: Martinus Nijhoff, p. xv-xxix.

WIEDER, D.L. (1974). Telling the Code. Apud TURNER, R. (1970). Words, Utterances and Activities. In: DOUGLAS, J. (ed.). *Understanding Everyday Life*. Chicago: Aldine, p. 144-172.

ZIMMERMAN, D.H. (1974). Fact as a Practical Accomplishment. In: TURNER, R. (ed.). *Ethnomethodology*. Baltimore: Penguin, p. 128-143.

ZIMMERMAN, D.H.; POLLNER, M. (1970). The Everyday World as a Phenomenon. In: DOUGLAS, J. (ed.). *Understanding Everyday Life*. Chicago: Aldine, p. 80-103.

ZIMMERMAN, D.H.; WIEDER, D.L. (1970). Ethnomethodology and the Problem of Order: Comment on Denzin". In: DOUGLAS, J. (ed.). *Understanding Everyday Life*. Chicago: Aldine, p. 285-295.

7
A sociologia de Alfred Schütz

Hermílio Santos

Introdução

A sociologia desenvolvida por Alfred Schütz, na primeira metade do século XX, é uma das mais originais. Sua originalidade se deve, em boa medida, à combinação de orientações teóricas de diferentes disciplinas: a filosofia fenomenológica de Edmund Husserl, a sociologia compreensiva de Max Weber e a teoria econômica de Ludwig von Mises. Sua obra, que se tornou uma referência sobretudo nos Estados Unidos e na Alemanha, tem sido importante para a elaboração de sociologias específicas, como a etnometodologia, além de ter exercido forte influência sobre Peter Berger e Thomas Luckmann na elaboração de *A construção social da realidade*, considerado um dos livros mais importantes da sociologia.

Entretanto, trata-se de um autor cuja abordagem teórica tem sido ofuscada, na sociologia brasileira, por diversas outras escolas teóricas, como os vários tipos de estruturalismo, pós-estruturalismos, teoria crítica e teoria sistêmica, dentre outras, todas elas mais influentes até o momento. Essa condição de relativa marginalidade está evidenciada, por exemplo, no fato de haver uma única coletânea de textos de Schütz disponível em português e um número bastante reduzido de literatura secundária em nosso idioma explorando aspectos de sua sociologia. O crescente interesse pelo autor, tanto na sociologia internacional como na comunidade acadêmica brasileira, deve-se à maneira como Schütz propõe analisar a realidade, cuja versatilidade tem sido evidenciada em abordagens de temas contemporâneos, como também por orientar teórica e epistemologicamente pesquisas empíricas na sociologia e em outras disciplinas.

Filho único de pais judeus, Alfred Schütz nasceu em 1899 em Viena, onde realizou seus estudos de direito, sociologia, economia e filosofia. Dois meses antes do seu nascimento, Schütz perdeu o pai. Dois anos mais tarde, sua mãe se casou com o irmão de seu pai, que o criou como filho. Durante os anos de escola, sua mãe supervisionou de perto seus estudos, que, além de oito anos de grego e latim, incluiu o estudo de piano, instrumento que Schütz praticava com bastante assiduidade, tendo tocado diariamente depois de chegar das aulas que ministrava à noite na New School for Social Research, em Nova York. Antes de iniciar seus estudos universitários, Schütz serviu durante dez meses como soldado do exército austro-húngaro na Primeira Guerra Mundial. Após a conclusão dos estudos na Universidade de Viena, Schütz empregou-se em um banco no qual exerceu atividades no departamento jurídico em Viena, Paris e Nova York, tendo se desligado do banco em 1953, seis anos antes de falecer, em 1959, aos 60 anos de idade (BARBER, 2004). Sua tese de doutorado, intitulada *Der sinnhafte Aufbau der sozialen Welt – Eine Einleitung in die verstehende Soziologie* (A construção significativa do mundo social – Uma introdução à sociologia compreensiva), foi seu único livro publicado em vida. Contudo, Schütz publicou ainda diversos artigos em periódicos e deixou o esboço de um segundo livro em dois volumes: *The Structures of the Life-World* (As estruturas do mundo da vida), que foi concluído e publicado por Thomas Luckmann, seu ex-aluno na New School. Sua obra está disponível em inglês, publicada em seis volumes dos chamados *Collected Papers*, dos quais dois volumes contam com tradução em espanhol e, mais recentemente, está sendo publicada a obra completa em alemão, em doze volumes. A literatura secundária, em que se analisa distintos aspectos de sua obra, é bastante vasta, especialmente de livros e artigos publicados em alemão e em inglês, mas também em espanhol. Dois periódicos acadêmicos se destacam na publicação de artigos em que são discutidos diferentes aspectos da obra de Alfred Schütz: *Human Studies* e, mais recentemente, também *Schutzian Research*, periódico copublicado pela The International Alfred Schütz Circle for Phenomenology and Interpretive Social Science, associação criada em 2012 que realiza a cada dois anos uma conferência sobre as mais distintas perspectivas da obra do autor e temas contemporâneos a partir de sua abordagem filosófica e sociológica.

A decisão de Schütz por não seguir uma carreira acadêmica em tempo integral se deveu, em boa medida, ao fato de que judeus estavam proibidos de assumir cátedras universitárias no Império Austro-húngaro, mesmo antes da ocupação da Áustria pelo regime nazista, restando a opção de contratos precários como docente. O trabalho em um banco, com atividades em vários países, deu a Schütz a segurança financeira necessária para cuidar de sua família e permitiu que escapasse primeiro para Paris e em seguida para Nova York, poucos meses antes da invasão da Áustria por tropas do exército alemão em 1939 (BARBER, 2004). Sua atividade como executivo em um banco permitiu ademais que Schütz se envolvesse intensamente na fuga para os Estados Unidos de parentes e amigos perseguidos pelo regime nazista, o que implicava fazer contatos e escrever cartas de recomendação para que seus amigos conseguissem um emprego, condição para que recebessem um visto de entrada. Schütz teve enorme influência no transporte dos arquivos particulares de Edmund Husserl – que já vinha sofrendo perseguição desde 1933, após a ascensão ao poder do Partido Nacional-Socialista dos Trabalhadores Alemães – para a Bélgica e a fuga de Ludwig von Mises e sua família para os Estados Unidos (BARBER, 2004). Nos Estados Unidos, paralelamente a suas atividades como executivo de banco, Schütz teve intensa vida intelectual, tendo participado de congressos acadêmicos e se engajado na comissão editorial do periódico *Philosophy and Phenomenological Research*. A incursão de Schütz pela comunidade de sociólogos norte-americanos foi menos bem-sucedida, apesar de intensa troca de correspondência com Talcott Parsons, que já nesse período dominava a produção sociológica norte-americana. A despeito disso, Schütz conseguiu exercer forte influência na formação de uma nova geração de sociólogos, como Peter Berger e Thomas Luckmann.

Schütz contribuiu para difundir, na sociologia, a compreensão de que a sociedade é, em boa medida, o que os indivíduos fazem dela. Sem menosprezar os constrangimentos envolvidos no contexto de ação, um pressuposto de sua obra é que a sociedade se produz socialmente, ou seja, o mundo social não é dado, não é natural, nem é predeterminado. Em outras palavras, a vida social é constituída pela ação dos indivíduos a partir dos significados atribuídos à realidade por eles. A sociedade é feita pela maneira como os indivíduos se relacionam uns com os outros, como lidam com as normas morais e legais; enfim, pela maneira como interpretam tudo o que se passa ao seu redor e como essa compreensão impacta as práticas cotidianas. Ainda que a sociedade tenha uma realidade objetiva que orienta as ações dos indivíduos – como a própria presença de regras e concepções existentes antes de nosso nascimento – e mesmo que boa parte do que sabemos tenha sido herdado daqueles que nos antecederam – e que nos é transmitido pela linguagem, escrita e falada –, esse patrimônio todo é manuseado pelos indivíduos e, portanto, modificado permanentemente. Assim, o *status* do sujeito, na obra de Schütz, não é daquele que simplesmente internaliza normas e significados socialmente difundidos. Ao contrário, o ator para Schütz é, segundo Arthur Parsons (1978, p. 111), um agente consciente e responsável pela adoção ativa de códigos normativos na interpretação da realidade social. Esse processo confere dinâmica, incerteza e alguma imprevisibilidade à vida social, pois é impossível saber com exatidão como os "artefatos" sociais serão usados no futuro. Por exemplo, não é possível antever a maneira como os julgamentos éticos e estéticos serão definidos ao longo do tempo (ou mesmo no próximo minuto), quando as pessoas se virem confrontadas com situações em que será exigido delas um posicionamento no momento de agir. O empreendimento sociológico, segundo Schütz, deveria ser, primordialmente, o de analisar como se dá esse processo interpretativo do sujeito sobre a realidade e suas consequências na configuração da sociedade e de todos os fenômenos sociais.

Uma implicação prática dessa maneira de entender a sociedade e conceber a investigação sociológica é analisar fenômenos sociais específicos a partir de seus significados para aqueles diretamente envolvidos neles. Diferentemente de outras ciências, exatas ou naturais, a singularidade da sociologia, de acordo com Schütz, está em que o seu "objeto", o ator que age, possui a faculdade de interpretar o mundo e de interpretar a si mesmo no mundo. Abrir mão da tarefa de compreender a interpretação dos atores na vida cotidiana seria, segundo Schütz, abdicar do traço distintivo dessa ciência, a sociologia, fazendo com que se aproximasse dos procedimentos de outras ciências, como a biologia ou a física. A seguir vamos explorar as origens da interpretação sociológica proposta por Schütz, assim como as principais noções e conceitos que permitem praticar esse tipo de sociologia. Ao final será apresentado, em linhas gerais, um procedimento de pesquisa empírica desenvolvido nas últimas décadas que pretende, com suporte de outros autores, dar conta dos fundamentos epistemológicos e teóricos postulados por Alfred Schütz.

1 Origens da sociologia de Alfred Schütz

Embora tenha produzido parte de seus textos em inglês, Alfred Schütz possui uma obra que é expressão da maneira como a sociologia se desenvolveu nos países de língua alemã no início do século XX, ou seja, distinta tanto do empirismo inglês quanto do positivismo francês, precursores da sociologia.

Srubar (1984), ao delinear os diferentes percursos no surgimento e posterior desenvolvimento da sociologia na França e na Alemanha, esclarece as preferências epistemológicas dos sociólogos nesses dois países. Os primeiros sociólogos franceses partiram da compreensão de sociedade como sendo autônoma e os indivíduos como estando subordinados a ela (SRUBAR, 1984, p. 164), e, dessa maneira, procuraram replicar as abordagens próprias das ciências naturais no estudo da sociedade. Com isso, o tema da ação individual acabou por não encontrar um lugar de destaque na sociologia da França. Na Alemanha, durante o período inicial de constituição da sociologia como disciplina acadêmica, historiadores, psicólogos e economistas encararam com desconfiança as presunções acadêmicas da sociologia da época, considerada por alguns como sendo a "área de lazer da pseudociência", ou, na melhor das hipóteses, "um tipo superior de jornalismo" (SRUBAR, 1984, p. 165).

Os intelectuais interessados em estabelecer a sociologia como disciplina acadêmica na Alemanha tiveram que oferecer uma nova fundamentação, delineando com isso um novo objeto e novos métodos. Seria inócuo atribuir à nova disciplina a responsabilidade de estudar "toda a realidade humana", pois desta já se ocupavam a história, a economia e a psicologia. Simmel deu contribuições para uma outra possibilidade de realizar o trabalho sociológico, distinta daquela que passou a ser difundida por autores franceses, ao propor a análise das interações sociais como objeto por excelência da sociologia, e, neste caso, a ação social é o que deveria merecer toda a atenção dos sociólogos (SRUBAR, 1984, p. 166). A formulação de Simmel, assim como aquela de Weber, permitiu o surgimento de abordagens que tiveram implicações importantes para colocar a ação dos indivíduos como o principal foco da atenção. Nesse sentido, o que se convencionou chamar "sociologia compreensiva" passou a dominar a maneira de se praticar essa disciplina na Alemanha e nos demais países de língua alemã, ainda que outras escolas tenham presença destacada nesses países. É a partir desse contexto intelectual que a contribuição de Alfred Schütz deve ser compreendida, quando o autor incorpora novas referências teóricas para levar adiante o empreendimento sociológico, cujo foco está direcionado à interpretação das ações individuais para a compreensão de problemas sociais específicos. Com isso, Schütz sugere que a atenção dos observadores científicos, os sociólogos, esteja direcionada ao processo de interpretação dos indivíduos e, portanto, de aquisição e sedimentação de conhecimento do senso comum, exatamente por este exercer papel preponderante na definição de roteiros de ação na vida cotidiana.

É possível que nesse ponto, ou seja, quando Schütz considera em sua análise os atributos interpretativos dos indivíduos na vida cotidiana, resida o aspecto mais importante do empreendimento sociológico de Schütz no que concerne à tentativa de fusão das três principais bases fundamentais sobre as quais se assenta sua sociologia, ou seja, a fenomenologia de Husserl, a sociologia da ação de Weber e a teoria da ação econômica de Mises, em especial sua teoria do valor, em que acentua a perspectiva subjetiva na valoração de bens específicos (ENDRESS; RENN, 2004, p. 18-20, 25-36). Essa fusão não deve ser entendida como uma tentativa de justaposição de interpretações. Ao contrário, trata-se de uma combinação a partir de uma apropriação crítica que Schütz realiza desses autores. Weber aponta que os indivíduos, na ação, atribuem sentido subjetivo, considerando o comportamento presente, passado e o possível comportamento futuro daqueles com os quais interage, ao mesmo tempo em que é considerado por outros (WEBER, 2004, p. 13-16) – o que deixa claro que o indivíduo é, para Weber, um intérprete por excelência. Deve-se considerar igualmente que, de acordo com Husserl, de quem Schütz busca elementos para formular sua sociologia, a realidade é "colocada entre parênteses" (WAGNER, 1979, p. 8). Isso significa que, de acordo com Husserl, a atividade interpretativa do indivíduo implica que este coloca em suspenso tudo à sua volta, a fim de que sua interpretação da realidade possa receber a chancela de sua atribuição subjetiva de sentido.

Esta aproximação entre Weber e Husserl, realizada por Schütz, talvez possa soar inusitado. Contudo, Keneth R. Muse aponta que alguns autores (p. ex., George Psathas e Helmut R. Wagner) identificam nas formulações metodológicas de Weber aspectos "fenomenológicos" (p. ex., na doutrina da *Verstehen* – "compreensão"), embora, segundo Muse, o próprio Weber não tenha reconhecido elementos "fenomenológicos" em sua obra. Por outro lado, o argumento de Muse é de que é possível identificar evidências fortes do impacto da obra de Husserl, "fundador" da fenomenologia, em Weber. Porém, essa influência se encontra onde, segundo ele, menos se espera: na doutrina do tipo ideal (MUSE, 1991).

Embora seja inapropriado dizer que exista uma "sociologia nacional" em cada país, não é implausível pensar que os sociólogos se tornem atraídos e mais influenciados por uma abordagem dominante. No caso do Brasil, razões históricas vinculadas ao estabelecimento da disciplina entre nós, fortemente marcada pela presença de cientistas sociais franceses, dentre outras razões, fez com que ao longo do tempo fosse se consolidando, na sociologia brasileira, forte influência dessa maneira de se praticar sociologia.

Embora a sociologia proposta por Schütz seja conhecida no Brasil como "sociologia fenomenológica", essa caracterização não é unânime. O termo não foi utilizado pelo próprio Schütz para se referir a sua obra, tendo sido adotado por George Psathas em uma conferência proferida em um congresso da Associação Americana de Sociologia em 1971 (EBERLE, 2000, p. 56). A principal razão para a recusa em utilizar a expressão "sociologia fenomenológica" se deve à identificação de uma linha divisória entre dois campos de conhecimento: de um lado a fenomenologia, que é uma filosofia; de outro lado, a sociologia, que é uma ciência (EBERLE, 2000, p. 55). De acordo com Thomas Luckmann, o autor que mais se opôs ao uso da expressão "sociologia fenomenológica", o objetivo da fenomenologia é descrever as estruturas universais da orientação subjetiva no mundo, enquanto o da sociologia é de explicar as características gerais do mundo objetivo. Nesse sentido, o termo "sociologia fenomenológica" seria, segundo Luckmann, um absurdo conceitual, ainda que se reconheça a evidente incorporação de parte do objetivo da filosofia de orientação fenomenológica, que é a investigação da orientação subjetiva no mundo, mas de uma maneira objetiva, própria de qualquer ciência.

2 Interpretações na vida cotidiana

Observa-se um interesse crescente por abordagens sociológicas que procuram analisar a realidade a partir da vivência dos sujeitos. A sociologia desenvolvida por Alfred Schütz, assim como abordagens metodológicas derivadas de sua obra, oferecem elementos importantes para a compreensão de sociedades complexas a partir dessa perspectiva. Uma das principais vantagens da contribuição de Schütz para a atividade sociológica se deve ao fato de não oferecer interpretações já prontas sobre a realidade, ou seja, circunstanciadas geográfica e temporalmente. Ao contrário, seu principal legado às novas gerações de sociólogos é precisamente oferecer uma fundamentação epistemológica e um método de análise – ainda que não tenha podido elaborar uma metodologia correspondente – para desnudar aspectos relevantes da realidade, sempre a partir da perspectiva do sujeito, sem que o rigor dos procedimentos sociológicos seja substituído pela interpretação do senso comum. Dada a predominância de outras sociologias ao longo das últimas décadas, o potencial da sociologia schütziana não foi explorado completamente, mas sua abordagem tem se mostrado bastante promissora nas discussões teóricas e pesquisas empíricas recentes.

O empreendimento analítico proposto por Schütz sugere que as atenções dos sociólogos estejam direcionadas à compreensão da vida cotidiana, por ser aí que a sociedade se torna objetiva. Para tanto, os observadores devem voltar-se para o mundo da vida, colocando-se questões como "o que significa esse mundo social para o ator observado dentro dele, e o que ele quis dizer através de sua ação dentro dele?" (SCHÜTZ, 1979, p. 265). O mundo da vida (*Lebenswelt*) é o mundo intersubjetivo preexistente, assumido como dado pelo indivíduo a partir de uma "atitude natural", em que o indivíduo reconhece as coisas objetivas da vida, assim como as condições para a ação (p. ex., as intenções dos outros e as suas próprias). Na atitude natural da vida cotidiana o indivíduo suspende a dúvida em relação à existência dessas próprias coisas, já que todas as experiências passadas estão presentes como que ordenadas, como conhecimento ou como consciência daquilo que se pode esperar que ocorra, pois "se assim foi, assim poderá ser". Por exemplo, ao acordarmos todos os dias não colocamos em dúvida a existência de um calendário e de que aquele é um dos sete dias da semana ou mesmo de que o dia está dividido em horas. Entretanto, tudo aquilo que é considerado como dado (*taken for granted*) nas situações do mundo da vida está cercado de incertezas, mas somente deverá se tornar objeto de uma maior atenção ou de uma reflexão mais detida se houver indícios de que as coisas não são exatamente como pareciam ser. Dessa maneira, a atitude natural se dá simultaneamente à interpretação por parte dos indivíduos, baseada, sobretudo, no estoque de conhecimento disponível ao indivíduo, ou seja, apoiada no "conhecimento à mão", que funciona como um "código de referência" para o indivíduo. Esse sistema de conhecimento, que é resultante da sedimentação de experiências subjetivas (biografia) (SCHÜTZ; LUCKMANN, 1973, p. 123), assume, para aqueles indivíduos que se reconhecem membros internos de um grupo ou comunidade, um aspecto de coerência que permite que todos tenham uma chance razoável de compreenderem e serem compreendidos. O ponto de partida da investigação sociológica de Schütz, portanto, é a interpretação da compreensão do significado subjetivo atribuído aos fenômenos por parte do ator no mundo da vida, pois "a salvaguarda do ponto de vista subjetivo é a única, porém suficiente, garantia de que o mundo da realidade social não será substituído por um mundo fictício, inexistente, construído pelo observador" (SCHÜTZ, 1979, p. 266).

A sociologia de Schütz, contudo, não deve ser confundida com a tarefa de simplesmente "dar voz" ao objeto de investigação, mas, seguindo-se a tradição da sociologia compreensiva (*verstehende Soziologie*) de Weber, o que se pretende é explorar os conhecimentos do senso comum, o que implica, necessariamente, interpretar a interpretação dos indivíduos, já que esta afeta em grande medida o ser-no-mundo, ou seja, a capacidade de atribuir sentido (STAUDIGL, 2007, p. 235) e, por conseguinte, de organizar a ação. O empreendimento investigativo implica então assumir o que Schütz denomina de "constructos de primeiro grau", ou seja, aqueles envolvidos na experiência do senso comum na vida cotidiana, como o objeto de análise sociológica, ou seja, dos constructos de segundo grau:

Formados de acordo com as regras de procedimentos válidas para todas as ciências empíricas que constituem constructos objetivos típicos, idealizados e, como tais, de tipo diferente dos desenvolvidos no primeiro grau, o do pensamento do senso comum [...] (SCHÜTZ, 1979, p. 271).

O trabalho interpretativo do indivíduo implica ter à sua disposição um sistema de relevâncias e tipificações, que é parte daquilo que é transmitido aos membros de um grupo ou comunidade pela educação. Esse sistema preenche as seguintes funções:

a) determina quais eventos devem ser tratados como tipicamente iguais;

b) transforma as ações individuais únicas, de seres humanos únicos, em funções típicas de papéis sociais típicos;

c) funciona como um código de interpretação e ao mesmo tempo como código de orientação aos membros do grupo, criando assim um universo comum de discurso.

Desse sistema do qual estamos tratando aqui depende ainda a interação humana, quando o código de tipificação é estandardizado e o sistema de relevância institucionalizado. Esse sistema comum de relevâncias e tipificações dá origem às tipificações e estruturas de relevâncias individuais, instrumental básico para que o indivíduo proceda sua própria interpretação na vida cotidiana.

O processo de tipificação precede a percepção de uma situação (PSATHAS, 2004, p. 9). Todos os objetos com os quais entramos em contato, já a partir da primeira vez, são experienciados por meio de uma tipificação, ou seja, é como se fossem remetidos a um catálogo no qual buscamos afinidades e semelhanças com outras coisas já vistas, conhecidas e compreendidas. Tipificação é processada socialmente, o que quer dizer que o contexto social no qual uma pessoa é socializada constrói e reconhece uma tipificação de objetos e relações, transmitidas aos novos membros de um grupo durante a infância. Essa tipificação geralmente é aceita pelos membros do grupo. Simultaneamente a isso, indivíduos operam uma autotipificação na qual definem sua situação no mundo e a diversidade de relações que eles mantêm com outros indivíduos e outros objetos, materiais e culturais. Tipificação, portanto, é uma referência para a percepção da situação, a qual, por sua vez, também é submetida à interpretação por aqueles que agem, conduzindo assim a uma tipificação individual, singular, sobre a qual se apoia o roteiro de ação individual. Por um lado, esta tipificação permite aos indivíduos antecipar as perspectivas dos objetos com os quais está em contato; por outro lado, torna possível organizar suas próprias expectativas em relação ao objeto.

Relevância, por sua vez, é o problema mais importante para a investigação do mundo da vida na sociologia de Schütz (NASU, 2008, p. 92), uma vez que implica se perguntar pelas maneiras com que os indivíduos experienciam objetos e eventos ao seu redor, ou seja, como eles percebem, reconhecem, interpretam, conhecem e agem na vida cotidiana por meio da seleção de fatos e objetos na totalidade de elementos envolvidos em cada situação. A experiência ocorre como um processo de escolha e não como uma fatalidade ou como uma recepção passiva de dados, valores e significados, em razão de que indivíduos escolhem aquilo que deve receber sua atenção, isto é, quais elementos são tornados relevantes entre todos aqueles envolvidos na situação de ação. Com Schütz, podemos dizer, por um lado, que os indivíduos nem sempre escolhem as situações objetivas com as quais têm que se confrontar na vida; por outro lado, indivíduos podem escolher a atenção dada aos problemas com os quais têm que lidar. Essas escolhas, porém, estão baseadas no "estoque de conhecimento" acumulado em experiências pregressas. Nesse sentido, escolhas presentes e futuras são influenciadas de alguma maneira pelas escolhas realizadas no passado, mas não de uma maneira determinística, uma vez que até mesmo as experiências passadas são submetidas à interpretação e reinterpretações por aqueles que agem, fazendo com que até mesmo o passado seja dinâmico e movediço quando se trata de organizar as ações futuras. Assim, embora ancorado no estoque de conhecimento, o curso de ação individual permanece em aberto, mesmo que constrangido por fenômenos sobre os quais não possui qualquer controle.

O que para Durkheim (1962) apresenta-se ao indivíduo como sendo um constrangimento para a ação – papel exercido pelas representações coletivas –, para Schütz, trata-se de uma referência a que o indivíduo pode dispor e se apegar, mas que é objeto de sua interpretação, desde que este esteja devidamente provido das capacidades cognitivas para tanto, desenvolvidas desde a infância (SCHÜTZ, 2003, p. 339)[1]. Aqui, o indivíduo orienta-se por uma "atitude natural" em relação ao mundo, referida acima, ou seja, supõe acreditar nas coisas da vida cotidiana. Contudo, em termos fenomenológicos – diferentemente da crença religiosa, por exemplo – "acreditar em" implica ao mesmo tempo fazer das situações cotidianas objeto de inspeção e interrogação (NATANSON, 1998, p. 7). Nesse sentido, na análise de Schütz, concebe-se o indivíduo com um *status* de ator que interpreta as coisas com as quais Barber está se confrontando (pessoas, ideias, acontecimentos, normas etc.), a fim de se posicionar no mundo e, com isso, estabelecer seu roteiro de ação.

As comunidades, ou o grupo interno, nos termos de Schütz, afirmam-se e são possíveis na medida em que há a percepção do eu e do outro, ou seja, a percepção da identidade e da alteridade. O estabelecimento de uma vida comum com outros pressupõe necessariamente o compartilhamento de significados que dão sustentação aos relacionamentos sociais (SCHÜTZ, 1979, p. 80; 1972, p. 202) ou de uma identidade coletiva expressa por valores comuns, que são reafirmados nos ambientes de comunicação, em relações interativas (SCHÜTZ, 1979, p. 160). Isso significa que as pessoas de uma determinada comunidade ou grupo possuem algo socialmente significativo em comum, tendo em tal elemento ou elementos o demarcador de fronteiras, pois "[...] o significado subjetivo que o grupo tem para os seus membros consiste em seu conhecimento de uma situação comum e,

---

1. Sobre essa abordagem, cf. tb. Cicourel, 2007, p. 175.

com ela, de um sistema comum de tipificações e relevâncias" (SCHÜTZ, 1979, p. 82), quando, ao se reconhecer similaridades, delineia-se ao mesmo tempo as diferenças (JENKINS, 2002, p. 80)[2]. Isso implica dizer que os membros do grupo interno não possuem "conhecimento sobre", mas "conhecimento de" um contexto, com o qual o indivíduo está suficientemente familiarizado (NASU, 2006, p. 391). Contudo, essa familiaridade não está dada desde sempre, transmitida por parentes e professores, por exemplo, mas deve ser configurada em cada situação (NASU, 2006, p. 394).

Mesmo com seus constrangimentos e limitações, a ação, na sociologia de Schütz, é uma expressão de liberdade, daí por que a sociologia deveria investigar as motivações para a ação. Embora permaneça sendo uma questão controversa, na sociologia de Schütz discute-se sobretudo a gênese da ação como um objeto central para a análise de fenômenos sociais. A compreensão de um fenômeno social não seria suficientemente acurada, a partir dessa perspectiva sociológica, sem que se tenha como ponto de partida a interpretação daqueles com experiência no fenômeno investigado. Esse procedimento evitaria substituir a experiência do ator pela perspectiva do intérprete científico.

Investigar a motivação de uma ação implica considerar o significado subjetivo do ator, uma vez que é intrínseco à ideia de ação, pelo menos em uma perspectiva weberiana, que o ator atribui um significado a ela. Entretanto, Weber não ofereceu detalhes de como sociólogos deveriam proceder para que se pudesse ter acesso à perspectiva subjetiva do ator. Schütz propõe que o significado subjetivo de atores individuais poderia ser abordado por meio do conhecimento e compreensão das experiências diretas e indiretas. Experiência não se restringe apenas aos eventos práticos nos quais o indivíduo esteve envolvido pessoalmente, mas até mesmo naqueles vivenciados por seus contemporâneos ou mesmo por seus antepassados (SCHÜTZ, 2004a, 69). É precisamente o conhecimento adquirido nas experiências que organiza os diferentes níveis de relevância mobilizados pelos indivíduos, em todas as situações na vida cotidiana. Ao mesmo tempo, a constituição do processo de significado poderia ser acionada pelo observador científico por meio do conhecimento das motivações de atores individuais (DREHER, 2011, p. 493). Fica explícito aqui, como Schütz desenvolve a sociologia inaugurada por Weber quando propõe a distinção entre "motivos a fim de" e "motivos porque" (SCHÜTZ, 2004a, p. 110). Enquanto os "motivos a fim de" se referem às expectativas futuras do ator, os "motivos porque" dizem respeito às experiências e convicções ancoradas nas circunstâncias ambientais e sócio-históricas nas quais o ator esteve envolvido (DREHER, 2011, p. 493)[3].

---

2. Na análise do "estranho", empreendida por Schütz, verifica-se de maneira bastante nítida o lugar da percepção da alteridade no estabelecimento da ação individual. Exemplos podem ser verificados em Schütz, 2004a, p. 219; 2004b, p. 116; 1979, p. 85.

3. Sobre essa discussão pode-se ampliar em Barber, 2010.

A distinção entre esses dois tipos de motivação oferece uma chave para a compreensão do complexo processo de ação e de tomada de decisão individual. Ao considerar a temporalidade, os sociólogos obtêm acesso a diferentes aspectos envolvidos na ação, ou seja, as experiências passadas, a perspectiva presente e as expectativas futuras. Não considerar a temporalidade limita consideravelmente a análise das razões para uma ação. O aspecto temporal raramente é incorporado como um critério explícito para a definição de um roteiro de ação e é mantido implícito, ainda que o tempo seja uma parte constitutiva do significado (MUZZETTO, 2006, p. 5).

Sociólogos que se dedicam à investigação e discussão da ação social não estão totalmente desatentos quanto à motivação quando discutem as razões para uma ação. Ao lidar com esse problema, cientistas sociais geralmente estão mais atentos às expectativas futuras do ator, ou seja, com os "motivos a fim de". Questionar-se sobre os "motivos porque" implica dois tipos de dificuldades: um problema filosófico e um problema metodológico. O problema filosófico se refere ao escopo da responsabilidade de atores individuais em relação a suas próprias ações, pois questionar sobre os "motivos porque" implica aceitar um espectro razoável de responsabilidade individual sobre suas próprias ações, o que, paradoxalmente, poucas escolas sociológicas estão dispostas a admitir. A dificuldade metodológica se refere ao acesso ao contexto sócio-histórico vivenciado pelo ator individual e às ações passadas propriamente ditas.

Em diversas passagens de sua obra, Schütz indica que a biografia de atores individuais com experiências relacionadas aos problemas investigados é o que deveria ser considerado para que se possa obter qualquer conhecimento sobre experiências passadas (SCHÜTZ, 2004a; 2004b; 2004c). Não se pode esquecer que qualquer biografia está localizada no tempo e no espaço e não pode ser compreendida sem levar em consideração sua trajetória histórica (SCHÜTZ, 2004c: 209). Este alerta serve como lembrete de que existem alguns aspectos relevantes da estrutura e gênese da biografia que são singulares e específicos para um indivíduo, mas outros são compartilhados por aqueles que vivenciam as mesmas experiências. Por esse motivo, para se obter uma compreensão de fenômenos sociais e históricos, incorporou-se o componente biográfico na investigação sociológica orientada pela perspectiva teórica de Alfred Schütz, com base na memória do ator. Recordar constitui a condição de possibilidade para que experiências passadas possam ser assumidas como elemento para a análise da motivação da ação (ROSENTHAL, 2014). Um desafio para a pesquisa empírica é como acionar a memória com vistas à análise sociológica.

3 Schütz e pesquisa empírica: narrativas biográficas

Embora Schtüz não tenha delineado instrumentos e roteiros para a pesquisa empírica baseados em sua sociologia (HITZLER; EBERLE, 2000, p. 117), sua obra inspirou o desenvolvimento de algumas abordagens, por exemplo, a etnometodologia (GARFINKEL, 2002), a análise da conversação (SACKS, 1989; PSATHAS, 1995) e a abordagem de narrativa biográfica (SCHÜTZE, 1983; ROSENTHAL, 1995). Todas essas abordagens têm em comum a tentativa de se compreender aspectos da sociedade ou problemas sociais a partir da análise da perspectiva do senso comum, ou seja, considerando-se o trabalho interpretativo daqueles envolvidos em atividades da vida cotidiana, evitando-se substituí-la pela perspectiva dos observadores científicos.

Porém, há diferenças entre essas abordagens, especialmente em relação ao processo de produção dos dados e sobretudo relacionada à importância para a análise de experiências passadas. Tanto a etnometodologia quanto a análise de conversação se concentram nas situações interativas da vida cotidiana, cujo foco analítico não está explicitamente direcionado à reconstrução das experiências prévias para se compreender como ocorre uma interação concreta, embora seja reconhecido que o passado exerce um papel relevante nas interações.

A abordagem de narrativas biográficas – desenvolvida inicialmente pelo sociólogo alemão Fritz Schütze (1983) e posteriormente incrementada por outros, entre eles por Gabriele Rosenthal (1995; 2014), especialmente para a análise de narrativas produzidas durante uma entrevista biográfica – é uma perspectiva metodológica que oferece procedimentos para a compreensão da ação no cotidiano. Fundamentada sobretudo na sociologia de Alfred Schütz, a abordagem de narrativas biográficas procura compreender problemas sociais obtendo-se narrativas sobre experiências concretas daqueles que possuem uma relação com os fenômenos analisados, como migração, violência, desemprego etc.

Distinto das análises de trajetórias biográficas, narrativas biográficas permitem a construção de tipologias de interpretações do mundo da vida, considerando, neste processo, como grupos de indivíduos manuseiam o "estoque de conhecimento" e, sobretudo, como manuseiam o sistema de relevância e tipificação, elementos-chave no processo interpretativo cotidiano do sujeito (SCHÜTZ, 2003; SCHÜTZ; LUCKMANN, 1973), tendo em vista sua importância no processo de tomada de decisão no curso de ação cotidiano. Para além disso, narrativas biográficas oferecem um importante acesso às conexões entre indivíduos e seus grupos, comunidades e movimentos (CARVALHO, 2003, p. 293) em um período e contexto históricos e sociais específicos (ROSENTHAL, 2014).

Colocar a ação em uma perspectiva temporal implica considerar o tempo como um *continuum*, no qual passado, presente e futuro estão imbricados na mesma ação. Porém, dizer que o tempo é um *continuum* em uma ação não implica que haveria algum tipo de determinismo nas ações presentes e futuras, ou seja, definidas pelas ações já realizadas, mas tão somente que ações no presente e no futuro não podem ser compreendidas sem levar em consideração ações prévias já realizadas por aqueles cujas ações são consideradas. Neste sentido, a análise da ação baseada nos escritos sociológicos de Alfred Schütz pode ser compreendida como uma investigação histórica por excelência. O que é colocado em perspectiva histórica não é somente a ação, mas também o significado atribuído pelo ator a sua própria ação, tanto no presente quanto no passado. Dessa maneira, a compreensão da ação a partir de uma perspectiva da sociologia schütziana seria melhor conduzida com a combinação de uma análise sincrônica com uma abordagem diacrônica, o que é possível se efetivar por intermédio da análise de narrativas biográficas, em especial por intermédio da abordagem proposta por Rosenthal (2014).

Em *The Structures of the Life-World* (As estruturas do mundo da vida), Schütz e Luckmann deixam ainda mais explícito como a biografia atua como um elemento-chave para a ação no mundo da vida, no sentido de que aquilo já realizado pelo próprio ator e por outros funciona como um limitador para a possibilidade da ação livre (SCHÜTZ; LUCKMANN, 1973, p. 3). Esta limitação não significa que o que foi realizado será replicado, mas que ações pretéritas funcionam como um elemento de consolidação da tipificação de situações já vivenciadas. Neste sentido, aquilo que já foi experienciado será recuperado como uma referência quando indivíduos se depararem com situações futuras. Assim, o horizonte de uma ação em novas situações fará referência no primeiro momento a ações já realizadas, mesmo que para recusar a agir de maneira semelhante ao que foi executado em situações anteriores. A sedimentação de experiências biográficas assegura que a ação não será executada no vazio, uma vez que o estoque de conhecimento sobre experiências passadas fornece ao ator a solução a problemas práticos (SCHÜTZ; LUCKMANN, 1973, p. 15).

Uma consequência deste entendimento não é que ações futuras possam ser previstas, mas que ações no presente poderiam ser melhor compreendidas se o observador puder ter acesso às ações passadas do ator. Contudo, uma vez que a ação passada enquanto tal jamais poderá ser apreendida novamente (ROSENTHAL, 1995; 2014), para a compreensão tanto de ações passadas quanto de ações no presente, deve-se buscar a interpretação presente de experiências passadas, considerando-se que essas ações do passado são sempre lidas com as lentes da situação biográfica presente e que o ator não apenas vive no presente, mas também trabalha com expectativas em relação ao futuro. Nesse sentido, um elemento especial para a análise de fenômenos sociais baseada na sociologia de Schütz é explicitar experiências biográficas dos atores, com o intuito de ter acesso aos significados atribuídos a essas experiências.

Ao expor o caráter biográfico do estoque de conhecimento no mundo da vida, Schütz e Luckmann (1973, p. 112) afirmam que nossas experiências são socializadas, mas não são socializadas da mesma maneira, conferindo um viés "particular" ao nosso estoque de conhecimento. Nesse sentido, lidar sociologicamente com biografias poderia, eventualmente, ser caracterizado como um tipo de "microssociologia". Entretanto, pelo menos a partir da perspectiva da sociologia de

Schütz, a distinção bastante difundida entre micro e macrossociologia faz pouco sentido, dado que experiências biográficas são ilimitadas, no sentido de que não estão circunscritas a algumas dimensões da vida social. Isso significa que mesmo as interações as mais triviais na nossa vida cotidiana estão marcadas por noções de normas, regras, classes e todos os aspectos da estrutura social, além de sentimentos bastante particulares, como ódio e amor.

Referências

BARBER, M.D. (2004). *The Participating Citizen – A Biography of Alfred Schutz*. Nova York: Suny.

BARBER, M.D. (2010). Alfred Schutz. In: ZALTA, E.N. (ed.). *Stanford Encyclopedia of Philosophy*. Stanford: Stanford University Press.

CARVALHO, I.C.M. (2003). Biografia, identidade e narrativa: elementos para uma análise hermenêutica. *Horizontes Antropológicos*, v. 9, n. 19, p. 283-302.

CICOUREL, A. (2007). As manifestações institucionais e cotidianas do *habitus*, *Tempo Social*, v. 19, n. 1, p. 169-188.

DREHER, J. (2011). Alfred Schutz. In: RITZER, G.; STEPNISKY, J. (eds.), *The Wiley-Blackwell Companion to Major Social Theorists*. Blackwell Publishing.

DURKHEIM, É. (1962). *De la division du travail social*. Paris: PUF.

EBERLE, T.S. (2000). *Lebensweltanalyse und Handlungstheorie: Beiträge zur Verstehende Soziologie*. Konstanz: UVK.

ENDRESS, M.; RENN, J. (2004). Einleitung der Herausgeber. In: SCHÜTZ, A. *Der sinnhafte Aufbau der sozialen Welt – Eine Eileitung in die verstehende Soziologie*. Konstanz: UVK.

HITZLER, R.; EBERLE, T.S. (2000). Phänomenologische Lebensweltanalyse. In: FLICCK, U.; KARDORFFA, E.; STEINKE, I. (eds.). *Qualitative Forschung – Ein Handbuch*. Reinbeck bei Hamburg: Rowohlt Verlag.

JENKINS, R. (2002). *Social identity*. Londres: Routledge.

MUSE, K.R. (1991). Edmund Husserl's impact on Max Weber. In: HAMILTON, P. (org.). *Max Weber: Critical assessments*. Vol. II. Londres: Routledge.

MUZZETTO, L. (2006). Time and Meaning in Alfred Schütz. *Time & Society*, 15 (1), p. 5-31.

NASU, H. (2006). How is the other approached and conceptualized in terms of Schutz's constitutive phenomenology of the natural attitude? *Human Studies*, 28, p. 385-396.

NASU, H. (2008). A continuing dialogue with Alfred Schutz. *Human Studies*, 31, p. 87-105.

NATANSON, M. (1998). Alfred Schutz: Philosopher and social scientist. *Human Studies*, 21, p. 1-12.

GARFINKEL, H. (2002). *Studies in Ethnomethodology*. Cambridge: Polity Press.

PARSONS, A.S. (1978). Interpretive sociology: the theoretical significance of Verstehen in the constitution of social reality. *Human Studies*, 1, p. 111-137.

PSATHAS, G. (1995). "Talk and social structure" and "studies of work". *Human Studies*, 18, p. 139-155.

PSATHAS, G. (2004). Alfred Schutz's influence on American sociologists and sociology. *Human Studies*, 27, p. 1-35.

ROSENTHAL, G. (1995). *Erlebte und erzählte Lebensgeschichte – Gestalt und Struktur biographischer Selbtsbeschreibungen*. Frankfurt: Campus.

ROSENTHAL, G. (2014). *Pesquisa social interpretativa – Uma introdução*. Porto Alegre: Edipucrs.

SACKS, H. (1989). Lecture One – Rules of Conversational Sequence. *Human Studies*, 12, p. 217-227.

SCHUTZ, A. (1972). *The phenomenology of the social world*. Londres: Heinemann Education Books.

SCHUTZ, A. (1979). *Fenomenologia e relações sociais*. Rio de Janeiro: Zahar.

SCHUTZ, A. (2003). *Theorie der Lebenswelt 1: Die pragmatische Schichtung der Lebenswelt – Alfred Schütz Werkausgabe Band*, vol. 1. Org. por Martin Endress e Ilja Srubar. Konstanz: UVK.

SCHUTZ, A. (2004a). Das Problem der Relevanz. In: LIST, E. (ed.). *Relevanz und Handeln 1 – Zum Phänomenologie des Alltagswissens*. Konstanz: UVK.

SCHUTZ, A. (2004b). Die biographische Situation. In: LIST, E. (ed.). *Relevanz und Handeln 1 – Zum Phänomenologie des Alltagswissens*. Konstanz: UVK.

SCHUTZ, A. (2004c). Das Wählen zwischen Handlungsentwürfen. In: LIST, E. (ed.). *Relevanz und Handeln 1 – Zum Phänomenologie des Alltagswissens*. Konstanz: UVK.

SCHUTZ, A.; LUCKMANN, T. (1973). *The Structures of the Life-World*. Vol. 1. Evanston: Northwestern University Press.

SCHÜTZE, F. (1983). Biographieforschung und narratives Interview. *Neue Praxis*, 3, p. 283-293.

SRUBAR, I. (1984). On the origin of "phenomenological" sociology. *Human Studies*, v. 7, n. 2, p. 163-189.

STAUDIGL, M. (2007). *Towards a phenomenological theory of violence: reflections following Merleau-Ponty and Schutz*. Human Studies.

WAGNER, H.R. (1979). Introdução: a abordagem fenomenológica da sociologia. In: SCHUTZ, A. *Fenomenologia e relações sociais*. Rio de Janeiro: Zahar.

WEBER, M. (2004). *Economia e sociedade*. Vol. 1. Brasília: UnB.

8
A "virada pragmática" na sociologia francesa pós-bourdieusiana

Diogo Silva Corrêa
Rodrigo de Castro

Neste texto, apresentaremos as três principais ramificações que introduziram, cada qual à sua maneira, deslocamentos na sociologia francesa pós-década de 1980 em direção a um movimento que, embora difícil de delimitar, pode ser caracterizado, *grosso modo*, por sua "virada pragmática". Unificados em torno da crítica à sociologia clássica de Émile Durkheim e à sociologia crítica de Pierre Bourdieu (FREIRE-MEDEIROS; CORRÊA, 2020), os autores da sociologia pragmática francesa propuseram, no fim dos anos de 1980 e início dos anos de 1990, um aprofundamento das *investigações*[1] como o momento instituidor da dimensão prática, em oposição à temática da consciência coletiva ou das estruturas de reprodução e das disposições duráveis. Por outro lado, recuperando tradições como o pragmatismo norte-americano e a Escola de Chicago, e embarcando na crítica pós-estruturalista, esses autores buscaram retomar uma imagem do social distinto, isto é, não mais como pressuposto ou condição da ordem social, mas como um processo de ordenação contínuo e problemático (cf. CORRÊA, 2014). E isso tanto porque os suportes técnicos, institucionais e científicos, tomados por óbvio na tradição clássica da sociologia, agora passaram a ser tratados como não tão estáveis quanto pareciam; ou porque a "sociedade" passou a ser vista como a composição sempre incerta de públicos com interesses multifacetados.

Destacaremos, em um primeiro momento, o cenário geral do campo sociológico francês e algumas características comuns que podem ser encontradas hoje, se olhadas retrospectivamente. Queremos deixar claro que os autores de que tratamos

---

1. Quando tratamos de *investigações*, nos referimos à noção de *inquiry* de John Dewey, que o definia como: "a transformação dirigida ou controlada de uma situação indeterminada em uma outra situação de tal modo determinada nas distinções e relações que a constituem, que possa converter os elementos da situação original em um todo unificado" (DEWEY, 1960, p. 104-105).

aqui não possuíam, nem na década de 1980 nem posteriormente, um projeto articulado em torno de uma deliberação reflexiva coletivamente estruturada. Não havia e nem há propriamente entre eles uma identidade acerca de como se deveria ou se deve praticar o saber sociológico. De modo distinto, a unidade encontrada e da qual falaremos em seguida é muito mais uma espécie de "ar de família" geral propiciado e tornado possível em razão do conjunto de problemas comuns com que se depararam na década de 1980. Do conjunto, vale mencionar a hegemonia da sociologia crítica de Bourdieu e os impasses engendrados pelo estruturalismo. Em um segundo momento, no presente texto teremos por escopo descrever as principais características em torno de três eixos de produção da sociologia pragmática na França, a saber, o Centre de Sociologie de L'innovation (CSI), o Groupe de Sociologie Politique et Morale (GSPM) e o Centre d'Études des Mouvements Sociaux (Cems).

Introdução: o "ar de família" da sociologia francesa pós-década de 1980

A partir dos anos de 1980 cristaliza-se na França um horizonte de pesquisa nas ciências sociais marcado pela crise dos grandes paradigmas, do fim dos "ismos" e das grandes explicações totalizantes. As novas abordagens que emergem como alternativa, sobretudo à hegemonia da sociologia de Pierre Bourdieu, apresentam alguns pontos de convergência, como a preocupação em reformular a teoria da ação social a partir de uma abordagem pragmaticamente orientada (DOSSE, 2003; KARSENTI; QUERÉ, 2004). Os trabalhos produzidos nesse contexto convergem também para a superação de antinomias clássicas entre sujeito e objeto (filosofia), indivíduo e sociedade (sociologia) ou cultura e natureza (antropologia).

As categorias explicativas tradicionais – as estruturas, as classes sociais, os movimentos sociais – passam a ser questionadas em prol de uma abordagem mais próxima do *ator* e de sua *experiência*. A partir do plano da ação e da interação, o objetivo torna-se investigar a formação das categorias (BOLTANSKI; THÉVENOT, 1983), as formas de coordenação da ação (THÉVENOT, 1986) e a emergência de atores coletivos (BOLTANSKI, 1982; 1984) ou macroatores (LATOUR; CALLON, 1981). Os grupos sociais, antes conceitos explicativos do social, tornam-se os elementos a serem explicados. A totalidade e a regularidade são substituídas pelas microssituações, pelos momentos de ruptura e pelas controvérsias. O problema do social torna-se social como problema. No lugar de unidades coesas e fechadas, a investigação incide sobre entidades instáveis, "objetos cabeludos" e elementos incongruentes e heterogêneos. Os determinismos holísticos dão lugar à preocupação com o sentido da ação e com a investigação empreendida pelos atores nos momentos de incerteza.

No plano epistemológico, a guinada pragmática pretende superar o impasse do determinismo e do objetivismo através de um equilíbrio entre explicação e compreensão. Inspirado pela fenomenologia de Alfred Schutz, o trabalho do investigador se aproxima então de um processo de "clarificação" (DOSSE, 2003,

p. 17) da trama de sentido tecida na própria *ação*, que se torna a palavra-chave dessa nova guinada. Os autores da sociologia pragmática estabeleceram como tarefa prioritária do sociólogo a explicitação e a descrição das competências cognitivas e reflexivas dos atores sociais. Ao sociólogo restou acompanhar e retraçar, em outros termos, "seguir" (LATOUR, 2006) as operações empreendidas pelos próprios atores. Com ênfase em métodos etnográficos, o pesquisador deve descrever a ação e cartografar as diferentes posições assumidas pelos atores em disputas e controvérsias. A valorização da ação pressupõe uma decomposição das estruturas e das determinações em prol de uma abordagem próxima da experiência concreta do ator, tratando a ação como irredutível a tudo que não seja ela mesma. Esse princípio de irredutibilidade da ação possui claras ressonâncias das reflexões metafísicas de Latour em *Irréductions*, última parte de sua obra *Les microbes: guerre et paix* (1984).

Na esteira da etnometodologia, outra forte influência nesses trabalhos, as ações sociais não remontam mais ao domínio da razão ou das estruturas sociais. Ao contrário, a sociedade e o vínculo social passam a ser abordados "do ponto de vista dos processos cognitivos, das categorias semânticas ou dos métodos de coordenação que os constituem" (QUÉRÉ et al., 1993, p. 11). A *sociedade* deixa de existir em sua dimensão funcional e totalizante e passa a ser encarada enquanto uma multiplicidade de ações situadas, redes de associação de elementos heterogêneos (LATOUR, 2006) ou de uma pluralidade de *arenas* e *coletivos* (CEFAÏ, 2002b). A linearidade e a regularidade do mundo social, embora não completamente deixadas de lado, dão lugar à ênfase nas rupturas, bifurcações, inovações e incertezas. O social não é mais o que faz ou produz a ação, mas é o seu resultado. Daí o novo peso conferido às noções de "evento", "controvérsia", *"affaire"*, "crise", "prova" e "situação". São essas situações aquelas nas quais o social não apenas se faz e se refaz como também se torna visível para os atores e para a análise do sociólogo. Esse novo vocabulário abrange também as *pessoas*, que são vistas não mais como portadoras de disposições adquiridas e, portanto, dotadas de um feixe de determinações sedimentadas ao longo do processo de socialização, como no conceito de *habitus* de Pierre Bourdieu. Ao contrário, elas são consideradas por suas competências criativas no seio do próprio agir (JOAS, 1996).

Ao invés da noção de disposição que faz referência às determinações, a noção de competência assume o primeiro plano e alude às capacidades observáveis na ação. Ao horizonte de fechamento e determinação da ação, a imagem que se impõe na sociologia pragmática é de um horizonte de abertura das possibilidades do agir. Não importa tanto descrever o que, de modo prévio, restringe a ação dos atores, mas sim de observar e tornar visível e descritível o que os atores se mostram no presente capazes de fazer. A noção de *ator*, remontando à metáfora dramatúrgica de Erving Goffman e à tradição interacionista ligada à Escola de Chicago (CHAPOULIE, 2001), é amplamente utilizada para dar conta da pluralidade de transições e adaptações que as pessoas levam a cabo nas diversas situações ordinárias. Enquanto o *habitus* e a tradição disposicionalista posterior reduzia as situações à sua capacidade de *ativação* do passado incorporado do ator, a tradição pragmática da sociologia enfatiza a presente e o agir criativo e singular da ação e da situação. Nesse plano, os atores, dotados de um "senso de dissonância" (STARK, 2011), são descritos como entidades capazes de produzir ações criativas diante das tensões e dos elementos frictivos que se revelam nas diversas situações. Nesse sentido, ao invés de um agente dotado de um *habitus* que, na sociologia de Bourdieu, pré-agencia suas possibilidades perceptivas, a sociologia pragmática se pretende mais atenta à multiplicidade de composições inventivas produzidas em meio às configurações situacionais e ao agenciamento dos objetos sociotécnicos. Eis aí uma segunda novidade: à dimensão intersubjetiva das pessoas é acrescentada o plano interobjetivo dos artefatos (LATOUR, 1996). Com esse último busca-se equilibrar a tendência antropocêntrica e assimétrica da sociologia, descrevendo, assim, o poder constitutivo de agência dos objetos nas configurações situacionais em meio às quais os indivíduos se encontram, e restituindo a incerteza e a pluralidade que lhe são constitutivas.

Outro ponto importante é que na sociologia pragmática francesa o objetivo do sociólogo deixa de ser de julgar a verdade ou coerência das ações, assim instaurando uma hermenêutica da suspeita (RICŒUR, 1969), para ser o de analisar os critérios de pertinência e validade que presidem as ações e os julgamentos ordinários dos atores. Como veremos no caso mais claro do GSPM, no lugar de uma sociologia crítica propõe-se uma sociologia *da* crítica, ou seja, em vez de uma sociologia que intenta arrogar para si o monopólio da verdade a respeito do mundo social, advoga-se uma sociologia que tenta formalizar a competência dos atores em problematizá-lo por intermédio de suas críticas ou, nos termos de John Dewey, *investigar* o mundo. Para manter a alusão ao pragmatismo clássico norte-americano, a sociologia pragmática passa de uma filosofia das formas elementares da *investigação* para uma sociologia das *investigações* dos atores.

Nesse novo contexto, três polos se destacam na produção dessa nova guinada na sociologia francesa na direção de uma sensibilidade pragmatista. A seguir, para reduzir a complexidade expositiva desses três polos, enfatizaremos recortes específicos e que consideramos representativos da virada pragmática: o papel das noções de controvérsia e prova nos deslocamentos sociológicos produzidos no Centre de Sociologie de l'Innovation (CSI); a *pluralidade da crítica* a partir das investigações axiológicas do Groupe de Sociologie Politique et Morale; por fim, uma problematização da ação política a partir da sociologia dos *problemas públicos* proposta no Centre d'Études des Mouvements Sociaux (Cems).

Seguindo as controvérsias

No Centre de Sociologie de l'Innovation (CSI), Bruno Latour e Michel Callon renovam a sociologia da ciência e da técnica a partir de um enfoque situado não nos fatos científicos acabados, mas na ciência em vias de se fazer (*en train de se faire*). Assim, eles enfatizam a importância de se expor os fatos e as entidades ainda em estado "quente", por meio da apresentação de controvérsias e momentos de incerteza. Alguns fatos científicos são então tratados como "caixas-pretas" a serem reabertas a fim de revelar o trabalho ordinário realizado pelos cientistas em seus laboratórios. A intuição é simples: o trabalho de composição do mundo e do social não são dados pelo ajustamento a uma realidade "lá fora" (*out there*) à espera de ser descoberta, mas é o próprio trabalho de composição e de construção do *fato bruto* que permite a confecção do tecido ontológico do mundo.

Inspirados na semiótica de Greimas, na obra de Michel Serres (cf. SERRES; LATOUR, 1994), e na ontologia rizomática de Gilles Deleuze, Latour, Callon e companhia elaboram a teoria do ator-rede. Nessa teoria, em vez da estrutura estruturada de Pierre Bourdieu, eles propõem a existência de um único plano de conexões entre elementos heterogêneos, numa ontologia plana e não hierárquica entre as agências humanas e não humanas. A hierarquia deixa de existir como elemento *a priori* e constitutivo das relações mundanas e é tratada como o resultado sempre interino e provisório das complexas associações que compõem o social. Ou seja, ao invés de determinada *a priori* por relações de poder ou de "violência simbólica", a hierarquia é descrita a partir de um emaranhado complexo de conexões e associações de elementos heterogêneos. As relações de poder se mantêm, mas não são mais tratadas como o elemento explicativo das relações sociais; ao contrário, Latour e companhia advogam que elas sejam vistas como os desdobramentos complexos das relações de força de composição de associações.

Aquele que possui acesso às equivalências, isto é, aos critérios ou princípios de avaliação a partir dos quais a realidade é definida é aquele que é capaz de estabilizar determinadas relações e agrupar elementos até então heterogêneos e totalmente incongruentes: "quem irá *vencer no final*? Aquele que é capaz de estabilizar um estado particular de relações de poder ao associar o maior número de elementos vinculados irreversivelmente" (LATOUR; CALLON, 1981, p. 293).

A sociologia do *CSI* se propõe a analisar as associações e dissociações de uma maneira mais vasta, incorporando tudo o que entra como "aliado" no fortalecimento ou no enfraquecimento das interações que constituem os *atores*: objetos, discursos, invenções técnicas, fatos e fetiches, humanos, neurônios, afetos etc. Por isso, no lugar de uma sociologia da reprodução, preocupada em mostrar os fatores inerciais do mundo social em sua transmissão (e perpetuação) desigual de capitais (econômico, social e cultural), Latour, Callon e companhia propõem uma sociologia da inovação, atenta às formas pelas quais novas ideias e invenções científicas emergem de contextos relacionais capazes de conectar e produzir entidades altamente improváveis.

Ao mundo cujo potência se degrada na desigualdade de capitais de Pierre Bourdieu, Latour e Callon propõem a descrição do mundo cujo *élan vital* se expande por agregação e transformação. Nele, as entidades (ou melhor, os devires) se expandem e/ou se desedificam, se formam, se reformam e se transformam continuamente por meio de associações e dissociações. No lugar do poder simbólico que subjuga o significado das coisas às posições estruturais, os autores do CSI propõem uma sociologia da tradução[2] e da transformação na qual posições estruturais continuamente se redefinem e permanentemente têm o seu significado alterado no fluxo imanente das agências em curso.

Eis por que o mundo do CSI é aquele no qual há uma multiplicidade de ontologias ou, para retomar William James, um multiverso. Em todo caso, para bem mostrar a aludida multiplicidade, Latour Callon e companhia privilegiam situações que, no lugar de unidades coesas e fechadas, apresentam entidades instáveis, objetos "cabeludos" (uma expressão de Latour) e elementos incongruentes e heterogêneos que clamam por um trabalho efetivo da parte dos atores e dos dispositivos para encerrarem a controvérsia em torno de sua definição.

Daí por que os momentos de controvérsia em torno da definição de um objeto técnico ou de um fato bruto são privilegiados pelos autores do CSI: trata-se efetivamente de uma estratégia metodológica com o escopo de acompanhar *in actu* o processo de *ontologização* das entidades que constituem um mundo provisoriamente comum. Processo esse, aliás, nunca finalizado pelo sociólogo ou filósofo que, do alto de sua cátedra e no lugar dos atores que pesquisa, decide o seu melhor modo de resolução. Pelo contrário, no CSI advoga-se a ideia de que são os próprios atores que definem e redefinem o seu próprio mundo em meio ao processo controverso. Como diz Callon, "a sociedade é o resultado sempre provisório das ações em curso" (2006, p. 267). E o sociólogo deve apenas acompanhar e, na medida do possível, cartografar todos os movimentos e transformações imanentes à própria controvérsia.

Mas o que seria propriamente a controvérsia para os autores do CSI? Em outros termos, como o CSI define a noção de controvérsia? Exemplar a esse respeito é o livro *Cogitamus*, de Bruno Latour. Em seu terceiro capítulo, o ex-professor da École de Mines aponta para a importância da captação do social a partir do momento em que as coisas mostram-se instáveis e problemáticas, e em seguida enfatiza o ponto fundamental para essa virada da sociologia francesa na direção de uma pragmática no CSI: as controvérsias científicas. Essas são, por definição, o momento em que diversos elementos do mundo se apresentam em sua condição instável. A propósito dessas últimas, as controvérsias científicas, Callon aponta quatro características fundamentais: "(1) elas dizem respeito a um objeto técnico; (2) as soluções buscadas são múltiplas [...]; (3) os grupos sociais implicados e seus in-

---

2. A noção de *tradução*, originalmente desenvolvida por Michel Serres em *La traduction, Hermès III*, e posteriormente por Michel Callon em *L'Opération de traduction*, é entendida por Latour e Callon como "todas as negociações, intrigas, cálculos, atos de persuasão e violência, graças aos quais um ator ou força toma para si, ou faz com que lhe seja conferida, a autoridade de falar ou agir em nome de outro ator ou força" (ibid., p. 279).

teresses são tão numerosos e variados quanto possível [...]; (4) enfim, as forças que se opõem ao longo da controvérsia se equilibram permanentemente [...]" (2006, p. 139).

Ainda sobre as controvérsias, Latour fala em *Cogitamus* dos enunciados que, ao longo da controvérsia, transitam no mais das vezes entre dois extremos: a dúvida radical e a certeza inconteste. Ele então explora a ideia de que "um enunciado que não precisa mais de aspas, de nenhuma condicional, possui a particularidade de tornar-se impossível de se distinguir do mundo" (LATOUR, 2010, p. 81-82). O enunciado inconteste (*dictum*), portanto, não é um pleonasmo do mundo, mas pode se tornar dele indiscernível como resultado provisório de uma longa controvérsia: "no início [...], o enunciado flutua; no fim, deve-se descobri-lo solidamente ancorado em uma paisagem precisa [...]" (LATOUR, 2010, p. 81). A hipótese de Latour é que, no início, tudo é problemático, tudo é "fato disputado" (*matter of concern*); e que os "fatos prontos" (*matters of fact*), as "certezas" são sempre não o que é dado de antemão e sempre esteve lá para ser finalmente descoberto, mas a resultante (sempre provisória, diga-se de passagem) de um longo processo controverso em torno de sua definição. Tudo se passa como se a estabilidade fosse uma modalidade rara e insólita da reiterada variação constitutiva do mundo.

Mas, então, como seguir uma controvérsia? Latour define esta tarefa a partir do acompanhamento que deve o pesquisador fazer do processo no qual e pelo qual o enunciado *ontologiza-se* progressivamente, ou seja, deixa de ser uma mera frase flutuante e torna-se ele próprio, ainda que sempre interinamente, uma mera redundância do mundo. Em outros termos, seguir uma controvérsia exige analisar o próprio processo de composição do mundo; trata-se, portanto, de seguir o modo como os atores se esforçam para, apesar (e em razão) das diferenças, discordâncias, dissensos etc., comporem um mundo comum.

A tarefa do pesquisador é, por conseguinte, "seguir, traçar ou cartografar uma controvérsia" localizando *"todos os seus movimentos"* (LATOUR, 2010, p. 85), todas as suas passagens e transformações de temas, relações de força e poder, modulação de intensidades etc. Isso inclui, também, acompanhar os enunciados ainda permeados de dúvidas e hesitações, passando pelos estados intermédios como o "rumor", a "opinião", o "parecer", a "proposição" até a sua possível fase final, em que se tornam "descoberta" e "fato", quer dizer, *inscrições* nítidas e bem definidas, posteriormente encontradas em artigos acadêmicos, sem a necessidade das aspas, como *caixas-pretas*. Aproveitando essa reflexão, Latour propõe uma nova definição da disciplina, em nome da qual advoga, que define bem o ideal regulativo do tipo de sociologia apregoado pelo CSI:

> Humanidades científicas [...] consistem em seguir *todas as provas* capazes de produzir ou não convicção, todas as engenhosidades, as montagens, as astúcias, os achados, as coisas graças às quais se termina por tornar evidente uma prova, de modo a fechar uma discussão permitindo aos interlocutores mudar de opinião sobre o caso em torno do qual eles

se encontram reunidos (LATOUR, 2010, p. 100).

Em outros termos, trata-se de analisar o processo de composição do social levado a cabo pelos atores nas situações em que ele é visível, quer dizer, nas situações problemáticas, de transformação, ruptura etc. Ora, se nada, se nem mesmo a própria evidência é evidente *a priori*, então resta todo o trabalho de repertoriar as modalidades de constituição de sua emergência. E isso, é claro, sem fazer uso de uma metafísica anterior aos processos controversos ou transcendentes aos atores e às suas atividades no próprio processo controverso. Bem ao contrário, acompanhar a controvérsia para o CSI significa descrever as formas pelas quais e os instrumentos por meio dos quais os próprios atores edificam e, por conseguinte, modificam e transformam a evidência. E, se evidência há, duas condições se impõem à análise. Primeiro, que ela *parta diretamente dos atores* em meios às situações de prova ou controvérsias e, segundo, *que ela seja uma resultante de sua atividade conjunta*. Quer dizer, não mais de um *cogito ergo sum*, mas, para fazer referência ao título da obra de Latour, de um *Cogitamus ergo sumus*. Nessa perspectiva do CSI, acompanhar uma controvérsia significa vislumbrar o social e o real não apenas a partir da tessitura relacional do real, mas sobretudo como resultados provisórios das ações dos atores em meio aos problemas em movimento.

A pluralidade da crítica

No Groupe de Sociologie Politique et Morale (GSPM), Luc Boltanski e Laurent Thévenot modificam o enfoque sobre o acordo social. Este não é mais tomado como resultado de uma totalidade preexistente, de uma estrutura estruturada ou de um princípio de dominação geral como a violência simbólica, mas passa a ser analisado como a resultante de um processo de *investigação* (*inquiry*) realizado pelos próprios atores a propósito de seus fundamentos morais e normativos. No lugar de uma sociedade fechada, cujo fluxo desigual de capitais senão impede ao menos reduz drasticamente o universo das determinações, os autores do GSPM fazem uma sociologia das investigações axiológicas dos atores, mostrando a capacidade desses últimos de recorrerem a uma pluralidade de concepções de justiça a fim de contestarem ou justificarem as assimetrias (legítimas ou ilegítimas) de poder. No GSPM, pois, a dimensão axiológica da investigação é privilegiada, pois ainda que os seres não humanos tenham um papel ativo na formação do acordo, são os humanos que possuem a capacidade de falar por eles. Portanto, como veremos, é o momento crítico do confronto público que será privilegiado nesse polo.

Luc Boltanski, colaborador de Pierre Bourdieu até o início dos anos de 1980, pode ser visto como aquele que, no interior dessa galáxia pragmática, produz a crítica mais próxima da sociologia bourdieusiana, razão pela qual alguns autores (cf. VANDENBERGHE, 2006) o aproximam de Bourdieu mais até do que de Latour. Alguns temas são aprofundados, como o questionamento da distância escolástica que ignora o mundo da prática, agora não mais através de uma autorreflexividade que revela as determinações sociais, biográficas e econômicas da posição intelectual, desvelando seus pressupostos implícitos e ativamente ignorados, mas num questionamento da própria ruptura epistemológica entre o saber erudito e o saber ordinário. Não se trata mais de denunciar as paredes que separam o laboratório (ou o gabinete) do mundo, mas de constatar que nas sociedades críticas essas paredes já caíram há algum tempo, ou mal se mantêm em pé. Outro ponto em comum entre Bourdieu e Boltanski é a tentativa de mostrar como as categorias de definição do mundo social não são, como em Durkheim, definidas ao modo do sujeito transcendental kantiano diluído e historicizado na cultura ou na sociedade, mas objeto constante de luta e de possíveis transformações. Boltanski, no entanto, diferentemente de Bourdieu, não estabelece *a priori* as condições de impossibilidade da crítica, numa determinação da distância que separa "dominantes" e "dominados" no que tange às possibilidades de jogar o jogo. Se Bourdieu poderia ser classificado nesse sentido como um neomarxista, Boltanski se aproxima de Durkheim no resgate de uma sociologia mais sensível ao senso moral dos atores (cf. BOLTANSKI, 2009a).

Além disso, cabe destacar que o ideal de uma reflexividade que culminaria em um pretenso controle da parcialidade subjetiva pela consciência do posicionamento objetivo, em Bourdieu, torna-se para os autores do GSPM uma entre as diversas posições críticas passíveis de descrição, compartilhadas (e disputadas) por sociólogos e atores leigos. Classificar, criticar, julgar, justificar, são então tomadas como algumas das operações compartilhadas entre atores ordinários e especialistas. Não se trata de uma inversão de papéis e nem da renúncia da sociologia à crítica, mas, sobretudo, da adoção de uma postura reflexiva sobre o lugar, a prioridade, o momento e o *modus operandi* da crítica – seja ela leiga ou especialista, como a sociológica. Nos termos de Boltanski (1990b), tratou-se em verdade da passagem de uma sociologia crítica para uma sociologia *da* crítica.

Ao longo da década de 1980, Luc Boltanski e Laurent Thévenot publicaram trabalhos em três direções importantes que convergiram para a formulação de uma sociologia pragmática *da* crítica. Primeiro, a relação entre as classificações científicas e o senso ordinário (BOLTANSKI; THÉVENOT, 1983) numa investigação sobre o vínculo entre as operações de classificação e de julgamento, através da observação de exercícios nos quais os participantes precisavam manipular categorias relativas ao gosto e às condutas privadas e associá-las a "categorias socioprofissionais" (DESROISIERES; GOY; THÉVENOT 1983). Os atores justificavam as suas classificações de uma personalidade não apenas em termos de coerência lógica, mas também de justiça, mostrando a inseparabilidade prática entre a apreciação dos fatos e dos valores. O exercício explicitava também os impasses e as soluções que a manipulação ordinária das categorias sociológicas gerava.

Segundo, em trabalhos que investigaram o processo de generalização presente nas causas (*affaires*) coletivas e nos processos de denúncia pública. Em *Les Cadres*

(1982), Luc Boltanski se deteve sobre o processo político de definição e delimitação da categoria social dos *cadres*. A impossibilidade de tradução é reveladora da intenção do autor, a de não tomar as classificações sociais como neutras. O uso e os limites da categoria são inseparáveis de sua definição prática nos casos concretos. Em *La dénonciation* (1984), Boltanski e colaboradores investigaram o senso crítico das pessoas através de suas cartas de denúncia enviadas ao jornal francês *Le Monde*, com o objetivo de apreender a lógica comum que estava presente em todos os tipos de denúncia: as competências críticas presentes no esforço de generalizar e transformar uma reclamação particular numa causa visando ao bem comum.

Terceiro, Laurent Thévenot explorou, em dois artigos hoje tomados como referência, os limites da noção de *coordenação*. A noção de "investimento de forma" (1986) ampliou a noção de investimento ao problematizar o trabalho de articulação e de formação de equivalências entre elementos heterogêneos, resultando em códigos, normas, padrões, qualificações etc., cuja estabilidade pode servir de parâmetro para o cálculo e para a previsibilidade, evitando assim custos de formatação no futuro. Nesse quadro, objetos (e. g. cronômetro) e convenções (e. g. cronograma de produção) se confundem e são tratados de forma simétrica como dispositivos que estabilizam um mundo. Por sua vez, a noção de "ação conveniente" ou "ação que convém" (1990) se propunha pensar a coordenação problematizando a transição entre ambientes íntimos, nos quais as pessoas personalizavam os objetos e os arranjos de acordo com a sua própria conveniência, e públicos, nos quais procedimentos, normas e regras impessoais seriam dotados de uma feição abstrata mais conveniente aos usos e às justificações públicas.

Desde o artigo de Boltanski sobre a denúncia pública, a causa (*affaire*) tornou-se um objeto central para apreender o esforço dos atores sociais em legitimar suas críticas na passagem do particular ao geral, do privado ao público e do individual ao coletivo. A busca por reparação e justiça numa causa exige dos atores a (re)qualificação tanto das entidades pertinentes envolvidas na disputa (momento ontológico) quanto do seu valor relativo (momento axiológico). Portanto, era necessário rejeitar qualquer definição *a priori* do objeto estudado: "longe de aceitar a divisão *a priori* entre o que é individual, que seria desde então matéria da psicologia, e aquilo que é coletivo [...], o sociólogo deve tratar a qualificação singular ou coletiva da causa como produto da própria atividade dos atores" (BOLTANSKI, 1990b, p. 23). O sociólogo pragmatista se punha então a reconstituir, da maneira mais completa possível, o processo de gestação do espaço crítico dentro do qual a causa se desenrola.

Renunciando à tomada de posição crítica para priorizar a interpretação das operações e experimentações dos próprios atores em disputa, ele visa a compreensão das condições de sucesso não da verdade científica (como em Bruno Latour), mas da crítica – e talvez esteja aí a atividade política que advém dessa "neutralidade engajada" (HEINICH, 1998). A sociologia *da* crítica, assim, passou a inverter o pressuposto da sociologia crítica em relação às assimetrias. Em vez de identificar uma forma superior de crítica à reflexividade sobre a posição na estrutura ou no espaço social, ela definiu uma simetria formal *a priori* das críticas em disputa, buscando assim elucidar os movimentos que distinguem as críticas consolidadas daquelas consideradas "marginais" e "minoritárias", sem "imputar *a priori* mais peso a tal argumento ou a tal recurso" (LEMIEUX; BARTHE, 2002, p. 38). A simetria não implica "neutralidade política", mas simplesmente em "imparcialidade metodológica". Este princípio pode conduzir também a uma "arqueologia da crítica", que resgata vozes críticas esquecidas pela história e "desnaturaliza os enunciados que parecem mais estabilizados" (ibid.). A investigação sobre as formas plurais da crítica se desdobrará, posteriormente, numa exploração das formas plurais de justiça (cf. *De la justification*, 1991) e da ação.

Ao investigar as metafísicas sobre o justo, Boltanski e Thévenot (1991) aproximam as concepções de justiça da filosofia política do senso de justiça que os próprios atores mobilizam em suas disputas cotidianas. Esse trabalho de formalização, com um caráter um tanto experimental, tem o propósito de contrabalançar as visões utópicas sobre a justiça com os problemas práticos que se colocam na sua realização prática, quando os atores se deslocam entre situações com diferentes critérios de avaliação sobre o valor das coisas e das pessoas. Ou mesmo em situações em que esses critérios não são claros e geram inquietação nos atores. Por outro lado, no mesmo movimento, eles tentam afastar os preconceitos em relação às críticas "ordinárias", revelando seus critérios de justificação pública:

> A necessidade de submeter o desenvolvimento do modelo a uma construção formal deriva diretamente da nossa vontade de levar a sério as reivindicações de justiça realizada pelos atores. Tínhamos que demonstrar a solidez dessas reivindicações e preveni-las de serem facilmente reduzidas a movimentos hipocríticos associados à defesa de interesses particulares ou às ilusões infundadas (BOLTANSKI; THÉVENOT, 2000, p. 210).

Num momento posterior a *De la justification*, Luc Boltanski em *L'amour et la justice comme compétence* (1990b) e Laurent Thévenot, em *L'action au pluriel* (2006), propõem a modelização de outros regimes de ação e de outras formas de engajamento visando clarificar o fluxo das ações, distinguindo os vários registros práticos nos quais os atores transitam: a gratuidade, a violência, a paz, a busca por justiça, a familiaridade etc.[3] Essa segmentação evita que a lógica da ação seja reduzida a um único móvel. Assim, a interpretação da violência, por exemplo, não contamina ou reduz a lógica própria dos momentos de justificação ou de gratui-

---

3. Em *De la critique* (2009), Luc Boltanski propõe uma distinção mais simplificada entre o *regime prático* e o *regime metapragmático*. O primeiro diz respeito ao gênero de ação no qual os atores estão engajados no cumprimento de uma tarefa e no qual o acordo é tácito. As contradições permanecem implícitas, o nível de reflexividade é frágil e a tolerância com os erros e faltas alheias cumpre um papel fundamental. O segundo regime diz respeito à eclosão de uma crise na qual está presente um elevado nível de reflexividade e a questão é "saber como convém qualificar aquilo que se passa" (ibid., p. 107).

dade. Apesar dessa abertura, o regime de justiça continuará sendo uma referência central nos trabalhos subsequentes porque é nele que os atores sociais fazem uso da palavra e problematizam os fundamentos do vínculo social. O regime de justiça é aquele que concentra os temas caros à sociologia de inspiração pragmatista: a saída da rotina, os momentos críticos, a investigação crítica e a referência ao público. No entanto, a ênfase na investigação (ibid., p. 107) axiológica dos atores lhe confere um sentido particular. O regime de justiça modeliza as ações que caracterizam as causas (*affaires*), as denúncias públicas, as suspeitas pessoais, os desajustes problemáticos etc. Ao contrário da rotina, as coisas são manipuladas e mobilizadas como evidências (*preuve*) ou como dispositivos reguladores dos momentos de prova (*épreuve*): "nessas disputas, as pessoas não falam jamais somente por elas mesmas. Elas são a princípio porta-vozes das coisas que lhe rodeiam" (BOLTANSKI, 1990b, p. 114). Diferentemente de Latour, que identifica o poder e a força como a capacidade de falar ou representar a vontade de algo ou alguém, aqui há uma clara separação entre *provas de força* e *provas de grandeza*, as primeiras características das disputas que se dão fisicamente ou independentemente de qualquer imperativo moral, enquanto as segundas se referem às disputas enquadradas pelos imperativos políticos e morais de uma situação pública.

Nesse sentido, pode-se dizer que o ataque do GSPM à sociologia de Pierre Bourdieu é duplo. De um lado, Boltanski e Thévenot questionam a validade da explicação do mundo social pela lógica dos campos e das disposições. Tratada como reducionista e injusta para com a complexidade do mundo, os fundadores do GSPM, em vez de enfocarem nas disposições incorporadas que orientariam a apreciação do mundo e as vias mais prováveis de ação e de julgamento, aludem e enfocam a noção de competência, sem procurar definir de antemão do que os atores são capazes. A natureza e o leque das competências são vistos como imprevisíveis e a sua descrição deve resultar de uma sensibilidade pragmatista, isto é, de uma observação que enfoca a prática e é atenta aos momentos em que os atores reagem reflexivamente às incertezas e à pluralidade do mundo.

O público e seus emaranhados

Por fim, no Centre d'Études des Mouvements Sociaux (Cems), Louis Quéré (2001) e, pouco depois, Daniel Cefaï (2007) escolhem aliados diferentes para fazer face à sociologia do ex-professor do Collège de France, Pierre Bourdieu. Com Quéré, é sobretudo a etnometodologia a eleita. Em oposição à abordagem estrutural e determinista do neo-objetivismo bourdieusiano, Quéré propõe a *indexicalidade* radical dos etnometodólogos e sua consequente ênfase nas ações concretas *in situ*. Aplica-se à sociologia bourdieusiana os ensinamentos da crítica de Garfinkel à tradição parsoniana: o indivíduo cujas ações são predeterminadas por seu *habitus* seria a versão francesa dos *cultural dopes* do patrono da sociologia norte-americana da década de 1960, com as suas estruturas objetivas (no caso americano de

Parsons, expectativas normativas) sempre tão bem interiorizadas. Já com Daniel Cefaï é a tradição do pragmatismo clássico (sobretudo Dewey e Mead) e a sua primeira versão sociológica, isto é, a Escola de Chicago que servem como principais fontes de inspiração. À teoria do mundo social de Bourdieu, Cefaï traz à baila *os públicos e seus problemas*, para retomar o título do famoso livro de John Dewey. O que importa aqui é pensar a sociedade como fluida, móvel e dinâmica, em poucas palavras, como um emaranhado de coletivos que se formam e se deformam, se fazem e se desfazem a partir de problemas que concernem às pessoas e assim incitam à ação em comum.

A produção do CEMS se distingue por um tratamento mais sistemático da tradição pragmatista na filosofia[4] e na sociologia[5] – e também por uma exploração mais profunda do *engajamento etnográfico* (CEFAÏ, 2003; 2010; CEFAÏ et al., 2012) –, principalmente em pesquisas etnográficas sobre a participação política. O método etnográfico seria o único capaz de envolver a "experiência encarnada do pesquisador"[6], que deixa suas marcas, incorpora hábitos, se envolve nos contextos de experiência, aprende uma linguagem, aprende a observar e a depender da boa descrição[7] para explicar ou interpretar. Dentre os núcleos da sociologia pragmática, é aquele que mais se detém em recuperar a tradição das pesquisas empíricas norte-americanas e desenvolvê-las em continuidade com o espírito filosófico do pragmatismo clássico.

Como na tradição pragmatista de Dewey, Daniel Cefaï analisa a formação de arenas públicas (1996; 2002; 2007) ou simplesmente *públicos* formados por *enquêteurs compétents* concernidos por problemas que interessam (e por isso mesmo formam) a coletividade. Uma nova ontologia do mundo social é proposta, sendo esse último agora visto como um emaranhado de problemas, uma espécie de ecologia de perturbações (*troubles*) cujo modo de expressão se dá mais como fluxo contínuo e dinâmico e menos como uma estrutura inerte definidora, em última instância, dos limites dos problemas públicos. A Escola de Chicago com Robert Park e sua ecologia urbana, Tomatsu Shibutani e Alselm Strauss e os seus

---

4. Cf. os trabalhos sobre a fenomenologia (CEFAÏ, 1998), o pragmatismo (CEFAÏ; JOSEPH, 2002), a hermenêutica (QUÉRÉ, 1999), além da introdução de Quéré e Cefaï (MEAD, 2006) à tradução francesa de *Mind, Self and Society* de G.H. Mead. Além, é claro, dos números organizados pelos autores na série *Raison Pratiques* em torno do pragmatismo

5. Cf., p. ex., os trabalhos sobre a etnometodologia (QUÉRÉ, 1987; QUÉRÉ et al., 2000), a Escola de Chicago (CEFAÏ, 2001; 2002a), e a obra de Erving Goffman (CEFAÏ; PERREAU, 2012).

6. Entrevista de Daniel Cefaï quando da publicação de *L'engagement ethnographique* (2010) para o site hypotheses.org

7. Essa preocupação com o campo se reflete numa exploração de seus momentos mais prosaicos. A "arte de descrever" envolve procedimentos que, segundo Cefaï, não se resumem à transposição das observações para o caderno de campo: "a atividade de descrição passa por numerosas idas e vindas entre cadernos de campo, arquivos de computador, leituras de biblioteca, discussão com colegas, verificações com os pesquisados, investigações suplementares sobre o campo" (ibid.).

mundos sociais, e a sociologia dos problemas públicos de Joseph Gusfield, são os aliados escolhidos para abordar e tornar possível captar um social mais dúctil e problemático.

Através de Dewey, Cefaï, Quéré e companhia pensam o processo endógeno de constituição do público, não mais como reflexo de poderes instituídos, ou de temas já em debate e institucionalizados – saúde, educação, migração, direitos humanos, dentre outros, com seus debates e políticas públicas já definidas, ao menos em suas linhas gerais –, mas o público como uma *experiência* na qual os atores, sejam eles coletivos ou indivíduos, vivem a democracia enquanto experimento político. Seguindo a tradição de Claude Lefort, orientador de Daniel Cefaï em seu doutorado, esses dois autores do Cems recolocam a questão do público e do político de maneira distinta das análises tradicionais do processo político:

> Em vez de apresentar uma visão de simples exterioridade em relação ao que descreve, ele [um procedimento pragmatista] acompanha as "experiências" e as "perspectivas" dos atores. [...] O desafio é descrever a mutação das experiências coletivas e dos meios institucionais, fazendo-os emergir das atividades enquanto estas se realizam (CEFAÏ, 2009, p. 16).

A noção de *experimentação* em Dewey é central para entendermos suas repercussões filosóficas para a questão do público: o experimental não se confunde com o empírico, pois na perspectiva ecológica não faz sentido se ater ao dualismo entre sujeito e objeto. O termo *experimentação* se refere à transação entre ambiente e organismo que as filosofias racionalistas, materialistas ou positivistas reduziram a uma separação entre sujeito e objeto, distinção que para o pragmatismo não precede mas resulta do elo fundamental entre a investigação (*inquiry*) e a experiência. Dewey concebe a *experiência* enquanto uma correlação ambiental e ecológica entre características do organismo e do meio onde ele se desenvolve, como algo próprio da relação entre sofrer ou ser afetado e agir. O elo entre uma situação problemática e a reorientação da conduta envolve um processo de adaptação e de reorientação das percepções, das competências, do corpo, com a produção de novas condições. É o ponto de interseção e de indiscernibilidade entre o organismo e o ambiente. Como bem define Quéré:

> A experiência designa uma prova que modifica ao mesmo tempo aquilo de que a prova é feita e aquele que participa e é afetado pela prova. A prova pode ser ocasionada pela confrontação não apenas com um objeto ou um material, mas também como uma fala, um ato, um texto, uma obra de arte, um acontecimento ou uma situação (QUÉRÉ, 2002, p. 132).

Nessa perspectiva, a experiência não envolve somente uma adaptação do organismo a um ambiente objetivo, mas uma "transação" dinâmica e de transformação continuada e mútua: "ela [a experiência] é fonte de descobertas tanto sobre o mundo quanto sobre si, porque ela implica a exploração e a explicitação dos resultados e dos efeitos da interação que a funda, e porque ela introduz novas possibilidades de compreensão e de interpretação" (ibid.). A investigação produzida a partir de uma perturbação [*trouble*] nos apela a pensar como agir e responder às exigências do meio, que é, portanto, uma investigação sobre as próprias competências, que não são tomadas como uma potencialidade inerente, nem como resultado da conformação ao meio. Nesse sentido, a dinâmica da experiência pública envolve também a experiência íntima. A cisão estrita entre *privado* e *público* é difícil de estabelecer, uma vez que na perspectiva pragmatista as possibilidades de expressão pública definem, através de dispositivos de enunciação ou dos mecanismos de divulgação fornecidos por coletivos e organizações, os meios de redefinição da própria biografia, numa "tomada de consciência" que não é de ordem íntima, mas vinculada à possibilidade de verbalizar e analisar a própria experiência a partir de categorias públicas (CEFAÏ, 2013b). A investigação (*inquiry*) no sentido pragmatista não propriamente descobre algo no mundo, em contraste com o positivismo, nem significa somente um processo de adaptação passiva, mas antes implica a transformação mútua do mundo e da personalidade a partir da experiência. Para Dewey, a constituição da personalidade é um processo indissociável da relação de experimentação com o meio.

A definição prévia de um público como receptor passivo de poderes instituídos, como espectadores do poder simbólico, como um auditório, é bem distinta da noção de público defendida por Dewey, Cefaï e Quéré. A tese da experiência pública como parte de uma experimentação que redefine o "horizonte de possíveis" (CEFAÏ, 2009, p. 16) vai na contramão da noção de um espaço público em que as posições de enunciação e de recepção são definidas de antemão pela lógica do poder simbólico. A contingência da recepção dos signos, das classificações estatísticas, dos enunciados oficiais ou das emissões televisivas são para os autores do Cems propriedades do espaço público, aquilo "que faz com que um auditório possa sempre se transformar em público e possa sempre subverter o "contrato de leitura" que o unia tacitamente com o produtor da mensagem" (CEFAÏ, 2013a). Da mesma forma que os seus públicos e espaços públicos, a "sociedade" não se verga a definições: "não há sociedade como sujeito coletivo frente a um universo objetivo, mas eventos que irrompem e que perturbam uma ordem estabelecida" (ibid.).

No plano político, para Dewey trata-se de pensar a democracia não em suas definições jurídicas e institucionais, mas em suas formas ordinárias de problematização dos problemas comuns. Ao contrário de Walter Lippmann em *The phantom public* (1927), que denuncia a abstração dos assuntos comuns que demandam um nível de *expertise* cada vez maior, impossibilitando a participação do cidadão comum mesmo nos assuntos que lhe dizem respeito, transformando o público em ilusão liberal, em *fantasma*, Dewey trabalhará na direção de uma reconstituição do público, como um espaço e um momento de politização, atuante como mediador entre a sociedade e o governo. A reconstituição permanente do público estaria vinculada ao processo de formação das consciências, das personalidades e das competências políticas. Dewey responde a isso através de seu *The public and its problems* (1927). É esse público enquanto exercício de constituição e problematização dos assuntos comuns que influencia fortemente as perspectivas de Daniel Cefaï e Louis Quéré sobre as arenas públicas. Segundo Cefaï:

> Uma arena pública, com suas controvérsias, suas investigações [*enquêtes*] e suas experimentações, polarizadas em torno daquilo que chamamos de problemas públicos, não é nada mais do que este exercício de reflexividade coletiva, eminentemente plural e conflituoso, através do qual uma comunidade se autoinstitui (CEFAÏ, 2013b).

Essa definição herda o espírito pragmatista de Dewey na sua negação das determinações exógenas do público – este não é redutível a uma representação social, à manifestação de "interesses" externos, à dinâmica dos poderes constituídos. A auto-organização endógena da experiência coletiva é um processo no qual um público se forma ao definir seus problemas. Essa experiência envolve a *problematização*, "definição de uma situação como problemática" e a *publicização*, a "constituição de públicos interessados por essa situação" (CEFAÏ; TERZI, 2012, p. 10). A definição do público em sua própria experiência conduz à redefinição constante dos limites do político, que não estão dadas de antemão: "as fronteiras do que é "político" e do que não é são incessantemente deslocadas – em particular as do "pessoal" e do "político" (CEFAÏ, 2009, p. 17). Como observa Cefaï, o conceito de "publicidade" (*publicité*] desenvolvido na França com a colaboração de Louis Quéré e Isaac Joseph se distancia de uma concepção mais formal do espaço público, como a de Habermas, em direção às suas dimensões sensíveis e práticas, num alinhamento com a ideia do espaço público como espaço de *aparição* (Hannah Arendt), como sujeito às exigências de *accountability* (Garfinkel) e de visibilidade (Goffman). A influência da questão do público em Dewey é posterior e aprofunda essa tendência em direção a uma análise praxeológica do espaço público.

O Cems é, dentre os polos aqui citados, aquele mais próximo não só da tradição clássica do pragmatismo, mas também dos conceitos mais tradicionais da sociologia – movimentos sociais, espaço público, instituições etc. –, numa empreitada mais colaborativa e mais consciente das dificuldades da experimentação conceitual. Se em Bruno Latour o pós-humanismo e a abordagem simétrica possuem uma radicalidade em investigações ambiciosas que almejam abarcar os modos de existência dos "modernos", e em *De la justification*, Boltanski e Thévenot pretendem abandonar os conceitos tradicionais da sociologia e produzem um texto mais experimental, no Cems não há propriamente grandes rupturas, mas um trabalho mais vagaroso e detido de recuperação, ou mesmo de introdução de tradições e de autores um tanto esquecidos, aliado à produção de pesquisas etnográficas também num sentido tradicional.

Conclusão

Embora as diversas linhas de pesquisa e de exploração teórico-metodológica que caracterizam os três polos tornem difícil uma classificação em termos de denominação comum, podemos assinalar ao menos três pontos que são comuns ao espírito desses centros de pesquisa. O primeiro deles consiste na relação entre os *momentos críticos* e o processo de *investigação*, seja ele sociológico ou leigo. A investigação seria a contrapartida no plano da agência de uma perturbação ambiental, uma tentativa de dar conta das rupturas ou dos problemas que emergem na situação. Quando um coletivo é afetado, podemos caracterizar a própria investigação como parte de uma experiência pública. Decorre desse elo fundamental entre ruptura/momento crítico/pane/*trouble* e investigação/reflexão/julgamento/crítica que um princípio metodológico é compartilhado: o de que as situações problemáticas propiciam um momento privilegiado de análise, tanto para a sociologia quanto para as demais formas de investigação. Como observa Cefaï, na atitude natural da vida mundana, "a experiência é tomada como algo dado. Ela não é tematizada como tal". Ela só se torna "sensível e reflexiva" através da sua "reorganização nos momentos de prova de situações problemáticas" (2013b).

Segundo, uma relação entre a investigação sociológica e as próprias investigações dos atores, numa solidariedade de fundo sobre as definições dos problemas, das categorias de classificação, dos deslocamentos práticos, das associações e filiações, e mesmo dos conceitos sociológicos, numa redefinição do corte epistemológico entre a sociologia e a atividade dos atores sociais. O ponto de partida dos sociólogos pragmáticos pode ser definido como um esforço de "estar atento às relações entre as qualificações operadas pelo pesquisador e aquelas às quais os atores se entregam. Uma vez que o pesquisador não pode mais sustentar a validade de suas afirmações numa exterioridade radical, o fechamento da descrição se torna um problema" (BOLTANSKI; THÉVENOT, 1991, p. 25). No GSPM esse movimento se dá de forma mais óbvia, como vimos, na passagem da sociologia crítica para a sociologia *da* crítica. Com o lema de *seguir os atores*, os próprios conceitos utilizados pela sociologia são questionados. A declaração inicial em *De la justification* é a de que "os leitores dessa obra poderão sentir um certo desconforto por não encontrar nessas páginas que seguem os seres que lhe são familiares. Nada de grupos, de classes sociais, de operários, de *cadres*, de jovens, de mulheres, de eleitores etc." (ibid., p. 11). Na mesma linha, Latour questiona o fato de que os sociólogos "não cessaram de designar uma entidade real, sólida, comprovada e bem-estabelecida, para responsabilizar os outros criticando seu caráter artificial, imaginário, transitório, ilusório, abstrato, impessoal ou privado de significação" (2006, p. 42). Trata-se de negar a tomar como dado os coletivos em sua solidez, e tomar como "ponto de partida os processos contraditórios de formação e de desmantelamento de grupos – tarefa à qual os sociólogos contribuem ativamente" (ibid., p. 43). *Seguir os sociólogos* significa escolher um nível de análise, uma forma de enunciação e um tipo de grupo a seguir, *seguir os atores* significa começar "nossas peregrinações pelos traços que deixam atrás de si as inumeráveis controvérsias, onde [eles] se encontram engajados" (ibid., p. 44). A redefinição do corte epistemológico significa então a ruptura com as definições *a priori* da escala de pesquisa, dos enquadramentos micro ou macro, das definições sobre o tamanho ou a grandeza dos coletivos, das classes etc., sem, no entanto, cair num construtivismo social ingênuo[8].

Terceiro, uma preocupação em relacionar a dimensão, a realidade, a objetividade ou a validade dos problemas ao processo de sua definição enquanto um problema público. É no próprio decorrer do processo de publicização que essa definição se dá, e não apenas por uma qualidade inerente aos fatos, à justiça de uma causa ou às condições econômicas de um grupo ou classe. Nem mesmo eventos extraordinários – catástrofes, acidentes, panes, desastres ambientais –, seriam capazes de definir um horizonte de publicidade. Assim, Latour dirá que "você pode ter escrito um artigo que encerra uma terrível controvérsia, mas, se ele for ignorado pelos leitores, não poderá transformar-se em fato; simplesmente *não pode*. [...] A construção do fato é um processo tão coletivo que uma pessoa sozinha só constrói sonhos, alegações e sentimentos, mas não fatos" (2000, p. 70). Um sofrimento individual não se transforma numa causa (*affaire*) se não encontrar eco em insatisfações compartilhadas, num senso de justiça e numa forma coletiva de expressão: um "sofrimento deve, para que uma causa se desencadeie, alcançar uma forma de verbalização que ultrapasse a queixa individual ou o rumor, ou seja, uma narrativa que produza uma intriga e torne possível seu deslocamento no espaço público" (BOLTANSKI; CLAVERIE, 2007, p. 431). Por sua vez, como vimos com Dewey, Cefaï e companhia, é na experiência dos problemas públicos que os coletivos, as pessoas e os próprios termos do debate se definem ou se transformam. E todos os três polos aqui elencados possuem uma dimensão normativa implícita: a de que é necessário vislumbrar e estimular a abertura e a indeterminação dos processos que se fecham e se estabilizam numa narrativa, num fato, numa instituição ou numa definição conceitual.

Esses três pontos poderiam se resumir numa proposição que acreditamos ser compartilhada por todos esses polos: a de que os momentos críticos são propícios à aproximação entre as investigações leigas e aquelas que os próprios atores levam a cabo para definir um problema enquanto uma questão pública, numa elucidação conjunta dos processos de associação e de tradução (CSI), de experimentação (Cems) e de generalização e justificação (GSPM).

Referências

AKRICH, M.; CALLON, M.; LATOUR, B. (2006). *Sociologie de la traduction – Textes fondateurs*. Paris: Des Mines.

BOLTANSKI, L. (1982). *Les cadres: la formation d'un groupe social*. Paris: De Minuit.

---

8. Para uma crítica ao construtivismo social, cf. *The Promises of Constructivism* (LATOUR, 2003) e a crítica de Cefaï e Terzi (2009, p. 12-15).

BOLTANSKI, L. (1984). How a social group objectified itself: "cadres" in France, 1936-1945. *Social Science Information*, 23 (3), p. 469-491.

BOLTANSKI, L. (1990a). Sociologie critique et sociologie de la critique. *Politix*, 3 (10), p. 124-134.

BOLTANSKI, L. (1990b). *L'amour et la justice comme compétences: trois essais de sociologie de l'action*. Paris: Métailié.

BOLTANSKI, L. (1991). *De la justification: les économies de la grandeur*. Paris: Gallimard.

BOLTANSKI, L. (1999). The sociology of critical capacity. *European Journal of Social Theory*, 2 (3), p. 359-377.

BOLTANSKI, L. (2000). The reality of moral expectations: a sociology of situated judgement. *Philosophical Explorations*, 3 (3), p. 208-231

BOLTANSKI, L. (2004). *La condition fœtale*. Paris: Gallimard.

BOLTANSKI, L. (2009a). Autour de *De la justification* – Un parcours dans le domaine de la sociologie morale. In: TROM, D. et al. (dir.). *Compétences critiques et sens de la justice*. Paris: Economica.

BOLTANSKI, L. (2009b). *De la critique: précis de sociologie de l'émancipation*. Paris: Gallimard.

BOLTANSKI, L.; CHIAPELLO, E. (1999). *Le nouvel esprit du capitalisme*. Paris: Gallimard.

BOLTANSKI, L.; CLAVERIE, É. (2007). Du monde social en tant que scène d'un procès. In: BOLTANSKI, L. et al. (ed.). *Affaires, scandales et grandes causes: de Socrate Pinochet*. Paris: Stock.

BOLTANSKI, L.; DARRÉ, Y.; SCHILTZ, M.-A. (1984). La dénonciation. *Actes de la Recherche en Sciences Sociales*, 51, p. 3-40.

BOLTANSKI, L.; THÉVENOT, L. (1983). Finding one's Way in Social Space: a study based on games. *Social Science Information*, 22 (4-5), p. 631-680.

CEFAÏ, D. (1996). La construction des problèmes publics – Définitions de situations dans des arènes publiques. *Revue Réseaux*, n. 75.

CEFAÏ, D. (1998). *Phénoménologie et sciences sociales: Alfred Schutz et la naissance d'une anthropologie philosophique*. Genebra: Droz.

CEFAÏ, D. (2001). Le naturalisme dans la sociologie américaine au tournant du siècle – La genèse de la perspective de l'École de Chicago. *Revue du Mauss*, v. 17, n. 1, p. 261-274.

CEFAÏ, D. (2002a). Faire du terrain à Chicago dans les années cinquante. *Genèses*, v. 46, n. 1, p. 122-137.

CEFAÏ, D. (2002b). Qu'est-ce qu'une arène publique? – Quelques pistes pour une approche pragmatiste. In: CEFAÏ, D.; JOSEPH, I. (orgs.). *L'heritage du pragmatisme*. La Tour d'Aigues: De l'Aube, p. 52-81.

CEFAÏ, D. (org.) (2003). *L'enquête de terrain*. Paris: La Découverte.

CEFAÏ, D. (2009). Como nos mobilizamos? – A contribuição de uma abordagem pragmatista para a sociologia da ação coletiva. *Dilemas*, vol. 2, n. 4.

CEFAÏ, D. (org.) (2010). *L'engagement ethnographique*. Paris: Ehess.

CEFAÏ, D. (2013a). Opinion publique, ordre moral et pouvoir symbolique. *EspaceTemps.net* Travaux.

CEFAÏ, D. (2013b). L'expérience des publics: institution et réflexivité. *EspaceTemps.net* Travaux.

CEFAÏ, D. et al. (2012). Ethnographies de la participation. *Participations* v. 4, n. 3, p. 7-48.

CEFAÏ, D.; JOSEPH, I. (2002). *L'héritage du pragmatisme: conflits d'urbanité et épreuves de civisme*. La Tour d'Aigues: De l'Aube.

CEFAÏ, D.; PERREAU, L. (2012). *Erwing Goffman et l'ordre de l'interaction*. Paris: Curapp/Cems.

CEFAÏ, D.; TERZI, C. (2012). *L'expérience des problèmes publics*. Paris: Ehess, 2012.

CEFAÏ, D.; TROM, D. (2001). *Les formes de l'action collective: mobilisations dans des arènes publiques*. Paris: Ehess.

CHATEAURAYNAUD, F.; DIDIER, T. (1999). *Les Sombres précurseurs: une sociologie pragmatique de l'alerte et du risque*. Paris: Ehess.

DESROSIÈRES, A.; GOY, A.; THÉVENOT, L. (1983). L'identité sociale dans le travail statistique: la nouvelle nomenclature des professions et catégories socioprofessionnelles. *Economie et Statistique*, 152 (1), p. 55-81.

DOSSE, F. (2003). *O império do sentido*. Bauru: Edusc.

FREIRE-MEDEIROS, B.; CORRÊA, D.S. (2020). As novas tendências na teoria social contemporânea: uma introdução. *Revista Crítica de Ciências Sociais*, n. 123, p. 71-76.

HEINICH, N. (1998). *Ce que l'art fait à la sociologie*. Paris: De Minuit.

KARSENTI, B.; QUÉRÉ, L. (2004). *La croyance et l'enquête: aux sources du pragmatisme*. Paris: Ehess.

JOAS, H. (1996). *The Creativity of Action*. Chicago: University of Chicago.

LATOUR, B. (1984). *Les microbes, guerre et paix*. Paris: Métailié.

LATOUR, B. (1994). *Jamais fomos modernos: ensaios de antropologia simétrica*. Rio de Janeiro: Ed. 34.

LATOUR, B. (2000). *Ciência em ação: como seguir cientistas e engenheiros sociedade afora*. São Paulo: Unesp.

LATOUR, B. (2003). The Promises of Constructivism. In: IHDE, D.; SELINGER, E. (ed.). *Chasing technoscience: matrix for materiality*. Bloomington: Indiana University Press, p. 27-46.

LATOUR, B. (2006). *Changer de société, refaire de la sociologie*. Paris: La Découverte.

LATOUR, B. (2008). *What is the Style of Matters of Concern?* Amsterdã: Van Gorcum.

LATOUR, B. (2010). *Cogitamus: six lettres sur les humanités scientifiques*. Paris: La Découverte.

LATOUR, B.; CALLON, M. (1981). Unscrewing the big Leviathan: how actors macrostructure reality and how sociologists help them to do so. In: CICOUREL, A.V.; KNORR-CETINA, K. (orgs.). *Advances in social theory and methodology: toward an integration of micro and macro-sociologies*. Boston: Routledge & Kegan Paul.

LEMIEUX, C. (2007). À quoi sert les analyses des controverses? *Mil Neuf Cent – Revue d'Histoire Intellectuelle*, n. 25.

LEMIEUX, C.; BARTHE, Y. (2002). Quelle critique après Bourdieu? *Mouvements*, n. 24.

MEAD, G.H. (2006). *L'esprit, le soi et la société*. Paris: PUF.

QUÉRÉ, L. (1987). L'argument sociologique. *Réseaux*, v. 5, n. 27, p. 97-136.

QUÉRÉ, L. (1999). *La sociologie à l'épreuve de l'herméneutique: essais d'épistémologie des sciences sociales*. Paris: L'Harmattan.

QUÉRÉ, L. (2000). *L'ethnométhodologie: une sociologie radicale*. Paris: La Découverte.

QUÉRÉ, L. (2002). La structure de l'expérience publique d'un point de vue pragmatiste. In: CEFAÏ, D.; JOSEPH, I. (orgs.). *L'Héritage du pragmatisme – Conflits d'urbanité et épreuves de civisme*. La Tour d'Aigues: De l'Aube, p. 131-160.

QUÉRÉ, L. et al. (org.). 1993. *La théorie de l'action: le sujet pratique en débat*. Paris: CNRS.

SERRES, M.; LATOUR, B. (1994). *Éclaircissements: cinq entretiens avec Bruno Latour*. Paris: Flammarion.

STARK, D. (2011). *The Sense of Dissonance: Accounts of Worth in Economic Life*. Princeton: Princeton University Press.

THÉVENOT, L. (1986). Les investissements de forme. *Conventions Économiques*, 29, p. 21-71.

THÉVENOT, L. (1990). L'action qui convient. *Raisons Pratiques*, 1, p. 39-69.

THÉVENOT, L. (1994). Le régime de familiarité: des choses en personne. *Genèses*, 17 (1), p. 72-101.

THÉVENOT, L. (2006). *L'action au pluriel – Sociologie des régimes d'engagement*. Paris: La Découverte.

Parte III
O holismo metodológico e as macrossociologias

9
Talcott Parsons: a teoria geral da ação e seu legado

Frédéric Vandenberghe*

Introdução

Hoje em dia, Pierre Bourdieu é o *hegemon* no campo da sociologia mundial. Graças ao seu estruturalismo genético e à articulação rigorosa dos conceitos de campo, *habitus*, prática e violência simbólica numa teoria da produção, distribuição e consumo de bens culturais; temos uma linguagem em comum. Podemos mesmo conversar com antropólogos. Meio século atrás, o sociólogo norte-americano Talcott Parsons, de Harvard (1902-1979), ocupou a mesma posição dominante dentro do campo[1]. Era possível opor-se a Parsons, mas não ignorá-lo. O seu sistema de conceitos analíticos, tais quais sistema cultural, socialização, institucionalização, papel, variáveis de padrão, Agil etc. dominou por vinte ou trinta anos o campo da sociologia mundial do pós-guerra. "Teórico incurável", como ele se referiu a si mesmo, Parsons desenvolveu, no mais alto grau de abstração e com uma precisão analítica inigualável, um quadro de análise englobante acerca do sistema social que integrou Durkheim, a teoria da ação de Max Weber, a psicanálise de Freud e o funcionalismo de Malinowski no seio de uma teoria geral que pretendia unificar as ciências sociais (a economia, a ciência política, a antropologia, a socio-

---

* Agradeço a Carlos Benedito Martins e a Carlos Eduardo Sell pela "encomenda" do texto. Acatei por causa da dimensão pedagógica do projeto. Como sempre, Cynthia Hamlin, Gabriel Moura Peters, Thiago Panica Pontes e Diogo Corrêa me acompanharam nas reflexões com comentários e sugestões. A primeira parte do texto vem de um verbete sobre Talcott Parsons (MESURE; SAVIDAN, 2006, p. 852-854) e foi traduzida com afinco por Thiago Panica Pontes.

1. Parsons teorizou a sua própria vida num artigo denso, escrito numa prosa cibernética que não facilita a leitura (PARSONS, 1984). Para informação biográfica, conforme Martel (1979), assim como a entrada na Wikipedia (Estados Unidos).

logia e a psicologia social)[2]. O resultado foi uma complexa teoria cultural-funcionalista e sistêmica da ação cuja quintessência podemos, talvez, sintetizar numa única frase: "*Action is system*" (LUHMANN, 2009, p. 44) – frase que supera, de um só golpe, a oposição tradicional entre uma teoria da ação e uma teoria do sistema.

À medida que desenvolvia progressivamente sua teoria unificada das ciências humanas, ele realizava também pesquisas mais empíricas (reunidas em sete volumes) sobre temas mais específicos, tais como as profissões modernas, as organizações, a educação, a estratificação, as famílias, a saúde mental, o papel do doente, a cultura da contestação, o desvio, a democratização, o direito, a burocracia, a secularização e a ciência, os quais ele se esforçava por integrar, em seguida, numa teoria comparativa da modernização[3]. Parsons foi cada vez mais contestado em fins dos anos de 1960 pela nova esquerda – que recusava seu funcionalismo em razão de seu conservadorismo, consensualismo, idealismo, positivismo, evolucionismo, americanismo etc. – e pela microssociologia – que contestava o afastamento da ação e da interação que marcava a passagem para a teoria dos sistemas. Apesar disso, ele influenciou significativamente todas as grandes teorias sociológicas do pós-guerra (Harold Garfinkel, Randall Collins e Jeffrey Alexander nos Estados Unidos; David Lockwood, Anthony Giddens e Nicos Mouzelis na Inglaterra; Niklas Luhmann, Jürgen Habermas e Richard Münch na Alemanha; Alain Touraine e François Bourricaud na França). Mesmo com a sua perda de popularidade, Parsons ainda é uma referência incontornável na teoria social contemporânea[4]. Como disse Jürgen Habermas (2012, II, p. 360): "Nenhuma teoria da sociedade que passe por alto da obra de Parsons pode ser levada a sério".

1 Três sínteses

Ao perseguir seu projeto de unificação e integração das ciências sociais em uma teoria geral da ação, na qual a teoria sociológica não representa senão um segmento, Parsons propôs três sínteses teóricas: (i) teoria da ação, (ii) estrutural-funcionalismo e (iii) teoria dos sistemas). Para se orientar em sua vasta obra, é

---

2. A literatura secundária sobre Talcott Parsons é vasta. Os melhores artigos foram reunidos e republicados em 4 volumes em Hamilton (1992). Parsons não é para iniciantes. Para começar a exploração da vasta obra, recomendo Turner (1978), Rocher (1976) e Alexander (1983). Em português, há Quintaneiro e Monteiro (2002) e Domingues (2012).

3. Os ensaios de teoria aplicada mostram todo seu talento sociológico e seu engajamento social. Recomendo, entre outros, a leitura de suas pesquisas sobre o fascismo e a personalidade autoritária na Alemanha (1954), sobre a psicanálise e a profissão médica (1964) e sobre o movimento negro nos Estados Unidos (1993). Este último texto serviu de plano piloto para a obra de Alexander (2006) sobre a sociedade civil.

4. Ainda existem alguns parsonianos convictos, tais quais Neil Smelser, Robert Bellah, Jonathan Turner, Victor Lidz, Marc Gould, os quais trabalharam com ele. Conforme Trevino (2001) e Fox, Lidz e Bershady (2005), para uma última homenagem ao mestre pela velha guarda.

essencial distinguirmos os períodos de sua produção e localizarmos cada texto em seu momento correspondente. Em geral, pode-se dizer que:

a) a primeira fase consiste numa reconstrução teórica e metateórica dos clássicos numa teoria da ação;

b) a segunda fase elabora o estrutural-funcionalismo como uma teoria da ordem social;

c) a terceira fase, a mais técnica e a mais difícil, desenvolve a teoria dos sistemas.

Apesar das rupturas evidentes, há também uma continuidade notável que a frase de Luhmann citada ("A ação é sistema") capta bem: se a primeira fase se caracteriza pela análise do conceito de ação, a segunda fase concebe o resultado dessa análise em termos de um sistema, com ênfase na ordem e no equilíbrio desse sistema. A terceira fase, por seu turno, consiste no desenvolvimento da segunda fase em termos de um modelo cibernético dos sistemas sociais e de uma teoria evolucionista da mudança social. Aqueles que se interessam mais pela interpretação dos clássicos e pelos fundamentos da teoria social deveriam explorar mais a primeira fase. Aqueles que querem conhecer o funcionalismo normativo e estudar a relação entre normas, valores, socialização e papéis na estruturação da sociedade deveriam estudar a segunda. Finalmente, aqueles que têm mais interesse pela análise da modernidade deveriam tentar adentrar os escritos do último Parsons (e – Por que não? – continuar com o estudo da teoria dos sistemas de Luhmann).

1.1 Primeira síntese: teoria voluntarista da ação

Em 1937, Parsons publica *The Structure of Social Action* (PARSONS, 2010)[5]. A partir de uma leitura de Max Weber, Durkheim, Pareto e Marshall, ele propõe uma teoria voluntarista da ação como primeira síntese teórica. Contra o utilitarismo e o behaviorismo, que reduzem a ação a um comportamento determinado pelas constrições materiais do meio, ele insiste, com os idealistas (especialmente Durkheim), sobre a importância dos valores e das normas, visto que, sem elas, a ordem social se tornaria inconcebível, para não dizer impossível, e a sociedade degeneraria forçosamente em uma "luta de todos contra todos" (Hobbes). E o faz, no entanto, sem recair no idealismo, ao sistematizar também a variedade de condições materiais e objetivas de possibilidade desta mesma ação. Assim, na conclusão de seu livro clássico, ele propõe o quadro de análise de base que define os princípios e os elementos necessários que constituem, precisamente, a estrutura da ação social. A ideia central é que a ação forma um sistema composto pelos seguintes elementos: um *ator* hipotético; um *fim*, entendido como um estado por vir que o ator se esfor-

---

5. O essencial da elaboração meteórica está concentrado nas partes I (especialmente nos cap. 2 e 3) e IV. Camic (1989) oferece a melhor e mais completa análise da obra.

ça em realizar; uma *situação de ação,* compreendendo simultaneamente elementos que escapam ao controle do ator e que condicionam a sua ação, e elementos que ele pode controlar e manipular enquanto meios para realizar seus fins; e, enfim, uma *orientação normativa* que determina em parte os fins e que impõe restrições normativas quanto à escolha dos meios. Dito de outro modo, se pretendemos escapar tanto ao determinismo como, por outro lado, ao idealismo – ambos em suas mais variadas modalidades e manifestações – na explicação da ordem social, se nos impõe sempre analisar a *ação social* de uma maneira multidimensional como um sistema conceitual composto, fundamentalmente, por um ator que toma decisões subjetivas concernentes aos meios em vista de um fim, sempre no seio de uma situação de ação, a qual é determinada tanto por ideias, valores e normas, como, indissociavelmente, por condições materiais.

Para bem entender sua teoria da ação é importante relacioná-la à pesquisa empírica. Sua formulação tem que ser vista no contexto de sua pesquisa doutoral, em Heidelberg, sobre as teorias do capitalismo (Weber e Sombart) (PARSONS, 1991). Como Weber, cuja *A ética protestante e o espírito do capitalismo* ele traduziu para o inglês, Parsons queria entender o papel dos elementos normativos e o lugar dos valores últimos na conformação da ação dos precursores do capitalismo. Contra o reducionismo unilateralmente materialista da economia neoclássica e da biologia, ele frisou a importância das ideias, das normas e dos valores, elementos analíticos que fazem parte da "realidade última" e, como tais, configuram a ação social.

1.2 Segunda síntese: o "estrutural-funcionalismo"[6]

A transição ao funcionalismo estrutural é levada a cabo em *The Social System* e *Toward a General Theory of Action,* ambos publicados em 1951. Passando da análise da ação à interação, o professor de Harvard abandona o ponto de vista centrado no ator para analisar não mais os elementos da ação, mas os elementos do *sistema de interação,* a ação sendo agora compreendida a partir dos *papéis* que os atores desempenham na sociedade e que os permitem coordenar suas ações. A ideia central é que as escolhas dos atores são normativamente reguladas por valores comuns que eles internalizam (Freud) no decurso de sua socialização (Durkheim) realizada no interior dos processos interativos (Mead). A inovação maior consiste na introdução de três sistemas integrados, neste caso: o sistema de personalidade, o sistema social e o sistema cultural. Este último recobre o todo e é compreendido como um conjunto de valores de orientação axiológica que orienta as decisões, estrutura as situações e regula as interações. As famosas "variáveis de padrão" (*pattern variables*) fazem parte do sistema cultural. Institucionalizadas, elas configuram as interações (sistema social); interiorizadas, elas também estruturam a

---

6. A apresentação mais sintética do estrutural-funcionalismo se encontra em Parsons e Shils (1951, p. 3-29).

subjetividade (sistema de personalidade). Parsons formaliza as variáveis de padrão em uma combinatória contendo cinco pares de variáveis, a saber:

(i) particularismo *versus* universalismo;

(ii) afetividade *versus* neutralidade afetiva;

(iii) difusão *versus* especificidade;

(iv) atribuição *versus* desemprenho;

(v) orientação egocêntrica *versus* orientação coletiva.

Estas se apresentam como parte da situação e supostamente possibilitariam a mediação entre a dimensão normativa e a dimensão voluntarística da ação. Configuram analiticamente o espaço de possibilidades da orientação dos atores, representam uma escolha que estes devem fazer de modo a definir a situação e poderem agir em comum.

Não demoramos em perceber que as variáveis de padrão são uma explicitação da oposição que Tönnies estabelece entre a comunidade e a sociedade. O particularismo, a afetividade, a difusão e a atribuição são as opções típicas das relações comunitárias (p. ex., as relações familiares ou de vizinhança), enquanto o universalismo, a neutralidade afetiva, a especificidade e a *performance* caracterizam as relações societárias. Ainda que o estrutural-funcionalismo esteja formulado num alto grau de abstração, nunca podemos esquecer que a sua teoria foi formulada com a análise das profissões (legais, medicinais, terapêuticas) em mente e com o nazifascismo como pano de fundo. Durante este período, Parsons estudou a fundo Freud e fez formação como psicanalista. Seus estudos da relação clínica entre o analista e o paciente informam significativamente os seus estudos empíricos sobre a profissão médica (PARSONS, 1970, parte 3).

1.3 Terceira síntese: a teoria dos sistemas (Agil)[7]

Após uma pesquisa sobre a organização de grupos com Robert Bales (PARSONS; BALES; SHILS, 1953), Parsons introduzirá o sistema de comportamento como o quarto subsistema de ação. A partir dos anos de 1960, cada sistema e subsistema seria analisado e decomposto em termos de quatro funções elementares que ele deveria necessariamente preencher para a sua sobrevivência. Cruzando duas dimensões (orientação externa ou interna, consumatória ou instrumental da ação, referindo-se respectivamente aos fins e aos meios), Parsons distingue quatro funções que representam pré-requisitos funcionais do sistema de ação:

(1) *Adaptation* (eficácia econômica por meio da exploração bem-sucedida do meio – orientação externa do sistema, instrumental);

(2) *Goal achievement* (eficácia administrativa pela busca exitosa dos fins – orientação externa do sistema, consumatória);

---

7. Para uma apresentação sinóptica do sistema, cf. Parsons (1961).

(3) *Integration* (integração do sistema e coordenação das ações por fidelidade às normas – orientação interna, consumatória);

(4) *Latent Pattern Maintenance* (canalização de motivações e redução de tensões por fidelidade aos valores fundamentais de uma sociedade – orientação interna e instrumental).

Uma vez que o arranjo das funções venha a ser formalizado segundo o paradigma Agil, remetendo às quatro funções supracitadas, a análise funcional dos sistemas se transforma num exercício taxonômico de classificação complexo e bastante complicado (com distinções entre sucessivos níveis de análise imbricados por encaixe).

Em um primeiro momento, a análise geral das funções do sistema de ação assume a forma de uma análise de funções e de subsistemas. Cada sistema de ação contém quatro sistemas, os quais contêm, por sua vez, quatro outros subsistemas que reproduzem o esquema Agil original. Assim, o sistema social é ele mesmo composto de subsistemas que asseguram, respectivamente, a adaptação ao mundo físico (a economia), a gestão de recursos necessários para a consecução de fins (a política), a coordenação das ações e a gestão de conflitos (as instituições de controle social) e a manutenção do equilíbrio (as instâncias de socialização).

Em um segundo momento, Parsons analisa as relações de troca entre os subsistemas e, inspirado pela cibernética, as ordena num esquema hierárquico onde o sistema cultural controla o sistema social, que controla o sistema de personalidade, que controla o organismo, o qual, por sua vez, fornece a energia necessária aos sistemas superiores. Ele estuda as trocas sistêmicas *entre* os sistemas que compõem o sistema de ação, assim como *no interior* de cada um desses sistemas em termos de entradas e saídas (*input-output*). Essas trocas intra e intersistêmicas são efetuadas através de "meios simbólicos generalizados". Em colaboração com Neil Smelser, Parsons (1956) reservou a análise das trocas intersistêmicas aos subsistemas do sistema social (a economia, a política, o sistema de socialização e a comunidade social). Para esse fim, ele estudou os meios simbólicos do dinheiro, do poder, da influência e do engajamento – os outros sessenta meios que seu esquema propõe foram deixados de lado.

Em um terceiro momento, Parsons aplica o esquema Agil à história universal. Em *The Evolution of Societies* (1977), que combina dois textos previamente publicados sobre as sociedades primitivas, tradicionais e modernas, ele distingue quatro dimensões no processo de evolução humana e social:

(i) a capacidade de adaptação generalizada (A);

(ii) a diferenciação estrutural (G);

(iii) a inclusão (I);

(iv) a generalização de valores (L).

Estuda, em detalhe, os efeitos das três revoluções: a revolução industrial (A), a revolução democrática (G) e a revolução educacional (I, L) que marcam o advento da modernidade. Nessa perspectiva evolucionista, uma sociedade progride à medida que ela se diferencia de forma crescente (diferenciação progressiva dos sistemas de personalidade, sociais, culturais e orgânicos; diferenciação de funções no interior de cada um dos sistemas) e inventa novas modalidades de integração (o direito) para resolver os problemas de coordenação dos elementos que a compõem. A ideia central é que a diferenciação e a integração crescentes permitem a uma sociedade melhor se adaptar a seu meio.

Num último momento, Parsons introduz considerações de cunho mais metafísico e religioso em seu sistema, ao envolver toda a sua análise do sistema de ação em um sistema mais englobante – o "sistema télico das potencialidades humanas" (PARSONS, 1978, p. 354-433). Em 1979, na ocasião de uma conferência na Alemanha organizada em sua homenagem, na qual participaram Jürgen Habermas, Niklas Luhmann e Wolfgang Schlüchter, falece o sociólogo mais influente do pós-guerra em decorrência de uma crise cardíaca. Em seus últimos dias, ele estava trabalhando num livro sobre a "Comunidade societal", correspondente ao sistema de integração I e representando uma esfera de valores compartilhados para além das divisões de classe e de raça. O livro foi publicado recentemente (PARSONS, 2007), porém não sob o título que Parsons queria lhe dar – *The Action of Social Structure* –, o qual, fazendo referência à obra máxima de sua primeira síntese, resume bem o seu caminho da ação à estrutura ou sistema, passando pela cultura, a qual coloca um e outro em relação e movimento.

2 O legado de Talcott Parsons

No último período de sua vida, o sistema conceitual de Parsons se tornou tão labiríntico que muitos simplesmente se recusavam a adentrar em suas mazelas. O investimento na maquinaria conceitual da "grande teoria" era pesado demais (MILLS, 1969). A verborragia escondia mal o vazio das abstrações. O ofício de sociólogo parecia então um gabinete de leituras sem retorno à vida real. No entanto, aqueles que entraram no labirinto acharam que a sua tentativa de repensar uma teoria geral da ação a partir de uma teoria dos sistemas tinha um ar conservador. Parte desta crítica pode ser explicada a partir de uma luta de classes no domínio da teoria, com a sua oposição, própria à época, entre a sociologia burguesa e o marxismo. O "consenso ortodoxo" que integrava o funcionalismo, o positivismo e o evolucionismo numa teoria analítica das sociedades modernas foi criticado e crescentemente recusado, como aludimos acima, por seu idealismo, positivismo, conservadorismo e americanismo[8].

---

8. Para uma síntese das críticas, conforme o apêndice de Alexander (1983, p. 289-309). Para ser justo, deve-se dizer que Parsons era um socialdemocrata convicto. Com uma única exceção, ele sempre votou nos democratas.

A síntese magistral dos clássicos, realizada por Parsons, numa teoria funcionalista do sistema social já havia ruído antes de seu falecimento. Por razões políticas (a Guerra do Vietnã, a revolução mundial de 1968 etc.), mas também por razões intelectuais. Em geral, alegava-se que a transição de uma teoria da ação para uma teoria do sistema tinha apagado o ator e o conflito numa visão consensualista do *status quo*. Os críticos queriam trocar Durkheim por Weber e Marx. Como alternativa, propuseram uma teoria materialista, dialética e crítica da dominação capitalista e da dependência colonial. A versão mais conhecida da história da sociologia do século XX (que se encontra em todos os manuais e estrutura boa parte dos cursos de teoria sociológica) repete a mesma história sobre agência e estrutura que todos nós conhecemos. Segundo esta narrativa consolidada, a síntese parsoniana se desfez nos anos de 1960. De um lado, vindo de baixo por assim dizer, a "fração da ação", formada por uma coalizão heteróclita de fenomenólogos (Schütz, Berger e Luckmann), analistas neowittgensteinianos (Winch, Louch), etnometodólogos (Garfinkel, Cicourel e Sacks) e interacionistas simbólicos (Blumer, Goffman, segunda Escola de Chicago), avançou uma microssociologia situada contra as abstrações da teoria do sistema. Quer insistisse com Weber e Schütz na perspectiva do ator e na necessidade de fazer uma sociologia interpretativa que reconstruísse os motivos que impelem a ação, quer a partir de uma reinterpretação microssociológica de Durkheim, essa constelação de autores focalizava, de maneiras diversas e por vezes até mesmo incompatíveis entre si, a situação concreta da ação. Num caso, temos uma teoria da ação com interpretação das significações da ação e análise a partir da perspectiva do participante (primeira pessoa), noutro uma teoria das práticas com descrição da situação de interação com análise a partir da perspectiva do observador (terceira pessoa).

De outro lado, da esquerda, várias teorias do conflito, de inspiração hegeliano-
-marxista (Escola de Frankfurt, A. Gouldner), weberiano-marxista (Dahrendorf, Rex, C.W. Mills) ou durkheimiano-marxista (Althusser, Poulantzas, Therborn) atacaram os pressupostos consensualistas do estrutural-funcionalismo como ideologia do *establishment*. Contra a predominância das grandes universidades da costa leste dos Estados Unidos, reativaram uma concepção mais europeia da teoria, da luta e dos movimentos sociais. No Terceiro Mundo, uma nova geração de intelectuais considerava a teoria da modernização como uma justificação do imperialismo americano. A teoria da dependência (CARDOSO; FALETTO, 1970) reativou o velho argumento leninista segundo o qual a prosperidade das sociedades capitalistas ocorreu ao preço do empobrecimento de grandes partes do resto do mundo. A famosa frase sobre o "desenvolvimento do subdesenvolvimento" resume bem o argumento da teoria de Cardoso e Faletto.

O resultado desta crítica ambipolar foi a oposição quase-mítica do micro e do macro, do interacionismo e do estruturalismo ou, na linguagem herdada de Anthony Giddens, da agência e da estrutura. Como em todas as narrativas pedagógicas, a grande bifurcação já antecipa a sua resolução e a emergência de um "novo movimento teórico" nos anos de 1980 (ALEXANDER, 1988), com Pierre Bourdieu, Anthony Giddens, Jürgen Habermas, Niklas Luhmann, Jeffrey Alexander e Randall Collins como protagonistas de uma nova síntese pós-parsoniana. O que é notável nesta história é que, com a exceção de Bourdieu, todos sofreram uma influência tão forte do mestre que as novas sínteses são todas rigorosamente pensadas a partir de Parsons[9].

Com exceção da teoria da estruturação de Giddens e da teoria das cadeias rituais de interação de Collins, todas são também, de uma maneira ou de outra, neofuncionalistas.

A história convencional da teoria sociológica do século XX esconde, portanto, a influência duradoura de Parsons. Para entender o que se faz na sociologia contemporânea, precisaríamos reconstruir sua história. Contra a visão que entende a revolução microssociológica dos anos de 1960 (Goffman, Garfinkel, Sacks) em oposição a Parsons, é necessário lembrar dos encontros regulares de Talcott Parsons, Alfred Schütz, Aron Gurwitsch e Harold Garfinkel em Nova York e Boston nos anos de 1940. Parsons contribuiu significativamente ao desenvolvimento de uma teoria interacionista. A etnometodologia de Garfinkel pode ser lida em oposição a Parsons, mas ela pode também ser entendida como uma releitura intencionalmente tendenciosa da questão da ordem social que o grande sociólogo tinha colocado no centro de sua teoria. Com e contra Parsons, que o orientou em Harvard, Garfinkel deslocou a questão da ordem do registro normativo para o cognitivo, e do nível macro para o micro ou até mesmo o nano (GARFINKEL, 2016). Para esse autor, a ordem social não vem de fora e não pode ser pressuposta. O sociólogo tem de investigar empiricamente como ela é contínua e localmente produzida, *em situação*, pelos próprios atores. Deste ponto de vista revisionista, Randall Collins (2004), que também estudou com Parsons em Harvard e formulou a teoria das cadeias rituais de interação, possa talvez ser considerado como uma continuação heterodoxa e subterrânea de Parsons. Mantendo a importância teórica que Parsons deu a Weber e Durkheim, ele os reinterpretou a partir do interacionismo simbólico de Goffman e de Blumer. O resultado é uma teoria microssociológica ambiciosa e elegante do papel das emoções, dos rituais e das ideias na formação de redes interpessoais que constituem a sociedade e a história.

Anthony Giddens, por sua vez, fez carreira se opondo frontalmente a Parsons de duas maneiras. Primeiramente, contra a tese da convergência dos clássicos numa teoria da ação, aliás aquela mesma do primeiro Parsons, ele interpretou os clássicos a partir da problemática central da modernidade (GIDDENS, 1984). Nesta perspectiva, a análise do capitalismo (Marx), do racionalismo (Weber) e da

---

9. Pierre Bourdieu não formulou a sua teoria em oposição a Parsons. Sua teoria crítica da reprodução pode ser lida, porém, como um "funcionalismo às avessas" – as premissas do funcionalismo não são abandonadas, mas invertidas, de modo que o consenso agora reaparece sob a lente da dominação simbólica.

divisão do trabalho (Durkheim) ganham destaque numa teoria sociológica do industrial-capitalismo e suas patologias (alienação, desencantamento do mundo, anomia). Em seguida, a sua teoria da estruturação foi pensada desde o início como um "manifesto não funcionalista" (GIDDENS, 1979, p. 7). Criticando extensivamente os textos do sociólogo americano, ele recusou toda forma de explicação funcional que introduz o sistema como um ator teleológico, à maneira de uma reificação, e repensou a teoria social a partir das capacidades dos atores. Em vez dos papéis, ele desloca o eixo analítico para as *práticas* que produzem ou transformam o sistema social.

Parsons produziu sua teoria própria, mas, como todos nós, ele o fez a partir de uma reinterpretação dos clássicos. Ocorre que os clássicos dele não são mais os nossos. Quem ainda lê Spencer, Marshall ou Pareto? Contudo, ainda hoje, todo o trabalho de reconstrução dos clássicos – com exceção de Marx, que ele deixou propositalmente de lado[10] passa por ele. Assim, a recepção da obra de Max Weber na Alemanha por Wolfgang Schluchter, Jürgen Habermas e Friedrich Tenbruck é impensável sem Parsons e pode ser considerada uma extensão das suas traduções, introduções e interpretações do gigante alemão. Da mesma maneira, a reconstrução de Durkheim, seja como funcionalista e moralista (Bellah, Tiriyakian, Coser), seja como fonte da antropologia e da sociologia cultural (Geertz, Alexander), vem diretamente de Parsons. Até mesmo nosso entendimento da sociologia de Simmel (que não figurou na *Estrutura*) passa por Parsons (via Donald Levine).

Tentamos remontar à influência do primeiro Parsons sobre o desenvolvimento posterior da microssociologia, assim como sobre a interpretação dos clássicos. No entanto, quando se pensa em Parsons, pensa-se, acima de tudo e rotineiramente, em estrutural-funcionalismo e teoria dos sistemas. Na sua reconstrução sistemática da teoria de Parsons, Jeffrey Alexander (1983) apresentou um Parsons fortificado, mais crítico e mais simpático do que o original, capaz de responder e incorporar todas as críticas a ele dirigidas. Porém, o seu projeto para revitalizar o funcionalismo e criar artificialmente uma escola neoparsoniana já nasceu morto (ALEXANDER, 1998). As investigações sistemáticas de história comparada das civilizações axiais de Robert Bellah e de Shmuel Eisenstadt, dois ex-colaboradores de Parsons, se situam explicitamente na linha de uma teoria evolucionista das visões do mundo sob inspiração de Max Weber e Talcott Parsons. A obra enciclopédica de Robert Bellah (2012) sobre a evolução religiosa, do paleolítico até a idade axial, na antiga Grécia, Israel, Índia e China, e sua influência no curso da história, é pensada como um preâmbulo para uma investigação mais ampla sobre o papel da religião na modernidade e na era global – uma investigação que foi, infelizmente, interrompida pela morte do autor. Na esteira de uma reflexão sobre a

---

10. No seu texto sobre Marx (PARSONS, 1967, p. 102-135), ele acertou ao afirmar que Marx não distinguiu entre política e economia, descartando-o, porém, injustamente e de modo demasiado rápido, como uma fase superada na sociologia.

modernização, Eisenstadt (2003) substitui a ênfase funcionalista de Parsons por uma orientação histórico-comparativa de análise das civilizações. Neste contexto, ele desenvolve a teoria das modernidades múltiplas no interior de uma teoria da globalização que distingue várias trajetórias civilizacionais, estudando a dinâmica complexa da difusão, adaptação e imposição da modernidade numa perspectiva intercivilizacional. No Brasil, um neofuncionalismo difuso serve como pano de fundo para as teorias da "modernidade periférica" (TAVOLARO, 2011). Recusando a ideia de que o Brasil representa uma versão subdesenvolvida, menos avançada da modernidade, elas se apoiam criticamente sobre a teoria da modernização de Parsons para demostrar como estruturas universais estruturam de maneira seletiva a sociedade brasileira – seletiva, porque a estrutura de classes modula a atualização do potencial modernizador de forma a reproduzir, em termos modernos e sob instituições modernas, a desigualdade que marca o país desde a sua colonização pelos portugueses.

Fora destes exercícios de sociologia histórico-comparativa, a teoria dos sistemas continua pujante; porém, com algumas exceções (TREVINO, 2001), a discussão não passa mais por Parsons, nem pelos Estados Unidos, mas antes por Niklas Luhmann e a Alemanha. Luhmann também estudou com Parsons em Harvard, mas indo bem além dele nos caminhos da abstração e da generalização, ele conferiu prioridade ao conceito de estrutura sobre aquele de função, transformando o estrutural-funcionalismo num funcional-estruturalismo (LUHMANN, 1971, p. 113-114). Enquanto Parsons pensou a reprodução sistêmica a partir dos processos internos ao próprio sistema que lhe permitem manter o equilíbrio, Luhmann (1971, p. 31-53) se perguntou como o sistema poderia se adaptar a seu ambiente, transformando continuamente as suas estruturas no processo. Nesta perspectiva, a tendência à estabilização dos sistemas sociais – do que resultou boa parte das mencionadas críticas de conservadorismo teórico – não aparece mais como um fim, mas como um problema e como uma indicação de que é necessário buscar alternativas funcionais que permitam ao sistema melhor se adaptar a seu ambiente. Essa passagem de um paradigma funcional, que pensa a relação entre partes e o todo, para um paradigma estrutural, que pensa a relação entre o sistema e o ambiente, coloca a questão da *redução da complexidade* no centro da análise. A ideia central é a de que o ambiente é sempre mais complexo e que, justamente para sobreviver e se adaptar, o sistema precisa estabelecer relações seletivas com seu ambiente e determinar com precisão os critérios de seu relacionamento com o mundo externo. Para que seus contornos não se evanesçam, o sistema precisa manter uma indiferença relativa perante o ambiente e suas mudanças contínuas. Na modernidade, esta seleção passa pelos subsistemas funcionalmente diferenciados e seus meios simbólicos generalizados, que definem rigorosamente os termos de engajamento do sistema com o seu ambiente a partir de um código binário (p. ex., preço/sem preço para o subsistema econômico, falso/correto para o subsistema científico, legal/ilegal para o subsistema jurídico). Entretanto, para dar conta integralmente da reformulação da teoria dos sistemas de Parsons por Luhmann, precisaríamos de um outro capítulo. Aqui, só queríamos indicar ao leitor um campo infinito de estudo, de comparação e de investigação, além de ilustrar o alcance da influência parsoniana e sua irradiação internacional[11].

Parsons não só influenciou diretamente Luhmann, mas, mediante um debate entre a teoria dos sistemas e a teoria crítica da Escola de Frankfurt, ele influenciou também significativamente a teoria da ação comunicativa de Jürgen Habermas. Já nos anos de 1970, Habermas estava trabalhando com uma série de distinções entre trabalho e interação, de um lado, e sistema funcional e sistema cultural, de outro, que antecipam os conceitos que estruturam a sua teoria comunicativa da sociedade, do mundo da vida e da ação. Na *Teoria do agir comunicativo* (HABERMAS, 2012, cap. II; VII e VIII), ele vai se apoiar em Parsons para elaborar a distinção entre a integração social e a integração sistêmica da sociedade. Enquanto a primeira (correspondendo a funções I e L do sistema Agil) se refere à coordenação da ação e à integração da sociedade pelas ações dos indivíduos e dos grupos que compartilham símbolos, normas e valores, a segunda (correspondendo a funções A e G em Parsons) tematiza como as ações são integradas no sistema mediante a intervenção dos subsistemas do mercado e do Estado. Estes não precisam da consciência dos atores. Em acordo com Parsons, Habermas estima que a passagem da integração social para a integração sistêmica da sociedade faz parte da modernidade e representa um progresso funcional. Numa tentativa de reformular o diagnóstico marxista das patologias sociais da modernidade (alienação e reificação), ele critica, entretanto, Parsons, alegando que este se identifica a tal ponto com o sistema que ele não consegue mais diagnosticar quando a incursão do mercado e do Estado no mundo da vida se torna patológica. Este é o caso quando os subsistemas vão "colonizar" o mundo da vida, impondo a sua lógica sistêmica a esferas que só podem ser integradas mediante a intervenção comunicativa dos atores mesmos. É o que ocorre, por exemplo, quando a lógica financeira intervém nas relações amorosas, quando partidos políticos corrompem o sistema ou quando instâncias estatais impõem uma lógica burocrático-produtivista à educação. De toda forma, a teoria crítica de Habermas mostra, por outros meios e com outras intenções, a relevância, a pertinência e a atualidade de Parsons. Este não pode ser tratado como um "cachorro morto", tampouco como um mero capítulo de um manual de teoria. Quem quer que estude com afinco a teoria geral da ação vai encontrar um eixo que permite não só entender melhor as teorias de ontem e de hoje, mas também preparar a teoria social do futuro. Não espero um renascimento da teoria funcionalista, embora não duvide que, daqui a trinta anos, juntamente com Marx, We-

---

11. A teoria luhmanniana é muito influente na Alemanha. A sua complexidade e a tecnicidade da sua linguagem dificultam a sua difusão fora do país. No Brasil, a escola luhmanniana tem excelentes representantes, como Marcelo Neves, João Paulo Bachur, Roberto Dutra e Pablo Holmes, que mesclam a análise sistêmica de Luhmann com a perspectiva crítica de Habermas para pensarem a exclusão social.

ber, Durkheim e Bourdieu, Parsons ainda será considerado como um dos grandes clássicos da sociologia. Sem ele, não somente não poderíamos entender a história da sociologia, como não poderíamos fazer teoria sociológica. Talvez não seja exagerado dizer que o seu grande sistema de teoria sociológica seja o equivalente, para nós, da *Crítica da razão pura*, de Kant.

Referências

ALEXANDER, J. (1983). *Theoretical Logic in Sociology – Vol. IV: The Modern Reconstruction of Classical Thought: Talcott Parsons*. Berkeley: University of California Press.

ALEXANDER, J. (1987). O novo movimento teórico. *Revista Brasileira de Ciências Sociais*, 2 (4), p. 5-28.

ALEXANDER, J. (1998). *Neofunctionalism and After*. Oxford: Blackwell.

ALEXANDER, J. (2006). *The Civil Sphere*. Oxford: Oxford University Press.

BELLAH, R. (2012). *Religion in Human Evolution – From the Paleolithic to the Axial Age*. Cambridge: Harvard University Press.

CAMIC, C. (1989). Structure after 50 Years – The Anatomy of a Charter. *American Journal of Sociology*, 95 (1), p. 38-107.

CARDOSO, F.H.; FALLETO, E. (1970). *Dependência e desenvolvimento na América Latina*. Rio de Janeiro: Zahar.

COLLINS, R. (2004). *Interaction Ritual Chains*. Princeton: Princeton University Press.

DOMINGUES, J.M. (2012). *A sociologia de Talcott Parsons*. São Paulo: Annablume.

EISENSTADT, S. (2003). *Comparative Civilizations and Multiple Modernities*. Leiden: Brill.

FOX, R.; LIDZ, V.; BERSHADY, H. (2005). *After Parsons – A Theory of Social Action for the twenty-First century*. Nova York: Russell Sage.

GARFINKEL, H. (2016). *Estudos em etnometodologia*. Petrópolis: Vozes.

GIDDENS, A. (1979). *Central Problems in Social Theory – Action, Structure and Contradiction in Social analysis*. Londres: MacMillan.

GIDDENS, A. (1984). *Capitalismo e moderna teoria social: análise das obras de Marx, Durkheim e Max Weber*. Lisboa: Presença.

HABERMAS, J. (2012). *Teoria do agir comunicativo – Vol. 2: Sobre a crítica da razão funcionalista*. São Paulo: Martins Fontes

HAMILTON, P. (ed.) (1992). *Talcott Parsons – Critical Assessments*. 4 vol. Londres: Routledge.

LUHMANN, N. (1971). *Soziologische Aufklärung – Aufsätze zur Theorie sozialer Systeme*. Opladen: Westdeutscher Verlag.

LUHMANN, N. (2009). *Introdução à teoria dos sistemas*. Petrópolis: Vozes.

MARTEL, M. (1979). Talcott Parsons. In: SILLS, D. (ed.). *International Encyclopedia of the Social Sciences*. Vol. 18. Nova York: Free Press, p. 609-630.

MESURE, S.; SAVIDAN, P. (2006). *Le Dictionnaire des Sciences Humaines*. Paris: PUF.

MILLS, C.W. (1969). *A imaginação sociológica*. Rio de Janeiro: Zahar.

PARSONS, T. (1951). *The Social System*. Glencoe: Free.

PARSONS, T. (1954). The Problem of Controlled Institutional Change. *Essays in Sociological Theory*. Nova York: Free, p. 238-274.

PARSONS, T. (1961). An Outline of the Social System. In: PARSONS, T. et al. (eds.): *Theories of Society*, Vol. 1. Nova York: Free, p. 30-84.

PARSONS, T. (1964). Some Theoretical Considerations Bearing on the Field of Medical Sociology. *Social Structure and Personality*. Nova York: Free Press, p. 325-355.

PARSONS, T. (1967). Some Comments on the Sociology of Karl Marx. *Sociological Theory and Modern Society*. Glencoe: Free, p. 102-135.

PARSONS, T. (1970). *Social Structure and Personality*. Glencoe: Free.

PARSONS, T. (1977). *The Evolution of Societies*. Englewood Cliffs: Prentice Hall.

PARSONS, T. (1978). *Action theory and the Human Condition*. Nova York: Free.

PARSONS, T. (1984). A formação de um sistema social. *Humanidades*, 2 (6), p. 28-62.

PARSONS, T. (1991). *The Early Essays*. Chicago: Chicago University Press.

PARSONS, T. (1993). Cidadania plena para o americano negro? – Um problema sociológico. *Revista Brasileira de Ciências Sociais*, 8 (22).

PARSONS, T. (2007). *American Society – A Theory of Societal Community*. Boulder: Paradigm.

PARSONS, T. (2010). *A estrutura da ação social*. 2 vol. Petrópolis: Vozes.

PARSONS, T.; BALES, R.; SHILS, E. (1953). *Working Papers in the Theory of Action*. Nova York: Free.

PARSONS, T.; SHILS, E. (1951). *Toward a General Theory of Action*. Cambridge: Harvard University Press.

PARSONS, T.; SMELSESR, N. (1956). *Economy and Society: A Study in the Integration of Economic and Social Theory*. Nova York: Free.

QUINTANEIRO, T.; MONTEIRO DE OLIVEIRA, M. (2002). *Labirintos simétricos – Introdução à teoria sociológica de Talcott Parsons.* Belo Horizonte: UFMG.

ROCHER, G. (1976). *Talcott Parsons e a sociologia americana.* Rio de Janeiro: Francisco Alves.

TAVOLARO, S. (2011). *Cidadania e modernidade no Brasil (1930-1945) – Uma crítica a um discurso hegemônico.* São Paulo: Annablume.

TREVINO, J. (2001). *Talcott Parsons Today*: *His Theory and Legacy in Contemporary Sociology.* Lanham: Rowman & Littlefield.

TURNER, J. (1978). Requisite Functionalism: Talcott Parsons. *The Structure of Social Theory.* Homewood: Dorsey, p. 39-68.

10
A teoria de sistemas sociais de Niklas Luhmann

João Paulo Bachur

Introdução

Pesa sobre a teoria social de Niklas Luhmann (1927-1998) o juízo de que sua teoria dos sistemas é considerada árida e hermética, até mesmo artificialmente abstrata. Esse juízo explica (mas talvez não justifique, pelo menos não integralmente) a má fama que Luhmann logrou acumular enquanto produzia, freneticamente, uma das teorias da sociedade mais refinadas e sofisticadas de que se tem notícia. Este capítulo não pretende defender ou isentar Luhmann dos predicados que em geral lhe são atribuídos; trata-se antes de apresentar o conjunto de sua teoria social, certamente matizando tais juízos pejorativos, mas procurando, acima de tudo, motivar o leitor a se aventurar pelo intrincado labirinto conceitual da teoria de sistemas a fim de formar o seu próprio juízo. O pressuposto de que se parte é o de que, independente dessas e de outras críticas que possam ser dirigidas à teoria de sistemas, ela oferece um refinado aparato conceitual para o diagnóstico da sociedade contemporânea. Esse aparato foi elaborado ao longo de trinta anos, em um percurso não muito usual para os acadêmicos alemães.

1 Niklas Luhmann e a tradição sociológica

Após ter lutado na Segunda Guerra Mundial com 16 anos (tendo inclusive caído prisioneiro de guerra dos Estados Unidos por um período), Luhmann graduou-se em Direito em Friburgo, em 1949, tendo trabalhado mais de dez anos na administração municipal de sua cidade natal, Lüneburg. A virada para a carreira acadêmica se iniciou entre 1960 e 1961, quando Luhmann obteve uma bolsa de estudos para uma temporada na Universidade de Harvard – período que se revelou fundamental para sua formação como sociólogo, pois foi aí que ele se apropriou do funcionalismo estrutural de Talcott Parsons. De volta à Alemanha, passou um período na Escola Superior de Administração Pública de Speyer até obter uma colocação na

Universidade de Münster. Obteve o doutorado em sociologia em 1966 e, poucos meses após, também a habilitação (uma espécie de livre-docência), tornando-se professor da Universidade de Bielefeld em 1968, onde lecionou até 1993. Ao longo desse período, Luhmann elaborou uma abrangente teoria da sociedade e cultivou um fichário de leitura de mais de noventa mil registros. Após longo contencioso judicial entre os herdeiros, o legado de Luhmann foi adquirido em 2010 pela Universidade de Bielefeld com o apoio da Fundação Alfried Krupp von Bohlen und Halbach-Stiftung e da Stifterverband für die Deutsche Wissenschaft (Associação de Fundações para a Ciência Alemã), o que viabilizará a digitalização do acervo à publicação de uma série de obras póstumas: ao lado da extensa produção publicada em vida, Luhmann deixou aproximadamente 200 manuscritos inéditos, dentre eles quatro versões preparatórias de sua obra maior, *A sociedade da sociedade* (LUHMANN, 1997). Mas foi a partir do debate com Habermas (LUHMANN; HABERMAS, 1971) que Luhmann ingressou definitivamente na cena alemã da teoria sociológica. Contrapondo-se ao jovem representante da teoria crítica da Escola de Frankfurt, Luhmann argumentava que o comprometimento moral com a emancipação prejudicava a elaboração de um diagnóstico escorreito da sociedade, o qual deveria ser obtido por uma teoria de sistemas funcionais. O debate ecoou por vários anos na sociologia alemã (MACIEJEWSKI, 1973; 1974; GIEGEL, 1975), como uma espécie de reedição da disputa do positivismo, em que se defrontaram Karl Popper e Theodor W. Adorno (ADORNO, 1969), e ainda hoje opõe habermasianos e luhmannianos.

Partindo de estudos iniciais restritos à administração pública e à sociologia do direito (LUHMANN, 1964; 1965; 1969; 1971; 1980b; 1981b), a publicação de *Sistemas sociais* (1984) marca a virada autopoiética de Luhmann e abre o caminho para a construção de uma abrangente teoria da sociedade em seus principais sistemas sociais – economia, ciência, direito, arte, meios de comunicação, política, religião e educação (LUHMANN, 1988; 1990; 1993; 1995a; 1995b; 2000a; 2000b; 2002) – culminando em *A sociedade da sociedade* (1997). A construção dessa teoria geral da sociedade é amparada por ensaios históricos (LUHMANN, 1980a; 1981a; 1982; 1989; 1995c; 2008a; 2008b), pelos artigos reunidos na coletânea *Esclarecimento sociológico,* republicada em Luhmann (2005), bem como por uma série de obras com temas transversais e variados, tais como confiança, amor, ecologia, risco etc. (algumas delas listadas na bibliografia deste capítulo).

Nesse percurso, Luhmann incorporou as mais heterodoxas fontes teóricas, inusitadas na construção de uma teoria da sociedade: a neurobiologia para o conceito de autopoiese (Humberto Maturana e Francisco Varela); a teoria geral de sistemas para as noções de abertura e fechamento operacional (Ludwig von Bertalanffy); a cibernética para as noções de autorreferência operativa (p. ex., Norbert Wiener e Ross W. Ashby); teorias da comunicação de diferentes matizes (Gregory Bateson, C.E. Shannon e W. Weaver); o construtivismo radical para as noções de observador e observação de segunda ordem (Ernst von Glasersfeld, Heinz von

Foerster); e a lógica das formas (George Spencer Brown) para o conceito de diferença. Essas fontes permitiram que Luhmann desenvolvesse um vocabulário próprio que reforça o hermetismo e lhe assegura certa excentricidade, mas elas não devem ser superestimadas: elas foram incorporadas pela teoria dos sistemas autopoiéticos para permitir a Luhmann escapar dos dilemas da filosofia do sujeito e da epistemologia fundante das ciências humanas, articulada no par *sujeito* e *objeto* (LUHMANN, 1984, p. 593ss.; LUHMANN, 1997, p. 868ss.). Com efeito, Luhmann se socorre desse arsenal estranho à tradição sociológica buscando: (i) um conceito de *cognição* independente da pressuposição do indivíduo racional e (ii) um conceito de autorreferência *para o objeto*, que não siga o modelo da consciência subjetiva. Não obstante, a apresentação que este capítulo pretende oferecer acentua justamente o outro lado da teoria de sistemas: o intenso diálogo de Luhmann com a tradição sociológica e, em especial, sua contraposição a Marx.

Com efeito, as aporias da filosofia do sujeito ficaram evidentes na segunda metade do século XX (HABERMAS, 1985). Em uma palavra, o pressuposto do indivíduo racional (partindo do sujeito empírico em direção ao sujeito transcendental de Kant) redunda em uma metafísica social que define a sociedade como um macrossujeito, de maneira que a racionalidade social passa então a ser pensada à imagem e semelhança da racionalidade individual. Fugir desse *quid pro quo* é a tônica da sociologia do final do século XX – seja no projeto da intersubjetividade dialógica de Habermas, em Foucault e no pós-estruturalismo ou na teoria dos sistemas autopoiéticos. Luhmann está em estrita consonância com seu tempo. Todo o aparato conceitual luhmanniano – sistemas autopoiéticos, acoplamentos estruturais, redução de complexidade, diferenciação funcional, observação de segunda ordem etc. – é desenvolvido com um único intuito: demonstrar que o social segue uma lógica autorreferente que não pode ser compreendida nos mesmos moldes da consciência autorreferente. Donde Luhmann compreende *consciência* e *comunicação* como realidades irredutíveis uma à outra (LUHMANN, 1984, p. 286ss.). A autorreferência dos sistemas sociais não é derivada da autorreferência da consciência; esta não é o modelo para aquela. Não obstante, a autorreferência social não segue uma lei unitária e teleológica, como no marxismo – ela é fragmentária, fractal: cada "esfera" da sociedade (para trazermos à memória a terminologia clássica de Max Weber) segue uma lógica própria, autônoma, e não permite ser reconduzida a uma lógica social basal. Cada sistema tem a tarefa de preservar sua identidade por intermédio do desempenho de uma função indispensável à sociedade como um todo (regulação da escassez na economia, produção de novo conhecimento na ciência, estabilização congruente de expectativas comportamentais no direito, tomada de decisões coletivamente vinculantes na política etc.). Essa é a base da diferenciação funcional da sociedade. Com isso, vemos que Luhmann está mais próximo da tradição sociológica do que em geral se percebe: o "novo paradigma" para as ciências sociais (que o próprio Luhmann reivindicava) se insere na verdade na tarefa comum da teoria sociológica do século XX – fugir à filosofia do sujeito – e, para tanto, recupera intuições clássicas do cânone sociológico, a saber: a diferenciação de esferas sociais de Weber, a formalização e abstração dos vínculos sociais de Simmel e a autonomia do social face às consciências individuais, como em Marx ou Durkheim. Tudo isso, para oferecer um diagnóstico da modernidade à altura de fazer frente ao "vulcão extinto do marxismo" (LUHMANN, 1984, p. 13). Também aqui Luhmann renova o élan da teoria sociológica clássica: seja com base em longos processos de racionalização (Weber), formalização e massificação da vida (Simmel) ou de diferenciação e integração social (Durkheim), o discurso sociológico canônico sempre buscou oferecer uma alternativa à explicação teleológica e economicista proposta pelo marxismo. É nesse pano de fundo teórico que a diferenciação funcional de sistemas autopoiéticos deve ser compreendida.

2 Autopoiese e a diferenciação funcional da sociedade

Esta seção apresentará, de maneira tão sintética e didática quanto possível, os principais conceitos da teoria de sistemas sociais. Será preciso, na apresentação de um determinado conceito, por exemplo, "sistema", empregar outros conceitos ainda não apresentados em detalhe (tais como "sentido", "comunicação", "forma" etc.), de sorte que algum nível de repetição e recursividade será inevitável. Como se trata de uma apresentação introdutória a Luhmann, manteremos um nível de generalidade compatível com o objetivo desse manual. Por óbvio, não será possível esgotar, nos limites deste capítulo, todos os aspectos da teoria de sistemas de Luhmann. Trata-se muito mais de motivar o leitor a um aprofundamento, munindo-o dos conceitos mais elementares.

Antes, porém, é preciso levar em conta o seguinte: Luhmann assenta a construção de sua teoria social na *linguagem* e nos fenômenos semióticos de produção do *sentido*. Trata-se de dar consequência ao "giro linguístico" da primeira metade do século XX e que remonta tanto à linguística estrutural de Saussure, à teoria dos jogos de linguagem do Wittgenstein tardio e à teoria dos atos de fala de John L. Austin. É por isso que, em Luhmann, o *social* é assimilado à *comunicação*. A comunicação (e não o indivíduo) é a unidade elementar da sociedade, a operação-base por meio da qual o *sentido* é produzido (LUHMANN, 1997, p. 44ss.). Vale considerar que a produção de sentido é indispensável para orientar o comportamento humano. Em última instância é disso que se trata. Ao contrário do que sugerem algumas recepções de Luhmann, por exemplo Izuzquiza (1990), a teoria de sistemas não ignora, suspende ou aniquila o indivíduo – muito pelo contrário, ela está preocupada em entender como a diferenciação funcional de sistemas disponibiliza, *para o indivíduo*, e por intermédio dos meios de comunicação simbolicamente generalizados, possibilidades de ação (*Handeln*) e vivência (*Erleben*). Ora, ação e vivência são necessariamente categorias do comportamento humano (LUHMANN, 1997, p. 335). Portanto, quando afirmamos que, em Luhmann, o social é assimilado à comunicação, é preciso ter em mente que a comunicação designa o funcionamento prático dos sistemas funcionais, por meio dos quais a ação social e a experiência que os indivíduos têm do mundo se tornam possíveis. É por meio de ações e vivências que se atribui sentido à complexidade do ambiente. Como em toda a tradição sociológica, a principal preocupação de Luhmann é analisar como o comportamento humano se estrutura socialmente, isto é, cuida-se de descrever a maneira pela qual o comportamento adquire sentido social.

O sentido se define como a atualização – como ação ou vivência – de *uma* dentre inúmeras possibilidades significativas disponibilizadas no horizonte comunicativo (LUHMANN, 1984, p. 93). Sentido se articula, portanto, como uma forma de dois lados: atualidade/possibilidade. Luhmann parte de um pressuposto husserliano: a interpretação de um fenômeno simbólico oferece inúmeras possibilidades, mas nem todas elas podem ser atualizadas. Esse é precisamente o significado do conceito de *complexidade*: nem todas as possibilidades simbólicas serão atualizadas (LUHMANN, 1997, p. 134ss.). Produz-se sentido, portanto, quando uma operação comunicativa reduz a complexidade propiciada pelo horizonte de possibilidades disponíveis, virtualmente inesgotáveis, ao executar uma ação determinada ou propiciar uma vivência específica. Esse horizonte de possibilidades é articulado pela linguagem. Um juiz ao redigir uma sentença; o conselho de administração de uma empresa ao formalizar a decisão de um novo investimento na ata de reunião; o jornalista que redige uma matéria; o leitor que lê a matéria; parlamentares que discutem um projeto de lei; o artista que compõe uma tela etc. – todas essas operações *atribuem um sentido determinado* ao mundo, selecionando uma ação ou vivência a partir de um horizonte inesgotável de possibilidades. A complexidade do mundo não permite orientar ações e vivências, somente a redução da complexidade dota o mundo de sentido. É isso que fazem os sistemas sociais.

Sistemas sociais são definidos por Luhmann de maneira aparentemente paradoxal ou tautológica: um sistema define-se pela *diferença sistema/ambiente* (LUHMANN, 1984, p. 22; 1997, p. 63). A definição sugere um paradoxo que se dissipa, no entanto, quando a diferença é compreendida no contexto da lógica das formas de George Spencer Brown (1969). George Spencer Brown foi um obscuro aluno de Bertrand Russell que apenas ganhou notoriedade em função de Luhmann. Uma forma é sempre uma marcação de dois lados: o lado marcado e o lado externo, não marcado da forma (*unmarked space*). O sistema, como forma de dois lados, define-se então como a forma sistema/ambiente. A única função da lógica das formas na teoria de sistemas é bloquear a hipótese de um sujeito capaz de refletir sobre si mesmo; um observador que, em sua autorreflexão, adquira o conhecimento pleno de si mesmo (enquanto sujeito) e do objeto (a sociedade como um todo). Por isso, cada sistema é um *observador* que observa a si mesmo e a seu ambiente com auxílio de uma forma que demarca dois lados; por isso o sistema se define como *diferença sistema/ambiente*. O essencial aqui é que a operação de observação pressupõe, logicamente, um ponto cego. Ao traçar uma linha separando-se do ambiente, o sistema pode observar-se a si mesmo e ao ambiente, mas não pode destacar-se de si mesmo e refletir, nos moldes do sujeito transcendental, a unidade entre sistema e ambiente. Sistemas, portanto, não são modelos analíticos, simplificações ou abstrações da realidade, ao mesmo tempo em que não são um conjunto de instituições, papéis sociais ou pessoas: sistemas são formas de dois lados que empregam a distinção sistema/ambiente para se constituírem como unidades *comunicativas* auto-observáveis. Mas inexiste um ponto de observação total. A condição de existência de um observador é que, para observar aquilo que ele observa, ele não pode ver que existe uma realidade que ele não observa. Esse, o ponto cego como pressuposto de todo sistema. E é por essa razão que, para Luhmann, somente é possível falar de uma teoria *dos* sistemas sociais, pois eles não se permitem reconduzir a um sistema global capaz de incorporar todos os demais:

> Não se trata da decomposição de um "todo" em "partes", quer dizer, nem em um sentido conceitual (*divisio*) nem no sentido de uma divisão real (*partitio*). O esquema todo/partes descende da tradição veteroeuropeia e perderia, se aplicado aqui, o ponto decisivo. Diferenciação do sistema não significa, precisamente, que o todo seja decomposto em partes e, visto nesse nível, compreenda então apenas as partes e as "relações" entre as partes. Ao contrário, cada sistema parcial reconstrói o sistema integral ao qual pertence e que ajuda a operar mediante uma diferença própria entre sistema e ambiente (específica ao sistema parcial). Através da diferenciação do sistema, multiplica-se o sistema em si mesmo, por assim dizer, pelas diferenças sempre novas entre sistemas e ambientes no sistema. [...] [O processo de diferenciação] não pressupõe qualquer coordenação pelo sistema como um todo, como o esquema do todo e suas partes sugerira (LUHMANN, 1997, p. 598).

Não há um sistema total; a sociedade não é uma projeção da consciência individual. Luhmann recorre, portanto, à excêntrica lógica das formas de um autor até então ignorado pela comunidade acadêmica internacional com dois objetivos: de um lado, trata-se de fugir ao modelo epistemológico estruturado pelo par sujeito/objeto, que fez com que a tradição sociológica (de Weber a Parsons, passando por Durkheim e Simmel) partisse do indivíduo para compreender a sociedade. Mas, de outro lado, em linha com a tradição sociológica, trata-se de bloquear a categoria central para Marx e o marxismo – a totalidade.

Cada sistema replica, em si mesmo, a diferença sistema/ambiente. Não há totalidade. Ou seja, o direito, como sistema social, emprega a forma sistema/ambiente para se auto-observar. O mesmo vale para a política, a economia, a ciência etc. Isso significa que o direito emprega a distinção direito/ambiente, a política, a forma política/ambiente, a economia, a forma economia/ambiente e assim por diante. O ambiente é o espaço da complexidade, o sistema, o âmbito em que o sentido é *funcionalmente* produzido como redução de complexidade.

Por isso *autopoiese*: o sistema *produz-se* a si próprio com o emprego da forma sistema/ambiente para o desempenho de uma função específica, que é relevante para a sociedade como um todo. Essa replicação da diferença sistema/ambiente para o desempenho de funções específicas implica uma compreensão fractal da sociedade: a economia, para regular a escassez de dinheiro, propriedade e crédito, emprega a diferença economia/sociedade e, com isso, constrói, de seu ponto de vista, a sociedade como um todo. A política, para preservar a capacidade de tomar decisões coletivamente vinculantes, usa a forma política/sociedade e, da mesma maneira, constrói uma sociedade do ponto de vista da política. Todos os sistemas funcionais da sociedade operam dessa maneira. Por isso, como já se disse, não há totalidade.

A economia, a política, o direito, a ciência etc. filtram os *inputs* emanados do ambiente, escolhendo aquilo que deve ser considerado *informação* para a reprodução de suas operações (o excesso descartado é *ruído* produzido pelo ambiente). Para tanto, cada sistema dispõe de uma codificação binária interna: informação não codificada é ruído. Mais uma vez, a linguagem cibernética tem como propósito evitar um conceito subjetivista de cognição. Os exemplos são aqui importantes para tornar clara a forma pela qual o sistema autopoiético reduz a complexidade do ambiente aumentando sua complexidade interna. Aquela é complexidade amorfa, intratável; essa, ao contrário, é complexidade estruturada que permite a reprodução de operações sistêmicas, as quais tomam como ponto de partida operações sistêmicas prévias que, por sua vez, partiram de operações sistêmicas prévias e assim indefinidamente. É por isso que a teoria de sistemas não permite a interferência de um sistema em outro: somente o próprio sistema pode selecionar aquilo que vale como ponto de partida para suas operações. Por isso, mais uma vez, os sistemas são autopoiéticos: eles se produzem a si próprios; não há uma relação causal entre o ambiente e o sistema. Esse postulado visa romper, radicalmente, com a dedução da sociedade a partir dos indivíduos, como fizera a tradição sociológica. Sistemas sociais nunca serão engendrados por sistemas psíquicos. Para tanto, os sistemas sociais (mas não todos eles) dispõem de *meios de comunicação simbolicamente generalizados*. É com recurso a eles que os sistemas elaboram sua complexidade interna e, com isso, replicam em si mesmos a forma sistema/ambiente.

Meios de comunicação simbolicamente generalizados são tecnologias comunicativas que estruturam a complexidade interna do sistema por meio de um esquematismo binário. Essas tecnologias permitem que as consciências empíricas se acoplem ao circuito comunicativo do qual participam, condensando sentido em ações ou vivências. As relações pessoais contam, por exemplo, com o *amor* como meio de comunicação simbolicamente generalizado. Tem-se o *dinheiro* na economia, o *poder* na política, a *verdade* na ciência. Mas o meio de comunicação simbolicamente generalizado não é indispensável: direito e arte, por exemplo, não dispõem dessa tecnologia. Indispensável é o *código binário* que permite ao sistema funcionar: lícito/ilícito no direito, verdadeiro/falso na ciência, governo/

oposição na política, ter/não ter (dinheiro, propriedade ou crédito) na economia, informação/não informação nos meios de comunicação, aprender/não aprender na educação, transcendência/imanência na religião etc. Quando um sistema seleciona um evento do ambiente e precisa lhe atribuir um sentido, essa operação usa necessariamente um dos lados do esquematismo binário. A Figura 1 pretende ilustrar o emprego da forma sistema/ambiente por um sistema, no caso, a política, de maneira a estruturar sua própria complexidade interna:

Figura 1 Forma sistema/ambiente

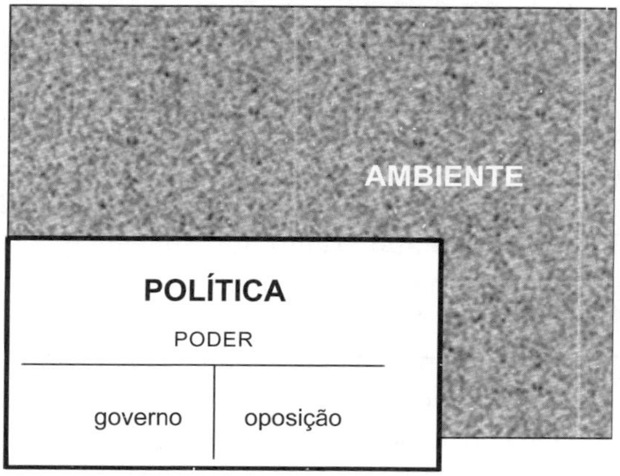

Fonte: Elaborado pelo autor (2016).

A política emprega a forma sistema/ambiente para isolar o circuito de comunicações políticas de seu ambiente, ou seja, para se isolar do direito, da economia, da moral, da religião, mas também das pessoas empíricas. Elas tomam parte na comunicação política, mas o organismo físico, a pessoa, é ambiente para a comunicação. Para a política, só conta a comunicação política. A área sombreada ilustra o horizonte de complexidade frente ao qual a política se mantém indiferente. Para que um fenômeno seja relevante politicamente, ele tem de estar codificado como uma posição de poder atribuída ao governo ou à oposição. Isso significa que uma operação política – isto é, a tomada de uma decisão coletivamente vinculante (da aprovação ou rejeição de um determinado projeto de lei, p. ex.) – será interpretada como vitória do governo ou da oposição. O desempenho de um candidato em uma entrevista ou em um debate eleitoral será interpretado como fortalecendo (ou enfraquecendo) o poder do governo ou da oposição. *Tertium non datur.* As operações políticas ocorrem em qualquer dos lados do código binário, mas têm de ocorrer em um deles: para o direito, o lícito (fechar um contrato) é tão operativo quanto o ilícito (não cumprir o contrato); não ter (dinheiro) pode ser tão operativo para a economia quanto ter (crédito), pois investe-se (não ter) para auferir lucros (ter); e assim por diante. É com recurso a tais esquematismos binários que os sistemas filtram o excesso de informação (ruído) proveniente do ambiente, mantendo-se seletivamente indiferentes a ele. A informação capaz de desencadear operações internas ao sistema é, dessa maneira, uma produção do próprio sistema. Por isso, o sistema é autopoiético: suas operações reproduzem estruturas e elementos do próprio sistema, de forma a manter uma indiferença seletiva face ao ambiente.

É isso que significa o *fechamento operacional* dos sistemas autopoiéticos. Um sistema é sempre um desnível de complexidade: o ambiente é sempre muito mais complexo, caótico; o sistema é complexidade estruturada e, nessa medida, reduzida funcionalmente, operativa. Isso não significa, por óbvio, compreender o sistema como mônada hermética. O sistema observa o ambiente e pinça os *inputs* a partir dos quais desencadeará suas próprias operações. O sistema é operativamente fechado, mas cognitivamente aberto (ele observa o ambiente). Essa espécie de membrana que filtra o que "entra" no sistema[12]; essa espécie de filtro é o que se conhece por *acoplamento estrutural*. Acoplamentos estruturais são condição para o fechamento operacional (LUHMANN, 1997, p. 92ss.). O acoplamento estrutural permite uma dupla codificação: um evento no ambiente é selecionado e tornado operativo em mais de um sistema. Em qualquer interação, como a exemplo de uma reunião de trabalho, a compra de um item em uma loja, um seminário universitário; a troca de informações entre os indivíduos ocorre em uma esfera objetiva, exterior a ambos. Pelo acoplamento estrutural, um evento pode desencadear produção de sentido em mais de um sistema.

Não existe a possibilidade de que os sistemas (psíquicos ou sociais) entrem em contato uns com os outros diretamente. A hipótese de colocar dois sistemas em relação direta um com o outro faz surgir o problema da dupla contingência: como cada sistema é uma *black box* imperscrutável para o outro, tem-se uma situação de paralisia, pois nenhum dos sistemas é capaz de estruturar a própria complexidade e desencadear operações internas a partir de *inputs* do ambiente (pois não haveria ambiente). Sistemas autopoiéticos (psíquicos ou sociais) colocados frente a frente, sem mediação, caracterizariam uma situação impensável em que nenhuma comunicação poderia existir. Mais do que um problema fictício, a dupla contingência é *hipotética*: ela designa aquilo que ocorreria *se* sistemas sociais não se formassem pelo emprego da forma sistema/ambiente, isto é, aquilo que poderia ocorrer se um sistema se confrontasse com outro (algo tipo "sistema A/sistema B"). A dupla contingência *não ocorre* justamente porque há sistemas funcionalmente diferenciados (LUHMANN, 1984, p. 30). Em qualquer interação, a troca de informações entre sistemas (psíquicos e sociais) ocorre sempre de maneira *mediada*. Essa mediação, que evita o problema da dupla contingência, é operada por um acoplamento estrutural. A *linguagem* é a forma de dois lados que, ao processar a produção de sentido,

---

12. Lembrando tratar-se aqui de uma metáfora imprópria, pois expressões como "entrar/sair" ou "dentro/fora" invocam analogias espaciais que, como já se mencionou, são inexatas para designar o sistema como forma de dois lados.

permite acoplar as consciências empíricas (os sistemas psíquicos) à comunicação diferenciada funcionalmente (os sistemas sociais). A linguagem sincroniza os sistemas psíquicos ao sistema social de que participam, de forma que a comunicação funcionalmente diferenciada permita a produção de sentido e oriente assim o comportamento concreto dos indivíduos. Como o acoplamento estrutural entre sistemas psíquicos e sociais é condição para que esses sistemas operem (pois não há comunicação sem o envolvimento das consciências empíricas, ao mesmo tempo em que essas somente tomam parte na sociedade quando acopladas à comunicação), tem-se um acoplamento constante que permite processar sentido simultaneamente para as consciências e para os sistemas sociais. Trata-se do que Luhmann denomina *interpenetração* e configura uma condicionante incontornável da vida em sociedade.

Mas acoplamentos estruturais ocorrem não apenas como interpenetração entre sistemas psíquicos e sociais. Eles ocorrem também por intermédio de instituições que cristalizam pontos de intercâmbio funcional entre sistemas sociais: é o caso da constituição como estrutura que reduz complexidade para o direito e para a política, pois tudo que se faz em ambos os sistemas tem de estar em conformidade com a constituição; do orçamento público como acoplamento estrutural entre a economia e a política, pois ali estão disciplinados pagamentos para o poder público e pagamentos pelo poder público; das universidades, que institucionalizam o acoplamento estrutural entre educação e ciência; dos contratos da propriedade privada como acoplamentos entre o direito e a economia, pois são esses institutos jurídicos que viabilizam operações econômicas; e assim por diante. Esses acoplamentos tornam concreta a dependência do sistema em relação ao ambiente, mas também sua autonomia: eles permitem filtrar eventos e elementos a partir dos quais as operações dos sistemas serão executadas. Os acoplamentos estruturais são cristalizados historicamente na passagem à sociedade funcionalmente diferenciada. Essa passagem é descrita por Luhmann com o auxílio de uma teoria da *evolução*.

O diagnóstico luhmanniano da modernidade vê a sociedade funcionalmente diferenciada como estágio final de um longo processo de diferenciação. Aqui, talvez mais do que em qualquer outro ponto de sua teoria social, nota-se o compromisso de Luhmann com a tradição sociológica em oferecer uma narrativa para a modernidade que diminua o peso de uma teoria social centrada no diagnóstico do capitalismo, tal como fizera Marx. Em Marx, o capital irrompe como uma inovação que inaugura uma nova história, uma nova sociedade e uma nova temporalidade. Sem poder entrar aqui no mérito da disputa entre Marx e o cânone sociológico, cabe apenas enfatizar que Luhmann se insere nesse cânone, relativizando o papel do capitalismo na conformação da modernidade – ele seria apenas o último estágio de desenvolvimento funcional de *um* subsistema específico da sociedade (a economia), mas não da sociedade como um todo. A passagem à sociedade funcionalmente diferenciada é assim o resultado de um longo processo evolutivo em que se substituem padrões de diferenciação social.

Luhmann identifica quatro padrões de diferenciação social:

(1) diferenciação segmentária;

(2) diferenciação centro/periferia;

(3) estratificatória;

(4) diferenciação funcional.

A diferenciação *segmentária* define as sociedades arcaicas fundadas no parentesco e na vizinhança. A sociedade é simples e definida por uma rígida regra de pertencimento ou exclusão do grupo ou clã. Nessa sociedade, as relações sociais eram regidas pela reciprocidade e pela magia, limitando o alcance das relações sociais ao pequeno grupo. A diferenciação *centro/periferia* se impõe quando a reciprocidade é quebrada em prol da ascensão de um estrato social específico que domina os demais. Essa diferenciação está fundada no surgimento das cidades e dos grandes impérios da alta cultura erigidos a partir delas. Aqui, a magia e o parentesco dão lugar à formação de uma camada política burocrática aliada a um estamento sacerdotal. Esse cume social é o elemento de passagem para a diferenciação *estratificatória* da sociedade, que corresponde ao feudalismo. É por isso que a diferenciação centro/periferia é uma forma transitória de diferenciação: ela permite o surgimento da diferenciação estratificatória no centro ao manter a diferenciação segmentária na periferia. Nessas sociedades pré-funcionais, a comunicação é regida por regras rígidas de pertencimento (à aldeia, clã ou grupo; à cidade; e ao estamento dado pelo nascimento), articuladas pela forma inclusão/exclusão. A *diferenciação funcional* implode esse esquema ao impor regras *funcionais* para a comunicação: não é mais importante a origem ou o nascimento para definir o critério de acesso ao direito, à economia, à política etc.; é importante agora que os indivíduos saibam orientar seu comportamento conforme as regras funcionais do sistema do qual estejam participando em um dado momento. Inclusão e exclusão em sistemas sociais não atingem mais o indivíduo por inteiro: é possível ter dinheiro e não conseguir formar uma opinião política pessoal, não conseguir desfrutar da arte etc. A personalidade (e, com ela, o destino econômico, os direitos e deveres para com a comunidade, a posição de súdito ou soberano) não é mais uma decorrência da origem ou do estamento, mas uma questão de ajuste a regras funcionais. Destaca-se, nesse percurso, o papel da escrita: ela é a tecnologia comunicativa que permite estabilizar socialmente o dinheiro, os contratos, o direito de propriedade, a constituição e as decisões jurídicas, a ciência como produção de conhecimento novo, a educação formal etc. É a partir dela que os códigos binários assumem a forma moderna que apresentam hoje; é com ela que se estabilizam meios de comunicação simbolicamente generalizados e, com isso, diferenciam-se sistemas sociais que levam em conta somente sua autorreprodução (LUHMANN, 1997, p. 249ss.).

É também a escrita que permite a diferença entre *estrutura social* e *semântica*. A primeira designa o conjunto de operações práticas por meio das quais um sistema mantém-se como diferença sistema/ambiente (os pagamentos na economia, as decisões jurídicas no direito, as decisões políticas na política etc.). A segunda designa autodescrições dos sistemas. No primeiro nível, em que o sistema observa o ambiente para reduzir complexidade e estruturar suas próprias operações, tem-se apenas uma *observação de primeira ordem*. O sistema adquire a posição de um *observador de segunda ordem* quando ele obtém uma descrição de si mesmo, refletindo sobre sua diferença sistema/ambiente (a teoria econômica na economia, a teoria do direito para o direito e assim por diante). Por isso a teoria de sistemas sociais é, internamente ao sistema científico e, mais especificamente, internamente à sociologia, uma descrição autorreferente da sociedade. A uma sociedade funcionalmente diferenciada corresponde uma teoria de sistemas funcionalmente diferenciados. A teoria é um modelo da sociedade dentro da sociedade.

A teoria de sistemas sociais de Luhmann é um potente arsenal analítico para a observação da sociedade contemporânea: arte, direito, ciência, educação, economia, religião, política, meios de comunicação de massa, evolução de estágios de diferenciação social, amor, ecologia, risco – seus temas abrangem, com riqueza de detalhes e estudos históricos profundos, os grandes temas da sociedade contemporânea, integrados em uma teoria geral da sociedade. Sem incorrer em reducionismos nem repetir os vícios epistemológicos da tradição humanista, e com um rigor conceitual ímpar, Luhmann procura se desvencilhar da filosofia do sujeito oferecendo uma compreensão da sociedade a partir da diferenciação funcional de sistemas autopoiéticos, sistemas auto-operativos que não derivam das consciências individuais e que seguem lógicas próprias independentes de uma lei basal comum, configurando-se, assim, uma sociedade sem instância de controle central e sem orientação teleológica predeterminada para seu desenvolvimento. E, por isso mesmo, o quadro que ela oferece é desalentador. A "emancipação" *não* está inscrita no DNA da sociedade. O sociólogo que observa a sociedade moderna vê hoje um estado de coisas tão cristalizado, que perspectivas de mudança e transformação social parecem remotas ou ingênuas. Essa sensação estacionária adquire plena expressão teórica na teoria de sistemas sociais.

3 Horizontes de pesquisa

Apesar do quanto até aqui exposto, vale a pena tangenciar, muito brevemente, alguns dos limites da teoria de sistemas sociais, evitando um deslize comum entre luhmannianos ortodoxos: acreditar piamente na pretensão de universalidade reivindicada pela teoria. Por pretensão de universalidade entende-se uma teoria que pretenda explicar não recortes de seu objeto, mas todo o objeto – não é a replicação da própria realidade, nem a exclusão de conhecimentos concorrentes, mas a explicação completa daquilo que a própria teoria define como seu objeto (LUHMANN, 1984, p. 9-10). O problema é que Luhmann escolheu como objeto o social como um todo. A teoria de sistemas sociais provê um aparato conceitual muito sofisticado para o diagnóstico da sociedade contemporânea, mas isso não quer dizer que todas as questões da teoria social já estejam de antemão respondidas pela autopoiese dos sistemas sociais. Isso impõe não a rejeição da teoria de sistemas, mas seu refinamento e aprimoramento. Mencionaremos três frentes em que os principais debates em teoria de sistemas se desenrolam atualmente: (i) desigualdade social; (ii) sociedade mundial e periferia e (iii) teoria crítica de sistemas. Evidentemente, esses debates somente podem ser aqui brevemente sumariados.

Há um intenso debate acerca do papel da desigualdade social na teoria de sistemas sociais que se encontra documentado em Schwinn (2004); Bachur (2012); Bachur e Dutra (2013) e Bude (2008). Em seus escritos finais, Luhmann desenvolve a inclusão/exclusão como forma de dois lados: a inclusão em um sistema não implica inclusão em outros; exclusão de um sistema não acarreta automaticamente a exclusão de outros. Com a passagem à sociedade funcionalmente diferenciada, a classe social não seria determinante – trata-se de saber se o indivíduo consegue se comportar politicamente, juridicamente, cientificamente, economicamente etc., conforme o sistema em que ele se insere. Ora, a desigualdade social – acrescida das dimensões étnicas e de gênero – permanece definindo destinos de vida em todas as regiões do globo. A diferenciação funcional convive com a diferenciação por estratos sociais. Se a primeira é imune a essa última, ou se essa se sobrepõe àquela, é a pergunta que estrutura esse debate e opõe os luhmannianos ortodoxos aos críticos inspirados por Marx, Weber e Bourdieu, por exemplo.

Luhmann define a sociedade atual como sociedade mundial: como a comunicação é a operação elementar do social, a sociedade mundial compõe-se de toda a comunicação produzida pelos sistemas. Não existiriam, portanto, sociedades regionais, mas uma única sociedade mundial. Há, a partir desse postulado – em tudo questionável – um intenso debate sobre o papel da periferia mundial na teoria de sistemas sociais (NEVES, 1992; MASCAREÑO, 2012; GONÇALVES, 2010; 2013). Argumenta-se que a teoria de sistemas toma, sub-repticiamente, o modelo da Alemanha Ocidental pré-1989 como padrão normativo para imaginar sistemas funcionais plenamente diferenciados. A periferia da sociedade mundial seria a imagem invertida que põe em xeque esse postulado tão caro aos luhmannianos.

Por fim, há uma tentativa de aproveitar o potencial analítico da teoria de sistemas sociais para a renovação da teoria crítica da sociedade (BACHUR, 2010; 2013; AMSTUTZ; LESCANO, 2013; MINHOTO; GONÇALVES, 2015; KLEIN, 2015). Esse debate busca acentuar os aspectos em que a teoria de sistemas permite formular uma contundente crítica social ao oferecer um acurado diagnóstico da sociedade capitalista, mesmo ao custo da revisão de algumas de suas premissas centrais.

Esses debates demarcam os contornos dentro dos quais a teoria de sistemas sociais de Luhmann vem sendo lida atualmente, atestando, mais uma vez, a vitalidade da descrição que ela provê da sociedade contemporânea.

Referências

LUHMANN, N. (s.d.). *Politische Planung.* Opladen: Westdeutscher Verlag.

LUHMANN, N. (1964). *Funktionen und Folgen formaler Organisation.* Berlim: Duncker & Humblot.

LUHMANN, N. (1965). *Grundrechte als Institution – Ein Beitrag zur politischen Soziologie.* Berlim: Duncker & Humblot.

LUHMANN, N. (1969). *Legitimation durch Verfahren.* Frankfurt am Main: Suhrkamp [3. ed., 1975] [Em português: *Legitimação pelo procedimento.* Brasília: UnB, 1980].

LUHMANN, N. (1980a). *Gesellschaftsstruktur und Semantik: Studien zur Wissenssoziologie der modernen Gesellschaft.* Vol. 1. Frankfurt am Main: Suhrkamp.

LUHMANN, N. (1980b). *Rechtssoziologie.* Oplaten: Westdeutscher Verlag [Em português: *Sociologia do direito.* 2 vol. Rio de Janeiro: Tempo Brasileiro, 1983].

LUHMANN, N. (1981a). *Gesellschaftsstruktur und Semantik: Studien zur Wissenssoziologie der modernen Gesellschaft.* Vol. 2. Frankfurt am Main: Suhrkamp.

LUHMANN, N. (1981b). *Politische Theorie im Wohlfahrtsstaat.* Munique: Günther Olzog [Em espanhol: *Teoría política en el Estado de bienestar.* Madri: Alianza].

LUHMANN, N. (1982). *Liebe als Passion.* Frankfurt am Main: Suhrkamp.

LUHMANN, N. (1984). *Soziale Systeme.* Frankfurt am Main: Suhrkamp [Em inglês: *Social Systems.* Stanford: Stanford University Press, 1996].

LUHMANN, N. (1988). *Die Wirtschaft der Gesellschaft.* Frankfurt am Main: Suhrkamp.

LUHMANN, N. (1989). *Gesellschaftsstruktur und Semantik: Studien zur Wissenssoziologie der modernen Gesellschaft.* Vol. 3. Frankfurt am Main: Suhrkamp.

LUHMANN, N. (1990). *Die Wissenschaft der Gesellschaft.* Frankfurt am Main: Suhrkamp.

LUHMANN, N. (1993). *Das Recht der Gesellschaft.* Frankfurt am Main: Suhrkamp [Em português: *O direito da sociedade.* São Paulo: Martins Fontes, 2016].

LUHMANN, N. (1995a). *Die Kunst der Gesellschaft.* Frankfurt am Main: Suhrkamp [Em inglês: *Art as a Social System.* Stanford: Stanford University Press, 2000].

LUHMANN, N. (1995b). *Die Realität der Massenmedien.* Wiesbaden: VS [Em português: *A realidade dos meios de comunicação em massa.* São Paulo: Paulus].

LUHMANN, N. (1995c). *Gesellschaftsstruktur und Semantik: Studien zur Wissenssoziologie der modernen Gesellschaft.* Vol. 4. Frankfurt am Main: Suhrkamp.

LUHMANN, N. (1997). *Die Gesellschaft der Gesellschaft.* Frankfurt am Main: Suhrkamp [Em espanhol: *La sociedad de la sociedad.* Ciudad de México: Herder, 2007].

LUHMANN, N. (2000a). *Die Politik der Gesellschaft*. Frankfurt am Main: Suhrkamp.

LUHMANN, N. (2000b). *Die Religion der Gesellschaft*. Frankfurt am Main: Suhrkamp.

LUHMANN, N. (2002). *Das Erziehungssystem der Gesellschaft*. Frankfurt am Main: Suhrkamp.

LUHMANN, N. (2005). *Soziologische Aufklärung*. 6 vol. Wiesbaden: VS.

LUHMANN, N. (2008a). *Die Moral der Gesellschaft*. Frankfurt am Main: Suhrkamp.

LUHMANN, N. (2008b). *Ideenevolution*. Frankfurt am Main: Suhrkamp.

LUHMANN, N.; HABERMAS, J. (1971). *Theorie der Gesellschaft oder Sozialtechnologie – Was leistet die Systemforschung?* Frankfurt: Suhrkamp.

Críticos, comentadores e introduções:

ADORNO, T.W. (org.) (1969). *Der Positivismusstreit in der deutschen Soziologie*. Neuwied/Berlim: Luchterhand.

AMSTUTZ, M. & FISCHER-LESCANO, A. (orgs.) (2013). *Kritische Systemtheorie: Zur Evolution einer normativen Theorie*. Bielefeld: Transcript.

BUDE, H. (org.) (2008). *Exklusion: Die Debatte über die "Überflüssigen"*. Frankfurt am Main: Suhrkamp.

BACHUR, J.P. (2010). *Às portas do labirinto: para uma recepção crítica da teoria social de Niklas Luhmann*. Rio de Janeiro: Azougue.

BACHUR, J.P. (2012). Inclusão e exclusão na teoria de sistemas sociais: aspectos críticos. *BIB – Revista Brasileira de Informação Bibliográfica em Ciências Sociais*, v. 73, p. 55-83.

BACHUR, J.P. (2013). *Kapitalismus und funktionale Differenzierung*. Baden-Baden: Nomos.

BACHUR, J.P. & DUTRA, R.T. (orgs.) (2013). *Dossiê Niklas Luhmann*. Belo Horizonte: UFMG.

GIEGEL, H.J. (1975). *Theorie der Gesellschaft oder Sozialtechnologie. System und Krise: Beitrag zur Habermas-Luhmann-Diskussion*. Frankfurt am Main: Suhrkamp.

GONÇALVES, G.L. (2010). Rechtssoziologische Interpretationen des Rechtsdiskurses in Lateinamerika: Eine postkoloniale Kritik. *Juridikum: Zeitschrift für Kritik/Recht/Gesellschaft*, vol. 21, p. 311-320.

GONÇALVES, G.L. (2013). Pós-colonialismo e teoria dos sistemas: notas para uma agenda de pesquisa sobre o direito. In: BACHUR, J.P.; DUTRA, R.T. (orgs.). *Dossiê Niklas Luhmann*. Belo Horizonte, p. 249-277.

IZUZQUIZA, I. (1990). *Sociedad sin hombres: Niklas Luhmann o la teoría como escándalo*. Barcelona: Anthropos.

HABERMAS, J. (1985). *Der philosophische Diskurs der Moderne*. Frankfurt am Main: Suhrkamp.

KLEIN, S.F. (2015). Sobre a reivindicação sistêmica à criticidade. *Novos Estudos Cebrap*, vol. 103, p. 153-167.

MACIEJEWSKI, F. (1974). *Theorie der Gesellschaft oder Sozialtechnologie – Neue Beiträge zur Habermas-Luhmann-Diskussion*. Frankfurt am Main: Suhrkamp.

MACIEJEWSKI, F. (org.) (1973). *Theorie der Gesellschaft oder Sozialtechnologie. Beiträge zur Habermas-Luhmann-Diskussion*. Frankfurt am Main: Suhrkamp.

MASCAREÑO, A. (2012). *Die Moderne Lateinamerikas: Weltgesellschaft, Region und funktionale Differenzierung*. Bielefeld: Transcript.

MINHOTO, L.D. & GONÇALVES, G.L. (2015). Dossiê teoria dos sistemas e crítica da sociedade. *Tempo Social*, v. 27, n. 2.

NEVES, M. (1992). *Verfassung und Positivität des Rechts in der peripheren Moderne: Eine theoretische Betrachtung und eine Interpretation des Falls Brasiliens*. Berlim: Duncker & Humblot.

SCHWINN, T. (org.) (2004). *Differenzierung und soziale Ungleichheit: die zwei Soziologien und ihre Verknüpfung*. Frankfurt am Main: Humanities Online.

SPENCER BROWN, G. (1969). *Laws of Form*. Nova York: Bantam.

Parte IV
A busca da grande síntese: o link micro-macro

11
O estruturalismo genético de Pierre Bourdieu: uma breve introdução

Carlos Benedito Martins

Introdução

Ao longo de sua obra, Bourdieu procurou superar determinadas oposições canônicas que minam a ciência social por dentro, como a separação entre análise do simbólico e do material, entre indivíduo e sociedade, o embate entre métodos quantitativos e qualitativos, dualismos que comprometem uma adequada compreensão da prática humana. Essas oposições artificiais não derivam, segundo ele, de operações lógicas ou epistemológicas constitutivas da prática científica, mas de disputas entre escolas e tradições de pensamento no interior da sociologia, que buscam erigir suas concepções particulares como verdade científica total, ou seja, constituem a expressão sociológica de espaços sociais estruturados em torno de divisões dualistas que acabam por produzir profissões de fé e emblemas totêmicos, dilacerando as explicações fornecidas pelas ciências sociais. Assim, investiu contra a divisão artificial entre teoria e pesquisa empírica, mediante a qual alguns pesquisadores cultivam a teoria por si mesma, sem manter uma relação com objetos empíricos precisos, enquanto outros, inversamente, desenvolvem uma pesquisa empírica sem referência às questões teóricas. Apoiando-se em Kant, ressalta que a pesquisa sem teoria é cega e a teoria sem pesquisa é vazia, posicionando-se contra um determinado *habitus* que leva a colocar a teoria em primeiro plano na atividade de investigação, a elegê-la como finalidade nobre e legítima da prática científica. Recusou-se sempre a produzir um discurso teórico geral, especulativo, profético (BOURDIEU, 1968, p. 42-43) ou programático sobre o mundo social e em especial sobre a ação humana, ou seja, a prática. A teoria deve constituir um programa de percepção e ação, um *habitus* científico intimamente ligado à construção de casos empíricos bem delimitados.

Bourdieu alimentou desde o início o projeto intelectual de integrar contribuições teóricas de cientistas sociais clássicos e contemporâneos que, de um modo geral, eram tendencialmente assumidas e vividas pelos praticantes da área como antagônicas e inconciliáveis, (re)trabalhando-as e incorporando-as em seu esquema explicativo. Para ele, o obstáculo que impede a comunicação entre as teorias, conceitos e métodos deve-se menos a problemas lógico-científicos intrínsecos que a lutas de concorrência entre seus adeptos, visando à conquista de posições de legitimação no interior do campo das ciências sociais. Assim, os que se identificam com uma determinada postura analítica tendem a ignorar os resultados obtidos pela teoria concorrente e a não se apropriar dessas descobertas, que poderiam abalar as bases de suas convicções. Ao mesmo tempo, nota-se que no conjunto de sua obra procurou desrespeitar, frequente e profundamente, as fronteiras disciplinares e divisões de áreas de conhecimento no interior das ciências sociais, de modo que sua influência estendeu-se a várias disciplinas nas ciências humanas: sociologia, antropologia, educação, história, linguística, estudos literários, ciência política, direito etc. De modo análogo, tratou empiricamente de uma enorme diversidade de temas – tais como moda, arte, desemprego, escola, direito, ciência, literatura, religião, classe social, política, esporte, intelectuais, o camponês, televisão, dominação masculina – a partir de diferentes procedimentos de pesquisa, indo da descrição etnográfica a mais detalhada aos argumentos teóricos e filosóficos os mais abstratos, passando também pelo emprego tanto de modelos estatísticos como de entrevistas em profundidade.

Diante dessa diversidade de objetos de investigação, pode-se indagar se a obra de Bourdieu não terá sido elaborada sob o signo da dispersão e fragmentação. A despeito das várias etapas de construção do seu extenso trabalho de investigação (o que requer necessariamente estudos detalhados sobre a evolução de seu percurso intelectual), um dos seus eixos nucleadores foi sem dúvida o projeto de apreender a prática humana, que se pautou pelo distanciamento de um *ethos* filosófico que tende a imprimir a construção de um discurso total sobre essa questão, tratando-a a partir de considerações sobre a natureza e a condição humanas, e pela estratégia de concentrar-se em um conjunto de objetos aparentemente insignificantes, considerados até então destituídos de interesse científico e de relevância social na hierarquia dos temas privilegiados pela sociologia, tais como a frequência aos museus, a prática fotográfica por parte de determinados grupos sociais, as trocas linguísticas, a formação dos gostos etc. Buscou assim compreender, de forma muitas vezes microscópica e detalhada e a partir de procedimentos empíricos, não a essência da ação humana, mas a complexa relação entre os distintos espaços sociais em que se manifestam esses fenômenos e a inserção dos atores envolvidos na sua produção; vale dizer, as condições de efetivação e as modalidades de produção das diversas práticas dos agentes sociais. Essa busca serviu-lhe de fulcro para estabelecer a unidade teórica de uma obra edificada a partir da construção de um sistema relativamente parcimonioso de conceitos derivados de um incessante confronto entre atividade teórica e pesquisa empírica, tais como *habitus, illusio,* campo, violência simbólica, *doxa,* héxis corporal, capital cultural, que representaram contribuições valiosas para a renovação da análise sociológica de um modo geral e, particularmente, instrumentos relevantes para enfrentar as complexas e intrincadas mediações que permeiam as relações entre ator e estrutura

O estruturalismo genético

Este capítulo aborda o processo de distanciamento de Pierre Bourdieu com relação à postura estruturalista. Nesta direção, ressalta seu empenho teórico em articular dialeticamente estruturas objetivas e ator social, que o conduziu a formular determinados conceitos para realizar esta mediação, tais como "*habitus*" e "campo".

Treinado para integrar a alta casta dos filósofos que dominava a cena intelectual na França no pós-guerra, paulatinamente, dedicou-se à Sociologia – na época, uma disciplina fortemente dominada no campo das Ciências Humanas. Ao mesmo tempo em que se beneficiou da formação obtida na École Normale Supérieure, simultaneamente, combateu um *ethos* filosófico que ambicionava explicar uma pluralidade de fenômenos sociais, calcados em meros procedimentos retóricos.

O advento da abordagem estrutural de Lévi-Strauss foi reconhecido e saudado por Bourdieu como um acontecimento relevante para a ciência social francesa, uma vez que, graças à referência à Saussure e à linguística, propiciou respeitabilidade científica à Antropologia. Em sua visão, as Ciências Humanas encontravam-se dominadas pela fenomenologia, notadamente através da sua vertente existencialista; além do mais, a filosofia universitária – mesmo contando com quadros como Gaston Bachelard, Georges Canguilhem, Eric Weil, Alexandre Koyré, Martial Guéroult e outros – não chegava a entusiasmá-lo. E no que se refere à tradição marxista, embora presente no horizonte da militância política de sua época, não possuía senão uma débil penetração no campo acadêmico-intelectual francês.

Nas palavras do próprio Bourdieu, um relato do espírito intelectual da época:

> Não é fácil evocar os efeitos sociais que produziram no campo intelectual francês [no final dos anos de 1950] o aparecimento da obra de Claude Lévi-Strauss e as mediações concretas pelas quais se impôs a toda uma geração uma nova forma de conceber a atividade intelectual, que se opôs de maneira dialética à figura do intelectual "total" decididamente voltado para a política encarnado por Jean-Paul Sartre. Essa confrontação exemplar contribuiu para encorajar aqueles que naquele momento orientaram para as ciências sociais a ambição de reconciliar as intenções teóricas e as intenções práticas, a vocação científica e a vocação ética, ou política, de realizar de maneira mais humilde e mais responsável suas atividades de pesquisadores, espécie de trabalho militante tão distante da ciência pura como da profecia exemplar (BOURDIEU, 1980b, p. 8).

O estruturalismo

Sua ruptura com a filosofia, ou seja, com sua formação acadêmica de origem, obtida na École Normale Supérieur da Rue d'Ulm, ocorreu por ocasião de seu deslocamento para a Argélia no final dos anos de 1950, quando, ao lado de suas atividades no serviço militar e de professor na Faculdade de Letras de Argel, iniciou seus trabalhos de campo como etnólogo, voltados aos efeitos das transformações econômicas e sociais sobre uma sociedade tradicional, a Cabília (BOURDIEU; SAYAD, 1964; 1981; BOURDIEU et al., 1964).

Seus dois primeiros ensaios etnológicos, *Le sentiment de l'honneur* e *La maison kabyle ou le monde renversé*, exploraram os esquemas interpretativos da análise estrutural elaborados por Lévi-Strauss, sendo que o último constituiu o que ele denominou o seu "último trabalho de estruturalista feliz" (BOURDIEU, 1980b, p. 22)[1]. Ao enfocar o espaço simbólico da casa cabila, assinala que sua parte baixa e sombria, lugar dos objetos úmidos, verdes ou crus, do repouso, da procriação, do nascimento e da morte e também abrigo de seres naturais como bois e vacas, se opõe à parte alta, luminosa, destinada aos seres humanos, principalmente aos convidados, lugar do fogo e de objetos produzidos pelo fogo, como o fuzil – símbolo da honra masculina (*nif*) –, que protege a honra feminina (*hurna*). Ao argumentar que o espaço da casa cabila se estrutura de forma invertida com relação ao espaço exterior, aponta que as séries de oposições (água e fogo, esquerda e direita, cozido e cru, dia e noite, *nif e hurma*) organizam-se por homologia com a oposição primordial entre o masculino e o feminino que comanda a oposição entre o interior (feminino) e o exterior (masculino). Assim, essas oposições encontram-se encastradas, uma vez que a casa (feminina) compreende também uma parte masculina, ou seja, masculino-feminina, e uma parte feminino-feminina.

A despeito do impecável domínio da lógica estruturalista demonstrado na análise sobre a casa cabila, esse trabalho impulsionou-o a introduzir questões de investigação não contempladas pela abordagem estruturalista, destacadamente as disposições incorporadas nos agentes como um princípio ordenador – *principium importam ordinem ad actum*[2] –, as quais, uma vez inscritas em seus esquemas corporais, orientam as práticas dos agentes de modo inconsciente e sistemático. Essa questão, extraída de suas experiências iniciais de trabalho de campo, conduziu-o a rever a análise estruturalista e interrogar sobre determinados pressupostos antropológicos que orientavam os estudos sobre a prática dos agentes, procurando

---

1. O ensaio *La maison kabyle ou le monde renversé*, que inicia o seu rompimento com o método estruturalista, foi publicado originalmente na obra de Pouillon e Maranda (1970) sob o título de *Échanges et communications: mélanges offerts à Claude Lévi-Strauss, à l'occasion de son 60º anniversaire*. Mais tarde, incorporado na obra escrita por Bourdieu em 1972, denominada *Esquisse d'une théorie de la pratice.*

2. Como diziam os escolásticos.

destacar o abismo existente entre o "tempo das construções científicas" e o "tempo da ação prática" (BOURDIEU, 1980b).

Em *Le sens pratique*, Pierre Bourdieu (1980b) confronta criticamente os resultados de seus primeiros trabalhos de campo com a aplicação do método estrutural e sobretudo com pressupostos antropológicos concernentes ao estudo da prática. Para ele, uma das contradições da análise científica sobre a prática residiria no fato paradoxal de que o modelo mais coerente para explicar o conjunto de fatos observados não pode ser confundido com o princípio da prática que pretende compreendê-los cientificamente, já que a prática desenvolvida pelos agentes não implica o domínio da lógica de sua própria conduta.

Em seu terceiro ensaio de etnologia, "La parente comme représentation et comme volonté" (BOURDIEU, 2000a)[3], capítulo da obra voltado para as práticas matrimoniais em diversas regiões da Cabília, intensificou seu questionamento da etnologia clássica e aprofundou seu distanciamento da antropologia estrutural. O pano de fundo dessa investigação era a problemática daquilo que os etnólogos designavam como "casamento árabe", ou seja, o presumido predomínio numa sociedade patrilinear de união preferencial ou prescritiva com a prima paralela patrilinear, o que para Lévi-Strauss constituía um "escândalo", uma vez que essa prática se afastava de forma significativa do princípio da troca de mulheres entre unidades exógenas. Os resultados empíricos de sua investigação apontaram que a proporção relativa de tipos de casamento variava em razão da extensão geográfica das unidades consideradas, sendo que o casamento com a prima paralela patrilinear constituía antes uma exceção do que a regra delineada pelos pressupostos das análises antropológicas e do estruturalismo. Diante disso, afirmava que o casamento árabe só poderia ser adequadamente entendido no contexto das lógicas práticas às quais se vinculava, a começar pela lógica do sentimento de honra, na medida em que constituía um ato de vergonha para a linhagem não conseguir casar as filhas.

Longe de postular uma negação da objetivação dos fenômenos sociais, Bourdieu reconhecia nesse procedimento uma das contribuições fundamentais do estruturalismo ao processo de ruptura com o saber imediato. Ao mesmo tempo, afirmava a necessidade de separar o ponto de vista intelectualista do observador e o ponto de vista do ator, necessariamente voltado para a resolução das urgências da prática que os agentes desenvolvem nos múltiplos domínios da vida social. Embora tenha mantido uma posição crítica quanto ao caráter objetivista do estruturalismo, incorporará um certo estado de espírito dessa tradição, conferindo especial importância ao primado das relações. Sobre esse aspecto:

> Deformando a famosa fórmula de Hegel, diria que o real é relacional: o que existe no mundo social são relações – não interações ou laços intersubjetivos entre os agentes, mas relações objetivas que existem "inde-

---

3. Capítulo da obra *Esquisse d'une théorie de la practice*, já mencionada neste texto.

pendentemente das consciências e das vontades individuais", como dizia Marx (BOURDIEU; WACQUANT, 1992, p. 72).

Em várias ocasiões designou o seu próprio trabalho como "estruturalismo genético" (BOURDIEU, 1987, p. 24, 147), argumentando que o mundo social, e não apenas os sistemas simbólicos, são constituídos por estruturas objetivas, independentes da consciência e vontade dos atores, que em larga medida tendem a orientar as suas práticas e representações. No entanto, buscava ressaltar o aspecto social subjacente tanto na gênese dos esquemas de percepção e ação dos atores – ou seja, do *habitus* – quanto na constituição dos diversos *campos*.

Bourdieu insistirá que a compreensão das lógicas das práticas engendradas pelos agentes sociais envolve um verdadeiro trabalho de (re)exame das disposições científicas adquiridas nas ciências sociais. Destacou a necessidade de questionar uma espécie de oblação associada à atividade de reflexão teórica, ou seja, do culto da teoria pela teoria, na maioria das vezes edificada e praticada sem vinculações orgânicas com a pesquisa empírica. Para ele, em geral, as construções teóricas eram elaboradas em frontal oposição aos modos de pensamento "comuns" dos agentes, que no desenvolvimento de suas atividades práticas tendem a excluir essas interrogações teóricas como um corpo estranho a elas. A prática dos agentes utilizaria uma lógica diferente da "lógica teórica" ou da "lógica lógica", segundo sua expressão, de modo que as ações humanas em geral não obedecem a determinações advindas de um suposto sistema social, nem perseguem fins explicitamente conscientes, sendo antes construídas a partir de uma "lógica prática", de um "senso prático". Elas se encontrariam ajustadas às condições específicas em que se desenvolvem, de tal forma que a sua descontextualização dessas situações particulares oblitera sua plena inteligibilidade (BOURDIEU, 1980b, p. 154).

O afastamento teórico com o estruturalismo levou-o a refletir sobre a mediação entre o agente social e a sociedade (BOURDIEU, 1980b, p. 66-67). Ao invés de se interessar pelos resultados das ações humanas, ou seja, pelo seu *opus operatum,* sob o suposto comando de estruturas objetivas, intemporais e universais, sua atenção concentrou-se no *modus operandi*, ou seja, na análise do próprio ato de constituição e realização das práticas dos agentes. Atribuir à sociologia de Bourdieu uma marca de determinismo mecânico é ignorar que uma das motivações intelectuais centrais de seus investimentos teóricos e empíricos foi o de reintroduzir a problemática do agente social, opondo-se às construções explicativas que tendiam a reduzi-los a meros epifenômenos de estruturas objetivas.

Em reiteradas ocasiões assinalou, em oposição às construções objetivistas, que as ciências sociais não podem se reduzir a uma física social, de modo que as ações dos agentes devem ser relevadas nas considerações analíticas, embora não devam ser apreendidas independentemente do "seu princípio gerador", que se situa "no movimento mesmo de sua efetuação" (BOURDIEU, 2000, p. 235). Seria também equivocado perceber nas suas críticas a determinadas posturas objetivistas uma disposição de reintroduzir os agentes como possuidores de uma liberdade ilimitada e/ou de analisar suas ações visando determinados alvos, de forma consciente e racional, conferindo uma posição privilegiada aos indivíduos na constituição do mundo social.

Bourdieu procurou superar uma série de falsas oposições no interior da sociologia que, embora carecessem de fundamentos científicos, acabaram por fundar divisões totêmicas entre os seus distintos partidários. Na sua visão, uma das mais evidentes oposições expressou-se no debate entre as tradições objetivista e subjetivista (BOURDIEU; WACQUANT, 1992, p. 92-102), que tendeu a estabelecer dois "modos de conhecimento" incompatíveis do mundo social, que amiúde mantiveram uma relação de mútuo desconhecimento e incomunicabilidade. Em trabalhos como *Esquisse d'une théorie de la pratique*, examinou criticamente os componentes de cada um desses modos e buscou configurar um terceiro modo de conhecimento do mundo social, denominado por ele de praxiológico.

O conhecimento praxiológico ou a teoria da prática

Segundo ele, o modo de conhecimento subjetivista, por ele denominado "fenomenológico", teria como objetivo refletir sobre uma experiência que por definição não se presta à reflexão, qual seja, a visão primeira que o agente social possui sobre o ambiente familiar. Esse modo de conhecimento não consegue ir além de uma simples descrição do que caracteriza a experiência "vivida" do mundo social, apreendendo-o como "mundo natural e evidente", uma vez que exclui a questão das condições da produção dessa experiência de familiaridade, isto é, a coincidência entre as estruturas objetivas e as estruturas incorporadas nos agentes. Nessa forma de abordagem do mundo social, Bourdieu incluirá várias tradições teóricas. No âmbito da sociologia clássica a perspectiva fenomenológica é expressa pelo pensamento weberiano na medida em que toma como ponto de partida o sujeito da ação para a elaboração de uma sociologia da compreensão. Entre as orientações teóricas contemporâneas, aproximará dessa abordagem os interacionistas simbólicos, a etnometodologia e o existencialismo sartreano, e posteriormente acrescentará o individualismo metodológico e a teoria da ação racional.

O subjetivismo foi abordado brevemente em *Esquisse d'une théorie de la pratique* e retomado, em seu trabalho posterior *Le sens pratique*, no qual concentrou suas críticas no existencialismo sartreano, que constituiria, segundo sua expressão, uma "antropologia imaginária do subjetivismo". Para Bourdieu, é preciso reconhecer a Sartre o mérito de ter elaborado uma formulação consequente da filosofia da ação, que descreve as práticas dos agentes como estratégias orientadas para fins explicitamente formulados, por meio da elaboração de um livre-projeto elaborado pelos indivíduos. Investindo contra o subjetivismo sartreano, principalmente o da fase de *O ser e o nada*, Bourdieu afirma que o "voluntarismo ativista" contido no existencialismo levou a representar cada ação do indivíduo como uma espécie de confrontação sem antecedentes do sujeito e do mundo. Ao ignorar as disposições duráveis dos agentes, produto de um processo de interiorização das estruturas, a visão sartreana conceberia a ação como um "universo imaginário de possíveis", dependente inteiramente de uma resolução ditada pela consciência dos sujeitos. À semelhança do "deus de Descartes", para o qual a liberdade não pode encontrar seu limite a não ser na decisão da liberdade, o sujeito sartreano, individual ou coletivo, constituiria seu projeto de liberdade mediante uma promessa solene na qual manifesta uma fidelidade a si mesmo (BOURDIEU, 1980b, p. 72-73).

Ao contrário do subjetivismo, que privilegia a consciência e as vontades individuais, o objetivismo formularia o estabelecimento de regularidades que se expressam em termos de "estruturas", "leis", "sistemas de relações" e assim por diante. Na visão de Bourdieu, uma das questões básicas introduzidas pelo objetivismo na explicação sociológica é a das condições particulares que tornam possível o mundo social, aspecto relegado a segundo plano pelo subjetivismo. Na sociologia clássica o modo de conhecimento objetivista tem sua expressão teórica na figura de Durkheim na medida em que ele postula o princípio metodológico da sociedade como uma entidade exterior e transcendente aos indivíduos, enquadrando-os coercitivamente por meio dos costumes ou das normas sociais. Na ciência social contemporânea, a orientação que reduz o indivíduo a um epifenômeno das manifestações da vida coletiva é identificada por Bourdieu na postura estruturalista, tanto em sua vertente linguística quanto cultural, assim como num certo marxismo de conotação "estrutural".

Ao privilegiar a lógica da estrutura, apreendida de maneira sincrônica, o objetivismo, na concepção de Bourdieu, condena-se a apenas registrar a produção de regularidades da vida social, ou a reificar abstrações, tratando os objetos construídos pela ciência, tais como a "cultura", as "classes sociais" ou os "modos de produção", como realidades autônomas dotadas de eficácia social. A prática é assim concebida de "maneira negativa", uma vez que os agentes sociais são tomados como executantes das estruturas e relações que lhes são exteriores. Ao omitir a relação entre o "sentido subjetivo" que o sujeito atribui à sua ação – elemento privilegiado em distintas análises subjetivistas – e o "sentido objetivo" que lhe é atribuído, o modo de conhecimento objetivista deixa de enfocar as condições de produção e funcionamento do sentido da vida social, vendo como "natural" o caráter objetivado das instituições (BOURDIEU, 1980b, p. 46).

À medida que o subjetivismo se inclina a reduzir as estruturas às interações e o objetivismo tende a deduzir as ações e interações dos agentes das estruturas objetivas, torna-se necessário, segundo Bourdieu, superar a oposição criada em torno dessa polaridade, pois as aquisições de conhecimento produzidas por ambas essas posturas são indispensáveis a uma ciência do mundo social, que, no entanto, não se pode reduzir nem a uma "fenomenologia social" nem a uma "física social". E esses modos de conhecimento guardam em comum o fato de se oporem ao saber espontâneo que informa a experiência ordinária do mundo social. Dessa forma, procurará formular um outro modo de conhecimento, por ele inicialmente denominado "praxiológico", cujo objetivo consiste em articular dialeticamente estrutura social e ator social. Sem anular as aquisições do conhecimento objetivista, mas conservando e ultrapassando-as, procura integrar o que a postura objetivista teve de excluir para produzir suas formulações teóricas. Em *Esquisse d'une théorie de la pratique* ele afirma que o conhecimento praxiológico tem como objeto não somente o sistema de relações objetivas, mas também as relações dialéticas entre essas estruturas e as disposições duráveis dos agentes, nas quais elas se atualizam. Com isso busca ressaltar o duplo processo de "interiorização da exterioridade" e de "exteriorização da interioridade".

A noção de *habitus*

É nesse contexto que ele introduz um conceito estratégico em seu esquema explicativo sobre a prática social, buscando articular a mediação entre estrutura e ator social: o *habitus*. Ressaltou em diversas ocasiões a longa tradição da noção de *habitus*, formulada originariamente pela filosofia escolástica para designar nas ações dos indivíduos uma qualidade estável e difícil de ser removida. No entendimento dos escolásticos, o *habitus* é adquirido mediante execuções repetidas de determinados atos, o que pressupõe um aprendizado anterior, e por si próprio não executa nenhuma operação, mas a "facilita". Esta noção aparece também em diversos trabalhos de Durkheim, especialmente em *L'Évolution pédagogique en France*, quando enfoca os problemas enfrentados pela educação cristã para remodelar os seus *habitus* específicos diante de uma cultura pagã. Encontra-se presente também nos escritos de Mauss sobre as técnicas do corpo, bem como nos trabalhos de Panofsky (1967) sobre a relação entre pensamento escolástico e arquitetura gótica[4].

No entendimento de Bourdieu (1984a)[5], o *habitus*:

> [...] lembra então constantemente que se refere a algo de histórico, que é ligado à história individual, e que se inscreve num modo de pensamento genético, por oposição a modos de pensamento essencialistas [...]. Para resumir, o *habitus* é um produto dos condicionamentos que tende a reproduzir a lógica objetiva dos condicionamentos, mas introduzindo neles uma transformação (BOURDIEU, 1984a, p. 134).

Bourdieu vai reter a ideia escolástica do *habitus* como um sistema de "disposições duráveis" que resultam de um longo processo de aprendizado, em que os agentes sociais convivem com diversas modalidades de estruturas sociais. As condições materiais características de uma determinada classe social e a sua inci-

---

4. A ampliação do entendimento sobre o conceito de filosofia escolástica pode ser realizada em Panofsky (1967), mas, especialmente, no posfácio da obra que foi escrito por Bourdieu (1967).

5. Cf. tb. Bourdieu e Wacquant, 1992, p. 81-115.

dência no contexto familiar constituem, segundo ele, uma mediação fundamental na produção do *habitus*. As experiências primeiras dos atores sociais, vividas no ambiente familiar, ou seja, *o habitus* produzido e adquirido nas relações familiares, estariam no princípio da recepção e da apreciação de toda experiência ulterior dos atores sociais, ao passo que o *habitus* adquirido no sistema escolar (BOURDIEU; PASSERON, 1970, p. 58-61; BOURDIEU, 1979b, p. 93-197) constitui um vetor nas suas relações com os bens culturais.

Dessa forma, *o habitus* – "história incorporada" pelo ator social por meio da sua inserção em diferentes espaços sociais – constitui uma matriz de percepção, de apreciação e de ação que se realiza sob determinadas condições sociais. Ele informa a conduta do ator, suas estratégias de conservação e/ou de transformação das estruturas que estão no princípio de sua produção. Trata-se, enfim, de:

> Sistemas de disposições duráveis e transferíveis, estruturas predispostas a funcionar como estruturas estruturantes, isto é, como princípios geradores e organizadores de práticas e de representações que podem ser objetivamente adaptados a seu fim sem supor a intenção consciente dos fins e o domínio expresso das operações necessárias para atingi-los, objetivamente "reguladas" e "regulares", sem ser o produto da obediência a regras, sendo coletivamente orquestradas, sem ser o produto da ação organizadora de um regente (BOURDIEU, 1980b, p. 88-89).

Embora tenha preservado os elementos centrais de sua elaboração, o conceito de *habitus* experimentou modificações ao longo da produção de Bourdieu. As formulações mais deterministas presentes em trabalhos da década de 1970, como *La reproduction*, deram lugar a elaborações mais abertas, em que se reconhece uma dimensão de invenção e de improvisação aos agentes sociais[6]. As disposições duráveis que compõem o *habitus* permitem à realidade objetiva, em suas várias dimensões, exercer sobre o indivíduo o processo de interiorização da exterioridade. No entendimento de Bourdieu, o *habitus* – forjado no interior de relações sociais "exteriores", "necessárias" e "independentes das vontades individuais" – possui uma dimensão inconsciente para o ator, uma vez que este não detém a significação da pluralidade de seus comportamentos nem dos princípios que estão na gênese da produção de seus esquemas de pensamentos, percepções e ações. Em Caro (1980), por exemplo, a célebre passagem do *Prefácio da Contribuição à crítica da economia política*, em que Marx afirma que os homens estabelecem relações "determinadas", "necessárias" e "independentes de sua vontade", constitui um dos panos de fundo das análises desenvolvidas por Bourdieu.

---

6. Outras definições de *habitus* podem ser conferidas em Bourdieu e Passeron (1970, p. 198), na obra *La reproduction* e as reformulações posteriores desta noção aparecem em Bourdieu (1984a, p. 135-136) em *Questions de sociologie*; em Bourdieu e Wacquant (1992, p. 93-109); na obra *Réponses: pour une anthropologie reflexive* e no artigo de Paradeise (1981).

Sob outro prisma de análise, o *habitus* possibilita, em variadas situações conjunturais nos diversos espaços sociais, a criação de novas modalidades de conduta dos atores sociais, propiciando-lhes, de certa forma, produzir determinadas "improvisações regradas". Se no confronto com essas situações conjunturais o ator social desfruta de certo grau de liberdade para ajustar suas práticas às contingências, isso não se confunde com "criação imprevisível de uma novidade", uma vez que a prática social sempre está limitada por condições históricas específicas.

Se o *habitus* tende a reproduzir a lógica objetiva dos condicionamentos, embora sofra transformações, um aspecto central de sua força deriva do fato de ser fundamentalmente um "estado de corpo", ou seja, o conjunto de disposições duráveis tende a gerar nos agentes uma héxis corporal moldada mediante processos pedagógicos cotidianos e sutis, em outras palavras, produz um conjunto de posturas corporais e maneiras de se relacionar com o corpo interiorizadas inconscientemente. O longo processo de aprendizado de um agente inscreve-se em seu corpo sob variadas formas, de tal maneira a produzir socialmente formas corporais da masculinidade e da feminilidade que tendem a ser percebidas e vividas pelos agentes como naturais: "a *héxis* corporal é a mitologia política realizada, incorporada, tornada disposição permanente, maneira durável de se comportar, de falar, de andar e por meio disso de sentir e de pensar" (BOURDIEU, 1980b, p. 117)[7].

O conceito de *habitus* revela, portanto, a imbricada e recíproca interação entre social e individual, entre exterioridade e interioridade, permitindo compreender como os atores sociais – sem formular fins explicitamente racionais, sem pautar sua ação pela busca de maximização de ganhos (como tende a sublinhar a teoria da escolha racional), sem elaborar planos estratégicos –, não deixam de desenvolver comportamentos razoáveis (p. ex., não adquirir determinados bens acima da capacidade de suas posses) justamente porque mediante um longo e complexo processo de condicionamento ajustam espontaneamente, sem cálculos conscientes, as suas esperanças subjetivas às probabilidades objetivas, limitando ou autocensurando suas aspirações.

Saliente-se, porém, que o *habitus* não constitui um fenômeno inteiramente acabado, uma vez que evolui ajustando-se às mutáveis condições de realização da ação, podendo até mesmo surgir situações de descompasso entre determinado *habitus* formado num momento anterior da história e as condições presentes da ação. Esse descompasso tende a criar uma tensão no seu ajustamento às novas circunstâncias sociais, desencadeando o que Bourdieu denomina "efeito de *hysteresis*" (BOURDIEU, 1980b, p. 100, 104-105).

---

7. Reflexões sobre esse entendimento também podem ser conferidas em Bourdieu (1997b) no livro *Méditations pascaliennes*.

Espaço social e campo

Na concepção de Bourdieu, a sociedade se apresenta num primeiro momento como uma topologia social, de tal forma que se pode representar o mundo social sob a forma de um espaço construído a partir de princípios de diferenciações de propriedades significativas operantes num universo social considerado. O *espaço social* pode ser comparado a um plano geográfico no interior do qual se recortam regiões em que, quanto mais próximos estiverem os grupos ou instituições ali situadas, tendem a possuir mais propriedades em comum, e inversamente, quanto mais afastados, menos propriedades terão em comum. Os agentes são distribuídos nesse espaço social em razão da posse de recursos que são operantes na concorrência pela apropriação dos bens raros que têm lugar num universo social específico (BOURDIEU, 1984c, p. 3, 9). O conceito de *espaço social* expressa sua disposição de introduzir uma perpspectiva relacional na análise das tramas das relações que os agentes sociais estabelecem entre si na medida em que a posição dos indivíduos e dos grupos não existe de maneira independente face aos demais, mas se definem socialmente diante de propriedades sociais e/ou formas de capitais possuídos por outros indivíduos ou grupos sociais. Para ele a noção de espaço social "é um conjunto de posições distintas e coexistentes, exteriores umas às outras, definidas umas em relação às outras por sua exterioridade mútua e por relações de proximidade, de vizinhança ou de distanciamento, e também por relações de ordem, como acima, abaixo, entre" (BOURDIEU, 1994, p. 18-19).

Para Bourdieu o *espaço social* é construído de tal modo que os agentes ou os grupos são distribuídos desigualmente no seu interior em função de sua maior ou menor posse de determinados recursos sociais, ou seja de formas de capital. Bourdieu postula a existência de diferentes tipos de capital que os indivíduos e/ou as classes sociais acumulam, reproduzem e utilizam na vida social para obter um rendimento material ou não. O capital econômico, em suas análises, expressa o conjunto de recursos econômicos que dispõem um indivíduo ou uma classe social, o capital social designa as relações mundanas que constituem fontes estratégicas de "apoios" para atuação dos agentes sociais, e o capital cultural corresponde aos recursos culturais que permitem os agentes sociais apreciar determinadas práticas culturais e que tem na posse dos títulos escolares uma de suas manifestações institucionais (BOURDIEU, 1979a, p. 3-6; 1980a, p. 2-3; 1984a, p. 53-60). Em sua visão, os agentes têm tanto mais propriedades sociais em comum, como por exemplo em suas práticas culturais, quanto mais próximos estejam nestas duas dimensões e, ao contrário, compartilham menos propriedades comuns, como por exemplo estilos de vida, quanto mais distantes se situam com relação à posse destes dois tipos de capital. A posição de um indivíduo ou classe social no espaço social é definida numa primeira dimensão, sem dúvida a mais importante, segundo sua análise, pelo volume global de capital. Os detentores de um grande volume global de capital, como por exemplo os empresários, membros de profissões liberais e professores universitários, tendem a se opor globalmente aos indivíduos ou grupos menos providos de capital econômico e cultural como os operários e trabalhadores rurais. Neste sentido, o volume global de capital representa um importante marcador para distinguir entre si a existência das classes sociais. Em uma segunda dimenssão, os indivíduos ou uma classe social se posicionam no interior do espaço social de acordo com a estrutura de seu capital, ou seja, conforme o peso relativo das diferentes espécies de capital econômico e cultural que possuem diante do volume total de seu capital. Nesta perspectiva, os professores universitários, que em princípio possuem maior volume de capital cultural do que capital econômico, diferem socialmente dos empresários que relativamente são mais ricos em capital econômico do que em capital cultural. Esta segunda dimensão apontada por Bourdieu opera no espaço social como um marcador para distinguir as frações de classe. A construção da noção de *espaço social* possibilita construir analiticamente a existência de distâncias sociais entre os indivíduos e as classes sociais, de tal forma que seja possível predizer encontros sociais, afinidades de gostos e simpatias entre pessoas e grupos, que indivíduos situados em posições dominantes no espaço social tenham em princípio pouca probabilidade de se casar com as pessoas situadas em posições dominadas neste mesmo espaço.

A noção de *espaço social*, segundo Bourdieu, constitui uma realidade invisível a qual não se pode tocar, pois trata-se de uma elaboração intelectual que, por sua vez, possibilita a construção de *classes teóricas* – compreendida por ele como um agrupamento fictício que só existe no papel – à medida que os indivíduos que estão próximos no espaço social podem ser reagrupados no interior de uma mesma classe social. Cada classe social e/ou fração de classe se caracteriza por um volume e estrutura de capitais que lhe são próprias; no entanto, as classes sociais identificadas desta maneira não são classes reais, mas, sim, são classes no papel – ou seja, são construções intelectuais do pesquisador –, levando em consideração a distribuição desigual das diferentes formas de capital. Em sua compreensão, as classes sociais só existem realmente a partir do momento em que elas realizam um trabalho político de mobilização a partir do qual cria um sentimento de pertencimento entre seus participantes. Para ele, o que existe é um espaço social, compreendido como um local de diferenças sociais, no qual as classes existem de alguma forma em um estado virtual, não como um dado real, mas como algo que precisa ser efetivado através de um processo de mobilização pelos agentes que possuem uma proximidade no interior do espaço social (BOURDIEU, 1994, p. 28). Para ele, *as classes sociais* não existem enquanto grupos reais, embora elas expliquem a probabilidade de se constiuir em grupos práticos, famílias, clubes, associações e inclusive movimentos sindicais ou políticos (BOURDIEU, 1984c, p. 3-14).

A essa visão de espaço social Bourdieu superpõe a noção de *campo*, que, ao lado do conceito de *habitus*, constitui outra categoria central na sua formulação do estruturalismo genético. Esta noção é entendida então como produto de uma "relação dialética" entre um *habitus* e uma "situação", categoria que na obra de Bourdieu passou progressivamente a receber a denominação de *campo*.

No contexto da obra de Bourdieu, o conceito de *campo* surgiu num período posterior à formulação da noção de *habitus*. Começou a ser elaborado por volta dos anos de 1960 e constitui, de certa forma, o resultado da convergência entre reflexões desenvolvidas em seminários de pesquisa sobre a sociologia da arte por ele dirigidos nesse período na École Normale Supérieure e uma releitura do capítulo sobre sociologia da religião de *Economia e sociedade*, de Max Weber. Seus trabalhos orientam-se a partir de então para a análise de diferentes campos, principalmente os situados na esfera da vida simbólica, tais como da moda, das instituições de ensino, da literatura, do esporte, da filosofia, dos intelectuais etc. A abordagem dos campos seria inseparável da análise da gênese das estruturas mentais dos atores que neles participam, as quais de certa forma constituem produto da interiorização dessas estruturas objetivas[8].

Procurando distanciar-se da polaridade entre as tradições do objetivismo e do subjetivismo, ele argumentará que o objeto da ciência social não repousa nem no primado do indivíduo nem da estrutura, mas na relação recíproca entre os sistemas de percepção, apreciação e ação, ou seja, os *habitus*, e as diferentes estruturas constitutivas do mundo social e das práticas, ou seja, *os diferentes campos*. Sua formulação guarda continuidade com uma longa tradição de reflexão sociológica e antropológica, uma vez que a noção de campo foi elaborada no contexto da problemática sobre o processo de diferenciação histórica das esferas de atividades e intensificação da divisão social do trabalho, temática tratada desde Spencer a Elias, passando por Marx, Durkheim e Weber[9].

De certa forma, Bourdieu substitui a noção de sociedade pela de campo. Em seu entendimento, uma sociedade diferenciada não forma uma totalidade integrada por funções sistêmicas. Ao contrário, é composta por um conjunto de microcosmos sociais relativamente autônomos, espaços de relações objetivas onde se desenvolvem uma lógica e necessidades específicas, bem como interesses e disputas irredutíveis ao funcionamento de outros campos. Assim, o campo é um espaço social que possui uma estrutura própria, relativamente autônoma em relação a outros campos (BOURDIEU, 1992). Uma das questões centrais na análise de um campo específico refere-se ao seu grau de autonomia com relação ao macrocosmo social, ou seja, sua capacidade de refração, de retraduzir as demandas externas ao

---

8. Um de seus primeiros trabalhos em que aparece esse conceito é Bourdieu, 1966. Um artigo intitulado de "Champ intellectuel et projet créateur" publicado em *Les Temps modernes*. Agora, sobre a gênese do conceito propriamente dito, o mesmo poderá ser encontrado em Bourdieu, 1987: *Choses dites*.

9. Quanto à relação entre o processo de diferenciação do mundo social e a emergência de uma pluralidade de campos relativamente autônomos, cf. Bourdieu, 1989. E sobre a influência das concepções de Durkheim, Weber e Elias na elaboração da noção de campo e também para um questionamento crítico desse conceito, cf. Lahire, 1999.

seu próprio funcionamento, constituindo-se, portanto, um problema histórico que remete a reconstruções empíricas pontuais[10].

Mesmo mantendo uma relação entre si, os diversos campos sociais definem-se por meio de objetivos específicos, o que lhes garante uma lógica particular de funcionamento e de estruturação. É característico do *campo* ter disputas e hierarquias internas, assim como princípios constitutivos que lhe são inerentes e cujos conteúdos estruturam as relações entre os atores no seu interior. A fim de demonstrar que os agentes localizados em um determinado campo procuram se ajustar à sua lógica específica, Bourdieu compara o funcionamento do *campo* com a organização de um jogo cujos princípios de orientação são compreensíveis apenas para aqueles que dele participam. Ora, "[...] para que um campo funcione é preciso que haja lutas, ou seja, indivíduos que estejam motivados a jogar o jogo e dotados de *habitus*, o que implica o conhecimento e o reconhecimento das leis imanentes do jogo" (BOURDIEU, 1984a, p. 113-114). Com base nisso, os diversos campos que constituem o mundo social, tais como o econômico, o artístico e o religioso, expressam para ele uma manifestação particular da "pluralidade dos mundos", os quais tendem a corresponder a uma multiplicidade de práticas, de lógicas práticas e de sensos práticos, relativamente ajustados a cada campo específico.

O campo, as relações de força e a violência simbólica

As relações de força, baseadas numa distribuição desigual de poder político e econômico, tendem a permear não apenas os agentes e as instituições no macrocosmo social, ou seja, no espaço social, encontrando-se presentes também no interior de cada campo específico. Nesses termos, um campo pode ser definido como uma configuração de relações objetivas entre posições de força ocupadas pelos agentes ou instituições conforme a sua situação atual e potencial na estrutura da distribuição de diferentes "espécies de capital", conforme foram supracitados, cuja posse e volume tendem a comandar as suas estratégias, seja para conservar e/ou para subverter as posições existentes no interior de cada campo. Essas espécies de capital – distintas uma das outras –, não cessam de manter relações estreitas, já que a posse de um tipo de capital constitui a condição para a obtenção de um outro (BOURDIEU, 1984a; 1979b).

As operações empíricas, visando determinar os limites de um campo particular e de especificar a forma dominante de capital nesse espaço, se entrelaçam e constituem um só trabalho, uma vez que a modalidade preponderante de *capital* não existe senão em relação a um campo específico, de tal modo que esses dois conceitos se encontrem intimamente entrelaçados.

---

10. Sobre a questão da autonomização do campo científico frente às demandas políticas e econômicas, cf. Bourdieu, 1997a.

Dessa forma, um campo constitui um *locus* de luta entre os agentes, decorrente de relações assimétricas, derivadas da distribuição desigual da espécie de capital dominante no interior de cada um dos diversos campos sociais. As diferentes estratégias que os atores sociais tenderão a desenvolver no interior de um campo social, a construção de seus pontos de vista sobre o funcionamento do próprio campo encontra sua explicação, segundo Bourdieu, nas posições que eles ocupam nessa polarização, conduzindo assim aqueles que monopolizam o capital específico de um determinado campo, fundamento do poder e da autoridade que desfrutam em seu meio, a tomadas de posições mais ortodoxas, vale dizer, de defesa dos princípios de estruturação do campo, enquanto os que possuem menor volume e/ou encontram-se despossuídos de capital legítimo naquele campo tendem a tomar posições de contestação em relação à estruturação das relações de poder, motivo pelo qual estão mais inclinados a desenvolver estratégias de transformação.

No entanto, reduzir o funcionamento de um determinado campo à sua dimensão de relações de força, sem levar em conta as representações subjetivas dos atores envolvidos por meio de suas práticas na atualização desses espaços específicos, seria desconhecer a verdade completa do funcionamento desses microcosmos sociais. Nesse sentido, Bourdieu irá salientar que os participantes de um determinado campo, independentemente da posição que nele ocupam, tendem a compartilhar um certo número de interesses fundamentais que se encontram ligados à própria existência deste microcosmo social, derivando daí certa cumplicidade entre os concorrentes inseridos no seu interior, de tal forma que mesmo participando de um processo de luta eles estão de acordo em discutir os objetos de seus desacordos. Portanto, a *violência simbólica* – essa "violência doce, invisível, desconhecida"[11] –, além de perpassar transversalmente os agentes sociais, por meio de instituições especializadas na produção de bens simbólicos, como o sistema escolar e os meios de comunicação de massa, encontra-se também presente no interior de cada campo. Desde as suas análises iniciais, Bourdieu ressalta que todo poder de violência simbólica, ou seja, todo poder que impõe significações de forma legítima, dissimulando as relações de força que lhe estão na base, acrescenta a essas relações sua própria força, isto é, uma dimensão de força propriamente simbólica.

A invisibilidade do processo de dominação – que tende a englobar os dominantes, uma vez que eles também são dominados pela sua própria dominação, e os dominados, que tendem a interiorizar um conjunto de valores simbólicos – ocorre no interior dos distintos campos, uma vez que os agentes tendem a compartilhar um conjunto de opiniões e crenças estabelecidas, que são expressas na *doxa* constitutiva de um determinado campo. A *doxa* constitui a chave seletiva imposta de maneira tácita por todos os campos, promovendo operações de seleção e formação aos recém-chegados, de modo a obter deles um acordo tácito aos pressupostos

---

11. Sobre a eficácia da violência simbólica em relação à violência aberta e brutal no processo de dominação, cf. a obra *Le sens pratique* (BOURDIEU, 1980, p. 209-231).

fundamentais do campo. Mais do que isso, a *doxa* contribui para produzir uma "crença prática", ou seja, a incorporação nos corpos dos agentes de um "estado de corpo", um conjunto de valores inscritos nas disposições corporais que tendem a comandar maneiras duráveis de comportamento e pensamento.

Bourdieu irá acrescentar, ainda, que o funcionamento dos campos se encontra associado ao fato de pessoas estarem dispostas a participar do jogo que ocorre em seu interior. Assim, mediante o conceito de *illusio* (BOURDIEU, 1984b; BOURDIEU; WACQUANT, 1992) ele ressalta a dimensão de investimento do ator em um determinado campo, seu "interesse" (BOURDIEU, 1984b; BOURDIEU; WACQUANT, 1992) em participar dos lances que aí ocorrem, sua profunda imersão consciente ou inconsciente nas lutas e disputas em seu âmago[12]. O conceito de *illusio* expressa a relação de cumplicidade ontológica entre as estruturas mentais e as estruturas objetivas de um espaço social delimitado, produto do funcionamento de um campo particular e condição fundamental para sua (re)atualização, encontra-se em frontal oposição à noção de *ataraxia*, formulada pelos estoicos para designar um estado axiológico de indiferença e desinteresse, de uma disposição do ator para não se perturbar e ser perturbado pelas disputas que ocorrem no mundo social.

Considerações finais

O princípio das estratégias que os atores desenvolvem nos diferentes campos não deriva de um cálculo cínico, de uma busca racional de maximização do lucro, mas repousa numa relação recíproca, na maioria das vezes inconsciente, entre um *habitus* e um campo. Dessa forma, "interesses" específicos ajustados a um determinado campo, longe de serem a manifestação de interesses trans-históricos, constituem uma rigorosa construção histórica cujo desvendar implica o desencadeamento de operações empíricas. Bourdieu afirma que campos como o intelectual, por exemplo, tendem a se apresentar socialmente e a engendrar as suas práticas como "desinteressadas", reivindicando para si um *status* de exceção e de extraterritorialidade, enquanto o campo econômico, por meio de seus agentes e instituições, busca fundar o interesse no investimento econômico – forma particular de interesse – como a espécie universal e legítima de interesse (BOURDIEU, 2000b, p. 11-26).

A noção de campo possibilita ao pesquisador "entrar no detalhe mais singular de sua singularidade histórica", e à medida que os diversos campos possuem leis gerais de funcionamento torna-se possível transferir, em termos de conhecimento teórico, o que foi estabelecido num campo específico a toda uma série de novos objetos, ou seja, à compreensão de outros campos, possibilitando assim uma es-

---

12. A respeito dos conceitos de *illusio* e "interesse", cf. Bourdieu e Wacquant (1992, p. 91-114) e Bourdieu (1984b, p. 149-167).

pécie de indução teórica, derivada da utilização do método comparativo. Torna-se assim factível a apreensão de um número cada vez mais extenso de objetos mediante um número cada vez mais reduzido de conceitos, o que permite superar a antinomia entre a monografia ideográfica e a teoria formal e vazia (BOURDIEU, 1982, p. 34-43; 1984a, p. 113-120).

Na concepção de Bourdieu, portanto, todo ator social desenvolve sua prática no interior de um campo específico e procura ajustar seu esquema de pensamento, percepção e ação às exigências e especificidades objetivas daquele espaço social. Os campos sociais, os mais diversos, só podem funcionar quando houver agentes que, engajando seus recursos disponíveis, realizem investimentos no seu interior e participem de suas disputas fundamentais, contribuindo assim para a reativação das lutas que neles se desenrolam. O motor da ação, para ele, não reside na busca material ou simbólica da ação nem resulta das pressões provenientes da organização do campo, mas produz-se na relação entre o *habitus* e o campo. Assim, o *habitus* contribui para "determinar aquilo que o determina", ou seja, a preservação do campo, dos seus princípios de funcionamento e organização, assim como a reatualização dos antagonismos nele existentes (BOURDIEU, 1982, p. 48-49).

O princípio da ação não encontra seu impulso na consciência dos agentes, tal como ela aparece nas diversas vertentes do modo de conhecimento subjetivista, nem na conduta derivada da coercitividade dos "fatos sociais", como a concebem as variantes do modo de conhecimento objetivista, mas na relação entre a "história objetivada", tal como aparece nas instituições sociais, e a "história incorporada" sob a forma de disposições duráveis inscritas nos corpos dos agentes (BOURDIEU, 1982, p. 38-39). A adesão de um ator ao funcionamento de um determinado campo social é tanto mais total ou incondicional quanto menor o grau de conhecimento que ele possui dos princípios de estruturação desse espaço social e dos seus sistemas de disposições duráveis. Esse desconhecimento contribuiria para a manutenção das relações de dominação e das diferentes formas de violência decorrentes da manutenção dessas relações. Em seu projeto de apreender a prática humana, Bourdieu integrou a diversidade de temas abordados ao longo de sua obra a partir de uma utilização parcimoniosa de conceitos.

No entanto, percebe-se também a sua disposição de imprimir à sociologia a tarefa intelectual de restituir em termos explicativos a unidade fundamental da prática humana. Nesse sentido, os conceitos de *habitus* e campo desempenham papel estratégico nessa disposição de tratar a diversidade das práticas como uma problemática unificada à medida que o primeiro permite integrar dimensões da prática que frequentemente são estudadas de forma dispersa, seja pela sociologia (e pelas suas subdivisões internas), seja por outras ciências sociais, como a fecundidade, a nupcialidade, as práticas culturais, a disposição de hipercorreção linguística, ao passo que o segundo propicia a descoberta de mecanismos gerais que estruturam a prática humana.

Contrariamente às aparências, a dimensão crítica atribuída por Bourdieu à sociologia não surgiu na década de 1990, mas perpassou o conjunto de sua obra, desde seus primeiros trabalhos, dedicados à sociedade cabila, até os mais recentes, voltados para a análise das estruturas sociais da economia. Em larga medida, sua sociologia foi construída em torno do objetivo de analisar e desvendar as condições de possibilidade e as modalidades de efetuação dos mecanismos de dominação, sobretudo a modalidade simbólica, que para ele se encontra presente em praticamente todos os domínios da vida social e cuja eficácia é intimamente associada ao seu caráter invisível ou dissimulado. Para ele, as relações sociais seriam menos infelizes se os agentes sociais conseguissem desvendar os mecanismos subjacentes à produção de sua própria miserabilidade.

Nesta direção, a construção dessa obra sutil, vigorosa e polêmica teve em vista um claro horizonte político, mas transcendeu opções partidárias e proclamou a importância do intelectual crítico como contrapoder de primeira grandeza para a existência de uma verdadeira democracia. Caberia aos intelectuais desempenhar esse papel de contrapoder em face das ameaças à autonomia da própria atividade intelectual, resultantes da forte interpenetração entre o universo da produção cultural e o mundo dos negócios, que tende a excluir os intelectuais do debate público. Cientistas, artistas e produtores das grandes burocracias culturais são cada vez mais constrangidos a se adaptar às exigências do mercado e dos financiadores de suas atividades, de modo que somente por meio do exercício da liberdade de crítica frente aos poderes os intelectuais podem imprimir maior eficácia a uma ação política cujos fins e meios encontram o seu princípio na lógica específica dos campos da produção cultural. Nesse contexto, a sociologia tem uma contribuição relevante a oferecer, a começar pela crítica das *doxas* constitutivas dos distintos campos, produzidas pelos detentores do monopólio da violência simbólica legítima, elaborando uma compreensão detalhada dos complexos processos de dominação vigentes no macrocosmo social, mas também eficazmente embutidos nos microcosmos sociais, ou seja, nos diferentes campos sociais, perpassando a existência e a ação cotidiana dos atores individuais e coletivos, o que se constitui numa poderosa arma intelectual de liberação pessoal e social.

Mesmo em sua fase final de vida, em que intensificou seu engajamento nos movimentos sociais, Bourdieu jamais deixou de assinalar que tinha pouca inclinação para intervenções proféticas, manifestando desconfiança das ocasiões em que poderia ser levado a ir além dos limites da competência científica e imprimindo uma defesa intransigente da autonomia da prática sociológica. Enfatizou diversas vezes que a sociologia deve ser vigilante quanto à sua independência, recusando-se a servir a este grupo ou àquela instituição, pois em sua função de compreender o mundo social uma das principais tarefas suas é identificar as relações de poder nele existentes. A eficácia política da sociologia consistiria, portanto, em desvendar as estruturas que se encontram profundamente submersas nos diversos espaços sociais que constituem o universo social, *locus* de construção das práticas humanas, e em elucidar os mecanismos que tendem a assegurar a reprodução ou a transformação desses mundos sociais. Nessa empreitada, cuja eficácia deve ser assegurada tão somente pela autoridade de sua conduta científica, a sociologia torna-se um vigoroso instrumento de liberação, uma vez que permite explicitar o jogo com o qual estamos envolvidos, a posição que nele ocupamos e o poder de atração que exerce sobre nós. Dessa forma, o conhecimento da prática constitui uma das condições da produção de uma relativa prática da liberdade. Esta não repousa num voluntarismo individualista ou coletivo, nem muito menos num fatalismo cientificista, mas no conhecimento dos fundamentos da produção da prática, ponto de partida para a construção de um "utopismo racional" capaz de fazer a travessia de um provável a um possível histórico.

Referências

BOURDIEU, P. (1964). *Le dêracinement: la crise de l'agriculture traditionnelle en Algérie*. Paris: Minuit.

BOURDIEU, P. (1966). Champ intellectuel et projet créateur – Les Temps modernes. *Cidade*, n. 246, p. 865-906.

BOURDIEU, P. (1967). Postface. In: PANOFSKY, E. (1967). *Architecture gothique et pensée scolastique*. Paris: Minuit.

BOURDIEU, P. (1979a). Les tois états du capital culturel. *Actes de la Recherche en Sciences Sociales*, v. 30, p. 3-6.

BOURDIEU, P. (1979b). *La distinction: critique sociale du jugement*. Paris: Minuit.

BOURDIEU, P. (1980a). Le capital social – Notes provisoires. *Actes de la Recherche en Sciences Sociales*, v. 31, p. 2-3.

BOURDIEU, P. (1980b). *Le sens pratique*. Paris: Minuit.

BOURDIEU, P. (1982). *Leçon sur la leçon*. Paris: Minuit.

BOURDIEU, P. (1984a). *Questions de sociologie*. Paris: Minuit.

BOURDIEU, P. (1984b). *Raisons pratique: sur la théorie de l'action*. Paris: Seuil, p. 149-167.

BOURDIEU, P. (1984c). Espace social et genèse de classe. *Actes de la Recherce en Sciences Sociales*, v. 52, n. 1, p. 3-14.

BOURDIEU, P. (1987). *Choses dites*. Paris: Minuit.

BOURDIEU, P. (1989). *La noblesse d'État: grandes écoles et esprit de corps*. Paris: Minuit, p. 376.

BOURDIEU, P. (1992). *Les régles d'art: genèse et structure du champ littéraire*. Paris: Seuil, p. 75-164.

BOURDIEU, P. (1994). *Raisons pratiques – Sur la théorie de la pratique*. Paris: Seuil, p. 18-19.

BOURDIEU, P. (1997a). *Les usages sociaux de la science: pour une sociologie clinique du champ scientifique*. Paris: Inra, p. 12-23.

BOURDIEU, P. (1997b). *Méditations pascaliennes*. Paris: Seuil.

BOURDIEU, P. (2000a [1972]). *Esquisse d'une théorie de la pratice*. Paris: Seuil.

BOURDIEU, P. (2000b). *Les structures sociales de l'économie*. Paris: Seuil, p. 11-26.

BOURDIEU, P. et al. (1964). *Travail et travailleurs en Algérie*. Paris: Mouton.

BOURDIEU, P.; CHAMBOREDON, J.C.; PASSERON, J.C. (1968). *Le Métier de sociologue*. Paris. Mouton.

BOURDIEU, P.; PASSERON, J. (1970). *La reproduction: éléments pour une théorie du systhème d'enseignement*. Paris: Minuit.

BOURDIEU, P.; SAYAD, A. (1981). *Sociologie de l'Algérie*. Paris: PUF.

BOURDIEU, P.; WACQUANT, L.J. (1992). *Réponses: pour une anthropologie réflexive*. Paris: Seuil, 1992.

CARO, J. (1980). La sociologie de Pierre Bourdieu: elements pour une théorie du champs politique. *Revue Française de Sciences Politiques*, Paris, n. 6, p. 1.174-1.175, dez.

LAHIRE, B. (1999). Champ, hors-champ, contrechamp. In: LAHIRE, B. *Le travail sociologique de Pierre Bourdieu: dettes et critiques*. Paris: La Decouverte, p. 23-56.

PANOFSKY, E. (1967). *Architecture gothique et pensée scolastique*. Paris: Minuit.

PARADEISE, C. (1981). Les sens pratique. *Revue Française de Sciences Politiques*, Paris, n. 22, p. 634-642, out.-dez.

POUILLON, J.; MARANDA, P. (ed.). (1969). *Échanges et communications: mélanges offerts à Claude Lévi-Strauss à l'occasion de son 60° anniversaire*. Paris: Mouton.

12
A sociologia francesa hoje

Paulo Henrique Martins

Introdução

A sociologia francesa conheceu importante revisão epistemológica entre as décadas de 1970 e 1980 num contexto de revalorização dos sentidos da ação sob influência das filosofias contemporâneas, por um lado, e de abertura para um diálogo mais intenso com outras escolas sociológicas, sobretudo as norte-americanas, por outro (DOSSE, 1997). Por conseguinte, o movimento editorial francês que se mantinha relativamente fechado até os anos de 1970, se abriu, a partir dos anos de 1980, para acolher mais amplamente a produção teórica não francesa.

A renovação da sociologia produzida na sociedade francesa ocorreu a partir de dois acontecimentos importantes. O primeiro deles foi o declínio evidente da França como potência colonial num contexto de reorganização do poder econômico e político mundial e de fortalecimento dos Estados Unidos como potência global. Tal declínio histórico relativizou a aura do racionalismo iluminista e cientificista francês, contribuindo para revelar as ilusões do eurocentrismo, isto é, a crença da superioridade cultural da Europa e de sua importância decisiva na organização do mundo (SAMIR AMIN, 1988). O outro acontecimento é revelado pelas desilusões dos intelectuais com relação à ideologia do progresso histórico europeu. Embora este alerta já tivesse sido dado anteriormente por autores como Adorno, Horkheimer (2006) e Maurice Merleau-Ponty (1982) quando enfatizaram o lado destrutivo e provisório do mito do progresso, as ciências sociais demoraram a entender sua importância.

Como fator de influência dentro desse contexto de mudanças intelectuais, a Segunda Guerra Mundial havia deixado um rastro de dúvidas e incertezas sobre o destino da humanidade que não foi claramente assimilado pelos estudos sociológicos. A ocorrência de outros eventos históricos que questionavam a ordem do progresso técnico como as mobilizações espontâneas das ruas em 1968, a diversidade complexa dos movimentos sociais e a globalização dos processos tecnológicos e culturais contribuíram, porém, para demolir os sentimentos otimistas prevalecentes na Europa, induzindo a relevante revisão da crítica intelectual.

Na França, até os anos de 1970, as representações intelectuais eram bastante influenciadas pelas tradições do marxismo, do estruturalismo e do liberalismo clássico que compartilhavam o ideal de um progresso histórico crescente impulsionado pelas perspectivas dos avanços tecnológicos e culturais da Europa. Mas as incertezas a respeito das perspectivas de racionalização técnica da sociedade humana como um todo, a partir da modernidade europeia, influenciaram os rumos da filosofia e das ciências sociais. Os intelectuais europeus foram instados a rever os pressupostos da modernidade ocidental e a literatura das últimas décadas do século XX vai destacar os tempos da desordem (BALANDIER, 1997) e das incertezas (PRIGOGINE, 1996). A abertura do diálogo das ciências sociais, em geral, e da sociologia, em particular, com as filosofias – sobretudo aquelas da linguagem, da experiência, da moral e da política – levou a um questionamento importante de categorias dualistas ambivalentes formadas por binômios como aqueles do sujeito *versus* objeto, da sociedade *versus* indivíduo, do macro *versus* micro (CORCUFF, 2001).

Tal dualismo metodológico, profundamente marcante para o desenvolvimento da sociologia moderna, se explicava pela perspectiva de uma evolução positiva da história europeia e mundial que ocorreria independentemente da vontade humana. A filosofia francesa contemporânea – representada por nomes como Michel Foucault, Gilles Deleuze, Félix Guattari, Jacques Derrida, Jean--François Lyotard, Michel Serres, Paul Ricoeur, Cornelius Castoriadis, Claude Lefort, entre outros –, reviu tais premissas que eram heranças do positivismo. Assim, esta filosofia assumiu papel de vanguarda na segunda metade do século XIX, problematizando em profundidade os fundamentos positivos, cognitivos, morais e políticos da modernidade ocidental. A desconstrução do discurso da modernidade, a denúncia do totalitarismo, a revisão das teses sobre as identidades, entre outros, foi resultado de um intenso diálogo transversal envolvendo campos diversos como a fenomenologia, a hermenêutica, a psicanálise, a semiologia, a linguística e as ciências sociais[1].

---

1. As contribuições das filosofias para uma ciência do agir são bem representadas pela trajetória intelectual de Paul Ricoeur. Tendo se formado nas tradições da fenomenologia e da hermenêutica de Edmund Husserl, de Martin Heidegger e de Hans Georg Gadamer, ele logo entendeu ser necessária a organização de uma "hermenêutica da compreensão histórica" para esclarecer a condição originária da linguagem em toda experiência humana. Para ele, este entendimento não poderia ser obtido sem a superação da pretensão objetivista do estruturalismo na medida em que a compreensão da intencionalidade humana exigiria uma mediação complexa entre os signos, os símbolos e os textos (RICOEUR, 1986, p. 29). Assim, tanto Ricoeur como os demais filósofos acima mencionados, contribuíram incisivamente para deslocar as ciências sociais e a sociologia de um entendimento histórico rígido, que hiperdimensionava a lógica das estruturas, para outro, que passou a valorizar o simbolismo como significação dinâmica e as intersubjetividades na organização da ação e da experiência.

O reencontro da sociologia com a filosofia tem grande valor histórico. Num primeiro momento, na sua inauguração, no século XIX, a sociologia procurou se distanciar das especulações abstratas das filosofias sociais para poder se tornar mais *científica*, isto é, para poder explicar a realidade a partir de métodos empíricos que eram vistos como essenciais para legitimar cientificamente a sociologia (CHANIAL, 2011). Na segunda metade do século XX, no entanto, os parâmetros teóricos e metodológicos inspirados nas ciências naturais se mostraram insuficientes para explicar os sentidos das subjetividades emergentes e o declínio das instituições ocidentais. Assim, a sociologia fez o movimento inverso buscando se reconciliar com a filosofia em defesa de reumanização do campo científico e de organização de um pensamento da ação fundado na valorização da intersubjetividade e pretensamente capaz de reabilitar "a intencionalidade e as justificações dos atores numa determinação recíproca do fazer e do dizer" (DOSSE, 1997, p. 12).

Estes deslocamentos teóricos e metodológicos tiveram impactos decisivos sobre as sociologias das estruturas e das determinações prevalecentes no campo sociológico francês até os anos de 1970, liberando novas sociologias voltadas para integrar mais profundamente as capacidades reflexivas dos agentes e suas possibilidades de reconstruírem suas estruturas objetivas. As dúvidas sobre o valor teleológico da modernidade ocidental contribuíram para uma revisão teórica importante a respeito da relação entre estrutura e ator, liberando estudos teóricos que valorizavam os sentidos da ação (DOSSE, 1997). Assim, os sociólogos foram convidados a uma reflexão mais direta sobre o mundo ordinário e sobre os sistemas de saberes práticos do cotidiano, como observaremos a seguir analisando as trajetórias intelectuais de três sociólogos – objetos desta nossa reflexão.

Estes deslocamentos recentes do olhar sociológico colocaram em xeque os ideais de objetivismo científico e de determinismo histórico que sustentaram o estruturalismo, como um dos principais paradigmas dominantes na França até os anos de 1970. A desconstrução deste paradigma contribuiu para redefinir o objetivismo científico a partir de uma perspectiva relacional, aquela da intencionalidade própria dos agentes sociais na organização dos sistemas de reciprocidade tanto no plano das relações ordinárias como daquelas envolvendo cientistas e pessoas comuns. Os esforços de renovação do campo sociológico francês a partir dos anos de 1980 por intelectuais como Bernard Lahire, Luc Boltanski e Alain Caillé refletem este contexto de descentramento epistemológico do pensamento francês sob a influência da renovação dos diálogos das ciências sociais e da sociologia com as várias filosofias contemporâneas. Isto favoreceu o interesse crescente dos sociólogos por abordagens enfatizando a contextualização das práticas sociais.

Esta observação é importante para situarmos as condições objetivas e subjetivas nas quais emergem as revisões da sociologia francesa contemporânea. As

---

Isto levou a uma oportuna ressignificação das ações ordinárias, de revalorização das memórias e à exaltação da liberdade do agente na organização de suas práticas dentro das disposições oferecidas.

contribuições de Lahire e de Boltanski se inscrevem nas atualizações que eles empreenderam do estruturalismo na obra de Pierre Bourdieu, enquanto a de Caillé se faz a partir da crítica ao pensamento de Lévi-Strauss. Há diferenças importantes entre o caráter do estruturalismo nas obras de Bourdieu e de Lévi-Strauss que não podemos aprofundar aqui, mas que devem ser lembradas. No caso da sociologia de Bourdieu, as críticas se centram nos limites das estruturas objetivas como aquelas de *habitus* e de campo para explicar a reflexividade dos agentes. Embora Bourdieu, diferentemente de Lévi-Strauss, considere que seu estruturalismo era construtivista porque construído socialmente, seus críticos consideram haver uma rigidez nos conceitos substantivos de sua sociologia – campo e *habitus* –, que inibem a descrição das capacidades reflexivas dos atores (VANDENBERGHE, 2006, p. 323-324). As dificuldades do modelo teórico bourdieusiano de lidar com as ações individuais levaram Boltanski (2000) e Lahire (2002) a rever sua contribuição sociológica para valorizar as ações ordinárias.

Por seu lado, a sociologia de Caillé marca a recusa deste autor de aceitar a interpretação matematizante da dádiva pelo principal discípulo de Mauss, Lévi-Strauss (2003), que tentou redefinir a dádiva como um sistema de troca baseada numa reciprocidade obrigatória e rígida. Para Caillé (2000), a interpretação estruturalista esvazia o caráter moral e político das ações dos atores envolvidos nas trocas simbólicas e materiais[2].

Estes esclarecimentos iniciais ajudam no desenvolvimento dos itinerários intelectuais destes autores que faremos a seguir.

A sociologia do ator plural de Bernard Lahire

Dos três autores relacionados, Bernard Lahire é o mais jovem, somente tendo defendido sua tese de doutorado sobre fracasso escolar na escola primária no ano de 1990. Tal como Pierre Bourdieu, Lahire demonstrou desde cedo interesse por termos como educação, cultura e intelectuais. Ao contrário de Boltanski, ele não foi aluno nem colaborador direto de Bourdieu; mas, entre todos os seus herdeiros, ele constitui, certamente, aquele que é responsável pela releitura mais fiel da sociologia crítica de seu inspirador. O ponto central de sua contribuição está no esforço de revisar as hipóteses disposicionistas presentes nas teorias do campo e do *habitus* a partir da valorização da contextualização das práticas dos atores que ele percebe pelo deslocamento do olhar sociológico do plano macro para o plano micro. Lahire observou que o programa de transferibilidade de esquemas de disposições e de transmissão cultural intergeracional sugerido por Bourdieu somen-

---

2. A crítica à interpretação da troca como uma estrutura simbólica produtora de significações previsíveis já tinha sido realizada anteriormente por Claude Lefort, antigo professor de Caillé. Lefort entendia que a interpretação estruturalista da dádiva por Lévi-Strauss constituía uma violação à liberdade do indivíduo de exercer livremente a dádiva (LEFORT, 1979).

te era válido num plano abstrato, não sendo verificável em situações singulares e contextualizadas.

No desenvolvimento de sua sociologia empírica ele verificou que as práticas não permitem necessariamente classificar os indivíduos na medida em que estes são condicionados por uma pluralidade de papéis e situações que lhe dão liberdade de agir fora do *script* previsto. Como lembra Sofia Amandio, foi, sem dúvida, a constatação de uma difícil transferibilidade das competências de leitura ou de escrita de um gênero de escrita para outro "que permitiu pensar a existência de uma pluralidade de competências ou de disposições veiculadas por cada ator, que escapam ao sentido prático, e que se estendem – ou não – segundo o contexto de ação" (AMANDIO, 2014, p. 43). As pesquisas empíricas lhe levaram a organizar um programa sociológico que articula o disposicionismo e o contextualismo. Para ele, o conceito de *habitus*, entendido na obra de Bourdieu (1979, p. 17-19) como uma teoria ao mesmo tempo da socialização, da ação e da prática, pensadas a partir de um conjunto de disposições incorporadas historicamente pelos indivíduos, é frágil quando confrontados com os dados empíricos. Para ele, a pesquisa empírica revela que os indivíduos são muito mais heterogêneos que o suposto no esquema bourdieusiano. Na realidade contextual, explica Lahire, os indivíduos adotam outras disposições e outros modos de reconstrução das práticas que não são dados *a priori*, mas a partir de sua capacidade reflexiva (LAHIRE, 1999, p. 35). Daí ele entender que o ator individual é disposicionalmente plural, devendo se pronunciar o *habitus* no plural, como *habitus* individuais (LAHIRE, 2001).

Para ele, não se pode deduzir a prática dos atores da totalidade das propriedades que caracterizam o grupo, lembrando que não é exceção o fato de um operário não qualificado apreciar a leitura de livros, o que no esquema bourdieusiano seria uma subversão aos gostos de classe (LAHIRE, 2001, p. 22). No fundo, o autor entende que os trabalhos sociológicos contemporâneos utilizam, com frequência, expressões derivadas da psicologia sem mesmo se darem conta do que estão fazendo. Apoiam-se em termos como os de estruturas cognitivas ou mentais, categorias de percepção ou de representação, reservas de experiências, entre outras, sem refletirem sobre a adequação dos mesmos aos fatos sociais coletivos. Para ele, a sociologia tem que superar esta visão psicologizante mediante o trabalho empírico que permita reconstruir os desafios teóricos e metodológicos. Daí ele lembra a importância de Durkheim que entendia haver uma relação estreita entre a psicologia e a sociologia, mas que sustentava a organização de um espaço próprio da sociologia (LAHIRE, 2001, p. 251). Esta tese durkheimiana da relação amistosa, mas diferente entre a sociologia e a psicologia, foi explicitada por Marcel Mauss, sobrinho de Durkheim, no artigo *Relações reais e práticas entre a psicologia e a sociologia* (MAUSS, 2003, p. 315-344).

Enfim, o autor busca reescrever o postulado estruturalista de Bourdieu apoiando-se em vários teóricos como Durkheim, Weber, Mauss, Wittgenstein, Elias, Foucault e Halbwachs. Ele lembra em particular sua dívida com relação a este último, demonstrando ser sensível "às suas análises sobre a memória e multipertença dos atores individuais, às socializações sucessivas ou simultâneas em grupos variados e a pluralidade de pontos de vista que eles podem mobilizar" (LAHIRE, 2001, p. 17)[3].

A sociologia das competências de Luc Boltanski

Nos inícios dos anos de 1970, Luc Boltanski se torna mestre-assistente na Escola de Altos Estudos em Ciências Sociais (Ehess) em Paris, contribuindo para a fundação da revista *Actes de la Recherche en Sciences Sociales*. Suas primeiras produções são desenvolvidas dentro do quadro teórico sugerido por Bourdieu, de quem se tornou o principal discípulo, tendo trabalhado ativamente com ele entre os anos de 1970 e 1980. Aos poucos foi se afastando do "mestre" por considerar que a teoria do *habitus* era uma *caixa-preta* na qual o ator não teria verdadeiramente livre-escolha na sua estratégia, ficando dependente de séries causais heterogêneas, conforme esclarece Boltanski em entrevista a François Dosse (1997, p. 56). Para Boltanski, faltava a Bourdieu uma aproximação mais estreita com a psicologia cognitiva para poder dar conta da reflexividade dos indivíduos. O livro intitulado *Les cadres* (BOLTANSKI, 1982) constitui um ponto de inflexão importante. Mas sua ruptura com o paradigma bourdieusiano se deu, de fato, a partir do encontro com Laurent Thévenot, com quem passou a desenvolver pesquisas sobre as categorias socioprofissionais no Institut National de la Statistique et es Études Economiques (Insee), na França, o que os leva a descobrir a competência reflexiva de não especialistas, aquela do senso comum. Devido a esta valorização da reflexividade ordinária eles passaram a ser conhecidos como os fundadores da sociologia prática na França.

Este estudo sobre a reflexividade dos indivíduos levou Boltanski a questionar um aspecto fundamental do estruturalismo, a saber, o culto a distância metodológica entre o cientista e seu objeto como condição da verdade científica. Este tipo de estudo crítico foi aprofundado com suas pesquisas relativas à denúncia das injustiças junto a sindicalistas, o que o levou a pôr em xeque um postulado caro à sociologia bourdieusiana: aquele da posição naturalmente crítica do sociólogo que se limita a desvendar a posição normativa do senso comum sem jamais esclarecer sua própria posição normativa (DOSSE, 1997, p. 59). Boltanski e Thévenot buscaram entender as disputas de todo tipo que colocam em causa a *grandeza da pessoa*, isto é, sua meta de se revelar como o melhor de si, num contexto de apresentação dos desacordos de forma justa e sem recurso à violência.

Fréderic Vandenberghe (2006), inspirando-se na metáfora do paraquedas utilizada por Lahire, a de teorizar a variação de escalas de análise e dos contextos de

---

3. Para uma leitura mais detalhada da obra de Lahire, consultar *A quoi sert la sociologie?* (2002), *L'esprit sociologique* (2005), *Monde pluriel – Penser l'unité des sciences sociales* (2012) e *Les Plis singuliers du social*.

observação (LAHIRE, 1996, p. 383), comenta o seguinte sobre a nova sociologia pragmática proposta por Boltanski:

> poderíamos comparar a passagem da visão *top down* da macrossociologia bourdieusiana para a visão *bottom up* da microssociologia pragmática a uma descida de paraquedas que mergulharia o observador no meio de ações e de interações, dando acesso, diretamente, à observação da vida social *in situ* (VANDENBERGHE, 2006, p. 326).

Explorando a distinção entre ações coletivas e individuais, Boltanski busca atualizar na sua reflexão sobre *A denúncia* a relação entre sociologia e psicologia para propor uma gramática pela qual, usando as mesmas regras de diferentes disciplinas, seria possível interpretar as ações de protestos independentemente de serem individuais ou coletivas (BOLTANSKI; SCHILTZ; DARRÉ, 1984).

Boltanski e Thévenot retomam a discussão das organizações no conhecido livro *De la justification* (1991). Nesta obra, buscam entender como se produzem os acordos dentro de uma empresa entre gestores e funcionários na medida em que consideram que uma empresa é um espaço de regras e de circulação de bens dentro de um marco que oferece os valores gerais, aquele da *cidadela*. Os autores desenvolvem a noção de "cidadela" que tem importante valor heurístico para explicar como eles buscam ultrapassar as ambivalências entre estrutura e ação. *Cidadela* é uma categoria analítica usada pelos mesmos para explicar as disposições dos agentes sociais em situações contextualizadas. O termo "cidadela" explica a importância de um território que demarca a ação, um lugar onde se pode estabelecer a defesa, mas igualmente revela a presença do *logos*, lugar onde se diferencia o justo do injusto (SILVA CORRÊA, 2010, p. 591-592)[4].

O esforço de rever o construtivismo a partir das práticas dos atores levou Boltanski a explorar mais detidamente as lógicas de ação e de competências operadas pelos próprios atores, o que fica evidente no seu livro *O amor e a justiça como competências* (2000). Para ele, haveria ações que seriam da ordem da justiça sendo regidas pela reciprocidade e apoiadas em princípios de equivalência e haveria ações que seriam da ordem do amor, manifestando-se pela gratuidade e pela renúncia ao cálculo. Assinala a figura do Ágape como um dispositivo capaz de fazer cessar as equivalências para estabelecer um estado de paz (BOLTANSKI, 2000, p. 160-165). A virada teórica e metodológica do autor o levou a propor que a oposição clássica da sociologia entre o individual e o coletivo não deveria ser entendida como uma matriz principal, mas como um modo de operação que existe ao lado daquele outro do singular e do geral, como são os casos das interações entre a vítima e o

---

4. A ideia de justificação encontra paralelo com aquela do reconhecimento do desempenho de Axel Honneth e com as distintas esferas de justiça em Michael Walzer (SOBOTTKA; SAAVEDRA, 2012), o que reforça a tese que o tema da contextualização aparece como uma tendência mais ampla de revisão epistemológica da sociologia contemporânea não se reduzindo somente ao movimento intelectual francês.

juiz (BOLTANSKI, 2000, p. 27). Para maior entendimento da obra desse autor, é importante considerar além dos textos que aqui foram citados aquele que escreveu com Eve Chapelllo e intitulado *O novo espírito do capitalismo* (1999), no qual sugere a superação do fordismo por modos de organização em redes.

A sociologia antiutilitarista de Alain Caillé

No desenvolvimento da teoria da ação de Caillé, a crítica ao utilitarismo vem em primeiro lugar, ocupando grande parte de seus trabalhos na década de 1980, enquanto o aprofundamento da importância sociológica da dádiva ocupa suas reflexões, sobretudo a partir da década de 1990. A crítica da sociologia antiutilitarista de Caillé começou a ter visibilidade com a fundação do Mauss (Movimento Antiutilitarista nas Ciências Sociais) na França, em 1981. Na declaração de fundação do movimento, os autores lembram que o questionamento da axiomática do interesse deveria indicar escolhas éticas e políticas sem as quais as obras de Marx, Weber e Durkheim perderiam sentido (*Bulletin du Mauss*, 1982, p. 6, 7).

A sociologia da ação de Alain Caillé se elabora a partir de duas teses fundamentais que estão presentes na obra de Marcel Mauss: uma, o universalismo da dádiva, o sistema de trocas baseado na doação, recepção e retribuição de bens materiais e simbólicos presentes nas sociedades tradicionais e modernas e que foi revelado por Marcel Mauss (1999). A outra tese, também inspirada em Mauss mas, antes deste, por Durkheim, é a do antiutilitarismo ou da crítica à filosofia utilitarista, pela qual Caillé reage à expansão de uma visão utilitária e egoísta das relações humanas que estaria se expandindo nas ciências sociais e que teria como base a disciplina econômica liberal.

O resgate da leitura sociológica e fenomenológica da dádiva lhe levou a uma crítica mais contundente da obra de Lévi-Strauss, pois, para ele, o estruturalismo colonizou o debate sobre a dádiva, fazendo uma interpretação equivocada dos sentidos práticos da dádiva. Em Mauss, esclarece o autor, a dádiva não é apenas uma obrigação lógica, mas um fenômeno que libera o social, tendo uma conotação política e moral incerta mas abrangente e humanizada. De fato, no texto de apresentação da primeira edição de *Sociologie et anthropologie* (MAUSS, 1950), Lévi-Strauss procurou eliminar o que ele considerava elementos mágicos desnecessário nas explicações de seu "mestre" sobre a dádiva como o *hau* (o espírito da coisa que circula) que, para ele, não permitiriam estabelecer uma análise quantificável dos sistemas de trocas nem visualizar as reciprocidades obrigatórias[5]. Cail-

---

5. A valorização de elementos mágicos por Mauss na origem das trocas revelaria uma indecisão de Mauss entre o pensamento científico e o pensamento indígena (LÉVI-STRAUSS, 1999, p. XXXIX). No programa estrutural de Lévi-Strauss a troca não poderia constituir um edifício complexo construído pelas obrigações de dar, receber e retribuir com a ajuda de elementos afetivos e místicos, mas como uma síntese *a priori* (p. XLVI) que poderia ser apreendida por uma matematização progressiva.

lé se insurgiu contra tal leitura reducionista da dádiva como mera reciprocidade, buscando articular a crítica antiutilitarista e um entendimento prático, contextual e motivacional do fenômeno da troca humana. Para ele, a valorização da dádiva como uma lógica de ação contemporânea e geradora de alianças sociais solidárias somente pode aparecer com a crítica ao utilitarismo econômico e com o resgate de modalidades não econômicas de vida social.

O interesse de Caillé de se envolver com um programa crítico contemporâneo do antiutilitarismo se deve em larga medida à sua relação com um dos ícones da filosofia política francesa, Claude Lefort, de quem foi assistente quando este ainda era professor na Universidade de Caen, nos anos de 1970[6]. O fato é que a leitura oferecida pela antropologia estruturalista influenciou significativamente as leituras sobre o dom entre as décadas de 1950 e 1970 e sua revisão efetiva ocorre somente no momento de declínio das teses estruturalistas e de liberação de teorias da ação voltadas para resgatar os sentidos do fazer e do pensar.

Podemos dividir o desenvolvimento do pensamento do autor em duas fases distintas. Na primeira, que ocupa praticamente toda a década de 1980, Caillé procura explorar o impacto do utilitarismo nas ciências sociais, tanto criticando a análise estrutural de Lévi-Strauss e a razão liberal de Hayeck como resgatando a contribuição K. Polanyi (CAILLÉ, 1986). Na segunda, a partir do final dos anos de 1980, o autor se dedica mais explicitamente a organizar a crítica antiutilitarista a partir da valorização da dádiva como um novo paradigma nas ciências sociais. As referências à dádiva aparecem explicitamente no livro *Critique de la raison utilitaire* (CAILLLÉ, 1989), quando ele afirma que a contribuição central de Mauss teria sido de mostrar que em todas as sociedades as trocas econômicas funcionariam a partir de formas de dons e contradons (CAILLÉ, 1989, p. 70).

Um salto importante foi o livro que publicou com Jacques Godbout denominado *L'esprit du don* (1992), quando avançam numa tese que se revelou fundamental para o resgate sociológico dos estudos sobre a dádiva no contexto da contemporaneidade. Nessa obra, não somente eles buscam demonstrar a atualidade do debate como explicam também a presença de um dom moderno que, diferentemente do dom arcaico, envolve as trocas entre estranhos. O reconhecimento de uma modalidade moderna de dom como este que envolve doações de diversos tipos – de órgãos, sanguíneos, de serviços voluntários etc. – também passou a valorizar um aspecto fundamental da modernidade, a saber, que as trocas de dádivas não en-

---

6. Lefort, que tinha sido aluno de Maurice Merleau-Ponty, era um defensor das teses fenomenológicas tendo sido o primeiro a fazer uma crítica consistente da leitura estruturalista da obra de Mauss realizada por Lévis-Strauss. Num texto de 1951, intitulado *A troca e a lutas dos homens*, Lefort acusa o pai da antropologia estrutural de dar as costas para uma análise fenomenológica presente em Mauss e de apreender na sociedade regras e não comportamentos com o simples objetivo de reduzir a realidade à matemática (LEFORT, 1979, p. 25-27). Há nesse texto uma célebre afirmação de Lefort quando o mesmo, na busca de desfazer a relação direta entre dom e reciprocidade, afirma que "Não se dá para receber; dá-se para que o outro dê" (p. 33).

volvem apenas pessoas morais coletivas mas também pessoas morais individuais, o que o aproxima do tema do individualismo moral de Durkheim que veremos a seguir. Aqui, constatamos a mesma preocupação já lembrada nos outros autores estudados, o da busca de contextualizar as práticas para verificar a reflexividade ordinária dos atores na organização de suas atividades.

O desenvolvimento de sua sociologia antiutilitarista inspirada na perspectiva crítica do dom levou Caillé a propor uma teoria da ação baseada numa pluralidade de motivações. Para ele, a racionalidade do ator social não pode se limitar a explicações simplificadas – coincidindo com as críticas de Lahire e de Boltanski à psicologização da sociologia –, devendo considerar a multiplicidade de motivos presentes nos sistemas de relacionamentos. Assim, ele propôs no seu *Antropologia do dom: o terceiro paradigma* (2002), que a ação social responde a um sistema de motivações opostas e complementares que se apresentam em pares: o interesse se opõe à gratuidade e ao "desinteressamento", enquanto num outro plano paralelo a obrigação se opõe à liberdade. Ele chama estes pares de motivações de "incondicionalidade condicional". Por um lado, estas motivações não são arbitrárias, aparecendo como disposições que definem as perspectivas da aliança social; por isso são incondicionais. Por outro, suas manifestações como motivos dependem das vontades dos indivíduos de se relacionar, de constituírem vínculos sociais. Por isso, as motivações são condicionais. Então, nesta tese, a superação da dicotomia entre sociedade e indivíduo se faz pelo reconhecimento de que a dádiva é ao mesmo tempo um sistema de obrigações e o resultado da livre-disposição dos agentes sociais de decidirem sobre suas decisões. Estes elementos gerais de sua teoria da ação são aprofundados com mais organicidade no livro *Théorie anti-utilitariste de l'action* (2009), no qual ele desenvolve uma tipologia tetradimensioinal da ação.

A escola francesa de sociologia e o individualismo moral

Uma questão que se coloca a respeito do desenvolvimento da sociologia contemporânea francesa, em geral, e dos três autores aqui relacionados, em particular, é saber se o que os une é apenas a reação contra a tradição estruturalista ou algo mais? Em outras palavras, as teorias da ação que eles propõem para explicar as práticas contextualizadas de indivíduos e grupos sociais são apenas iniciativas pragmáticas "contra" os limites do estruturalismo? Ou elas se abrem para um debate normativo mais amplo sobre o lugar da sociologia como disciplina humanista?

Tais questionamentos visam chamar atenção para o fato de que todos os autores relacionados – mas podemos estender esta afirmação para o conjunto da sociologia francesa contemporânea – compartilham o esforço de rever os pesos de disposições normativas macrossociológicas como as estruturas simbólicas mais gerais oferecidas pela cultura ou pelas condições de classe para desvendar um lugar de circulação própria dos indivíduos dentro dos processos sociais. Mas não se trata, neste caso, de negar as estruturas para afirmar teses que buscam enfatizar a liberdade cognitiva dos atores sociais nas tomadas de suas decisões individuais sem consideração das disposições normativas extraindividuais, como vemos nas Teorias da Escolha Racional (ELSTER, 1994; OLSON, 1999) e do Individualismo Metodológico (BOUDON, 2003). Ao contrário, ao nos debruçarmos nos desdobramentos teóricos dos autores estudados vemos que as construções do ator individual ou coletivo enfatizam um individualismo normativo e humanístico complexo que remete às tradições da escola francesa de sociologia. O ator individual – ou coletivo – nestes programas de pesquisas é um agente que organiza reflexivamente suas identidades, papéis e práticas ordinárias de modo plural e aberto e nos marcos imprecisos e variados de contextos e disposições subjetivas e objetivas. Tais disposições se apresentam de várias maneiras: memórias coletivas, motivações psicológicas e sociológicas básicas do agir humano e injunções institucionais que influenciam as práticas comuns dos atores e suas capacidades de enfrentamento dos julgamentos sociais.

Vemos este humanismo presente na obra de Lahire quando ele explica que as diversas descrições e análises das ações têm sempre de modo implícito ou explícito "correlativos sociopolíticos" e, por conseguinte, esclarece, as teorias da ação são sempre teorias políticas (LAHIRE, 2003, p. 18). Citando Aristóteles, ele conclui: "tocar nos programas ou matrizes de socialização dos atores é como o fazia notar o autor da *Ética a Nicômaco*, levá-los a agir de um modo diferente, de uma maneira que podemos esperar mais virtuosa e democrática" (LAHIRE, 2003, p. 18). Por seu lado, Boltanski revela claramente preocupação normativa e humana quando decidiu aprofundar seus estudos sobre disputas e competências tendo como cenário os processos judiciais. Como explica o mesmo, sua questão fundamental passou a ser a de saber em que condição a denúncia pública de uma injustiça pode ser considerada admissível (BOLTANSKI, 2000, p. 22). No entanto, o tema da normalidade para o autor não se apresenta de modo absoluto, dependendo das conclusões obtidas a partir das posições dos envolvidos (vítima, denunciante, perseguidor e juiz). A diversidade de possibilidades é oferecida pela substituição da oposição individual/coletivo por aquela entre singular/geral (BOLTANSKI, 2000, p. 27). Enfim, Caillé explica que a redução da ação dos homens ao mero interesse (econômico, sexual, de poder, de prestígio etc.) deixa escapar o essencial que importa aos humanos e que os torna sujeitos, que é o desejo de reconhecimento que constitui a primeira dádiva oferecida (CAILLÉ, 2009, p. 5-6). A especificidade do dom na ação social se revela por um fator humanista, a possibilidade de reverter um registro negativo do dom – tomar, recusar, guardar – por outro que valoriza as motivações ativas do desprendimento e da liberdade sobre as condições passivas referentes ao interesse por si e à obrigação (CAILLÉ, 2009, p. 23-24).

Na verdade, observamos que os autores outrora citados, com o fim de escapar de sistemas analíticos abstratos que favorecem as estruturas em detrimento da ação social, são levados a valorizar os espaços microssociais e, dentro deles, a ação individual, para, a partir daí, reconstruir as injunções coletivas contextuais que podem ser generalizadas para planos macrossociais. Nesta passagem para o micro, as análises sociológicas se tornam mais densas, sendo obrigadas a abrir mão de um psicologismo abstrato sobre a racionalidade dos atores para incorporar dimensões morais, afetivas, lógicas e normativas mais específicas. O interessante a observar é que tais inflexões teóricas na direção de uma ação carregada de sentidos revelam o retorno ao pensamento durkheimiano e a suas reflexões sobre o individualismo moral, que este clássico entendia como sendo o ideal de respeito à pessoa humana e que não teria relação com o ideal de um indivíduo egoísta e utilitarista (DURKHEIM, 2016, p. 42-43)[7].

A visita ao entendimento de Durkheim sobre o individualismo moral é importante para demonstrar que as tentativas de resolução das tensões entre sociedade e indivíduo já estão presentes desde o início, inspirando as revisões contemporâneas de vários autores franceses como os aqui assinalados. E, mais importante, a resolução deste dilema, pelo menos no caso da sociologia francesa, implica questionamentos importantes sobre os elementos morais e sobre as relações entre sociologia e psicologia. Nesta direção, os esforços de superação dos impasses contemporâneos da sociologia francesa colocaram soluções pragmáticas que, no fundo, estão alinhadas e são coerentes com os fundamentos históricos da escola francesa de sociologia.

Uma sociologia francesa em constante atualização

Naquele momento da virada linguística e epistemológica entre os anos de 1970 e 1980, um dos fatos novos que impactaram sobre a dinâmica dos estudos sociológicos foi a revolução tecnológica permitida pela internet, facilitando o acesso a documentos e produções de diferentes lugares, proporcionando, por conseguinte, a difusão de correntes de pensamento e um diálogo mais intenso entre as escolas sociológicas modernas dos países centrais.

Naquele momento, a França constituía um espaço de amplos debates e de encontros multiculturais e ali se encontravam muitos intelectuais exilados e vindos de diferentes continentes. Paris era o centro da reação democrática internacional no fi-

---

7. O entendimento mais amplo do individualismo moral em Durkheim foi objeto de um livro intitulado *O individualismo e os intelectuais* e organizado pelos membros da Biblioteca Durkheimiana no Brasil (CONSOLIM; OLIVEIRA; WEISS, 2016). Entre os vários textos de comentadores presentes nesse livro, dois são particularmente importantes para nosso esforço de demonstrar que o retorno ao tema do individualismo moral faz parte da tradição francesa contemporânea. Neste sentido, Susan Stedman Jones esclarece que em Durkheim o individualismo é o sistema de crenças que reconhece a dignidade e o valor da pessoa humana, possuindo uma dimensão filosófica e histórica. Para ela, Durkheim foi um humanista que defendia o indivíduo, sem ser um individualista em termos metodológicos e sociológicos (JONES, 2016, p. 85). O individualismo neste clássico tem a particularidade de valorizar o respeito à pessoa humana que seja diferente daquele da economia política que exalta o egoísmo exaltado (JONES, 2016, p. 91; WEISS, 2016, p. 102).

nal dos anos de 1970. A sociologia europeia e francesa atingiu seu ápice apoiada na crença do universalismo europeu e na perspectiva da modernidade europeia como referência para as lutas libertárias contra os regimes políticos tiranos de outros continentes. Mas a ambição de pensar o mundo a partir da experiência histórica e intelectual europeia mostrou seus limites nos anos seguintes, pois as diversidades culturais e históricas das sociedades não europeias e suas mutações variadas num contexto de globalização ampliaram as reações anticoloniais. O ápice do pensamento pós-iluminista, sobretudo o francês, foi seguido de mudanças geopolíticas importantes com impacto na diminuição do francês como língua universal.

A ideia de que a sociologia francesa opera num processo de constante atualização desde aquele momento da virada epistemológica parte do princípio de que a passagem de um olhar abstrato e generalista das condições da vida social – presentes nas teorias estruturalistas, marxistas e liberais – para um olhar que contextualiza a ação social e que valoriza a individualização moral e a dignidade humana, liberou uma dinâmica rítmica acelerada. Neste sentido, desde então, esta sociologia contemporânea se renova permanentemente a cada situação objetiva ou subjetiva confrontada. Nestes mais de trinta anos, o mundo se moveu em várias direções e velocidades, impactando sobre as representações dos sociólogos e sobre os rumos da sociologia francesa contemporânea. Esta foi obrigada a se atualizar em permanência, revisitando os clássicos, ampliando o debate interdisciplinar e inovando com novas categorias de análise. Em suma, caminhamos para uma sociedade globalizada e marcada por reações profundas contra a tradição eurocêntrica, demarcando novos desafios para o campo da experiência intelectual na sociedade global, obrigando a sociologia a operar na onda das mudanças sociais.

A crítica à modernidade ocidental como processo unitário e culturalmente superior se deu no interior do próprio pensamento europeu com a emergência dos pós-modernos e dos pós-estruturalistas com impacto importante na renovação das teorias críticas, inclusive dos autores aqui enfocados. O fato é que, no rastro da renovação dos paradigmas sociológicos, a crítica ao universalismo europeu e a sua retórica de poder (WALLERSTEIN, 2007) se disseminou não somente na Europa e na França mas por outros lugares do planeta, contribuindo para reflexões sobre as modernidades plurais nas décadas seguintes (DUSSEL, 1993; EISENSTADT, 2002; MIGNOLO, 2007). A crítica ao capitalismo colonizador a partir de "dentro" revelava suas limitações, exigindo um entendimento simultâneo a partir de "dentro" e de "fora", favorecendo a compreensão das modernidades múltiplas. O reconhecimento deste fato contribuiu também para acelerar os ritmos das mudanças sociológicas que não mais cabiam no interior do quadro eurocêntrico tradicional.

No interior do próprio pensamento francês estão presentes os fundamentos da crítica pós-colonial, articulando o "dentro" e o "fora" e com influência decisiva para o avanço da virada linguística e epistemológica. O valor da contribuição francesa para a emergência dos estudos pós-coloniais se dá em dois planos: um deles, histórico, o outro, filosófico. No plano histórico, registra-se a importância dos precursores da crítica anticolonial que surgiram dentro da esfera da colonização francesa durante o século XX. O afro-caribenho nascido na Martinica, Aimé Cesaire, ofereceu importantes reflexões para o resgate da negritude (CÉSAIRE, 1978); outro martiniquês, Franz Fanon, trouxe reflexões importantes sobre a psicopatologia da colonização (FANON, 1952); o tunisiano Albert Memmi pôs em evidência a relação entre colonizadores e colonizados (MEMMI, 2007). Nesta mesma direção, temos que lembrar o pioneirismo de Marcel Mauss para os estudos pós-coloniais quando explicou que os fundamentos da associação livre e da solidariedade humana encontravam-se numa obrigação contratual presente em todas as sociedades, tradicionais e modernas, a dádiva, a qual tinha papel fundamental para a crítica ao modelo utilitarista do Ocidente (MARTINS, 2014).

No processo de desconstrução do eurocentrismo e de abertura para uma crítica transnacional a sociologia se defrontou com os avanços da filosofia francesa contemporânea, em particular Michel Foucault, mas também Jacques Derrida, segundo esclarece Sergio Costa (2006), tendo esses autores contribuído para a emancipação de uma vertente crítica inspirada nas contribuições da linguística e do método desconstrucionista. A influência destes filósofos nos estudos pós-coloniais é evidente na obra de Edward Said (1978), um dos principais expoentes da nova vertente crítica, que usou adequadamente o conceito foucaultiano de *episteme* para fazer sua reflexão sobre o orientalismo.

A filosofia francesa inspirou a renovação não somente das ciências sociais e da sociologia na Europa, mas, também, o desenvolvimento da crítica pós-colonial fora da Europa. A influência da virada epistemológica no pensamento crítico não europeu se expressou pelo desenvolvimento dos estudos subalternos, na Índia, com foco nos temas da nacionalidade e da independência; dos estudos pós-coloniais na África, acentuando o valor das memórias; dos estudos descoloniais na América Latina, resgatando as tradições étnicas e afrodescendentes, das mulheres oprimidas e igualmente revisitando a dependência e o imperialismo. Na própria Europa se expandiram os estudos pós-coloniais, sobretudo na Inglaterra, na Alemanha e na Espanha questionando o eurocentrismo (CAIRO; GROSFOGUEL, 2010). O pensamento sociológico francês contemporâneo vem contribuindo decisivamente para a liberação de uma importante crítica pós-colonial, mas de modo indeciso. Por um lado, resiste ao diálogo com as teorias pós-coloniais, por outro, oferece avanços conceituais muito importantes para a crítica pós-colonial mediante as análises do discurso, da desconstrução, da contextualização e da valorização do individualismo moral aberto a múltiplas possibilidades de ação.

A situação da sociologia francesa, neste contexto de "desprovincialização" da Europa e de abertura para novos entendimentos, é assinalada pelo próprio Caillé quando afirma que a sociologia francesa está se movendo sobre três rupturas: aquela entre teoria e empiria, aquela entre escolas rivais e aquela, externa, entre sociologia, história, crítica literária e filosofia. Mas sublinha ele um fato importante: a emergência de novas linhas transversais e transdisciplinares ainda são pouco conhecidas na França como aquelas de *gender, cultural, subaltern* e *postcolonial studies* (CAILLÉ, 2010, p. 47). O comentário de Caillé é interessante, pois ele revela a complexidade do momento presente de abertura da sociologia francesa para um diálogo transnacional. Por um lado, o pensamento francês está na base da emancipação de uma importante crítica anticolonial, por outro, há dificuldades de revisão da crítica tradicional à modernidade e ao capitalismo para integrar outros olhares que valorizem a crítica à colonialidade. Por conseguinte, constatamos que a virada epistemológica e linguística dos anos de 1980 na França impactou decisivamente sobre os estudos anticoloniais em outros continentes, mas se mostrou tímida dentro do próprio campo intelectual francês. Mas os estudos sobre o pós-colonial progridem na França por diferentes vias. Há de se destacar a penetração no campo intelectual francês do debate sobre *intersectionality* (interseccionalidade), que é impulsionado em particular pelo movimento feminista radical e que ganhou impulso a partir dos anos de 1990[8].

Aos poucos, dentro da ideia da permanente revisão do campo sociológico, podemos sugerir que o pensamento pós-colonial está ajudando a desconstruir o eurocentrismo por dentro e por fora para revelar a pluralidade de experiências culturais e modos de perceber e representar o mundo que não podem se limitar ao que foi oferecido pelo pensamento europeu nos últimos dois séculos. Do mesmo modo, as contestações políticas ao binômio capitalismo e colonialidade se transformam, gradativamente, num mecanismo de desconstrução da própria ideia de Estado moderno, de democracia e de cidadania nos moldes pensados pelo republicanismo nacionalista tradicional. Os problemas atuais resultantes das dificuldades dos imigrantes de assimilarem a cultura do colonizador na Europa, o tema dos refugiados ou mesmo a ascensão econômica de países como China e Índia estão impactando sobre as representações intelectuais e sobre os referenciais teóricos dos europeus e dos franceses. Os fatos históricos referentes ao declínio do eurocentrismo são inevitáveis, liberando novas teorizações interdisciplinares envolvendo a sociologia, a filosofia, a antropologia, a história, a geografia, a economia e outras disciplinas na construção de um pensamento transversal que é necessário para dar conta da complexidade da realidade globalizada. Tais fatos vêm contribuindo para iluminar os estudos sobre temas como nacionalidade, racialidade, etnicidade, gênero, diáspora, religiosidade, memória entre outros.

Assim, considerando o quadro geral das mudanças em curso, sobretudo a partir dos anos de 1990, observa-se que a recepção pela sociologia francesa dos estu-

---

8. Segundo K. Crenshaw, autora da ideia da *intersectionality teory* e estudiosa do feminismo negro, a experiência de ser mulher branca ou negra não pode ser analisada separadamente, mas em conjunto, considerando articuladamente os elementos de raça e sexo (CRENSHAW, 1989). O debate também busca incluir os marcadores de gênero, classe, nacionalidade, religião e outros, atravessando diferentes campos do conhecimento.

dos pós-coloniais ou outros como este do *interseccionality theory* se faz de modos variados. As resistências a um diálogo transversal e transnacional não tem impedido a penetração das novas ideias, revelando apenas a complexidade do processo de "desprovincianização" da sociologia francesa. Se, por um lado, como lembra Caillé, os sociólogos franceses revelam resistências a acolher a crítica colonial contemporânea, por outro, temos que reconhecer que as críticas antiutilitaristas e contextualistas presentes nos autores estudados são contribuições importantes para o avanço da crítica pós-colonial global. Os trabalhos de desconstrução dos dogmas estruturalistas, de valorização das análises microssociais e consideração da ação individual/coletiva dotada de significado contribuíram para deslocar os entendimentos das realidades concretas, liberando uma série de possibilidades temáticas e interpretativas para se avançar na crítica global ao capitalismo colonial a partir da Europa e também fora dela.

Acreditamos que a sociologia contemporânea francesa vai perdendo aos poucos sua pretensão moral universalista para assumir suas responsabilidades na organização de um pensamento pós-iluminista, crítico, prático, transnacional e contextualizado. Podemos propor que Lahire, Boltanski e Caillé, expressando tendência mais ampla do pensamento sociológico francês, revelam sensibilidades crescentes para rupturas com padrões normativos abstratos e preestabelecidos sobre o devir da sociedade moderna para incorporar reflexões interdisciplinares e de valor transnacional. Novos fatos que balançam com as memórias europeias – como aqueles do acolhimento dos refugiados, das resistências dos imigrantes árabes e africanos de incorporar os valores do republicanismo, ou então o terror, a pobreza, a desigualdade e a crise do projeto da comunidade europeia – vão, certamente, contribuir para aprofundar a ampla revisão em curso. A contextualização do trabalho sociológico libera a experiência intelectual para novas possibilidades de entendimento da realidade vivida que extrapolam as representações republicanas e nacionalistas que serviram de moldura para a organização do poder colonial e do estado nacional republicano. Isto é interessante, pois o contexto é um marcador metodológico fundamental na crítica pós-colonial na medida em que obriga a se observar a singularização dos fenômenos e o reconhecimento das diferenças entre fenômenos contextualizados.

Observamos tais reações que avançam para uma reconciliação da sociologia pós-contemporânea francesa com uma sociologia transnacional globalizada e contextualizada, por exemplo, no último livro de Lahire intitulado *Pour la sociologie et pour finir avec une pretendue culture de l'excuse (2016)* no qual se coloca em defesa da sociologia e contra a antissociologia ordinária fundada no utilitarismo do individualismo hegemônico que se funda nos interesses egoístas (LAHIRE, 2016). Paralelamente, Boltanski busca valorizar uma sociologia que seja pragmática, respeitando a reflexividade dos atores, mas que seja crítica, que não perca o sentido da crítica à dominação e mesmo ao Estado (BOLTANSKI, 2014), o que o reconcilia, num certo nível, com a sociologia crítica de Bourdieu (SILVA CORRÊA, 2010).

Caillé também atualiza a contribuição pioneira de Mauss ao liberar os estudos sobre a dádiva da influência estruturalista para promover o valor da contextualização das trocas entre indivíduos e estranhos nas sociedades contemporâneas (CAILLÉ, 2000).

Os sentidos práticos da recepção da sociologia francesa fora da Europa e no Brasil

Uma questão não se pode silenciar: Qual o impacto da sociologia contemporânea francesa em permanente atualização na formação e reprodução daqueles campos científicos, como o brasileiro, nestas últimas décadas? De fato, há uma correspondência estreita entre o processo de atualização do pensamento sociológico francês e europeu entre os anos de 1970 e 1980 e o programa de expansão da pós-graduação no Brasil a partir do mesmo período. Até os anos de 1970, a formação de mestres e doutores no Brasil estava muito limitada a alguns poucos programas de pós-graduação situados nos grandes centros urbanos como São Paulo, Rio de Janeiro e Brasília. A solução para contornar esta limitação foi o incentivo à formação de profissionais qualificados no exterior, sobretudo na Europa – em particular França, Inglaterra e Alemanha – e Estados Unidos, levando muitos pesquisadores a viajarem para estes centros mais avançados para realizar suas especializações. Tal projeto de qualificação de docentes e pesquisadores foi muito exitoso, o que é revelado pela existência, hoje, no Brasil, de mais de 50 programas de sociologia completos, isto é, com mestrado e doutorado. Tais avanços tiveram importância fundamental para descentralizar os centros de produção de conhecimentos científicos e permitir a formação de uma geração de cientistas sociais e sociólogos bem qualificados, atuando decisivamente na organização do sistema de pós-graduação. Assim, a influência das ideias europeias e francesas foi decisiva na organização dos estudos sociológicos no Brasil, na organização institucional dos cursos e na definição dos programas curriculares, nas pesquisas cientificas e nas representações intelectuais da realidade.

A questão que se coloca, no presente momento, é a de saber se a expansão do campo sociológico no Brasil incorporou reflexivamente os dilemas contemporâneos do pensamento francês ou se tem assimilado as ideias francesas e europeias sem questionar criticamente sua adequação ao contexto histórico e cultural que impregna a organização do poder e da dominação, dos modos de sociabilidade e organização das instituições. De modo sintético, podemos perguntar se o desenvolvimento da sociologia no Brasil contém um elemento de emancipação oferecido pelo choque entre as ideais e as realidades? Ou se, diferentemente, a recepção do pensamento francês e europeu encerra alguma determinação colonial no interior da esfera acadêmica?

O assunto merece um debate aprofundado e as reflexões aqui avançadas têm um caráter provisório. No nosso entender, o programa de formação de mestres e doutores na Europa contribuiu, principalmente, para a formação de uma geração de intérpretes profissionais, a qual se encarregou de organizar o campo sociológico no Brasil, sobretudo nas universidades públicas. O processo de formação destes intérpretes profissionais se verificou pela transmissão vertical dos saberes acadêmicos obtidos nas formações doutorais e pós-doutorais no exterior e que foram disseminados internamente. Mas nossa hipótese, baseada em algumas pesquisas preliminares, é que a ênfase na formação da geração de intérpretes inibiu o trabalho de formação de uma crítica teórica mais contextualizada e produzida a partir do incremento do debate horizontal interno a respeito dos fundamentos e consequências do trabalho de recepção de ideias estrangeiras.

Através de um levantamento das informações que realizamos sobre o que se ensina nos cursos obrigatórios de teoria sociológica de 36 programas estudados entre os anos de 2009 e 2010, no Brasil, observamos que os autores mais citados – entre 13 e 23 vezes – são: A. Giddens, P. Bourdieu, J. Habermas, M. Foucault, N. Elias e E. Goffman, isto é, dois franceses, um inglês, um alemão e um norte-americano. Os brasileiros relacionados nestes cursos são poucos, destacando-se F. Fernandes e O. Ianni – entre 2 e 3 vezes –, e ficam num grupo menos prestigiado de citações (MARTINS, 2011). No cômputo geral, podemos dizer que o primeiro brasileiro citado, F. Fernandes, está no vigésimo lugar. O que tais informações nos ensinam?

Em primeiro lugar, que o projeto de formação de intérpretes profissionais contribuiu para a valorização dos intelectuais estrangeiros como produtores privilegiados de conhecimentos – tidos como mais universais – e a desvalorização paralela dos intelectuais brasileiros tidos como menos aptos a produzir conhecimentos universais. Em termos da crítica pós-colonial podemos propor que o bem-sucedido programa de formação de doutores contribuiu para reproduzir certa colonialidade do saber na medida em que a valorização do intelectual como construtor teórico obedeceu aos critérios eurocêntricos pelos quais a Europa seria produtora de saberes universais e os não europeus, de saberes parciais.

Outro aspecto importante a ser assinalado é que a ênfase no poder do intelectual intérprete inibiu a expansão de um diálogo transversal e horizontal mais intenso dentro dos programas de pós-graduação no Brasil. O favorecimento simultâneo de atividades de interpretação e de criação seria, diversamente, muito benéfico para a formação de escolas de pensamento que articulassem de modo adequado a influência estrangeira e as demandas locais a favor de uma práxis intelectual dinâmica e contextualizada. Consideramos, assim, que o desafio de avanço do pensamento sociológico no Brasil deve passar pelas perspectivas de um diálogo horizontal mais intenso que contribua para descolonizar a sociologia profissional e liberar a criatividade intelectual e produção de conhecimentos mais adequados para explicar os novos desafios postos pela sociedade complexa no Brasil. Um dos benefícios maiores deste movimento intelectual renovado seria de revitalizar os diálogos com a sociologia francesa e com os autores relacionados, para liberar o pensamento crítico mundializado dentro do campo científico nacional.

Ao longo das últimas décadas, Lahire, Boltanski e Caillé têm realizado revisões importantes nos seus programas intelectuais, ampliando os desdobramentos dos seus achados teóricos e que denominamos de elementos de uma sociologia em constante atualização, ou seja, que se reproduz de forma criativa a partir do giro epistemológico verificado entre os anos de 1970 e 1980. De modo sintético podemos dizer que tais desdobramentos são revelados a partir de três tensões. A primeira é a ruptura com os esquemas abstratos das estruturas simbólicas e normativas como as de classes, *tabus* e *habitus*, com vistas a se avançar na contextualização dos fatos sociais analisados. Este trabalho de contextualização implica necessariamente a adoção de métodos desconstrucionistas para passar do macro para o micro e de abordagens reconstrucionistas para reapresentar os marcadores de classe, *habitus*, dádiva, etnia, gênero, sexo, religião, entre outros, a partir de situações concretas e específicas que se abrem para estudos comparados e generalizantes de alto interesse para a sociologia global.

A segunda tensão que acompanha o trabalho de contextualização revela-se pela constatação da capacidade intrínseca do agente individual e coletivo para deliberar, com certo grau de liberdade, sobre suas estratégias de reconhecimento e de ação no mundo concreto, por um lado, e de refazer as determinações estruturais dadas a partir dos desafios contextuais, por outro. No caso dos autores citados, como já assinalamos, a valorização do ator reflexivo individual e coletivo que emerge no trabalho da desconstrução das estruturas macroculturais e sociais revela importante complexidade conceitual. No caso desses sociólogos assinalados, os constructos dos indivíduos que pensam a ação reflexivamente não têm similitudes com as teorias racionalistas e cognitivistas que se servem de um psicologismo superficial e narcisista para reduzir a reflexividade à capacidade do ator calcular de modo egoísta seus ganhos e perdas materiais e emocionais. Ao contrário, os autores citados demonstram um olhar mais complexo sobre o assunto, renovando uma reflexão extremamente rica de Durkheim (2016), aquela do individualismo moral. Este conceito durkheimiano é de grande complexidade na medida em que o fundador da escola francesa de sociologia buscava situar teoricamente o lugar do indivíduo na sociedade sem cair nem no psicologismo cognitivista, nem no utilitarismo individualista, nem nas visões holistas e abstratas, exaltando, ao contrário, um entendimento humanista e o ideal do respeito humano (CONSOLIM; OLIVEIRA; WEISS, 2016).

A terceira tensão tem a ver com o impacto destes avanços teóricos na organização de novos marcos epistemológicos – conhecimentos transdisciplinares e transnacionais – que marcam, por um lado, o ocaso do eurocentrismo, e, por outro, a emergência de centros de produção de conhecimento fora da Europa, liberando o que, em sentido amplo, denominamos de estudos pós-coloniais. O diálogo do pensamento do Sul global e do Norte global ainda é uma incógnita na medida em que as operações de descontrução do eurocentrismo, e no sentido amplo, do binômio capitalismo e colonialidade, são ainda bastante incertas no atual contexto da sociologia globalizada.

Pensando especificamente no caso do campo sociológico brasileiro, temos que perguntar se a recepção desses autores, em particular, e das ciências sociais francesas, em geral, têm assimilado criticamente os processos de renovação anteriormente assinalados. Considerando as informações estatísticas já relacionadas sobre o que se ensina na sociologia que apresentamos de modo breve, nossa hipótese é que a recepção das ideias vem se fazendo com dificuldades devido ao peso da colonialidade do saber, isto é, da força da hierarquia cognitiva e moral do trabalho intelectual de base colonial sobre os mecanismos de reconhecimento, diferenciação e inclusão de saberes e experiência variadas e contextualizadas. Enquanto a força do mito intelectual prevalecer configurando sociologicamente tal hierarquia moral e cognitiva, o campo sociológico brasileiro tende a reproduzir de modo mais ou menos inconsciente esta colonialidade de saber. Ou seja, não temos conseguido contextualizar tais revisões adequadamente na medida em que a hierarquia de saberes intelectuais inspirada no eurocentrismo reforça o conhecimento compartimentado e vertical e inibe o conhecimento dialógico horizontal. Diria que no campo sociológico, no Brasil, a primeira onda voltada para a formação dos intérpretes sociológicos está se encerrando, abrindo-se uma segunda onda de liberação de uma sociologia mais implicada na formação de um campo intelectual crítico, contextualizado, autonomizado e aberto a um diálogo vertical e horizontal mais intenso.

Referências

ADORNO, T.; HORKHEIMER, M. (2006) [1947]. *Dialética do esclarecimento*. Rio de Janeiro: Zahar [Em alemão: *Dialektik der Aufklärung*. Amsterdã].

AMANDIO, S.L. (2014). O fio constitutivo da sociologia empírica de Bernard Lahire. *Sociologia, Problemas e Práticas*, n. 76, p. 33-49 [Online] [Disponível em http:// spp.revues.org/1669].

BALANDIER, G. (1997 [1988]). *A desordem: elogio do movimento*. Rio de Janeiro: Bertrand Brasil [Em francês: *Le désordre*. Paris: Arthème Fayard].

BOLTANSKI, L. (1982). *Les cadres – La formation d'un groupe social*. Paris: Minuit.

BOLTANSKI, L. (2000 [1990]). *El amor e la justicia como competencias*. Buenos Aires: Amorrortu [Em francês: *L'amour et la justice comme compétences*. Paris: Métaillé].

BOLTANSKI, L. (2009). *De la critique: précis de sociologie de l'émancipation*. Paris: Gallimard.

BOLTANSKI, L.; CHIAPELLO, E. (1999 [2007]). *Le nouvel esprit du capitalisme*. Paris: Gallimard [Em português: *O novo espírito do capitalismo*. São Paulo: Martins Fontes].

BOLTANSKI, L.; FRASER, N.; CORCUFF, P. (2014). *Domination et émancipation – Pour un renouveau de la critique sociale*. Lyon: Presses Universitaires de Lyon.

BOLTANSKI, L.; SCHILTZ, M.-A.; DARRÉ, Y. (1984). La dénonciation. *Actes de Recherche em Sciences Sociales*, v. 51, p. 3-40.

BOLTANSKI, L.; THÉVENOT, L. (1991). *De la justification – Les économies de la grandeur*. Paris: Gallimard.

BOUDON, R. (2003). Beyond rational choice theory. *Annual Review of Sociology*, Londres, v. 29, p. 1-21.

CAILLÉ, A. (1986). *Splendeurs et misèrs des sciences sociales*. Genebra/Paris: Droz.

CAILLÉ, A. (1989). *Critique de la raison utilitaire*. Paris: La Découverte.

CAILLÉ, A. (2002 [2000]). *Antropologia do dom: o terceiro paradigma*. Petrópolis: Vozes [Em francês: *Anthropologie du dom: le tiers paradigme*. Paris: Desclée de Brouwer].

CAILLÉ, A. (2009). *Théorie anti-utilitariste de l'action*. Paris: La Découverte/Mauss.

CAILLÉ, A. (2011). O estado atual da sociologia: algumas observações face ao próximo congresso Alas. *Estudos de Sociologia*, v. 16, n. 2, p. 45-56.

CAILLÉ, A.; GODBOUT, J. (1992 [1999]). *L'esprit du don*. Paris: La Découverte [Em português: *O espírito da dádiva*. Rio de Janeiro: Fundação Getúlio Vargas].

CAIRO, H.; GROSFOGUEL, R. (2010). *Descolonizar la modernidad, descolonizar Europa – Um diálogo Europa-América Latina*. Madri: Iepala.

CÉSAIRE, A. (1978 [1950]). *Discurso sobre o colonialismo*. Lisboa: Sá da Costa [Em francês: *Discours sur le Colonialisme*. 2. ed. Paris].

CONSOLIM, M.; OLIVEIRA, M.; WEISS, R. (2016). *O individualismo e os intelectuais*. São Paulo: Edusp.

CORCUFF, P. (2001). *As novas sociologias*. Bauru: Edusc.

CORRÊA, D. (2010.) Précis de Sociologie de l'émancipation. *Revista Sociedade e Estado*, v. 25, n. 3, p. 589-600, set.-dez.

COSTA, S. (2006). Desprovincializando a sociologia: a contribuição pós-colonial. *RBCS*, v. 21, n. 60, p. 117-183, fev.

CRENSHAW, K. (1989). Demarginalizing the Intersection of Race and Sex: A Black Feminist Critique of Antidiscrimination Doctrine, Feminist Theory and Antiracist Politics. *The University of Chicago Legal Forum*, 140, p. 139-167.

DOSSE, F. (1997 [2004]). *L'empire du sens – L'humanization des sciences humaines*. Paris: La Découverte [Em português: *O império do sentido*. Bauru: Edusc].

DOSSE, F. (2016 [1898]). O individualismo e os intelectuais. In: CONSOLIM, M.; OLIVEIRA, M.; WEISS, R. (orgs.). *O individualismo e os intelectuais*. São Paulo: Edusp [Em francês: *L'individualisme et les intellectuels. Revue Politique et Littéraire*].

DUSSEL, E. (1993). *1492: o encobrimento do Outro – A origem do mito da modernidade*. Petrópolis: Vozes.

EISENSTADT, S.N. (2002 [2007]). *Multiples modernities*. Nova Brunswick/Londres: Transaction [Em português: *Múltiplas modernidades: ensaios*. Lisboa: Horizonte].

ELSTER, J. (1994). *Peças e engrenagens das ciências sociais*. Rio de Janeiro: Relume-Dumará.

FANON, F. (2008 [1952]). *Pele negra, máscara branca*. Salvador: Edufba [Em francês: *Peau noir, masques blanc*. Paris: Point].

JONES, S.S. (2016). O individualismo. In: CONSOLIM, M.; OLIVEIRA, M.; WEISS, R. (orgs.). *O individualismo e os intelectuais*. São Paulo: Edusp.

LAHIRE, B. (1996). La variation des contextes en sciences sociales: remarques epistemologiques, *Annales HSS*, 2, p. 381-407, mar-abr.

LAHIRE, B. (1999). Esquisse du programme scientifique d'une sociologie psychologique. *Cahiers Internationaux de Sociologie*, v. CVI, p. 29-55.

LAHIRE, B. (2001 [1998]). *O homem plural – As molas da acção*. Lisboa: Instituto Piaget [Em francês: *L'Homme pluriel – Les Ressorts de l'action*. Paris: Nathan].

LAHIRE, B. (2002). *À quoi sert la sociologie?* Paris : La Découverte.

LAHIRE, B. (2005). *L'Esprit sociologique*. Paris: La Découverte.

LAHIRE, B. (2012). *Monde pluriel – Penser l'unité des sciences sociales*. Paris: Seuil.

LAHIRE, B. (2013). *Les Plis singuliers du social – Individus, institutions, socialisations*. Paris: La Découverte.

LAHIRE, B. (2016). *Pour la sociologie et pour finir avec une pretendue culture de l'excuse*. Paris: La Découverte.

LEFORT, C. (1979 [1968]). A troca e a luta dos homens. *As formas da história – Ensaios de antropologia política*. São Paulo: Brasiliense [Em francês: *Les Formes de l'histoire – Essais d'anthropologie politique*. Paris: Gallimard].

LÉVI-STRAUSS, C. (2003 [1950]). Introdução à obra de Marcel Mauss. In: MAUSS, M. *Sociologia e antropologia*. São Paulo: Cosac & Naify [Em francês: *Introduction à l'oeuvre de Marcel Mauss*. In: MAUSS, M. *Sociologie e anthropologie*. Paris: PUF].

MARTINS, P.H. (2011). Racionalidad oculta de la sociología: puntos para Latinoamérica reflexionar conjuntamente desde la experiencia "exitosa" pero "problemática de Brasil". *Conferencia no II Foro Internacional Encuentro Alas Perú*. Sociedad y Estado-Nación en la Región Andina y América Latina.

MARTINS, P.H. (2014). O ensaio sobre o dom de Marcel Mauss: um texto pioneiro da crítica decolonial. *Sociologias*, v. 16, p. 20-50.

MAUSS, M. (2003 [1950]). *Sociologia e antropologia*. São Paulo: Cosac & Naify [Em francês: *Sociologie e anthropologie*. Paris: PUF].

MAUSS, M. (2003) [1950] Relações reais e práticas entre a psicologia e a sociologia. *Sociologia e antropologia*. São Paulo: Cosac & Naify [Em francês: Rapports réels et pratiques de la psychologie et de la sociologie. *Sociologie e anthropologie*. Paris: PUF].

MEMMI, A. (2007 [1957]). *Retrato do colonizado precedido do retrato do colonizador*. Rio de Janeiro: Civilização Brasileira [Em francês: *Portrait do colonisé précédé du portrait du colonisateur*. Paris: Buchet/Chastel].

MERLEAU-PONTY, M. (1982). *Résumés de cours*. Paris: Gallimard.

MIGNOLO, W. (2007). *La Idea de América Latina – La herida colonial y la opción decolonial*. Barcelona: Gedisa.

MOUVEMENT ANTI-UTILITARISTE DANS LES SCIENCES SOCIALES (1982). *Déclaration d'intentions du Mauss*, n. 1.

OLSON, M. (1999). *A lógica da ação coletiva: os benefícios públicos e uma teoria dos grupos sociais*. São Paulo: USP.

PRIGOGINE, I. (1996 [1996]). *O fim das certezas: tempo, caos e leis da natureza*. São Paulo: Unesp [Em francês: *La fin des certitudes – Temps, chaos et les lois de la nature*. Paris: Odile Jacob].

RICOEUR, P. (1986). *Du texte à l'action*. Paris: Le Seuil.

SAID, E. (1978 [2007]). *Orientalism – Western representations of Orient*. Londres: Routledge and Kegan Paul [Em português: *O Oriente como invenção do Ocidente*. São Paulo: Companhia das Letras].

SAMIR AMIN (1988). *L'eurocentrisme, critique d'une idéologie*. Paris.

SILVA CORRÊA, D. (2010). De Luc Boltanski – De la critique: précis de sociologie de l'émancipation. *Revista Sociedade e Estado*, v. 25, n. 3, p. 589-600, set.-dez.

SOBOTTKA, E.; SAAVEDRA, G.A. (2012). Justificação, reconhecimento e justiça: tecendo pontes entre Boltanski, Honneth e Walzer. *Civitas*, v. 12, n. 1, p. 126-144.

VANDENBERGHE, F. (2006). Construção e crítica na nova sociologia francesa. *Sociedade e Estado*, Brasília, v. 21 n. 2, p. 315-366, mai.-ago.

WALLERSTEIN, I. (2007). *O universalismo europeu – A retórica do poder*. São Paulo: Boitempo.

WEISS, R. (2016). Durkheim, um "intelectual" em defesa do "ideal humano". In: CONSOLIM, M.; OLIVEIRA, M.; WEISS, R. (2016). *O individualismo e os intelectuais*. São Paulo: Edusp.

13
Anthony Giddens: a dualidade da estrutura

*Gabriel Peters**

Introdução

A tese da "dualidade da estrutura" constitui o núcleo da *teoria da estruturação* de Anthony Giddens, o referencial analítico que o sociólogo britânico teceu nos anos de 1970 e de 1980 através do diálogo crítico com uma ampla gama de escolas de pensamento nas ciências sociais. Um dos propósitos centrais da abordagem de Giddens é a superação de uma série de *dicotomias* que marcaram a teoria social no século XX, como subjetivismo/objetivismo, voluntarismo/determinismo, individualismo/holismo e micro/macro. De modo geral, o autor questiona tanto as abordagens que veem as estruturas sociais como simples efeitos da agência individual quanto aquelas que retratam os agentes individuais como simples efeitos de forças coletivas. O postulado giddensiano da dualidade sustenta, em vez disso, a *interdependência* entre ação e estrutura: por um lado, "a estrutura é constituída através da ação"; por outro, a própria ação é "constituída estruturalmente" (GIDDENS, 1993a, p. 161).

Tal como Bourdieu e Habermas, o autor inglês foi parte do "novo movimento teórico" (ALEXANDER, 1987) que, a partir da década de 1970, levou a cabo um esforço de *síntese* entre as diversas abordagens que compunham a paisagem plural da teoria social. Uma listagem das influências intelectuais sobre o estruturacionismo de Giddens teria de incluir, entre outras, a "Santíssima Trindade" da sociologia clássica (Marx, Durkheim e Weber), a fenomenologia de Schütz, a etnometodologia de Garfinkel, a microssociologia da interação de Goffman, a pragmática da linguagem de Wittgenstein e Winch, o estrutural-funcionalismo de Parsons e Mer-

---

* Professor do Departamento de Sociologia da Universidade Federal da Bahia (UFBA). Agradeço a Carlos Benedito Martins e Carlos Eduardo Sell pelo convite a participar da presente coletânea. Também envio um "obrigado" especialíssimo a Cynthia Hamlin, que comentou uma versão primeira deste texto, com sua costumeira combinação de inteligência, rigor, paciência e sensibilidade.

ton, o estruturalismo de Saussure e Lévi-Strauss, o pós-estruturalismo de Foucault e Derrida, a analítica existencial de Heidegger, a psicologia neofreudiana de Erikson e a abordagem "tempo-geografia" de Hägerstrand. Nos seus objetivos essenciais, a teoria da estruturação oferece uma caracterização *ontológica* das entidades e processos constitutivos da vida social, além de um conjunto de orientações *metodológicas* a respeito de como cenários societais empíricos devem ser estudados à luz daquela ontologia (2003, p. 331-433).

O núcleo da perspectiva estruturacionista é uma visão radicalmente *processual* do universo societário. Tal visão sustenta que as propriedades dos sistemas sociais, mesmo daqueles de maior alcance histórico e geográfico, só continuam a existir caso sejam reproduzidas pelas práticas de agentes concretos. Contra a naturalização ou "coisificação" de estruturas e sistemas sociais, a teoria da estruturação sublinha sua dependência ontológica das ações de atores hábeis. Ao mesmo tempo, contra o individualismo metodológico e abordagens "microrreducionistas", ela também sustenta que os próprios poderes de agência dos atores são moldados pelas "regras e recursos" que eles encontram nas coletividades em que estão imersos. Na teoria de Giddens, as "estruturas" são precisamente estas regras e recursos que constituem propriedades de coletividades ("sistemas sociais"), mas que também são utilizadas pelos agentes nas práticas que reproduzem e modificam tais coletividades. As estruturas possuem, portanto, um papel *dual*, pois que "são tanto constituídas *pela* agência humana como, ao mesmo tempo, o próprio *meio* dessa constituição" (GIDDENS, 1993a, p. 128-129; 2003, p. 29-33).

Da interpretação dos clássicos à "terceira via": uma trajetória intelectual

Nascido na Inglaterra em 1938, Giddens trilhou uma trajetória intelectual marcada, *grosso modo*, por quatro fases: 1) a exposição minuciosa do legado da sociologia clássica (1971-1976); 2) a formulação da "teoria da estruturação" (1976-1984); 3) o exame sociológico das propriedades institucionais e das trajetórias de desenvolvimento da *modernidade* em sua etapa "tardia" ou "reflexiva" (1981-1994); 4) a atuação como intelectual público (de 1994 até o presente), na qual se destacou sobretudo por sua defesa de uma "terceira via" entre esquerda e direita no mundo atual, um programa político que o levou à aproximação com o "novo trabalhismo" de Tony Blair na década de 1990.

A publicação mais importante da primeira fase de Giddens é o livro *Capitalismo e moderna teoria social* ([1971] 2000), devotado a uma análise dos escritos de Marx, Durkheim e Weber. Os aspectos que interessam a Giddens nos textos dos clássicos são os mesmos que ele viria a explorar no seu próprio trabalho: a) uma caracterização abstrata das realidades que compõem o objeto das ciências sociais, bem como dos métodos pelos quais tal objeto deve ser estudado; b) um retrato das características e tendências da sociedade *moderna* em particular, isto é, da configuração social nascida das grandes transformações que chacoalharam a Europa Ocidental nos séculos XVIII e XIX, tornando-se globais em sua influência (industrialização, urbanização, capitalismo, burocratização do aparato estatal etc). Giddens se referirá a esses empreendimentos intelectuais como "teoria social" e "sociologia", respectivamente (2003, p. XVII-XVIII). Para o autor, o âmbito mais abstrato da teoria social constitui uma empreitada interdisciplinar ocupada com questões relevantes para o conjunto das ciências humanas. A concepção de teoria social avançada por Giddens confere uma primazia a questões *ontológicas*, isto é, relativas aos constituintes básicos de qualquer universo societário: O que é um agente humano? Quais são os motores subjetivos de sua conduta? Quais são as propriedades fundamentais da interação social? Como padrões de conduta se reproduzem ao longo de amplas faixas de tempo e espaço? Como é possível que instituições sociais adquiram uma existência de "longa duração" que ultrapassa o tempo de vida de qualquer agente particular?

Retornemos à sua trajetória. Além de *Capitalismo e moderna teoria social*, as interpretações que Giddens ofereceu sobre a sociologia clássica apareceram em ensaios sobre temas diversos, tais como o nascimento do capitalismo ou a relação entre política e sociologia (GIDDENS, 1982; 1998). O segundo livro de Giddens, *A estrutura de classes das sociedades avançadas* (1973), marca a passagem da interpretação dos clássicos à teorização original no seu trabalho. Nessa obra, as concepções clássicas de classe social não são apenas revisitadas, mas submetidas a um exame crítico de sua validade em face de transformações sócio-históricas que Marx, Weber e Durkheim não haviam antecipado. É também nesse estudo que a noção de "estruturação", a qual Giddens afirma ter colhido de autores francófonos como Piaget e Gurvitch, faz sua primeira aparição no seu pensamento.

A formulação originária da teoria da estruturação aparece em *Novas regras do método sociológico* ([1976] 1978; 1993), que reflete a apropriação crítica que Giddens faz das sociologias interpretativas e da filosofia "pós-positivista" da ciência, ambas utilizadas em seu ataque à epistemologia naturalista e à teoria funcionalista de Talcott Parsons. O esquema analítico ensaiado nessa obra seria refinado em *Problemas centrais em teoria social* (1979), um livro ainda não traduzido para o português[1] que intensifica seu diálogo com as correntes francesas do estruturalismo e do pós-estruturalismo. Finalmente, a apresentação definitiva da teoria da estruturação vem a lume em 1984 com *A constituição da sociedade* ([1984] 2003). No intervalo entre os dois livros citados, em 1981, surge o primeiro volume de *Uma crítica contemporânea do materialismo histórico*. Subintitulado *Poder, propriedade e o Estado* (1981), este escrito constitui uma obra de transição entre a segunda e a terceira fases do percurso de Giddens. O livro elabora aspectos até então pouco desenvolvidos na teoria da estruturação, como a dimensão espaçotemporal da vida social, mas também principia o diagnóstico sociológico da modernidade que ocu-

---

1. O capítulo 2 desse livro, intitulado simplesmente *Agency, structure*, foi traduzido como um livro independente com o título *Dualidade da estrutura* (2000b).

paria Giddens pela próxima década. O segundo volume de sua série crítica sobre a (in)atualidade do materialismo histórico, publicado em 1985 com o título *O Estado-nação e a violência* (2001a), pinta um retrato da sociedade moderna em termos de quatro "dimensões institucionais": a) capitalismo (produção de mercadorias via trabalho assalariado em mercados competitivos), industrialismo (uso sistemático da tecnologia na produção de bens e serviços, bem como na transformação do meio natural), vigilância (aparatos administrativos que controlam a população de um território por meio da coleta de informações e da supervisão hierarquizada) e poder militar (o monopólio centralizado da violência legítima em um contexto de "industrialização da guerra").

Esta análise institucional da sociedade moderna retorna em *As consequências da modernidade* ([1990] 1991a), um livro que também desloca o foco sobre o Estado-nação em dois sentidos: a) "rio acima", com uma reflexão sobre processos econômicos, políticos e culturais de globalização que transcendem cada vez mais o escopo dos estados nacionais; b) "rio abaixo", com um exame de como as tendências sócio-históricas da modernidade tardia vêm se refletindo nos domínios da conduta individual, da experiência íntima e da vida cotidiana. Assim como o sociólogo alemão Ulrich Beck (BECK; GIDDENS, LASH, [1994] 1997), Giddens veio a pensar a modernidade tardia em termos de uma tendência-mestra de intensificação da *reflexividade*, tanto em âmbito institucional (p. ex., o emprego sistemático de conhecimento perito nas intervenções humanas sobre processos socioecológicos) quanto individual (p. ex., a necessidade de deliberação reflexiva sobre âmbitos existenciais antes entregues à força da tradição, como os relacionamentos erótico-afetivos, o cuidado com o próprio corpo e a trajetória profissional).

O interesse de Giddens na interface entre psique e história, *self* e sociedade, resultaria nos livros *Modernidade e autoidentidade* ([1991] 2002) e *A transformação da intimidade* ([1992] 1993b). O estilo no qual Giddens transmitiu suas ideias em tais obras já refletia sua intenção de alcançar uma audiência mais ampla do que a comunidade de cientistas sociais especializados[2]. A contraparte negativa dessa "popularização" do seu pensamento foi o desapontamento expresso por teóricos outrora acostumados ao rigor analítico da teoria da estruturação, crescentemente irritados diante do que viram como "uma espécie de 'Giddens *light*', repleto de afirmações apodíticas, proposições frouxas e argumentação [...] vaga" (ALEXANDER, 1996, p. 135).

---

2. O esforço de Giddens em atingir um público leitor mais extenso também ocorreu no seio da própria literatura científico-social. Tendo produzido uma introdução "breve, porém crítica" à sociologia no início dos anos de 1980 ([1982] 1984), Giddens publicou um enorme manual intitulado *Sociologia* no final daquela década ([1989] 2005). Em colaboração com David Held e John Thompson, ele também fundou, em 1984, uma editora especializada em títulos de ciências sociais e humanidades: a Polity Press.

Inicialmente projetado como o terceiro volume de *Uma crítica contemporânea do materialismo histórico*, *Para além da esquerda e da direita* ([1994] 1996) assinala a transição para a quarta fase de seu percurso, ocupada com o programa para uma "terceira via" ([1998] 2000c; 2007) na política europeia. A recepção ambivalente que Giddens havia encontrado na fase anterior de sua trajetória foi como que radicalizada nessa etapa. Embora ele tenha se tornado algo próximo a um autor *best-seller*, o ataque ao estilo "Giddens *light*" veio a se somar a críticas de esquerda à sua associação com o "Novo Trabalhismo" de Tony Blair, tido como capitulação maldisfarçada ao antiestatismo neoliberal (VANDENBERGHE, 2013, p. 290). Tudo indica, no entanto, que é em tal atividade de intelectual público que Giddens pretende trabalhar até o fim de sua carreira, como sugere seu volume recente sobre *A política da mudança climática* ([2009] 2010). A despeito do interesse despertado pelas demais fases do pensamento de Giddens, o presente capítulo se concentrará sobre a teoria da estruturação – sua mais valiosa contribuição, creio eu, para as ciências sociais.

A hora da síntese: Giddens e o "novo movimento teórico"

Na passagem dos anos de 1970 para os anos de 1980, Alexander (1987 [1982]) observou a existência de um "novo movimento teórico" nas ciências sociais, capitaneado por autores como Jürgen Habermas, Pierre Bourdieu e o próprio Giddens. Ao se defrontarem com uma desconcertante pluralidade de perspectivas teóricas, cada um deles construiu uma teoria do social baseada em uma *síntese* crítica e original de contribuições analíticas diversas (da fenomenologia existencial à teoria sistêmica, do interacionismo simbólico ao marxismo estruturalista). As abordagens desses três teóricos tinham em comum o esforço de superação de um conjunto de *polarizações* analíticas que dividiam as ciências sociais, como, por exemplo, o conflito entre retratos objetivistas e subjetivistas da vida societária (GIDDENS, 1979, p. 47). O que Giddens chama de objetivismo (2003, p. XXII) consiste nas visões em que a dimensão objetiva do universo social (i. e., sua existência como uma força exterior e coercitiva em relação aos sujeitos individuais) tem primazia sobre sua dimensão subjetiva (i. e., sua existência como algo subjetivamente representado e vivenciado pelos indivíduos). O subjetivismo, por seu turno, inverte a relação de predominância, propondo um "imperialismo do sujeito" (p. 2) no qual os contextos sociais são vistos como criações plásticas de agentes movidos por intenções e representações subjetivas.

A teoria da estruturação começa pela apreciação de que ambos os lados da dicotomia subjetivismo/objetivismo (e da família de dualismos relacionados: individualismo/holismo, micro/macro, voluntarismo/determinismo etc.) possuem uma dose de razão, mas também uma dose de erro. No polo subjetivista, por exemplo, as abordagens interpretativas de Schütz e Garfinkel destacam corretamente que a ordem social não é um resultado mecânico ou um dado da natureza, mas algo continuamente produzido e reproduzido pelas práticas de agentes habilidosos. Por outro lado, devido a essa ênfase nas habilidades práticas que os agentes investem na (re)constituição dos seus contextos sociais, a fenomenologia e a etnometodologia negligenciaram o reverso da moeda: as influências estruturais que transformam indivíduos biológicos em agentes competentes. Em outras palavras, as correntes subjetivistas negligenciaram o fato de que, se os agentes produzem e reproduzem o mundo social graças às capacidades que empregam nas suas práticas, essas próprias capacidades derivam de sua socialização nos ambientes estruturados daquele mesmo mundo.

Quando comparadas ao subjetivismo das microssociologias interpretativas, perspectivas objetivistas como o funcionalismo de Parsons e a "crítica do sujeito" de inspiração estruturalista exibem o defeito analítico inverso. Tais abordagens são bastante atentas aos condicionamentos socioestruturais que afetam a conduta individual, tomem eles a forma de circunstâncias exteriores que confrontam o ator ou de inclinações subjetivas que foram nele inculcadas pela socialização. No entanto, ainda que a atenção a essas influências seja em si justificada, o objetivismo deslizou frequentemente para um retrato de estruturas coletivas como entidades autônomas, cuja existência histórica independeria das condutas de agentes habilidosos e criativos. A contraparte do foco sobre as propriedades autônomas de estruturas ou sistemas sociais foi uma concepção do ator individual como um "fantoche" ou "marionete" dominado por forças coletivas que ele não compreende nem controla (2003, p. XVII).

Diante do impasse descrito, a tarefa intelectual que Giddens se propõe é a elaboração de uma teoria que integre as competências criativas do agente individual, de um lado, e as influências condicionantes das estruturas sociais, de outro, em uma mesma pintura analítica. Como os exemplos acima indicam, o autor inglês formula sua teoria recorrendo, com frequência, à identificação cruzada dos pontos de cegueira e lucidez nas abordagens com as quais dialoga, em um raciocínio que toma uma forma do tipo: "A vê algo que B não vê, mas B, por sua vez, capta algo que A negligencia", e assim por diante, em uma conversa que inclui C, D, E etc. (VANDEN-BERGHE, 2016, p. 34). O uso de uma diversidade de ingredientes analíticos na teoria da estruturação não implica, no entanto, que Giddens seja igualmente simpático a – ou igualmente crítico de – todas as perspectivas teóricas com as quais trava diálogo. Ao contrário, um dos impulsos da sua abordagem foi o de mobilizar as contribuições das "sociologias interpretativas" (fenomenologia, etnometodologia, pragmática da linguagem, hermenêutica) contra a epistemologia naturalista e a teoria funcionalista de Parsons e seus colaboradores, como Merton e Lazarsfeld.

Na interpretação de Giddens, as décadas de 1950 e 1960 presenciaram a formação de um "consenso ortodoxo" (1979, p. 235) em torno do estrutural-funcionalismo parsoniano, uma perspectiva que ele ataca tanto no domínio da epistemologia quanto no da ontologia. No plano epistemológico, ele rejeita a ideia de que as ciências sociais deveriam se pautar pelos mesmos parâmetros metodológicos das ciências da natureza. No plano da ontologia do social, o sociólogo inglês questiona o funcionalismo em diversas frentes. Parsons havia explicado a existência de ordem no mundo social dando centralidade à internalização de valores: a vida societária não degenera em uma "guerra de todos contra todos" (Hobbes) porque a socialização das personalidades instilaria, nos indivíduos, orientações valorativas de conduta conformes às normas institucionalizadas em seus ambientes coletivos. Ao tratar da conduta social a partir da internalização de valores na personalidade dos agentes, no entanto, o autor estadunidense havia deixado de lado a importância da ação como um *hábil desempenho prático* (GIDDENS, 1993, p. 21-22). Foi precisamente esse o aspecto da vida social explorado com perícia pelas sociologias interpretativas, que demonstraram que as ações e interações mais mundanas dependem de um repertório vasto e complexo de habilidades cognitivas e práticas: "estoques de conhecimento" (SCHUTZ, 1979, p. 74), "etnométodos" (GARFINKEL, 1967), receitas para "saber prosseguir" (WITTGENSTEIN, 1958, § 151, 154, 155) etc. Com tais abordagens, Giddens também aprendeu que boa parte dos saberes que capacitam a conduta social são *tácitos*, no sentido de que seu emprego não precisa passar pelo raciocínio explícito ou pela formulação discursiva. Ao negligenciar tais competências cognitivas e práticas envolvidas na agência, Parsons teria desembocado, em contraste, em um retrato do ator como um "idiota cultural" (na expressão de Garfinkel que Giddens aprova [1979, p. 52]).

A simpatia de Giddens pelas abordagens interpretativas revela-se no compartilhamento de um fundamental postulado ontológico, prenhe de implicações metodológicas: diferentemente do que acontece com as ciências naturais, as ciências sociais lidam com uma realidade que já é *pré-interpretada* por suas entidades constituintes (i. e., os agentes humanos). Os significados (inter)subjetivos que os atores atribuem aos seus ambientes sociais não são meros "apêndices" de sua conduta, mas fatores decisivos na produção de suas práticas (e, portanto, dos processos pelos quais a vida societária se reproduz e/ou se transforma). Em diálogo com a filosofia do segundo Wittgenstein e com a hermenêutica de Gadamer, Giddens sustenta que a compreensão do significado nas ciências sociais não depende do recurso psicológico à empatia (i. e., a transposição imaginativa para a experiência do outro), mas está fundada sobre o domínio intersubjetivo da linguagem (1998, p. 283-296).

Como também viram Austin e Winch, a linguagem não é apenas – ou mesmo primordialmente – um instrumento de descrição do real, mas um meio da própria *atividade prática* através da qual o mundo social se constitui e se reconstitui. Nesse sentido, a compreensão de uma "forma de vida" social passa necessariamente pelo acesso às categorias linguísticas que os participantes ali mobilizam para agir e interagir. Há, portanto, um laço lógico entre os vocabulários mobilizados pelos atores leigos em suas práticas, de um lado, e a terminologia empregada pelos próprios cientistas sociais, de outro (GIDDENS, 1982, p. 15). Com base em tal ideia, autores como Winch defenderam que a ciência social seria puramente interpretativa e não deveria recorrer às noções de "causa" e "explicação causal", mas esta é uma conclusão que Giddens rejeita. Embora o inventário dos modos pelos quais os próprios agentes pensam e representam o mundo social seja uma condição *necessária* para a sua elucidação, ele *não é* uma condição *suficiente*. Reduzir as tarefas da ciência social à interpretação de significados implica negligenciar o fato inegável, para Giddens, de que a conduta dos agentes é frequentemente moldada por circunstâncias sociais *não reconhecidas* e também gera cronicamente efeitos *não intencionais* sobre seus ambientes (1979, p. 42).

Circunstâncias não reconhecidas e efeitos não intencionais da ação foram reconhecidos pelo estrutural-funcionalismo de Parsons e Merton. Esses autores sublinharam corretamente que as propriedades institucionais do mundo social se reproduzem, com muita frequência, como consequências não intencionais de múltiplas ações. Quando dois indivíduos se casam e têm filhos, por exemplo, suas intenções primeiras não são contribuir para a reprodução da família nuclear como instituição; este é, não obstante, um dos efeitos não intencionais das suas ações. Segundo Giddens, embora abordagens funcionalistas tenham percebido, com acerto, a centralidade desse processo na vida social, elas cometeram o erro de explicá-lo não como um resultado *contingente*, mas em termos de "intenções", "propósitos" e "necessidades" da própria coletividade (GIDDENS, 1989, p. 260). A teoria da estruturação se opõe ferozmente a qualquer teleologia funcionalista segundo a qual sistemas sociais abarcam objetivos e fins que não sejam aqueles mantidos por agentes humanos concretos: "sistemas sociais não possuem quaisquer propósitos, razões ou necessidades; apenas indivíduos humanos possuem-nos" (p. 7).

Uma ontologia praxiológica da vida social

A ideia de "estruturação" reflete a intenção de pintar um retrato radicalmente *processual* da vida societária. Sem deixar de reconhecer a existência de traços estruturais e institucionais de longa duração, Giddens defende que mesmo os aspectos mais duradouros da existência social só podem ser compreendidos em sua historicidade constitutiva. Nesse sentido, ele questiona a utilidade analítica de distinções como "estática social" e "dinâmica social" no estrutural-funcionalismo ou "sincronia" e "diacronia" no estruturalismo. Giddens também passa ao largo de metáforas de estruturas sociais que encorajam sua "coisificação" ou naturalização (p. ex., analogias com organismos biológicos ou formas arquitetônicas). Ao mesmo tempo, ele reconhece que tais concepções buscam responder a uma realidade discernível: o caráter fortemente *padronizado* e *regularizado* da vida societária. Um montante substancial da tinta dispendida na teoria da estruturação deriva da tentativa de dar conta desses aspectos duráveis da vida coletiva sem deixar de reconhecer sua *contingência* histórica (GIDDENS, 2003, p. 225).

Uma das estratégias pelas quais Giddens evita tanto o subjetivismo quanto o objetivismo é sua caracterização do mundo social como cenário de *práticas*: "o domínio básico de estudo das ciências sociais [...] não é a experiência do ator individual nem a existência de qualquer forma de totalidade social, mas as práticas sociais ordenadas no espaço e no tempo. [...] As práticas sociais, ao penetrarem no tempo e no espaço, estão na raiz da constituição do sujeito e do objeto social" (p. XXIV, 2). Inspirada em fontes diversas, como o Marx dos *Grundrisse*, a etnometodologia de Garfinkel e a pragmática da linguagem do segundo Wittgenstein, a teoria da estruturação oferece uma abordagem *praxiológica* da vida social. Como as citações indicam, uma teoria praxiológica do mundo societário não é somente uma teoria *das* práticas sociais, mas uma teoria que toma as práticas como o próprio *modo fundamental de existência* do social.

O argumento da dualidade da estrutura é central na tentativa giddensiana de escapar tanto às abordagens que "dissolvem" as estruturas sociais ao concebê-las como produtos maleáveis da agência quanto às visões que reificam as estruturas sociais ao reduzir os agentes a "fantoches" manipulados por elas. Como a expressão já sugere, o primeiro passo para escapar à unilateralidade de ambas as abordagens é não mais conceituar ação e estrutura como instâncias de um *dualismo*, mas, sim, de uma *dualidade*. Em outras palavras, estrutura e ação não são independentes entre si, mas constitutivas uma da outra: "as estruturas sociais são tanto constituídas pela agência humana quanto, ao mesmo tempo, o próprio meio dessa constituição"[3] (1993a, p. 129). O que Giddens denomina de "recursividade" da vida social refere-se a este fato: as ações que fazem a história das sociedades humanas são sempre influenciadas por condições estruturais legadas por essa própria história[4]. Tais condições estruturais nas quais os atores agem são sempre, ainda que

---

3. Nesse sentido, o conceito de "dualidade da estrutura" é um modo mais econômico de se referir à dualidade *entre* agência e estrutura, já que, do ponto de vista analítico, a dualidade da estrutura é, por definição, também uma dualidade da agência. A fórmula segundo a qual a estrutura é tanto *meio* quanto *resultado* da agência é crucial na argumentação de Giddens. Embora a tradução brasileira de *A constituição da sociedade* seja de boa qualidade, ela comete um deslize justamente neste ponto central: em vez de traduzir "*outcome*" por "resultado", "efeito" ou "consequência", o termo utilizado é "fim" (2003, p. 30). Verter a fórmula "*medium and outcome*" por "meio e fim" prejudica a transmissão de uma ideia essencial de Giddens, a saber, a de que a reprodução histórica das estruturas mobilizadas na ação é frequentemente um efeito não intencional. Indivíduos que usam o português para se comunicar, por exemplo, contribuem para a reprodução do idioma como efeito daquele uso, ainda que o *fim* de sua prática linguística seja apenas a comunicação interpessoal, não a reprodução da língua como propriedade estrutural de uma coletividade. Como vimos, em abordagens funcionalistas, a contribuição não intencional dos agentes para a reprodução social pode ser interpretada em termos de "fins" e "propósitos" sistêmicos, mas a atribuição de "objetivos" a sistemas sociais que não sejam os objetivos de atores concretos imersos em tais sistemas é um procedimento que Giddens rejeita categoricamente. Seja como for, a tradução do conceito de dualidade da estrutura no glossário da mesma versão brasileira já traduz corretamente "*medium and outcome*" por "meio e resultado" (p. 441).

4. Giddens (2003, p XXIII) chega a dizer que toda a teoria da estruturação é uma elaboração das implicações da famosa frase com que Marx abre o seu *O 18 brumário de Luís Bonaparte*: "os homens fa-

em graus historicamente variáveis, tanto *restritivas* (i. e., colocam limites ao que os agentes podem fazer) quanto *capacitadoras* (i. e., fornecem os próprios recursos que habilitam os agentes a produzir efeitos no mundo social). Na medida em que as ações pelas quais o universo societário é historicamente *produzido* nunca ocorrem em um vácuo sócio-histórico, mas são mediadas pelas condições estruturais em que ocorrem, tais condições são sempre *reproduzidas* por aquelas ações – o que explica por que Giddens adora recorrer à fórmula "produção *e* reprodução" do social. O fato de que todo ato histórico de constituição da sociedade seja sempre, em alguma medida, uma *re*constituição não significa que não haja mudança social, mas apenas que mesmo as transformações sociais mais radicais trazem as marcas de seu enraizamento no passado. Por outro lado, os aspectos estruturais da vida social que são reproduzidos pelas ações também são sempre modificados, em maior ou menor extensão, por tais ações. Nesse sentido, reprodução e mudança social não são processos mutuamente excludentes, mas instâncias de um *continuum* que estão sempre presentes, em graus variáveis, no devir das sociedades humanas (1979, p. 80).

O modelo estratificado da ação e da personalidade

Em compasso com sua ontologia processual, Giddens sustenta que o conceito de ação deve se referir não a tal ou qual iniciativa localizada, mas a um *fluxo contínuo* de intervenções pelas quais agentes produzem efeitos no mundo. Agir significa influenciar um estado de coisas, "fazer alguma diferença" em um curso de eventos. Na medida em que tais influências podem não corresponder às intenções do agente, o conceito de "ação", diferentemente do que pensam diversos autores na filosofia analítica, não pressupõe logicamente a "intencionalidade"; em outras palavras, não seria adequado afirmar que alguém só age quando o que faz é intencional. Embora a ação seja um fluxo contínuo de conduta, os agentes frequentemente distinguem entre diferentes segmentos desse fluxo ao categorizá-los como "atos" específicos (p. ex., ir ao médico ou fazer a declaração do imposto de renda). A descrição de "recortes" do fluxo contínuo da ação como "atos" normalmente envolve a atribuição de propósitos específicos a cada um deles (p. ex., vou ao médico porque quero avaliar meu estado de saúde).

O traço crônico da ação humana, no entanto, não é a existência de finalidades bem definidas na mente dos agentes, mas o *monitoramento reflexivo* que estes realizam quanto ao que fazem, às reações dos atores com quem interagem e às circunstâncias em que se encontram (p. 57). Tal monitoramento é "reflexivo" na

---

zem sua própria história, mas não a fazem sob circunstâncias de sua escolha e sim sob aquelas com que se defrontam diretamente, legadas e transmitidas do passado" (MARX, 1974, p. 17). O autor britânico também poderia ter citado uma sentença de Marx e Engels em *A ideologia alemã*: "as circunstâncias fazem os homens tanto quanto os homens fazem as circunstâncias" (2001, p. 36).

medida em que pressupõe a capacidade de auto-objetivação, isto é, a capacidade do ator em tomar a si próprio como objeto de conhecimento, mas não é "reflexivo" no sentido de envolver necessariamente a reflexão explícita. Ao contrário, na maior parte do tempo, o monitoramento reflexivo que os agentes mantêm sobre sua conduta é tácito, ou seja, levado a cabo pela sua "consciência prática" (2003, p. 440). Um elemento central nesse monitoramento é a compreensão dos agentes quanto às (in)adequações entre suas intenções e suas ações efetivas, bem como entre estas e os seus efeitos no mundo. Giddens define esse procedimento como *racionalização da ação* (1979, p. 56). Ainda que ela possa se desenrolar em âmbito tácito, a racionalização da ação é a fonte cognitiva na qual os atores se baseiam quando precisam explicar a outros as razões daquilo que fazem. Finalmente, a *motivação da ação* designa os desejos e as vontades que propelem os indivíduos a agir no mundo social (1993c, p. 104). Os motivos que impulsionam a conduta são variados no seu escopo e podem estar "encaixados" uns nos outros (p. ex., meu objetivo de longo prazo "tornar-me médico" alimenta meu objetivo de médio prazo "ser aprovado na disciplina X da Faculdade de Medicina", o qual, por sua vez, informa meu objetivo de curto prazo "estudar para a prova de sexta-feira" etc.). De acordo com Giddens, parte das motivações que governam a conduta humana são, como veremos logo abaixo, de natureza inconsciente.

O "modelo estratificado" (1979, p. 123) da personalidade do agente oferecido por Giddens envolve os domínios subjetivos da já mencionada "consciência prática", da "consciência discursiva" e do "inconsciente". A consciência prática abarca todos os saberes que os agentes mobilizam em suas condutas de modo tácito e não discursivo. O exemplo reiterado de Giddens é o das regras de linguagem que usamos em conversações cotidianas: conhecemos tais regras no sentido de que somos capazes de empregá-las na prática, sem que elas precisem estar presentes em nossas mentes como orientações explícitas. A própria situação ordinária de conversa aponta para uma série de outros saberes práticos que os agentes investem tacitamente na sua conduta, como o revezamento de fala e escuta, a manutenção da distância física apropriada em relação ao interlocutor etc.

A consciência discursiva envolve o estoque de saberes que o agente é capaz de exprimir no discurso, normalmente quando interrogado a respeito de alguma interrupção no curso rotineiro da vida social. A fronteira entre a consciência prática e a consciência discursiva é permeável e flutuante (p. ex., ao lermos Goffman, obtemos um conhecimento discursivo dos rituais de interação que já sabíamos praticar implicitamente diante de estranhos em lugares públicos). Há, no entanto, uma barreira de "repressão", no sentido psicanalítico da palavra, entre as consciências prática e discursiva, de um lado, e o inconsciente, de outro. Em princípio, Giddens concebe o inconsciente em um sentido próximo ao de Freud: um domínio psíquico que abarca impulsos afetivos e cognições que estão completamente subtraídos à consciência ou aparecem nela apenas de modo "codificado" ou "distorcido" (p. ex., em sonhos, atos falhos e sintomas neuróticos). No entanto, a maneira como o sociólogo britânico pensa essa dimensão da psique o situa mais perto da "psicologia do ego" de neofreudianos como Erikson do que do próprio Freud. Giddens centra-se sobre um "sistema de segurança básica" (2003, p. 66) que, segundo ele, vai sendo tecido na psique dos agentes desde a mais tenra infância. O anseio inconsciente por "segurança ontológica" (p. 444), isto é, por uma experiência do mundo e de si próprio como realidades bem-fundadas, acompanha os atores por toda a vida. Sem reduzir a ordem social a essa motivação psicológica, Giddens sustenta que o investimento prático dos agentes na manutenção das *rotinas* da vida societária ganha muito de sua força deste anelo psíquico por segurança ontológica (PETERS, 2014). Para o autor britânico, um aporte importante em favor dessa tese é oferecido pelos famosos "experimentos de ruptura" (1963) em que Garfinkel e seus colaboradores violaram propositalmente certas convenções rotineiras da interação social. Embora as convenções violadas pela trupe etnometodológica parecessem anódinas e triviais, as reações a tais violações foram marcadas por um alto grau de espanto, perplexidade e indignação. Segundo Giddens, essas reações indicam que a *rotinização* da vida societária desempenha um papel crucial na contenção de tensões psíquicas que, de outro modo, lançariam os agentes em uma espiral de ansiedade e desorientação[5].

Ação, estrutura, sistema

A teoria da estruturação distingue entre os conceitos de "estrutura" e "sistema", os quais tendem a ser tidos como sinônimos nos modelos estruturalista e funcionalista de análise sociológica. Como no estruturalismo, a noção de "estrutura" em Giddens é "gerativa": as estruturas não se referem, à maneira dos usos mais comuns do termo, à "forma" ou ao "esqueleto" das relações em uma sociedade, mas às "regras e recursos" pelos quais tal forma ou esqueleto são constituídos e reconstituídos em práticas. Giddens reserva o termo "sistema social" para referir-se ao esqueleto ou forma das relações sociais, mas enfatiza, ao mesmo tempo, seu caráter *dinâmico*. Os padrões duráveis de relacionamento que compõem um sistema social não são dados da natureza, mas só existem no "vir-a-ser da presença", isto é, enquanto reproduzidos nas práticas de agentes concretos (GIDDENS, 2003, p. 29-30).

Um dos traços singulares da teoria da estruturação em face de outras abordagens é o seu tratamento explícito e detalhado da dimensão espaçotemporal da vida social. Nesse âmbito, Giddens defende uma concepção "não paramétrica" do tempo-espaço, isto é, a ideia de que espaço e tempo não são meros parâmetros exteriores das práticas sociais, mas elementos inerentes à sua constituição. A organização

---

5. Para um desenvolvimento sistemático do tema das fundações psíquicas da ordem social, em conexão com uma investigação de experiências radicais de "insegurança ontológica" na esquizofrenia, cf. Peters, 2017.

das semanas em um tempo "cíclico" ou "reversível" (i. e., de segunda a domingo e, daí, de volta para segunda), por exemplo, não é um elemento externo às rotinas da vida social cotidiana, mas uma convenção temporal sem a qual essa própria rotina não seria possível. É graças à referência partilhada ao "tempo do relógio" que indivíduos dispersos por uma grande cidade conseguem, por sua vez, coordenar suas ações para participarem de uma mesma aula. Quanto ao papel constitutivo dos espaços físicos nas práticas sociais, poderíamos oferecer como exemplo as marcadas diferenças de conduta que indivíduos exibem nos cenários que Goffman descreve como "regiões de fachada" e "regiões de fundo" (p. ex., como um garçom se comporta diante dos seus clientes e, em contraste, no momento de descanso). Os exemplos indicam que tais regiões não são "formas vazias" nas quais as atividades acontecem, mas são "presentificadas" nas próprias práticas que as definem como de "fachada" e "fundo".

A noção de "presentificação" ou "instanciação" também é central no conceito estruturacionista de "estrutura". A relação entre "língua" e "fala", tal como concebida na linguística estrutural de Saussure, serve de inspiração heurística para a conceituação giddensiana do relacionamento entre *estrutura* e *ação*. A *fala* de um indivíduo particular só pode ser compreendida por outro indivíduo porque ambos compartilham associações entre sons e sentidos – ou "significantes" e "significados" – que nenhum deles inventou, mas que foram estabelecidas no domínio da *língua* como uma estrutura impessoal. As regras do português falado na sociedade brasileira, por exemplo, não "pertencem" a qualquer brasileiro em particular, mas constituem características estruturais do sistema social "Brasil"[6]. Ao mesmo tempo, é graças ao aprendizado dessa língua que nos tornamos habilitados à comunicação com outros brasileiros, e é através de uma miríade de situações particulares de comunicação que a própria língua como tal se reproduz historicamente. Podemos perguntar: Onde está a língua portuguesa? Advogados do "individualismo metodológico" e do "microrreducionismo" responderiam que, a rigor, não existe a "língua portuguesa", apenas uma multiplicidade de situações particulares nas quais se fala português. Na melhor das hipóteses, a expressão "língua portuguesa" seria uma abstração conceitual a que os atores se referem em cenários particulares. Partidários do "holismo metodológico" e de perspectivas macroestruturais tendem, por sua vez, à visão inversa: a língua como "fato social" possuiria tamanha abrangência histórica e geográfica que, em face dela, os microcontextos de fala adquirem um caráter efêmero e de pouca importância.

---

6. Embora estados-nação formem frequentemente sistemas sociais, nem todo sistema social é um Estado-nação. A bem da verdade, boa parte dos esforços de Giddens no âmbito da sociologia histórica dirige-se ao questionamento do "nacionalismo metodológico" (na expressão de Hermínio Martins, também utilizada por Anthony Smith e Ulrich Beck) que toma os estados nacionais, implícita ou explicitamente, como modelos exclusivos do que é uma sociedade, o que pode levar a uma série de consequências analíticas perniciosas (p. ex., um privilégio indevido a fatores internos na explicação das mudanças em uma sociedade, em detrimento de influências externas a ela).

A teoria da estruturação se opõe a ambas as perspectivas. Embora ela reconheça que a língua só adquire "presença" no tempo-espaço ao ser mobilizada em falas situadas, ela também sublinha que as próprias falas só são inteligíveis para os participantes de uma microinteração porque são geradas segundo as regras que constituem a língua como uma totalidade "virtual" – fora do tempo-espaço em princípio, mas "instanciada" nas falas que ela possibilita. Se a língua como estrutura depende de falas situadas para se reproduzir historicamente, as falas dependem da língua para serem eficazes como ferramentas de ação no mundo social. Os microrreducionistas têm razão em asseverar que a língua não pode ser tida como uma entidade completamente autônoma em face das microssituações de fala. Eles erram, no entanto, ao não notarem que a própria microssituação depende do apoio em estruturas que a transcendem (p. ex., as regras do idioma no caso de uma conversa). Ao mesmo tempo, a existência de uma infinidade de outras microssituações em que falantes fazem uso da mesma estrutura não apenas permite a reprodução histórica da língua como tal, mas articula essas microssituações umas às outras em um sistema social – promovendo, assim, a expansão ou "distanciamento" espaço-temporal desse sistema (GIDDENS, 2003, p. 43).

O conceito "gerativista" de estrutura mostra a influência do estruturalismo e do pós-estruturalismo sobre Giddens. No entanto, a teoria da estruturação afirma que tais correntes terminaram descambando para um objetivismo no qual a agência foi dissolvida nas estruturas – por exemplo, nas teorias segundo as quais não são os agentes que falam, mas a linguagem que "fala" através deles (GIDDENS, 1999, p. 298). É nesse ponto que autores como Garfinkel e Wittgenstein vêm em auxílio de Giddens: se as regras estruturais são constitutivas da ação, os *usos contextuais* que os agentes fazem de tais regras são *criativos* e contribuem também para *alterá-las* em maior ou menor medida. Isto acontece porque as regras não especificam, de antemão, todas as contingências situacionais com as quais os agentes podem se deparar, mas fornecem instruções genéricas ("etnométodos") que os agentes têm de adaptar aos seus contextos particulares, transformando-as em maior ou menor medida. Como dissemos antes, a existência histórica da vida social combina sempre, ainda que em graus variáveis, reprodução e mudança: "todo processo de ação é a produção de algo novo; mas, ao mesmo tempo, toda ação existe em continuidade com o passado, que fornece os meios da sua iniciação" (GIDDENS, 1979, p. 80). Os falantes ordinários de uma língua natural, por exemplo, contribuem para a sua reprodução quando a utilizam em situações particulares de fala. No entanto, os mesmos usos práticos pelos quais eles reproduzem a língua também introduzem modificações na sua estrutura – como evidenciado pela observação histórica de um mesmo idioma, que mostra o significativo efeito acumulado das pequenas transformações que seus usuários acrescentam ao longo do tempo.

Seguindo o procedimento habitual do próprio Giddens, ilustramos o argumento da dualidade da estrutura com referência à relação entre língua e fala, mas um retorno à discussão precedente que substitua "língua" e "fala" por outros exemplos de "estrutura" e "ação" (p. ex., "economia monetária" e "transação em moeda") mostrará que as mesmas considerações se aplicam.

Estruturas como regras e recursos

Em um texto cuidadoso sobre a teoria da estruturação, Cohen (1999, p. 401-402) percebeu que Giddens nos oferece uma "ontologia de potenciais". Tal ontologia sustenta que *sempre* há uma interdependência entre agência e estrutura, mas que as *formas concretas* tomadas por essa interdependência em contextos sócio-históricos particulares são variadas. A teoria da estruturação reconhece, de bom grado, que diferentes cenários coletivos permitem graus diferenciados de influência da agência sobre a estrutura ou vice-versa. Em outras palavras, os graus de "determinismo" e "voluntarismo" na relação entre agentes e estruturas não podem ser decididos *a priori* por qualquer "malabarismo com conceitos abstratos" (GIDDENS, 2003, p. 258), pois constituem uma questão *empírica* a ser respondida na pesquisa de cenários sociais concretos. O "mínimo" ontológico estabelecido pela teoria da estruturação acarreta apenas que tanto a agência quanto a estrutura são coconstitutivas das práticas que mantêm em existência os sistemas sociais – assim, por exemplo, não importa qual seja o grau de coerção estrutural imposto a um agente, seu poder de agência implica que ele tem a possibilidade de "agir de modo diferente" em face de tal coerção[7] (GIDDENS, 1989, p. 258).

Como vimos, estruturas são "regras e recursos" mobilizados pelos agentes nas práticas que reproduzem sistemas sociais. Com base em Wittgenstein e Garfinkel, Giddens sustenta que regras são técnicas ou "procedimentos generalizáveis" que os agentes aplicam, de modo mais ou menos criativo, a contextos particulares de ação. Nesse sentido, as regras não especificam todas as situações práticas com as quais os atores podem se deparar, mas fornecem a eles "métodos" (Garfinkel) que os permitem "saber prosseguir" (Wittgenstein) na vida social cotidiana. Como de costume, nosso domínio prático da linguagem ordinária, graças ao qual podemos

---

7. Giddens é ciente da referência comum a coerções estruturais que não "deixam escolha" aos agentes – por exemplo, uma pessoa com uma arma apontada para a sua cabeça "não teria escolha" a não ser entregar seus pertences ao assaltante que a ameaça. O propósito do autor em afirmar que os agentes possuem poder de escolha mesmo em tais situações não é o de negar a força das coerções que pesam sobre eles, mas o de diferenciar as suas respostas, nesses cenários, de efeitos puramente mecânicos observados no mundo físico. A ideia de que a pessoa coagida pelo assalto "não tem escolha" já pressupõe algo ausente em processos meramente mecânicos: um conjunto de necessidades e vontades subjetivas (p. ex., a compreensível intenção do indivíduo em permanecer vivo). Giddens hesita, no entanto, em discutir cenários nos quais um indivíduo é colocado ainda mais radicalmente à mercê da iniciativa de outros, como no estupro e na tortura. Poderia ter sido suposto de que ele responderia que, em tais formas de violência, o próprio *status* de "agente" das vítimas é violado e neutralizado. Como mostrou Axel Honneth, isto seria constitutivo, aliás, do que torna tais formas de violência inseparavelmente físicas e psíquicas, pois que juntam o ataque à integridade corporal da vítima ao infligir da terrível experiência "de se estar, sem defesa, à mercê de outro sujeito" (HONNETH, 1992, p. 191).

criar enunciados novos, porém conformes às normas da língua, exemplifica esse caráter ao mesmo tempo regrado e criativo dos saberes dos agentes. Giddens distingue entre dois tipos de regras ou, mais precisamente, entre dois aspectos de regras que, embora entrelaçados na prática, são analiticamente distinguíveis entre si: regras *semânticas* estão envolvidas na atribuição de *significado*, enquanto *regras morais* orientam avaliações e *sanções* da conduta.

Tal como Foucault em um registro analítico distinto, Giddens não concebe o "poder" primordialmente em termos de restrições ou proibições externas à iniciativa dos agentes, mas sublinha seu papel "produtivo": o poder é a capacidade de "fazer acontecer", de gerar efeitos no mundo social. Para o autor britânico, portanto, há uma conexão inerente entre agência e poder. Se o poder consiste na capacidade de influenciar um curso de eventos, *recursos* são quaisquer fenômenos que incrementam tal capacidade para um agente (GIDDENS, 2003, p. 39). O sociólogo britânico distingue entre dois tipos de recursos: *recursos de alocação* (ou "alocativos") permitem o controle de objetos materiais (p. ex., as terras cultiváveis do latifundiário ou os artefatos técnicos na fábrica do proprietário industrial), enquanto *recursos de autoridade* (ou "autoritativos") habilitam o domínio sobre outras pessoas (p. ex., a "voz de prisão" de uma juíza de direito ou o controle que uma diretora de escola é capaz de exercer sobre o uso que os alunos fazem do espaço físico escolar).

Tomado como traço estrutural de sistemas sociais, o poder aparece em relações regularizadas *de autonomia e dependência* entre atores e/ou coletividades (GIDDENS, 1979, p. 92). A distribuição desigual dos graus relativos de autonomia e dependência entre dominantes e dominados (p. ex., o chefe da empresa tem maior autonomia em relação ao seu subordinado do que este em relação àquele) não impede que toda relação de poder seja de "mão dupla". Vimos acima que mesmo a maior coerção estrutural deixa um espaço, ainda que mínimo, à agência do coagido, isto é, à sua capacidade de agir diferentemente. Em termos da conexão inerente entre agência e poder, toda estrutura de dominação envolve, nesse sentido, uma "dialética do controle" (1979, p. 145): mesmo na relação mais assimétrica de poder, os agentes dominados são capazes de exercer alguma influência sobre os dominantes.

O sociólogo britânico examina as regras e recursos constituintes da estrutura em termos das três "modalidades" pelas quais ela se liga à (inter)ação situada. Na *comunicação de significado* em interações, os agentes se baseiam em *esquemas interpretativos* que, no âmbito estrutural, podem ser analisados como "regras semânticas". Quando aplicam *sanções*, eles se apoiam em *normas* que, no nível da estrutura, podem ser tidas como "regras morais" de avaliação da conduta. O exercício de poder na interação implica o uso de "facilidades" que habilitam os agentes a influenciarem certos resultados. No domínio estrutural, tais facilidades podem ser investigadas como "recursos" constitutivos de estruturas de "dominação" – definidas como relações de autonomia e dependência. A distinção entre essas três modalidades de estruturação é *analítica*, no sentido de que, na realidade concreta, elas são mobilizadas conjuntamente (GIDDENS, 2003, p. 34):

Tabela 1 Modalidades de estruturação

Estrutura	Significação	Dominação	Legitimação
Modalidade	Esquema interpretativo	Facilidade	Norma
Interação	Comunicação	Poder	Sanção

Na teoria da estruturação, a noção de "instituição" não se refere a organizações formais, como às vezes ocorre no senso comum, mas adquire um sentido mais amplo: instituições são *práticas regularizadas* com largo alcance no tempo e/ou no espaço (p. ex., o casamento ou a troca monetária). Quando Giddens designa as características duradouras dos sistemas sociais, ele se refere alternadamente aos seus "traços institucionais" ou "propriedades estruturais". Giddens classifica as constelações institucionais de práticas envolvidas na constituição de sistemas sociais em termos dos traços estruturais que tais práticas invocam mais fortemente (os quais estão listados, abaixo, em negrito e em primeiro lugar de acordo com a ordem institucional, também grifada na outra extremidade):

Tabela 2 Estruturas e ordens institucionais

Significação – Dominação – Legitimação: *Ordens simbólicas/Modos de discurso*
Dominação (autoridade) – Significação – Legitimação: *Instituições políticas*
Dominação (alocação) – Significação – Legitimação: *Instituições econômicas*
Legitimação – Dominação – Significação: *Direito/Modos de sanção*

Se os sistemas sociais se compõem de relacionamentos duráveis entre indivíduos e/ou coletividades, as propriedades estruturais mais profundamente envolvidas na reprodução de tais sistemas constituem "princípios estruturais" (2003, p. 213). Na sociologia histórico-comparativa, tipos distintos de sociedade podem ser identificados com base em diferenças nos seus princípios estruturais. Giddens mobiliza esse critério na diferenciação entre três tipos de sociedade: a) "culturas tribais" são caracterizadas pela importância central de suas redes de parentesco, pelo peso cultural de suas tradições e por um baixo grau de "distanciamento espaçotemporal", no sentido de que a maior parte de suas relações sociais ocorre não entre agentes fisicamente distantes uns dos outros, mas em interações face a face; b) "sociedades divididas em classes" são marcadas por redes ampliadas de interdependência, associadas ao desenvolvimento das cidades como centros de poder político e militar; c) por fim, "sociedades de classe" envolvem um grau ainda mais alto de distanciamento espaçotemporal, com a expansão do capitalismo e a concentração de poder militar e político pelo Estado-nação. Ao definir a modernidade como "inerentemente globalizante" (1991a, p. 69), Giddens quis enfatizar precisamente essa intensificação de relações sociais entre agentes fisicamente distantes entre si, tal como ela se apresenta, por exemplo, na constituição de mercados capitalistas translocais, no domínio jurídico-político do Estado e na representação cultural de pertencimento à nação como uma "comunidade imaginada" (na famosa expressão de Benedict Anderson). A "modernidade tardia" radicaliza tais processos para além das fronteiras do Estado-nação.

A ênfase de Giddens sobre a *contingência* da vida social também se reflete em suas críticas a visões *evolucionistas* da história (GIDDENS, 2003, p. 267-330). A teoria da estruturação rejeita, de saída, quaisquer tentativas de identificar uma "lógica" intrínseca à história das sociedades humanas, como naquelas teorias que a percebem como dirigida a uma meta ou "telos" (p. ex., o "estágio positivo do pensamento" em Comte ou a abolição da sociedade de classes em certa tradição marxista). A família inteira de postulados associados ao evolucionismo é submetida à crítica estruturacionista: a) a ideia de que todas as sociedades humanas passariam pelos mesmos estágios de desenvolvimento (p. ex., "selvageria, barbárie e civilização" na antropologia evolucionista); b) a ideia de que o mesmo mecanismo sócio-histórico explicaria a passagem de um estágio evolutivo para outro (p. ex., a "adaptação" na teoria estrutural-funcionalista da modernização ou a "contradição entre forças produtivas e relações sociais de produção" na teoria marxista); c) a ideia de que uma teoria geral da evolução histórica das coletividades humanas pode ser obtida por generalização indutiva, isto é, a partir da observação de uma amostra limitada de tais coletividades; d) a ideia de que haveria uma homologia estrutural entre o desenvolvimento da personalidade individual e o desenvolvimento histórico das sociedades (p. ex., a assimilação do "primitivo" ao "infantil" e do "civilizado" ao "adulto" que Giddens identifica nas obras de Freud e Elias, p. 283).

Sistemas sociais

O conceito giddensiano de *integração* aponta para relações de interdependência entre atores ou coletividades, interdependência concebida em termos de influência mútua ou "reciprocidade de práticas" (1979, p. 76). Pensada nesse sentido, a noção de integração não se reduz a situações de coesão "harmoniosa", mas designa quaisquer relações de interinfluência, sejam elas cooperativas ou conflitivas. Reformulando uma distinção de Lockwood, Giddens distingue ainda entre "integração social" e "integração sistêmica": enquanto a primeira se refere à reciprocidade entre atores em contextos de copresença física, a segunda designa a reciprocidade entre atores ou coletividades distantes no tempo e/ou no espaço (2003, p. 442).

Giddens identifica três tipos de processo pelos quais se dá a integração sistêmica. O primeiro deles está implicado no argumento da dualidade da estrutura: a "instanciação" das mesmas estruturas em diferentes situações práticas contribui para conectar tais situações umas às outras, como parte de um sistema social estendido no tempo e no espaço. Por exemplo, o fato de que agentes econômicos espalhados por todo o Brasil fazem uso da mesma moeda nacional em suas transações financeiras situadas contribui para a integração sistêmica da economia brasileira. A "economia brasileira" como tal não pode ser diretamente observada, mas constitui uma ordem "virtual" que possibilita as trocas monetárias. Assim como Bourdieu ou Bhaskar[8], a ontologia do social em Giddens sustenta que certos eventos visíveis só podem ser explicados se relacionados a estruturas que, embora reais, são invisíveis como tais, isto é, observáveis apenas nos seus efeitos. A compra de um cafezinho na padaria local depende de estruturas virtuais que, como totalidades, não podem ser observadas diretamente em lugar nenhum (p. ex., o idioma ou o capitalismo). Como condições gerativas de possibilidade da ação, tais estruturas só "existem" no tempo-espaço nos momentos de constituição e reconstituição histórica dos sistemas sociais. Novamente como Bourdieu e Bhaskar, a concepção do real em Giddens distingue entre potência e ato, entre o "virtual" (Ricoeur) ou "disposicional" (Bourdieu) e o efetivo. As estruturas possuem uma existência virtual, fora do tempo-espaço, a não ser quando "instanciadas" nas práticas dos agentes ou, ainda, quando presentes como traços de memória nas suas subjetividades[9].

Seja como for, para além dessa consequência do caráter recursivo das estruturas, a reprodução das propriedades estruturais de sistemas sociais também pode se dar pelo que Giddens chama de "laços causais homestáticos" e "autorregulação reflexiva". Embora Giddens se oponha a importações acríticas de conceitos biológicos para o estudo da vida social, ele usa a noção de laços causais homeostáticos para designar os casos em que a reprodução de características sistêmicas ocorre de modo mecânico ou "cego", isto é, sem que seja tencionada por qualquer dos agentes envolvidos (GIDDENS, 1979, p. 78). Uma ilustração dessa espécie de processo social seria a reprodução intergeracional da pobreza: a privação material dos pais os força a matricular seus filhos em uma escola pública na área pobre da cidade; as condições precárias do ensino prejudicam a escolarização da criança; o déficit na sua qualificação educacional prejudica suas chances no mercado de trabalho quando ela se torna adulta; o baixo salário de sua ocupação profissional faz com

---

8. Cf. o texto de Cynthia Hamlin no presente volume.

9. Uma crítica frequente à ideia estruturacionista de que a estrutura seria "virtual", só se tornando presente no tempo-espaço quando instanciada em práticas, aponta que diversos recursos de poder apresentam uma inegável presença no tempo-espaço – é o caso, por exemplo, de uma faixa de terra cultivável ou do equipamento tecnológico de uma grande fábrica. Segundo Giddens (2003, p. 39), no entanto, embora tais realidades possuam uma presença contínua no tempo-espaço como entidades materiais, elas só existem *enquanto recursos de poder* nos momentos em que são mobilizadas como tais por agentes humanos.

que seus filhos sejam criados, por sua vez, em um ambiente de privação material... (GIDDENS, 2001b, p. 105).

Por fim, além das "voltas" (*loops*) causais homeostáticas, a reprodução das propriedades institucionais de sistemas sociais também pode estar fundada na "autorregulação reflexiva", quando agentes estrategicamente situados em momentos e âmbitos cruciais de um sistema social procuram controlar as condições de sua reprodução, "seja para manter as coisas como estão, seja para mudá-las" (GIDDENS, 2003, p. 33). Na autorregulação reflexiva, as localizações dos agentes em regiões distintas de sistemas sociais, com seus acessos diferenciais a recursos de poder, afetam fortemente o impacto de suas práticas para reprodução e transformação de tais sistemas. Essas contribuições desiguais à estruturação de coletividades impõem limites, nesse sentido, aos "exemplos linguísticos que poderiam ser usados para ilustrar o conceito da dualidade da estrutura" (p. 29), os quais tomam por pressuposta a "igualdade" entre os falantes ordinários.

A operação do aparato "racional-legal" de um Estado-nação oferece uma entre várias ilustrações desse modo de intervenção histórica nas instituições de um sistema social. Com base no conhecimento do ciclo de pobreza citado acima, por exemplo, uma política pública do Ministério da Educação poderia instituir programas de aperfeiçoamento educacional de crianças oriundas de meios populares, com vistas a romper a reprodução intergeracional da penúria. Tal programa ilustra um fenômeno que Giddens vê como central à modernidade tardia: o uso sistemático de conhecimentos especializados sobre as relações sociais na estruturação e reestruturação dessas próprias relações. Essa "institucionalização da reflexividade" na sociedade contemporânea exibe também uma das facetas do que o autor britânico chama de "dupla hermenêutica" (2003, p. XL): a influência recíproca entre o conhecimento social leigo, de um lado, e o conhecimento especializado produzido pelas ciências sociais, de outro. Se, como vimos, as ciências sociais precisam ter acesso aos saberes mobilizados pelos próprios atores leigos, o mundo social contemporâneo também se caracteriza por um impacto crescente do saber científico-social sobre o seu próprio objeto. Isto ocorre, por exemplo, quando uma teoria econômica orienta a intervenção do Banco Central no mercado financeiro, quando o governo de um Estado-nação justifica suas ações militares com base em um conceito de soberania oriundo de tal ou qual filosofia política ou, ainda, quando um indivíduo interpreta seus dilemas íntimos em termos de categorias oriundas da psicologia clínica (p. ex., depressão, síndrome do pânico, transtorno de ansiedade).

Como destacado anteriormente, o argumento da dualidade da estrutura leva à rejeição das perspectivas que conferem primazia explanatória seja ao nível micro, seja ao nível macro da realidade social. Na investigação de contextos sociais concretos, no entanto, Giddens reconhece a conveniência de se distinguir entre "análise institucional" e "análise de conduta estratégica" (1979, p. 95). Cada uma dessas empresas analíticas coloca uma das facetas da dualidade de estrutura e agência entre "parênteses metodológicos" para, assim, melhor estudar a outra. A teoria da estruturação sustenta que mesmo as instituições sociais de mais largo alcance no tempo e no espaço só se reproduzem através das práticas hábeis de agentes intencionais que atuam em uma multiplicidade de cenários. No entanto, para fins *metodológicos*, a "análise institucional" insere tais práticas entre parênteses, de modo a se concentrar nas características e nas trajetórias de desenvolvimento das instituições como tais (o próprio Giddens oferece exemplos de análise institucional em livros como *O Estado-nação e a violência* [2001a]). A tese da dualidade da estrutura também implica que as práticas habilidosas que os agentes desempenham em cenários locais são o meio de reprodução histórica das regras e recursos existentes nos seus ambientes sociais. A "análise de conduta estratégica", no entanto, coloca o âmbito institucional entre parênteses para se concentrar sobre os modos pelos quais os agentes fazem uso intencional e habilidoso de regras e recursos estruturais na produção de suas condutas.

Seja como for, uma vez retirados os parênteses que a "análise institucional" e a "análise de conduta estratégica" estabelecem para fins de conveniência metodológica, o cerne da ontologia estruturacionista do social vem novamente a lume: as práticas ordenadas nas quais, graças à dualidade da estrutura, a "duração" (Bergson) das interações cotidianas encontra a "longa duração" (Braudel) das instituições sociais.

Conclusão

Longe de predeterminar os resultados de investigações empíricas de fenômenos sociais, a teoria da estruturação se apresenta como um recurso *sensibilizador* de tais pesquisas (2003, p. 385). As ferramentas analíticas do estruturacionismo auxiliam o exame de tal ou qual cenário empírico ao prover a pesquisadora com questões de trabalho (p. ex., quais são as "regras e recursos" que os agentes em tal cenário utilizam para nele intervir eficazmente?), assim como com pistas a respeito de onde podem ser encontradas as respostas a suas interrogações (p. ex., a teoria lembra a pesquisadora de que os conhecimentos que os agentes mobilizam para agir não se reduzem àquilo que eles são capazes de expressar no discurso, mas podem permanecer no âmbito de uma "consciência prática").

O papel de sensibilização heurística da teoria da estruturação seria ilustrado pelo próprio Giddens em uma etapa posterior do seu trabalho, quando, entre meados dos anos de 1980 e meados dos anos de 1990, ele buscou retratar as características estruturais e as tendências recentes da modernidade. Nesse sentido, por exemplo, o argumento teórico mais geral quanto à dualidade da estrutura informa claramente sua definição da globalização moderna em termos de interconexões entre "localidades distantes" entre si, graças às quais "acontecimentos locais são modelados por eventos ocorrendo a muitas milhas de distância e vice-versa" (GIDDENS, 2001, p. 69). De modo similar, sua descrição dos anseios humanos por "segurança ontológica" se desdobra na análise de como nossa experiência na modernidade tardia envolve a "confiança" ou "fé" na operação de "sistemas peritos" (p. ex., a distribuição de energia elétrica, o planejamento, a aviação civil) cujos mecanismos internos desconhecemos. O modo como a teoria da estruturação foi posta por Giddens a serviço da sociologia histórica da modernidade tardia é, sem dúvida, um tema fascinante, mas terá de ser assunto de um próximo texto.

Referências

ALEXANDER, J. (1987). O novo movimento teórico. *Revista Brasileira de Ciências Sociais*, n. 2.

ALEXANDER, J. (1996). Critical reflections on 'Reflexive Modernization. *Theory, Culture & Society*, v. 13, n. 4.

BRYANT, C.; JARY, D. (orgs.). (2012). *Giddens' theory of structuration: a critical appreciation*. Londres: Routledge.

CLARK, J.; MODGIL, C.; MODGIL, S. (1990). *Anthony Giddens: consensus and controversy*. Londres: Falmer.

COHEN, I. (1989). *Structuration theory: Anthony Giddens and the constitution of social life*. Londres: Macmillan.

COHEN, I. (1999). Teoria da estruturação e práxis social. In: GIDDENS, A.; TURNER, J. (orgs.). *Teoria social hoje*. São Paulo: Unesp.

GARFINKEL, H. (1963). A conception of, and experiments with, "trust" as a condition of stable concerted actions. In: HARVEY, O.J. *Motivation and social interaction*. Nova York: Ronald.

GARFINKEL, H. (1967). *Studies in ethnomethodology*. Nova Jersey: Prentice-Hall.

GIDDENS, A. (1973). *The Class Structure of the Advanced Societies*. Londres: Hutchinson.

GIDDENS, A. (1977). *Studies in Social and Political Theory*. Londres: Hutchinson.

GIDDENS, A. (1978). *Novas regras do método sociológico*. Rio de Janeiro: Zahar.

GIDDENS, A. (1979). *Central problems in social theory*. Londres: Macmillan.

GIDDENS, A. (1981). *A contemporary critique of historical materialism – Vol.1: Power, property and the state*. Londres: Macmillan.

GIDDENS, A. (1982). *Profiles and critiques in social theory*. Berkeley/Los Angeles: University of California Press.

GIDDENS, A. (1984). *Sociologia: uma breve porém crítica introdução*. Rio de Janeiro: Zahar.

GIDDENS, A. (1989) A reply to my critics. In: HELD, D.; THOMPSON, J. (orgs.). *Social theory of modern societies: Anthony Giddens and his critics.* Cambridge: Cambridge University Press.

GIDDENS, A. (1991a). *As consequências da modernidade.* São Paulo: Unesp.

GIDDENS, A. (1991b). Structuration theory: past, present and future. In: BRYANT, C.; JARY, D. *Giddens' theory of structuration: a critical appreciation.* Londres: Routledge.

GIDDENS, A. (1993a). *New rules of sociological method.* Londres: Hutchinson.

GIDDENS, A. (1993b). *A transformação da intimidade.* São Paulo: Unesp.

GIDDENS, A. (1993c). *Social theory and modern sociology.* Cambridge: Polity.

GIDDENS, A. (1996). *Para além da esquerda e da direita.* São Paulo: Unesp.

GIDDENS, A. (1998). *Política, sociologia e teoria social.* São Paulo: Unesp.

GIDDENS, A. (1999). Estruturalismo, pós-estruturalismo e a produção da cultura. In: GIDDENS, A.; TURNER, J. (orgs.). *Teoria social hoje.* São Paulo: Unesp.

GIDDENS, A. (2000a). *Capitalismo e moderna teoria social.* Lisboa: Presença.

GIDDENS, A. (2000b). *Dualidade da estrutura: agência e estrutura.* Oeiras: Celta.

GIDDENS, A. (2000c). *A terceira via: reflexões sobre o impasse político atual e o futuro da social-democracia.* São Paulo: Record.

GIDDENS, A. (2000d). *O sentido da modernidade: conversas com Anthony Giddens.* São Paulo: Fundação Getúlio Vargas.

GIDDENS, A. (2001a). *O Estado-nação e a violência.* São Paulo: Edusp.

GIDDENS, A. (2001b). *Em defesa da sociologia.* São Paulo: Unesp.

GIDDENS, A. (2002). *Modernidade e identidade.* Rio de Janeiro: Zahar.

GIDDENS, A. (2003). *A constituição da sociedade.* São Paulo: Martins Fontes.

GIDDENS, A. (2005). *Sociologia.* Porto Alegre: Artmed, 2005.

GIDDENS, A. (2007). *O debate global sobre a terceira via.* São Paulo: Unesp.

GIDDENS, A. (2010). *A política da mudança climática.* Rio de Janeiro: Zahar.

GIDDENS, A.; BECK, U.; LASH, S. (1997). *Modernização reflexiva.* São Paulo: Unesp.

GIDDENS, A.; TURNER, J. (orgs.) (1999). *Teoria social hoje.* São Paulo, Unesp.

HELD, D.; THOMPSON, J. (orgs.) (2009). *Social theory of modern societies: Anthony Giddens and his critics.* Cambridge: Cambridge University Press.

HONNETH, A. (1992). Integrity and disrespect: principles of a conception of morality based on the theory of recognition. *Political theory,* v. 20, n. 2, p. 187-201.

MARX, K. (1974). *O 18 brumário e Cartas a Kugelman*. Rio de Janeiro: Paz e Terra.

MARX, K.; ENGELS, F. (2001). *A ideologia alemã*. São Paulo: Martins Fontes.

PARKER, J. (2000). *Structuration*. Filadélfia: Open University Press.

PETERS, G. (2015). *Percursos na teoria das práticas sociais: Anthony Giddens e Pierre Bourdieu*. São Paulo: Annablume, 2015.

PETERS, G. (2017). *A ordem social como problema psíquico: do existencialismo sociológico à epistemologia insana*. São Paulo: Annablume.

SCHÜTZ, A. (1979). *Fenomenologia e relações sociais*. Rio de Janeiro: Zahar.

VANDENBERGHE, F. (2013). *What's critical about critical realism?* Londres: Routledge.

VANDENBERGHE, F. (2016). Os pós-bourdieusianos: retratos de uma família disfuncional. In: VANDENBERGHE, F.; VERAN, J.-F. (orgs.). *Além do habitus – Teoria social pós-bourdieusiana*. Rio de Janeiro: 7 Letras.

WITTGENSTEIN, L. (1958). *Philosophical investigations*. Oxford: Basil Blackwell.

14
Norbert Elias: civilização, figuração e processo social

Leopoldo Waizbort

Por volta de 1985, Norbert Elias (1897-1990) escreveu três verbetes para um léxico de sociologia que sintetizam o principal e o decisivo de seu pensamento, de sua sociologia. São os verbetes "civilização", "figuração" e "processo social". Essa tríade pode ser compreendida como um tripé sobre o qual se assenta a sociologia de Elias e fornece, por isso, uma via privilegiada para a compreendermos. Como são verbetes, curtos textos, Elias viu-se na obrigação de falar do que lhe era mais essencial e deixar de lado o que não era importante – da escolha dos verbetes aos seus conteúdos.

1 O processo de civilização, civilizar-se

O primeiro é o principal e remete a estudos que Elias desenvolveu dos anos de 1930 até sua morte. "Civilização" é, antes de mais nada, um "processo", um "civilizar-se", um devir histórico específico, porque marcado por uma direção, mas não por uma meta ou teleologia. No que consiste? Vejamos os principais aspectos destacados por Elias (1986a).

Em primeiro lugar, Elias nos diz que não somos naturalmente civilizados, mas que nos tornamos, ou melhor, podemos nos tornar civilizados, podemos "civilizar-nos" – pois ele investiga um devir que é contingente: que pode ocorrer, mas não ocorre necessariamente. Condição primeira para que nos civilizemos são disposições de natureza biológica: um aparato físico-fisiológico-biológico do animal humano, que é configurado – novamente de modo histórico e contingente – nos processos de vida de homens e mulheres vivendo em conjunto e em meio a ambientes variados[1].

---

1. Essa ideia é tomada por Elias tanto da sociologia alemã, na qual ele se formou, como dos desenvolvimentos da psicologia e da psicanálise, desde a virada para o século XX.

Por essa razão, uma primeira compreensão do processo no qual nos civilizamos diz respeito à "autorregulação individual de impulsos do comportamento momentâneo, condicionado por afetos e pulsões, ou o desvio desses impulsos de seus fins primários para fins secundários, e eventualmente também sua reconfiguração sublimada" (ELIAS, 1986a, p. 185). Elias está situado no mundo cotidiano, onde pessoas vivem e, vivendo, agem. Essas ações, seus comportamentos, são um resultado (contingente) de um processo de autorregulação (contingente), no qual aquelas disposições são modeladas de um determinado modo, e não de outro. Que assumam essa forma específica e não uma outra, depende justamente do mundo no qual aquela pessoa vive, ou seja, das interdependências que ela estabelece com outros seres e objetos, e que outros seres estabelecem com ela (voltarei à questão da interdependência, que é decisiva).

Em um certo contexto, uma determinada situação social e histórica, os seres humanos moldam seus afetos e pulsões de um determinado modo. Isto é, a constituição psíquica dos humanos não é nem abstrata, nem imutável, mas, ao contrário, muito concreta e variável histórica e socialmente. Esse processo de variação social e histórica da nossa (enquanto seres humanos) estrutura psíquica foi denominado por Elias "psicogênese". Notemos que a psicogênese, embora diga respeito a uma autorregulação, a um desvio ou a uma sublimação – três variações ou possibilidades do modo como os humanos podem, no entender de Elias, processar as suas disposições psíquicas – localizados no agente, não é um processo referido unicamente ao agente: ela diz respeito ao agente no mundo, ou seja, ao indivíduo que vive em um mundo determinado, necessariamente em relações com outros humanos e com o seu ambiente, também específicos. Essa interdepedência do humano com outros humanos e com o ambiente é o ponto-chave para indicar como se processa a psicogênese[2]. Ela será variável em função disso: das redes de interdependência em que os humanos se encontram. Ou, formulando por outro lado: em função do modo como os seres humanos se relacionam uns com os outros e com o ambiente em que vivem, eles constituem uma estrutura psíquica específica – específica dessa situação histórica e social e dos humanos que ali vivem. Portanto, variável. Um ponto de interesse de Elias será, justamente, investigar como mudança sociais e históricas vão afetar a psicogênese – e como a psicogênese também afeta o devir humano (voltarei a isso).

Em suma, a psicogênese é uma espécie de determinante de processos nos quais podemos nos civilizar. Mas não é a única. Uma outra determinante, que a ela se emparelha, é o que Elias denomina "sociogênese", que é a estrutura social em processo

---

2. Essa mesma interdependência, e a não independência dos seres humanos enquanto humanos, é também tematizada na "sociedade dos indivíduos" de Elias: não mais o indivíduo dos individualismos metodológicos ou das filosofias da consciência, a separação estática de sujeito e objeto, o *homo clausus*, mas um indivíduo que só é com os outros: as sociedades dos indivíduos são exatamente na mesma medida os indivíduos das sociedades. Cf. Elias, 1987c; 1939.

e que se concretiza, no nível mais elementar, naquelas mesmas interdependências: a variabilidade mencionada também está aqui. Podemos, pois, nos relacionar com outros humanos e com o ambiente de modos muito variados; isso de fato ocorreu e continua ocorrendo na história do *homo sapiens* sobre o Planeta Terra. A estrutura social não é apenas a família (diversos modos de constituição, existência e devir da família, diversas formas de família, etc.); não é somente o Estado (sociedades sem Estado, sociedades contra o Estado, diversos tipos de Estado etc.); ou a estrutura da diferenciação social (diferenças de prestígio social, diferenças de riqueza, diferenças de gênero, diferenças étnicas, diferenças culturais, etárias etc.); ou as formas de trabalho, de profissões e ocupações; ou a forma econômica; ou a linguagem e a capacidade de simbolização, e assim por diante. Estrutura social é tudo isso, em um determinado contexto. Compreender como uma determinada estrutura social assume historicamente uma determinada forma ou configuração: isso é a "sociogênese" – estrutura social como devir, como dinâmica, histórica.

Notemos que Elias nos fala, em termos analíticos, de dois processos distintos e casados: psicogênese e sociogênese, processo da estrutura psíquica e processo da estrutura social. E, muito importante, não devemos entender "estrutura" como algo fixo, mas sim como sujeita a processos e mudanças, como algo em devir. Não fixo, mas fluxo. Vimos isso com respeito à psicogênese, e o mesmo vale para a sociogênese. Pois as sociedades e os agrupamentos humanos, os modos dos humanos viverem uns com os outros em determinados ambientes em determinados tempos também se transformam; na verdade, estão se transformando o tempo todo. Isso diz respeito à dinâmica intrínseca dos processos de interdependência – uma dinâmica que repele causalidades unívocas e enfatiza conexões múltiplas.

Voltando: psicogênese e sociogênese formam um par decisivo na sociologia de Norbert Elias. Mas o seu maior problema e desafio é precisamente articular uma à outra: sociogênese "E" psicogênese como um processo único e multifacetado, de complexa causalidade. Seria a psicogênse condicionadora da sociogênese? Ou o contrário? E, independente da resposta, como ocorreria exatamente condicionamentos, influências, determinações? Elias tende a afirmar que transformações sociogenéticas possibilitam transformações psicogenéticas (ELIAS, 1939), mas esse é um problema teórico enorme, recorrente no pensamento sociológico (embora assuma formulações várias), que Elias não conseguiu resolver plenamente no plano teórico, mas para o qual ofereceu encaminhamentos muito sugestivos no plano analítico. Aquele "E" que conjuga sócio e psicogênese é o ponto-chave; variadas propostas para entender esse problema foram oferecidas pela sociologia, tanto em sua história (pensando diacronicamente) como em uma pluralidade de linhas de pensamento, escolas, teorias concomitantes (pensando sincronicamente). Este livro, aliás, dá exemplo disso.

São os indivíduos que fazem a sociedade, ou é a sociedade que faz os indivíduos? Evidentemente, Elias diz: as duas coisas ao mesmo tempo! Ele diz e oferece análises que o evidenciam, mas teve dificuldades em elaborar um modelo teórico que explique exatamente como isso ocorre (o que não é demérito algum; a dificuldade é real).

Mas vamos voltar ao ponto de onde iniciamos: as disposições biológicas. Elas significam que, enquanto seres humanos, nós todos possuímos um "potencial de civilização biológico" (ELIAS, 1986a, p. 186). Potencial: pode, ou não, se desenvolver e concretizar; ou seja, um processo de civilização é possível, mas não necessário. É algo em aberto. Isso porque, enquanto humanos, não temos uma regulação inata dessas disposições, mas elaboramos regulações históricas delas, e portando variáveis. Diferentes processos de civilização são possíveis, em diferentes níveis (dos indivíduos, das sociedades, da humanidade); eles são processos abertos, sem metas ou teleologias, e podem inclusive ser reversíveis – o que Elias denominará processos de decivilização.

Se os seres humanos não possuem uma regulação inata de suas pulsões e impulsos, e se essa regulação é social e histórica, cabe investigar como ela ocorre. Elias nos diz que nós humanos – e ele sempre enfatiza a nossa humanidade – estamos sempre aprendendo a regular essas disposições; portanto, em meio a processos de autorregulação. Gostaria de citar o que ele diz, e como ele diz:

> Dado que os homens, diferentemente de muitos outros seres vivos sociais, não possuem uma regulação nativa dos afetos e pulsões, eles não podem prescindir da mobilização de sua disposição natural rumo à autorregulação mediante o aprendizado pessoal dos controles dos afetos e pulsões, no sentido de um modelo de civilização específico à sociedade, a fim de que possam viver consigo mesmos e com os outros homens. O processo universal de civilização individual pertence tanto às condições de individualização do ser humano singular como às condições da vida social em comum dos homens (ELIAS, 1986a, p. 186).

Aprendemos, portanto, a nos comportar, a controlar nossos afetos, e aprendemos isso em meio ao grupo em que vivemos: aprendemos com o grupo, socializando-nos, tornando-nos indivíduos naquele grupo – que pode ser uma família, um clã, uma nação, um planeta (o tamanho do grupo, variável, diz respeito à amplitude do nexo das interdependências nas quais estamos enredados e atuantes). Esse aprendizado é social, e cria o indivíduo. Cria, ao mesmo tempo, a sociedade, como esse amplo nexo de interdependências. Elias entende que todos os humanos, de uma forma ou de outra, desenvolvem autorregulações (que podem ser e são variadas, mais ou menos intensas, mais ou menos dirigidas para determinados afetos, etc.). Isso tem a ver com o grupo em que vivem (da família ao Estado e ao planeta) e com o modo como se relacionam em meio a esse grupo: com as relações de interdependência em que estão enredados. Por estarem situados em meio a essas relações de interdependência, as autorregulações são também acompanhadas por regulações exteriores, que Elias denomina coações exteriores. O grupo também nos coage, e viver em sociedade significa um determinado balanço ou equilíbrio de autocoações (a autorregulação) e coações exteriores ("impostas" pelo grupo, pela "sociedade"). Nosso modo de estar no mundo, em virtude das redes de inter-dependência que nos fazem ser o que somos (filhos, pais, trabalhadores, mulheres, negros etc. – o conjunto dos atributos e papéis sociais)[3], implica autocoações e coações exteriores. Estas são "imposições" do ambiente: coisas que a sociedade em que vivemos nos diz que não podemos fazer e que nos força, em medidas e por meios variados, a não fazer. "Fazer" significa aqui: comportar, agir, mas também sentir e pensar. Elias vai mais longe e diz: elementos que de início são coações exteriores tornam-se, com o passar do tempo, autocoações. A transformação de coações exteriores em autocoações é um processo-chave no processo de civilização humano: "aprendemos" a nos "comportar", a "agir" de um modo "adequado" na "sociedade" em que vivemos, no grupo em que estamos. E se não agimos assim, somos advertidos, repreendidos e mesmo coagidos – eis a coação exterior, que pode chegar até à violência, seja simbólica, seja física.

Vejamos como Elias desenvolveu essas questões todas naquele que é o seu li-vro mais importante: *Sobre o processo de civilização – Investigações sociogenéticas e psicogenéticas*, publicado em 1939[4]. (Para o que segue, cf. ELIAS, 1939.) Nesse livro, como enuncia o próprio título, Elias conjugou a dimensão psicogenética e a dimensão sociogenética e as articulou mediante a cópula, aquele "E", e é esse "E" que lhe permite chegar ao "processo de civilização", o processo do "civilizar-se". Sem o "E", não há processo de civilização; ele exige, necessariamente, a conjugação dessas duas dimensões essenciais. Digamos que Elias trabalha na intersecção de sociologia histórica e psicologia histórica (ELIAS, 1939, v. I, p. XIX-XX), e o pro-cesso de civilização, o civilizar-se, implica transformações na estrutura psíquica e na estrutura social: um necessário entrelaçamento de indivíduo e sociedade, ou, para sermos mais precisos, de estruturas e dinâmicas do "indivíduo" e de estrutu-ras e dinâmicas da "sociedade". E utilizo as aspas em ambos, indivíduo e sociedade, para destacar que ambos são resultantes dessa dinâmica conjunta, de modo que não há "aquele" indivíduo sem "aquela" sociedade, e vice-versa.

O desafio analítico e teórico é levado a cabo em dois distintos planos de aná-lise, cada um deles referido a uma das "gêneses" e almejando uma síntese de am-bos[5]. Por um lado, transformações macroestruturais de longa duração, referidas

---

3. Elias também explorou esses problemas na chave dos processos de identidade: identidade-eu e identidade-nós. Cf. Elias, 1987c.

4. As traduções desse livro amiúde não verteram corretamente o título, infelizmente para nós e para o próprio Elias – porque isso prejudicou a compreensão adequada e correta de suas ideias.

5. Seja notado, de passagem, que essa não foi uma boa estratégia expositiva de Elias, porque acabou "separando" um processo complexo cujo sentido está precisamente em sua "unidade" (psicogênese "E" sociogênese). Ao final, Elias conclui amarrando os "dois" lados do processo em um "esboço para uma teoria da civilização" (ELIAS, 1939, v. II, p. 312ss.). Essa questão é de interesse, porque evidencia como sempre estamos sujeitos a escolhas e decisões com respeito ao modo como apresentamos – a forma de exposição – nossos materiais, análises, conceitos e conclusões, e isso afeta o sentido mesmo dos materiais, das análises, dos conceitos e das conclusões. Elias era bem consciente dos limites da expressão (ELIAS, 1969, p. 346).

ao processo de centralização e formação do moderno Estado-nação. Por outro, transformações de longa duração de formas de coação exterior para formas de autocoação e autodisciplina, ou seja, nas formas de comportamento, que se tornam, justamente em função dessas transformações, em certa medida naturalizadas, ou melhor, socializadas (ELIAS, 1939, v. II, p. 312-341; 1969, p. 140).

Elias fala em "automatismos do autocontrole", na "coação social à autocoação". Notamos facilmente como, nessa formulação, indivíduo e sociedade são correlacionados: o Estado moderno, como estrutura macrológica e o indivíduo, como estrutura micrológica, casam-se em uma relação de adequação mútua: o indivíduo moderno precisa e é funcional para o Estado moderno, e o Estado moderno precisa e é funcional para o indivíduo moderno. Trata-se, pois, da gênese dessa configuração histórica; o processo é observado por Elias na Europa, dos séculos V a XIX (embora com ênfases variadas). Note-se que afirmar que o indivíduo é funcional para o Estado, e vice-versa, não significa que não haja desencontros e tensões, antes o contrário. E são justamente essas tensões que Elias trata sobretudo na chave de relações de poder (equilíbrios e desequilíbrios de poder, gradientes de poder), que imprimem dinâmica à psicogênese e à sociogênese.

Psicogênese diz respeito ao processo da estrutura da personalidade e Elias a investiga nas transformações na regulação dos comportamentos cotidianos, assim como da sensibilidade e dos afetos a eles referida. Isso pode ser trabalhado por Elias sobretudo através da análise de livros e códigos de comportamento: manuais de boas maneiras, livros de etiqueta e similares descrevem e permitem inferir comportamentos e sensibilidades em transformação. Formas de se comportar implicam regulação dos afetos, na vida em comum e nas interações entre pessoas, inclusive considerando diferenças de sexo, profissão, idade, prestígio etc. Aqui é decisivo o domínio da vida cotidiana.

Comer, falar, cuspir, assoar, urinar, defecar, arrotar, peidar, dormir, copular: atividades que envolvem a fisiologia corporal são progressivamente objeto de escrutínio, exame e controle, assim como de privatização, de recolha ao domínio da intimidade. Esse processo de transformação da estrutura psíquica é operado cada vez mais na forma de autocontrole e autodisciplina, resultando nas formas "modernas" do comportamento europeu ocidental. Em especial os estratos sociais superiores desenvolvem uma certa reflexividade e autoconsciência na observação de seus próprios comportamentos e os comparando com os comportamentos de estratos inferiores, o que Elias ocasionalmente descreve como uma "psicologização".

Estratos sociais superiores e mundanos são aqueles que, na análise de Elias, serão os mais propensos a desenvolver comportamentos diferenciados, justamente porque buscam diferenciar-se socialmente de outros estratos[6]. E, uma vez esta-

---

6. É bem provável que Elias tenha, aqui, se inspirado em Simmel e suas discussões acerca de processos de distinção, inclusive da nobreza. Cf. Simmel, 1908.

belecida essa lógica, ela ganha uma dinâmica própria, em função do processo de difusão de comportamentos por entre diversos estratos e da relação de competição e concorrência entre eles[7].

Podemos ler algo do argumento de Elias a esse respeito na passagem abaixo, na qual Elias se refere a processos de mudança no comportamento, em especial relativos ao ato de comer, que transcorreram na corte francesa:

> Há um círculo mais ou menos delimitado, na corte, que cunha o modelo; de início decerto apenas para as necessidades de sua própria situação social e em correspondência com a situação anímica que corresponde a essa situação social. Mas a construção e o desenvolvimento da sociedade francesa como um todo fez com que aos poucos cada vez mais outros estratos sociais estivessem preparados e desejosos de aceitar os modelos desenvolvidos pelo estrato superior: eles se difundem, embora muito gradualmente, por toda a sociedade, não sem com isso se readequarem apropriadamente. / A incorporação, a peregrinação de modelos de uma unidade social para outra [...] tais peregrinações estão entre os movimentos singulares os mais importantes no processo de civilização como um todo. [...] Não apenas o modo de comer, mas também o modo de pensar, ou o modo de falar, em suma: o comportamento como um todo foi modelado na França de modo similar [...]. A formação de um ritual determinado das relações humanas no processo de mudança da situação social e da situação anímica não é algo isolado [...]. / [...] referido a uma situação social muito específica, o sentir e a situação dos afetos transformam-se inicialmente no estrato superior, e o desenvolvimento da sociedade como um todo permite que esse padrão transformado dos afetos se difunda lentamente por toda a sociedade (ELIAS, 1939, v. I, p. 144-145, 154)[8].

Notamos nesse trecho como Elias articula psicogênese e sociogênese no registro de uma relação de "correspondência", enraizada em uma situação social-histórica específica (ele até utiliza o termo repetidamente, de tão importante que é). Elias investiga concretamente, em seu livro, *grosso modo* três grandes momentos na mudança dos modos de se comportar: a *courtoisie* medieval, a *civilité* cortesã do Antigo Regime e a *civilisation* moderna (cf. ELIAS, 1939, v. I). As formas de trato em geral, e em especial o comportamento ao comer e à mesa, o modo de falar, o "saber comportar-se adequadamente", o uso de talheres e sua norma – saber utilizar educada e polidamente os diversos talheres em suas diversas funções –, tudo

---

7. Competição e concorrência (entre indivíduos, grupos, estratos, sociedades etc.), que são modalidades de luta e conflito social, desempenham papel importante na caracterização das dinâmicas sociais por Elias. Ex.: Elias, 1969, p. 142, onde se fala de "luta concorrencial por oportunidades de poder econômico" e em "lutas concorrenciais por oportunidades de prestígio e *status*". Nisso ele é especial e diretamente tributário de Simmel (1908) e de Mannheim (1929).

8. Na difusão de comportamentos por entre os diversos estratos sociais, Elias é tributário das reflexões sobre a moda, tal como desenvolvida pela geração que lhe antecede: Simmel (1911) e Sombart (1913).

isso é investigado por Elias. Mas não só: as "boas maneiras" dizem respeito a todo um universo de comportamentos adequados e regulados, sejam regulados mediante autocoação, sejam regulados mediante coação exterior. Isso vale também, ensina Elias, para o modo como encaramos e regulamos as nossas necessidades fisiológicas, desde assoar o nariz ou cuspir até o modo como nos comportamos nos espaços "privados", entre quatro paredes, protegidos do olhar alheio. As funções de excreção são ocultadas, assim como em geral a limpeza dos nossos orifícios (nariz, ânus, orelhas, boca, vagina, pênis), que passam a causar, se à vista de todos, embaraço, constrangimento e vergonha. O ato sexual também, e é cada vez mais recolhido a um ambiente no qual não é observado. Esse é um ponto importante do argumento de Elias: de certa forma, tornamo-nos, ao nos civilizarmos, mais sensíveis: há um avanço do limiar de vergonha (temos mais vergonha do que outrora), um avanço do limiar do constrangimento, da nossa sensibilidade: coisas que não incomodavam no passado (não causavam nojo, embaraço ou repugnância) passam a incomodar e até mesmo a serem intoleradas[9]. O mesmo vale para a sexualidade, que é controlada e regulada, com formas de tabu e de regulamentação mais ou menos formalizadas (casamento etc.).

Para Elias, tudo isso relaciona-se a um incremento da interdependência entre os seres humanos (dependemos de outros para viver, não somos independentes, nem autônomos), que exige maior autocoação, autocontrole, autodisciplina. Com isso, também aprendemos, em medidas variáveis, a antecipar as consequências de nossos comportamentos e a levarmos isso em conta ao agirmos. É o que Elias vai tratar na chave da "racionalização": maior capacidade de antevisão, com relação às nossas ações, antecipação de consequências, capacidade de elaborar cadeias cada vez mais extensas e complexas de ações (planejamento) (ELIAS, 1939, v. II, p. 312-341; 1969, p. 140-141)[10]. Já na mencionada chave da "psicologização", Elias nos mostra como compreendemos mais e melhor o que se passa na interioridade, própria e alheia (como os outros sentem, como os outros pensam)[11].

Por fim, Elias aborda um outro tópico decisivo: o controle da violência. Seu argumento é que, em um processo de civilização, a violência decresce no interior da sociedade e/ou grupo ao qual pertencemos (mas guerreamos com outros grupos, externos). De início, é importante ter em vista que a modelagem do "desejo

---

9. Em outro texto, Elias dá o exemplo dos gladiadores se matando na Roma antiga; hoje podemos lembrar que há quem se sinta mal vendo lutas "esportivas", pessoas se agredindo umas às outras como "esporte" (que tem regras!), enquanto outras acham isso "normal" e mesmo "gostam" desses "esportes", formas reguladas de agressão (há certos "golpes" que não são permitidos e levam à desclassificação de quem os comete). Cf. Elias; Dunning, 1986; Elias, 1939, v. I, p. 280, 281.

10. Aqui Elias é tributário não somente de Weber, mas de toda uma sociologia de sua época: Sombart, Simmel, Mannheim, Tönnies etc.

11. Um dos poucos tributos explicitados por Elias e reconhecidos por ele como informadores de sua sociologia é a psicanálise freudiana. Note-se, contudo, que a busca de uma conjugação de sociologia e psicanálise é um tema recorrente na sociologia alemã dos anos de 1930.

de atacar o outro" é parte da modelagem da estrutura psíquica como um todo, da psicogênese (ELIAS, 1939, v. I, p. 263-264). Aqui vemos com clareza o "abafamento dos afetos", na passagem de sociedades mais "guerreiras" para sociedades em que a guerra é mais restrita e mais regulamentada. Contudo, a "descarga dos afetos na luta" diz também respeito à sociogênese, pois a organização estatal é decisiva nesse processo. De todo modo, segundo Elias, na Idade Média a violência e a crueldade estavam mais presentes na vida cotidiana, pois roubo, furto, rapto, caça, agressão ao outro, e mesmo matar animais e humanos era mais comum e menos controlado (e não eram sentidos, pela sensibilidade de então, como algo perturbador)[12].

Já a sociogênese diz respeito à dinâmica da estrutura da sociedade e é visada por Elias sobretudo na chave de relações de poder[13]. Aqui se trata de avançar na percepção e descrição de relações de interdependência, que ganham maior amplitude, caráter mediato, anonimato e impessoalidade, que implicam encadeamentos mais extensos e complexos de ações e séries de ações, resultando em uma complexificação do tecido social: redes de interdependência cada vez mais amplas, para as quais o controle dos afetos e as formas e mudanças de comportamento investigadas no âmbito da psicogênese são funcionais e necessárias. A ampliação das interdependências é correlata do processo de diferenciação social (visto por Elias também na chave da divisão do trabalho e da divisão funcional); quanto maior a diferenciação, maior a interdependência. Maior interdependência significa ainda a possibilidade e a tendência a que as unidades sociais tornem-se maiores, mais amplas, mais densas, mais abrangentes (da família e do clã, passando pelos estados, até a humanidade terráquea). Interdependências também dizem respeito, muito concretamente, a relações de classes, de estamentos e de grupos que, em lutas concorrenciais por recursos (território, poder, riqueza, prestígio), imprimem dinâmicas variadas ao processo social.

Não é possível apresentar um resumo do argumento de Elias no trato da "sociogênese da civilização ocidental" a partir das "transformações da sociedade". Destaco somente que ele busca compreender, sob perspectiva própria, um processo muito conhecido da sociologia: o processo do moderno, o processo de passagem do mundo medieval para o mundo moderno. Aquele é retratado na sociedade feudal, este na sociedade de corte. Elias, em sua sociologia histórica, destaca a "feudalização" enquanto processo, descrita em seus "mecanismos", assim como a "sociogênese do Estado", referida ao processo de centralização dos reinos europeus na figura de um soberano, cujo exemplo acabado é o absolutismo francês. Em termos econô-

---

12. Gladiador.

13. Lutas de poder, que Elias, na esteira de Simmel, entende como "jogos de forças sociais": "entrelaçamentos de fortes interdependências e fortes antagonismos", "fogo cruzado de tensões sociais", "equilíbrio do campo de tensões", "tensões multipolares" e assim por diante (ELIAS, 1939, v. II, p. 238, 240, 242 etc.; ELIAS, 1969, p. 397 etc.). Em seu livro *O que é sociologia?*, Elias desenvolveu amplamente essa questão, que é uma linha de força de seu pensamento e presente em todas as suas frentes de investigação. Cf. Elias, 1970.

micos, Elias reproduz a ideia da passagem de uma economia natural e preponderantemente de subsistência para uma economia monetária e de trocas comerciais cada vez mais amplas (cf. ELIAS, 1939, v. II, p. 149; 1969, p. 241)[14]. Em paralelo, explora as mencionadas ideias de "psicologização" e "racionalização", atreladas entre si, com vistas a desenvolver um enfoque interdisciplinar (recorrente na sociologia alemã desde sempre, em parte em virtude de sua tardia diferenciação como campo autônomo) que conjugue, como vimos, estrutura da personalidade e estrutura social, psico e sociogênese.

Trata-se, então, de comportamentos que resultam do abafamento ou amortecimento das paixões e afetos (a "modelagem" da estrutura anímica) e que se encaixam – "correspondência" – a uma sociedade mais ampla e mais diferenciada, que exige de todos e de cada um o trato "civilizado" com o outro (cf. tb. ELIAS, 1987b; 1995; ELIAS; DUNNING, 1986), e cuja contrapartida é o Estado moderno, aquela instância especializada em administrar o monopólio do uso da violência física e o monopólio do direito de cobrar impostos. Após analisar o processo histórico europeu da Idade Média ao Absolutismo, Elias afirma:

> [...] mas o que se forma na luta de interesses das variadas funções sociais é aquela forma de organização da sociedade que denominamos "Estado". O monopólio da cobrança de impostos é, conjuntamente com o monopólio do uso da violência física, a coluna vertebral dessa forma de organização (ELIAS, 1939, v. II, p. 307; cf. ELIAS, 1939, v. II, p. 143ss.).

A sociogênese é examinada com vistas ao processo, de longa duração, que leva à formação do moderno Estado-nação (cf. tb. ELIAS, 1972). Esse processo revela dinâmicas de diferenciação funcional, de adensamento das interdependências, que levam Elias a formular, parafraseando Marx, o "segredo da sociogênese" (ELIAS, 1939, v. II, p. 221). Tal processo não pode ser aqui resumido, mas podemos obter uma ideia na seguinte passagem:

> Sociedades sem um monopólio estável da violência são sempre, ao mesmo tempo, sociedades nas quais a divisão de funções é relativamente baixa e as cadeias de ação que vinculam os singulares são relativamente curtas. E inversamente: sociedades com um monopólio da violência mais estável, encarnado inicialmente sempre por uma corte maior de rei ou príncipe, são sociedades nas quais a divisão de funções está mais ou menos desenvolvida, nas quais as cadeias de ação que vinculam os singulares são mais longas e as dependências funcionais de um ser humano do outro são maiores. Aqui o singular está protegido de uma agressão repentina, da irrupção chocante da violência corporal em sua vida. Mas, ao mesmo tempo, ele também está coagido a reprimir a própria irrupção apaixonada, o fervor que o impulsiona a atacar corporalmente o ou-

---

14. Este é um tema caro e recorrente na assim chamada Escola Histórica de Economia Política Alemã, e amplamente desenvolvido por Sombart, um autor importante em mais de um sentido para a sociologia eliasiana. Evidentemente, Marx também é uma referência importante.

tro. E as outras formas da coação, que predominam então em espaços pacificados, modelam na mesma direção o comportamento e as manifestões afetivas do singular. Quanto mais denso se torna o entrelaçamento de interdependências, no qual o singular se enreda com a divisão funcional avançada, maiores são os espaços humanos sobre os quais se estende esse entrelaçamento e que se agregam a essa estrutura, seja funcionalmente, seja institucionalmente, em uma unidade; e tanto mais ameaçado em sua existência está aquele singular que espontaneamente dá livre-curso às suas explosões e paixões; em tanto maior vantagem social se encontra aquele que sabe abafar os seus afetos, e tanto mais intensamente cada singular, desde pequeno, é coagido a ponderar o efeito de suas ações ou o efeito das ações de outros ao longo de toda uma série de encadeamentos de ações. O abafamento das irrupções espontâneas, o retraimento dos afetos, a ampliação do espaço de reflexão para além do momentâneo, rumo aos elos de causas no passado e aos elos de consequências no futuro, são todos aspectos variados de uma mesma mudança de comportamento – justamente aquela mudança de comportamento que ao mesmo tempo necessariamente se consuma com a monopolização da violência corporal, com a ampliação das cadeias de ação e interdependências no espaço social. É uma transformação do comportamento no sentido da "civilização", do "civilizar-se" (ELIAS, 1939, v. II, p. 321-322).

Com isso, temos uma boa ideia do pensamento de Elias em sua principal obra. Cinquenta anos depois, em 1989, Elias publicou outro livro, *Estudos sobre os alemães – Lutas de poder e desenvolvimento do habitus nos séculos XIX e XX*, 1989), no qual dá continuidade às investigações de *Sobre o processo de civilização*[15]. Embora em 1939 tenha se detido no caso francês, já desde o início Elias apontara possibilidades comparativas latentes, por meio de uma investigação sociogenética da contraposição de "cultura" e "civilização" (*"Kultur"* e *"Zivilisation"*) na Alemanha e do conceito de "civilização" (*"civilisation"*) na França (ELIAS, 1939, v. I, p. 1-64). Mais adiante, em meio à investigação do processo de longa duração da formação do Estado francês, Elias dedicou um "Excurso sobre algumas distinções no curso de desenvolvimento da Inglaterra, França e Alemanha" (ELIAS, 1939, v. II, p. 129-142). Os *Estudos sobre os alemães* dão continuidade à problematização dos nexos entre o processo de formação do Estado e o desenvolvimento do *habitus* (nos termos de 1939: sociogênese e psicogênese) e são, em grande medida, respostas de Elias a quatro grandes críticas e, consequentemente, problemas, que lhe foram dirigidos.

Em primeiro lugar, Elias foi acusado de tratar o processo de formação do Estado (e da psicogênese a ele correlata) baseado apenas no estudo do caso francês, deixando com isso de lado variantes outras, mas não menos significativas, do processo de formação do Estado moderno. Diante dessas críticas, Elias tratou de apresentar, nos *Estudos*, outras vertentes do processo de formação do Estado:

---

15. Utilizo e reelaboro, a seguir, material de Waizbort, 1998.

uma análise rápida do "modelo" holandês, menções ao "modelo" inglês e análises detidas do "modelo" alemão.

Em segundo lugar, oferece uma resposta às críticas de evolucionismo social e de teleologia histórica, formulada na própria ideia de um "processo de civilização" (por isso convém sempre ler a formulação como um "civilizar-se" contingente)[16]. Emblemática, neste aspecto, é a afirmação de que "a civilização da qual falo nunca terminou e está sempre em perigo" (ELIAS, 1989, p. 225).

Em terceiro lugar, trata-se de enfrentar o problema da "informalização" dos comportamentos no interior do modelo explicativo do processo de civilização. Um "afrouxamento" nos padrões de comportamento ao longo do século XX é relaciona-do com as transformações na estrutura da sociedade, em especial com as transformações do Estado e com as transformações nos equilíbrios de poder entre os grupos, sobretudo a diminuição nos diferenciais de poder (cf. ELIAS, 1969, p. 172)[17]. Aqui Elias varia a sua tese básica de *Sobre o processo de civilização*, ao afirmar que deslocamentos de poder andam de mãos dadas com transformações da consciência (ELIAS, 1989, p. 38). As investigações acerca do "arco de informalidade-formalidade de uma sociedade" (ELIAS, 1989, p. 41) demonstram a habilidade de Elias na conjugação de sincronia e diacronia na análise dos fenômenos sociais – pois a informalização (ou a formalização) dos comportamentos depende de uma visada de média ou longa duração, enquanto a percepção das relações de poder entre grupos exige uma visada sincrônica (não obstante, dinâmica).

Por fim, em quarto lugar, o autor enfrenta o desafio de explicar a barbárie do nacional-socialismo no interior do modelo do processo de civilização, o que leva a um desenvolvimento da teoria, dando sobretudo atenção a contraprocessos que se desenvolvem no interior do processo e formulando a ideia do processo (e dos surtos) de decivilização – extrapolando, portanto, o problema específico que discute e oferecendo um quadro para se pensar em geral o fenômeno.

Esse leque de questões ultrapassa em muito questões exclusivamente "alemãs"; a Alemanha é antes utilizada como objeto privilegiado para pensar problemas que são muito mais amplos. Com efeito, nos *Estudos* Elias retoma, em outro registro, problematizações que havia proposto em *Sobre o processo de civilização*, quando descrevera a nobreza guerreira, indicando o seu longo processo de "acortesamento" na França, isto é, a transformação de uma nobreza guerreira em uma nobreza cortesã – um processo inextricavelmente ligado ao processo de centralização e integração nacional, ou seja, atrelado ao processo de formação do Estado nacional (portanto, conjugando psico e sociogênese) (ELIAS, 1939, v. II, p. 351-369). Ligado

---

16. Elias distinguia evolução biológica de desenvolvimento social. Cf. Elias, 1970, p. 175-195; 1983, p. 185-268; 1969, p. 25. A discussão remete também para sua sociologia da ciência e do conhecimento, tal como desenvolvida sobretudo em Elias, 1983.

17. A questão da informalização dos comportamentos foi apenas levantada Elias, e posteriormente explorada (ELIAS, 1989).

a isto, a simbiose entre nobreza assentada na corte e burguesia, simbiose esta que permitiu, sobretudo ao longo dos séculos XVII e XVIII, uma comunicação cada vez mais forte entre estes dois estratos sociais na França. Em contraste com o "caso" (ou "modelo") francês, a Alemanha não apresentou, em seu desenvolvimento histórico, a formação de um Estado nacional nos mesmos moldes (e tudo o que isto implica); a formação tardia do Estado alemão trará implicações específicas. Como o Estado não se unifica, e isto significa a inexistência de uma corte centralizadora (como foram Paris e Versalhes), não há o processo de assentamento da nobreza na corte; com isso não se realiza aquela metamorfose de nobreza guerreira em nobreza cortesã. Um dos resultados desse processo é que, quando o Estado alemão se unifica no Segundo Império, em 1871, isso ocorre sob a liderança de uma nobreza que não se assentou na corte e permanece ligada ao seu *ethos* guerreiro original – não por acaso, o *locus* por excelência da nobreza prussiana, isto é, do estrato social que realiza a unificação alemã, é o exército. Além disso, não ocorre na Alemanha aquela simbiose comunicativa entre nobreza e burguesia, muito pelo contrário. Nobreza e burguesia permanecem isoladas uma da outra. Um exemplo forte deste isolamento é o fato de a burguesia falar (e escrever) alemão e o rei e a nobreza falarem francês. Esta fratura é uma das marcas do processo alemão, das continuidades e descontinuidades alemãs. A burguesia que fala alemão é a burguesia dos valores humanitários e universais. Sua tentativa de revolução e unificação nacional, nos idos de 1848, fracassou, e o resultado foi uma unificação nacional tardia, feita sob os auspícios da nobreza (e consequentemente do exército), nas guerras de 1870-1871. É uma unificação peculiar, porque se faz de fora para dentro, no confronto com o inimigo francês.

A unificação sob o signo da nobreza significou, nos termos de Elias, a capitulação da burguesia diante da nobreza. "A vitória dos exércitos alemães sobre a França foi ao mesmo tempo uma vitória da nobreza alemã sobre a burguesia alemã" (ELIAS, 1989, p. 22). Consequência disso é que a Alemanha unificada toma para si o *ethos* guerreiro, característico da nobreza, como *ethos* nacional. O modelo de comportamento baseado na ordem e no mando, na disciplina do exército, no código de honra, é assimilado por amplos círculos burgueses. A burguesia adota um padrão de comportamento, sensibilidade, consciência, *habitus* que é gerado na nobreza. Ele se difunde do seu estrato social originário para os outros estratos sociais, sobretudo, inicialmente, para a burguesia e os estratos médios. Assim, o *ethos* guerreiro, característico de um estrato social específico, que experimentou um desenvolvimento peculiar por não ter se assentado na corte, torna-se o modelo de um *habitus* nacional. Isto teria significado, para os alemães, a aceitação do "emprego ilimitado de poder e violência" como instrumentos legítimos da política e da vida social na nação, como meios privilegiados na resolução de conflitos internos e externos (ELIAS, 1989, p. 23).

A tensão entre violência e pacificação é um dos centros da discussão, como já o fora no livro de 1939 (cf. a citação mais acima: ELIAS, 1939, v. II, p. 321-322);

ali já se formulava a questão da pacificação de territórios cada vez mais extensos como correlata do processo de centralização e formação do Estado. O caso alemão permite explorar em detalhe os nexos que articulam, historicamente, a pacificação enquanto resultado do processo de formação do Estado e a irrupção da violência em seu interior, o que responde à crítica que se fazia à teoria do processo de civilização, de que ela seria uma teleologia histórica. Com isso, as acusações de etnocentrismo também caem por terra. Se o processo de civilização está sempre em perigo, isto significa que a pacificação é algo construído a cada instante, uma tarefa e um desafio permanentes. Se o *habitus* grupal (p. ex., nacional [cf. ELIAS, 1959/1960]) incorporou, sob a forma de autocoações, o controle da violência no trato dos conflitos, esta tarefa parece facilitada, mas de modo algum está resolvida ou garantida. Ela não se resolve jamais. Isto porque, para Elias, sendo os seres humanos naturalmente diferentes entre si, eles necessariamente se relacionam uns com os outros de modo conflituoso. O conflito é inerente às relações sociais, isto é, humanas[18]. O processo de civilização é regulação dos conflitos mediante coações exteriores e autocoações; quando elas não são "eficazes", o conflito eclode sob a forma de violência. "Não é a agressividade que deflagra os conflitos, são os conflitos que deflagram a agressividade" (ELIAS, 1989, p. 226).

O *ethos* guerreiro, aclimatado em *habitus* nacional alemão, explica a dificuldade de implantação e implementação de um regime democrático – afinal, estamos falando de "modelos sancionados socialmente de violência e de desigualdade social" (ELIAS, 1989, p. 27). Democracia exige diálogo, um diálogo cujo modelo inicial teria sido a comunicação entre nobreza e burguesia (como na França) ou entre o rei e a aristocracia (como na Inglaterra). A oposição entre ditadura e democracia fica, assim, delineada. Elias destaca a naturalidade com que os alemães aceitaram a presença de milícias paramilitares e a "inadequação" de procedimentos democráticos na resolução de suas dificuldades. Tendo se unificado através da guerra, nada mais natural do que o uso da violência. Esta é a chave para se pensar o período que vai de 1870 a 1945. Elias menciona opinião corrente durante a República de Weimar, segundo a qual "os membros do Parlamento [...] falavam muito e faziam pouco" (ELIAS, 1989, p. 254). Mas o parlamento – discutido por Elias, tendo em vista a Inglaterra, em *A busca da excitação* (ELIAS; DUNNING, 1986) –, em oposição ao modelo da ordem e do mando, implica diálogo, convencimento, persuasão, consenso, acordo. Os alemães, entretanto, permaneceram refratários a uma solução dos conflitos sem a utilização da violência; a crítica e a incapacidade de aceitar e implementar um regime parlamentar – como mostra Elias reiteradamente na análise do período da República de Weimar – apontam para a solução dos conflitos por vias violentas, e a "guerra total" de Hitler (assim como a "so-

---

18. Neste ponto, mais uma vez, Elias é tributário de Simmel. Sobre a dimensão antropológica basilar do conflito, cf. Elias, 1989, p. 226; 1983, p. 124. Consequência disso é o papel central que as relações de poder ocupam na arquitetônica sociológica eliasina.

lução final") é uma potencialização dessa lógica (dirigida, respectivamente, aos "inimigos" externos e internos).

A incompletude de explicações que desconsideram processos de longa duração fica evidente por meio de uma argumentação em negativo. A partir do exemplo da República de Weimar, Elias chama a atenção para o fato de que um regime formal e legalmente "democrático" não significa absolutamente que haja democracia. Se há sentido em articular as transformações na estrutura da sociedade com as transformações na estrutura da personalidade, isto significa que apenas no curso de algumas gerações (segundo Elias, entre três e cinco) é possível falar em "correspondência" entre umas e outras. Ou seja: são necessários muitos anos para que uma democracia "formal" se torne uma democracia de fato, pois isso implica uma estrutura da personalidade correspondente: "Foi uma das mais fantásticas expressões do racionalismo a-histórico dos nossos dias que então se supusesse (como ainda hoje amiúde ocorre) que à constituição de instituições democrático-parlamentares sucederia de imediato uma democratização das atitudes e das convicções de crença" (ELIAS, 1989, p. 437). Evidentemente, esse é um argumento que transcende o caso alemão. A transição para um regime democrático é um processo de aprendizado longo e complexo (ELIAS, 1989, p. 441), sujeito, a cada instante, a contraprocessos e surtos em direção contrária. Processos de decivilização podem acorrer facilmente; Elias resume muito de seu enfoque em uma passagem que aborda essa, e outras, questões:

> O processo de civilização realiza-se em conexão com uma limitação contínua e crescente dos perigos exteriores e, de modo correspondente, com uma limitação e canalização dos medos e angústias face a tais perigos externos. Estes, os perigos exteriores da vida humana, tornam-se mais calculáveis, e os direcionamentos e a amplitude de jogo dos medos e angústias humanos tornam-se mais regulados. A insegurança da vida parece-nos hoje muitas vezes bastante grande, mas ela é pequena, comparada com a insegurança do singular, por exemplo no interior da sociedade medieval. Com efeito, a regulação mais intensa das fontes de medo e angústia, que se estabeleceu lentamente na transição para a nossa estrutura social é um dos pressupostos mais elementares para aquele *standard* de comportamento que exprimimos com o conceito de "civilização". A couraça do comportamento civilizado se quebraria muito rapidamente se, tal como no passado, em virtude de uma transformação da sociedade, surgisse novamente um tal grau de insegurança, uma calculabilidade tão baixa dos perigos que podem desabar sobre nós; então, rapidamente também os medos e angústias correspondentes romperiam os limites que lhe estão hoje postos (ELIAS, 1939, v. I, p. 332).

Eis o que seria um processo de decivilização; eis uma das razões pelas quais o civilizar-se não se consuma jamais.

2 Figuração

Figurações são nexos de interdependências que os seres humanos formam uns com os outros. São intrinsecamente dinâmicas, porque essas interdependências são tecidas, estreitadas, alargadas, esgarcidas, rompidas, refeitas e restauradas a cada instante. Mas podem, também, assumir formas mais duradouras e até mesmo menos dinâmicas, formas por assim dizer mais fixas e perenes (embora jamais imutáveis e eternas), como aquelas amparadas ou propiciadas por instituições, organizações e, em geral, formas societárias variadas[19]. Uma figuração implica "viver com", uma vida conjunta (grupos humanos, que podem ser maiores ou menores, mais ou menos duradouros), e portanto o compartilhar de símbolos e valores, que são criados e reproduzidos socialmente nessa dinâmica de interdependências, nessa figuração. O compartilhar garante a duração no tempo e a amplitude no espaço. A dinâmica está dada, desde sempre, pela natureza conflitual das relações humanas.

Uma figuração pode representar a dinâmica de uma fila que se forma para comprar ingresso no cinema – uma figuração relativamente pequena e efêmera, que logo se desfaz, e que dá notícia do potencial micrológico do conceito –, assim como pode representar um Estado nacional ou mesmo grupos maiores ainda – assumindo, como no caso do Estado, um caráter mais duradouro e dando notícia do potencial macrológico do conceito.

Investigar o mundo dos humanos com o conceito de figuração significa concentrar-se nas dinâmicas que envolvem os enredamentos e processos de interdependência. Com a figuração, Elias pretende solucionar as insuficiências tanto de um individualismo, como de um holismo metodológicos (contra os quais ele se posiciona): individualizar-se é socializar-se, socializar-se é individualizar-se. Nem o indivíduo precede a sociedade, nem a sociedade precede o indivíduo, mas fazem-se conjuntamente em relações de interdependência, que o conceito de figuração pretende descrever.

> O convívio dos seres humanos em sociedades tem sempre, mesmo no caos, na desintegração, na maior desordem social, uma forma absolutamente determinada. É isso que o conceito de figuração exprime. Os seres humanos, em virtude de sua interdependência fundamental uns dos outros, agrupam-se sempre na forma de figurações específicas (ELIAS, 1986b, p. 26).

> Muitos historiadores e não menos sociólogos têm dificuldade em compreender que sociedades, que afinal de contas nada mais são do que o entrelaçamento de seres humanos funcionalmente interdependentes, podem ter sua própria estrutura ou que – o que é a mesma coisa – os seres humanos como indivíduos ou como grupos estão vinculados uns

---

19. Essa é uma das ideias basilares da sociologia simmeliana, tomada por Elias também como uma das bases de sua sociologia. Cf. Simmel, 1908; Elias, 1986b. Até mesmo se poderia atribuir o "tudo flui" heracliteano a essa concepção.

aos outros em figurações específicas, cuja dinâmica exerce uma influência impositiva e frequentemente irresistível sobre aqueles que as formam (ELIAS, 1983, p. 128)

É importante sublinhar que interdependências implicam relações de tensão, de poder, de hierarquia, que tanto imprimem dinâmicas à figuração, como a levam a determinada forma ou arranjo (poderíamos até dizer: morfologia). Visto ao revés, podemos dizer que figurações são sempre arranjos de relações de poder, que podem ser mais ou menos dinâmicos e duradouros. São equilíbrios de poder que estão em ação, podendo sempre se alterar e rumar para um novo arranjo (como se viu na citação acima, mesmo o desarranjo é um arranjo) à medida que oportunidades de poder surgem e imprimem tensões, levando a novos equilíbrios de forças. Por isso, figurações são dinâmicas. Para esclarecer esse tipo de questão, Elias propôs pensarmos em "modelos de jogo" (ELIAS, 1970, p. 75-109, 132-145; 1939, v. I, p. LXVII-LXIX), enfatizando sempre o caráter relacional implicado nas figurações. Isso permitiria reconhecer e analisar diferenciais de poder e a dinâmica que eles imprimem ao nexo de interdependências. Em *O que é sociologia?*, Elias explora didaticamente essas questões em "modelos de jogos" em que atuam poucas ou muitas pessoas, em um único plano ou em variados planos. Evidentemente, quanto mais complexo o jogo, mais impenetrável é sua dinâmica, pois tanto o desenrolar do "jogo" como a percepção que os jogadores dele possuem, torna-se mais obscura e imprevisível, no sentido de que sua identificação e compreensão exige muito mais acurácia de análise – justamente quando a sociologia, como "caçadora de mitos" (ELIAS, 1970), entra em cena. Pois que uma figuração seja muito complexa, não significa que ela não possa ser descrita e analisada, que suas dinâmicas não possam ser identificadas. Elias deu inúmeros exemplos, examinando a sociedade de corte do Antigo Regime (ELIAS, 1969; 1939), as relações de estabelecidos e *outsiders* (ELIAS; SCOTSON, 1965; ELIAS, 1935); dinâmicas profissionais (ELIAS, 1950/1977); carreiras artísticas (ELIAS, 1993; 2000); relações de gênero (ELIAS, 1987a); o problema da tecnização (ELIAS, 1995) e da ciência e conhecimento (ELIAS, 1983; 1984); identidade nacional (ELIAS, 1989; 1959/1960); esporte (ELIAS; DUNNING,1986); sentimentos e emoções (ELIAS, 1987b; 1939) etc. Por outro lado, a variedade de objetos de investigação evidencia o "caráter polimorfo das fontes de poder" (ELIAS, 1970, p. 97); novamente, a sociologia como caçadora de mitos está aí para identificá-las e caracterizá-las, vale dizer, representar e explicar as dinâmicas que ali operam e que definem as modalidades das interdependências.

Assim concebido, o conceito de figuração, assim como o de processo de civilização, evidenciam a sociologia eliasina como uma sociologia dos processos sociais (ELIAS, 1986c; 1977). Por essa razão, como assinalei ao início, quando Elias teve a oportunidade de condensar as ideias de sua sociologia em verbetes, selecionou "civilização", "figuração" e "processo social" como tripé de sua concepção. Eles fornecem uma via segura para adentrarmos em sua variada e rica sociologia, e para irmos além dela – pois assim como a civilização não se consuma, nossa busca pelo conhecimento também não tem fim.

3 Quem foi Norbert Elias?

Indagar pela biografia faz sentido para a sociologia de Norbert Elias?[20] Não seria um sociologismo querer depreender da biografia do sociólogo algo relevante para a compreensão de sua sociologia? A julgar pelo livro publicado no ano de sua morte, *Norbert Elias sobre si mesmo* (ELIAS, 1990), parecia-lhe possível aproximar uma e outra, vida e sociologia.

O sociólogo nasceu em Breslau, na Silésia (que na época fazia parte do Império Alemão), em 1897. Filho de um empresário têxtil, brincava nos jardins construídos sobre a antiga muralha de sua cidade natal, sob os olhos atentos de uma governanta que, símbolo da afluência burguesa, zelava pelo menino, quando não abrigado pelo interior burguês e pela presença sempre cheia de amor da mãe. Filho único e protegido, acabaria tendo um destino de diáspora e perda, que procurou compensar de maneiras que ele mesmo revelou em seus escritos autobiográficos, um rico trabalho da memória de um octogenário aparentemente bastante seguro de si, que se esforça para marcar o seu lugar. *Norbert Elias sobre si mesmo* responde à necessidade de explorar a vida do sociólogo, de revelar à curiosidade pública quem é, afinal, esse homem em exílio constante, cuja obra, descoberta tardiamente, impacta a sociologia e disciplinas afins.

Se por um lado o livro revela uma série de passagens da vida de Elias, há uma tensão permanente que ele mesmo percebeu e que tenta, recorrentemente, aplainar: para Elias, sua vida é seu trabalho e, portanto, só é legítimo o interesse pelo autor se esse interesse se desloca para sua obra; o autor, sempre muito determinado e autoconfiante – claramente um efeito psíquico do menino frágil e protegido –, sempre seguro da importância de seu trabalho, dirige a construção da biografia para a construção da obra; uma vez que esta se revela em sua grandeza, então a figura do autor pode aparecer em sua exata, ou seja, desejada dimensão.

Suas lembranças são variadas e atravessam o século passado: seus tempos de infância e de colégio e, a seguir, suas traumáticas recordações da Grande Guerra, quando se alistou voluntariamente no exército do imperador. Seguindo a trajetória comum dos judeus que se julgavam assimilados, que se queriam cidadãos alemães cuja confissão judaica estaria restrita ao âmbito privado, Elias não pensou duas vezes na hora de se alistar como voluntário logo após o agosto de 1914, quando foi deflagrada a Grande Guerra. Tinha pouco mais de 17 anos, um jovem pronto para morrer pela pátria e honrar sua bandeira. Mas durou pouco; durante a Batalha do Somme, Elias sofreu um colapso nervoso, que o levou de volta à segura Bres-

---

20. Utilizo e reelaboro, a seguir, material de Waizbort, 2001.

lau, onde começou a estudar medicina. No meio do caminho, acabou mudando o rumo e, em 1923, sem concluir os estudos de medicina, doutorou-se em filosofia, que estudava em paralelo, na mesma Universidade de Breslau, com uma tese sobre *A ideia e o indivíduo.*

Elias pertence à geração dos expressionistas, dos que foram à guerra e não voltaram. Em verdade, alguns poucos voltaram e, então, como disse Walter Benjamin, um colega de geração, encontraram "uma paisagem em que nada permanecera inalterado, a não ser as nuvens" (BENJAMIN, 1933). Se ele teve a sorte de poder voltar, logo seria forçado a perceber que, como judeu, sua cidadania só podia ser rebaixada. Elias viveu a experiência da exclusão que daria dimensão autobiográfica às análises das relações entre "estabelecidos" e "*outsiders*", um dos aportes significativos de seu pensamento (ELIAS, 1935; ELIAS; SCOTSON, 1965).

Do imediato pós-guerra, Elias nos oferece um retrato da vida intelectual em Heidelberg – onde foi guiado pela viúva e pelo irmão de Max Weber –, esmiuçando algo da dinâmica institucional, das alianças e dos conflitos e oferecendo uma visada, é verdade que particular, da grande polêmica acerca da "sociologia do conhecimento", que balançou as ciências humanas na Alemanha na virada para os anos de 1930.

Seu percurso de Heidelberg a Frankfurt, seguindo Karl Mannheim e contrapondo-se, então, à turma do Instituto para a Pesquisa Social, capitaneado por Max Horkheimer, ilustra as disputas que cindiam o campo intelectual e que provocavam, muitas vezes, incompreensões tacanhas – como demonstra a correspondência entre Elias e Benjamin (ELIAS; BENJAMIN, 1938). Elias, que pretendia seguir a carreira docente sob o patrocínio inicialmente de Alfred Weber em Heidelberg, depois de Karl Mannheim em Frankfurt, teve sua carreira abortada: o Seminário de Sociologia da Universidade foi dissolvido pelos nacional-socialistas no momento em que Elias se preparava para ministrar sua aula inaugural como docente, em 1933[21]. Desde então, viu-se condenado a repetir a figura do judeu da diáspora; talvez se possa dizer que jamais deitou raízes em cidade alguma.

O Seminário de Sociologia da Universidade de Frankfurt, capitaneado por Mannheim, funcionava no prédio do Instituto para a Pesquisa Social, então já sob a direção forte e segura de Max Horkheimer. Era famosa a hostilidade entre os grupos (uma dinâmica figuracional), apesar de compartilharem o mesmo espaço. Mas havia algo de comum entre eles, além de um judaísmo já quase dissolvido por detrás das vidas burguesas de intelectuais. O projeto de Horkheimer já fora apresentado em seu discurso de posse como diretor do Instituto, em 1931, na procura de uma interdisciplinaridade inédita. O mesmo tateava Elias, que, por aquela

---

21. Seu plano de defender uma tese sobre "O cortesão. Uma contribuição para a sociologia da corte, da sociedade de corte e do reino absolutista" não chegou a termo e o manuscrito se perdeu. Somente muito depois, em 1969, Elias publicou uma nova versão desse estudo, "A sociedade de corte".

época, ainda não tinha dado nome preciso para a coisa. O exemplo mais evidente, em ambos os casos, é a incorporação da psicanálise.

Depois de 1933, tudo desmorona; as descrições do pai e da mãe não poderiam ser mais pungentes, ainda mais devido ao destino bárbaro que os separou: o filho que foge do terror nacional-socialista indo para Paris e os pais que se recusam a ver o perigo que os ronda e que acabará por vitimá-los. E os remorsos do filho? Um sentimento indissolúvel de culpa o acompanhará para sempre: "O que permanece é o luto... Simplesmente não consigo me livrar da imagem, na qual vejo minha mãe em uma câmara de gás. Não consigo superar isso. Ainda tenho as últimas cartas que minha mãe me escreveu, por intermédio da Cruz Vermelha, quando estava no primeiro campo de concentração. De lá ainda se podiam enviar cartas. Ela tinha permissão para escrever dez palavras, nem uma a mais. Meu sentimento é presente, é muito forte; mesmo após 40 anos não consigo superá-lo" (ELIAS, 1990, p. 100). Esse apego aos pais, sobretudo à mãe, não raro tingido de culpa, está diretamente relacionado à figura do filho único, doentio, solteiro, centro das atenções, concentrado no trabalho, intelectualizado e determinado, por toda a vida imerso na solidão e no isolamento[22].

Elias esforçou-se para sobreviver, foi um sobrevivente, como tantos; elaborou como foi possível a perda, a diáspora e o desabrigo dos exílios sucessivos e da solidão constante: primeiro na França (1933-1935), depois, desde 1935, na Inglaterra (1935-1975; cf. ELIAS, 1983, p. 75ss.). A solução da autobiografia é o entrelaçamento de vida e trabalho: "Minha memória ainda é bastante boa", disse ele, "embora eu viva já há muito. O impulso a recordar talvez tenha se acentuado nos últimos anos [...]. Mas uma grande parte de minha vida esteve, de fato, inteiramente relacionada a meu trabalho" (ELIAS, 1990, p. 8). Elias insiste no fato de que suas emoções – justo ele, que escreveu uma sociologia das emoções e discutiu os problemas do engajamento e do distanciamento na ciência (ELIAS, 1987b; 1983) – eram "realisticamente" orientadas, de modo a não só não prejudicarem seu trabalho, como a estimularem-no: "minhas emoções estavam direcionadas para o fato de que eu não queria cair nas ilusões correntes". O sociólogo percebeu "rapidamente" que suas ambições profissionais eram incompatíveis com casamento e filhos, e tudo foi "sublimado" na "obra". E para que filhos, se há alunos e discípulos? Mas onde estariam?

Disso tudo brotam suas variadas fantasias, que ele mesmo relata: a conversa telefônica na qual sua voz não é ouvida e na qual ninguém tem nada a lhe dizer e que, de fato, é apenas um monólogo ("Permanece em mim uma fantasia, que me acompanha há muito: falo ao telefone e a voz do outro lado diz: 'Por favor, fale mais alto, não consigo ouvi-lo'; então começo a gritar, e a outra voz continua a falar: 'Fale mais alto, não consigo ouvi-lo'" [ELIAS, 1990, p. 94]).

---

22. Permanece em aberta a questão de se a "solidão dos moribundos", discutida por Elias (1982), não extravasa a situação da morte e se faz presente desde sempre.

Sua identificação com Mozart, sobre quem escreveu um livrinho, possui, dentre outras coisas, a dimensão de uma autobiografia cifrada (na figuração familiar, na rebeldia e independência diante do estabelecido, na disciplina de trabalho e, sobretudo, no "gênio"); a alternativa extremista imposta a si mesmo, durante toda a vida, foi sempre a do triunfo final total (tornar-se um "clássico" da disciplina e tornar-se um capítulo deste livro) ou do fracasso absoluto.

Elias narra seus desencontros na busca da almejada posição como professor, na Alemanha, na França e, finalmente, na Inglaterra, onde lecionou por anos em Leicester (1954-1962); sua aventura na África, como professor em Gana nos anos de 1960 (1962-1964) e, por fim, o tardio e crescente reconhecimento, as estadias prolongadas, já reconhecido, em Bielefeld e Amsterdã (a partir dos anos de 1970). Pois ele só se tornou conhecido e respeitado nas décadas de 1970 e 1980. Foi então que sua obra mais importante, *Sobre o processo da civilização – Investigações psicogenéticas e sociogenéticas*, atingiu um público mais amplo. O livro havia sido publicado na Suíça em 1939; mas, escrito em alemão por um judeu, o livro não pôde ser vendido nem na Alemanha nem na Áustria, e por essa simples razão permaneceu quase desconhecido (afinal, o público leitor de alemão estava nesses países). Só em 1969, ao ser reeditado na Alemanha, começou a chamar a atenção e, ao aparecer como livro de bolso, em 1976, tornou-se um *best-seller* acadêmico. Ao mesmo tempo, foram surgindo as traduções para o francês e o inglês. A partir de então, Elias saiu do ostracismo e começou a circular bastante e publicar ininterruptamente, até sua morte em 1990.

Muitos dos admiradores de Elias pretendem lhe atribuir um ineditismo absoluto. Mas, ao contrário, Elias encontra-se profundamente entranhado na tradição da sociologia alemã de sua época de formação. Ele é uma figura significativa no que se poderia designar como sua segunda geração. Os pioneiros, nascidos nas décadas de 50 e 60 do século XIX, foram os responsáveis pelas primeiras tentativas de legitimação da sociologia como ciência e de sua institucionalização enquanto disciplina. A segunda geração, nascida aproximadamente entre 1890 e 1905, encontrou já formulada a questão da sociologia, pronta para receber respostas que iriam variar de acordo com as escolhas, ênfases, problemas e direcionamentos de cada um.

O problema da civilização, que Elias procura destrinchar em seu principal livro, é um problema de sua época. Por um lado, a contraposição de *civilisation* e *Kultur*, que ele discute, encontrou sua encarnação mais pungente no conflito franco-alemão da guerra de 1914. Mas, paralelamente a esse registro político, prático e bélico, havia de se destrinchar, em uma chave mais propriamente científica, o fenômeno do civilizar-se. Para abordar seus temas, Elias beneficiou-se dos desenvolvimentos da sociologia de Weber, Simmel, Sombart, Mannheim, assim como da germanística e da romanística de então, sem falar da história. Ao mesmo tempo, os desenvolvimentos da psicanálise freudiana ofereceram um aporte decisivo para suas investigações. Em alguma medida, o trabalho de Elias é uma síntese de elementos vindos de vários lados, síntese criativa, claro está, pois rendeu estudos muito sugestivos e inspiradores – o que não significa que não sejam sujeitos a desenvolvimentos, aprimoramentos e críticas.

Referências

BENJAMIN, W. (1933). *Erfahrung und Armut* [Diponível em https://www.textlog.de/benjamin-erfahrung-armut.html – Acesso em 31/05/2020] [Trad. bras. disponível em https://bibliotecasocialvirtual.files.wordpress.com/2010/06/walter-benjamin-experiencia-e-pobreza.pdf – Acesso em 31/05/2020].

ELIAS, N. (1935). The Expulsion of the Huguenots from France. In: GOUDSBLOM, J.; MENNELL, S. (orgs.). *The Norbert Elias Reader*. Londres: Blackwell, 1988, p. 19-25.

ELIAS, N. (1939). *Über den Prozess der Zivilisation – Soziogenestische und psychogenetische Untersuchungen*. 15. ed. Frankfurt/M.: Suhrkamp, 1990 [Trad. bras. *O processo civilizador*. Rio de Janeiro: Zahar, 1993].

ELIAS, N. (1950/1977). Estudos sobre a gênese da profissão naval. *Escritos e ensaios*. Rio de Janeiro: Zahar, 2006, p. 69-111.

ELIAS, N. (1959/1960). *Habitus* nacional e opinião pública. *Escritos e ensaios*. Rio de Janeiro: Zahar, 2006, p. 113-152.

ELIAS, N. (1969). *A sociedade de corte*. Rio de Janeiro: Zahar, 2001.

ELIAS, N. (1970). *Was ist Soziologie?* 7. ed. Weinheim/Munique: Juventa, 1993 [Trad. port.: *Introdução à sociologia*. 3. ed. Lisboa: Ed. 70, 2011].

ELIAS, N. (1972). Processos de formação de estados e construção de nações. *Escritos e ensaios*. Rio de Janeiro: Zahar, p. 2006, p. 153-165.

ELIAS, N. (1977). Para a fundamentação de uma teoria dos processos sociais. *Escritos e ensaios*. Rio de Janeiro: Zahar, 2006, p. 197-231.

ELIAS, N. (1982). *Über die Einsamkeit der Sterbenden*. 7. ed. Frankfurt/M.: Suhrkamp, 1991 [Trad. bras.: *A solidão dos moribundos*. Rio de Janeiro: Zahar, 2001].

ELIAS, N. (1983). *Engagement und Distanzierung*. 2. ed. Frankfurt/M.: Suhrkamp, 1990.

ELIAS, N. (1984). Sobre a sociogênese da economia e da sociologia. *Escritos e ensaios*. Rio de Janeiro: Zahar, 2006, p. 167-196.

ELIAS, N. (1986a). Verbete "Civilização". *Plural*, n. 5, 1998, p. 185-190 [Disponível em https://www.revistas.usp.br/plural/article/view/76249 – Acesso em 30/05/2020].

ELIAS, N. (1986b). Verbete "Figuração". *Escritos e ensaios*. Rio de Janeiro: Zahar, 2006, p. 25-27.

ELIAS, N. (1986c). Verbete "Processos sociais". *Escritos e ensaios.* Rio de Janeiro: Zahar, 2006, p. 27-33.

ELIAS, N. (1987a). The Changing Balance of Power between the Sexes – A Process-Sociological Study: The Example of Ancient Roman State. *Theory, Culture and Society,* v. 4, p. 287-316.

ELIAS, N. (1987b). On Human Beings and Their Emotions: A Process-Sociological Essay. *Theory, Culture and Society,* v. 4, p. 339-363.

ELIAS, N. (1987c). *Die Geselsschaft der Individuen.* 2. ed. Suhrkamp [Trad. bras.: *A sociedade dos indivíduos.* Rio de Janeiro: Zahar, 1994].

ELIAS, N. (1989). *Studien über die Deutschen – Machtkämpfe und Habitusentwicklung im 19. und 20. Jahrhundert.* 2. ed. Frankfurt/M.; Suhrkamp, 1994 [Trad. bras.: *Os alemães.* Rio de Janeiro: Zahar, 1997].

ELIAS, N. (1990). *Norbert Elias über sich selbst.* Frankfurt/M.: Suhrkamp [Trad. bras.: *Norbert Elias por ele mesmo.* Rio de Janeiro: Zahar, 2001].

ELIAS, N. (1993). *Mozart. Zur Soziologie eines Genies.* Frankfurt/M.: Suhrkamp [Trad. bras.: *Mozart.* Rio de Janeiro: Zahar, 2011].

ELIAS, N. (1995). Tecnização e civilização. *Escritos e ensaios.* Rio de Janeiro: Zahar, 2006, p. 35-68.

ELIAS, N. (2000). *Watteaus Pilgerfahrt zur Insel der Liebe.* Frankfurt/Leipzig: Insel [Trad. bras.: *A peregrinação de Watteau à ilha do amor.* Rio de Janeiro: Zahar, 2005].

ELIAS, N.; BENJAMIN, W. (1938). "Norbert Elias & Walter Benjamin – Correspondência completa (1938). *Plural,* n. 5, 1998, p. 176-184 [Disponível em https://www.revistas.usp.br/plural/issue/view/5845 – Acesso em 31/06/2020].

ELIAS, N.; DUNNING, E. (1986). *The Quest for Excitement – Sport and Leisure in the Civilizing Process.* Oxford/Nova York: Blackwell [Trad. port.: *A busca da excitação.* Lisboa: Difel, 1992].

ELIAS, N.; SCOTSON, J. (1965). *The Established and the Outsiders – A Sociological Enquiry into Community Problems.* Londres: Cass [Trad. bras.: *Os estabelecidos e os outsiders.* Rio de Janeiro: Zahar, 2010].

MANNHEIM, K. (1929). Die Bedeutung der Konkurrenz im Gebiete des Geistigen. *Verhandlungen des 6. Deutschen Soziologentages vom 17. bis 19. September 1928 in Zürich.* [Vorträge und Diskussionen in der Hauptversammlung und in den Sitzungen der Untergruppen]. Tübingen: Mohr Siebeck, p. 35-83.

SIMMEL, G. (1908). *Soziologie – Untersuchungen über die Formen der Vergesellschaftung.* Berlim: Duncker & Humblot.

SIMMEL, G. (1911). A moda. *Iara,* n. 1, 2008 [Disponível em http://www1.sp.senac.br/hotsites/blogs/revistaiara/wp-content/uploads/2015/01/03_IARA_Simmel_versao-final.pdf – Acesso em 10/06/2020].

SOMBART, W. (1913). *Luxus und Kapitalismus*. Munique/Leipzig: Ducker & Humblot.

WAIZBORT, L. (1998). Questões não só alemãs. *Revista Brasileira de Ciências Sociais*, n. 37.

WAIZBORT, L. (2001). Monólogo no exílio. *Folha de S. Paulo*, suplemento Mais!, 15/04.

Parte V
A teoria da modernidade e a ontologia de nossa era

15
Pós-modernidade

Carlos Alfredo Gadea

Introdução

Seria a pós-modernidade, ou o pós-moderno, uma ideia ou ideologia, uma experiência sociocultural, uma condição histórica, um tipo particular de indivíduo ou sociedade, um determinado compêndio teórico e filosófico, ou quiçá tudo isso de forma simultânea? O pós-moderno, a pós-modernidade ou o pós-modernismo, terminologias ou conceitos utilizados aleatoriamente, e que indicam diferentes aspectos de um mesmo fenômeno, têm sido frequentemente utilizados para definir certas mudanças teóricas e socioculturais surgidas durante os anos de 60 e 70 do século passado na Europa e nos Estados Unidos. Essas mudanças faziam referência a eventuais "descontinuidades" sobre as formas clássicas de conhecer e analisar a realidade, bem como a um diagnóstico sobre o tempo presente, caracterizado, fundamentalmente, a partir de uma dupla constatação: o esgotamento do moderno e, como diria Gianni Vattimo (1985), a "superação da modernidade".

Por modernidade se compreende um processo histórico, político e sociocultural caracterizado por uma "experiência vital" que teve origem a partir dos séculos XV e XVI, com o Humanismo e o Renascimento (BERMAN, 1988), e que daria surgimento a certas transformações sociais e culturais projetadas para a materialização do que seria a universalização das normas culturais, a generalização de valores sociais e a "racionalização da vida" (Weber). No entanto, chegado o século XX, desde a própria cena artística e cultural (lembra-se o dadaísmo e o surrealismo), até na filosofia e na arquitetura, a modernidade sofreria constantes críticas e ataques aos seus postulados históricos na medida em que a "Razão" não parecia oferecer explicações suficientes para os desafios que a vida social contemporânea exigiria. Por isso, novos desafios interpretativos sobre a realidade social e cultural emergiram, principalmente na segunda metade do século XX, com o debate propiciado pelo pós-estruturalismo francês (Foucault, Deleuze, Guatarri) e pela chamada crítica pós-moderna, esta última com um sólido potencial de questionamentos às supostas conquistas e os fracassos implícitos no denominado projeto histórico da modernidade.

O termo pós-modernidade vinha percorrendo uma incipiente aventura semântica no final dos anos de 1950 e início dos anos de 1960 a cargo de certos intelectuais e críticos norte-americanos (Susan Sontag e Ihab Hassan, p. ex.) preocupados com o estatuto da arte e as expressões culturais desses anos. Sob o termo pós-modernidade se referiam a certa atitude de rechaço para a arte como instituição do sistema de consumo, somando-se a perda de credibilidade nas vanguardas e no valor da "novidade"[1]. Seria entre o início dos anos de 1970 e fins daquela década que a polêmica ou o debate da pós-modernidade ingressaria com certa força nos meios acadêmicos europeus e norte-americanos, sendo, sem dúvida, o trabalho *La condición postmoderna*, de Jean-François Lyotard (1989 [1979]), o que imediatamente geraria as principais inquietações. Tratava-se de um debate que se materializaria, em primeiro lugar, em torno dos elementos que, eventualmente, constituiriam um novo diagnóstico sociocultural sobre a contemporaneidade, valendo-se de certas metáforas analíticas até o momento bastante esquecidas: por exemplo, a fragmentação social e a heterogeneidade, o pluralismo e a diferença cultural. Justamente neste ponto se tornaria visível a sua dupla herança teórica e epistêmica, aquela originada com o "impressionismo sociológico" de Georg Simmel (1977) e a que se nutriu do pragmatismo filosófico e os seus desdobramentos nas perspectivas interacionistas da Sociologia. Em segundo lugar, o debate da pós-modernidade também gravitou em torno de uma eventual crise de legitimação dos diferentes espaços sociais, culturais, políticos e sobre o "saber", questionando-se o fato, fundamentalmente, de que já não seria possível apelar a princípios que poderiam operar como "referentes universais de valor".

Observa-se, desta maneira, que, inicialmente, a noção de universalidade seria a que adquiriria preponderância no debate sobre a pós-modernidade. O rechaço à doutrina da "unidade da razão", de conceber a humanidade como um sujeito unitário portador de uma moral universal que se esforçaria por estabelecer um conjunto partilhado de crenças, valores e conhecimentos, situou-se como pressuposto de uma pós-modernidade que negaria a existência de um denominador comum (natureza, verdade, Deus, futuro) que possa garantir que o mundo seja *Uno*, ou a possibilidade de um pensamento natural ou objetivo (PETERS, 2000). Para a pós-modernidade, o que se manifestava, na prática, era uma "pluralidade de racionalidades", irredutíveis e incomensuráveis, relacionadas a tipos de discursos e visões de mundo que adquiririam legitimidade fora do "padrão de racionalidade" da experiência da modernidade.

---

1. Vattimo (1985, p. 14) diria que a novidade é, justamente, aquilo que permite que as coisas continuem da mesma maneira.

Uma das primeiras vozes que se ergueram para questionar esse novo termo em voga seria a de Jürgen Habermas (PICÓ, 1988) que, no ano de 1981, teria apresentado uma interessante réplica e certas críticas sob o argumento de a modernidade ser um "projeto inacabado", tornando, assim, o prefixo "pós" inconveniente. Segundo Habermas, ainda seria possível restituir a vigência da noção de universalidade, entendendo que as contemporâneas consequências do projeto moderno não seriam mais do que eventuais desvios na sua trilha "iluminista" e emancipadora. Mesmo assim, um frutífero debate em torno da pós-modernidade deu continuidade nos diferentes âmbitos da vida cultural e acadêmica, desde a crítica da arte e da literatura, até a filosofia, a arquitetura, a antropologia e a sociologia. Para os anos de 1980, as referências à pós-modernidade tinham se tornado bastante recorrentes em alguns círculos acadêmicos e intelectuais, conduzindo a que as discussões sobre a modernidade e a pós-modernidade sejam cada vez menos possíveis de serem negligenciadas. Cada vez mais se tornariam visíveis nestas discussões duas áreas específicas da teoria pós-moderna:

1) Uma dedicada à análise do surgimento do pós-modernismo na cultura, em específico, que entrará em debate com o modernismo e seus contornos culturais, estéticos e artísticos.

2) Outra, interessada no aparecimento de novas formas de arranjos sociais, políticos, culturais e até econômicos, sob o termo pós-modernidade, e cujas reflexões surgiriam a partir de uma crítica à modernidade, e as suas consequências.

A pós-modernidade se converteria, certamente, em um discurso de várias leituras. Aqueles que a pensaram e que a definiram teórica e analiticamente não acabaram por conseguir um consenso unitário sobre seus contornos epistêmicos e sobre o seu valor teórico nas Ciências Humanas. Não obstante, devesse-lhe reconhecer que foi a primeira ambiciosa tentativa que tratou de descrever o novo cenário do universo cultural resultante da desintegração progressiva do mundo tradicional após os anos de 1950. O discurso da pós-modernidade expressaria o sentimento generalizado de que, pelo menos, os modelos preestabelecidos de análise sociocultural se apresentavam com sérios problemas, e que algo começava a se movimentar na tentativa de tomar consciência de que teria que se buscar novas receitas para compreender as novas formas sociais emergentes.

Dentre uma extensa lista de autores que pensaram a pós-modernidade, em sentido amplo, três parecem convergir em discussões que incorporaram tanto a esfera da cultura, como a do conhecimento, da economia e da vida social em geral. Jean François Lyotard (1989 [1979], e a sua discussão da pós-modernidade a partir da "incredulidade em relação aos metarrelatos" explicativos da realidade; Fredric Jameson (1995 [1984]), e sua reflexão em torno do pós-moderno em relação à "lógica cultural do capitalismo tardio", e Zigmunt Bauman (1997 [1993], 1999 [1991], 2001), com sua metáfora de uma "modernidade líquida" contemporânea, são três autores que, justamente, tratariam o discurso da pós-modernidade de forma complementar. A seguir, o objetivo se centra na discussão de algumas das suas principais contribuições.

Jean François Lyotard e o "fim das metanarrativas"

Lyotard nasceu em Versalhes, França, em 1924. Estudou filosofia e se doutorou em Letras em 1971, desenvolvendo um intenso trabalho como docente em universidades da França e dos Estados Unidos. É a ele que se lhe atribui dar início aos primeiros debates teóricos sobre a pós-modernidade nas Ciências Humanas, algo que se consolidaria com a publicação do seu livro *La condition postmoderne*, no ano de 1979. Esta publicação teria o formato de um relatório científico, solicitado pelo Conselho das Universidades do governo de Quebec, acerca da "condição do saber" nas sociedades desenvolvidas e que se teria decidido, nas palavras do próprio Lyotard, chamar de condição "pós-moderna". Esta nova condição estaria aludindo ao estado da cultura após as transformações que teriam afetado as "regras do jogo" da ciência, da literatura e das artes a partir do século XIX, transformações que se relacionariam, em definitivo, com a crise dos "grandes relatos", ou com o chamado "fim das metanarrativas".

A discussão de Lyotard sobre a pós-modernidade giraria em torno da função da narrativa no discurso e no conhecimento científico, interessando-se não no conhecimento e os procedimentos científicos como tais, mas nas formas pelas quais estes obtêm ou reivindicam a sua legitimidade (CONNOR, 1993 [1989]). Por conhecimento, Lyotard entenderia aquele "saber" que permitiria aos indivíduos realizar juízos de valor sobre verdade, moral e estética, autorizando, por consequência, a cientistas, poetas e intelectuais estabelecerem as linhas divisórias entre aquilo que se consideraria justo e não justo, entre o certo e o errado, entre o profundo e o aparente, entre o racional e o irracional. Fundamental se tornaria esta constatação em Lyotard, já que lhe permitiria argumentar que, justamente, aquele "saber" teria se materializado apelando a uma narrativa (filosofia) própria da "natureza do laço social" moderno; a um "grande relato" ou "metanarrativa", "como a dialética do Espírito, a hermenêutica do sentido, a emancipação do sujeito [...]" (LYOTARD, 1989 [1979], p. 9) como forma de outorgar-se a legitimidade. Tal qual o próprio Lyotard afirmaria:

> [...] os discursos do conhecimento sobre todos os referentes possíveis são tomados, não com seu valor de verdade imediata, mas com o valor que adquirem devido ao fato de que ocupam certo lugar na enciclopédia que narra o discurso especulativo. Este o cita ao expor por si mesmo o que sabe, quer dizer, ao se expor a si mesmo. O autêntico saber desde esta perspectiva sempre é um saber indireto, feito de enunciados referidos e incorporados ao metarrelato de um sujeito que assegura sua legitimidade (LYOTARD, 1989 [1979], p. 68).

Neste sentido, as metanarrativas estariam compostas por enunciados que subordinam, organizam e explicam outras narrativas, recebendo sentido através da forma como estas se integram àquelas na medida em que as narrativas que se correspondem a um novo descobrimento na ciência, a um aprendizado específico ou a um diagnóstico da realidade "se ajustam" (e confirmam) às metanarrativas, adquirindo assim a sua legitimidade, bem como a do próprio sujeito que narra.

> [...] Uma coletividade que faz do relato a forma-chave da competência não tem necessidade, em contra do que se pudesse pensar, de apoiar-se no seu passado. Encontra a matéria do seu laço social, não só na significação dos relatos que conta, mas também no fato de contá-los (LYOTARD, 1989 [1979], p. 49).

Para Lyotard, o conhecimento científico não poderia saber o que seria o verdadeiro conhecimento, ao não ser apelando a outro tipo de conhecimento, o narrativo, que, desde o seu ponto de vista, nada teria de conhecimento. Sem este inevitável recurso, a ciência moderna poderia cair no risco de realizar prejulgamentos, supondo a sua própria validade a partir do preconceito, justamente algo do que se pretendia sempre afastar. Sem dúvida, fica evidenciada, assim, a especulação típica da modernidade apontada por Lyotard: aquela em torno da separação que, eventualmente, existiria entre o "saber científico" e o "conhecimento narrativo". Tudo leva a indicar, contrariamente, que não teria sido possível ocultar a importância da função que a narrativa desempenhou desde o Iluminismo. Para Lyotard parece claro: a ciência teria recorrido a metanarrativas (sobre o devir histórico, o sujeito e a sociedade) como forma de obter a sua legitimidade, e assim autoridade e finalidade.

Na sociedade e a cultura contemporânea, a questão da legitimação do "saber" se colocaria em outros termos. O "grande relato" tem perdido credibilidade, seja qual for "a verdade unitária e totalizadora" a que se está fazendo referência: ao relato especulativo ou ao relato de emancipação. Para Lyotard, nem o modelo de sociedade que "forma um todo funcional" (T. Parsons), nem aquele em que a sociedade "está dividida em dois" (a escola marxista), apresentam-se como pertinentes, na medida em que "ainda pertencem a um pensamento por oposições que não se correspondem aos modos do saber pós-moderno" (LYOTARD, 1989 [1979], p. 35). A "natureza do laço social" pós-moderno traz consigo a decadência dos "grandes relatos" como efeito do auge de técnicas e tecnologias que, em definitivo, colocaram ênfase sobre os meios da ação muito mais do que sobre os fins. Assim, a identificação com os "grandes nomes" e os "heróis da história", e os "entusiasmos" de outrora, pareceram enfriar-se na nova "natureza do laço social". O "autêntico objetivo vital" ficaria confiado à atuação de cada um: "Cada um se vê remetido a si mesmo. E cada um sabe que esse si mesmo é pouco" (LYOTARD, 1989 [1979], p. 36). A "condição pós-moderna" se define pela perda das funções inerentes a essas "metanarrativas", ao fim do "grande herói" e dos "grandes desafios", à crise da "filosofia metafísica". Sob a "condição pós-moderna":

[...] a nostalgia do relato perdido tem desaparecido por si mesma para a maioria das pessoas. Isso não representa que estejam entregues à barbárie. O que o impede é saber que a legitimação não pode vir de outra parte do que da sua prática linguística e da sua interação comunicacional (LYOTARD, 1989 [1979]:78).

Por isso, enquanto as narrativas pré-modernas se centraram na ideia de redescobrir ou retornar à "verdade original", e as que se constituíram no mundo moderno no seu caráter teleológico, ou seja, na dependência de um itinerário preestabelecido que conduzisse ao alvo final; a ciência pós-moderna buscaria, no "raciocínio imperfeito", produzir uma comutação e uma transformação nas estruturas da própria razão (CONNOR, 1993 [1989], p. 34). Nas reflexões do próprio Lyotard (1989 [1979], p. 8), a ciência pós-moderna materializaria o desaparecimento da preeminência da função continuada do "saber", derivada do paradigma do conhecimento e da previsibilidade, do cálculo e da "esperança". O seu interesse recairia nos limites da precisão do controle, nas catástrofes, na contingência, nos paradoxos pragmáticos, na medida em que torna a teoria algo descontínuo, não retificável, paradoxal. Assim, a "condição pós-moderna" mudaria o sentido da palavra "saber", produzindo não o conhecido, mas sim o desconhecido, sugerindo um modelo de legitimação que em absoluto reside na performatividade, na melhor atuação, e sim na diferença, compreendida como "parologia"[2].

Observa-se, assim, que a ciência pós-moderna tem como elemento representativo o abandono das narrativas centralizadoras (CONNOR, 1993 [1989]). O recurso das metanarrativas estaria excluído, conduzindo Lyotard a instituir os "pequenos relatos" como a forma por excelência da ciência pós-moderna. "Por outro lado [diz Lyotard], o princípio do consenso como critério de validação parece também insuficiente" (LYOTARD, 1989 [1979], p. 109), em clara referência crítica à tentativa de Habermas sobre o eventual "acordo entre os homens" por meio do diálogo, com vontades livres e cientes do seu proceder. Esta suposição, de que a finalidade do diálogo é o consenso, o "acordo racional", não é mais do que um estágio das discussões, tal qual se entende através da noção de "parologia". O que, justamente, desaparece com esta comprovação é aquela crença que ainda anima as reflexões habermasianas: que a humanidade como sujeito coletivo (universal) busca a sua emancipação comum por meio da regularização de "jogadas" permitidas nos "jogos de linguagens" (Wittgenstein), e que a legitimidade de um enunciado reside na sua contribuição a essa emancipação (LYOTARD, 1989 [1979], p. 117). Neste sentido, o consenso se tem convertido em algo suspeito, já que seria ele quem, em definitivo, estaria violentando a heterogeneidade própria dos "jogos de linguagens". A incomensurabilidade e incompatibilidade desses "jogos" que florescem no "laço social" pós-moderno, desde uma pragmática da ciência (per-

---

2. Lyotard se refere, dentre outras coisas, à especificidade da ciência como dependente da sua imprevisibilidade.

cebendo-se a herança filosófica do pragmatismo e da fenomenologia em Lyotard), parecem outorgar maior ênfase ao dissenso, interpretando o consenso como um simples horizonte e, então, como algo jamais a ser adquirido. Eis um argumento importante em torno da noção de "paralogia" criada por Lyotard.

Heterogeneidade das regras, busca do dissenso. Em Lyotard, estas duas sentenças substituiriam as premissas modernas de universalização das normas e a busca do acordo ou consenso normativo. A ciência pós-moderna "sabe" que, inclusive, o diálogo e a discussão em torno de enunciados exigem regras, e que elas prescrevem (e ordenam) o que deveriam ser as "jogadas" para serem admitidas. É como considerar que para poder discutir sobre algo devemos, pelo menos, supor um comum acordo sobre que regras e séries de "jogadas" fariam parte daquilo sobre o que se discutiria. Sem um acordo inicial não haveria possibilidade do diálogo e da discussão. Um *a priori* do mundo se instituiria, assim, como princípio de ordenamento, ao qual se aderiria com anterioridade ao momento do diálogo e a discussão. Lyotard, evidentemente, se encontraria distante desta forma do "saber" moderno. Da heterogeneidade e diversidade linguística, de visões de mundo emergentes do novo laço social pós-moderno, ele observaria que o "saber" e a "invenção" sempre teriam seu nascimento do dissenso. Qual seria a razão para pensar, por exemplo, que existiriam prescrições comuns a todos os "jogos de linguagens", e que um consenso passível de revisão (como aquele que reina num determinado momento na comunidade científica) possa compreender o conjunto de prescrições que regulam o conjunto de enunciados que circulam pela coletividade? Justamente, o abandono desta crença, segundo Lyotard, está ligado à incredulidade atual dos "grandes relatos" ou metarrelatos de legitimação, sejam eles tradicionais ou modernos (emancipação da humanidade, devir da história) (LYOTARD, 1989 [1979]:116). Como bem sintetiza, o "saber" pós-moderno não se reduz a ser, apenas, um instrumento das autoridades: ele refina as sensibilidades das pessoas perante a diferença, reforçando a capacidade de tolerar e admitir a incomensurabilidade dos "jogos de linguagens" ou visões de mundo.

Em definitivo, para Lyotard é necessário chegar a uma ideia e à prática de determinados valores sociais sem que estejam ligados às do consenso. Justiça e solidariedade, enquanto valores, situam-se, por exemplo, ao serviço de uma pragmática do saber que lhes impede de serem de igual definição em situações diferentes. E isto é assim porque, para Lyotard, e em primeiro lugar, deve-se reconhecer o "heteromorfismo" ou diversidade de formas dos "jogos de linguagens", a diversidade de visões de mundo que, em definitivo, entram em choque com a noção de universalidade. Por outro lado, e em segundo lugar, porque se se admite o consenso acerca das regras que definem cada "jogo de linguagem" e as "jogadas" que se realizam, deve-se compreender que esse consenso "deve" ser local, ou seja, obtido dos "jogadores" de fato, e passível de uma eventual rescisão. O consenso se orientaria, então, para uma multiplicidade de argumentações finitas e limitadas no espaço-tempo. Assim, um princípio interacionista parece ser apelado por este tipo de posicionamento perante as características do "saber" na condição pós-moderna na medida em que o "contrato temporal" substituiria a permanência das instituições e do próprio "saber", dos assuntos políticos e dos meros arranjos sociais contemporâneos (familiares, sexuais, profissionais etc.).

O efeito do "fim das metanarrativas" parece advertir que a contingência e as regras pragmáticas que dão forma às diferentes linguagens impedem a possibilidade de um princípio de legitimação que opere funcionalmente para todos. A condição pós-moderna, para Lyotard, refere-se à incredulidade sobre esses "grandes relatos" que explicam o devir e o sentido histórico na medida em que o desvanecimento da própria legitimidade do "saber" da ciência moderna se materializa numa heterogeneidade sociocultural que tornaria inviável se remeter a "uma" realidade. Seria, para Lyotard, este terreno filosófico movediço que definiria a denominada condição pós-moderna na atualidade.

Fredric Jameson e a "lógica cultural do capitalismo tardio"

Jameson nasceu em Cleveland, Estados Unidos, em 1934. Crítico literário e teórico cultural de filiação marxista, com grande reconhecimento no circuito acadêmico internacional, teve como mais importante influência a Teoria Social Crítica, levando a desenvolver, fundamentalmente, uma análise da relação entre as estruturas socioeconômicas e os aspectos culturais contemporâneos. Nesse interesse, realizaria sérios reparos e questionamentos às perspectivas teóricas emergentes nos anos de 1970 e de 1980 em torno da chamada pós-modernidade, diferenciando-se das críticas também desenvolvidas por Habermas ao identificá-la como a "lógica cultural do capitalismo tardio", tal qual argumentaria na sua conhecida obra: *Postmodernism, or the cultural logic of late capitalism*[3], publicada na *New Left Review*, no ano de 1984.

Como bem teria afirmado Aronowitz (1992, p. 159), Jameson não teria desenvolvido uma crítica da pós-modernidade com a intenção de validar e defender a sua particular posição teórica marxista (como muitos o fariam naqueles momentos), mas sim para oferecer, justamente, explicações concretas sobre esse fenômeno: "Desta forma, ele preserva o elemento mais impactante da teoria marxista – seu poder explicativo – e situa o pós-modernismo no contexto das transformações capitalistas [...]". O mais importante, em Jameson, seria a sua sentença de que aquilo chamado de pós-modernidade deveria ser entendido em termos socioeconômicos, procurando explicar como as mudanças culturais fundamentais que existiram nos últimos anos teriam no seu cerne a organização econômica global. A pós-modernidade consistiria na manifestação cultural dessas mudanças na economia global; e as formas estéticas que a definem se rela-

---

3. Aqui se usará a versão em espanhol, intitulada *El pós-modernismo o la lógica cultural del capitalismo avanzado*.

cionariam com a fase de mundialização do mercado capitalista. Em definitivo, Jameson "pretende descrever o momento global contemporâneo, não como um descenso ou superação do capitalismo, mas como intensificação das suas formas e energias" (CONNOR, 1993 [1989], p. 44).

Na mesma introdução do seu livro *El pós-modernismo o la lógica cultural del capitalismo avanzado* (1995 [1984], p. 9), Jameson apresenta o que para ele poderia ser compreendido como o "espírito" da pós-modernidade, afirmando que estes "últimos anos se caracterizaram por um milenarismo invertido em que as premonições do futuro, sejam catastróficas ou redentoras, tem sido substituídas pela convicção do final de isto e daquilo (o fim das ideologias, da arte ou das classes sociais; a crise do leninismo, a social-democracia e do Estado de Bem--Estar etc.): tomados em conjunto, todos estes fenômenos podem considerar-se constitutivos do que cada vez, com maior frequência, se chama pós-modernismo". A partir disso, não parece existir dúvida acerca das diferenças substanciais com as apreciações que Lyotard teria desenvolvido sobre o mesmo fenômeno, mais inclinadas, as de Lyotard, em entender a pós-modernidade como inerente a certas mudanças na "condição do saber" nas sociedades desenvolvidas, e cujo correlato se encontraria nas transformações sociais, culturais e tecnológicas dos últimos anos. Se para Lyotard o pós-moderno estaria relacionado ao "fim das metanarrativas", para Jameson o fenômeno da pós-modernidade se definiria como a "lógica cultural dominante" (JAMESON, 1995 [1984], p. 20) de um sistema socioeconômico que se consolidaria, justamente, a partir dos seus aspectos culturais. Seria a pós-modernidade – pergunta-se Jameson – uma mudança ou ruptura mais fundamental que as mudanças de estilo e moda determinados pelo imperativo modernista da inovação estética?

Jameson não observa nada que o faça crer que assim se possa considerar. O que sim observa, sob o pós-modernismo, é a tendência a tornar todas as manifestações estéticas, artísticas e estilísticas "formas" cujos aspectos fundamentais residiriam no "desvanecimento das antigas fronteiras" (essencialmente modernistas) entre a cultura de elite e a chamada cultura comercial ou de massas. Isso se trataria, por consequência, de um aparente esgotamento da tarefa por imprimir categorias de valor que sugerissem uma precedente sociedade de classes e dos estilos estéticos que lhe seriam próprios. No entanto este "populismo estético" (a dizer pelo próprio Jameson), fascinado pelas "paisagens degradadas" e o *kitsch*, dos filmes de Hollywood de série B e de tornar a cidade de Las Vegas o exemplo da arquitetura pós-moderna, adverte-se, da mesma forma, a possibilidade de se realizar uma síntese reflexiva interessante: as teorias da pós-modernidade seriam, para Jameson, as que anunciam, de maneira análoga, um tipo de sociedade nova, frequentemente batizada como "pós-industrial", como "sociedade de consumo" ou "sociedade da informação", terminologias que evidenciam as mais "ambiciosas generalizações sociológicas" que, sem dúvida, teriam a "obrigação de demonstrar [...] que a nova formação social em questão já não obedece às leis do capitalismo clássico [...]" (JAMESON, 1995 [1984], p. 14).

Como seria de se esperar, para Jameson, estas novas nomenclaturas que se associam a um determinado diagnóstico do presente não conseguiriam ocultar a presença de um capitalismo de novo tipo que protagonizaria sua intensificação e expansão, na medida em que os estilos e representações culturais, e as novas tecnologias da informação, passam a ser consideradas, tão simplesmente, como novas mercadorias. Isto é assim porque, para Jameson, não haveria uma separação da "esfera da cultura" da "esfera da vida econômica" (separação ultrapassada, nas palavras dele) que admitiria uma eventual autonomia dos aspectos culturais[4]. Passa-se, sob o signo da pós-modernidade, a uma prodigiosa expansão da cultura para todo o espaço do social, a ponto de se poder observar que todas as coisas que compõem a nossa vida social se tornariam "culturais".

O "reino cultural se tornaria idêntico ao socioeconômico", argumentaria Connor (1993 [1989], p. 44), fazendo referência às reflexões de Jameson. Ele assim o demonstraria ao observar uma serie de expressões e transformações socioculturais emergentes no suposto cenário da pós-modernidade. Além da ideia do "desvanecimento das antigas fronteiras" culturais ou "desvanecimento das hierarquias" de valor na estética, Jameson se refere ao "campo de heterogeneidade discursiva e estilística carente de norma", que pareceria ocupar o mundo das ideias dos países capitalistas desenvolvidos. Com efeito, "amos sem rosto seguem produzindo as estratégias econômicas [...], mas já não necessitam (ou são incapazes de) impor a sua linguagem [...]" (JAMESON, 1995 [1984], p. 43). Sob esta perspectiva, aquela "proliferação de discursos" e de estilos na cultura não seria mais do que o exemplo de uma "nova realidade do pastiche", da mistura "carente dos motivos de fundo" que tinha caracterizado a estética modernista. Para Jameson, a heterogeneidade seria sinônimo de dispersão, de uma especulação ideológica que se nutre do próprio devir socioeconômico contemporâneo. Assim, o "populismo estético" se aliaria à heterogeneidade discursiva na medida em que se apresenta funcional à "lógica do capitalismo tardio".

Ao mesmo tempo, Jameson também realizaria uma crítica a um historicismo enraizado na prática do pastiche, da nostalgia e dos simulacros, em estratégias que permitiriam entender, com clareza, a fase socioeconômica contemporânea e o seu principal escudeiro cultural: o pós-modernismo. O historicismo, para Jameson, apresenta-se como "rapina aleatória de todos os estilos do passado, o jogo da alusão estilística casual", valendo-se da estratégia do pastiche para situar o pós-mo-

---

4. A separação de esferas ou âmbitos seria tratada, de forma muito interessante, por Daniel Bell (1992 [1976]). A sua tese seria oposta à apresentada por Jameson, servindo de base para posteriores reflexões em torno da questão pós-moderna. P. ex., Bell (1992 [1976], p. 27-28) diria: "[...] as contradições do capitalismo das que falo nestas páginas se relacionam com a disjunção entre o tipo de organização e as normas que exigem o âmbito econômico e as normas de autorrealização que são agora essenciais na cultura. [...] Os princípios do âmbito econômico e os da cultura levam agora às pessoas em direções contrárias".

dernismo em absoluto "incompatível com uns consumidores que padecem uma avidez historicamente original de um mundo convertido em mera imagem de si mesmo, bem como de pseudoacontecimentos e 'espetáculos'" (JAMESON, 1995 [1984], p. 44). Jameson, assim, introduziria outro traço característico da esfera da cultura, a "cultura do simulacro", que junto à estratégia do pastiche e a nostalgia (a moda retro no cinema, o ecletismo na arquitetura) comporia a tríada constitutiva do historicismo. A avidez pelos "espetáculos", sem dúvida um sintoma dos novos contornos culturais, permitiria a Jameson reafirmar a sua tese central, já que sob a etiqueta da "cultura do simulacro" se veria materializada uma sociedade que tem generalizado o "valor de troca" até o ponto de desvanecer toda lembrança do "valor de uso", uma sociedade na qual a "imagem se tem convertido na forma final da reificação mercantil" (JAMESON, 1995 [1984], p. 45), citando a Guy Debord em *A sociedade do espetáculo*. Desta maneira, evidencia-se a principal crítica a um dos pilares filosóficos do pós-modernismo, o pós-estruturalismo francês, quando Jameson, por exemplo, termina afirmando que:

> O incisivo *slogan* de Guy Debord parece hoje mais adequado para definir a "pré-história" de uma sociedade privada de toda historicidade, e cujo suposto passado não é mais do que um conjunto de espetáculos em ruínas. Em estrita fidelidade à teoria linguística pós-estruturalista, haveria que dizer que o passado como "referente" se encontra entre parênteses, e finalmente ausente, sem nos deixar outra coisa do que textos (JAMESON, 1995 [1984], p. 46).

Em definitivo, sem nos deixar outra coisa do que simples interpretações. Tudo não passaria, para o próprio Jameson, de diversas tentativas por distrair e afastar da "realidade", ou até de "disfarçar" as suas contradições e resolvê-las sob a capa de variadas mistificações.

Chega-se, assim, a compreender que a concepção de pós-modernidade que se apresenta em Jameson é, de fato, histórica. Baseada no modelo da dialética materialista, considera que o pós-modernismo é um fenômeno histórico real que teria começado no fim da Segunda Guerra Mundial, coincidindo com uma nova etapa do capitalismo clássico, sua terceira fase denominada de capitalismo tardio. Oferece, como se percebeu, uma caracterização da pós-modernidade em termos socioeconômicos, igualando-a com o novo estágio da produção capitalista. Assim, o pós-modernismo, como ideologia, seria fruto legítimo da infraestrutura, tornando-o um sintoma das mudanças estruturais mais profundas que aconteceram na sociedade contemporânea e a sua cultura como um todo. Por isso, fica claro que, para Jameson, a produção cultural e artístico-estética das últimas décadas do século XX se insere na tese da modificação e reestruturação econômica do capitalismo como sistema: a arte contemporânea e as expressões culturais definidas como pós-modernas refletem, segundo Jameson, as transformações socioeconômicas que lhe deram forma e conteúdo. Mas, provavelmente, o que pode ser considerado de maior importância na concepção de Jameson sobre a pós-modernidade se vincula com os seus diagnósticos sobre a heterogeneidade e a fragmentação, com seu desconforto perante a dissolução do ponto de vista privilegiado, da ciência ou da história, que possibilitaria dar unidade ao mundo e os seus acontecimentos. O novo mundo descentrado da pós-modernidade seria condenado por Jameson, por oferecer, em definitivo, uma espécie de "celebração ruidosa" de um novo (e mero) mundo estético; e nada mais do que isso.

Zygmunt Bauman[5] e a "modernidade líquida"

Bauman nasceu na Polônia, no ano de 1925. Foi combatente na Segunda Guerra Mundial junto ao exército soviético, e militante do Partido Comunista Polonês nos anos de 1940 e 1950, abandonando-o, posteriormente, para passar a realizar severas críticas ao regime totalitário do Leste Europeu. A sua atividade acadêmica se desenvolveu, primeiramente, como catedrático de Sociologia na Universidade de Varsóvia e, após migrar para a Grã-Bretanha em 1971, como catedrático na Universidade de Leeds. Sociólogo com extensa produção acadêmica, ele se dedicou, fundamentalmente a partir de fins dos anos de 1980, à análise das consequências éticas, políticas e socioculturais da modernidade, principalmente com os seus trabalhos *Modernidade e holocausto* (1989 [1998]) e *Modernidade e ambivalência* (1999 [1991]). Posteriormente, com o livro *Ética pós-moderna* (1997 [1993]) começaria a se visualizar, mais claramente, as suas preocupações em torno das transformações socioculturais que dariam forma à chamada pós-modernidade, algo que definitivamente se consolidaria quando no ano de 2000 publica *Modernidade líquida* (2001a [2000]). Sem dúvida, Bauman se converteu em um dos mais importantes pensadores da chamada pós-modernidade, sendo uma referência de grande importância para a compreensão das mudanças sócio-históricas dos últimos quarenta anos.

Suas reflexões sobre a pós-modernidade tomaram certa distância das que teriam realizado tanto Lyotard como o próprio Jameson na medida em que não estava nos seus interesses ingressar em um suposto debate sobre a legitimidade ou não do termo, e sim se debruçar, concretamente, sobre o material empírico que estaria dando materialidade àquilo que se consideraria como próprio da pós-modernidade. Não obstante, de Lyotard assumiria seu diagnóstico da "pluralidade de discursos", da fragmentação e do "fim dos metarrelatos", bem como o viés filosófico pragmático muito visível quando reflete sobre temas como a individualidade, a emancipação, a moral e a ética (BAUMAN, 2001a [2000]). Certamente, Bauman se situa mais próximo das análises de Lyotard do que das que teria realizado Jameson no seu momento, este último mais inclinado a compreender a pós-modernidade como subproduto de uma lógica econômica global; algo do qual Bauman não parecia tão convencido.

---

5. Seu falecimento, aos 91 anos, ocorreu no mês de janeiro de 2017.

A partir dos seus diagnósticos, Bauman (1999 [1991]) passa a interpretar a pós-modernidade como sendo "a própria modernidade plenamente desenvolvida", e que teria se dado conta das consequências do que, efetivamente, teria produzido em concreto, não de forma proposital ou deliberada. A pós-modernidade, assim, seria a "consequência imprevista" da modernidade, a modernidade consciente da sua própria natureza. Seria uma condição social que se caracterizaria pela materialização daqueles fenômenos que a modernidade tinha tentado banir ou eliminar dos seus projetos e práticas, mas que terminaram irrompendo de forma imprevisível (o estranho, o contingente, a ambivalência, as incertezas):

> Em outras palavras, o pensamento e a prática morais da modernidade estavam animados pela crença na possibilidade de um código ético não ambivalente e não aporético [...]. É a descrença nessa possibilidade que é *pós*-moderna, "pós" não no sentido "cronológico" [...], mas no sentido de implicar (na forma de conclusão, ou de mera premonição) que os longos e sérios esforços da modernidade foram enganosos, foram empreendidos sob falsas pretensões, e são destinados a terminar – mais cedo ou mais tarde – o seu curso; que, em outras palavras, é a própria modernidade que vai demonstrar [...], sua impossibilidade, a vaidade das suas esperanças e o desperdício dos seus trabalhos (BAUMAN, 1997 [1993], p. 15).

Se a modernidade era entendida como sinônimo de previsibilidade, controle e segurança nas relações humanas e com a natureza, a condição pós-moderna, para Bauman, se materializaria na imprevisibilidade, descontrole e insegurança perante os desafios da vida cotidiana. Se a modernidade teria realizado um trabalho de classificação e ordenamento da realidade sob um "código binário" de normatividade (homem-mulher, Ocidente-Oriente, certo-errado, racional-irracional), a pós-modernidade teria surgido para lembrar que, concretamente, o que se produziram foram ambivalência e indeterminação. Na sua tentativa de eliminar a ambivalência, a modernidade teria conseguido torná-la, paradoxalmente, um dos seus mais importantes efeitos. Por isto, a modernidade e a "clareza" teriam protagonizado a história de um romance fracassado. Quando Bauman refere que uma situação social é ambígua ou ambivalente, admite que não seria mais possível ter certeza do que poderia acontecer, bem como da melhor maneira de como conduzir-se no desafio que ela impõe. Na atualidade, para Bauman, não parece possível predizer quais seriam as consequências de nossas ações. Assim, no fenômeno da ambiguidade se encontraria, e se fundem, as dúvidas da razão e a "indecisão da vontade", apresentando-se um mundo (a esfera da razão) carente de clareza quando a vontade não tem certeza sobre o que escolher. Para Bauman, o mundo passa a perceber-se como incerto, indeterminado, carente de códigos éticos preestabelecidos e, por consequência, com certos desafios de novo tipo, revelando uma "nova experiência da liberdade". Neste sentido, Bauman faz uma excelente advertência, própria dos "tempos líquidos" análogos à pós-modernidade, ao dizer que existiria uma

> íntima relação entre as percepções do mundo como algo instável e discutível e o âmbito da liberdade humana. Quanto menos posso fazer [...] (ou seja, quanto mais limitadas são minhas possibilidades), mais simples são "as realidades da vida". Quanto mais ampla se faz a esfera das minhas escolhas – o mundo imaginário das futuras possibilidades – menos evidentes e convincentes parecem os signos que vêm do mundo real, aqui e agora (BAUMAN, 2001b, p. 72).

O fator paradoxal da visão social que Bauman quer deixar materializado com a noção de ambivalência parece indicar uma das mais interessantes consequências do processo histórico da modernidade: que a indeterminação e a contingência, a multiplicidade e a fragmentação da compreensão do mundo trazem consigo novas experiências da liberdade individual, da possibilidade de escolhas que não teriam uma implícita conexão com um mundo preestabelecido e conhecido por todos.

O universalismo, a unidade, a ordem, a clareza, deixaram espaço para a diversidade, os fragmentos, as incertezas, medos e contingências da vida social contemporânea. Em tempos do "capitalismo leve" como organização socioeconômica e da "modernidade líquida" como situação sócio-histórica, já não haveria mais preocupação pela "permanência" e a ordem, por códigos classificatórios fixos, com uma economia industrial e "pesada", uma sociedade burocrática e racional. Estes termos não se correspondem com uma modernidade que protagoniza um "relaxamento" dos valores e costumes, o que, metaforicamente, Bauman denominaria como:

> "Derretimento dos sólidos", traço permanente da modernidade [que] adquiriu, portanto, um novo sentido, e, mais que tudo, foi direcionado a um novo alvo, e um dos principais efeitos desse redirecionamento foi a dissolução das forças que poderiam ter mantido a questão da ordem e do sistema (BAUMAN, 2001a [2000], p. 12).

Como definiria Bauman a condição pós-moderna, ou a contemporânea "modernidade líquida"? Ele diria que:

> O que está acontecendo hoje é, por assim dizer, uma redistribuição e realocação dos "poderes de derretimento" da modernidade. Primeiro, eles afetaram as instituições existentes, as molduras que circunscreviam o domínio das ações-escolhas possíveis [...]. Hoje os padrões e configurações não são mais "dados", e menos ainda "autoevidentes"; eles são muitos, chocando-se entre si e contradizendo-se em seus comandos conflitantes [...]. E eles mudaram de natureza e foram reclassificados de acordo: como itens no inventário de tarefas individuais (BAUMAN, 2001a [2000], p. 13-14).

Toda a descrição de Bauman sobre a contemporaneidade teria como principal contribuição demonstrar a passagem de uma "modernidade sólida", de estruturas sociais estáveis, de padrões culturais inalteráveis (e até inquestionáveis), de instituições sociais rígidas, de valorização do perdurável e da permanência, do capitalismo industrial e das suas identidades culturais e políticas inerentes, para uma "modernidade líquida", entendida como própria das instabilidades sociais, da fluidez e mudança constantes em gostos e ideias, da fragilidade dos vínculos sociais. Uma "ética pós-moderna" como substrato da "liquidificação" da modernidade, e as suas estruturas e instituições, evidencia-se nos novos problemas e desafios morais, como, por exemplo, nos que se desenvolvem em torno da esfera da afetividade, das relações amorosas, das novas concepções sobre as relações familiares e da "sexualidade aberta". Assim, Bauman definiria a condição pós-moderna, ou a "modernidade líquida", como um produto do ecletismo cultural, da "descentralização da autoridade", seja intelectual, científica ou política, e do fim de narrativas que procuraram uma "globalidade totalizante".

Na "modernidade líquida", tanto no sexo como na política, na arte como na vida cotidiana, existe uma maior emancipação das normas e regras, um "afrouxamento" da ética do dever e uma espécie de decadência da responsabilidade moral individual e coletiva. Para Bauman, a ética contemporânea se reduziria a uma miríade de experiências na que não haveria hierarquias de valor, manifestando-se desconfiança perante qualquer autoridade. Mas resulta também, interessante observar, que ao submeter todos os fenômenos socioculturais contemporâneos a uma estratégia de "liquidificação", Bauman também não parece poder ocultar certo ar nostálgico sobre a modernidade. Isso se trataria de uma nostalgia que se evidencia nos supostos prejulgamentos que parecem emanar dos seus diagnósticos. Mas Bauman é conhecido, assim mesmo, por ser um pensador dos paradoxos e ambivalências da modernidade, um herdeiro, sem dúvida, do "impressionismo sociológico" característico de G. Simmel. Por isso, ele é capaz de reduzir a sua eventual nostalgia a um gesto contemporâneo passível de ser confrontado com o seu oposto: o otimismo sobre a condição individual e coletiva na "modernidade líquida" seria, também, um sintoma dos "tempos líquidos" ou pós-modernos da nossa contemporaneidade.

Referências

ARONOWITZ, S. (1992). Pós-modernismo e política. In: Buarque de Hollanda, H. (org.). *Pós-modernismo e política*. Rio de Janeiro: Rocco.

BAUMAN, Z. (1989 [1998]). *Modernidade e holocausto*. Rio de Janeiro: Zahar.

BAUMAN, Z. (1997 [1993]). *Ética pós-moderna*. São Paulo: Paulus.

BAUMAN, Z. (1999 [1991]). *Modernidade e ambivalência*. Rio de Janeiro: Zahar.

BAUMAN, Z. (2001a [2000]). *Modernidade líquida*. Rio de Janeiro: Zahar.

BAUMAN, Z. (2001b). *La sociedad individualizada*. Madri: Cátedra.

BELL, D. (1992 [1976]). *Las contradicciones culturales del capitalismo*. Madri: Alianza.

BERMAN, M. (1988). *Todo lo sólido se desvanece en el aire: la experiencia de la modernidad*. Buenos Aires: Siglo XXI.

CONNOR, S. (1993 [1989]). *Cultura pós-moderna – Introdução às teorias do contemporâneo*. São Paulo: Loyola.

JAMESON, F. (1995 [1984]). *El posmodernismo o la lógica cultural del capitalismo tardío*. Barcelona: Paidós.

LYOTARD, J.-F. (1989 [1979]). *La condición postmoderna*. Madri: Cátedra.

PETERS, M. (2000). *Pós-estruturalismo e filosofia da diferença*. Belo Horizonte: Autêntica.

PICÓ, J. (1988). *Modernidad y postmodernidad*. Madri: Alianza.

SIMMEL, G. (1977). Sociologia. *Revista de Occidente*, Madri.

VATTIMO, G. (1985). *El fin de la modernidad*. Barcelona: Gedisa.

16
Sociologia da globalização e globalização da sociologia

Carlos Benedito Martins

Este capítulo objetiva delinear determinadas condições sociais e institucionais que têm propiciado a progressiva emergência de um novo espaço transnacional e/ou global no qual se movimenta a sociologia contemporânea. O texto sugere que o processo de globalização tem reverberado direta e/ou indiretamente na dinâmica da sociologia nos dias atuais. Inicialmente, discute-se de maneira abreviada a noção de globalização, destacando seu caráter multidimensional, que abarca as dimensões econômica, política, cultural, acadêmica etc. No momento seguinte, procura-se inserir a sociologia neste novo espaço global, ressaltando as assimetrias de poder existentes no seu interior.

Ao longo de sua história, a sociologia incorporou novos objetos de análise, além dos fenômenos que investigou em sua fase de formação disciplinar. De meados do século XX à primeira década do XXI, a sociologia se encontra diante novos eventos, com elevado grau de complexidade e menos conhecidos, quando comparados aos temas até então abordados. Entre os novos objetos que surgiram a partir das últimas décadas do século passado e que desafiam os procedimentos teóricos, conceituais e metodológicos usuais da sociologia, destaca-se o processo de globalização, cujas manifestações se tornaram paulatinamente visíveis no cotidiano em suas dimensões econômica, política, cultural, acadêmica etc.

Nas últimas décadas, a temática da globalização passou a ocupar um espaço destacado no interior da sociologia por meio de inúmeros trabalhos teóricos realizados por Roland Robertson, Ulrich Beck, Anthony Giddens, Bryan Turner, Saskia Sassen, John Urry, Alain Touraine, Michel Wieviorka, Manuel Castells, Charles Lemert e centenas de outros espalhados em diferentes partes do globo. Ao mesmo tempo tem surgido um expressivo conjunto de pesquisas empíricas, elaboradas em diversos países, que procuram captar as complexas relações existentes entre os níveis local, regional, nacional e global que perpassam a vida social contemporânea. Diversos trabalhos, tanto teóricos como empíricos, têm evidenciado que a globalização não constitui um processo homogêneo e que, ao contrário, assume diferentes direções e conteúdos no interior das diversas sociedades nacionais, ao contrário das análises defendidas por Thomas Friedman em seu livro *The world is flat* (LEMERT, 2015; O'BYRNE; HENSBY, 2011; LUKE, 2010; HSU, 2010; FRIEDMAN, 2005).

De maneira geral, o debate sobre globalização estava ausente na sociologia até os primeiros anos da década de 1980. São raros os trabalhos sociológicos nesse período sobre esta questão. Uma exceção foi o trabalho de Wilbert Moore (1966), denominado *Global sociology: the world as a singular system*. No final dos anos de 1970, Immanuel Wallerstein iniciou seus escritos sobre o sistema mundial. Nessa direção, renovou a tradição de trabalhos históricos na perspectiva analítica explorada por Fernand Braudel que publicou, na década de 1970, os três volumes de sua obra *Civilização material, economia e capitalismo* (séculos XV-XVIII).

A ausência da temática de globalização no interior da academia em parte se explica pela centralidade que o objeto da pós-modernidade ocupou nos debates internacionais, e também no Brasil, durante a década de 1970 e início da de 1980. Em várias universidades no mundo, cientistas sociais procuravam debater as ideias formuladas por autores que pleiteavam o advento da pós-modernidade, como Jean-François Lyotard, Jean Baudrillard, Gilles Deleuze, Felix Guattari, entre outros. A questão da pós-modernidade possuía uma forte inclinação filosófica, a partir da qual foram questionadas noções clássicas de verdade, razão, identidade, objetividade, progresso, as grandes narrativas etc. Contrapondo-se à tradição do Iluminismo, determinados pensadores pós-modernos tendiam a analisar a vida social como contingente, instável, imprevisível, em que coexiste um conjunto de culturas ou de interpretações desunificadas, gerando um certo grau de ceticismo em relação à objetividade das normas e uma desconfiança com relação à coerência de identidades (OWEN, 1977; EAGLETON, 1996).

No entanto, uma série de fenômenos que possuem relações direta ou indireta com o processo de globalização já estava em marcha nas décadas de 1970 e 1980, tais como: recessão mundial da economia nos anos de 1970; ataque de vários governos nacionais a políticas inspiradas no Estado de Bem-estar; incremento e difusão, em vários países, de políticas neoliberais implementadas pelos governos Reagan e Thatcher; manifestações sobre perigos ambientais em escala planetária; a queda do Muro de Berlim, simbolizando o fim da Guerra Fria; avanço do capitalismo em uma escala mundial; desregulamentação do setor financeiro; consolidação de um mercado global de bens de consumo etc.

Esses novos fenômenos não constavam na agenda de pesquisa de autores envolvidos com a discussão da pós-modernidade. No final dos anos de 1980, o pensamento pós-moderno começou a entrar em relativo declínio nas ciências sociais. A partir daquele momento, a temática da globalização ganhou espaço e despertou interesse nas mídias mundial e nacional, além de paulatinamente entrar na agenda de pesquisa da academia em várias partes do mundo.

No entanto, no campo acadêmico, os primeiros trabalhos sobre globalização não foram realizados por sociólogos, mas pela área de administração de empresas, por economistas e por homens de negócios. Nesta direção, Theodore Levitt (1983), professor da Escola de Administração de Harvard, publicou texto denominado *The globalization of the markets*, no qual enfatizava que a tecnologia havia se tornado uma força poderosa na formação de um mercado global de consumidores. Segundo ele, diante da constituição de uma nova configuração do mercado mundial, as empresas modificaram as estratégias na oferta de bens de consumo: em vez de fabricar produtos voltados para consumidores idiossincráticos, privilegiaram a produção de mercadorias padronizadas em escala global que, numa ótica empresarial, foram percebidas como mais funcionais, confiáveis e, acima de tudo, com preços menores.

Os trabalhos do economista e consultor de negócios Kenichi Ohmae (1990; 1994; 2005) também saudavam de maneira otimista a formação deste mercado mundial de bens e de consumidores, assinalando que seu ímpeto debilitava fortemente o papel regulador dos estados nacionais. Esses trabalhos são paradigmáticos na medida em que simbolizavam a preocupação dos autores em compreender a globalização econômica, com o objetivo de estabelecer estratégias adequadas para a atuação das grandes corporações num mercado mundial de consumo em expansão.

Gradativamente, as ciências sociais – e particularmente a sociologia – começaram a se ocupar da problemática da globalização. A partir do final dos anos de 1980 surgiram trabalhos expressivos como: *The risk society*, Ulrich Beck ([1986] 1993); *The condition of posmodernity*, David Harvey (1990); *The consequences of modernity*, Anthony Giddens (1990); *Sociology of the global system*, Leslie Sklair (1991); *The global city*, Saskia Sassen (1991); *Globalization: social theory and global culture*, Roland Robertson (1992); *The MacDonaldization of society*, George Ritzer (1993); *The global age*, Martin Albrow (1996); *Modernity at large*, Arjun Appadurai (1996); *Globalization: the human consequences*, Zygmunt Bauman (1998); *The rise of network society*, Manuel Castells (1996) etc.

Na sociologia brasileira, os trabalhos pioneiros sobre globalização foram realizados por Otávio Ianni (1992; 1995), Renato Ortiz (2000) e Milton Santos (1994; 2000). Numa primeira aproximação seria possível denominar a globalização como um processo no qual ocorre a intensificação das interações entre os níveis local, nacional e global, além de uma aceleração da interdependência entre as diversas sociedades nacionais, de tal forma que um acontecimento específico, num determinado país ou região, impacta direta ou indiretamente em outros países. Na visão de David Harvey (1990), o aumento das diversas interações transnacionais no contexto da globalização produziu uma compressão do tempo e do espaço nas sociedades contemporâneas. O desenvolvimento das novas tecnologias de comunicação e a revolução dos meios de transportes têm provocado o encolhimento das distâncias e diminuído sensivelmente o tempo nos deslocamentos geográficos e nas interações realizadas pelos indivíduos.

Como ocorre com vários temas na sociologia, não existe consenso conceitual a respeito do processo de globalização. Há diferentes visões e compreensões a respeito da temática de globalização e também discordância sobre sua cronologia e seu impacto nas sociedades contemporâneas. No entanto, destacarei uma conceituação formulada por Turner e Khondker (2010) que orienta o presente capítulo. Para eles, globalização é um processo multidimensional que abarca as dimensões econômica, sociopolítica e cultural. Trata-se de um processo histórico que possui uma dimensão macro – e também um nível micro –, uma vez que afeta a consciência e a vida cotidiana dos indivíduos.

Tudo leva a crer que a tradição da sociologia de concentrar seu foco analítico nas sociedades nacionais constituiu um obstáculo heurístico para compreender o processo de globalização. Nesse sentido, deve-se assinalar que, durante sua trajetória, o objeto predominante de investigação tem sido a análise das diversas sociedades nacionais, seja no continente europeu, seja na América do Norte, Ásia, África, seja na América Latina. A própria noção de sociedade, particularmente entre os pensadores do século XIX, estava de certa forma relacionada com existência de Estado-nação. Não se pode esquecer que a institucionalização da sociologia, no final do século XIX, ocorreu num momento em que o princípio de nacionalidade se afirmava com toda a força. De modo geral, as sociedades nacionais têm sido analisadas como unidades autônomas, fechadas em si mesmas, separadas umas das outras pela delimitação de seus territórios. Tanto assim que se fala de uma sociologia francesa, alemã, norte-americana, brasileira etc. O ponto focal das investigações centradas nas sociedades nacionais visa compreender o interior de cada uma delas, procurando captar sua estrutura social, a articulação de suas instituições, seus padrões de desigualdade, modos de conflito e o processo de mudanças sociais. Certamente, determinados autores clássicos da sociologia, como Marx e Max Weber, possuíam uma preocupação com questões que transcendiam os limites das sociedades nacionais. No entanto, de forma recorrente, a sociologia tem privilegiado a análise das sociedades nacionais (BECKER, 2005; 2006).

Certamente, as diversas sociedades nacionais continuam a existir manifestando-se por meio da defesa de seus territórios, tradições culturais, acadêmicas etc. Nas sociedades nacionais tendem a perdurar sentimentos nacionalistas, regionalistas, reivindicações de pertencimentos étnicos etc. (TURNER, 2007). No entanto, as profundas transformações que estão ocorrendo em nível global indicam que a análise da existência das sociedades nacionais não esgota a complexidade da realidade contemporânea. Gradativamente, nas últimas décadas do século XX surgiu um conjunto de fenômenos econômicos, políticos, culturais, militares, acadêmicos, entre outros, que operam em uma escala que transcende as fronteiras das diversas sociedades nacionais. Esses complexos fenômenos apontam para a existência de um novo objeto da sociologia: o processo de globalização. Neste contexto ocorre o incremento de conexões econômicas, políticas, culturais, acadêmicas etc., entre diferentes localidades, países, empresas, finanças, indivíduos, movimentos sociais. Nesse sentido, forma-se uma densa rede de relações sociais, econômicas, políticas e culturais que operam num nível supranacional; ou seja, numa esfera global em pleno processo de constituição.

Tudo leva a crer que no contexto da sociologia contemporânea coexistem dois objetos, duas faces de uma mesma moeda: (i) a sociedade nacional e (ii) processo de globalização. Como foi assinalado anteriormente, a sociedade nacional, ao concentrar de forma recorrente a atenção dos sociólogos em várias partes do mundo por um longo período, tem sido mais analisada, codificada, interpretada a partir de uma série de perspectivas teóricas como marxismo, funcionalismo, interacionismo simbólico etc. O segundo objeto – ou seja, o processo de globalização – por se encontrar em formação, constitui uma realidade original, menos analisada e menos conhecida. Nesse sentido, o processo de globalização apresenta novos desafios teóricos e metodológicos para a sociologia nos dias correntes.

Uma das contribuições significativas sobre o processo de globalização tem sido oferecida pelos contínuos trabalhos de Saskia Sassen (1991; 1998; 2007). Como salienta em seu trabalho *A sociology of globalization,* não se pode compreender a globalização apenas como um processo de crescente interdependência entre as diferentes nações e a existência de organismos multilaterais que operam num plano global. Para ela, o processo de globalização envolve dois conjuntos de dinâmicas distintas e simultâneas.

O mais visível empiricamente diz respeito à formação mundial de organismos multilaterais, tais como a Organização Mundial do Comércio, o Banco Mundial, o Fundo Monetário Internacional, a presença de mercados financeiros mundiais, a existência de tribunais internacionais de crimes de guerra etc. As práticas organizacionais e formas pelas quais essas dinâmicas operam constituem geralmente o que é compreendido como manifestação do global. O segundo conjunto de dinâmicas do processo de globalização envolve a existência de fenômenos que não operam necessariamente em escala mundial, mas se encontram incrustados nos estados nacionais. Processos como as cidades globais, as comunidades de imigrantes, as organizações não governamentais, os movimentos ecológicos, a luta pelos direitos humanos, as *networks* entre as cadeias produtivas nacionais e a economia em escala mundial, como também os diferentes tipos de profissionais que são mobilizados nesse processo, vinculam os espaços regionais, nacionais e globais. Ou seja, embora esses e outros fenômenos estejam localizados no nível nacional, constituem parte integrante da globalização, na medida em que envolvem redes transfronteiriças, processos e atores que interligam espaços locais e globais em um número crescente de países. Em vez de analisar o global e o nacional como mutuamente exclusivos, o caminho mais apropriado para a compreensão do processo de globalização é investigá-los como profundamente imbricados (SASSEN, 2007).

À medida que se adota neste capítulo o pressuposto de que a globalização constitui um fenômeno multidimensional – ou seja, um evento que possui dimensões econômica, política, cultural, tal como foi enfatizado anteriormente por Turner e Kondker – procura-se inserir a sociologia neste complexo processo que vem impulsionando transformações de diversas esferas da sociedade contemporânea.

Internacionalização ou globalização da sociologia?

Embora o pensamento social esteja presente em todas as sociedades ao longo da história humana, as ciências sociais, particularmente a sociologia, como disciplinas acadêmicas realizadas no interior de instituições especializadas, como universidades ou institutos de pesquisa, tiveram sua origem em determinadas sociedades europeias e no contexto norte-americano entre o final do século XIX e início do XX. O desenvolvimento da sociologia nessas regiões esteve relacionado com os respectivos processos de formação do Estado-nação e com a organização de seus sistemas nacionais de ensino superior, que propiciaram um suporte para seu processo de institucionalização. Gradativamente, a sociologia foi surgindo e se institucionalizando em diferentes países por meio das atividades de ensino e pesquisa. Em função dos contextos histórico-sociais em que surgiram, estas sociologias nacionais tiveram percursos específicos e assumiram diferentes configurações e tradições intelectuais. A "nacionalização" da sociologia – ou seja, sua vinculação com tradições culturais e acadêmicas de seus países, com o processo de construção de identidades nacionais, a utilização de orientações teóricas e metodológicas particulares combinadas com a exploração de temas sociológicos pertinentes aos respectivos contextos nacionais – engendrou um mosaico pluralista da sociologia no mundo. Esta "nacionalização" da sociologia constituiu a base a partir da qual, paulatinamente, ocorreu num momento posterior sua inserção num processo de intercâmbio internacional.

Diante da presença da sociologia em várias partes do mundo nos dias atuais, torna-se oportuno interrogar se esta disciplina estaria se internacionalizando ou se estaria transitando num o novo espaço que vem se constituindo no plano acadêmico; ou seja, em uma esfera global. Trata-se de indagar se o processo multidimensional da globalização estaria reverberando direta e/ou indiretamente também na dinâmica da sociologia contemporânea. O tema da internacionalização da sociologia tem sido tratado de forma recorrente, uma vez que o intercâmbio acadêmico internacional possuiu uma longa história no interior da disciplina. Esta discussão se encontra presente na forma de artigos em destacados periódicos como *Current Sociology*, publicação oficial da International Sociological Association (ISA), e *International Sociology*, criado também pela ISA para divulgar e refletir sobre a diversidade teórica e empírica existente no panorama da sociologia internacional. Também tem sido objeto de diversos trabalhos (GENOV, 1991; KUHN; WEIDE-MANN, 2010; ALBROW; KING, 1990; GAREAU, 1988; PATEL, 2010).

No entanto, salvo engano, a questão da relação da sociologia com o processo de globalização tem merecido um número relativamente pequeno de trabalhos, salvo contribuições expressivas de determinados autores (BHAMBRA, 2014; VES-SURI, 2015; HEILBRON, 2014; ADESINA, 2006; ALATAS, 2003; 2006; CON-NELL, 2007; 2010; ARJOMAND, 2000; KEIM, 2011; 2016).

De modo geral, podem ser distinguidas duas fases no processo de intercâmbio acadêmico internacional nas ciências sociais, destacadamente da sociologia. A primeira compreende o período que se estende da metade do século XIX até o período das duas guerras mundiais. O intercâmbio acadêmico internacional ocorria basicamente por meio de *conferências internacionais* e da *formação de associações científicas internacionais*; duas modalidades de práticas acadêmicas até então inexistentes. Áreas do conhecimento como estatística, antropologia, sociologia e história passaram a organizar encontros internacionais e criar suas respectivas associações científicas internacionais.

O Congresso Internacional de Estatística, organizado entre 1853 e 1876 pelo astrônomo e estatístico Adolphe Quételet, de certa forma antecipou os primeiros encontros internacionais em ciências sociais. As reuniões deste congresso ocorreram regularmente num intervalo de dois ou três anos, propiciando o surgimento do Instituto Internacional de Estatística, em 1883.

Na área de antropologia física e social, os congressos internacionais começaram a ocorrer a partir de 1865, impulsionando a criação do International Congress of Anthropological and Etnological Sciences, em 1934. Essas iniciativas contribuíram para a criação da Associação Internacional de Antropologia, após a Segunda Guerra Mundial. A institucionalização da ciência política e da psicologia seguiu, *mutatis mutandis,* a mesma rota e cronologia da antropologia.

Em 1893, em Paris, René Worms, que possuía formação na área jurídica, criou o Institut Internacional de Sociologie e, no mesmo período, passou a editar a *Revue Internationale de Sociologie.* René Worms conseguiu reunir em seu Instituto Internacional um número considerável de sociólogos europeus e americanos, porém com a notória ausência dos seus congêneres franceses, que trabalhavam em torno de Durkheim e que se opunham à orientação de Worms na sociologia. O Instituto Internacional realizou mais de uma dezena de congressos entre os anos de 1893 e 1937, reunindo um grupo eclético, integrado por juristas e economistas, abordando temas bastante gerais que pouco contribuíram para o avanço e a institucionalização da disciplina (SCHUERKENS, 1996).

De forma geral, esses congressos e associações internacionais tiveram impacto limitado no processo de intercâmbio internacional nas ciências sociais e na sociologia, uma vez que seu escopo de recrutamento de participantes estava circunscrito a poucos países, como Grã-Bretanha, França, Alemanha e, paulatinamente, os Estados Unidos, que monopolizavam as ciências sociais e a sociologia naquele momento. O fato de Durkheim e Max Weber – que viveram na mesma época – desconhecerem seus respectivos trabalhos evidencia a dimensão restrita da internacionalização da sociologia nas primeiras décadas do século XX (TIRYAKIAN, 1966).

A publicação da *Encyclopedia of Social Science*, obra de 15 volumes produzida entre 1930 e 1935, editada pelos economistas americanos Edwin Seligman e Alvin Johnson, e financiada pela Fundação Rockefeller, representou uma iniciativa significativa de cooperação internacional nessa primeira fase. Esse empreendimento contou fundamentalmente com a participação de diversas sociedades científicas norte-americanas – tais como antropologia, economia, história, ciência política, psicologia, estatística, educação – e de cientistas sociais europeus. Esta cooperação de cientistas sociais norte-americanos e europeus, de certa forma antecipou suas presenças dominantes no contexto internacional da produção e difusão de conhecimentos nas ciências sociais.

O segundo período no processo de intercâmbio internacional das ciências sociais e da sociologia se iniciou após a Segunda Guerra Mundial. A Unesco, criada no final de 1946, desempenhou papel importante no incremento desta cooperação, tendo como alvo a criação de uma cultura de paz e de diálogo entre as nações. Sob o auspício da Unesco foram criadas associações disciplinares internacionais, como a Internacional Sociological Association e a International Political Science Association (PLATT, 1998). Seguindo o modelo de organização da ONU de privilegiar as representações nacionais, essas associações internacionais foram constituídas a partir de um pequeno número de associações nacionais que estavam concentradas em alguns países europeus e na América do Norte. A partir do final dos anos de 1960, essas associações permitiram a entrada e a participação de indivíduos em suas atividades, aumentando seu escopo de recrutamento. Com o processo de descolonização que ocorreu nesta época, as nações pós-coloniais também passaram a integrar estas as associações. Ao mesmo tempo ocorreu a entrada de países comunistas do leste europeu. Ou seja, a partir dos anos de 1970, verificou-se uma ampliação significativa da base geográfica das associações internacionais de ciências sociais, particularmente da sociologia que, pouco a pouco, traria repercussões nas discussões teóricas e metodológicas em seu interior. Apesar dessas mudanças, as colaborações internacionais no âmbito da sociologia permaneceram relativamente limitadas (HEILBRON et al., 2009).

Nas últimas décadas do século passado uma constelação de fenômenos ocorridos em distintos planos da sociedade contemporânea se entrelaçou de tal modo que contribuiu para a constituição progressiva de um espaço mundial da sociologia. Isso levou as relações acadêmicas entre as diversas sociologias nacionais a outro patamar, quando comparadas a épocas anteriores. Nesse sentido, vale destacar: o colapso dos regimes comunistas no leste europeu, o surgimento de novos centros econômicos e acadêmicos dinâmicos na Ásia e em outras regiões do hemisfério sul, como também o desenvolvimento de novas tecnologias de comunicação que impulsionou o incremento do intercâmbio de uma diversidade de orientações teóricas e metodológicas no interior da sociologia proveniente de vários países. Também contribuíram para a formação deste novo espaço: a) a forte expansão do ensino superior pelo mundo; b) o adensamento da mobilidade acadêmica internacional; c) a intensificação de debates sobre a disciplina que atravessou as fronteiras nacionais em ritmo veloz; d) a implementação de políticas de ciência e tecnologia empreendidas por diversos países que ocupam posições dominadas no universo acadêmico, visando a alavancar suas respectivas comunidades de pesquisadores. Tudo leva a crer que esses fenômenos criaram uma relação complexa e tensa entre a geração de conhecimentos das diversas sociologias nacionais e este novo espaço transnacional, em que a produção, a circulação e a troca de conteúdo ocorreram concomitantemente.

A partir do final dos anos de 1960, verificou-se uma forte expansão quantitativa do ensino superior em várias partes do mundo. Em 1975, somavam pouco mais de 40 milhões de estudantes; em 1995, superaram a cifra de 80 milhões; em 2000 ultrapassavam 100 milhões de estudantes. Em 2007, segundo dados da Unesco, o total mundial de matrículas atingiu 153 milhões de estudantes, e em 2011 havia 185 milhões de estudantes matriculados no ensino superior no plano internacional (UNESCO, 2013). Nesse contexto, ocorreu a criação e/ou o crescimento de número de cursos de ciências sociais de graduação, mestrado e doutorado em vários países, independentemente de sua relevância acadêmica na sociologia. Com a globalização, o ensino superior não se confinou mais nos limites das sociedades nacionais, mas transbordou para além de suas fronteiras. Isso ocorreu por meio de um processo de desterritorialização, no qual universidades estrangeiras instalaram seus *campi* em outros países ou por meio de cursos on-line ofertados em escala mundial por corporações educacionais, como Laureate e Apollo, aumentando as ofertas de acesso ao ensino superior em diversas regiões do mundo.

Nas últimas décadas, a mobilidade internacional dos estudantes se tornou parte constitutiva das mudanças do ensino superior. Em 1950, existiam 110 mil estudantes que cruzaram as fronteiras de seus países para frequentar universidades estrangeiras. Nos primeiros anos da década de 1970, atingiu-se o número de 500 mil estudantes estrangeiros. A partir dos anos de 1990, houve uma rápida expansão, e no final dessa década registrava-se 1,75 milhão de estudantes. Em 2008, 3,3 milhões de estudantes realizavam seus cursos de graduação e pós-graduação em instituições estrangeiras. Estima-se que, em 2025, esse número se aproxime de 8,2 milhões estudantes (BROOKS; WATERS, 2013). O incremento da mobilidade internacional dos estudantes não deixa de possuir relação com a dimensão micro da globalização – salientada por Turner e Khondker (2010) –, uma vez que ela afeta a construção das subjetividades dos atores sociais. Algumas análises têm destacado que, no contexto da globalização, aflorou um *ethos* cultural que incentiva e valoriza os indivíduos a se movimentarem avidamente em suas vidas privadas e profissionais, incentivando-os a ter novas e desafiadoras experiências em seus distintos campos de atuação (ELLIOT; LEMERT, 2006; RAY, 2007; SCHATTLE, 2008; URRY; ELLIOT, 2010). Ao mesmo tempo, deve-se destacar que os governos de vários países têm criado políticas específicas para intensificar a circulação internacional de seus professores, uma vez que a internacionalização do corpo docente passou a ser considerada aspecto positivo nas avaliações dos *rankings* mundiais sobre as universidades. O resultado tem sido o incremento das relações acadêmicas entre sociólogos de diferentes países (CANTWELL, 2011; MARINGE; FOSKETT, 2010).

O documento *World Social Science Report* (2010) traz informações relevantes sobre a constituição do espaço mundial da sociologia. Este trabalho, que contou com a participação de cientistas sociais destacados como Craig Calhoun, Saskia Sassen, Peter Wagner e Syed Alatas indica que as ciências sociais nos dias atuais, ao contrário de seu início, estão presentes em todas as regiões do mundo nas quais existem sistemas de ensino superior. Neste processo de ampliação mundial, formaram-se associações nacionais de sociologia em uma parte expressiva de países e também organismos regionais, visando a estimular as ciências sociais que ocupam posições periféricas neste espaço transnacional, a saber: Arab Council for the Social Sciences (Acss), Association of Asian Social Science Research Councils (Aassrec), Council for the Development of Social Science Research in Africa (Codesria) e Latin America Council of Social Sciences (Clacso). Simultaneamente passou a ocorrer um maior afluxo de sociólogos em congressos internacionais, como os da ISA, e também em encontros temáticos, como os da Latin American Studies Association (Lasa), atualmente uma das maiores associações científicas transnacionais do mundo, composta por mais de 12 mil sócios, e de instituições provenientes de uma multiplicidade de países dedicadas ao estudo da América Latina. Cada vez mais se observa a formação de redes de investigações integradas por pesquisadores oriundos de diferentes países que trabalham conjuntamente, por um determinado período, em um mesmo objeto, compartilhando fundamentos teóricos e procedimentos metodológicos que tendem a extravasar suas tradições culturais e acadêmicas nacionais. Nesta direção, compartilham ideias comuns, tendem a se reportar às mesmas obras, consultam revistas científicas similares, de tal forma que as diversas sociologias nacionais vêm ultrapassando as fronteiras e atuando progressivamente em outro patamar, numa prática já rotineira no contexto da *global sociological community*, segundo expressão de Piotr Sztompka (2010).

No entanto, o surgimento deste espaço mundial da sociologia apresenta uma estrutura de poder assimétrica, em função da distribuição desigual de recursos materiais e simbólicos entre os diferentes países. A disparidade decorre sob diversas condições de infraestrutura acadêmica disponível em seus países; vale dizer, da qualidade e reputação acadêmica de suas universidades, da capacidade instalada de investigação científica, da disponibilidade de financiamento material, dos recursos humanos para o desenvolvimento de pesquisas e também do reconhecimento social e simbólico dos pesquisadores. Nesse sentido, ocorre uma nítida dominação da produção do conhecimento, de autores, das editoras e das revistas internacionais localizadas em determinados países do Ocidente.

Tomando como referência duas bases de dados, a Ulrich e a Thomson, o trabalho World Social Science Report mostra que existe densa concentração da publicação de artigos em revistas internacionais na área da sociologia na Europa e América do Norte. Essas duas regiões concentram aproximadamente 90% da produção mundial na área. A base de dados da Ulrich abrange um número maior de revistas internacionais. Do total de 6.640 revistas, eles selecionaram 3.046 cujos artigos passam pela revisão de pares. Nesta base de dados, tem-se a seguinte distribuição em termos de participação mundial na publicação de artigos: Europa, 44%; América do Norte, 37%; Ásia, 9%; América Latina, 5%; Oceania, 4%; África, 2,2%; Commonwealth e Estados Independentes, 0,6%. Quando se utiliza a base de dados da Thomson, que trabalha com um número menor de revistas internacionais, a disparidade nos índices se acentua. Nesta base de dados, a Europa responde por 46,1%; a América do Norte, 46,5%; a Ásia 3,7%; a América Latina, 1,3%; a Oceania, 1,9%; a África, 0,4%; a Commonwealth e Estados Independentes, 0,1%.

Os dados mostram o domínio da língua inglesa na circulação das publicações. A base de dados da Ulrich aponta que 85% dos artigos são publicados em inglês, 6% em francês, 5% em alemão, 4% em espanhol, 1,7% em português e o restante em outras línguas. No entanto, quando se utiliza a base de dados da Thomson, verifica-se um crescimento da língua inglesa, com 94,45%; seguindo o alemão, com 2,14%; o francês, com 1,25%; o espanhol, com 0,40%; o português, com 0,08% etc. As traduções de trabalhos também evidenciam uma forte desigualdade entre as regiões. Predomina a tradução de livros publicados em inglês para as línguas vernáculas dos diferentes países. No entanto, poucos trabalhos relevantes realizados em vários países não são traduzidos para a língua inglesa. Isso demonstra que a formação de um espaço transnacional da sociologia tem reproduzido a dominação simbólica e material da América do Norte e da Europa.

No entanto, vários países que ocupam posições dominadas no espaço transnacional das ciências sociais implementaram políticas científicas e tecnológicas – por meio de suas agência de financiamento –, de modo que tornaram algumas de suas universidades atores estratégicos no processo de institucionalização das ciências sociais. No contexto latino-americano, enquanto 90% das instituições de ensino superior oferecem apenas graduação, países como Brasil e Chile introduziram importantes reformas em suas universidades, transformando-as em atores estratégicos no processo de desenvolvimento e institucionalização da sociologia.

Nesses países ocorreu a expansão dos cursos de pós-graduação em várias áreas das ciências sociais e particularmente na sociologia. Ao mesmo tempo, criaram-se agências de financiamento de pesquisa e pós-graduação no México (Conacyt), na Argentina (Conicet) e no Brasil (Capes), que têm possibilitado a construção de uma infraestrutura propícia à atividade de pesquisa e à formação de cientistas sociais com elevada qualificação acadêmica. Ao mesmo tempo, criou-se um conjunto de agências regionais que têm desempenhado um papel relevante no processo de desenvolvimento das ciências sociais na América Latina, tais como Conselho Latino-Americano de Ciências Sociais (Clacso), Faculdade Latino-Americana de Ciências Sociais (Flacso) (VESSURI; LOPEZ, 2010).

O conjunto destas iniciativas situa as ciências sociais destas regiões num nível distinto de qualidade acadêmica quando comparado com décadas anteriores. Indicam também a constituição de um contingente de pesquisadores qualificados, que não apenas estão cada vez mais inseridos no espaço internacional da sociologia, mas que também reivindicam uma posição de destaque no seu interior.

Na mesma direção, a China vem implementando determinadas medidas no ensino superior e na política de ciência e tecnologia para impulsionar o desenvolvimento das ciências sociais e da sociologia em seu interior. Desde 1990, a China vem criando planos específicos para o ensino superior com o objetivo de ocupar posição de destaque no plano acadêmico internacional.

Em 1993, o então Presidente Jiang Zemin anunciou a criação do Projeto 211, que foi implantado nos anos seguintes com uma provisão de fundos da ordem de 20 bilhões de dólares destinados a uma centena de universidades chinesas. A iniciativa objetivava a construção de novas estruturas físicas e a edificação de laboratórios de pesquisa. Posteriormente, em 1998, Jiang Zemin anunciou o Projeto 985, cujo alvo era incrementar dez universidades consideradas as mais importantes academicamente no país, com o propósito de torná-las *world class university*. Entre elas estavam Beijing, Tsinghua, Zhejan, Nanjing, Shanghai, Jiao Tong, justamente as mais expressivas na produção de trabalhos nas áreas de ciências sociais e sociologia (GUO, 2008).

As ciências sociais se beneficiaram destas iniciativas expandindo-se de forma crescente, de tal forma que, no final da década de 2010, existiam 159 departamentos de sociologia nas instituições de ensino superior, com aproximadamente 2 milhões de estudantes. O principal ator, em termos de instituição científica para o desenvolvimento das ciências sociais é o Chinese Academy of Social Sciences (Cass). Os recursos são alocados pela The National Social Science Foundation, criada em 1978 para financiar as atividades dos pesquisadores inseridos nas universidades ou nos institutos de pesquisa. A partir de 1990, esta fundação estava acoplada ao Cass, mas se tornou uma instituição independente ligada ao Conselho do Estado (PING, 2010). Ao mesmo tempo, o governo tem procurado atrair professores estrangeiros qualificados academicamente por meio de fundos financeiros adicionais e docentes chineses que trabalham em centros estrangeiros. A mobilidade internacional de estudantes e de docentes chineses tem contribuído para a circulação do conhecimento sociológico produzido no país e para sua maior visibilidade no espaço transnacional da sociologia contemporânea.

A Índia também tem procurado criar uma infraestrutura acadêmica adequada para o desenvolvimento das ciências sociais e para o desenvolvimento da sociologia, ao mesmo tempo em que busca superar um ensino superior que apresenta crônicas deficiências. Tal como tem ocorrido em determinados países latino-americanos e na China, na Índia o Estado é um dos principais atores no processo de institucionalização da sociologia, uma vez que é o maior provedor de financiamento. O organismo estatal University Grants Comission (UGC) tem desempenhado papel crucial na promoção da investigação em ciências sociais na Índia. Aproximadamente 80 universidades, abarcando 350 departamentos, estão envolvidas com as atividades de ensino e pesquisa em ciências sociais, recebendo subsídios da UGC. Da mesma forma, diferentes organismos governamentais criaram institutos que absorvem e/ou financiam projetos de pesquisa na área de ciências sociais, como o Instituto Nacional de Administração Pública, o Instituto Indiano de Pesquisas Agrícolas, o Instituto Nacional de Ciência e Tecnologia.

Na Índia, nas últimas décadas, organizações não governamentais, bem como institutos de pesquisa e empresas de consultoria privadas, têm sido criadas para conduzir pesquisas com objetivos específicos. No entanto, as universidades e os institutos de pesquisa continuam a ser os principais atores da investigação acadêmica. Essas instituições têm procurado financiamento privado e internacional para subsidiar as atividades em ciências sociais, em função das dificuldades de expansão do financiamento público. Nesse sentido, tem havido um aumento considerável do financiamento internacional. Não apenas na Índia, mas na Ásia do Sul, as ciências sociais têm recebido um aumento no fluxo de fundos de agências multinacionais, como o Banco Mundial, o Banco Asiático de Desenvolvimento, a União Europeia, entre outros.

As breves considerações sobre as políticas científicas que vêm ocorrendo em determinados países latino-americanos, como também na China e na Índia – que certamente poderiam ser estendidas a outras regiões do mundo – colocam em relevo o desenvolvimento da sociologia nessas regiões. Deve-se acrescentar que outros países estão implementando iniciativas acadêmicas na mesma direção, visando a desenvolver suas sociologias nacionais. É possível presumir um incremento de interlocutores qualificados academicamente em regiões que ocupam posição dominada no contexto mundial da sociologia. Ao mesmo tempo, torna-se oportuno ressaltar a renovação geracional no interior da sociologia que vem ocorrendo em escala global. Ao que tudo indica, as novas gerações de sociólogos, ao contrário das anteriores, inserem-se com maior intensidade nos colóquios internacionais e em redes de pesquisas transnacionais, utilizando com maior desenvoltura a língua inglesa nestes intercâmbios. À medida que tendem a estar mais presentes neste novo espaço de atuação da sociologia, transportam as experiências teóricas e empíricas de suas respectivas sociologias nacionais. Dessa forma, contribuem para tornar a matriz do conhecimento sociológico mais complexo, imprimindo maior diversidade de tradições sociológicas na disciplina.

Tudo leva a crer que ao reverberar na sociologia contemporânea o processo de globalização está promovendo um impacto significativo sobre a reconfiguração do seu arcabouço explicativo. Vive-se atualmente um período de forte tensão no interior da sociologia que, de certa forma, relembra a "guerra dos paradigmas" que ocorreu nos anos de 1970 e 1980. A gradativa constituição deste espaço global no qual a sociologia passou a atuar, concomitantemente ao lado das sociologias nacionais, está propiciando o aparecimento de novas abordagens teóricas/explicativas que estão questionando várias conceituações basilares do pensamento social ocidental, como "modernidade", "racionalização", "secularização", "individualização" etc. Vários trabalhos ressaltam que determinados conceitos sociológicos usados de forma recorrente – e até então considerados incontroversos – têm se mostrado problemáticos quando são utilizados de forma mecânica e acrítica em contextos não ocidentais (KNÖBL, 2015; ASHCROFT et al., 2013).

Nesta direção, o pensamento pós-colonial tem exercido papel importante ao ressaltar o caráter particularista de determinados conceitos sociológicos que reivindicavam validade universal, assinalando que suas construções foram elaboradas a partir de relações de forças, exercidas por certas nações ocidentais. No entanto, deve-se ponderar que o pensamento ocidental presente na sociologia e/ou sua tradição clássica não constitui um bloco heurístico homogêneo, mas, ao contrário, comporta diferentes matizes epistemológicas e teóricas. A mesma precaução se aplica ao pensamento pós-colonial, em cujo interior coexiste uma diversidade de visões teóricas.

Considerações finais

Embora a constituição do espaço global venha ganhando fôlego – por meio da intensificação das relações acadêmicas transnacionais –, não se forjou uma teoria única explicativa da sociedade capaz de angariar um consenso entre seus praticantes. A tentativa de levar a cabo este projeto unificador – que direta e/ou indiretamente motivou o trabalho de alguns autores, como Parsons, Bourdieu, Giddens, Habermas e outros – mostrou-se controversa tanto no plano teórico quanto no social, atraindo apenas determinadas parcelas de sociólogos pelo mundo afora. Tudo leva a crer que no presente momento a ambição de dar continuidade à construção de um projeto teórico unificador parece praticamente inviável em função das acirradas tensões derivadas em larga medida pelas relações de poder material e simbólico existentes na sociologia. Desta forma, tanto o pensamento clássico e ocidental quanto as contribuições pós-coloniais – guardadas suas respectivas diferenças internas –, dificilmente conseguirão obter um reconhecimento consensual na sociologia, tanto por motivos sociais como por suas dimensões explicativas unilaterais. Desta forma, torna-se razoável construir canais de comunicação entre elas.

Devido ao caráter multiparadigmático da sociologia nos dias atuais, os sociólogos têm diante de si a incumbência de historicizar de forma recorrente a gênese social das categorias de pensamento, dos conceitos, das teorias, dos procedimentos empíricos; seja do pensamento clássico, seja das correntes contra-hegemônicas. Na ausência desta historização, corre-se o risco de ser manipulado da forma mais insidiosa; ou seja, pela interiorização inconsciente de determinadas categorias conceituais, sem conhecer suas determinações sociais. Nesse sentido, a prática de levar em consideração a história social da sociologia permite explorar o inconsciente científico da disciplina, controlar as adesões emocionais a determinadas vertentes teóricas e criar uma atitude favorável ao diálogo teórico.

No contexto da globalização, a sociologia se depara com forte concorrência da oferta de discursos variados que oferecem explicações sobre a sociedade atual. No plano acadêmico, a sociologia compete com os economistas, autolegitimados pela sofisticação de seus modelos. Também é confrontada pelo meio jornalístico por uma multiplicidade de *experts* e por blogueiros que oferecem explicações sobre o mundo atual com a aparência de seriedade intelectual. Em vez de fomentar um estado belicoso entre pensamento clássico e vertentes contra-hegemônicas etc. – o que pode debilitar o próprio campo da sociologia diante de uma concorrência de disciplinas afins e de outras fontes de informação –, a sociologia deverá se enriquecer como disciplina se souber tirar proveito acadêmico das diversas experiências propiciadas pelo crescente espaço global que vem se constituindo nas últimas décadas.

Referências

ADESINA, J. (2006). Sociology beyond despair: recovery of nerve, endogeneity and epistemic intervention. *South African Review of Sociology*, v. 37, n. 2, p. 241-259.

ALATAS, S. (2003). Academic Dependency and the Global Division of Labour in the Social Sciences. *Current Sociology*, v. 51, n. 6, p. 599-613.

ALATAS, S. (2006). The autonomus, the universal and the future of sociology. *Current Sociology*, v. 54, n. 1, p. 7-23.

ALBROW, M. (1996). *The global age: state and society beyond modernity*. Cambridge: Stanford University Press.

ALBROW, M.; KING, E. (1990). *Globalization, Knowledge and Society*. Londres: Sage.

APPADURAI, A. (1996). *Modernity at Large: cultural dimensions of globalization*. Mineápolis: University of Minnesota Press.

ARJOMAND, S. (2000). International sociology into the new millennium: the global sociological community and the challenge to the periphery. *International Sociology*, v. 15 (1), p. 5-10.

ASHCROFT, B. et al. (2013). *Post-Colonial Studies: The Key Concepts*. Londres: Routledge.

BAUMAN, Z. (1998). *Globalization: the human consequences*. Cambridge: Polity Press.

BECK, U. (1993). *The risk society: towards a new modernity*. Londres: Sage.

BECK, U. (2005). How not to be a museum piece. *The Bristish Journal of Sociology*, 56 (3).

BECK, U. (2006). *Cosmopolitan Vision*. Cambridge: Polity.

BHAMBRA, G. (2014). *Connected Sociologies*. Londres: Bloombury.

BROOKS, R.; WATERS, J. (2013). *Student Mobilities, migration and the internationalization of higher education*. Nova York: Palgrave.

CANTWELL, B. (2011). Transnational Mobility and International Academic Employment: Gatekeeping in an Academic Competition Arena. *Minerva*, v. 49, n. 2, p. 425-445.

CASTELLS, M. (1996). *The Rise of Network Society*. Vol. 1. Cambridge: Blackweel.

CONNELL, R. (2007). *Southern Theory – The global Dynamics of knowledge in Social Science*. Sidnei: Allen & Unwi.

CONNELL, R. (2010). Learning from each other: sociology on a world scale. In: PATEL, S. (org.). *The ISA Handbook of Diverse Sociological traditions*. Londres: Sage.

EAGLETON, T. (1996). *The illusions of postmodernism*. Oxford: Blackwell.

ELLIOT, A.; LEMERT, C. (2006). *The new individualism: the emotional costs of globalization*. Londres: Routledge.

GAREAU, F. (1988). Another type of third dependency: the social sciences. *International Sociology*, (3) 2, p. 171-178.

GENOV, N. (1991). Internationalization of Sociology: The Unfinished Agenda. *Current Sociology*, v. 39 (1), p. 1-19.

GIDDENS, A. (1990). *The consequences of modernity*. Stanford: Stanford University Press.

GUO, W. (2008). The quest for world class in China: critical reflections. *Policy Futures in Education*, v. 6, n. 5, p. 545-557.

HARVEY, D. (1990). *The condition of posmodernity*. Oxford: Blackwell.

HARVEY, D. et al. (2009). Internationalisation des sciences sociales: les leçon d'une histoire transnationale. In: SAPIRO, G. (org.). *L'espace intellectual en Europe: de la formation des étas-nations à la mondialisation: XIX-XX siècle*. Paris: La Découverte.

HEILBRON, J. (2014). The social sciences as an emerged global field. *Corrent Sociology*, v. 62 (5), p. 685-703.

HSU, E. (2010). Social Theory and globalization. In: ELLIOT, A. (org.). *The Routledge Companion to Social Theory*. Londres: Routledge.

KEIM, W. (2001). Counterhegemonic currents and internationalization of sociology. *International Sociology*, v. 26 (1), p. 123-145.

KEIM, W. (org.) (2016). *Global knowledge Production in the social sciences*. Londres: Routledge.

KNÖBL, W. (2015). Reconfigurações da teoria social após a hegemonia ocidental. *Revista Brasileira de Ciências Sociais*, v. 30 (87), p. 5-17.

KUHN, M.; WEIDEMANN, D. (orgs.) (2010). *Internationalization of the Social Sciences: Asia Latin America Middle East Africa Eurasia*. Bielefeld: Transcrip.

IANNI. O. (1992a). *A sociedade global*. Rio de Janeiro: Civilização Brasileira.

IANNI. O. (1992b). *Teorias da globalização*. Rio de Janeiro: Civilização Brasileira.

KIM, T. (2009). Transnational academic mobility, internationalization and interculturality in higher education. *Intercultural Education*, v. 20, n. 5, p. 395-405.

KIM, T.; LOCKE, W. (2010). *Transnational academic mobility and the academic profession – Centre for Higher Education Research and Information*. Londres: The Open University.

LEMERT, C. (2015). *Globalization: an introduction to the end of the known word*. Londres: Paradigm.

LEVITT, T. (1983). The globalization of the markets. *Havard Business*, n. 83 (13).

MARINGE, F.; FOSKETT, N. (orgs.) (2010). *Globalization and internationalization in higher education: theoretical, strategic and management perspectives*. Londres: Continuum International.

MARTEL, L. (2010). *The Sociology of Globalizations*. Cambridge: Polity.

MOORE, W.E. (1996). Global Sociology: The World as a Singular System. *American Journal of Sociology*, v. 71, n. 5, p. 475-482.

O'BYRNE, D.; HENSBY, A. (2011). *Theorizing Global Studies*. Nova York: Palgrave.

OHMAE, K. (1990). *The Borderless World: power and strategy in the interlinked economy*. Londres: Collins.

OHMAE, K. (1994). *The end of Nation-States*. Nova York: Free.

OHMAE, K. (2005). *The Next Global Stage: the challenges and opportunities in our borderless world*. Pitesburgo: Warton School.

ORTIZ, R. (2000). *Mundialização e cultura*. São Paulo: Brasiliense.

OWEN, D. (1997). *Sociology after postmodernism*. Londres: Sage.

PATEL, S. (org.) (2010). *The ISA Handbook of Diverse Sociological traditions*. Londres: Sage.

PING, H. (2010). The status of the social sciences in China. *World Social Sciences Report: Knowledge Divides*. International Social Science Council/Unesco.

PLATT, J. (1998). *History of the (ISA) International Sociological Association*. Montreal: Université de Québec.

RAY, L. (2007). *Globalization and evereday*. Londres: Routledge.

RIEDMAN, T. (2005). The world is Flat: a brief history of the twenty-firt-century. Nova York: Straus and Girouz.

RITZER, G. (1993). *The MacDonaldization of Society*. Londres: Sage.

ROLAND, R. (1992). *Globalization: Social Theory and Global Culture*. Londres: Sage.

SANTOS, M. (1994). *Técnica, espaço, tempo: globalização e meio técnico-científico internacional*. São Paulo: Hucitec.

SANTOS, M. (2000). *Por uma outra globalização: do pensamento único à consciência universal*. Rio de Janeiro: Record.

SASSEN, S. (1991). *The Global City*. Princeton: Princeton University Press.

SASSEN, S. (1998). *Globalization and its Discontents: Essays on the New Mobility of People and Money*. Nova York: New Press.

SASSEN, S. (2007). *A Sociology of Globalization*. Nova York: W.W. Norton.

SCHATTLE, H. (2008). *The practice of global citizenship*. Nova York: Rowman & Littlefield.

SCHUERKENS, U. (1996). Le Congrés de l'Institut International de sociologie de 1894-1937 et l'internationalisation de la sociologie. *Revue Internationale de Sociologie*, n. 6 (4), p. 7-24.

SKLAIR, L. (1991). *Sociology of the Global System: social change in global perspective*. Baltimore: The Johns Hopkins University Press.

TIRYAKIAN, E. (1966). A problem for the sociology of knowledge: the mutual unawareness of Émile Durkheim and Max Weber. *Archives Européennes de Sociologie*, n. 7, p. 330-336.

TURNER, B. (2007). The enclave society: towards a sociology of immobility. *European Journal of Social Theory*, v. 10, n. 2, p. 287-303.

TURNER, B.; KHONDKER, H. (2010). *Globalization: east and west*. Londres: Sage.

UNESCO (2013). *Institute for Statistcs Online Publication*. Montreal.

URRY, J.; ELLIOT, A. (2010). *Mobile Lives*. Oxford: Routledge.

VESSURI, H. (2015). Global social science discourse: a southern perspective on the world. *Current Sociology*, v. 63 (2), p. 297-313.

VESSURI, H.; LOPEZ, M. (2010). Institutional aspects of the social sciences in Latin America. *World Social Science Report.* Paris: International Science Council Unesco.

WORLD SOCIAL SCIENCE REPORT (2010). *International Science Council.* Paris: Unesco.

ZTOMPKA, P. (2010). One Sociology or Many? In: PATEL, S. (org.). *The ISA Handbook of Diverse Sociological traditions.* Londres: Sage.

17
Modernidades múltiplas

Carlos Eduardo Sell

Introdução

Max Weber foi o autor da geração clássica da sociologia cujo interesse em explicar a especificidade do racionalismo na sua versão ocidental e moderna o levou a construir uma heurística comparativa, descentrando, em grande medida, seu olhar sociológico. Em Weber a definição da modernidade não resulta apenas de fatores endógenos, mas surge conscientemente de um complexo jogo de aproximações e distanciamentos com realidades culturais distintas, em especial a China e a Índia do período clássico. Seus estudos comparativos entre a civilização ocidental e as religiões asiáticas antecipam o que ocorre na sociologia contemporânea, hoje tão preocupada em romper as barreiras epistemológicas do nacionalismo metodológico e a concentração da análise empírica no horizonte do mundo atlântico. Longe de tomar regiões geográficas como unidades de análise, a investigação weberiana se destaca pela capacidade de eleger critérios teóricos comparativos e, a partir daí, propor tipos-ideais de análise. Sua metodologia de análise é, portanto, inspiradora e fornece *insights* importantes para o aprofundamento dessa tarefa. De suas bases emergiu a teoria da "multiplicidade da modernidade", objeto principal deste capítulo.

Weber entendeu claramente que pensar além de seu próprio mundo cultural envolve, antes de tudo, assumir o fato de que tal observação se faz sempre a partir de um lugar hermenêutico. E ele sabia exatamente qual era seu contexto ou horizonte de observação. Logo no primeiro parágrafo da *Observação preliminar* [*Vorbemerkung*] escrita para os seus *Ensaios reunidos de sociologia da religião*, ele dirá:

> O filho do moderno mundo cultural europeu que trata de problemas histórico-universais deve lidar, inevitável e justificadamente, com o seguinte problema: qual encadeamento de circunstâncias levou a que somente no solo do Ocidente, e apenas aqui, surgissem fenômenos culturais que – pelo menos como gostamos de representá-los – permanecem

em uma direção de desenvolvimento de significado e validez universais? (WEBER; GARS, v. I, p. 1).

Esse filho do moderno mundo cultural europeu também sabia muito bem que esta civilização gostava de representar a si mesma como dotada do caráter da universalidade. Ele foi muito cuidadoso ao lidar com esse fato, distinguindo o universalismo como um aspecto a ser analisado e como algo imaginado (uma pretensão). Lida com cuidado, a passagem indica que Weber tem consciência da duplicidade na qual a questão está posta, pois ele diferencia entre a dimensão empírica [*Bedeutung*/Significado] e a dimensão normativa [*Gültigkeit*/Validade], esmerando-se em não misturá-las. Weber não nos oferece nenhuma justificativa que pretende legitimar os aspectos ideológicos de tal representação, o que não quer dizer que ele negue os valores universais contidos no projeto normativo da modernidade. Mas o foco de seu estudo é outro: tudo o que ele quer é, entre outras coisas, explicar como e porque a modernidade ocidental seguiu, de forma contingente, determinadas trilhas históricas.

Por essa razão, Max Weber representa, em relação à geração fundadora da sociologia, uma visão contingente e relativamente descentrada do moderno que antecipa potencialmente o giro global atualmente em voga nas ciências sociais. É a partir de seu legado, focado essencialmente em comparações culturais, que nasceu a teoria das *modernidades múltiplas*. Para entender as bases dessa teoria, a primeira parte do capítulo retoma os estudos weberianos sobre as religiões mundiais, destacando suas particularidades e potencialidades. O tópico seguinte descreve a retomada desse legado no campo da sociologia e coloca em evidência as diferentes releituras do modelo weberiano de análise histórico-comparativa. A teoria da multiplicidade da modernidade possui uma variante cultural e outra institucional, cujas diferenças, bem como contribuições para o debate sobre a natureza universal e particular da modernidade, serão analisadas na segunda parte do capítulo.

1 Weber e o improvável Ocidente

Em seus famosos *Ensaios reunidos de sociologia da religião*, Max Weber mergulhou no estudo de civilizações que tanto aproximam quanto se diferenciam da experiência ocidental-europeia. Neste estudo ele comparou a trajetória europeia com dois complexos culturais diferentes (China e Índia clássicas), ao mesmo tempo em que foi buscar as raízes últimas do Ocidente no judaísmo antigo (SCHLUCHTER, 1981). Essa análise, ainda que centrada na religião, nunca deixou de equilibrar, sem qualquer determinismo, fatores materiais e ideias, não recaindo nem no materialismo economicista e nem no idealismo culturalista (SCHLUCHTER, 2014).

Dois são os fatores basilares dessa análise:

1) No âmbito material dos interesses. Consideram-se as camadas sociais mais importantes dessas civilizações (que, por sua vez, podem ser positiva ou nega-

tivamente privilegiadas, além de tenderem mais para a vida ativa ou contemplativa).

2) No âmbito simbólico das ideias. Trata-se de indagar se as representações religiosas destas culturas são mais ativas (racionalidade prático-ascética) ou mais contemplativas (racionalidade mística) e se elas possuem uma orientação positiva ou negativa no que tange a relação entre o divino e o humano.

Emerge, assim, um sofisticado modelo comparativo, no qual podemos identificar três grandes complexos socioculturais, cada um deles marcado por diferentes formas de racionalidade: (i) o *racionalismo da adaptação ao mundo* (confucionismo e taoismo), (ii) o *racionalismo da fuga do mundo* (hinduísmo e budismo) e o (iii) *racionalismo da dominação* do mundo que herdamos da civilização judaico-cristã, conforme o esquema a seguir:

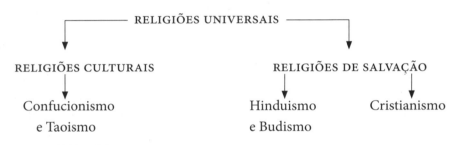

Fonte: Schluchter, 2014, p. 94.

A análise weberiana nunca afirmou que o racionalismo ou a racionalidade são exclusividades ocidentais, reservando para os demais modos de ser-no-mundo o título de experiências inferiores ou deficitárias, o que não quer dizer que ele deixou de reconhecer a pretensão universalista do modo de agir que está na base da cultura ocidental. Tal pretensão, aliás, não está ausente do budismo, também ela uma religião universalista. Mas, para ele, é o racionalismo da dominação do mundo e o modo de agir que lhe é afim – a racionalidade de meios e fins –, que está na base do modo próprio de ser do Ocidente moderno, incluindo suas instituições fundamentais, como o capitalismo racional, a burocracia estatal, a contabilidade, a ciência, a técnica moderna, o direito formal, a música acordeônica, o protestantismo ascético, a moral abstrata do dever, a arte como fruição do belo, e assim por diante. Cada um destes fenômenos acima materializa o racionalismo da dominação do mundo, modo pelo qual nós, como indivíduos ocidentais, nos situamos diante da vida e conferimos sentido à realidade.

Fundamental é observar que o esquema conceitual adotado por Weber não parte da contraposição essencialista e dualista entre Ocidente e Oriente (*the West and the Rest*): o modelo weberiano não é *topo*lógico, mas *tipo*lógico e adota uma complexa combinação de critérios. Seguindo-se a reconstrução proposta por

Schluchter, Weber diferencia três grupos de religiões: as religiões mundiais [*Weltreligionen*], as religiões culturais [*Kulturreligionen*] e as religiões de salvação [*Erlösungsreligionen*]. O primeiro critério é quantitativo, pois, como Weber mesmo explicou, trata-se de considerar na análise apenas aquelas religiões que possuem um grande número de seguidores: o cristianismo, o budismo, o hinduísmo, o islamismo e, dada sua importância história para a modernidade europeia, apenas uma exceção: o judaísmo antigo. Mais fundamental, contudo, é o segundo critério, de caráter qualitativo, que introduz um elemento de distinção entre as religiões mundiais a depender do diferente peso da dimensão ética nesses sistemas. É sob este prisma que Weber considera suas semelhanças e seus contrastes. Dessa forma o que temos é, de um lado, uma religião cultural (o confucionismo) na qual a tensão religião/mundo fica reduzida ao mínimo (WEBER, 2016) e, de outro, dois tipos de religiões de salvação que acentuam a tensão entre a realidade mundana e a supramundana: no modelo puritano, a exigência ética que resulta da subordinação do secular ao religioso é canalizada na direção do ativismo intramundano, e no caso do budismo, esse contraste é resolvido com ênfase na contemplação supramundana. Note-se que o modelo de Weber é multidimensional e contempla, de um lado, as afinidades entre religiões ocidentais e orientais e, de outro, as diferenças entre elas. Portanto, realidade asiática não é concebida por Weber de forma homogênea, pois ele distinguirá aí entre uma orientação claramente intramundana e outra extramundana. Como se vê, não é o corte transversal Ocidente-Oriente que serve de fundamento à análise weberiana, pois ambas as realidades podem ser aproximadas e diferenciadas dependendo de uma complexa combinação de critérios.

Mesmo em relação ao contexto moderno e Ocidental, o olhar de Weber não se limitou apenas à experiência europeia e menos ainda germânica. Dois países, situados em diferentes regiões continentais e, principalmente, em uma relação ambivalente com a modernidade europeia, mereceram uma particular atenção do pensador. De um lado, sabemos o quanto a viagem realizada por Weber aos Estados Unidos (em 1904) marcou sua reflexão sociológica, em particular no seu estudo sobre a gênese do *ethos* profissional e sua admiração pela democracia plebiscitário-presidencialista. Papel semelhante ocupará a Rússia em suas análises políticas (a partir de 1905), levando-o a concluir pela contingência das relações entre liberdade, democracia e capitalismo. Impressiona como Weber, ainda no início do século XX, já foca sua atenção justamente naquelas que serão as duas grandes superpotências do pós-Segunda Guerra.

Mas quais as implicações do fato de que Weber procura entender outras culturas – tanto do passado quanto do presente – a partir de seu horizonte de filho da moderna cultura europeia? Tratar-se-ia de uma análise eurocêntrica? Essa é uma questão importante, mas ao indicar para os "usos e abusos do eurocentrismo", Johan Arnason (2003) nos convida a um olhar cuidadoso em torno dessa categoria. Quando mal entendida, a condição eurocêntrica resvala facilmente para um uso moralizante e um veto político e não para a compreensão de que um horizonte hermenêutico determinado é condição inescapável de qualquer reflexão. A tese de que o pensamento possui sempre um lugar a partir do qual a realidade é apreendida pertence à tradição constitutiva do pensamento filosófico e social *ocidental*. O eurocentrismo é, antes de tudo, uma indagação desse complexo cultural sobre si mesmo e constitui uma ampliação da autorreflexividade *crítica* que a acompanha e a constitui: o eurocentrismo é, paradoxalmente, também um produto eurocêntrico. O círculo hermenêutico, por sinal, não constitui, em princípio, impedimento para a aproximação ao real e não implica assumir conclusões relativistas. Nestes termos, a questão não é nova e ela já acompanha a exegese weberiana que se intensifica em meados dos anos de 1970.

Tal indagação não escapou, por exemplo, de Jürgen Habermas, cujo notável capítulo dedicado a Weber em sua teoria da ação comunicativa (HABERMAS, 1981) é tributário do papel ambivalente que a vertente crítica reserva para o pensamento weberiano: ora ele é criticado pelo teorema do controle dos julgamentos de valor[1] e pelo seu suposto compromisso com a racionalidade capitalista/instrumental, ora ele também é valorizado pela dimensão potencialmente crítica contida em seu diagnóstico da perda de sentido e da perda de liberdade. Tal leitura, contudo, não deve obscurecer o fato de que o conceito "razão instrumental" (*instrumentelle Vernunft*), cunhado por Max Horkheimer, com sua ênfase nos "meios", não é totalmente similar ao que Weber denomina "racionalidade de fins" (*Zweckrationalität*), e não de meios. Esse pequeno pormenor terminológico já nos sensibiliza para a peculiaridade com a qual Weber foi inserido na tradição da Escola de Frankfurt e nos deixa precavidos diante de sua inadvertida transformação em teórico crítico *avant la lettre*.

Ainda que peculiar, a chave crítica que Habermas aplica a Weber lhe permite captar um dado da maior importância. Para ele, Weber descreve empiricamente a experiência ocidental como uma *forma particular* de vida e é apenas no plano normativo que ele assume as pretensões universais dos valores da modernidade. Dessa forma, Habermas não perde a sensibilidade para o caráter contingente com o qual Weber descreve empiricamente a gênese da modernidade em sua versão europeia: também ela é uma particularidade, qual seja, uma versão possível, mas não necessária, de viver socialmente. É claro que Weber aceita e adota os valores modernos (liberdade, democracia, justiça, igualdade, tolerância etc.), mas até mesmo aí, segundo Habermas, não deixa de haver certa reserva relativista. Tais reservas devem-se ao fato de que Weber tem consciência da seletividade das instituições modernas, nas quais um modo específico de institucionalização da raciona-

---

1. O termo alemão *Werturteilfreiheit* é de difícil tradução e, a meu ver, a expressão "neutralidade axiológica não expressa adequadamente seu significado. Em nenhum momento Weber se utiliza do termo "neutralidade". Literalmente, o que temos aqui é a combinação de três termos: *Wert*/valor + *Urteil*/ julgamento + *Freiheit*/liberdade. Uma tradução aproximada seria "liberdade frente a julgamentos de valor".

lidade (em especial, no capitalismo e na burocracia) entra em contradição e bloqueia suas potencialidades. É justamente nesta última dimensão que reside – pelo menos na perspectiva frankfurtiana – a dimensão crítica de seu pensamento. Pelas lentes de Habermas resulta claro que, longe de mera apoteose do moderno, a relação de Weber com a modernidade não está isenta das preocupações com seus limites e contradições. Não se trata de nenhuma celebração, mas de um olhar crítico. Mas, em relação as demais culturas e civilizações, Weber não realizada nenhuma julgamento valorativo. No plano do dever ser, Weber coloca a modernidade em confronto apenas consigo mesma e ele não a utiliza como parâmetro para emitir julgamentos em relação a outros contextos culturais.

Enquanto Habermas, como era de ser esperar de um representante da teoria crítica, está mais preocupado com o plano dos valores, Wolfgang Schluchter (2005, p. 144) prefere prestar atenção ao plano estritamente metodológico, no qual, por sinal, ele é um dos especialistas mais reconhecidos. Embora em seus trabalhos iniciais o intérprete (SCHLUCHTER, 1981) ainda empregue uma plataforma interpretativa calcada no evolucionismo moral de Piaget e Kohlberg, seus escritos posteriores passaram a enfatizar sempre mais os elementos intrinsecamente kantianos da sociologia de Weber (SCHLUCHTER, 1989). Nessa pista, ele mostrou que o método sociológico weberiano começa no nível microssociológico da ação social, avança até o nível macrossociológico das relações e ordens sociais, até chegar ao plano mais vasto da cultura (modelo de múltiplos níveis ou ação/ordem/cultura).

Colocando no centro da teoria weberiana da modernidade a problemática da racionalização, Schluchter também supera visões do conceito de racionalidade que tendem a interpretá-la de forma unilateral, ora reduzindo-a à díade racionalidade formal/material (BRUBAKER, 1984), ora acentuando apenas a tipologia racionalidade teórica/prática (HABERMAS, 1981), ou ainda propondo terminologias alternativas que não respeitam os escritos de Weber[2]. Por essa via, ele demonstrou que o conceito weberiano de racionalidade é múltiplo e está organizado em diferentes níveis que, começando na escala microssocial (*Zweckrationalität* e *Wertrationalität* ou racionalidade de fins e racionalidade valorativa) avançam até o nível das estruturas sociais (*formale Rationalität* e *materiale Rationalität*) até atingir o plano cultural das ordens de sentido (*theoretische Rationalität* e *praktische Rationalität*). Completando o quadro, o intérprete resgatou também os elementos de uma teoria moral weberiana que, a partir da contraposição entre ética da convicção [*Gesinnungsethik*] e ética da responsabilidade [*Verantwortungsethik*], desemboca em um modelo que ele denomina de ética da responsabilidade formal. Rejeitando, portanto, interpretações que, seja pela via da homologia ou pela via biográfica,

---

2. Donald Levine (1981), p. ex., fala em racionalidade *instrumental, conceitual, substantiva* e formal. Kalberg (1980), por sua vez, em racionalidade teórica, prática, formal e *substantiva* (em vez de material). Tais modificações, a meu ver, produzem mais confusões do que esclarecimentos (cf. SELL, 2012).

sustentam ser a sociologia weberiana de matriz nietzscheana, demonstra que, ao contrário, de ponta a ponta (começando pela epistemologia, passando pelo método, até chegar às suas concepções éticas), o pensamento weberiano constitui uma sociologia de orientação kantiana[3].

Analisando os escritos weberianos sobre as religiões mundiais, Schluchter entende que em Weber podemos até encontrar um *eurocentrismo analítico*, mas não um *eurocentrismo normativo*. Weber mantém rigidamente separados os níveis do ser e do dever-ser e concentra todo seu trabalho na reconstrução da gênese e da especificidade *histórico-empírica* da cultura ocidental. Retomando a passagem da *Vorbemerkung* que já citamos acima, Schluchter destaca que a pretensão de universalidade que a cultura europeia reivindica para si mesma é um ponto de partida inevitável da pesquisa e que analisar essa representação ("como muitos de nós gostam de imaginar") não poderia ficar de fora de uma investigação que pretende justamente entender a natureza desta cultura. Conclusão dessa premissa é que a reflexão weberiana está longe de ser uma tentativa de justificação ideológica [*Geltung*] do universalismo ocidental, pois é tão somente uma tentativa de compreensão e explicação do processo de gênese dessa experiência sociocultural, aí contido o modo como ela mesmo se concebe: seu universalismo, portanto, torna-se autorreflexivo. Weber dirige-se a outros círculos culturais tendo apenas esse interesse cognitivo em vista e é nesta dimensão epistemológica que se situa o seu eurocentrismo, mas ele é apenas, para insistir novamente, de caráter heurístico, nunca valorativo. Ou, nas palavras de Schluchter (2005, p. 145):

> Esses estudos, portanto, não pretendem ser análises completas de culturas, mesmo que breves. Pelo contrário, eles procuram destacar propositadamente em cada cultura aqueles aspectos nos quais diferia e difere da civilização ocidental. Orientam-se, pois, definitivamente para os problemas que parecem importantes para a compreensão da cultura ocidental deste ponto de vista.

Isso não significa que Schluchter não seja sensível ao descentramento que, no interior dessa tarefa analítica, Weber logra alcançar. De fato, podemos diferenciar no interior da heurística weberiana duas dimensões que não se confundem, a saber, *interesse cognitivo* e *procedimento metodológico*. Portanto, em termos dos seus interesses, Weber permanece centrado no Ocidente e ele discute outras culturas apenas como meios para entender seu próprio mundo. Não devemos ler os imensos escritos de Weber sobre as religiões da China e da Índia como estudos históricos ou etnográficos que pretendem descrevê-las tal como elas são. Elas são um recurso comparativo que serve a Weber como mecanismo de contraste e é

---

3. Diferente de Marx, em que encontramos um *hegelianismo sociológico* e distintamente de Durkheim, que elabora um *kantianismo sociológico* (sociologização de Kant), Schluchter (2009) entende que o pensamento weberiano é *kantianamente orientado*; ou seja, Kant não é substituído (*Ersatz*), mas complementado.

apenas nesta medida que ele se interessa por elas. Tais civilizações não são estudadas como fins em si, mas apenas como meio para alcançar um outro objetivo: a compreensão da modernidade naquilo que ela tem de singular. Portanto, se quanto ao interesse cognitivo até pode ser correto afirmar que abordagem de Weber é eurocêntrica, é na dimensão metodológica que se localiza o potencial cosmopolita de sua sociologia. Dada as tarefas e desafios postos atualmente para a sociologia, tais elementos revestem-se de particular interesse e riqueza.

Fruto de seu tempo e de seu lugar no mundo, o horizonte cultural de Weber é uma condição inescapável, mas também é relativo e, dada a época, surpreende pelos seus componentes cosmopolitas e globais, sem paralelos. Ao contrário dos outros autores da geração fundadora da sociologia, Weber não definiu o moderno exclusivamente em relação à sua gênese intraeuropeia, como realizou Durkheim com sua tipologia mecânico/orgânico ou mesmo Marx com sua sequência evolutiva de modos de produção, autor que, por sinal, reservou para as realidades extra*ocidentais* um único e compacto conceito analítico: o modo de produção asiático[4]. Não surpreende, pois, que algumas das vertentes inspiradas nestes clássicos concebam a mundialização da experiência moderna recorrendo à ideia de sistema, ora pensado como *sistema-mundo* (Immanuel Wallerstein), ora como sociedade *mundial* (Niklas Luhmann). Tais escolhas analíticas revelam que a herança universalista da qual são tributárias acabam acentuando os elementos homogeneizantes do processo de diversificação do moderno. Em Weber, ao contrário, a dimensão comparativa estará no centro da análise e a determinação do corte entre o tradicional e moderno inclui, ainda, uma segunda dimensão analítica, pela qual o moderno é determinado *conscientemente* em suas semelhanças e diferenças em relação a complexos culturais não apenas *extraeuropeus*, mas também *extraocidentais*: o moderno surge tipologicamente a partir da articulação consciente entra tradição/modernidade (perspectiva intragenética) e modernidade/não moderno (perspectiva extra/comparativa). Há sempre uma duplicidade no pensar weberiano que busca integrar procedimentos diacrônicos e sincrônicos.

Dadas tais escolhas, Weber não concebe a gênese e o caráter do Ocidente como necessidade histórica, cuja causa *eficiente* é um desdobramento dos constrangimentos da complexidade social (Durkheim/Luhmann) ou cuja causa *final* é remetida a um télos imanente na história e que nos conduz em direção previsível (Marx/Wallerstein). Na perspectiva da multiplicidade de fatores adotada por We-

---

4. É por essa razão que todos os zelosos esforços para coletar as menções *empíricas* que Marx faz a países ou contextos fora da Europa (TIEBEL, 2018) não escondem os limites *teóricos* da sua análise na qual, por sinal, o evolucionismo é claramente assumido. Em trecho célebre do primeiro prefácio de *O capital* (1867), podemos ler: "intrinsecamente, a questão que se debate aqui não é o maior ou menor grau de desenvolvimento dos antagonismos sociais oriundos das *leis naturais* da produção capitalista, mas estas leis naturais, estas tendências que operam e se impõem com *férrea necessidade*. O país mais desenvolvido não faz mais do que representar a imagem futura do menos desenvolvido" (MARX, 1994, p. 5; itálicos meus). Por sinal, a admiração de Marx, por Darwin, é bastante conhecida.

ber, a realidade ocidental e moderna é fruto de uma combinação de circunstâncias, quer dizer, é contingente. Não se trata de mero acaso, pois todo esforço de Weber consistiu em identificar os fatores que operaram a seleção e exclusão das alternativas vigentes e que explicam, para citar Luhmann, que algo é assim, mas também poderia ter sido ou ainda pode ser diferente.

2 A multiplicidade da modernidade

O conceito *modernidade* – ainda que não seja utilizado no discurso sociológico dos clássicos – é hoje um termo padrão e nos reporta para as grandes narrativas que os fundadores da sociologia fizeram de nossa época. Como aponta Giddens (1991), replicando a consciência ocidental-europeia, a sociologia entendeu o estatuto do tempo presente com uma ruptura e esforçou-se por identificar as forças motrizes e caracterizar as descontinuidades que moldam esta forma de experiência social. Também Max Weber insere-se neste contexto, colocando-se como pergunta entender o grau e a direção, bem como as origens e as peculiaridades do racionalismo ocidental. Tal análise comporta dois movimentos analíticos. Em sua dimensão *intracultural*, ele buscou rastrear as *origens* do processo de racionalização e de desencantamento do mundo (PIERUCCI, 1994), começando pelo judaísmo antigo até chegar ao protestantismo ascético. Esse mesmo movimento se desdobra na caracterização das esferas de valor, ordens sociais e poderes de vida do mundo moderno e sua peculiar antinomia entre a racionalidade formal e material. Na sua dimensão *intercultural*, por sua vez, trata-se de *caracterizar* o Ocidente em sua especificidade através de uma análise comparativa entre as grandes religiões do mundo. Por essa razão podemos afirmar que a teoria weberiana da modernidade é sempre dual e se preocupa em captar, de forma articulada, o processo de formação e as peculiaridades da racionalidade *ocidental* e *moderna* (SELL, 2013).

Atualmente, essa, e as demais ontologias do tempo presente estão confrontadas com o enorme desafio de repensar suas categorias à luz do giro cosmopolita da sociologia. Há hoje uma tendência generalizada que, recorrendo a conceitos distintos, como sociedade mundial (Luhmann), cosmopolitização (Beck), Estado pós-nacional (Habermas), globalização (Giddens), sistema-mundo (Wallerstein), modernidade global (Dirlik), pós-colonialismo (Chakrabarty), modernidades entrelaçadas (Randeria), entre outras, busca entender a interconexão entre a dimensão global, nacional e local da realidade social. Apesar dessa variedade, todas estas vertentes entendem que o nacionalismo metodológico precisa ser repensado em função do globalismo metodológico. Reflexo dessa mesma realidade, a imaginação sociológica se expande para além de suas origens europeia-ocidentais, descentrando e pluralizando suas perspectivas de análise: a ascensão do ocidente (*Rise of the West*) é hoje revista em função dos processos de entrelaçamento em nível global. Longe de considerar essa realidade como obstáculo, dois autores de inspiração weberiana viram nela uma oportunidade para formular um novo entendimento da situação presente. A primeira delas, apresentada por Shmuel Eisenstadt (2001), toma como referência a sociologia *cultural* das religiões de Weber. A segunda, que vem sendo desenvolvida por Tomas Schwinn, sem desconsiderar esse legado, explora outra via, desta feita recorrendo à sociologia *estrutural* das esferas de valor, ordens sociais e poderes de vida de Max Weber. Ambos nos oferecem duas teorias possíveis que, à luz de Weber, podemos fazer da realidade global contemporânea.

2.1 Variações culturais do moderno

Em se tratando de uma sociologia em perspectiva global, Max Weber praticamente não tem rivais na sociologia clássica, pois longe de analisar a modernidade europeia apenas a partir de si mesma e de suas raízes endógenas, seja como sucessão de modos de produção (Marx) que se expandem mundialmente (Imanuel Wallerstein), seja ainda como evolução para formas mais complexas e diferenciadas de vínculo social (Durkheim) que se universalizam (Niklas Luhmann), ele procurou descentrar sua análise determinando a especificidade do racionalismo ocidental de *modo comparativo*. Racionalizações, diz Weber, existiram em todas as culturas, o que nos coloca diante do problema de identificar as origens e determinar a peculiaridade da forma ocidental de racionalismo.

É a partir dessa ampla e complexa moldura conceitual que o sociólogo Shmuel Einsenstadt (2001; 2010) desenvolveu sua teoria da *multiplicidade da modernidade*. Ele argumentou que o esquema de Weber tinha localizado na história a emergência de uma primeira *era axial*, representada pela dualidade entre o transcendente e o imanente. Fruto dessa tensão básica emergiram diferentes religiões mundiais, cada uma delas perseguindo uma via singular de resolução da tensão entre a dimensão normativa do sagrado e a dimensão prática do profano e suas instituições. Enquanto a civilização indiana vem marcada pela ênfase na dimensão supramundana (mística), coube à civilização judaico-cristã – de caráter monoteísta – o acento na dimensão prática da vida (ascética). No entanto, diferente da análise que Weber fez da China clássica, na qual ele viu apenas uma religião civil de afirmação da ordem eterna – o princípio do *Tao* –, Eisenstadt (2001) entendeu que, neste caso, o que existe é uma sacralização da própria estrutural social. Nesta revisão, ele acompanha a tendência que hoje se consolidou com a chamada *Global History*, que busca reavaliar a história social da civilização chinesa. É o que faz também Kenneth Pomeranz (2000) que, ao constatar similaridades entre as condições econômicas da China e da Inglaterra no século XVII, contesta a tese de que a Revolução Industrial europeia se deve a causas exclusivamente endógenas. A segunda potência emergente do século XXI, já tratada por Weber, portanto, encontra-se no centro das discussões históricas e sociológicas contemporâneas.

Na mesma linha de Weber, Einsenstadt (1986) interpretou a ordem social moderna como uma *segunda era axial*, cuja marca central é a autonomização da dimensão mundana em relação à dimensão religiosa. Esse processo de secularização está na origem de um programa cultural assentado na reflexividade e no qual as identidades sociais e políticas são pensadas como criações e recriações humanas. Mas, diferente de Weber, ele observou que o projeto cultural da modernidade, no seu processo de expansão global, na qual a violência do colonialismo e do imperialismo não estão ausentes, foi sendo continuamente remodelado pelas elites políticas e sociais. É daí que nascem diferentes expressões do moderno, como é o caso das civilizações anglo-americana e ibero-americana e, num segundo momento, já fora da órbita ocidental, a incorporação do modo de ser moderno em outras civilizações axiais ou mesmo não axiais (caso, em especial, do Japão). É nesse sentido, portanto, que podemos falar em "múltiplas *modernidades*" ou, para acentuar sua dimensão unitária, da "*multiplicidade* da modernidade".

Através da sua releitura de Weber, separando os conceitos de modernidade e Ocidente, Einsenstad visava contrapor-se à teoria da modernização, cuja tese central apregoava a homogeneização das formas de conduta e experiência social em nível global. Mas, apesar de sua importante contribuição, seu projeto vem sendo continuamente criticado, não apenas por seu acentuado culturalismo (pois ele privilegia sobremaneira o dado religioso e praticamente reduz a modernidade a projeto cultural), mas principalmente pela incapacidade de resolver o problema da delimitação e da identidade dos demais modos de recriação do moderno que, ora parecem apenas recobrir as velhas civilizações religiosas já identificadas por Weber, ora parecem reduzir-se aos limites do Estado-nação. Afinal, quantas modernidades existem, perguntam os críticos de Eisenstadt?

2.2 Variações institucionais do moderno

Thomas Schwinn (2004) reconhece estes problemas, mas ele também sustenta que a teoria de Eisenstadt (2001) repousa sobre um esquema que, em suas premissas, ainda permanece válido. Ao contrário das abordagens que buscam pensar a realidade global a partir do eixo exclusivo do *universal* (como na teoria da sociedade mundial de Niklas Luhmann) ou do acento no eixo do *singular* (como nas teorias pós-coloniais), a tese da multiplicidade da modernidade propõe um equilíbrio entre o binômio da *unidade* e da *diversidade*. Pensar a modernidade em escala global significa perceber os elementos que conferem unidade à realidade mundial, e, ao mesmo tempo, identificar as tendências pelas quais ela vai sendo remodelada, adquirindo feições diversas. De todo modo, para lograr essa tarefa, a teoria da multiplicidade do moderno precisa ir além do reducionismo essencialista que ainda encontramos em Einsenstadt e isto sem recair na armadilha de imaginar que a modernidade é uma substância idêntica que varia parcialmente de caso para caso.

Com vistas a superar este *déficit*, Schwinn retoma um escrito do primeiro volume dos *Ensaios reunidos de sociologia da religião* intitulado *Consideração intermediária* (WEBER, 1989). Este texto examina a complexa e múltipla relação das religiões de salvação com o mundo moderno e, em particular, os diversos modos como ela se articula com a esfera econômica, política e intelectual e com as ordens de vida do erotismo e da arte. Essa disposição já nos mostra que estamos diante de um texto no qual encontramos os lineamentos de uma teoria da diferenciação social, como podemos localizar, contemporaneamente, na teoria dos sistemas de Niklas Luhmann (1984) ou mesmo na teoria dos campos sociais de Pierre Bourdieu (1987). O que a singulariza é que a teoria weberiana das esferas de valor, ordens sociais e poderes de vida, difere cabalmente da tese dos sistemas autorregulados (e sem atores sociais) de Luhmann e não se deixa igualar com a teoria relacionista (na qual os atores ocupam posições em um campo de relações), ainda que Bourdieu tenha se inspirado diretamente nela. O modelo weberiano busca um equilíbrio entre os elementos culturais (esfera de valor) e sua institucionalização social (nas ordens sociais da economia, da política e da ciência e nos poderes de vida menos institucionalizadas –, da arte e do erotismo), sem esquecer que sua base última são os atores sociais e suas formas de orientação da ação. Podemos dizer, portanto, que as esferas de valor são formas institucionalizadas de sentido. Bem visto, o modelo weberiano diferencia claramente três planos de análise sociológica: a cultura, as instituições e a ação (SCHLUCHTER, 2005). Ademais tal modelo comporta ainda uma teoria da relação entre estas esferas, tanto para a lógica específica ou legalidade própria (*Eigengesetzlichkeit*) de cada uma, como também para os laços que as unem (*afinidades eletivas*), bem como as condições que as opõem. Ao contrário da abordagem sistêmica, o enfoque weberiano não vê estas esferas como partes funcionais da totalidade social e, ao contrário do materialismo histórico, não atribui uma determinação em última instância à esfera econômica e, isso, sem deixar de reconhecer que o capitalismo é grande força modeladora de nosso tempo. Na visão weberiana não temos uma teoria da síntese e da harmonia, mas do conflito, pois tal esquema sociológico compreende a modernidade e suas esferas em luta como uma autêntica "guerra dos deuses".

Habermas (1981) reconheceu neste esquema as esferas sociais autônomas do mercado capitalista e do Estado burocrático, de um lado, e as esferas culturais da arte, da ciência, bem como da moral abstrata e do direito positivo, de outro. Destacou ainda que o modelo weberiano apresenta uma reflexão sociológica sobre as formas de racionalidade (cognitivo-instrumental, prático-moral e estético-expressiva) que permeiam as esferas de valor, ecoando, nesse caso, a célebres três críticas de Immanuel Kant. Mas Schwinn (2011) prefere evitar a leitura habermasiana que, implicitamente, ainda faz ecoar a velha dicotomia entre infraestrutura material e superestrutura simbólico-cultural, chamando-a a atenção para o fato de que, a partir dos critérios de racionalidade, podemos identificar no modelo weberiano dois conjuntos de instituições com orientações sociais diferentes. Enquanto economia, política e ciência representam incrementos constantes da racionalidade formal, o amor erótico e a arte abstrata representam as formas mais irracionais da vida. Sem negar as afinidades eletivas que arrastam a racionalidade do capitalismo empresarial, da burocracia-estatal e do direito positivo para uma direção comum, em cada uma dessas esferas desenha--se uma lógica tensa que coloca em conflito a racionalidade material e formal, com podemos constatar se olharmos atentamente para a esfera da economia, do direito ou da política, em que esse conflito é mais claro. O Quadro 1 sintetiza o modelo weberiano de diferenciação.

Quadro 1 Esferas de valor, ordens sociais e poderes de vida

Valor	Esfera de valor	Orientação da ação	Modo de coordenação da ação	Nível de coordenação da ação	Estratos sociais	Tendências de desenvolvimento
Salvação	Religiosa	Afetiva e valorativa	Racionalidade material	Relação ordem organizações	Elites religiosas e massas	Racionalização religiosa (desencantamento)
Utilidade	Econômica	Relação a fins	Racionalidade formal	Relação ordem organizações	Camadas positiva ou negativamente privilegiadas	Racionalização econômica (ampliação do mercado)
Poder	Política	Relação a fins e valorativa	Racionalidade formal e material	Relação ordem organizações	Dominantes e dominados	Racionalização política (ampliação do poder)
Beleza	Estética	Afetiva	Irracional e formal	Relações associações	Artistas e público	Sublimação
Amor	Erótica	Afetiva	Irracional e material	Relações	Nenhuma	Sublimação
Verdade	Intelectual	Relação a fins e valores	Racionalidade formal e material	Relações ordens organizações	Leigos e peritos	Racionalização teórica e prática

Fonte: Schluchter (2009, p. 311). Adaptado pelo autor (2017).

Centrada na teoria weberiana das esferas sociais, a análise de Schwinn privilegia o nível estrutural da realidade global, mas não ignora as dimensões da cultura e da ação. No *plano cultural* seria preciso avaliar o potencial globalizante de cada uma destas esferas sociais, que varia em função de seus diferentes tipos de racionalidade: quanto mais orientada pela racionalidade material (caso da esfera político-jurídica), mais dependente ela será das formas culturais regionais; e quanto mais vinculada à racionalidade formal, aumenta sua capacidade de expansão intercural (como no caso da esfera econômica). Isso não exclui, por outro lado, a emergência de valores compartilhados globalmente (como os Direitos Humanos). Em outra direção, no cenário da modernidade múltipla e diferenciada, é preciso levar em consideração ainda diferentes *atores* que atuam na esfera transnacional, como as empresas multinacionais, as universidades, as religiões, organizações da sociedade civil e agências interestatais etc. Por fim, para tornar seu modelo das variações institucionais da modernidade viável, ele reconhece ainda que tanto a cultura (nível simbólico), quanto as esferas sociais (nível macro) e as ações sociais (nível micro), precisam levar em consideração diferentes níveis de agregação da qual a realidade social atual é composta, a saber: o nível local, nacional e global.

No entanto, é no aspecto institucional que reside o núcleo da proposta de Thomas Schwinn, que nos aponta para diferentes *constelações ou configurações sociais* (SIGMUND; ALBERT, 2008). É nesse sentido que podemos falar de uma análise da *multiplicidade institucional da modernidade*. Para o autor, há que se pensar não apenas nos diferentes formatos que cada esfera em particular assume em diferentes regiões do globo, mas também nas múltiplas combinações possíveis entre elas. Em relação ao *capitalismo*, por exemplo, a distinção weberiana entre forma e espírito abre caminho para pensar não apenas o seu novo *ethos*, mas também suas variações estruturais, ou seja, as variedades institucionais de capitalismo (HALL; SOSKICE, 2001). O mesmo pode-se dizer dos *sistemas políticos* contemporâneos que, na visão weberiana, podem ser ordenados a partir de sua lógica mais ou menos carismática (democracia parlamentar ou democracia plebiscitária), o que nos permitiria aproximá-la das tipologias dos regimes democráticos vigentes na ciência política. Da mesma forma, são diversas as formas pelas quais a esfera econômica do mercado e a esfera política do Estado se combinam, oferecendo-nos diferentes configurações sociais. O mesmo podemos dizer da esfera religiosa, pois a *secularização*, ainda que seja um elemento que define o moderno, não pode ser lida de forma teleológica. Também o lugar e o peso da religião na ordem social moderna podem ser explicados a partir de concepções múltiplas de secularidade e secularização (SCHWINN, 2006; 2009).

Se o problema posto por Weber dizia respeito a gênese da modernidade, nosso desafio hoje consiste em pensar sua expansão e diversificação, levando em consideração o tríplice plano dos valores culturais, das instituições e das formas de conduta. Mais do que uma comparação entre trajetórias nacionais, a perspectiva da multiplicidade da modernidade quer abrir caminho para a compreensão da dinâmica social em múltiplas escalas. Mediante tal metodologia, podemos escapar do dilema modelo padrão *versus* casos desviantes, pois não se trata de essencializar uma realidade tomada como exemplar, mas de eleger critérios de análise que levem em consideração (1) os diferentes níveis da realidade contemporânea (nacional e global), bem como (2) as dimensões analíticas da realidade social. É nesta medida que emerge o seguinte modelo macrossociológico de análise global:

Quadro 2 Níveis e dimensões da realidade social global

Níveis de agregação / Dimensões analíticas	Global	Regional/nacional
Cultura	Valores globais (Direitos Humanos)	Heranças religiosas
Estrutura	Ex.: mercado, capitalismo	Formas de capitalismo Formas de Estado etc.
Ação	Elites transnacionais Nacionais Migrantes	Regimes de vida

Fonte: Schwinn (2014, p. 350). Adaptado pelo autor (2017).

Conclusão

As ciências sociais vivem hoje uma notável redefinição de suas fronteiras, dado que a divisão de trabalho entre o estudo do moderno (tópico da sociologia) e do não moderno (tópico da antropologia/etnologia) já está a muito obsoleta e se observam processos de elaboração de uma antropologia das sociedades complexas, de um lado, e de uma sociologia em perspectiva global, de outro. Neste cenário, a teoria da multiplicidade da modernidade (ou, em ordem inversa, a teoria das modernidades múltiplas), preocupa-se em discriminar adequadamente diferentes níveis de análise do social (plano da ação/ordem/cultura) bem como as distintas dimensões da análise da realidade social hoje (nível local/ nacional/global). Olhando cada um destes níveis e dimensões a partir do princípio da unidade/diferença, emerge um modelo capaz de nos fornecer uma grade promissora para entender as transformações do mundo contemporâneo. Constitui, pois, uma das principais alternativas teóricas para pensar a nova realidade transnacional, cosmopolita e global.

Referências

ARNASON, J. (2003). *Civilizations in dispute – Historical Questions and Theoretical Traditions*. Boston: Brill Leiden.

BOURDIEU, P. (1987). *Sozialler Sinn – Kritik der theoretischen Vernunft*. Frankfurt a. M.: Suhrkamp.

BRUBAKER, R. (1984). *The limits of rationality*. Londres: Allen & Unwin.

EISENSTADT, S. (1986). *The Origins and Diversity of Axial Civilizations*. Nova York: Albany.

EISENSTADT, S. (2001). Modernidades múltiplas. *Sociologia*, n. 35, p. 139-163.

EISENSTADT, S. (2010). Modernidade japonesa: a primeira modernidade múltipla não ocidental. *Dados*, v. 53, n. 1, p. 11-54.

GIDDENS, A. (1991). *As consequências da modernidade*. São Paulo: Unesp.

HABERMAS, J. (1981). Max Weber Theorie der Rationalisierung. *Theorie des kommunikativen Handelns: Handlungsrationalität und gesellschaftliche Rationalisierung*. Suhrkamp: Frankfurt a. Main, p. 225-368.

HALL, P.A.; SOSKICE, D. (eds.) (2001). *Varieties of Capitalism – The Institutional Foundations of Comparative Advantage*. Oxford: Oxford University Press.

KALBERG, S. (1980). Max Weber's types of rationality: cornerstones for the analisys of rationalization process in history. *The American Journal of Sociology*, 85 (5), p. 145-1 179.

LEVINE, D. (1981). Rationality and freedom: Weber and beyond. *Sociological Inquiry*, 51 (1), p. 5-25.

LUHMANN, N. (1984). *Soziale Systeme*. Frankfurt a. M.: Suhrkamp.

PIERUCCI, A.F. (1994). *O desencantamento do mundo: todos os passos do conceito em Max Weber*. São Paulo: Edusp.

POMERANZ, K. (2000). *The Great Divergence: China, Europe, and the Making of the Modern World Economy*. Princeton: Princeton University Press.

SCHLUCHTER, W. (1981). *The Rise of Western Rationalism: Max Webers Developmental History*. Berkeley, Berkeley University Press.

SCHLUCHTER, W. (1989). *Rationalism, religion and domination: a Weberian perspective*. Berkeley: University of California Press.

SCHLUCHTER, W. (2005). *Handlung, Ordnung und Kultur: Studien zum einem Forschunsprogramm in Anschluss an Max Weber*. Tübingen, Mohr Siebeck.

SCHLUCHTER, W. (2009). *Grundlegungen der Soziologie*. Vol. 1. Tübingen: Mohr Siebeck.

SCHLUCHTER, W. (2014). *O desencantamento do mundo: seis estudos sobre Max Weber*. Rio de Janeiro: UFRJ.

SCHWINN, T. (2004). Von der historischen Entstehung zur aktuellen Ausbreitung der Moderne – Max Weber Soziologie im 21. *Berliner Journal für Soziologie*, v. 14, p. 527-544.

SCHWINN, T. (2006). Die Vielfalt und die Einheit der Moderne – Perspektiven und Probleme eines Forschungsprograms. *Die Vielfalt und die Einheit der Moderne: Kultur-und strukturvergleichenden Analysen*. Wiesbanden: VS Verlag, p. 7-34.

SCHWINN, T. (2009). Multiple Modernities: Konkurrierenden Thesen und offene Fragen – Ein Literaturbericht in konstruktiver Absicht. *Zeitschrift für Soziologie*, v. 38, n. 6, p. 454-476.

SCHWINN, T.. (2014). Von der okzidentalen Moderne zur multiplen Moderne? In: MÜLLER, H.-P.; SIGMUND, S. (orgs.). *Max-Weber-Handbuch – Leben-Werk--Wirkung.* Stuttgart/Weimar: Springer, p. 349-353.

SCHWINN, T.; KRONEBERG, C.; GREVE, J. (orgs.) (2011). *Soziale Differenzierung: Handlungstheoretische Zugänge in der Diskussion.* Wiesbaden: VS Verlag.

SELL, C.E. (2013). *Max Weber e a racionalização da vida.* Petrópolis: Vozes.

SIGMUND, S.; ALBERT, G. (2008). *Soziale Konstellation und historische Perspektive – Festschrift für M. Rainer Lepsius.* Wiesbanden, Verlag für Sozialwissenschaften.

WEBER, M. (1989). Zwischenbetrachtung. *Die Wirtschaftsethik der Weltreligionen – Konfuzianismus und Puritanismus.* Tübingen: Mohr Siebeck.

WEBER, M. (1998). Vorbemerkung. *Gesammelte Aufsätze zur Religions-Soziologie I (Gars).* Tübingen: Mohr Siebeck, p. 1-16.

WEBER, M. (2016). Ética econômica das religiões mundiais: ensaios comparados de sociologia da religião. *Confucionismo e taoísmo.* Petrópolis: Vozes.

18
Pós-colonialismo*

Adelia Miglievich-Ribeiro

Apresentação

O assim chamado "pós-colonialismo" reúne um tipo específico de produção de conhecimento que dá centralidade a alguns temas que participam, também, do campo de interesse das ciências sociais: o fracasso da descolonização em dimensões como o poder, o saber, as subjetividades e as estruturas sociais na contemporaneidade. Os estudos chancelados sob a rubrica da crítica pós-colonial atentam, portanto, para a atualidade da relação "colonizador-colonizado", em sua inevitável complexidade, que mantém, mesmo findo historicamente o sistema colonial oficial, a arbitrária cisão entre aqueles que narram a história e os que permanecem como meros objetos desta narrativa.

Ao aprofundar a questão acerca de como a modernidade hegemônica permitiu a coexistência de ideais emancipatórios e de afirmação da igualdade e da liberdade dos indivíduos – assim como formulou a noção de cidadania – com a desumanização de imensas populações extraeuropeias, o pós-colonialismo elabora uma crítica substantiva à narrativa moderna, quer à ortodoxia liberal quer ao marxismo. Carrega, assim, a *esperança* de que existências, até hoje invisibilizadas porque subestimadas, falem por si mesmas. Aqui, os pós-coloniais enfatizam a modernidade heterogênea, tensa, conflituosa que, mesmo quando "trazida" das metrópoles para as colônias, manifestou-se distintamente nos lugares onde aportava e a partir destes ressignificada.

Os termos "pós-colonial" e "pós-colonialismo" deslocam o sentido linguístico mais evidente do prefixo "pós" como sinônimo de "após" ou "fim" para o gesto

---

* Para a nova edição deste livro tive o prazer de revisitar meu artigo e, eventualmente, acrescentar dados e análises ou excluir sentenças que vim a julgar repetitivas. Grata aos organizadores pela sensibilidade em compreender que escrevo literalmente acerca de um saber "em fazimento", nos termos de Darcy Ribeiro.

de "pensar além". Cientes da violência epistemológica (e ontológica) contida no projeto moderno-colonizador, os críticos pós-coloniais necessitam ultrapassar os horizontes criados pelo discurso científico moderno a fim de reformá-lo. Em seu lugar, sustentam novos esquemas cognitivos e analíticos que observem a vida e os modos de convivência nas margens do dito sistema moderno, o pensamento e as perspectivas que não se limitam à experiência da modernidade ocidental, mas que a permeiam e nela transitam, produzindo fissuras, recriando fronteiras, marcando sua hibridez, permitindo, por conseguinte, que se coloquem em xeque as avaliações morais que pregam a superioridade do modelo euro-setentrional na definição de como "ser/estar" no mundo.

O modo como os pós-coloniais, a partir de sua condição periférica, revisitarão as narrativas canônicas e formularão outras implica não se poder falar num único pós-colonial nem num único "decolonial". Quaisquer da vertentes, porém, atentam para a "geopolítica do conhecimento". Segundo o brasileiro Sergio Costa (2013), "remapear os *loci* acadêmicos de enunciação em função dos quais se mapeou o mundo" (p. 418) é uma das tarefas da crítica pós-colonial (ou pós-colonialismo) que obriga o reconhecimento das hierarquias no campo científico e suas consequências.

> A abordagem pós-colonial constrói sobre a evidência de que toda comunicação vem de algum lugar. Sua crítica é ao processo de produção do conhecimento científico que, ao privilegiar modelos conteúdos próprios ao que se definiu como a cultura nacional nos países europeus, reproduziria, em outros termos, a lógica da relação colonial. Tanto as experiências de minorias sociais como os processos de transformação ocorridos nas sociedades não ocidentais continuariam sendo tratados a partir de suas relações de funcionalidade, semelhança ou divergência com o que se denominou centro (COSTA, 2006, p. 117).

É possível, assim, reconhecer os gestos de silenciamentos e as reiteradas formas de subalternização das diferenças, a exemplo, da eleição dos idiomas em que se produz e se comunica a ciência. Não é por acaso que as línguas inteligíveis no mundo culto são as dos estados-nação mais poderosos na economia de mercado que atingem fatalmente as publicações acadêmicas. Se podemos afirmar que falar o português na comunidade científica internacional *emudece* o enunciador, o que dizer das populações que desejariam expor sua compreensão de si, do Outro, do mundo, em quéchua, guarani ou yoruba? A atitude pós-colonial requer a adesão ao "modo tradução", como ensina Gloria Anzaldua (1999), que podemos interpretar como uma autêntica intencionalidade em compreender o Outro em sua riqueza, não em sua "falta" perante a cultura na qual foi, cada qual um de nós, educado. É fato que a luta pela dignidade igual de culturas distintas soa demasiadamente utópico, daí que os pós-coloniais, embora em muito aprendizes do "pós-moderno" e do "pós-estruturalismo", não se confundem nem com um nem com outro. Seu mote persiste sendo a proposição de um inédito "universal". O "decolonial" latino-americano, Walter Mignolo (2003) chama tal construto de "diversalidade", enquanto o crítico pós-colonial português Boaventura de Sousa Santos (2006) cunhou a denominação "pluriversalidade" para descrevê-lo.

O empenho intelectual pós-colonial quer reescrever a história da humanidade do ponto de vista de muitos que não foram, ao longo desta, nela incluídos. A crítica nodal é, como vimos dizendo, à meta narrativa moderna que silenciou a "diferença colonial", submetendo-a à violência no limite da desumanização da alteridade. Os pós-coloniais (e decoloniais) colocam o dedo na "ferida colonial", ainda hoje aberta, e fazem notar simultaneamente seus antecedentes e seus desdobramentos, os modos de escondê-la sem curá-la, as formas com que se expande e se aprofunda, as chances de reverter os danos e minimizar dores. Ainda que se trate de uma crítica epistemológica, o pós-colonialismo é, também, um ato de engajamento. O filósofo ganês Appiah assim descreve o ponto de vista pós-colonial em África:

> O pós-colonialismo é posterior a isso tudo [literatura pós-realista, política pósnativista, solidariedade transnacional, pessimismo]; e seu pós, como o do pós-modernismo, é também um pós que contesta as narrativas legitimadoras anteriores. E as contesta em nome das vítimas sofredoras de "mais de trinta repúblicas". Mas contesta-as em nome de um universal ético, em nome do humanismo [...]. E baseado nisso, ele não é um aliado do pós-modernismo ocidental, mas um adversário: com o que acredito o pós-modernismo possa ter algo a aprender (APPIAH, 1997, p. 216).

Relembrar é um imperativo para o pós-colonialismo. A partir da reconstrução da memória do colonialismo, a face sombria e oculta da modernidade, é que se pode realizar uma crítica mais eficaz a suas instituições no presente. Trata-se de um projeto emancipatório que nasce do reconhecimento de histórias apagadas, sofrimentos e resistências reais. Mais: que propõe a devolução do protagonismo de sua vida aos sujeitos subalternizados, na medida em que estes se capacitam para se elevar para além da condição de vítimas. Tal olhar, que adensa a crítica nasce, necessariamente, nas franjas do capitalismo global ainda quando tais margens se localizam no "centro". Também, refere-se a situações de agentes que, nas relações sociais, experimentam quaisquer tipos de negação de suas potências.

O pós-colonial é, contudo, devedor, em muito, de movimentos intelectuais que se passam no "centro" do mundo. A relação entre o pós-colonial e a "virada linguística" na Europa e nos Estados Unidos é um capítulo marcante de sua história. O pós-estruturalismo, com seu foco na produção discursiva como um "jogo de poder", rejeição da razão fundacional e afirmação do descentramento do sujeito que refuta qualquer identidade fixa é reapropriado pelo pós-colonial que o torna útil na promoção das vozes subalternas. Podemos dizer que o pós-colonialismo ressignifica o pós-estruturalismo a fim de evidenciar as interseccionalidades "povo", "nação", "língua", "raça", "etnia", "gênero", "sexualidade", "classe" e outras na produção das opressões contemporâneas. Concebe a cultura como "lócus da luta política", uma vez que nela signos e significados que organizam o mundo são produzidos.

O primeiro exercício pós-colonial é reler a "diferença colonial" sem o recurso à falácia das dicotomias modernas: *pathos*/logos; eu/outro; civilização/barbárie: ocidente/oriente; masculino/feminino; desenvolvido/subdesenvolvido; democracia/autocracia. Inspira-se na obra do filósofo franco-magrebino Jacques Derrida, leitor de Husserl, Heidegger e Lévinas, que cunhou, nos anos de 1960, o termo "desconstrução" (ou "deconstrução"), não como sinônimo de demolição ou destruição, o que o aproximaria ao niilismo, mas, sim, como a atividade de leitura minuciosa de textos filosóficos e literários da tradição ocidental com o fito de desvelar seus pressupostos idealistas, dualistas, logocêntricos, por fim, etnocêntricos. Desconstruir é "desmontar", um exercício de crítica filosófica e uma tarefa infinda que reintroduz incessantemente a dúvida e adia a certeza sempre para adiante. É um "repensamento" que desconfia de todo conhecimento que se pretende unívoco (PERRONE-MOISÉS, 2004, p. 221-223).

Se para a desconstrução é necessária a dissolução de todas as rígidas oposições conceituais (masculino/feminino, natural/cultural...), isto implica que os conceitos não são vistos isoladamente e absolutamente distintos entre si. Pode-se pressupor que cada termo preserva algo de sua categoria oposta, a exemplo, o traço pessoal de o pesquisador estar contido no artefato objetivamente científico; a "lei do mais forte" presente na natureza repercute nas estruturas e instituições sociais. Nesse sentido, a crítica pós-colonial reapropria-se da desconstrução de Derrida, embaraça as cisões entre "metrópole/colônia", "colonizador/colonizado", "norte/sul", "ocidente/oriente", "centro/periferia", "branco/negro", "civilizado/primitivo", "homem/mulher", dentre outras, impactando a produção de conhecimento sobre o mundo e, consequentemente, as teorias sociais até hoje formuladas.

Parecia "natural" que as principais referências teóricas da sociologia, antropologia e ciência política fossem até pouco tempo atrás "ocidentalcêntricas", dada a origem mesma das ciências sociais. Hoje, a persistência do fato aponta, no entanto, para uma persistente assimetria de poder entre os vários enunciadores. É, nessa senda, que Dipesh Chakrabarty, pertencente à vertente do pós-colonialismo denominada "estudos subalternos indianos" (ou "estudos subalternos do Sul da Ásia"), faz o intrigante convite de "provincializar a Europa" (2000). O historiador indiano, aliado ao pensamento de Ranajit Guha, tece sua crítica a uma Europa tratada em termos hiper-reais que não corresponde a nenhuma experiência histórica concreta, tornada símbolo de uma modernidade fictícia que se projeta arbitrariamente como universal. Provincializar a Europa é substituir a imagem de uma Europa mitificada como berço da Razão e da ciência pela constatação mais crível quanto à sua heterogeneidade e quanto ao fato de que sua configuração não se deu se não no contato com outros continentes e culturas.

Todos os povos são provincianos e todos são "glocais" (APPADURAI, 2000), isto é, locais e globais num só tempo. Eis que as demandas pós-coloniais e decoloniais sugerem que o universalismo hegemônico seja contestado; isto é, "provincializado", em nome, no argumento de Sérgio Costa (2010), da "desprovincialização" das ciências, e das ciências sociais. O sociólogo brasileiro está ciente de que os pós-coloniais, de modo geral, sequer se preocupam com a sociologia, mas aqui se trata de perguntar às teorias sociais se elas se importam com os *insights* pós-coloniais, de modo que pudessem deles se beneficiar, por exemplo, para a crítica mais incisiva às teorias da modernização. Nesse sentido, os indianos têm uma inegável contribuição ao se dedicar à transformação das ciências sociais a partir "de dentro", pela desconstrução da "história única".

É sintomático que os escritos fundantes do pós-colonialismo tenham nascido no contexto das guerras de libertação na África, a exemplo da obra Frantz Fanon (2005; 2008). É, também, curioso que *Orientalismo – A invenção do Oriente pelo Ocidente*, de Edward Said (2007b), veio a se tornar ums dos "clássicos" da crítica pós-colonial. Também, os estudos culturais britânicos, cujo ícone é Stuart Hall, somem ao pós-colonialismo; ainda, os estudos subalternos indianos, como nos remetemos acima. Por fim, em que pese um século e meio de distância entre a libertação na Ásia e na África e as guerras independentistas nas Américas bem como os contextos distintos, devemos atentar ainda para o movimento que tornou possível o diálogo entre o marxismo latino-americano e o pensamento pós-colonial produzindo o inédito "giro decolonial" peculiar ao continente.

1 Textos fundadores: Fanon e Said

Frantz Fanon é referência obrigatória nos estudos pós-coloniais. Médico, psiquiatra e psicanalista martiniquense, combateu na Guerra da Argélia e publicou, em 1952, seu *Pele negra, máscaras brancas* (2008). Em 1961, ano de seu falecimento, veio a público *Os condenados da terra* (2005). Sartre assume, então, pessoalmente sua divulgação, ao prefaciar o *Damnés de la Terre* e publicar extrato da obra em *Les Temps Modernes*, revista política, filosófica e literária francesa bastante prestigiada no período pós-guerra. *Os condenados* se tornam, deste modo, parâmetro para as lutas revolucionárias no Terceiro Mundo.

Os estudos fanonianos têm o mérito de inserir de modo original, no debate intelectual de seu tempo, o tema do estereótipo e de sua força alienadora, na denúncia da brutalidade do colonialismo e da repressão política, em suas profundas relações com a "desordem mental" e o desajustamento sexual. Sua análise do colonizador e de suas estratégias de violência, subordinação e desumanização que produziram/produzem "o colonizado, tornado espectador sobrecarregado de inessencialidade" (FANON, 2008) é minuciosa e recusa a identidade pura, quer de um quer de outro. O crítico pós-colonial ensina que colonizador e colonizado se constituem mutuamente, seres inventados no/pelo sistema de exploração colonial. Sob a influência do pós-estruturalismo europeu, observa que nem as tradições culturais nativas podem ser calcificadas nem é o europeu uma entidade abstrata e homogênea. As identidades são sempre instáveis e conformadas como "zonas de luta política", nas quais nasce a ideia de "diferença colonial".

> [...] o negro vive uma ambiguidade extraordinariamente neurótica. Com vinte anos, isto é, no momento em que o inconsciente coletivo é mais ou menos perdido, ou pelo menos difícil de ser mantido no nível consciente, o antilhano percebe que vive no erro. Por quê? Apenas porque, e isso é muito importante, o antilhano se reconheceu como preto, mas, por uma derrapagem ética, percebeu (inconsciente coletivo) que era preto apenas na medida em que era ruim, indolente, malvado, instintivo. Tudo o que se opunha a esse modo de ser preto, era branco. Deve-se ver nisso a origem da negrofobia do antilhano. No inconsciente coletivo, negro = feio, pecado, trevas, imoral. Dito de outra maneira: preto é aquele que é imoral. Se, na minha vida, me comporto como um homem moral, não sou preto. Daí se origina o hábito de se dizer na Martinica, do branco que não presta, que ele tem uma alma de preto. A cor não é nada, nem mesmo a vejo, só reconheço uma coisa, a pureza da minha consciência e a brancura da minha alma (FANON, 2008, p. 162).

Para Fanon, apenas a supressão radical do colonialismo tem o poder de desfazer o "feitiço" que se compraz na falácia da dicotomia "colonizador/colonizado", produtora de desumanizações nuns e noutros. Na "reorganização dialética" de sua herança colonial, os sujeitos colonizados podem, então, reinventar-se em sua verdadeira humanidade: "homens novos", portanto. O estudioso reivindica, assim, um novo humanismo, aquele que não se encarcera na experiência do colonizador, mas incorpora a diversidade dos modos de vida dos que tiveram seu reconhecimento como sujeito até então denegado.

> Reagindo contra a tendência constitucionalista em psicologia do fim do século XIX, Freud, através da psicanálise, exigiu que fosse levado em consideração o fator individual. Ele substituiu a tese filogenética pela perspectiva ontogenética. Veremos que a alienação do negro não é só uma questão individual. Ao lado da filogenia e da ontogenia há a sociogenia. De certo modo, para responder à exigência de Leconte e Damey, digamos que o que pretendemos aqui é estabelecer um sociodiagnóstico. Qual o prognóstico? A sociedade, ao contrário dos processos bioquímicos, não escapa a influência humana. É pelo homem que a sociedade chega ao ser. O prognóstico está nas mãos daqueles que quiserem sacudir as raízes contaminadas do edifício (FANON, 2008, p. 28).

Alguns marxistas, a exemplo de Zizek (2011), revisitam Fanon e acentuam a problematização fanoniana da dialética do senhor e do escravo, elaborada por Hegel, para enfatizar uma perspectiva humanista que reorganiza o debate sobre a relação entre indivíduo e generalidade humana, na medida em que o individuo se percebe na disputa pela definição do universal. Gibson (2007), noutro aspecto, reivindica, também, a atualidade de Fanon que estaria mais visivelmente presente nas ferramentas conceituais que este oferece para a compreensão da renitência da violência colonial na contemporaneidade.

A recepção de Fanon, contudo, na academia brasileira, segundo Guimarães (2013), é ainda frágil. O sociólogo explica que na literatura revolucionária dos anos de 1960 – de Glauber Rocha a Paulo Freire – a influência fanoniana foi notória, depois disso, porém, Fanon passou a ser lembrado em breves notas biográficas. Uma honrosa exceção cabe a Renato Ortiz (1995, 1998) ao relacionar as ideias de Fanon a três movimentos intelectuais centrais ao mundo intelectual do pós-guerra na França: a releitura de Hegel; o debate entre marxistas e existencialistas; e, finalmente, a *négritude*.

Guimarães (2013) alertava que, curiosamente, o Fanon psicanalista desapareceu em sua recepção no Brasil que é contemporaneamente a leitura priorizada na crítica pós-colonial. Assim, Fanon interessa-lhe, sobretudo, como analista da violência, física e simbólica, contida no racismo. O estudioso da "despersonalização" provocada pela violência da colonização naqueles nela enredados evidenciou a orientação neurótica das relações coloniais, articulando o problema da alienação cultural ao desejo, permitindo pensar o confronto com o usurpador como uma maneira de devolução da existência (negada) ao usurpado. Disto soube se apropriar, por exemplo, o teórico crítico, Axel Honneth (2003), representante da terceira geração de Frankfurt, que absorveu Fanon na construção de sua "teoria do reconhecimento". Trata-se ainda, para os estudos pós-coloniais, de se poder visualizar em Fanon uma análise do capitalismo sob uma "perspectiva do Sul":

> Nas colônias, a infraestrutura é igualmente superestrutura. A causa é a consequência: é-se rico porque branco, é-se branco porque rico. Por isso, as análises marxistas devem sempre ser levemente modificadas cada vez que se aborda o problema colonial. Não são as usinas, nem as propriedades, nem as contas no banco que caracterizam a classe dirigente. A espécie dirigente é primeiramente aquela que vem de fora, aquela que não se assemelha aos autóctones, os outros (FANON, 2005, p. 9).

A par da obra precursora de Fanon, podemos destacar, como marco do pensamento pós-colonial, outra que, embora posterior, torna-se, também, para o movimento intelectual, fundante. Trata-se de *Orientalismo: a invenção do Oriente pelo Ocidente* (2007b), publicada, pela primeira vez, em 1978, por Edward Said.

Nascido palestino em Jerusalém (tornada, depois, Israel), tendo o inglês e o árabe como seus idiomas primordiais (não sabe em qual deles teria pronunciado a primeira palavra), escrevendo apenas no primeiro, Said e os irmãos ganham a cidadania estadunidense graças ao pai que lutou na Primeira Grande Guerra pela Força Expedicionária Americana. Forma-se em Harvard e leciona em inúmeras universidades, dentre elas, Colúmbia, tornando-se um dos mais importantes críticos literários dos Estados Unidos. Sua especialidade era a literatura clássica ocidental, porém, seu engajamento nos debates públicos acerca da questão palestina levam-no a produzir o livro que se tornaria referência para a crítica pós-colonial.

Edward Said empreende uma análise desconstrucionista dos textos literários que compõem o cânone universal, de Shakespeare a Flaubert, responsáveis pela repetição à exaustão de preconceitos tal como o de que seria o "oriental" a "alteridade essencial" em relação ao "ocidental". Explicita o "orientalismo" como um campo de estudos que vem de longa data e serve aos interesses políticos de um Ocidente preocupado em manter sua hegemonia sobre o resto do mundo. "Orientalismo" é, em verdade, um discurso produzido menos para explicar a diversidade das experiências históricas e mais para fortalecer o Ocidente na produção e divulgação de sua autoimagem:

> O Oriente era visto como se estruturado pela sala de aula, pela corte criminal, pela prisão, pelo manual ilustrado. O orientalismo é, portanto, o conhecimento do Oriente que coloca as coisas orientais na aula, no tribunal, na prisão ou no manual, para escrutínio, estudo, julgamento, disciplina ou governo. Durante os primeiros anos do século XX, homens como Balfour e Cromer podiam dizer o que diziam, da maneira como diziam, porque uma tradição de orientalismo ainda mais antiga que a do século XIX fornecia-lhes um vocabulário, um imaginário, uma retórica e figuras com que dizê-lo. Mas o orientalismo reforçava o conhecimento indiscutível de que a Europa ou o Ocidente comandava realmente a maior parte da superfície da Terra, e esse conhecimento o reforçava (SAID, 2007, p. 74).

O estudioso combate, na senda pós-estruturalista, quaisquer "essencialismos", descortinando, enfim, a fantasia ocidental que cria o "Oriente". Said sabe que não existe o "oriental", sequer existe o "ocidental", como notava Fanon, ao falar do "negro". Observa, assim, desde os primeiros viajantes, conforme Carvalho (2013), a perspectiva colonialista e imperialista que forja o colonizador como uma entidade superior que inventa a "diferença colonial" como subalternidade. Em seu *Orientalismo* (2007b), o autor explicita a incomensurável teia de histórias entrelaçadas que inventaram a fábula do Oriente, literalmente, "para inglês ver". Said endossa, enfim, que os poderes coloniais forjam colonizador e colonizado, negando-lhes sua existência real, para além do estereótipo, que extirpa de ambos a humanidade.

Opõe-se, assim, ao humanismo tradicional, mas quer um humanismo crítico. Em verdade, faz-se "crítico do humanismo, em nome do humanismo" (2007a) e desconstrói a tipologia binária das culturas e sociedades que as classifica em adiantadas e atrasadas. Propõe, no lugar, uma história da humanidade ampliada, poderíamos dizer, "nômade", a ser ensinada nas salas de aula como passo decisivo na construção de "pontes" ao invés de "muralhas", para o que caracterizaria um coerente engajamento humanista:

Chega perto de ser escandaloso, por exemplo, que quase todo programa de estudos medievais em nossa universidade omita rotineiramente um dos pontos altos da cultura medieval, a saber, a Andaluzia muçulmana antes de 1492, e que, como Martin Bernal mostrou para a antiga Grécia, a mistura complexa das culturas europeia, africana e semítica tenha sido purgada dessa heterogeneidade tão perturbadora para o humanismo corrente (SAID, 2007a, p. 78).

Fanon e Said legam-nos algumas diretrizes do pensamento pós-colonial que respalda Appiah (1997), conforme anunciamos antes, na compreensão de que o pós-colonial "não é um aliado do pós-modernismo ocidental, mas um adversário: com o que acredito que o pós-modernismo possa ter algo a aprender", um "novo universal ético", desta vez, "em nome das vítimas sofredoras de mais de trinta repúblicas" (p. 216). Ao invés de o abolir, aquela crítica pós-colonial supunha que o "humanismo pode ser provisório, historicamente contingente, antiessencialista (em outras palavras, pós-moderno) e, ainda assim, ser exigente", expressando um compromisso intransigente em "evitar a crueldade e a dor" (APPIAH, 1997, p. 216). Mas, a reivindicação humanista não é, ao contrário, um consenso entre os pós-coloniais, ao contrário.

2 Dos estudos culturais e dos estudos subalternos

Stuart Hall, jamaicano, vivenciou as contradições do sistema colonial na América Central e descobriu, desde muito cedo, a violência das estruturas coloniais introjetada em sua própria família, provocando distúrbios que destruíam subjetividades. Recorda-se que, em que pese ser filho de pai negro e mãe branca, a negritude era, em sua casa, tabu. Observava o esforço de seu pai, em condição social privilegiada na colônia, para ser aceito no "clube dos brancos", algo que confusamente sabia que não ocorreria. Viu o definhamento de sua irmã, bem mais clara que ele, ao ter seu romance com um negro proibido por seus pais. Nesse ínterim, é sua mãe quem decide que ele "nascera" para Oxford.

Hall segue para a Inglaterra, ainda antes da descolonização da Jamaica, e vai estudar Literatura. Aproxima-se quase que imediatamente da tríade da *New Left Review*: Raymond Williams, Richard Hoggart e Edward Thompson. Sob forte influência dos estudos culturais então desenvolvidos, que vinham contestar a formação literária mais tradicional e elitista inglesa, Stuart Hall veio a se tornar peça chave para a sua consolidação, nos anos de 1970, na direção do Centro de Estudos Culturais da Universidade de Birminghan e, posteriormente, em sua atuação na *Open University*. O crítico pós-colonial não mais regressaria a Jamaica, se não após a morte de seus pais, em visitas não tão prolongadas. O que lhe tomaria em definitivo a mente seria a cena inglesa e, mais especificamente, os impactos nela da diáspora negra.

Em conformidade com o que temos exposto acerca do pós-colonialismo, é por meio do pós-estruturalismo que Hall, inspirado no conceito *différance* de Derrida, traz sua contribuição mais específica ao debate. O estudioso, partindo da rejeição às oposições binárias forjadas na modernidade ocidental, destaca o jogo sistemático e ininterrupto de similaridades e diferenças entre "eus" e "outros" que impossibilita as identidades fixas e imutáveis. Propõe a cultura como "*locus* da indecidibilidade", onde transpassam múltiplas subjetividades, identificações e pertenças tais como as de classe, "raça", etnia, gênero, região, nação. O pós-colonial, para Hall, é uma atitude epistemológica e um ato político que se vinculam a uma temporalidade real, quando a *différance* teria se tornado irrefutável.

> [...] a proliferação de histórias e temporalidades, a intrusão da diferença e da especificidade nas grandes narrativas generalizadoras do pós-iluminismo eurocêntrico, a multiplicidade de conexões culturais laterais e descentradas, os movimentos e migrações que compõem o mundo hoje, frequentemente se contornando os antigos centros metropolitanos (HALL, 2009, p. 106).

Stuart Hall tem seu nome ligado à "virada linguística" que descobria a discursividade e a textualidade, o poder cultural e de representação como modalidades de regulamentação da vida. Assiste ao nascimento do "sujeito pós-moderno", indefinido, descentrado, produto de negociações e articulações cotidianas, o que marca uma inflexão nos estudos culturais que alarga seu campo das pesquisas.

As releituras de Gramsci, Derrida, Foucault e Deleuze que impactaram os estudos culturais britânicos também "viajaram" para a Índia e mobilizaram, a partir dos anos de 1980, conforme já mencionado, o Grupo de Estudos Subalternos do Sul da Ásia, organização interdisciplinar dirigida por Ranajit Guha, agregando os trabalhos de Partha Chatterjee, Dipesh Chakrabarty, Gayatri Spivak, dentre outros, direcionada à crítica da história eurocêntrica e do nacionalismo, do orientalismo e do imperialismo na historiografia nacionalista, que invisibilizara aspectos centrais da história da Índia ao silenciar uma gama de vozes nativas.

O alcance intelectual dos estudos subalternos acabou por transbordar a disciplina da história, e também a questão indiana, num contexto de disputas travadas entre inclinações imperiais e desejos nacionalistas de inspiração marxista. Após a descolonização, desde a década de 1960, o nacionalismo e o colonialismo emergiram como as duas principais áreas de pesquisa na Índia e se podia, enfim, denunciar os efeitos nocivos do sistema colonial no desenvolvimento econômico e cultural do país. Em 1982, com a formação do grupo, os debates se adensam com implicações radicais para a teoria social e a historiografia, a começar pela revisão conceitual da ideia de "subalterno" que permitiu problematizar as análises marxistas que denegavam ainda aos camponeses o protagonismo de sua história, ao adjetivar seus movimentos e revoltas, por se afastar tais eventos de um modelo (eurocêntrico) de modernidade, como "primitivos" e de caráter "pré-político". Guha e seu grupo sugerem, ao contrário, que as ações coletivas contra a exploração na

Índia colonial eram tão diversas que sua compreensão requer o alargamento da categoria do político como até então imaginada pela intelectualidade europeia, não se podendo ignorar o imperativo de uma severa crítica epistemológica às teorias sociais e à história produzidas nas antigas metrópoles e reproduzidas para o resto do mundo ao preço de se silenciar os subalternos e circunscrever o conhecimento ao estudo das elites.

A crítica feminista pós-colonial, Gayatri Spivak, nascida em Calcutá em 1942 e professora na Universidade de Colúmbia, onde completou seus estudos pós-graduados em Literatura Comparada, também se preocupa com o silêncio dos oprimidos e ao publicar, em 1985, *Pode o subalterno falar?* (2010), dirige sua atenção às mulheres na Índia. Estendendo a noção de subalternidade aos grupos desagregados, ou apenas episodicamente agregados, avessos à lógica da racionalidade moderna sobre a qual se erigiram os conceitos de "consciência em si" e "consciência para si", inspira-se em Gramsci e em Marx de *O 18 brumário de Luís Bonaparte* (2011) para valorizar os sutis movimentos sociais, os "protestos", as subversões, as resistências que devolvem a agência retirada dos povos extraeuropeus.

Spivak reabilita ainda o conceito de "ideologia" e torna duvidosas as pretensões de "representação" e "agenciamento" do sujeito subalterno por seus autoproclamados "porta-vozes": os intelectuais (não menos, os intelectuais pós-coloniais). Explicita que, na arrogância de traduzir a voz subalterna, intelectuais, políticos, ativistas tendem a contribuir para reforçar o emudecimento dos subalternizados.

A estudiosa volta seu olhar, especialmente, para as várias traduções do ritual *sati* das viúvas de Bengala, quer pelos colonizadores quer pelas tradições locais, e chama a atenção para o fato de que, em tempo algum, a mulher de quem todos falavam pôde narrar a sua história, desejos, medos, interesses, crenças, posto que os sistemas cognitivos, teórico-conceituais e políticos permaneceram, por assim dizer, "blindados" à sua voz. Demonstra que o paternalismo ocidental derivou no reavivamento do ritual que, então, já havia desaparecido da maior parte da Índia.

Recupera, também, a história da jovem indiana suicida, militante nas lutas pela libertação. Evidencia o esforço da moça para que a motivação de seu ato pudesse ser corretamente interpretada, livrando-se, por exemplo, da acusação de ter cometido o ato extremo por razões de fundo ou religioso, a exemplo de uma gravidez fora do casamento. Décadas se passaram e o suicídio da jovem ainda é ocultado em sua própria terra, ou atribuído a um "passo mal dado", por sua própria família.

Há que se escutar o silêncio, este é o ponto de Gayatri Spivak. Por isso, melhor fariam os "porta-vozes" atuando na reestruturação do espaço social, econômico e simbólico para torná-lo permeável à presença e à intervenção daqueles até então silenciados. Nota que se o subalterno não fala é porque há um excesso de vozes outras que se digladiam, mas não são as suas. Qualificar a audiência para ouvir o outro subalternizado é, sim, o papel menos pretensioso, porém, não pouco fundamental, *do* e *da* intelectual.

Homi Bhabha, por seu lado, também crítico literário indiano ligado ao mesmo grupo, destaca o potencial de reelaboração pelos povos subordinados de suas histórias reprimidas. Em *O local da cultura* (2007), segue apontando para a "alteridade" como artifícios discursivos utilizados para condenar ao silêncio pessoas e coletividades. Retoma Frantz Fanon, para acentuar o caráter não essencialista das identidades, a impossibilidade das "tradições puras" e as ininterruptas "estratégias culturais e textuais de aquisição de poder" (BHABHA, 2007, p. 249), de forma a substituir a noção de "diferença colonial" pela de articulação dos "sujeitos diversos de diferenciação", capazes de interpelar a hegemonia e subverter a ordem, recriando novas realidades pela "tradução".

> O poder da tradução pós-colonial da modernidade reside em sua estrutura "performática", "deformadora", que não apenas reavalia os conteúdos de uma tradição cultural ou transpõe valores "trans-culturalmente". A herança cultural da escravidão ou do colonialismo é posta "diante" da modernidade "não" para resolver suas diferenças históricas, em uma nova totalidade, nem para renunciar suas tradições. É para introduzir um outro *locus* de inscrição e intervenção, um outro lugar de enunciação híbrido, "inadequado", através daquela cisão temporal – ou entre-tempo – [...] da agência pós-colonial (BHABHA, 2007, p. 334)

Em sua argumentação, Bhabha expõe que negligenciar as fissuras do projeto moderno é o mesmo que negar a história. O processo de identificação entre colonizador e colonizado é complexo e fraturado. O maniqueísmo contido na meta-narrativa da modernidade, que insiste em categorias como "civilizado", "primitivo", "bárbaro", "racional", "irracional", "negro", "branco", "árabe", "cristão", "masculino", "feminino", é insustentável. Observa a mímese, a ironia, a "civilidade dissimulada" que provocam "descoseduras" e religações contingentes, movimentos e manobras no entrelaçamento entre colonizadores e colonizados cujas identidades foram irreversivelmente "rasuradas". Sua sensibilidade às hibridizações não o faz refutar o gênero humano – ou não teria como sua forte influência Fanon. Para Bhabha, somente é possível postular a igualdade da condição humana (numa ordem universal metafísica) mediante a percepção de nossas infindas diferenças e alternâncias. Somos diferentes e, por isso, semelhantes.

3 O "Giro Decolonial" latino-americano

Conforme a cientista política brasileira Luciana Ballestrin (2013), a tradução por Santiago Castro-Gomez do inglês para o espanhol do manifesto *Colonialidad y modernidad-racionalidad*, clássico de Aníbal Quijano, originalmente publicado em 1993, na Revista *Boundary*, n. 2, da Universidade de Duke, marca o redirecionamento da crítica pós-colonial na América Latina que recusa uma nova colonização do conhecimento. Risco real que se corria com a importação acrítica da produção intelectual, quer advinda dos estudos culturais britânicos quer dos estudos subalternos indianos, ou ainda das novidades do pós-estruturalismo francês.

No mínimo, um século e meio antes da descolonização em África e em Ásia, as guerras independentistas na América Latina se deram e, com elas, se forjava no subcontinente uma expressiva reflexão anticolonial que não poderia ser desprezada, tampouco o diálogo com o campo marxista revisitado de modo original nas experiências concretas das lutas em solo latino-americano. Como disse José Jorge de Carvalho, "tivemos nossos próprios teóricos pós-coloniais muito antes que surgissem esses famosos acadêmicos de língua inglesa de hoje" (2013, p. 66).

Rigorosamente, não podemos chamá-los de pós-coloniais nem decolonais, mas nomes como José Martí, José Carlos Mariátegui, Rodolfo Kusch, Orlando Fals Borda, Pablo Gonzáles Casanova, Darcy Ribeiro, Paulo Freire, dentre outros, antecipam o "giro decolonial" latino-americano em sua obstinação pela autonomia dos povos do continente, superação da dependência, ao mesmo tempo em que projetavam uma possível integração latino-americana que permitisse vislumbrar outros rumos que não a subserviência ao capitalismo internacional, na subalterna condição de "proletariado externo" (RIBEIRO, 1995).

Já no período pós-independentista, na América Hispânica, o sonho de uma "Pátria Grande" ganhava solidez, *Nuestra América* (1993), obra do cubano José Martí, representava o esforço em interpretar a América Latina a partir dela mesma, sem deixar de reconhecer, certamente, as influências ocidentais sobre sua cultura e história. O mesmo texto seria citado, não casualmente, décadas passadas, pelo pós-colonial Boaventura de Souza Santos: "Martí expresó [...] una serie de ideas que otros – como Mariátegui y Oswald de Andrad, Fernando Ortiz y Darcy Ribeiro – han continuado" (SANTOS, 2004). "Latino-americanismo" e "anti-imperialismo" caminhavam, assim, lado a lado, na construção de uma crítica concomitante ao liberalismo e ao republicanismo, também ao positivismo. Martí, pioneiramente, tematizava acerca de uma forma de convivência latino-americana híbrida e inédita, mais tarde, reconhecida nos versos do brasileiro Oswald de Andrade:

> Só me interessa o que não é meu. Lei do homem. Lei do antropófago. [...] Contra todos os importadores de consciência enlatada. A existência palpável da vida. E a mentalidade pré-lógica para o Sr. Lévy-Bruhl estudar. [...] Perguntei a um homem o que era o Direito. Ele me respondeu que era a garantia do exercício da possibilidade. Esse homem chamava-se Galli Mathias. Comi-o. [...] Antropofagia. Absorção do inimigo sacro. Para transformá-lo em *totem*. A humana aventura. A terrena finalidade. Porém, só as puras elites conseguiram realizar a antropofagia carnal, que traz em si o mais alto sentido da vida e evita todos os males identificados por Freud, males catequistas (ANDRADE, 1990, p. 47-51).

A crítica martiniana dirigia-se precocemente ao padrão de modernidade e desenvolvimento econômico e social norte-americano que sucedia, então, à dominação europeia. Sua utopia destacava o predomínio da vida material sobre a espiritual, ou da vida sobre as ideias pretensamente puras, que corresponderia à originalidade histórica de "la América nueva!" (MARTÍ, 1993). José Martí convertia-se no *apóstolo* a anunciar "a grandeza histórica e a vocação criadora de um povo intrépido e inventivo" (FERNANDES, 1995), cujas ideias revolucionárias "não poderiam ser importadas nem da Europa, nem dos Estados Unidos (de onde saíram a velha dominação colonial e o novo imperialismo)" (STRECK; MORETTI, 2013, p. 42).

Nos anos de 1960 e de 1970, uma complexa rede de intelectuais no exílio latino-americano deu especial vasão a um pensamento crítico e criativo que remontava a ideais como os de Martí. Podemos mencionar de imediato as teorias da dependência. Soma-se a estas a Filosofia da Libertação, em diálogo com a Teologia da Libertação; mais tarde, Immanuel Wallerstein e sua teoria do sistema-mundo, à qual adere, em suas ponderações, hoje, o dependentista Theotonio dos Santos. No anos de 1980, vieram as controvérsias na América Latina acerca da modernidade e da pós-modernidade, dos hibridismos na antropologia, e, nos anos de 1990, desenvolvem-se os estudos culturais na comunicação, crescendo em fôlego as reflexões sobre a realidade cultural e política latino-americana, ao mesmo tempo em que os movimentos sociais – movimentos negro, indígenas, feministas e outros – reivindicavam ter, também, suas vozes incluídas nos debates.

Devemos falar em culminância, portanto, ao narrar que, no ano de 1998, era realizado um encontro apoiado pelo Conselho Latino-americano de Ciências Sociais (Clacso), na Universidade Central da Venezuela, reunindo Edgardo Lander, Arturo Escobar, Walter Mignolo, Enrique Dussel, Aníbal Quijano, Fernando Coronil, dentre outros. Neste momento, dava-se o nascimento do grupo que foi batizado como *Modernidade/Colonialidade* (M/C). No mesmo ano, Ramon Grosfóguel e Agustín Lao-Montes congregaram novamente, em Binghamton, para um congresso internacional cujo tema foi a herança colonial na América Latina, Enrique Dussel, Walter Mignolo, Aníbal Quijano e Immanuell Wallerstein. Em 1999, ocorreu na Pontificia Universidade Javeriana, na Colômbia, um simpósio internacional organizado por Santiago Castro-Gómez e Oscar Guardiola, que juntou, uma vez mais, Mignolo, Lander, Coronil, Quijano, além de Zulma Palermo e Freya Schiwy. Neste, selava-se a cooperação entre a Universidade Javeriana de Bogotá, a Universidade de Duke, a Universidade da Carolina do Norte e a Universidade Andina Simón Bolívar. Em 2000, foi publicada a obra mais expressiva do empenho do M/C: *La colonialidad del saber: eurocentrismo y ciencias sociales* (BALLESTRIN, 2013).

A década seria prenhe de novos encontros que conquistaram mais adesões, a exemplo de, Javier Sanjinés, Catherine Walsh, Nelson Maldonado-Torres, José David Saldívar, Lewis Gordon, Boaventura de Sousa Santos, Margarita Cervantes de Salazar, Libia Grueso e Marcelo Fernández Osco. Outras associações viriam de Jorge Sanjinés, Ana Margarita Cervantes-Rodríguez, Linda Alcoff, Eduardo Mendieta, Elina Vuola. Em 2005, Nelson Maldonado-Torres cunhou o termo "giro decolonial", que significava o movimento de resistência teórico e prático, político, epistemológico e ontológico à modernidade/colonialidade. A "decolonialidade" era acrescida como seu terceiro elemento, remontando aos inícios da colonização mediante o inventário das inúmeras insurgências e resistências na história do continente. Trazê-las à luz implicava, também, formular teorias a partir do chamado "Terceiro Mundo", não apenas *para* o "Terceiro Mundo", como se se tratasse de uma "contracultura 'bárbara' perante a qual a teorização do Primeiro Mundo teria de reagir e acomodar-se" (MIGNOLO, 2003, p. 417), se não para articulá-las criativamente em prol da "diversalidade" que não se confunde mais com o "universalismo" (MIGNOLO, 2003, p. 420).

Deste giro participam, também, os "feminismos subalternos" (BALLESTRIN, 2017). Uma de suas representantes, a chicana Gloria Anzaldúa, aqui já citada, em seu livro *Borderlands/La Frontera: The New Mestiza* (1999), utiliza o conceito *border-thinking* (ou "pensamento fronteiriço"), descrevendo um modo de pensar que busca tradições de conhecimento abandonadas e linguagens alternativas para produzir uma perspectiva alterada e introduzir outras cosmologias críticas ao discurso hegemônico da modernidade ocidental. O "pensamento fronteiriço" não acontece independentemente da modernidade, mas em resposta a ela, como parte das lutas concretas contra os diversos tipos de silenciamento.

O exercício epistemológico contido no "giro decolonial" não é exatamente fácil, mas parece indispensável, também, às teorias sociais do século XXI. Podemos entender a busca combativa de legitimação para conhecimentos até então invisibilizados, na lógica da "modernidade-colonialidade-decolonialidade", como micro atos contínuos de desestabilização da ordem pela qual se deu e ainda se dá a distribuição global do trabalho intelectual.

Considerações finais

A crítica pós-colonial não propõe uma "sociologia do sul" *versus* uma "sociologia do norte" ao pé da letra. Sua aposta na *différance* derridiana e na hibridez anula qualquer crença nas rígidas dicotomias inventadas pela modernidade ocidental. "Norte" e "Sul" mantêm-se, porém, como metáforas ao se responder questões pragmáticas sobre em que língua o conhecimento científico é majoritariamente lido globalmente ou acerca de onde estão os meios mais prestigiados de divulgação científica na comunidade científica internacional, os instrumentos de avaliação e a maior fonte de recursos, também, sobre quem define as agendas de pesquisa. O pós-colonialismo aponta para o tema da geopolítica do conhecimento e suas assimetrias. Não se trata de rejeitar as produções do dito "Norte", nem somente de saber redimensioná-las ao se fazer as pesquisas empíricas na periferia, implica, sobretudo, evidenciar as criações intelectuais do Sul e combater a divisão de trabalho no âmbito das ciências sociais que recusa ao chamado metaforicamente de "Sul Global" a capacidade de teorizar, explicar e normatizar (CONNELL, 2012).

Não há há um caminho *uni-versal*. O pós-colonialismo advoga em prol de muitos caminhos, *pluri-versais*. Tal possibilidade, não aberta pela modernidade ocidental, é buscada hoje na escuta das múltiplas vozes historicamente subalternizadas. Há que se ampliar os sujeitos a participar da construção do conhecimento. Se Descartes, Karl Marx, Adam Smith mantêm-se como uma referência necessária às ciências sociais, não menos Las Casas, Waman Poma de Ayala e Alvarado Tezozomoc, Mohammed Abed Al-Jabri, Vine Deloria Jr., dentre tantos.

E, atualmente, é imprescindível para descolonização do conhecimento as contribuições dos vários feminismos. A indiana Chandra Mohanty, exemplarmente, interpela-nos, em *Bajo los ojos de Occidente – Academia feminista y discurso colonial* (2008) como a categoria "mulher do Terceiro Mundo" também veio a se tornar uma perigosa "armadilha", negando a existência real das várias mulheres desta parte do globo para além da condição de "vítimas".

Uma vez que as categoria "raça" e "sexualidade" ganharam, no "giro decolonial", relevância como marcadores sociais, algo até então superficialmente mencionado ou expressamente silenciado em outras teorias, o ainda pouco diálogo com os intelectuais negros – e com as intelectuais feministas – é digno de nota. No Brasil temos, dentre muitos e muitas, Virginia Leone Bicudo (2010), Guerreiro Ramos (1995), Clóvis Moura (1994), Abdias Nascimento (1978), Kabengele Munanga (1999). Falamos aqui efetivamente de ganhos teóricos nada desprezíveis para as ciências sociais se absorvidas as reflexões de Angela Davis, bell hooks, Patrícia Hill Collins, Lélia Gonzales, ao lado das "decoloniais", tais como Maria Lugones e Espiñosa-Miñoso, ou ainda das feministas ameríndias, como Rigoberta Menchú Tum.

As fragilidades dos estudos pós-colonias e decoloniais existem, por certo, mas são bem distintas dos rechaços tão cansativos quanto equivocados de que "se quer jogar tudo fora", não seria possível, aliás. O que é caro ao pós-colonial é a percepção de que as formas de "bem-viver" e os modos civilizatórios são muitos e que uns e outros não são compreensíveis pelas mesmas categorias.

É temerário, também, asseverar que o pós-colonial opõe as lutas identitárias às questões da produção da vida material e à luta de classes. Wallerstein (1980), citado recorrentemente por nomes expressivos do "giro decolonial" latino-americano, destacou o racismo e o sexismo como vetores imprescindíveis ao funcionamento do sistema capitalista. Partilhando desta preocupação, os estudos pós-coloniais e decoloniais apostam na intersecionalidade de "raça", gênero, classe e outras, daí se falar comumente em "racialização" e "generificação" da exploração no trabalho. Como disse Fanon (2005), nas colônias, infra e superestrutura se entrelaçam e "rico" e "branco" são amalgamados assim como o "pobre" e o "não branco", jamais coincidentemente, se superpõem.

Stuart Hall (2009) admite que os estudos culturais falham na atenção à dimensão econômica da realidade, porém, discorda que isto lhe seja uma marca indelével, se não um distanciamento que precisa ser revisto para não se recair no idealismo. Elogia a habilidade do pós-colonial para localizar discursivamente o Terceiro Mundo, quando se refere, por exemplo, a Ernesto Laclau (1996). No entanto, em tempos de "capitalismo tardio", "produção flexível", "capitalismo desorganizado", a exigir novas categorias explicativas, supõe que os pós-coloniais poderiam ainda dar uma contribuição mais firme no debate do capitalismo global. Quem sabe sem abrir mão da etnografias, relatos orais e escritas de si, com que se consagrou? Hall não se intimida diante de uma autocrítica contundente:

> [...] os discursos do "pós" emergiram e têm sido articulados [...] contra os efeitos práticos, políticos, históricos e teóricos do colapso de um certo tipo de marxismo economicista, teleológico e, no final, reducionista. O resultado do abandono desse economicismo determinista não tem sido formas alternativas de pensar as relações econômicas e seus efeitos enquanto condições de existência para outras práticas, inseridas de forma "descentrada" ou deslocadas em nossos paradigmas exploratórios, mas sim um maciço, gigantesco e eloquente *repúdio* [...]. Essa é uma falha de teorização tão profunda [...], tão impeditiva que ela tem propiciado a continuidade ou o predomínio de paradigmas muito mais fracos e menos ricos conceitualmente (HALL, 2009, p. 117).

Os pós-coloniais são diferentes entre si. Vale recordar, pois, o "pós-colonialismo de oposição" de Boaventura Souza Santos (2004) que insere, na reescrita da história mundial, Portugal – o "Sul da Europa" – e propõe uma revisão crítica da meta narrativa da modernidade, na recusa dos ideais de progresso e desenvolvimento lineares, sem se aliar, contudo, ao chamado "pós-modernismo celebratório", o qual se conjuga a um perigoso relativismo. Sua "hermenêutica diatópica" pode ser aproximada da "hermenêutica pluritópica" de Mignolo (2004), ambos a traduzir, a partir das margens, a hermenêutica de Gadamer.

Reunir tantos estudos sob uma mesma rubrica não nos impede de perceber divergências, nem isto é desejável. Porém, é plausível fazê-los convergir como tentamos fazer neste capítulo. Em todos os espectros da crítica pós-colonial e decolonial, reconhecemos o esforço de "descolonizar mentes" (e corpos), afirmando, os povos e os sujeitos, sua própria cultura como partícipe de um inédito "pluriversal" que não mais corresponde à velha meta narrativa da modernidade, por isso, a produzir conhecimentos mais verossímeis sobre o mundo social.

Referências

ANDRADE, O. (1990). *A utopia antropofágica – A antropofagia ao alcance de todos*. São Paulo: Globo.

ALMEIDA, C.S.D.M.; LIMA, M.C.; ELÍBIO JÚNIOR, A.M. (2015). Provincializar a Europa: a proposta epistemológica de Dipesh Chakrabarty. *Revista Brasileira de História & Ciências Sociais (RBHCS)*, v. 7, n. 13, p. 61-79, jul. [Disponível em https://www.rbhcs.com/rbhcs/article/view/303 – Acesso em 02/03/2017].

ANZALDÚA, G.E. (1999). *Borderlands/La Frontera: The New Mestiza*. São Francisco: Aunt Lute Books.

APPADURAI, A. (2000). Grassroots globalization and the research imagination. *Public Culture*, Duke University Press, v. 1, n. 2, p. 1-19.

APPIAH, K.A. (1997). *Na casa de meu pai – A África na filosofia da cultura*. Rio de Janeiro: Contraponto.

BALLESTRIN, L. (2013). América latina e o giro decolonial. *Revista Brasileira de Ciência Política*, Brasília, n. 11, p. 89-117, mai.-ago.

BALLESTRIN, L. (2017). Feminismos subalternos. *Revista estudos feministas*, Florianópolis, v. 25, n. 3, p. 1.035-1.054, dez. [Disponível em http://www.scielo.br/scielo.php?script=sci_arttext&pid=S0104-026X2017000301035&lng=es&nrm=iso – Acesso em 1302/2020].

BHABHA, H. (2007). *O local da cultura*. Belo Horizonte: UFMG.

CARVALHO, J.J. (2013). O olhar etnográfico e a voz subalterna: para uma teoria da subalternidade e do luto cultural. In: ALMEIDA, J.; MIGLIEVICH-RIBEIRO, A.M.; GOMES, H.T. (orgs.). *Crítica pós-colonial – Panorama de leituras contemporâneas*. Rio de Janeiro: Faperj/7Letras, p. 55-99.

CASANOVA, P.G. (2007). Colonialismo interno (uma redefinição). In: BORON, A.; AMADEO, J.; GONZALEZ, S. (orgs.). *A teoria marxista hoje: problemas e perspectivas*. Buenos Aires: Clacso.

CHAKRABARTY, D.P. (2000). *Provincializing Europe – Postcolonial Thought and Historical Difference*. Princeton: Princeton University Press.

CONNELL, R. (2007). *Southern Theory: The Global Dynamics of Knowledge in Social Science*. Sidnei/Cambridge: Allen & Unwin/Polity Press.

COSTA, S. (2010). Teoria por adição. In: MARTINS, C.B.; MARTINS, H. (orgs.). *Horizontes das ciências sociais no Brasil*: Sociologia. São Paulo: Anpocs, p. 25-51.

COSTA, S. (2013). (Re)encontrando-se nas redes? – As ciências humanas e a nova geopolítica do conhecimento. In: ALMEIDA, J.; MIGLIEVICH-RIBEIRO, A.M.; GOMES, H.T. (orgs.). *Crítica pós-colonial – Panorama de leituras contemporâneas*. Rio de Janeiro: Faperj/7Letras, p. 257-274.

FANON, F. (2005). *Os condenados da terra*. Juiz de Fora: UFJF.

FANON, F. (2008). *Pele negra, máscaras brancas*. Salvador: Edufba.

FERNANDES, F. (1995). A atualidade de José Martí. *Opinião*, São Paulo, mai. [Disponível em http://www1.folha.uol.co m.br/fsp/1995/5/22/opiniao/7.html – Acesso em 02/03/2017].

GIBSON, N.C. (2011). 50 años después: el legado de Fanon. *Africaneando – Revista de actualidad y experiencias*. Barcelona, n. 8 [Disponível em www.oozebap.org/africaneando/index.htm – Acesso em 04/03/2017].

GUHA, R. (2002). *History at the limit of World-History*. Nova York: Columbia University Press.

GUIMARÃES, A.S. (2013). A recepção de Fanon no Brasil e a identidade negra. In: ALMEIDA, J.; MIGLIEVICH-RIBEIRO, A.M.; GOMES, H.T. (orgs.). *Crítica pós-colonial – Panorama de leituras contemporâneas*. Rio de Janeiro: Faperj/7Letras, p. 33-54.

HALL, S. (2009). *Da diáspora – Identidades e mediações culturais*. Belo Horizonte: UFMG.

HONNETH, A. (2003). *Luta por reconhecimento – A gramática moral dos conflitos sociais*. São Paulo: Ed. 34.

LACLAU, E. (1996). *Emancipación y diferencia*. Buenos Aires: Ariel.

LANDER, E. (2006). Ciências sociais: saberes coloniais e eurocêntricos. *A colonialidade do saber: eurocentrismo e ciências sociais – Perspectivas latino-americanas*. Buenos Aires: Clacso.

MARTÍ, J. (1993). Nuestra América. In: ZEA, L. (org.). *Fuentes de la cultura latinoamericana*. Tomo I. México: Fondo de Cultura Económica, p. 119-127.

MARX, K. (2011). *O 18 brumário de Luís Bonaparte*. São Paulo: Boitempo.

MIGNOLO, W. (2003). *Histórias locais, projetos globais – Colonialidade, saberes subalternos e pensamento liminar*. Belo Horizonte: UFMG.

MIGNOLO, W. (2004). Os esplendores e as misérias da "ciência": colonialidade, geopolítica do conhecimento e pluriversalidade epistémica. In: SANTOS, B.S. (org.). *Conhecimento prudente para uma vida decente – Um discurso sobre as Ciências revisitado*. São Paulo: Cortez, p. 667-709.

MOHANTY, C.T. (2008). Bajo los ojos de Occidente – Academia Feminista y discurso colonial. In: NAVAZ, L.S.; Hernández, A. (ed.). *Descolonizando el feminismo: teorías y prácticas desde los márgenes*. Madri: Cátedra,

ORTIZ, R. (1995). Frantz Fanon: um itinerário político e intelectual. *Revista Ideias*, Campinas, vol. 2.

ORTIZ, R. (1998). *Cultura brasileira e identidade nacional*. São Paulo: Brasiliense.

PERRONE-MOISÉS, L. (2004). Pós-estruturalismo e desconstrução nas Américas. In: PERRONE-MOISÉS, L. (org.). *Do positivismo à desconstrução: ideias francesas na América*. São Paulo: Edusp.

RIBEIRO, D. (1995). *O povo brasileiro – A formação e o sentido do Brasil*. São Paulo: Companhia das Letras.

SAID, E. (2007a). *Humanismo e crítica democrática*. São Paulo: Cia. das Letras.

SAID, E. (2007b). *Orientalismo – O Oriente como invenção do Ocidente*. São Paulo: Companhia de Bolso.

SAID, E. (2003). *Reflexões sobre o exílio e outros ensaios*. São Paulo: Companhia das Letras.

SANTOS, B.S. (2004). Nuestra América: reinventando un paradigma. Casa de las Américas, n. 237 [Disponível em http://www.ces.uc.pt/myces/UserFil es/livros/158_Nuestra%20America-Casa%20de%20las%20Americas.pdf – Acesso em 04/03/2017].

SANTOS, B.S. (org.) (2006). Para uma sociologia das ausências e uma sociologia das emergências. *Conhecimento prudente para uma vida decente: um discurso sobre as ciências revisitado*. São Paulo: Cortez.

SPIVAK, G. (2010). *Pode o subalterno falar?* Belo Horizonte: UFMG.

STRECK, D.; MORETTI, C.Z. (2013). Colonialidade e insurgência: contribuições para uma pedagogia latino-americana. *Revista Lusófona de Educação*, Lisboa, v. 24, n. 24, p. 33-48.

ZIZEK, S. (2011). *Primeiro como tragédia, depois como farsa*. São Paulo: Boitempo.

WALLERSTEIN, I. (1980). *The modern world system*. Vol. 2. Nova York: Academic.

19
A pesquisa sobre modernidade na América Latina*

Sérgio Costa

Introdução

A insidiosa relação da América Latina com a modernidade foi exposta de forma contundente pelo ensaísta e escritor mexicano Otavio Paz, quando do recebimento do Prêmio Nobel de Literatura, em 1990. Em seu discurso de agradecimento, Paz assinala que a América Latina tem historicamente se mostrado como o pré-moderno avesso de uma moderna Europa: "Daí que às vezes se falasse em *europeizar* nossos países: o moderno estava fora e precisávamos importá-lo" (PAZ, 1990). Também típico do emprego do conceito de modernidade na América Latina é conectá-lo temporal e espacialmente com a Europa Ocidental e, mais tardiamente, com os Estados Unidos. Por isso, de acordo com uma autocompreensão ainda hoje predominante, muitos latino-americanos vão situar a modernidade ou fora da América Latina ou, quando nela, posicionada temporalmente no porvir. Isto é, com o termo modernidade se descreveu e se descreve ainda com frequência não o presente, mas o futuro da América Latina.

A descrição da modernidade como uma formação social distante da América Latina em termos geográficos e/ou temporais é também consequência do modo como se deu a constituição de teorias na região. Por conta da posição subordinada da América Latina no assimétrico processo de produção do saber nas ciências sociais, cientistas sociais latino-americanos viram-se principalmente como receptores de teorias produzidas na Europa e nos Estados Unidos. Em consequência, as experiências locais são repetidamente interpretadas como expressões de uma modernidade incompleta, uma vez que não correspondem à "perfeição" moderna descrita nas teorias. A isso se relaciona ainda um outro problema: a indissociável conexão entre os empregos político-ideológico e teó-

---

* Este capítulo é uma adaptação e expansão de artigo anterior publicado originalmente em alemão (COSTA, 2015). A tradução para o português é de Fernando Baldraia Sousa.

rico-analítico do conceito. Pelo menos desde as independências nacionais, que na América Latina foram conquistadas em grande medida ao longo da primeira metade do século XIX, modernidade é um termo disputado. Ele descreve um determinado padrão de sociedade e, ao mesmo tempo, corresponde a uma visão do futuro por meio do qual formas de dominação são legitimadas via referência à modernidade ou à possibilidade de automodernização. Aqui, dois aspectos são importantes: por um lado, a idealização da Europa e, posteriormente, dos Estados Unidos como fonte dos valores modernos autênticos representa uma autossujeição política das classes dominantes latino-americanas. Por outro lado, essas ideias imitadas funcionam internamente como uma ideologia que justifica o poder de uma elite supostamente europeizada sobre a (ainda) não europeizada vasta massa (SCHWARZ, 1992).

A teoria da dependência representa uma primeira tentativa de romper com a lógica segundo a qual a modernidade latino-americana é uma mera cópia atrasada da europeia e norte-americana. A teoria da dependência tematiza, pela primeira vez de maneira profunda, o desenvolvimento entrelaçado da modernidade. Essa perspectiva tem sido retomada e ampliada nos debates atuais; entretanto, ela não é hegemônica. As correntes que ao longo da história foram – e ainda permanecem – dominantes no contexto das análises sobre a modernidade na América Latina são aquelas que a consideram resultado da europeização e ocidentalização da região.

Além dessas vertentes, constitui-se atualmente na América Latina uma outra leitura que adere à ideia de modernidades múltiplas, como a formulada por Shmuel Eisenstadt (2000). Algumas teses dessa variante interpretativa repetem argumentos da teoria da modernização; outras, por outro lado, fazem justiça ao caráter entrelaçado da modernidade global.

Com isso, temos, pois, duas linhagens e meia (2,5)[1] das pesquisas sobre modernidade da América Latina, como aquelas que quero reconstruir neste ensaio: a primeira linhagem, que apresenta o desenvolvimento da modernidade na América Latina como um processo de ocidentalização; a segunda, que acentua os entrelaçamentos da região com a modernidade global; por fim, numa posição intermediária, a interpretação que vê os desenvolvimentos na América Latina como uma forma particular das *modernidades múltiplas*. A referência ao programa *modernidades múltiplas/plurais* como uma meia (0,5) linhagem exprime simplesmente que, tomada pelo conteúdo de seu posicionamento, essa corrente se situa entre as duas outras. Como linha de pesquisa, essa abordagem está internacionalmente muito bem consolidada. Na América Latina ela vem ganhando

---

1. Em um importante ensaio, Gildo Marçal Brandão (2005) empreende uma classificação do pensamento político brasileiro segundo linhagens e fornece, assim, a inspiração para o presente capítulo. Aqui, porém, a ênfase recai na conexão entre as diferentes linhagens e o debate internacional correspondente. Essa relação não está no foco das atenções de Brandão.

também em influência e, como exporei adiante, já existem trabalhos pioneiros condizentes com ela.

Executo minha reconstrução das linhagens de pesquisa sobre modernidade na América Latina em quatro passos. Começo com uma discussão sobre as dificuldades de se encontrar um lugar epistêmico a partir de onde uma sólida reflexão teórica sobre a modernidade na América Latina pudesse ser articulada. Num segundo momento segue um panorama histórico dos debates intelectuais sobre modernidade até suas feições atuais. A terceira parte se ocupa propriamente das linhagens de pesquisa sobre modernidade na América Latina, discutindo, no quarto e último momento, as perspectivas sobre tempo e espaço típicas de cada uma delas.

1 A posição da América Latina nas ciências sociais

Desde seus princípios, não tem sido fácil para as ciências sociais latino-americanas, aqui entendidas como a sociologia e a ciência política, se posicionarem na geopolítica global da produção de conhecimento[2]. A elaboração de teorias próprias é uma questão que tem se apresentando especialmente difícil para as ciências sociais latino-americanas, dado ser esta uma tarefa para a qual elas nunca se sentiram plenamente legitimadas para desempenhar. Essa abstinência teórica, que é a um só tempo imposta e autoinfligida, não poderá ser detalhada no âmbito desta contribuição. Na verdade, no lugar de uma história das ciências sociais na América Latina, cujo desenvolvimento é sobremaneira diferenciado, variando bastante de país para país, eu me limitarei a analisar três dilemas que condicionam o retraimento latino-americano na produção de teoria social.

Trata-se, primeiro, de um dilema epistêmico que marcou a gênese das ciências sociais na América Latina. Com efeito, os estágios iniciais das ciências sociais latino-americanas, no final do século XIX, acompanharam a difusão de teorias raciais e evolucionistas e a subsequente divisão do trabalho científico que preconizava uma repartição do mundo entre uma moderna Europa e um não moderno "resto". Assim, história e ciências sociais se ocuparam com a moderna Europa, enquanto o "resto do mundo" ficou a cargo da antropologia europeia. Ventura expõe esse ponto de modo elucidativo:

---

2. No âmbito da discussão pós-colonial tem-se empregado o conceito de "geopolítica do saber" para denunciar e transformar as posições assimétricas a partir das quais diferentes regiões do mundo e grupos sociais interagem na moderna produção do conhecimento, a qual rejeita de antemão determinadas formas de saber simplesmente pelo fato de estas últimas não poderem ser avaliadas com base no aparato conceitual das ciências modernas. Keim (2001) descreve a assimetria política na produção e circulação do saber sociológico mediante um modelo centro-periferia, que é analiticamente mais preciso do que a metáfora militar "geopolítica do saber". Se tal modelo é capaz de considerar diferentes deslocamentos hegemônicos e contra-hegemônicos na produção e na circulação do saber sociológico, é uma questão que precisa, em todo caso, ser verificada empiricamente.

Dissolve-se a unidade da história – em que coexistiam, até então, história natural, moral e política – por meio da separação entre discurso histórico de tipo moderno (tendo como objetivo sociedades históricas) e discurso etnológico (voltado para os estudos das sociedades ditas selvagens). Nessa separação entre história e etnologia, são os povos "selvagens" excluídos do território do historiador, condição de formação de uma "ciência geral do homem" e de disciplinas, como a etnologia e antropologia, que examinam as sociedades não ocidentais (VENTURA, 1987, p. 148).

À América Latina coube, pois, o papel de objeto de estudo da etnologia europeia. Nos quadros dessa ordem epistemológica, falar em ciências sociais latino-americanas era uma contradição em si mesma, e em sentido duplo: a América Latina era, por definição, um não lugar de produção científica e, além disso, disciplinas como a sociologia e as ciências políticas, preocupadas com investigação das sociedades modernas, estavam ali deslocadas. Por essa razão, em seus princípios, a reflexão sociológica na América Latina foi marcada tanto pelo vigor normativo como por ser amplamente desconectada das experiências locais com a modernidade: à época, seus cientistas sociais se ocupavam com prescrições para a transformações de suas respectivas sociedades nacionais (paradigmaticamente: Oliveira Vianna [1919] 1982).

O segundo dilema é de natureza teórica e se apresenta exemplarmente no período pós-guerra, quando do início do processo de institucionalização que, sob a égide da teoria da modernização, instaurou o caráter nacional da sociologia e da ciência política. A teoria da modernização resolve, ao menos parcialmente, o problema epistêmico exposto acima. E o faz não somente no que amplia o escopo geográfico do olhar sociológico, mas também ao atribuir uma posição de sujeito produtor de conhecimento às ciências sociais cuja procedência e objeto de estudo são as nações "não ocidentais".

Com isso, porém, ela não procedeu uma reconciliação entre experiência social e a constituição de teorias, pois a sociologia latino-americana funcionou como mero campo de prova das próprias proposições da teoria da modernização. Não se tratou também de "entender interpretativamente" a prática social local, como Weber (1956 [1922]) teria desejado. Antes, o que se fez foi, primeiro, avaliar a distância que separava as particularistas e tradicionais formas de viver locais daquelas características universais e modernas das sociedades industriais e, segundo, desenvolver tecnologias sociais para superação dessa distância.

Por fim, há ainda um terceiro dilema, o da especialização, a qual as ciências sociais latino-americanas estiveram e ainda estão confinadas. As subdisciplinas resultantes da crescente fragmentação das ciências sociais vêm assumindo de maneira irrefletida as premissas metodológicas da teoria da modernização, segundo a qual a Europa/o Ocidente estipulam o padrão de transformação de todas as sociedades. Assim, desenvolvimentos específicos da modernidade ocorridos em algumas poucas sociedades se tornam uma constante teórica que tem de ser encontrada em toda parte.

A referência a autores e abordagens internacionalmente reconhecidos parece ser uma precondição para que os ora especializados cientistas sociais da América Latina possam ampliar sua rede e suas atividades de divulgação no exterior. O preço que se paga por isso, porém, é o aprofundamento das lacunas entre produção teórica e experiência social. Historicamente, esses dilemas têm conduzido a uma abstinência teórica na pesquisa sociológica na América Latina. Ao invés da formação de novas teorias, o que parece haver é um regime de citações por meio do qual cientistas sociais latino-americanos incrementam o caráter sociológico de suas pesquisas através da (obrigatória) menção de autores internacionalmente renomados. O modo como os dilemas ora especificados definem, em diferentes épocas, o debate intelectual sobre modernidade na América Latina será detalhado na seção seguinte.

2 A pesquisa sobre modernidade da América Latina

Para começar, observemos que falar da América Latina como uma região e passar, daí, a tomá-la como uma unidade analítica é um procedimento categoricamente sujeito a críticas. Como muitos autores têm salientado (CAIRO, 2010; MIGNOLO, 2005), com exceção do parentesco linguístico e de uma história similar como colônias da Espanha e de Portugal, os países que a compõem não têm muito em comum. Não é então de se admirar, ainda segundo esse argumento, que a predominante "ideia global de América Latina" tenha sido inventada e desenvolvida somente no contexto da Guerra Fria, no contexto de ambições imperiais (MIGNOLO, 2005, p. 96).

Essas objeções conceituais são legítimas e servem como advertência contra a atribuição de relevância analítica automática à uma unidade construída política e idelogicamente. Porém, se for examinado o desenvolvimento das investigações e do discurso sobre a modernidade, a América Latina se apresenta como uma referência que, embora não seja homogênea, é bastante coesa. Em outras palavras: não obstante as transformações díspares nos diferentes países latino-americanos, observa-se na região grandes similaridades na discussão científica sobre modernidade. A história que ela conforma pode ser dividida em três fases, que, com base em exemplos paradigmáticos, serão apresentadas a seguir.

2.1 Modernidade como transplante

Domingo F. Sarmiento (1811-1888), presidente da Argentina entre 1868 e 1874, oferece com *Facundo, o civilización y barbarie* (1845), muito provavelmente a primeira análise sistemática das possibilidades e problemas envolvidos no emprego do conceito de modernidade para a América Latina. O termo aparece na obra somente como adjetivo (moderno/moderna), estando, pois, ausente a palavra "modernidade". Em todo caso, o conceito de "civilização" exprime todas as características positivas que o autor atribui à Europa; isto é, às modernas formações sociais e modos de viver designadas como europeizadas. Por conseguinte, a tensão entre uma Europa civilizada e o bárbaro continente americano se reflete internamente também na Argentina. De acordo com Sarmiento, as cidades – com Buenos Aires na dianteira – encarnavam a civilização, ao passo que as regiões rurais (a pampa) representariam o atraso: "Lo que por ahora interesa reconocer, es que los progresos de la civilización se acumulan en Buenos Aires solo: la Pampa es un malísimo conductor para levarla y distribuirla en las provincias [...]" (SARMIENTO, 1999 [1845], p. 25).

A transplantação da civilização europeia para a Argentina não poderia, segundo Sarmiento, ser bem-sucedida somente pela transferência das instituições europeias para o continente americano. A garantia do progresso estava, antes e sobretudo, na substituição dos nativos por imigrantes europeus. Assim, fica explícito que a reflexão de Sarmiento, à luz dos dilemas epistêmicos descritos acima, enquadra-se no contexto da recepção do racismo científico. "Pues bien: cien mil por año harían en diez años un millón de europeos industriosos diseminados por toda la República, enseñando a trabajar, explotando nuevas riquezas, y el enriqueciendo al país con sus propiedades [...]" (SARMIENTO, 1999 [1845], p. 265).

No contexto de recepção do racismo científico europeu, o projeto de transplantar a civilização (europeia) para a não civilizada América por meio da imigração foi continuamente perseguido em toda a América Latina desde finais do século XIX até pelo menos a década de 1920. A questão posta era sempre a de saber a maneira ideal pela qual os vetores da civilização, os europeus, poderiam avançar seus impulsos evolutivos no novo continente. Enquanto na Argentina, em estrita adoção das teorias raciais, concluiu-se que construção de uma nação moderna pressupunha a substituição da população indígena pelos imigrantes europeus, em países como Brasil e México aquelas mesmas teorias foram reinterpretadas de modo a servir como argumento legitimador da miscigenação entre índios, negros e europeus. Somente tal mistura – eis a presunção subjacente – conduziria a uma "europeização"; ou seja, "branqueamento", da população como um todo (STEPAN, 1991, p. 135)[3].

O entendimento de quão insustentável era a associação entre modernidade como um modelo de civilização, de um lado, e um tipo humano, o europeu, que funcionaria como suporte de seu desenvolvimento; de outro, se consuma na América Latina somente nos anos de 1930, quando da recepção do trabalho do antropólogo teuto-americano Franz Boas (1858-1942). Muito embora a teoria da cultura de Boas apresente a Europa como modelo de civilização – pensada no singular –,

---

3. Cf. tb. Costa, 2013a.

ele não atribui o atraso tecnológico e cultural de outras regiões à biologia, mas a circunstâncias históricas (BOAS, 1969 [1904])[4]. Essas ideias encaminharam uma verdadeira virada na reflexão latino-americana sobre modernidade, posto terem avançado um substancial deslocamento de foco: os cientistas sociais se afastaram da biologia e passaram a investigar processos sociais e políticos que impeliam ou atravancavam a modernização. A partir de agora, "modernidade" será interpretada não mais como algo a ser transplantado da Europa, senão como o resultado de um processo social de autotransformação.

2.2 Modernidade como autotransformação

A busca sistemática por respostas sociológicas à necessidade de superar as diferenças estruturais percebidas entre as sociedades latino-americanas e as putativamente modernas sociedades europeias ganham seus primeiros contornos ainda nos anos de 1930, no contexto de recepção da obra de Max Weber (1864-1920). Um exemplo paradigmático desse momento é *Raízes do Brasil* (1936), obra na qual Sérgio Buarque de Holanda (1902-1982) avança uma abrangente interpretação do déficit de modernização no Brasil, tomando a Europa Ocidental, sobretudo a Alemanha, como modelo. Sérgio Buarque argumenta que a colonização portuguesa e espanhola resultou na formação de sociedades nas quais tanto o senso de bem comum como aquele necessário à legitimação de um governo impessoal e racional não puderam emergir. Dado que o aparato do Estado, assim como o funcionalismo público, orientava-se segundo a lógica do interesse privado a das lealdades pessoais, nunca se pôde formar os contornos de um moderno Estado burocrático, com sua "ordenação impessoal" e sua "progressiva divisão das funções" (HOLANDA, 2004 [1936], p. 146).

Em *Raízes do Brasil*, a "modernidade" não é explicitamente definida. Quando, porém, expõe os contrastes entre o Brasil e as "sociedades modernas", Sérgio Buarque de Holanda deixa entrever que "modernidade", para ele, conforma uma complexa arquitetura que se define pela existência de estruturas sociais específicas (primado da vida urbana, vitória política sobre os latifundiários, diferenciação dos âmbitos da política, da economia, da família etc.), de determinados valores (ética do trabalho, secularismo), assim como dos traços de personalidade correspondentes a tais valores (individualismo, autonomia, racionalismo) (COSTA, 2014). Também o conceito de "modernização" não aparece no livro.

Sérgio Buarque caracteriza a transição pelo qual o Brasil teria de passar; isto é, a transição de uma coletividade baseada em estruturas particularistas, religiosas e familiares para uma sociedade secular, individualista e meritocrática, como "nossa revolução". O termo não guarda, entretanto, nenhuma conotação marxista-leni-

---

4. Cf. tb. Schwarcz, 1993; Hofbauer, 2006.

nista, mas alude, antes, àquilo que será mais tarde denominado como "modernização":

> Se o processo revolucionário a que vamos assistindo, e cujas etapas mais importantes foram sugeridas nestas páginas, tem um significado claro, será este o da dissolução lenta, posto que irrevogável, das sobrevivências arcaicas, que o nosso estatuto de país independente até hoje não conseguiu extirpar (HOLANDA, 2004 [1936], p. 180).

Raízes do Brasil já aponta para questões que viriam a ser desdobradas em sua plenitude somente algumas décadas mais tarde. De fato, dos anos de 1950 até os anos de 1970, sob a influência da teoria da modernização, uma abordagem implicitamente comparativa, segundo a qual as sociedades e formas de viver existentes na América Latina representam um estágio preliminar da (autêntica) modernidade europeia e norte-americana, se tornará a tendência hegemônica nas ciências sociais latino-americanas. O então bastante influente e internacionalmente reconhecido sociólogo ítalo-argentino Gino Germani (1911-1979) personifica de maneira ímpar o projeto de transpor para a América Latina o programa de investigação da teoria da modernização. No centro de seu conceito de modernidade está o processo de secularização, que ele define em termos de deslocamentos na estrutura normativa da sociedade. As transformações nos modos de agir dos membros do corpo social assim como na estrutura institucional ocorridas no âmbito do processo de modernização são descritas por meio de conceitos-chave, como:

1) tipo de ação social: da ação prescritiva para a ação eletiva;

2) aceitação de mudanças: da institucionalização da tradição para a institucionalização da mudança;

3) especialização institucional: de um relativamente indiferenciado complexo de instituições para um alto grau de diferenciação e especialização institucionais (GERMANI, 1968, p. 345).

A metamorfose de uma sociedade "tradicional" em uma "moderna" implica, segundo Germani, uma modernização econômica, social e política. As transformações efetivadas nesses três níveis podem ocorrer de maneira não sincrônica; sendo esta a razão pela qual diferentes regiões apresentam cursos de desenvolvimento distintos. Assim, Germani separa o padrão de modernização ocidental (modelo ocidental) de outros modelos surgidos no século XX, a saber: o soviético, o chinês e o castrista. Com referência às etapas do processo de modernização latino-americano, Germani distingue detalhadamente quatro fases, que, em sua opinião, muito embora se efetivem num movimento endógeno, também sofrem a influência de "fatores externos". Essas etapas são definidas e caracterizadas da seguinte maneira em Germani (1971, p. 51):

1) "Sociedade tradicional": relacionada à conquista e ao colonialismo.

2) "Superação inicial da sociedade tradicional": influenciada pelas revoluções francesa e americana.

3) "Sociedade dual e expansão para fora": entende-se aqui uma sociedade que é constituída por domínios tradicionais e modernos e que é também forjada pelas forças externas da Revolução Industrial, da imigração em massa da Europa para a América, da exportação de capital para os "países da periferia", do liberalismo e da presença britânica no contexto mundial.

4) "Mobilização social de massas": relaciona-se, no âmbito internacional, com a crise econômica de 1929, a Guerra Fria e diferentes ideologias (liberalismo, marxismo, nacionalismo, fascismo etc.).

Pesquisas sobre modernidade baseadas na teoria da modernização estão até hoje representadas em muitas instituições acadêmicas ou organizações que desenvolvem estratégias para o desenvolvimento político e econômico na América Latina. A plausibilidade de algumas de suas premissas foi questionada já na década de 1960 pela teoria da dependência, que se discute a seguir.

2.3 A modernidade dependente

A contribuição da teoria da dependência para a investigação sobre modernidade na América Latina consiste fundamentalmente no fato de que nela as interdependências entre desenvolvimento e subdesenvolvimento são analisadas de maneira manifesta. Nisso, ela contesta não apenas o caráter endógeno da modernização, mas também a "incisiva antítese entre modernidade e tradição" (KNÖBL, 2001, p. 32), tal como postuladas pela teoria da modernização.

A teoria da dependência, como se sabe, desdobra-se em variadas abordagens que não configuram uma corrente unitária. Trata-se de estudos política e analiticamente heterogêneos que, originados na América Latina nos anos de 1960/1970, num curto espaço de tempo conquistaram novos adeptos ao redor do mundo, especialmente na Alemanha. Os méritos destas análises no contexto do debate sobre modernidade na América Latina foram e devem ser, em cada caso, avaliados de maneira bastante diferenciada.

Na apreciação do impulso inovador que as diferentes abordagens da dependência deram e ainda dão às investigações sobre modernidade da América Latina é útil distinguir entre uma variante reformista e uma marxista. Ao primeiro grupo pertencem autores como Fernando Henrique Cardoso (*1931), Enzo Faletto (1935-2003), Osvaldo Sunkel (*1929), entre outros, que se aproximam da visão estruturalista do Cepal/Eclac (Comissão Econômica para a América Latina e o Caribe). Entre os marxistas pode-se enumerar: Ruy Mauro Marini (1932-1997), Theotonio dos Santos (*1936) e André Gunder Frank (1929-2005), autores que tomaram por improvável a superação do subdesenvolvimento nos marcos do capitalismo. Acrescente-se ainda que esta vertente da teoria da dependência renovou a então ampla audiência do marxismo na América Latina, lugar onde sua recepção começara já em fins do século XIX.

Kay (1989, p. 129) mostra como marxistas e reformistas são concordes em afirmar que o subdesenvolvimento ou o "padrão de desenvolvimento dos países dependentes" não representa um pré-estágio do desenvolvimento como conhecido nos países industrializados. Na percepção de ambos, deve-se partir do pressuposto de que, fora do mundo ocidental, desenvolvimento e subdesenvolvimento sempre se condicionaram mutuamente, uma vez que se pode demonstrar que os países dependentes "foram forçosamente integrados no mundo capitalista pelos países dominantes". Com isso, corrige-se a teoria da modernização em que estabelece que a modernidade se origina na Europa e só depois se expande globalmente. Para os autores da teoria da dependência, a modernidade está relacionada, desde seus princípios, com o estreitamento dos entrelaçamentos entre Europa e o resto do mundo.

Dentro da teoria da dependência, essa constituição interdependente da modernidade será defendida com variados graus de radicalidade por marxistas e reformistas. Dois ensaios, de Ruy Mauro Marini e de Osvaldo Sunkel, respectivamente, ambos publicados em 1973, ilustram tais diferenças de interpretação. O trabalho de Sunkel resume para o público internacional o resultado de suas análises anteriores sobre a questão do desenvolvimento da América Latina. Segundo ele, "a Revolução Industrial na Europa conduziu a uma divisão internacional do trabalho que alocou as atividades manufatureiras nos países centrais e as atividades primárias na periferia" (SUNKEL, 1973, p. 12). Embora Sunkel remeta a dependência dos países latino-americanos a essa divisão internacional do trabalho, quando explica o porquê de determinadas nações terem caído nessa situação, ele atribui também um importante papel às decisões políticas tomadas no âmbito nacional. Essa interpretação norteou igualmente suas recomendações para superação do subdesenvolvimento. Para ele, uma consequente estratégia de substituição de importações poderia efetivamente minimizar as assimetrias entre países centrais e periféricos.

Ruy Marini, por sua vez, entende que as interdependências entre países desenvolvidos e subdesenvolvidos estão situadas em um nível muito mais profundo. Por um lado, ele vê diferenças entre as antigas relações coloniais e a nova situação de dependência originada com a posterior industrialização das potencias (pós-) coloniais; por outro lado, ele salienta que os países latino-americanos, por meio da exportação de metais preciosos, matérias-primas e gêneros alimentícios, vinham contribuindo já desde o século XVI para a constituição de uma economia capitalista global (MARINI, 1973, p. 19).

Marini compreende as estruturas de acumulação de capital na Europa e na América Latina como interligadas de uma tal maneira que excedentes econômicos nesta última só podem ser atingidos via superexploração da força de trabalho local, o que, por sua vez, impede a formação de mercados internos na região. Além disso, em virtude da dependência latino-americana diante das nações centrais no concernente a capitais e à tecnologia, mesmo uma industrialização eficazmente baseada no modelo de substituição de importações, levava ao aprofundamento da própria lógica da dependência.

A industrialização latino-americana define, assim, uma nova divisão internacional do trabalho, em cujo marco são transferidas para os países dependentes etapas inferiores da produção industrial, sendo reservadas para os centros imperialistas as etapas mais avançadas (como a produção de computadores e a indústria eletrônica pesada em geral, a exploração de novas fontes de energia, como a de origem nuclear etc.) e o monopólio da tecnologia correspondente (MARINI, 1973 [2005]).

As explicações oferecidas por Ruy Marini, que, como mencionado acima, representa aqui a variante marxista da teoria da dependência, têm consequências significativas para as investigações sobre a modernidade. Elas mostram que já desde o colonialismo a América Latina integra, irrevogavelmente, a história global da modernidade. Ademais, tais explicações evidenciam quão global é a questão da dependência; portanto, esta não pode ser solucionada nacionalmente, como os reformistas acreditavam e ainda acreditam. Essa decisiva ruptura com a teoria da modernização tem sido grandemente prestigiada nas atuais discussões sobre modernidade (não somente) na América Latina.

3 Tendências atuais

Na plural paisagem acadêmica latino-americana, atualmente se encontra uma vasta profusão de abordagens e correntes que se ocupam, teórica e empiricamente, com a modernidade. Essas diversas vertentes filiam-se, via de regra, a debates conduzidos internacionalmente e vêm sendo, sobretudo a partir dos anos de 1990, marcadas pela tentativa de integrar a configuração da modernidade na América Latina ao contexto global.

O debate atual sobre a modernidade na América Latina vem sendo pautado principalmente pela recepção de teóricos que Jeffrey C. Alexander (1994) agrupa sob a denominação "neomodernos". Trata-se de perspectivas que, desde os anos de 1990, com o "triunfo" da economia de mercado e da democracia, tem-se ensejado recobrar, passada a onda de ceticismo pós-moderno, as pretensões de universalidade da teoria social. Diferentemente da teoria da modernização do período pós-guerra, as abordagens "neomodernas" não descrevem a modernidade como um processo endógeno e que transcorre no âmbito das sociedades nacionais. Algumas premissas fundamentais da teoria da modernização e especialmente a distinção dicotômica entre tradição e modernidade não são, porém, questionadas pelas interpretações "neomodernas" (ALEXANDER, 1994, p. 187).

Referências centrais na recepção das concepções neomodernas na América Latina são autores como Jürgen Habermas, Anthony Giddens e Ulrich Beck, os quais, partindo de suas observações na Europa, traçam os contornos da modernidade global ou sociedade mundial. Em consequência, quando de seu emprego no contexto de pesquisas empíricas sobre a modernidade na América, essas teorias operam como antes operava a teoria da modernização: o localmente observado é novamente declarado como pré-estágio das estruturas e processos que, segundo as teorias adotadas, são considerados como característicos da atual modernidade (supostamente) global[5].

A ruptura com o método da comparação implícita e que tem na descrição idealizada da modernidade europeia e norte-americana o parâmetro segundo o qual o grau de desenvolvimento da modernidade latino-americana será medido, toma lugar só recentemente, a partir de duas diferentes perspectivas de análise. A primeira, seguindo o programa "modernidades múltiplas" de Shmuel Eisenstadt (2000), entende que a América Latina percorreu uma trajetória específica em seu desenvolvimento da modernidade. A segunda, os estudos pós-coloniais, procura colocar a América Latina no contexto da "modernidade entrelaçada" (CONRAD; RANDERIA, 2002).

A análise da América Latina como variante específica das modernidades múltiplas tem nos trabalhos do sociólogo brasileiro J. Maurício Domingues (2008; 2009a; 2009b) seu mais consequente exemplo. Domingues se distancia da noção de civilização presente na obra de Eisenstadt, sobretudo no que diz respeito à religião, pois enxerga ali atuante um "nacionalismo metodológico": "religiões mundiais [...] se convertem, nos textos de Eisenstadt, em algo similar a culturas nacionais ou, de qualquer modo, fechadas" (DOMINGUES, 2009b, p. 202). Domingues caracteriza, todavia, como Eisenstadt, a modernidade como um projeto civilizatório que assume formas variadas em diferentes regiões. No centro do conceito de modernidade de Domingues está um "imaginário moderno [que] tem a liberdade, a igualdade, a solidariedade e a responsabilidade em seu cerne", e um conjunto de instituições tais como "a cidadania, o estado racional-legal, a nacionalidade, o capitalismo, o racismo, o patriarcado [...]" (DOMINGUES, 2009a, p. 16). Nesse sentido, Domingues interpreta o desenvolvimento da modernidade na América Latina não como um movimento que, inclusive em seu desdobrar cronológico, simplesmente segue o percurso traçado pelo modelo europeu, mas sim como um processo que se realiza de modo interligado e simultâneo com o desenvolvimento da modernidade na Europa. Trata-se de mostrar como o "imaginário moderno", assim como

---

5. Dessa maneira, p. ex., padrões de sexualidade e intimidade observados na Cidade do México são contrastados com a ideia de reflexividade na vida íntima, na acepção de Giddens (1992) e Beck e Gernsheim (1990), e acabam por ser, consequentemente, classificados como "tradicionais" (TENORIO TOVAR, 2012). Algo similar acontece com a recepção da obra de Niklas Luhmann, na esteira do qual as sociedades latino-americanas acabam por ser qualificadas como "modernidade periférica", i. é, um tipo especial de sociedade moderna que, quando vista pela ótica de sua teoria dos sistemas sociais, é insuficientemente diferenciada do ponto de vista funcional: "[...] las sociedades latinoamericanas, las que ancladas en una sociedad mundial y funcionalmente diferenciadas se estructuran bajo rasgos operativos estratificados y jerárquicos" (ROMERO et al., 2009, p. 172).

as instituições modernas mencionadas acima, se desenvolvem sincronicamente na Europa e na América Latina. De acordo com Domingues, o desenvolvimento sincrônico e entrelaçado da modernidade nestes dois espaços não conduz a uma modernidade policêntrica ou descentrada, pois,

> O centro dinâmico do sistema global localizava-se no Ocidente, e permanece assim até hoje em grande medida, com os Estados Unidos substituindo os países europeus como hegemonia mundial, embora certos giros modernizadores e processos dinâmicos, especialmente se emancipatórios, surjam com frequência na periferia [...] (DOMINGUES, 2009a, p. 198).

As abordagens pós-coloniais intervêm aqui: deslocando o foco para longe de cada região em particular e ajustando-o de modo a recair sobre as relações e entrelaçamentos entre as regiões. Elas efetuam um descentramento temporal e espacial da modernidade, que então deixa de tomar lugar na Europa ou nos Estados Unidos e passa a ter suas origens no próprio campo de tensões das relações de poder coloniais e pós-coloniais entre a Europa e o "resto" do mundo. Nessa perspectiva, o uso dos termos centro e periferia não redunda na atribuição, ao primeiro, de uma precedência nem cronológica nem ontológica na constituição da modernidade; trata-se, antes e tão somente, de expor a assimetria de poder entre o Ocidente e o "resto do mundo" (HALL, 1996).

Os trabalhos do sociólogo peruano Anibal Quijano oferecem um exemplo paradigmático da consecução deste programa teórico na América Latina (QUIJANO, 1990; 2000 etc). Ele colabora com o grupo "modernidade/colonialidade", ao qual se juntaram muitos outros sociólogos, antropólogos e teóricos da cultura, entre os quais: Walter Mignolo (Duke University), Arturo Escobar (University of North Carolina), Catherine Walsh (Universidad Andina Simón Bolívar, Equador) etc. Este grupo tem trabalhado no desenvolvimento de uma variante latino-americana de pós-colonialismo, conhecida como "perspectiva decolonial" (ESCOBAR, 2007).

A análise da modernidade desenvolvida por Quijano corresponde de certa maneira a uma continuação da vertente marxista da teoria da dependência, com a qual ele esteve em estreito contato nos anos de 1970. Quijano argumenta que, muito embora cunhada como categoria só no século XVIII, as transformações sociais que conformaram a modernidade estavam em curso já desde o século XV, com o "descobrimento" da América. É no contexto da nova "totalidade histórica" que conectava a Europa e a América que a modernidade se constituiu, tanto materialmente, através da circulação de bens, como também em sua relação com um repertório específico de ideias:

> ¿Como se podría imaginar, sin América, el advenimiento de la peculiar utopía europea de dos siglos XVI y XVII, en la cual ya podemos reconocer los primeros signos de una nueva racionalidad, con la instalación del futuro como el reino de la esperanza y de la racionalización en lugar

de un omnipresente pasado, hasta entonces referencia exclusiva de toda legitimidad, de toda explicación, de todos nos sueños y nostalgias de la humanidad? (QUIJANO, 1990, p. 12).

A relação entre a América Latina e a Europa apresenta ainda um outro elemento que, segundo Quijano, desempenhou papel decisivo na constituição da modernidade: o estabelecimento do regime laboral baseado na estruturação racial e que está na base do que ele denomina capitalismo (pós-) colonial. Nesse sentido, o colonialismo e a escravidão moderna estabeleceram uma divisão do trabalho em cujo âmbito as populações nativas latino-americanas, assim como africanos escravizados, foram racialmente classificadas como inferiores e forçados a trabalhar gratuitamente, enquanto os europeus eram pagos por seu trabalho. Isso contribuiu de maneira decisiva para que a Europa e os europeus ocupassem, ao longo dos séculos seguintes, o centro de poder do capitalismo mundial. Esse papel constitutivo do colonialismo na estruturação das relações de poder entre regiões e entre etnias/raças no advir da modernidade é sintetizado no já bastante difundido conceito de "colonialidade de poder" (QUIJANO, 2000 etc.), cunhado por Quijano.

4 Tempo e espaço nas análises da modernidade: linhagens

Da reconstrução histórico-conceitual aqui exposta depreende-se duas visões nitidamente distintas sobre o desenvolvimento temporal e espacial da modernidade. A *primeira* delas resulta de uma perspectiva evolucionista. Iniciada com Sarmiento, ela se deixa rastrear no racismo científico, na recepção inicial da obra de Weber, na teoria da modernização, incluindo-se a variante neomoderna e – de certa maneira – na variante reformista da teoria da dependência. Vista por esse ângulo, a modernidade corresponde a uma configuração espaçotemporal que tem sua origem na Europa Ocidental do século XVIII, de onde ela se difundiu para outras regiões do mundo, que (puderam) então se modernizar seguindo um modelo similar ao europeu. Essa ótica tem também consequências para a interpretação da posição de Portugal e Espanha dentro da Europa, pois, segundo ela, as sociedades da Península Ibérica não fizeram parte da modernidade europeia e precisaram elas mesmas se europeizarem. Assim, Sarmiento, aludindo à posição da Espanha no sul da Europa, a vê como uma nação "echada entre el Mediterráneo y el Océano, entre la Edad Media y el siglo XIX, unida a la Europa culta por un ancho istmo y separada del África bárbara por un angosto estrecho [...]" (SARMIENTO, 1999 [1845], p. 8). O mesmo acontece na recepção primeira da obra de Weber: também aqui aos espanhóis e portugueses, católicos como eram, será atribuída uma atitude de rejeição diante da "moderna religião do trabalho e do apreço à atividade utilitária", o que se ajustava "bem a uma reduzida capacidade de organização social" (HOLANDA, 2004 [1936], p. 38-39).

No que concerne especificamente ao desenvolvimento no interior de um país específico, a leitura evolucionista da modernidade conduz a um dualismo metodológico por meio do qual sociedades ainda não completamente "modernizadas" são apresentadas como estruturas dicotômicas: civilizados *versus* bárbaros (Sarmiento), etnias superiores *versus* inferiores (racismo científico), setores tradicionais *versus* setores modernos (teoria da modernização), sistemas funcionalmente diferenciados *versus* esferas hierarquizadas e estratificadas (teoria dos sistemas), modernidade tradicional *versus* formas de viver reflexivas (recepção das posições neomodernistas). Segundo essa linhagem, o desenvolvimento temporal da modernidade segue um padrão igualmente evolucionista, cuja origem se dá com o Iluminismo e a Revolução Industrial na Europa.

As perspectivas neomodernistas, ao procurarem demonstrar que por volta do final do século XX uma nova época se inicia, acrescentam uma nova dimensão à modernidade. Variados autores têm denominado essa época diferentemente: conceitos como "modernidade tardia", "segunda modernidade" ou "modernidade reflexiva" são frequentemente empregados de maneira intercambiável, consoante a recepção maior ou menor da obra de Anthony Giddens ou de Ulrich Beck, por exemplo (MATOS, 2000; LUCIANI, 2010)[6].

A segunda concepção espaçotemporal da modernidade que desponta da reconstrução histórico-conceitual acima desenvolvida remonta à variante marxista da teoria da dependência e vem sendo levada adiante atualmente pela teoria pós--colonial. Segundo essa concepção, a história – ou pelo menos a pré-história da modernidade – começa com a "descoberta" da América no século XV, um acontecimento que deve ser já entendido como um produto dos entrelaçamentos entre a Europa e a América. Nesse sentido, Espanha e Portugal não são parte da pré ou semimodernidade europeia. Ao contrário, eles precisariam ser vistos como precursores e como forças impulsionadoras da modernidade na Europa. O papel secundário que desempenharam num período posterior não faz desses países menos modernos já que, afinal de contas, deslocamentos geográficos dos eixos de poder são inerentes à história da modernidade.

Decididamente rejeitadas por estas duas linhas de interpretação (teoria da dependência e teoria pós-colonial) são também as descrições duais de sociedades isoladas; no caso, das nações latino-americanas. Aqui, ambas as perspectivas avançam uma abordagem radicalmente relacional, no âmbito da qual não somente as diferentes regiões do mundo, senão também as estruturas sociais e formas de viver internas a cada sociedade (aquelas caracterizadas como "tradicionais", "modernas"

---

6. Há, porém, uma diferença: enquanto o conceito de "modernidade tardia" é usado de maneira mais descritiva, "segunda modernidade" e "modernidade reflexiva", expressam sobretudo um conteúdo normativo, como se as sociedades latino-americanas devessem encontrar seus caminhos para a modernidade o mais rápido possível. Coisa semelhante vale para o emprego da teoria dos sistemas sociais, em cujo âmbito a constituição de uma sociedade mundial é concebida no singular. A América Latina, por conseguinte, é considerada parte sincrônica dessa sociedade mundial, mas nela ocupando, como anteriormente exposto, a posição de "modernidade periférica"; isto é, ainda não suficientemente diferenciada.

ou "reflexivas") são entendidas como partes de um totalizante sistema de relações que compõe as assimetrias de poder constitutivas da modernidade global. Essas duas leituras tornam manifesto que o surgimento da modernidade não se deu nos séculos XVIII e XIX, mas já no final do século XV. Embora ressaltem tanto os deslocamentos dos centros de poder do sul da Europa para regiões mais ao norte de sua parte ocidental, e daí então para os Estados Unidos, como também seus padrões de dominação correspondentes (colonialismo, imperialismo, hegemonia etc.) o fazem, todavia, sem dar relevo a inflexões na história da modernidade.

No que concerne à concepção espaçotemporal da modernidade na América Latina, o programa "modernidades múltiplas" não se deixa classificar facilmente nem como ocidentalização nem como aprofundamento de entrelaçamentos globais. Por um lado, ele realça a simultaneidade do desdobrar-se da modernidade na América Latina e na Europa, razão pela qual se aproxima inteiramente da abordagem focada em entrelaçamentos. Porém, por outro lado, José Mauricio Domingues, o representante dessa perspectiva aqui analisado, admite que primeiro a Europa e, depois, os Estados Unidos gozam de precedência no que tange ao "imaginário moderno" e suas respectivas instituições. Nesse ponto, ele não se afasta muito das linhas de interpretação evolucionistas.

Além disso, no que concerne à América Latina, o programa "modernidades múltiplas" descreve variados trajetos para a modernidade percorridos em diferentes regiões. Assim, originam-se várias geografias e histórias da modernidade que, até certo grau, são independentes umas das outras. Uma tal faceta é objetada na linhagem que enfoca entrelaçamentos, como nos trabalhos de Aníbal Quijano, por exemplo, para quem há, desde o "descobrimento" da América, existem uma única e interdependente geografia assim como uma única história da modernidade global.

O programa "modernidades múltiplas", ao menos na versão de Domingues, compartilha do ponto de vista pós-colonial relativamente à importância do colonialismo para a constituição do capitalismo e das relações de poder na modernidade. Não obstante, Domingues fala de rupturas e descontinuidades, o que contradiz a tese de Quijano, segundo a qual uma espécie de protomodernidade se origina já na "anexação" europeia da América. Segundo Domingues, Quijano se equivoca em sua datação da modernidade quando a remonta à conquista da América através das potências coloniais, pois a modernidade teria se constituído somente nos séculos XVIII e XIX, com o desenvolvimento de seu "imaginário" emancipatório. Para Domingues, o erro de Quijano consiste, portanto, em "[...] datar a modernidade cedo demais e [em] descurar de seu horizonte utópico, emancipatório, concentrando-se somente nos elementos de dominação que ela inclui" (DOMINGUES, 2009a, p. 18).

Em todo caso, Domingues distingue três fases principais na história da modernidade. A descrição da primeira e da segunda fases segue basicamente as periodizações já conhecidas, sobretudo a oferecida por Peter Wagner (1995). Assim, Domingues fala de uma "fase liberal restringida", que se estende do final do século XIX até a década de 1920, e de uma segunda fase que, caracterizada por uma forte presença do Estado, vai dos anos de 1930 até os anos de 1980 (DOMINGUES, 2011, p. 518). O caráter inovador da interpretação de Domingues reside principalmente na caracterização da terceira fase, que, segundo ele, começa nos anos de 1990. Com o objetivo de fundamentar empiricamente suas teses, Domingues não parte de desenvolvimentos transcorridos na Europa e/ou nos Estados Unidos, senão daqueles que tiveram lugar na América Latina, sobretudo no Brasil, e no Sudeste Asiático, com especial consideração da Índia e da China. Ele vê nessas três regiões hoje os contornos de uma terceira fase da modernidade (DOMINGUES, 2011; 2009).

Mesmo tendo se desenvolvido e se configurado de maneira distinta em cada um dos contextos analisados, esta terceira fase da modernidade teria um núcleo comum: diferentemente da primeira fase, comandada pelo mercado, e da segunda, dirigida pelo Estado, esta terceira fase seria marcada por novos modos de socialização e controle. Trata-se, acima de tudo, do aumento da pluralização de formas de vida e da proliferação de redes temáticas especializadas, que assumiriam parcialmente o papel até então desempenhado por estruturas de coordenação hierarquizadoras.

Resumidamente, pode-se dizer que nas atuais análises latino-americanas não existe um consenso nem sobre quando a modernidade começa nem sobre em qual de seus estágios nos encontramos hoje. Quijano parte de uma modernidade colonial-imperial que remonta aos séculos XV e XVI e que desde então conserva seus traços fundamentais. "Neomodernos", assim como o programa "modernidades múltiplas", enxergam a origem da modernidade nos séculos XVIII e XIX. Desse momento em diante, apontam, o que se constata são diferenciadas formações da modernidade, que dependendo da linha de interpretação, será denominada modernidade tardia, modernidade reflexiva ou terceira fase da modernidade.

Referências

ALEXANDER, J.C. (1994). Modern, Anti, Post, and Neo: How Social Theories Have Tried to Understand the "New World" of "Our Time". *Zeitschrift für Soziologie*, 23 (3), p. 165-197.

ALTMANN, P. (2013). Good Life as a Social Movement Proposal for Natural Resource Use: The Indigenous Movement in Ecuador. *Consilience – The Journal of Sustainable Development*, 10 (1), p. 59-71.

ARAUJO, K.; MARTUCCELLI, D. (2012). *Desafíos comunes – Retrato de la sociedad chilena y sus individuos*. Santiago: Lom.

BECK, U. (2008). *Weltrisikogesellschaft: Auf der Suche nach der verlorenen Sicherheit*. Frankfurt am Main: Suhrkamp.

BECK, U.; BECK-GERNSHEIM, E. (1990). *Das ganz normale Chaos der Liebe.* Frankfurt am Main: Suhrkamp.

BEVERLY, J.; OVIEDO, J.; ARONNA, M. (1995). *The Postmodernism Debate in Latin America.* Durham: Duke University Press.

BOAS, F. (1969). *Race and Democratic Society* [1904]. Nova York: Biblo and Tannen.

BOATCĂ, M; COSTA, S. (2010). Postcolonial Sociology: A Research Agenda. In: GUTIÉRREZ-RODRIGUEZ, E.; BOATCĂ, M.; COSTA, S. (eds.). *Decolonising European Sociology – Transdisciplinary Approaches.* Londres: Routledge, p. 13-32.

BRANDÃO, G.M. (2005). Linhagens do pensamento político brasileiro. Dados – *Revista de Ciências Sociais*, Rio de Janeiro, v. 48, n. 2, p. 231-269.

CAIRO, H. (2010). Critical Geopolitics and the Decolonization of Area Studies. In: GUTÍERREZ-RODRÍGUEZ, E.; BOATCĂ, M.; COSTA, S. (ed.): *Decolonising European Sociology – Transdisciplinary Approaches.* Londres: Routledge, p. 243-258.

CONRAD, S.; RANDERIA, S. (2002). Einleitung – Geteilte Geschichten: Europa in einer postkolonialen Welt. In: CONRAD, S.; RANDERIA, S. (eds.). *Jenseits des Eurozentrismus – Postkoloniale Perspektiven in den Geschichtsund Kulturwissenschaften.* Frankfurt am Main: Campus, p. 9-49.

COSTA, S. (2013a). Nationalismus aus transnationaler Sicht: Wissenschaft, Rassismus und Nation in Brasilien um 1900. In: FISCHER, G. et al. (ed.). *Brasilien in der Welt – Region, Nation und Globalisierung 1870-1945.* Frankfurt am Main/Nova York: Campus, p. 71-94.

COSTA, S. (2013b). Die Geopolitik der soziologischen Wissensproduktion: soziale Erfahrung und Theoriebildung in Lateinamerika. In: HUFFSCHMID, A. (ed.). *Festschrift für Marianne Braig.* Berlim.

COSTA, S. (2014). O Brasil de Sérgio Buarque de Holanda. *Sociedade & Estado*, Brasília, v. 29 (3), p. 823-839.

COSTA, S. (2015). Konfigurationen der Moderne in Lateinamerika. In: JAEGER, F.; KNÖBL, W.; SCHNEIDER, U. (eds.). *Handbuch Moderneforschung.* Stuttgart: Metzler, p. 143-153.

DOMINGUES, J.M. (2008). *Latin America and Contemporary Modernity.* Londres/ Nova York: Routledge.

DOMINGUES, J.M. (2009a). *América Latina e a modernidade contemporânea: uma interpretação sociológica.* Belo Horizonte: UFMG.

DOMINGUES, J.M. (2009b). Modernity and modernizing moves: Latin America in comparative perspective. *Theory, Culture & Society*, 26 (7-8), p. 208-227.

DOMINGUES, J.M. (2011). Beyond the centre: The third phase of modernity in a globally compared perspective. *European Journal of Social Theory*, 14 (4), p. 517-535.

EISENSTADT, S. (2000). Multiple Modernities. *Daedalus*, 129, p. 1-29.

ESCOBAR, A. (2007). Worlds and Knowledge otherwise – The Latin American modernity/coloniality research program. *Cultural Studies* 21 (2), p. 179-210.

ESCOBAR, A. (2008). *Territories of Difference: Place, Movements, Life, Redes.* Durham: Duke University Press.

GAGO, V. (2011). De la invisibilidad del subalterno a la hipervisibilidad de los excluidos. Un desafío a la ciudad neoliberal. Nómadas, 35, p. 49-63.

GERMANI, G. (1968). Secularization, Modernization, and Economic Development. In: EISENSTADT, S.N. (ed.). *The Protestant Ethic and Modernization – A Comparative View*. Nova York/Londres: Basic Books, p. 343-366.

GERMANI, G. (1971). *Sociología de la modernización*. Buenos Aires: Paidós.

GERMANI, G. (1992). *The Transformation of Intimacy – Sexuality, Love and Eroticism in Modern* Societies. Cambridge: Polity.

GIDDENS, A. (1990). *The Consequences of Modernity*: Stanford: Stanford University Press.

HABERMAS, J. (1992). *Die postnationale Konstellation*. Frankfurt am Main: Suhrkamp.

HALL, S. (1996). The West and the Rest – Discourse and power. In: HALL, S.; HELD, D.; HUBERT, D.; THOMPSON, K. (orgs.). *Modernity – In troduction to the modern societies*. Oxford: Blackwell, p. 185-227.

HOFBAUER, A. (2006). *Uma história de branqueamento ou o negro em questão.* São Paulo: Unesp.

HOLANDA, S.B. (2004). *Raízes do Brasil* [1936]. São Paulo: Companhia das Letras.

HOLANDA, S.B. (2013). *Die Wurzeln Brasiliens* [1936]. Berlim: Suhrkamp.

KAY, C. (1989). *Latin American Theories of Development and Undervelopment.* Londres/Nova York: Routledge.

KNÖBL, W. (2001). *Spielräume der Modernisierung – Das Ende der Eindeutigkeit.* Weilerwist: Velbrück.

LECHNER, N. (1990). A modernidade e a modernização são compatíveis? – O desafio da democracia latino-americana. *Lua Nova*, 21, p. 73-86.

LUCIANI, L. (2010). La protección social de la niñez: subjetividad y posderechos en la segunda modernidad. *Revista Latinoamericana de Ciencias Sociais, Niñez y Juventud*, 8 (2), p. 885-899.

LUHMANN, N. (1997). *Die Gesellschaft der Gesellschaft*. 2 vol. Frankfurt am Main: Suhrkamp.

MARINI, R.M. (1973). *Dialéctica de la dependencia.* Cidade do México: Era.

MATOS, M. (2000). *Reinvenções do vínculo amoroso: cultura e identidade de gênero na modernidade tardia.* Belo Horizonte: UFMG.

MIGNOLO, W.D. (2005). *The Idea of Latin America.* Oxford: Malden.

MILLER, N. (2008). *Reinventing Modernity in Latin America – Intellectuals Imagine the Future, 1900-1930.* Nova York/Hampshire: Palgrave Macmillan.

PAZ, O. (1990). *In Search of the Present.* Estocolmo: Nobel Lecture [Disponível em http://www.nobelprize.org/nobel_prizes/literature/lau- reates/1990/paz-lecture. html – Acesso em 28/02/2017].

QUIJANO, A. (1990). *Modernidad, Identidad y Utopía en América Latina.* Quito: El Conejo.

QUIJANO, A. et al. (2000). Coloniality of Power and Eurocentrism in Latin America. *International Sociology,* 15 (2), p. 215-232.

ROMERO, A.V. et al. (2009). Diferenciación funcional y sociedad civil: reflexiones para una nueva gobernación en América Latina. *Revista Internacional de Desenvolvimento Local,* 10 (2), p. 171-183.

SARMIENTO, D.F. (1999). *Facundo o civilización y barbarie* [1845]. Buenos Aires: Biblioteca del Congreso.

SCHWARCZ, L.M. (1993). *O espetáculo das raças.* São Paulo: Companhia das Letras.

SCHWARZ, R. (1992). *Misplaced Ideas: Essays on Brazilian Culture.* Londres/Nova York: Verso.

STEPAN, N.L. (1991). *The Hour of Eugenics. Race, Gender, and Nation in Latin America.* Ithaca: Cornell University Press.

SUNKEL, O. (1973). *Past, Present, and Future of the Process of Latin-American Underdevelopment.* Budapeste.

TENORIO TOVAR, N. (2012). Repensando el amor y la sexualidad: una mirada desde la segunda modernidad. *Sociológica,* 76, p. 7-52.

VENTURA, R. (1987). "Estilo tropical" – A Natureza como patria. *Ideologies & Literature,* II/2, p. 145-158.

WAGNER, P. (1995). *Soziologie der Moderne – Freiheit und Disziplin.* Frankfurt am Main/Nova York.

WALSH, C. (2002). The (Re)Articulation of Political ubjectivities and Colonial Difference in Ecuador – Reflections on Capitalism and the Geopolitics of Knowledge. *Neplanta: Views from South* 3 (1), p. 61-97.

WEBER, M. (1956). *Wirtschaft und Gesellschaft – Grundriss der verstehenden Soziologie* [1922]. 4. ed. Tübingen.

Parte VI
Os diagnósticos do presente e a teoria social normativa

20
A Escola de Frankfurt

Barbara Freitag-Rouanet

Introdução

Em meu livro *A teoria crítica: ontem e hoje* (FREITAG, 2004), recorri ao livro de Phil Slater, a *Origem e o significado da Escola de Frankfurt* (1978), para esclarecer o alcance do termo Escola de Frankfurt. Segundo o colega americano, essa "escola" estaria se referindo simultaneamente a um grupo de intelectuais e a uma teoria social, em outras palavras, à "teoria crítica". Esse conceito, introduzido por Max Horkheimer, passou a ser um sinônimo para a Escola de Frankfurt. Parte dos intelectuais considerados "frankfurtianos" nem sempre nasceram, estudaram ou trabalharam em Frankfurt/Hessen, na Alemanha. O que é importante é que os membros dessa Escola como Herbert Marcuse, Erich Fromm, Friedrich Pollock, Karl August Wittvogel, Theodor W. Adorno, Walter Benjamin, Jürgen Habermas, entre outros, transcenderam as fronteiras da cidade, da Alemanha e até mesmo da Europa, fundamentando a teoria crítica e reformulando-a através de décadas. Em seu conjunto foram decisivos para consolidar pesquisas (teóricas e empíricas) e produzir textos críticos, resenhas e debates que levaram à criação de um instituto e pôr em circulação uma revista que sobreviveu várias décadas. O Institut für Sozialforschung (Instituto de Pesquisa Social), sediado em Frankfurt am Main, deveria, originalmente, abrigar um arquivo para documentar o movimento operário alemão. Em 1930, sob a direção de Max Horkheimer, o arquivo mudou seu nome para Instituto de Pesquisa Social e redefiniu sua função, transformando-se em um Centro de pesquisas marxistas, teóricas e empíricas, sem conotação partidária. Nessa ocasião, Horkheimer também fundou uma revista chamada, *Zeitschrift für Sozialforschung* (Revista de Pesquisa Social) cujo primeiro número foi lançado em 1932. Horkheimer foi editor dessa revista até 1956, mantendo sua periodicidade em Frankfurt, Genebra, Paris e Nova York, dando voz e vez a todos os cientistas e intelectuais da área de humanidades, que contribuíram para um núcleo de conhecimentos, subsumido sob o título de *Teoria crítica*. Durante o exílio no Reino Unido e nos Estados Unidos, filiaram-se a essa teoria muitos dos intelectuais refugiados da Alemanha nazista e das perseguições políticas e racistas do regime de Adolf Hitler. Nos Estados Unidos, o instituto foi incorporado à Universidade de Columbia sob o nome de Institute of Social Research.

O termo "escola" abrange um conjunto de teóricos que pensam a sociedade e os fatos sociais no contexto de sua cultura, de seu tempo, de suas tradições filosóficas e sociológicas. Pressupõe que seus integrantes desenvolvam afinidades em seu pensamento, que se expressam em uma teoria mais ou menos convergente e coerente (o freudomarxismo) de forma crítica. Faz parte dessa ideia de "escola;" que o grupo de intelectuais e pesquisadores integrem um corpo docente e discente, procurando publicar os seus trabalhos em um órgão, revista ou site/blog eletrônico com caráter interdisciplinar. Via de regra, os discípulos tentam orientar os seus trabalhos em seus modelos – os mestres –, aprofundando, reformulando e criticando-os. Esse é pelo menos o caso dos teóricos da Escola de Frankfurt em sua fase "clássica", que apresentarei neste capítulo, a saber: Max Horkheimer, Theodor W. Adorno e Jürgen Habermas, começando com uma breve biografia de cada um, seguida de uma síntese de suas obras teóricas e empíricas mais importantes. Seus trabalhos formam um núcleo teórico desenvolvido basicamente no século XX, criticando e retomando seus temas centrais sobre o iluminismo, o estatuto da razão, a emancipação dos indivíduos e da sociedade, produzindo em diferentes patamares inovações conceituais e enriquecimento de perspectivas. Seu objetivo central consiste em compreender e expor a complexidade cada vez maior de nossa sociedade contemporânea, sem ocultar suas contradições intrínsecas e suas patologias.

Max Horkheimer (1895-1973)

Horkheimer nasceu em Stuttgart/Baden e faleceu em Nürnberg/Baviera. Seu pai era dono de várias fábricas têxteis nas quais, a partir de 1910, Horkheimer iniciou um estágio, pois seu pai queria que o filho aprendesse a administrá-las. Contudo, sua amizade com Friedrich Pollock levou Horkheimer a abandonar a carreira de empresário para dedicar-se ao estudo da filosofia social e seguir uma carreira acadêmica. Em 1919 começou seus estudos em Munique, matriculou-se por um ano na Universidade de Friburgo, onde lecionava Husserl, e transferiu-se depois para a Universidade de Frankfurt, onde fez seu doutorado e sua livre-docência. Debruçou-se sobre *A crítica do juízo de Kant*, que interpretou como sendo um elo indispensável para a compreensão da filosofia teórica e prática (1925). Concluída essa tese, Horkheimer foi convidado a trabalhar como assistente de seu orientador, Hans Cornelius, na época professor titular de filosofia em Frankfurt. Em 1931 dois eventos consolidaram sua carreira acadêmica: assumiu a cátedra de filosofia social na Universidade e tornou-se o diretor do Instituto de Pesquisa Social, ambas instituições sediadas em Frankfurt.

Com a subida de Hitler ao poder e a implementação da política nacional-socialista antissemita de seu governo, a Gestapo (*Geheime Staatspolizei*) fechou o Instituto de Pesquisa Social, ocupando o prédio para seus próprios fins. Horkheimer, enquanto judeu, teve de abandonar a Alemanha, buscando obter a nacionalidade americana em Nova York. Como financeiramente, graças ao mecenato de Felix Weil, o Instituto de Pesquisa Social era autônomo, Horkheimer assegurou sua transferência para Genebra, Paris e Nova York, ficando associado à Universidade de Columbia. Com o final da Segunda Guerra Mundial, Horkheimer conseguiu reaver sua cátedra na Universidade de Frankfurt e levar o instituto de volta para seu antigo prédio na *Senckenberganlage*, em 1949, onde acabou sendo parte integrante da Faculdade de Filosofia. Lá, ele retomou suas atividades de diretor, exercendo essa função até 1956, quando passou a direção ao seu colega e amigo Theodor W. Adorno.

Max Horkheimer (1975) formulou as bases do seu pensamento crítico em vários ensaios publicados na *Revista de Pesquisa Social* (do primeiro ao seu último número 9), que posteriormente foram republicados em dois volumes da Edição Fischer em Frankfurt nas décadas de 1960 e 1970. O ensaio central para esse tema foi escrito em 1937 sob o título de *Teoria tradicional e teoria crítica*[1]. Nesse ensaio, Horkheimer faz uma contraposição entre o pensamento de Descartes – aqui identificado com a teoria e o método "tradicional" do pensamento científico – e o pensamento marxista, que busca, através de um conjunto de conceitos novos, formular uma teoria crítica da sociedade capitalista. Os conceitos, que emergem sob sua influência, criticam a atualidade. As categorias marxistas de classe, exploração, mais-valia, lucro, miserabilidade, desmoronamento, são momentos de um todo conceitual, cujo significado não visa a reprodução da sociedade vigente, mas a mudança para uma sociedade "correta"/adequada (FREITAG, 2004). Em outras palavras, a teoria crítica busca a mudança para um nível superior da vida humana em sociedade. Ela é movida pela ideia de uma sociedade futura de homens livres e emancipados (HORKHEIMER, 1967a)[2].

Em 1927, ainda em Frankfurt, Horkheimer deslanchara uma pesquisa empírica imensa, espalhada por toda a Europa Ocidental e organizada por diferentes pesquisadores com a colaboração do psicanalista Erich Fromm e do filósofo Herbert Marcuse, intitulada *Autorität und Familie* (HORKHEIMER; FROMM; MARCUSE, 1936). Nesse amplo estudo de fundamento freudomarxista, os autores buscavam a resposta a uma questão fundamental: Por que a classe operária europeia, em especial a alemã, ainda não havia lutado para se desfazer das amarras de opressão, agindo politicamente contra seus próprios interesses, mantendo

---

1. Uma versão brasileira encontra-se na Coleção Os Pensadores XLVIII, 1ª ed., publicada pela Editora Abril em 1975, p. 125-170.

2. Refere-se ao vol. II da coletânea *Kritische Theorie*. Frankfurt, 1967. Reúne os escritos das décadas de 1930 e 1940 de Max Horkheimer.

as estruturas econômicas, políticas e sociais que a esmagavam? Para a coleta de dados os pesquisadores recorreram às técnicas de pesquisa conhecidas na época: a entrevista escrita. Foram enviados 3 mil questionários com 270 perguntas a trabalhadores (homens e mulheres) em várias cidades alemãs. Do total de questionários, 584 voltaram aos organizadores. Hilde Weiss foi encarregada da reunião e avaliação das respostas para oferecer um perfil das pessoas indagadas. Essa avaliação ficou fragmentária. Fromm conseguiu, em sua fuga para os Estados Unidos, levar boa parte desse material e reuni-lo em um manuscrito intitulado *German Workers 1929 – Survey, its Methods and Results*, posteriormente traduzido por Wolfgang Bonss e publicado em alemão (1980) como *Arbeiter und Angestellte am Vorabend des Dritten Reiches* (Trabalhadores e empregados na véspera do nazismo/Terceiro Reich) (FROMM, 1980).

Além dos levantamentos entre operários e funcionários, os responsáveis pelos estudos sobre autoridade e família deram luz verde a levantamentos sobre moral e sexualidade, realizado entre médicos e dermatologistas, ginecologistas e neurologistas. Foram distribuídos 245 questionários, que, como no caso dos enviados a 3 mil operários, tiveram uma taxa de retorno baixa e os estudos não puderam ser concluídos pela mesma causa: a nazificação da Alemanha a partir de 1933 e o exílio dos pesquisadores judeus. A exploração desse material nunca chegou a ser realizada em sua íntegra.

Na parte teórica de *Autorität und Familie*, Horkheimer esboça a tese de que no caso da sociedade alemã da década de 1930, tratava-se de uma sociedade autoritária que pressupunha a existência e aceitação de uma hierarquia em que "os de cima" e "os debaixo" aceitavam essa estrutura. Para Horkheimer, os mecanismos sociais e culturais que produziam essa estrutura se encontravam na família burguesa, responsável pela mediação entre indivíduos e sociedade.

Erich Fromm desenvolveu nesse mesmo estudo o embasamento psicológico-social para completar essa tese. Apoiado em Freud e Reich, Fromm explica como a estrutura de classe da sociedade tem nas estruturas "caractereológicas" (do sadomasoquismo ou caráter autoritário) uma correspondência psíquica para as estruturas materiais cristalizadas na dualidade senhor/escravo, empresário/operário, classe dominante/classe subalterna (FREITAG, 1998).

Na década de 40 do século XX, Horkheimer, já e ainda nos Estados Unidos, brinda-nos com dois trabalhos brilhantes: o primeiro, escrito em inglês, foi publicado como *The Eclipse of Reason* (HORKHEIMER, 1947). Este trabalho foi posteriormente traduzido para o alemão (com textos adicionais) na coletânea como *Zur Kritik der Instrumentellen Vernunft*, editado por Alfred Schmidt em 1967 (cf. HORKHEIMER, 1967b) com o subtítulo: *Com palestras e anotações desde o final da guerra*. O segundo, publicado juntamente com Theodor W. Adorno como *The Dialectics of Enlightemen* (1947), que foi traduzido para o português como *A dialética do esclarecimento*.

Esses dois estudos deixam claro que a experiência de vida de Horkheimer (mas também de Adorno, como veremos a seguir) nos Estados Unidos, sob o impacto da sociedade americana, formatada pela indústria cultural e pelo comportamento do consumo de massas, faz o fundador da "teoria crítica" duvidar da positividade da "razão" e da validade das categorias e conceitos marxistas para uma análise correta da sociedade contemporânea. O próprio título e conceito do livro de 1946 – *Eclipse da razão*, já anuncia a ideia da evasão e instrumentalização da razão.

A instrumentalização da razão significa transformá-la em um meio para a calculabilidade e dominação da natureza. Com isso, o conceito de razão perde a conotação de libertação e emancipação do indivíduo e da sociedade.

A *Dialética do esclarecimento* (1947), escrita na Califórnia juntamente com Adorno, reflete uma crítica e um temor com relação à "evolução" da cultura nas modernas sociedades de massa e afirma a autodestruição da razão. A razão que saíra para combater o mito se transforma, no decorrer do percurso da história, ela própria em mito. Em vez de promover a emancipação, ela assume o controle técnico da natureza e dos homens, transformando-se, assim, em racionalidade instrumental nas sociedades contemporâneas.

Para Habermas, que discutiremos mais adiante, essas publicações de 1946 e 1947 levam os dois autores aqui em discussão às reflexões teóricas mais radicais, que em Adorno desembocarão em seu conceito de dialética negativa e conduzirão Horkheimer a uma reaproximação dos seus estudos teológicos da juventude e da religião.

Até então, tanto Horkheimer quanto Adorno haviam mantido sua confiança na razão crítica – conforme tematizada por Kant –, que se imporia no decorrer do processo histórico gerando a modernidade. Acreditavam até então que, apesar dos percalços e retrocessos, a humanidade chegaria, em última instância, a realizar a promessa iluminista, contida na concepção kantiana da razão libertadora. Essa razão acabaria por realizar-se concomitantemente com a liberdade, a autonomia e o fim do reino da necessidade. Mas a própria história recente da Segunda Guerra, do Holocausto, do "Auschwitz, nunca mais!", bem como outros fatos sociais e orientações científicas, a exemplo da conquista da bomba atômica e seu lançamento sobre Hiroshima e Nagasaki, solaparam toda e qualquer convicção num mundo melhor, em busca da paz e da emancipação, graças à razão na visão universalista de Kant.

Como mencionado no início, Horkheimer foi o primeiro dos cientistas exilados nos Estados Unidos a voltar para Frankfurt com a finalidade de resgatar sua cátedra de Filosofia Social na Universidade Johann Wolfgang Goethe e nela reinstalar o Institut für Sozialforschung, cuja diretoria reassumiu até 1956, continuando a dar aulas magníficas que compartilhava com Theodor Wiesengrund Adorno. Tive a felicidade de assistir por vários semestres a essas aulas, antes de transferir-me para a Universidade Livre de Berlim, depois da aposentadoria dos dois clássicos que consolidaram os fundamentos da assim chamada Escola de Frankfurt nas décadas de 1950 e 1960 na Alemanha.

Theodor Wiesengrund Adorno (1903-1969)

Theodor W. Adorno é o único filósofo e sociólogo dos três frankfurtianos aqui apresentados que nasceu, pesquisou e morreu em Frankfurt am Main, a capital de Hessen (Land). A cidade, além de sua boa universidade, abriu pistas para o maior aeroporto da Europa Ocidental continental, além de ser a cidade natal de Johann Wolfgang Goethe. Também se tornou famosa por ser a sede da Frankfurter Buchmesse, a Feira do Livro, onde anualmente são apresentadas e negociadas as maiores obras literárias do mundo.

Em outubro de 2003, realizou-se a Feira do Livro com destaque especial para Theodor W. Adorno, que estaria completando o seu centésimo aniversário. A cidade, para homenageá-lo, inaugurou, próxima à Senkenberganlage e à universidade, uma praça com o nome *Theodor W. Adorno Platz*. A estação de metrô, nas imediações da Bockenheimer Landstrasse, já havia homenageado a dupla de amigos Horkheimer e Adorno, decorando suas paredes na profundeza da estação com mosaicos (imagens e citações) que anunciam ao visitante desavisado, que aqui atuaram, pesquisaram, lecionaram e publicaram dois dos maiores intelectuais e filósofos da segunda metade do século XX.

Ainda em 2003, a cidade de Frankfurt promoveu concertos de autoria do também músico T.W. Adorno, então apresentados na Casa de Ópera reconstruída, organizou debates sobre sua obra literária no Instituto de Pesquisa Social, fez exposição sobre o autor da *Teoria estética* e da *Dialética negativa* na biblioteca central, junto à universidade e no simpático *Literaturhaus*, retransmitidas por rádio e televisão. A Editora Suhrkamp, sediada em Frankfurt, organizou uma reimpressão de sua obra completa, que envolve além de textos sobre Mahler, Berg, Beethoven, entre outros, ensaios críticos sobre função da música, a teoria crítica, teoria estética, a dialética negativa, e suas aulas magistrais sobre Sociologia, Filosofia Moral e seminários nas últimas décadas de produção na Alemanha. Ainda merece destaque a publicação de um volume especial sobre a correspondência entre Horkheimer e Adorno, publicação essa que revela detalhes sobre os anos que antecederam a Segunda Guerra, o exílio nos Estados Unidos (em Nova York e Los Angeles) revelando interessantes momentos da fundamentação e reformulação da teoria crítica (FREITAG, 2003).

Adorno viveu em Frankfurt os primeiros trinta anos de sua vida. Foi o filho único de um rico comerciante de vinhos, de origem judaica (T. Ludwig Wiesengrund) e de uma pianista italiana, de sobrenome Adorno, que o jovem Theodor adotou durante o nazismo e pelo qual se tornou famoso. Adorno estudou filosofia com o neokantiano Hans Cornelius e música com Alban Berg, divulgador da música dodecafônica. Sua tese de livre-docência (*Habilitationsschrift*) sobre a estética de Kierkegaard foi orientada por Paul Tillich. Uma vez aprovado, foi nomeado instrutor (*Privatdozent*) na própria universidade em 1931, da qual foi expulso logo em seguida por sua ascendência judaica. Pelas mesmas razões, sua tese foi anulada dois anos depois com a ascensão de Hitler ao poder na Alemanha, forçando Adorno a deixar a Alemanha.

Em 1934 exilou-se no Reino Unido, onde recomeçou, em Oxford, seus estudos acadêmicos para validar seu Ph.D. No mesmo ano, aceitou o convite de Horkheimer para juntar-se ao grupo de intelectuais e filósofos críticos, em Nova York, que já formavam uma espécie de "denominador comum" para os trabalhos da depois chamada Escola de Frankfurt.

Durante sua estadia nos Estados Unidos, Adorno notabilizou-se por duas publicações que se tornaram famosas: uma já foi discutida no tópico anterior, escrita a quatro mãos por Horkheimer e T.W. Adorno, *The Dialectics of Enlightenment* (1947) (A dialética do esclarecimento); a outra, *The Authoritarian Personality: Studies in Prejudice* (A personalidade autoritária: estudos sobre o preconceito) (ADORNO; FRENKEL-BRUNSWK; LEVINGSTON; SANFORD, 1950), publicada em Nova York em 1950. Tratava-se de um estudo empírico coletivo do qual participaram Else Frenkel-Brunswik; Daniel Levinson; Nerwitt R. Sanford; coordenado por Horkheimer e Samuel H. Flowerman. Este estudo pode ser lido em inglês (também existe uma versão em espanhol) mas até agora – até aonde saiba – não foi traduzido para o alemão e o português. Rouanet (1989) resumiu em seu livro *Teoria crítica e psicanálise* as bases teóricas, metodológicas e empíricas desse estudo. Nessa obra, apresenta em detalhe a tipologia da personalidade elaborada com cuidado e perspicácia por Adorno.

Hoje em dia, quase todos os estudiosos sabem da contribuição decisiva de Adorno na formulação dessa tipologia psicossocial em que o frunkfurtiano distingue seis tipos de personalidade *high scorers* e cinco tipos de *low scorers*, tomando por base a escalada do fascismo e opiniões e ações dos atores americanos entrevistados nos Estados Unidos, analisados e classificados no final da década de 1940. Entre os seis tipos de índice elevado de autoritarismo, Adorno distingue: o ressentido superficial, o convencional, o autoritário, o rebelde-psicopata, o lunático, o manipulador.

Entre os tipos de baixo índice de autoritarismo destaca: o *low scorer* rígido, o contestador, o impulsivo, o descontraído e o liberal genuíno (ROUANET, 1989, p. 157-197).

Comentando a atuação de Adorno de volta na Alemanha em 1950, nomeado diretor do Instituto de Pesquisa Social, Habermas faz algumas observações bem elucidativas sobre ele:

> O que, em retrospectiva, pode parecer trivial nada tinha de óbvio, quando entrei no Instituto de Pesquisa Social: o fato de que a reputação da

casa dependia mais da produtividade ininterrupta de Adorno, que somente agora começava a atingir seu auge, do que do êxito das pesquisas empíricas, com as quais o Instituto deveria legitimar-se. Embora todos os fios do trabalho do Instituto convergissem para ele, Adorno não sabia lidar com o poder administrativo. Ele era o centro passivo de um complexo campo de tensões. Quando cheguei em 1956, havia antagonismos simétricos entre Horkheimer, Gretel, Adorno e Ludwig von Friedeburg [...]. Para mim, Adorno passou a adquirir outro significado. O tempo no Instituto tinha fundo duplo. Durante a década de 1950 não havia provavelmente em toda a República um segundo lugar em que os anos de 1920 estivessem intelectualmente tão presentes e com tanta naturalidade como em Frankfurt. É verdade que os velhos colaboradores do Instituto como Herbert Marcuse, Leo Löwenthal e Erich Fromm, Franz Neumann e Otto Kirchheimer tinham ficado nos Estados Unidos. Mas circulavam também entre Adorno, Gretel, Horkheimer com absoluta naturalidade os nomes de Benjamin e Sholem, Krakauer e Bloch, Brecht e Lukács, Alfred Sohn-Rethel e Norbert Elias, bem como Thomas e Erika Mann, Alban Berg e Schönberg, ou Karl Eisler, Lotte Lenya e Fritz Lang (HABERMAS, 2003, p. 19-20).

Quando eu – Barbara Freitag – me matriculei na Universidade de Frankfurt em 1961, os dois clássicos da teoria crítica ainda lecionavam. Horkheimer deu um semestre de aulas sobre as teorias do esclarecimento, desde a Grécia antiga; Adorno desenvolveu um curso intitulado Introdução à sociologia, que acabou sendo publicado pela Editora Suhrkamp em 2005 como *Einführung in die Soziologie*; e finalmente, pouco antes de suas aposentadorias Horkheimer e Adorno ofereceram durante um semestre um seminário muito concorrido sobre os meios de comunicação de massa nos Estados Unidos e a crítica à indústria cultural.

Somente comecei a compreender o alcance teórico e político das ideias de meus mestres depois de mergulhar em seus textos já publicados e depois de ter tido acesso aos livros de seus seguidores, intérpretes e críticos como Ludwig von Friedeburg, Albrecht Wellmer, Martin Jay, Rolf Wiggershaus e Jürgen Habermas, entre outros. Friedeburg passou a ser meu professor de Pesquisa Empírica – excelente, por sinal –, na Universidade de Berlim. Foi coordenador de uma pesquisa importante: *Student und Politik* (HABERMAS et al., 1961), iniciada no Instituto de Pesquisa Social, do qual foi temporariamente diretor, e continuada em Berlim[3] em meados dos anos de 1960. Alfred Wellmer se tornou professor na Universidade de Konstanz, onde pude entrevistá-lo, assumindo posteriormente uma cátedra em Berlim. Martin Jay foi um pioneiro e o primeiro divulgador das ideias e conceitos dos intelectuais que emigraram durante a Guerra para os Estados Unidos. Ficou conhecido entre os colegas americanos por seu livro, até hoje de suma importância: *The Dialectical Imagination: a History of the Frankfurt School* (JAY, 1973). E

---

3. Eu tive a sorte de participar destes seminários.

Rolf Wiggershaus nos brindou em 1986 com seu monumental livro *Die Frankfurter Schule – Geschichte, theoretische Entwicklung, politische Bedeutung* (A Escola de Frankfurt – História, desenvolvimento e importância política)[4], para a alegria dos interessados em aprofundar seus conhecimentos em torno desse grupo de teóricos, um dos primeiros a elaborar, em um trabalho coletivo, uma grande teoria social, ricamente embasada em estudos empíricos.

Com essas leituras, apoios e andaimes procurei reconstruir nesse curto capítulo o pensamento dos três clássicos alemães do século XX, que aqui apresento aos leitores dessa coletânea, a título de uma primeira introdução. Das obras reunidas de Adorno, agora disponíveis graças ao incansável trabalho de Rolf Tidemann, selecionarei apenas dois livros do verdadeiro "frankfurtiano": *A dialética negativa* (1966) e a *Teoria estética*, (1973), tentando apresentar o núcleo de seu pensamento.

Adorno trabalhou na *Dialética negativa* de 1959 até 1966, quando o livro foi lançado em alemão. Um dos seus tradutores para o inglês admitiu ao completar a tarefa, de que não compreendera nada do original. Olivier R. D´Allones, um dos filósofos franceses que se debruçou sobre a obra de Adorno exclamou: "se fosse possível salvar somente uma entre todas as obras de Adorno, eu proporia a *Negative Dialektik*. É preciso ler e reler esta obra! [...]" (ROUANET, 1989, p. 87). E justifica sua preferência: a dialética negativa "esclarece e às vezes antecipa perplexidades que surgem inevitavelmente [...]" (ROUANET, 1989, p. 87).

Mas em que consistiria essa dialética? Todo o seu "programa" já está contido no título. Simplificando muito, a dialética negativa rejeita a positividade da dialética de Hegel, desenvolvida na *Fenomenologia do espírito*, em que a mera formulação de uma tese (momento afirmativo) gera sua antítese (constatação negativa) e (necessariamente) uma superação dessa contradição nos leva a uma "síntese", em que se dá uma radical reorganização cognitiva e social em um novo patamar. Tomando por exemplo a *Dialética do senhor e do escravo*: o senhor oprime o escravo, tira-lhe sua liberdade e não teme que este se revolte; no escravo, ressentido, chegará um momento em que esse se revolta e luta por sua liberdade, matando ou oprimindo seu senhor, para inverter a relação. Para que esse conflito/contradição não se perpetue, torna-se necessário superar e suprimir esse antagonismo e ensaiar uma nova relação social em que ambos possam ser livres e cooperar.

No modelo analisado por Hyppolite, a "síntese" consistiria na superação da relação de opressão e perda da liberdade (da sociedade capitalista), implementando uma nova relação de trabalho, dissolvendo as classes e instaurando a igualdade e liberdade num novo contexto societário, o socialista. Para Adorno, essa e todas as sínteses remetem a uma utopia inexistente. A dialética do esclarecimento tematizada por Adorno e Horkheimer desmistifica esse mecanismo dos três momentos.

---

4. Versão brasileira publicada pela Martins Fontes, 2002: *A Escola de Frankfurt – História, desenvolvimento e importância política*.

De fato, a modernidade revelou que o terceiro momento aborta a síntese devido à transformação da razão emancipadora em racionalidade instrumental no interesse da lógica do mercado e na pior das hipóteses resulta em Auschwitz, como muitos pensadores inadvertidos se precipitam em concluir.

Wellmer, estudioso de Adorno, afirma que os conceitos de "negação", "negatividade" e de "crítica" ainda refletem os conteúdos da filosofia idealista de Hegel e Kant, constituindo ecos e conceitos centrais na obra de Adorno. Para ele, pensar consiste em negar, manifestar resistência contra o que se impõe ao nosso pensamento. Wellmer "simpatiza" com esse pensamento "pós-metafísico" de Adorno, que precisa ser compreendido não como "reconciliação" entre espírito e natureza, mas sim, como a única mudança social possível, que consiste em trabalhar em favor da democracia, no combate à indústria cultural, aos mecanismos do mercado, resumindo-se em seu discurso sobre a Educação depois de Auschwitz. Wellmer lembra a veemência com que Adorno defende que jamais poderemos tolerar a repetição do genocídio cometido nos campos de concentração praticados pelos nazistas. E, conclui:

> A importância produtiva, acima de qualquer suspeita, de Adorno como professor de Filosofia, crítico de arte e intelectual crítico na Alemanha do pós-guerra, moral e materialmente devastada, não teria sido possível, não tivesse ele confiado no perfil dos melhores da sociedade, em suas tradições culturais e nos estudantes da universidade, quer dizer também nas possibilidades de uma mudança para melhor na história alemã, na forma de uma autossuperação crítica da cultura alemã (WELLMER 2003, p. 31).

Adorno faleceu de um infarto em 1969, antes de terminar sua obra conclusiva: *Ästhetische Theorie* (ADORNO, 1970). Devemos a Rolf Tiedemann a edição dessa obra que chegou ao público leitor somente em 1973, quatro anos depois de sua morte. Para Adorno, o pensamento teórico, diferente de Horkheimer, concretizava-se nos processos artísticos da música, literatura e artes visuais.

No seu Projeto Renovação da Alemanha depois da Guerra, Adorno destacou o papel central da cultura com a tese de que a neutralização da cultura paralisava a força de resistência contra o regime autoritário. Segundo Wiggershaus "o fato de, na Alemanha nazista, a cultura haver regredido e a indústria cultural haver estabilizado uma consciência dividida, confirmou Adorno em sua convicção de que não se devia neutralizar a cultura, transformando-a numa instância compensatória" (WIGGERSHAUS, 1986, p. 55-56).

Wellmer procura esclarecer o que Adorno considerava em seu último livro como "conceito negativo de arte" e o conceito da "negatividade da arte". Segundo Wellmer:

> A arte (autêntica) para Adorno é negativa, antitética em relação à realidade empírica em três sentidos: (1) a arte é negativa como autônoma, isto é, como uma esfera de validade *sui generis*; (2) é negativa como crí-

tica, isto é, como crítica dirigida contra a realidade empírica; e (3) é negativa como criticamente ultrapassadora de cada normatividade estética previamente encontrada (WELLMER, 2003, p. 35-36).

Segundo João Ricardo Moderno[5], em Adorno, a racionalidade da obra de arte é subordinada à imaginação criadora. Em uma passagem elucidativa da *Teoria estética*, encerrarei aqui minha exposição sobre esta obra final de Adorno:

> As obras de arte dividem com os enigmas a ambiguidade do determinado e do indeterminado. Elas são ponto de interrogação, e mesmo sua síntese não é unívoca. [...] Como nos enigmas, a resposta fica silenciada e simultaneamente levada à força pela estrutura. A lógica imanente, o aspecto legal da obra serve precisamente a isso, e constitui a teodiceia do conceito de finalidade na arte. A finalidade da obra de arte é a determinação do indeterminado. As obras de arte têm a sua finalidade nelas mesmas, sem fim positivo para além de sua estrutura interna, mas seu caráter de finalidade se legitima como figura de resposta ao enigma (ADORNO, 2011, p. 178).

Jürgen Habermas

Habermas nasceu em 1929 perto de Düsseldorf, e vive hoje em Starnberg na Baviera próximo a Munique. Tinha 16 anos quando a Segunda Guerra Mundial acabou, com a rendição incondicional da Alemanha nazista aos Aliados. Habermas estudou na Universidade de Bonn, onde concluiu seu doutorado com uma tese sobre Schelling e fez na Universidade de Marburgo seu pós-doutorado sob orientação de W. Abendroth, com quem concluiu sua tese de habilitação em 1962, intitulada *Strukturwandel der Öffentlichkeit – Zu einer Kategorie der bürgerlichen Gesellshaft* (Mudança estrutural da esfera pública – Sobre uma categoria da sociedade burguesa) (HABERMAS, 1962).

Em *Dialogando com Jürgen Habermas* (FREITAG, 2005) procurei reconstruir em dez capítulos e duas entrevistas publicadas pelo jornal *Folha de S. Paulo* os itinerários teóricos de Jürgen Habermas durante trinta anos de sua produção e reflexão como um dos maiores filósofos e sociólogos vivos da contemporaneidade. Apesar de suas abordagens de caráter interdisciplinar voltadas para as questões que agitam a segunda metade do século XX e a primeira do século XXI, Habermas ainda continua sendo visto como um "descendente do pensamento crítico" da Escola de Frankfurt. Do ponto de vista de sua data de nascimento, 1929, bem poderia ter sido ou filho de Horkheimer ou de Adorno, mas segundo meus conhecimentos, esses clássicos da Escola de Frankfurt não deixaram, ao morrer, descendentes biológicos.

Nunca fui aluna de Habermas, pois durante suas duas estadias e seu trabalho em Frankfurt de 1956 até 1964 e de 1980 a 1989, eu estudava e trabalhava em

---

5. Ex-presidente da Academia Brasileira de Filosofia, falecido em 2018.

Berlim e Brasília. Contudo, sempre fui sua admiradora e aprendiz atenta. Isso se deveu ao fato de que Florestan Fernandes – sobre quem eu havia feito parte de minha tese de mestrado – sugeriu que eu reunisse em uma coletânea para a Editora Ática os escritos mais importantes de um sociólogo alemão de importância e dos mais promissores da Alemanha Ocidental. Esse convite deu-me a oportunidade de conhecer pessoalmente o então já reconhecido sociólogo e filósofo Jürgen Habermas, que se enquadrava muito bem na tradição do pensamento filosófico alemão "de esquerda" e na tradição da "teoria crítica" da Escola de Frankfurt. O trabalho acabou sendo realizado por mim e Sergio Paulo Rouanet. O livro saiu na Coleção Cientistas Sociais, publicado pela referida editora em São Paulo, no ano de 1980.

O leitor atento deve lembrar que Habermas fez referência ao Instituto de Pesquisa Social em 1956 (passagem incluída no tópico anterior), quando foi assistente de Adorno, na época, diretor do Instituto de Pesquisa Social. Nessa ocasião, Habermas participou da pesquisa *Student und Politik*, para a qual escreveu o capítulo introdutório, intitulado "Reflexões acerca do conceito de participação política" (1959). Nesta obra, elaborou uma tipologia contendo as atitudes e predisposições dos universitários da Universidade de Frankfurt. Inspirado na tipologia adorniana da personalidade autoritária americana, Habermas classificou os universitários de Frankfurt em: (i) politicamente engajados, (ii) os cidadãos refletidos, (iii) os cidadãos ingênuos, (iv) os racionalmente distanciados, (v) os irracionalmente distanciados e (vi) os despolitizados. Enquanto os dois primeiros tipos poderiam ser considerados "politizados", os quatro demais foram classificados como *Mitläufer*, do tipo "Maria vai com as outras". O estudo realizado dez anos depois em Berlim com Ludwig von Friedeburg, no qual tomei parte como pesquisadora e entrevistadora, baseou-se no mesmo quadro teórico e trabalhou com a mesma metodologia (FREITAG, 1998, p. 89-112).

No conjunto de sua obra, até hoje conhecida e publicada, darei ênfase nas páginas que se seguem a quatro campos temáticos que fizeram de Habermas não somente um discípulo e seguidor dos dois clássicos da Escola de Frankfurt, mas o tornaram em um dos intelectuais mais conhecidos da virada do século XX para o XXI, por ter aberto o diálogo com seus colegas americanos e franceses e ter feito reformulações substanciais dos conceitos de "razão", "sociedade", "sistema", "verdade", e por ter introduzido conceitos fundamentais de outras disciplinas como "linguagem", "*speech act*", "egocentrismo" "moralidade", "direito deliberativo", "discurso", "democracia", "cidadania" e muitos outros.

Pela limitação de tempo e espaço, passarei a focalizar somente quatro desses campos temáticos:

1) a teoria da ação comunicativa;

2) o discurso filosófico da modernidade;

3) a teoria do direito deliberativo e a questão da democracia (incluindo as *Tanner lectures*);

4) a Questão religiosa e o diálogo entre *saber e fé*.

Em *Teoria da ação comunicativa*", Habermas (1981) desenvolveu uma teoria crítica da sociedade calcada em um novo conceito de "razão" – a razão comunicativa. O conceito de "sociedade" é diferenciado em duas óticas: a ótica do sistema (visão objetiva, externa) e a ótica do "mundo vivido" (visão subjetiva, interna). Quem leu com cuidado Talcott Parsons, Niklas Luhmann, George Herbert Mead e Lawrence Kohlberg, perceberá a incorporação criativa que Habermas faz da leitura e assimilação de teóricos e estudiosos (principalmente americanos) que desenvolveram seu pensamento e conceitos em outras "escolas", e que nestas teorias da maturidade de Habermas, encontram um "aproveitamento" valioso para a compreensão da sociedade contemporânea. Habermas conseguiu atrair "seguidores" e interlocutores como Honneth, Benhabib, Rawls e Rorty, mas também críticos que não se deixaram seduzir para aderir ao seu "discurso" de refundamentação da teoria crítica" como é o caso Peter Sloterdijk [6] ou Derrida.

Com a mudança para o que foi chamado de *linguistic turn* na obra de Habermas, este coloca em segundo plano a categoria do "trabalho" (como enfatizado por Marx), redefinindo a linguagem como categoria fundante da sociedade contemporânea do século XX e XXI. Essa "guinada" linguística envolve também uma mudança com relação à abordagem "dialética" (negativa ou não) dos processos societários modernos. Assim, Habermas redefine o conceito de razão diferenciando-o em razão instrumental e razão comunicativa. A razão instrumental, tão criticada por Horkheimer, passa a ter uma conotação positiva, pois são esses dois subsistemas que asseguram os processos de modernização sistêmica da economia e do mercado. Sem fazer uso da linguagem – aqui substituída pelas categorias de dinheiro e poder – garantem a reprodução material e objetiva da sociedade; enquanto o processo de modernização cultural (baseado na linguagem e no discurso) acontece no interior do "mundo da vida"[7]. Assim, ficam assegurados os dois mecanismos de integração social: o sistêmico e o simbólico. Na sociedade (do ponto e vista objetivo) o dinheiro e o poder são hegemônicos; no mundo da vida, a reprodução simbólica e subjetiva da sociedade é assegurada pela argumentação e pelo discurso. Em Habermas o conceito de discurso está associado à ideia do questionamento (das pretensões de validade embutidas na linguagem) e da argumentação crítica. Ele absorve a ideia de diálogo e dialética.

A teoria crítica da modernidade de Habermas refere-se, pois, a uma série de transformações ocorridas no passado mais recente das formações societárias desde a Ilustração (século XVIII) europeia, dando destaque a quatro tipos de processos: (a) a diferenciação (*Ausdifferenzierung*), (b) a racionalização (*Rationalizierung*), (c) a autonomização (*Autonomisierung*) e (d) a dissociação (*Entkoppe-*

---

6. *Crítica da razão cínica*, de 1973.

7. "Mundo vivido", como outros traduziram o conceito alemão de *Lebenswelt*, emprestado de Husserl.

lung).) Enquanto a diferenciação e a autonomização têm uma conotação positiva, os processos de racionalização e de dissociação ganham uma conotação negativa. A diferenciação traduz um aprendizado coletivo e a autonomização, um ganho de liberdade, em que a ciência se separa do jugo da religião. A racionalização se refere a processos de transformação institucional, em que meios são ajustados a fins, expulsando via de regra, a razão comunicativa de subsistemas como a cultura, a ciência e a arte do seu espaço, impondo a lógica da eficácia em detrimento da autonomia e emancipação dos sujeitos. A *Entkoppelung*, literalmente, o desengate, ou o desprendimento, faz com que os sujeitos submetam suas vidas aos ditames do mercado e do Estado burocratizado, encarando esses subsistemas como uma espécie de "destino" (*Geschick*). Com isso, autorizam[8] a "colonização" do "mundo da vida" pelos mecanismos de poder e dinheiro, do mercado e do Estado autoritário.

Examinando o fenômeno da modernidade e as explicações fornecidas pelos filósofos contemporâneos, Habermas (1985) dá em *O discurso filosófico da modernidade* duas atribuições aos filósofos de hoje: (a) fornecer os modelos interpretativos da modernidade cultural, para ele vinculadas à *Lebenswelt* e (b) cooperar com outros ramos das ciências humanas (sociologia, linguística, psicologia, história, entre outras) interessados em questões universalistas, fornecendo estratégias que permitam a compreensão crítica e a correção da modernidade e de suas patologias que afetam o sistema societário como um todo. Enquanto os sociólogos têm toda razão em concentrar sua atenção no sistema e na "modernização societária", os filósofos poderiam se ocupar mais intensamente com o mundo da vida e a modernidade cultural. A modernidade somente será compreendida em sua complexidade, suas potencialidades e patologias, fornecendo-se um modelo interpretativo que abranja os dois aspectos: a modernidade cultural e a modernização societária.

Ao estudar os modelos interpretativos da modernidade e desenvolvidos pela filosofia contemporânea, Habermas os divide em dois grupos: o primeiro constituído pelos filósofos conservadores e o segundo grupo integrado pelos filósofos do marxismo. No primeiro grupo, à semelhança das tipologias desenvolvidas por ele mesmo em *Student und Politik* descreve três tipos de filósofos: os "jovens conservadores", entre os quais cita Lyotard, Bataille, Foucault, Derrida e outros; os "velhos conservadores", entre os quais elenca Leo Strauss, Hans Jonas, Robert Spaemann; e como terceiro grupo os "neoconservadores" reunindo Arnold Gehlen, Gottfried Benn, Carl Schmitt e o jovem Wittgenstein. É curioso este grupo ter afinidades eletivas profundas com Nietzsche e Heidegger, que parece estar perdoado por seus "pecados" durante o período nazista.

No segundo grupo, ao qual pertenceriam os filósofos marxistas, reúne os "stalinistas", "os leninistas", os "socialistas de esquerda" entre eles Kautsky, Gramsci e Althusser, em sua maioria marxistas ocidentais, "os reformadores social-demo-

---

8. A exemplo dos soldados alemães durante a ditadura nazista.

cratas" como Karl Renner, Otto Bauer, e finalmente os filósofos de esquerda, não comunistas como Claus Offe, Pierre Bourdieu, C. Castoriadis, Alan Touraine. Nessa tipologia dos supostos marxistas, senti a ausência da referência a Trótski, que na Alemanha deixou menos rastros do que na América Latina, onde seu brutal assassinato no México deixou profundas marcas na inteligência latino-americana e especialmente entre a brasileira[9] (PADURA, 2009).

Em seu livro *Faktizität und Geltung: Beiträge zur Diskurstheorie des Rechts*, de 1992 – traduzido por Flávio Benno Siebeneichler como *Democracia e direito* (1999) –, Habermas (1992) desenvolvera em suas *Tanner Lectures*, primeiro apresentadas em Harvard, como um nova teoria do direito deliberativo, o terceiro bloco temático que me propus abordar, mesmo que de maneira mais sucinta do que os blocos anteriores sobre *A teoria da ação comunicativa* e *O discurso filosófico da modernidade*, de cunho crítico sociológico e filosófico.

A complicada dialética entre facticidade e validade subverteu a relação discutida por Max Weber entre legitimidade e legalidade. Para Weber a legitimidade de uma ordem social poderia se alimentar de várias fontes (afetividade, tradição, uso, direito). Uma vez transformadas em *Gesatzte Ordung*, ordem constitucional, a legitimidade se transformava em legalidade. Essa dependia, pois, da lei escrita e sancionada. Para Habermas, no livro referido, acontece o contrário: a ordem institucional (legalidade jurídica) cria a legitimidade da ordem societária, desde que atendida a sua validação discursiva. Isto é, passam a ter validade as leis e instituições depois de um "discurso teórico"; ou seja, após terem sido aprovadas por todos os integrantes de um processo argumentativo, à busca da melhor solução para um problema depois de uma argumentação crítica e racional, sendo implementadas à base (consensual) do melhor argumento. O próprio Habermas dá alguns exemplos: a legislação do meio ambiente; a lei do aborto em casos extremos (como estupro, anencefalia, transplante de órgãos). Não se trata, pois, de uma lei ou instituição admitida pela maioria simples do grupo argumentativo. Na reflexão, crítica e contradição dos constituintes do grupo incluídos no debate deve estar aberto o acesso de todos ao debate do tema sem o exercício da violência e uso da força (como no caso de ditaduras). A vitória deve caber ao melhor argumento. Resumindo: no caso ideal, a legitimidade nas democracias modernas passa por um processo argumentativo, linguisticamente mediatizado, sem violência, em que a razão comunicativa prevalece.

Como quarto foco de análise, optei pela discussão da questão entre o "saber e a fé". Além disso, sobre a reflexão da questão religiosa, assuntos de interesse recente a Jürgen Habermas, sempre ligado aos grandes temas da modernidade e pós-modernidade, mas que, neste caso, são claramente datáveis. Trata-se, por um lado, do

---

9. Uma versão brasileira desta obra foi traduzida por Helena Pitta e publicada pela Boitempo em 2013 com o título: *O homem que amava os cachorros*. Segundo Frei Betto é e não é ficção, quando narra a história de vida de Ramón Mercader, o assassino de Trotsky.

ataque às Torres Gêmeas por Mohamed Atta em Nova York em 11 de setembro de 2001 (para os americanos o *nine eleven*), praticado por um grupo de terroristas; e por outro lado, pelo encontro organizado pela *Sacra Congregatio pro Doctrina Fidei* entre Jürgen Habermas e o teólogo Joseph Ratzinger (papa emérito Bento XVI). Nesses dois temas, Habermas introduz o conceito de sociedades "pós-seculares". Ambos eventos fizeram "vibrar uma corda religiosa no mais íntimo da sociedade secular", levando pessoas desnorteadas com este evento inesperado a lotar sinagogas, igrejas e mesquitas" (HABERMAS, 2003b)[10].

Referências

ADORNO, T.W. (1966). *Negative Dialektik*. Frankfurt/M.: Suhrkamp.

ADORNO, T.W. (1970). *Aesthetische Theorie*. Frankfurt/M. Suhrkamp.

ADORNO, T.W. (1975). *Textos escolhidos – Walter Bejamin, Max Horkheimer, Theodor W. Adorno, Jürgen Habermas*. Vol. XLVIII. Seleção de Z. Loparic e O.F. Arantes. São Paulo: Abril [Coleção Os Pensadores].

ADORNO, T.W. (1997). *Dialogando com Habermas*. Rio de Janeiro: Tempo Brasileiro.

ADORNO, T.W. (1998). Teoria crítica e pesquisa social – As pesquisas empíricas da Escola de Frankfurt. In: WAISBORT, L. *A ousadia crítica – Ensaios para Gabriel Cohn*. São Paulo: Azougue.

ADORNO, T.W. (2004). *A teoria crítica: ontem e hoje*. São Paulo: Brasiliense.

ADORNO, T.W. (2011 [1977]). Teoria estética. *Obras completas*. Vol. 20.

ADORNO, T.W.; FRENKEL-BRUNSWK, E.; LEVINGSTON, D.J.; SANFORD, N. (1950). *The Authoritarian Personality: Studies in Prejudice*. Ed. por Max Horkheimer e Samuel H. Flowerman. Nova York/Londres: Harper and Row.

ADORNO, T.W.; HORKHEIMER, M. (1947). *Dialetik der Aufklärung* [Em português: *Dialética do esclarecimento*. Rio de Janeiro: Zahar, 1985].

FREITAG, B. (org.) (2003). Especial Adorno: 100 anos. *Revista Tempo Brasileiro*, Rio de Janeiro, n. 155, dez.

FROMM, E. (1980). *Arbeiter und Angestellte am Vorabend des Dritten Reiches – Eine sozialpsychologische Untersuchung*. Stuttgart: D.V. Verlag.

HABERMAS, J. (1981). *Theorie des kommunikativen Handelns*. 2 vol. Frankfurt/M.: Suhrkamp [Em português: *Teoria da ação comunicativa*. Tradução orientada por Gabriel Cohn. Brasília: UnB (1º vol.). São Paulo: Martins Fontes (2º vol.)].

HABERMAS, J. (1984). *Strukturwandel der Öffentlichkeit – Untersuchungen zu einer Kategorie der bürgerlichen Gesellschaft*. Frankfurt/M.: Suhrkamp [Em por-

---

10. Traduzido para o português como *Fé e saber*.

tuguês: *Mudança estrutural da esfera pública – Sobre uma categoria da sociedade burguesa*. Trad. de Flávio Kothe. Rio de Janeiro: Tempo Brasileiro].

HABERMAS, J. (1990). *Der philosophische Diskurs der Moderne*. Frankfurt/M.: Suhrkamp [Em português: *O discurso filosófico da Modernidade*. Lisboa].

HABERMAS, J. (2001). Glauben und Wissen – Friedenspreisrede. *Zeitdiagnosen – Zwölf Essays*. Frankfurt/M.: Suhrkamp, p. 249-262.

HABERMAS, J. (2003). O tempo tinha um fundo duplo: Adorno nos anos 50 – Uma nota pessoal. *Revista Tempo Brasileiro*, Rio de Janeiro, n. 155, p. 19-26, out.--dez.

HABERMAS, J.; FRIEDEBURG, L.; OEHLER, C.; WELTZ, F. (1961). *Student und Politik – Eine soziologische Untersuchung zum politischen Bewusstsein Frankfurter Studenten*. Neuwied: Luchterhand.

HORKHEIMER, M. (1947). *The Eclipse of Reason*. Londres: Continuum.

HORKHEIMER, M. (1967a). *Kritische Theorie – Eine Dokumentation*. Vol. II. Frankfurt/M.: Suhrkamp [Em espanhol: *Teoria crítica*. Barcelona: Ariel, 1973].

HORKHEIMER, M. (1967b). *Zur Kritik der instrumentellen Vernunft* [Ed. por Alfred Schmidt – Contém a versão alemã de *Eclipse of Reason* mais outros textos selecionados de Horkheimer]. Frankfurt/M.: Fischer.

HORKHEIMER, M. (1975). *Textos escolhidos – Walter Bejamin, Max Horkheimer, Theodor W. Adorno, Jürgen Habermas*. Vol. XLVIII. Seleção de Z. Loparic e O.F. Arantes. São Paulo: Abril [Coleção Os Pensadores].

HORKHEIMER, M.; FROMM, E.; MARCUSE, H. (1936). *Studien über Autorität und Familie – Forschungberichte aus dem Institut für Sozialforschung*. Lüneburg: Dietrich zu Klampenverlag [2. ed. 1987].

JAY, M. (1973). *The Dialectical Imagination: a History of Frankfurt School*. [s.n.t.].

PADURA, L. (2009). *El hombre que amaba los perros*. Barcelona: Tusquets [Colección Andanzas].

ROUANET, S.P. (1989). *Teoria crítica e Psicanálise*. Rio de Janeiro: Tempo Brasileiro.

SLATER, P. (1978). *Origem e significado da Escola de Frankfurt*. Rio de Janeiro: Zahar.

WELLMER, A. (2003). Sobre a negatividade e a autonomia da arte – Sobre a atualidade da estética de Adorno. In: FREITAG, B.(org.). Especial Adorno: 100 anos. *Revista Tempo Brasil*eiro, Rio de Janeiro, n. 155, dez.

WIGGERSHAUS, R. (1986). *Die Frankfurter Schule: Geschichte, Theoretische Entwicklung, Politische Bedeutung*. Munique: Carl Hanser.

21
Novas formas de pensamento crítico

José Maurício Domingues

Introdução

É quase um lugar comum dizer que a sociologia surgiu como uma recusa e um desafio ao individualismo social, no mais das vezes utilitário, que caracterizou o pensamento social moderno em seus inícios, com destaque para a nascente economia clássica. Nisto há bastante de verdade, embora autores como Spencer, definido como sociólogo e um individualista utilitarista, deveriam nos levar a qualificar essa afirmação. Nesse sentido, sempre houve um potencial crítico na nascente sociologia ou naqueles autores que hoje consideramos como seus fundadores canônicos, obviamente tendo Marx como expressão principal, ainda que não é de fato óbvio incluir Weber e sobretudo Tocqueville, Durkheim ou mesmo Simmel nessa perspectiva crítica, ainda que em geral avessa ao individualismo, ao utilitarismo ou a ambos.

Seja como for, durante o século XX a sociologia demonstrou uma propensão crítica por vezes bastante acentuada, de novo, reconhecendo-se ou não aqueles que são incluídos na disciplina de forma oficial como sociólogos. Nisso destacam-se autores como Gramsci e Mariátegui, Adorno e Habermas, Gonzalez Casanova e Ramos, Bourdieu e Giddens (em seus melhores momentos), assim como, de perspectiva bastante diversa, Becker e Mills, nos quadros de um pragmatismo anti *status quo*, para citar tão somente alguns exemplos destacados, delineando de resto desde já os quadros do que quero definir como "teoria crítica ecumênica". Vale notar que muitas vezes a *teoria* crítica era atribuída a outras disciplinas, à filosofia ou à economia política, como mesmo um sociólogo do quilate de Offe ([1971] 1973, p. 7) chegou a sugerir, aos sociólogos reservados estudos de cunho mais *empírico*. Entretanto, e curiosamente, embora tenha havido nas últimas décadas uma impressionante expansão da disciplina e ela com frequência guarde certa animosidade ante os rumos do mundo, em especial na medida em que reina hoje bastante amplamente o neoliberalismo, aquela capacidade de formulação propriamente teórica, que subjazia à crítica definida de maneira forte, se estiolou.

Não se trata aqui de lamentar a perda de uma suposta idade de ouro. No entanto, cumpre reconhecer que, de um modo geral, há um déficit teórico na sociologia contemporânea, mais especificamente, no que aqui importa, às suas vertentes críticas. Muito do que hoje se apresenta como teoria crítica, em sentido amplo, na verdade viceja em outras disciplinas, claro que incluindo a filosofia, como sói ocorrer, mas se espalhando por outras áreas, como a teoria da cultura ou a geografia, embora haja algumas abordagens dentro da própria sociologia que não podemos desconhecer, em pesquisas mais empiricamente orientadas que, em geral vinculadas ao marxismo, desvendam aspectos importantes dos sistemas de dominação e exploração contemporâneos. Este texto irá se concentrar na teoria, em que a situação é menos auspiciosa, buscando se engajar com o que seriam as principais vertentes radicais na confrontação com o imaginário e as instituições da modernidade.

No que se segue, primeiramente farei uma ronda pelas vertentes da sociologia (ou ciência social mais genericamente) que se define como crítica. Em seguida me lançarei àqueles campos paralelos, engajando-me com eles aqui com o objetivo em particular de indagar o que deve a sociologia deles recuperar, em termos teóricos, sobretudo. Isto feito, concluirei discutindo as possibilidades que se põem para que possamos fazê-lo, de forma plural e produtiva. A necessidade de um critério *imanente*, mas *normativo* para a crítica e a radicalidade atravessará o argumento aqui disposto, evidenciando-se substantivamente somente ao final do texto. A boa notícia é que um grau muito superior de pluralismo parece ter vindo para ficar no que concerne à teoria crítica e a maneiras de pensar de modo radical a transformação do mundo, a despeito de ainda certa força do marxismo e do baixo nível relativo de atividade crítica no momento.

As correntes contemporâneas da teoria crítica sociológica

Mais explicitamente crítico na área da teoria sociológica se tornou o trabalho de Luc Boltanski. Nos quadros de uma espécie de pragmatismo reinterpretado, ele buscou fundar sua abordagem na crítica que os agentes eles mesmos mobilizam na vida cotidiana, face às "instituições". Assim, ele se colocaria contra uma visão crítica que começaria do pensamento dos intelectuais (BOLTANSKI, 2009). Dois problemas aí se colocam, entretanto, para além do caráter bastante vago de sua proposta. Em primeiro lugar o fato de que, apesar de afirmar o papel dos atores ordinários na crítica, anteriormente ao apresentar os princípios de "justificação" que eles supostamente mobilizam no cotidiano, curiosamente o fez construindo suas "cidades" (*cités*) a partir do pensamento de intelectuais, alguns deles tão importantes quanto, por exemplo, Adam Smith (BOLTANSKI; THÉVENOT, 1991). Com isso, reconhecia implicitamente – porém, ao que parece, sem se dar conta – que essa atividade simbólica, prática cotidiana e ordinária, é calcada em uma "dupla hermenêutica" (Giddens), na qual a atividade intelectual profissional se acha intensamente presente e não pode, portanto, ser entendida sem ela, ainda que esteja Boltanski correto ao afastar-se do elitismo da suposta exclusividade reflexiva dos sociólogos (Bourdieu). Some-se a isso que essas "cidades" (do mercado, doméstica etc.) têm caráter bastante concreto, quer dizer, distante de uma construção propriamente analítica. Além disso, faltam-lhe critérios para definir o que é crítica – afinal, tomada sem especificação, esta pode vir de qualquer ponto do espectro político, em princípio –, em especial se se considera que a própria ideia de crítica tem se vinculado de uma maneira ou de outra a projetos de emancipação, ao que ele mesmo parecer querer ser fiel, embora de maneira na verdade também vaga.

Nesse sentido, seu "O novo espírito do capitalismo" parece uma realização mais adequada de seu projeto (BOLTANSKI; CHIAPELLO, [1999] 2009). Embora mergulhe nas perspectivas dos agentes ordinários, ela não se detém nisso, implicando análise sociológica mais ampla e o pensamento dos intelectuais – embora vinculados a áreas de gestão basicamente – que dão sustentação às transformações da modernidade contemporânea e articulando este último à vida cotidiana. Isso desemboca em uma discussão interessante sobre o papel da crítica, dos intelectuais e movimentos que a produzem e das lutas sociais em torno às orientações culturais e normativas, bem como sobre o esforço (bem-sucedido) do "capitalismo" para incorporá-la e torná-la produtiva para seu próprio desenvolvimento. Mais negativamente, o conceito de "cidade em rede" que o ajudaria a retratar o mundo contemporâneo – em si não original, pois em voga ao menos desde Castells, mas ausente daquela enumeração anterior de "cidades" –, evidencia o cunho *ad hoc* e fundamentalmente empírico-descritivo de suas classificações.

Seja como for, a obra de Boltanski tem servido de inspiração para um grupo mais amplo de sociólogos francófonos que enfatizam a crítica cotidiana, alguns próximos a uma visão política radical e mesmo anarquista (FRÈRE, 2015), ao passo que outros, mais próximos à herança de Bourdieu, como Bernard Lahire ([1998] 2002), vem buscando retomar de maneira mais sutil conceitos daquele autor, como os de *habitus*, reconhecendo seu caráter mais aberto e plural nas novas configurações em que nos inserimos contemporaneamente. Assim, a França demonstra alguma vitalidade no campo da teoria crítica sociológica, o que mais dificilmente localizamos seja no mundo anglo-saxão, seja no mundo germânico, com exceção, dos trabalhos de Nancy Fraser (1997) sobre o reconhecimento e a justiça.

É verdade, por outro lado, que a América Latina nos últimos anos gerou uma ampla gama de discussões sociológicas e de um dito "pensamento crítico" bastante amplo. Se muito tempo se tem perdido com a extensão infinita do debate sobre uma suposta "colonialidade do saber" (QUIJANO, 2005), em si interessante, mas imprecisa e por demais abrangente, outras análises têm se produzido, relativas ao pluralismo cultural da região e à opressão dos povos indígenas, da exploração da natureza nos quadros de uma reprimarização de sua economia, ensejando inclusive o surgimento de uma "ecologia política" (SVAMPA, 2016). Essa movimentação crítica se faz articulada de uma forma ou de outra à resistência ao neoliberalismo e então ao "giro à esquerda" que a América Latina atravessou nas últimas décadas. Em geral, contudo, pouca capacidade de elaboração teórica mais profunda tem se manifestado, afora naquela última vertente, à qual voltaremos mais adiante, com as melhores análises assumindo de maneira clara um ângulo eminentemente de sociologia política[1].

Exceção a essa quase regra – mas igualmente nos quadros de uma sociologia política – pode ser localizada na discussão de Ernesto Laclau ([2005] 2013) sobre o "populismo", ainda que este autor argentino estivesse há muito radicado na Inglaterra ao produzi-la. Afirmando a divisão – construída, não ontologicamente dada, supõe-se – do campo político a partir de demandas populares e garantindo assim o avanço das forças progressistas, o caráter distintivo do "político" teria sido por ele localizado exatamente nessa construção de campos opostos. Mas pode-se dizer que Laclau pecou por não ser capaz de oferecer uma teoria efetivamente democrática, retrocedendo em relação a suas formulações anteriores sobre a "democracia radical" e ao pluralismo na vida social, que demandavam uma articulação mais horizontal para que se fizesse produtiva (LACLAU; MOUFFE, 1985).

Por seu turno, mais afeito ao pluralismo, Boaventura de Sousa Santos (1995; 2000; 2002) estenderia suas análises anteriores, centradas em uma perspectiva pós-modernista, no sentido de mesclá-la a uma noção pós-colonial e renovadora das esquerdas, nos quadros de uma teoria do "Sul". Na verdade, segundo ele a tendência que se apresenta no mundo contemporâneo é de transição à pós-modernidade, que termina por encontrar-se com o pós-colonialismo e o as epistemologias do "Sul". Cumpre exatamente à sociologia identificar as "ausências" que se demandam serem preenchidas e as "emergências" do novo. Santos (2010) enfatiza o elemento democrático, ademais, o que inclui uma a meu ver exagerada identificação de ruptura parcial das constituições "refundadoras" da Bolívia e do Equador com a modernidade e o Ocidente, simplesmente por recusarem a homogeneidade.

Falta-lhe, porém, um critério normativo imanente do que é teoria crítica, ao simplesmente apostar na ideia de "diferença", em diversos âmbitos. Isso acaba por emprestar aspecto um tanto amorfo a sua teorização e às vezes francamente contraditório, ao mostrar-se incapaz de problematizar formas de dominação não imediatamente modernas. O que dizer, por exemplo, do papel das castas na concepção de justiça do *dharma* indiano? O pluralismo por si mesmo não resolve o problema.

---

1. Muitos trabalhos criativos se desenvolvendo na Bolívia, em especial, como se vê nas obras de García Linera (2009) e Tapia (2008); p. ex., com uma influência aberta de Gramsci e forte atenção aos processos conjunturais daquele país.

Ainda em um campo tradicional das ciências sociais, é possível localizar uma abordagem a mais, tributária da antropologia. David Graeber é autor hoje já bastante conhecido e com obra bastante original e variada. Seu livro principal é um tratado sobre o dinheiro e a dívida, texto de largo alcance teórico e que pretende reconstruir a trajetória (e alguns invariantes, parece implícito, embora isso não seja elaborado de maneira sistemática) da economia, as origens e desenvolvimento do dinheiro, das finanças e das relações sociais, em particular atinentes ao endividamento, tal qual desembocam na situação em que vivemos hoje. Na verdade, ele argumenta que há uma oscilação histórica entre dívida e economia monetária – aquela mais claramente vinculada a relações sociais, esta historicamente calcada no desenvolvimento do Estado, em especial em função da localização de forças militares em dado ponto do espaço; cidades, antes de mais nada. Por outro lado, a dívida não seria senão uma relação de troca – o que caracteriza uma relação monetária – incompletamente realizada. Assim, após longo desenvolvimento histórico, chegamos aos complexos sistemas financeiros – de dívida, portanto – contemporâneos, apesar de ao mesmo tempo termos uma economia monetária existindo a seu lado (GRAEBER, [2014] 2016). De certa forma, ele desdobra nesse texto temas que compareciam a seu engajamento anterior com uma antropologicamente modificada teoria do valor – e do que vale na vida –, em que aquele assume dimensão mais ampla que aquela que lhe é conferida pela modernidade e em particular o capitalismo (GRAEBER, 2001).

Se naquele longo livro suas relações com o movimento *Occupy* (2011) de Nova York estão obviamente presentes, as conclusões a que deveria levar não são tão claras. Em especial não se sabe em que medida e como se reformulariam os sistemas econômicos contemporâneos – apesar de ele assinalar sempre o que seria o "comunismo" colaborativo das interações cotidianas em que cooperamos uns com os outros. Mais evidente é sua denúncia dos limites que a burocratização, sobretudo das grandes empresas, tem imposto ao desenvolvimento tecnológico (embora admita a relevância da burocracia na medida em que permite processos cotidianos simplificados e desprovidos de uma carga emocional não necessariamente desejada pelos agentes) (GRAEBER, 2015). Some-se a isso o pequeno estudo sobre a política nos quadros, aí sim, de uma concepção anarquista explícita no plano propriamente conceitual, valendo notar como assinala que o que entendemos hoje por democracia combina, o que é pouco comum na história, uma base territorial fixa e o voto a partir do dissenso, uma vez que o consenso não se faz necessário em princípio[2] (GRAEBER, 2004). Também evidente de suas preocupações políticas é a longa etnografia que escreveu do movimento *Occupy*, a qual, porém se volta a considerações teóricas de mais fôlego somente em seu último capítulo. Ação direta e

---

2. Já que não podemos ir a lugar algum, ao contrário das comunidades pré-neolíticas, ainda que esforços mais restritos, como os de movimentos sociais, possam desfrutar da mescla de democracia e consenso.

expectativas de horizontalidade se destacam no texto – excessivamente entusiasta dos resultados alçados por este tipo de visão política desde os anos de 1990 até a crise de 2008 e as manifestações políticas que a sucederam. Mais amplamente vale sublinhar sua reivindicação do papel de uma ontologia e da prática da "imaginação imanente" – não a da mera fantasia –, vinculada inteiramente a "projetos de ação", no que concerne seja à produção material ou a de relações sociais (oposta a uma ontologia da violência – por antonomásia corporificada na política) (GRAEBER, 2009, p. 521).

A originalidade do pensamento de Graeber é inegável. Menos claro é exatamente o cerne de sua concepção teórica mais geral, talvez ainda em elaboração, talvez descartado este tipo de articulação abrangente em favor de uma abordagem que tem no estilo antropológico e no ensaio seu cerne narrativo e conceitual. De uma maneira ou de outra é possível discernir em seus escritos a pulsão da liberdade, da igualdade e da solidariedade, com um anarquismo que tende a se mostrar temperado, ainda que engajado na ação direta e na horizontalidade, se bem que talvez privado de uma concepção teoricamente mais sistemática das relações sociais na modernidade, em particular em seus aspectos contemporâneos.

Para além da sociologia e suas companheiras tradicionais

Fora do tradicional campo sociológico e das ciências sociais tradicionalmente concebidas, tem havido alguns esforços para seguir adiante com a tradição crítica teoricamente. Isso ocorre seja dentro do marxismo ou em correntes próximas a ele, com destaque ainda para a influência difusa de Foucault e do pós-estruturalismo nas construções conceituais. Assinale-se aqui a geografia crítica e a filosofia, bem como a ecologia política. David Harvey, Antonio Negri, Slavoj Zizek e Enrique Leff se destacam nessas coordenadas. Antes de prosseguir, vale notar que Axel Honneth em certo momento se lançou como autor que, renovando a teoria crítica da Escola de Frankfurt, poderia ter se credenciado a um lugar nessas vertentes mais radicalmente críticas da modernidade. No entanto, sua celebração desta civilização e de uma pretensa realização da liberdade em seus quadros institucionais (HONNETH, 2011), em lugar de reconhecer a não realização das promessas da modernidade quanto àquele valor, o descredencia a uma inclusão neste universo.

De Harvey, cuja obra inclui um longo engajamento com a questão urbana, a obra de Marx e o neoliberalismo, vale destacar o que há de mais sociológico e próprio em seu trabalho. Isso inclui em primeiro lugar uma densa discussão sobre a pós-modernidade como uma "condição", em larga medida definida pelo pós-fordismo e pela globalização, o que, a partir da geografia, define como uma "compressão espaçotemporal". Na verdade, na tradição marxista em que se localiza, seria uma nova fase do capitalismo (HARVEY, [1989] 2005). Além disso, vale destacar sua discussão do imperialismo, com ressonâncias das teses de Rosa Luxemburgo sobre a necessidade de apropriação de áreas ainda não cobertas pelo capitalismo para a reprodução deste modo de produção. Assim chega Harvey ao conceito de "apropriação por despossessão", o que explicaria privatizações e a tomada crescente do que é comum pelo capital (HARVEY, [2003] 2004). Todavia, para alguém que se vincula ao marxismo, a ausência da identificação de tendências históricas no desenvolvimento da modernidade e, em especial, no capitalismo, é assaz estranha. Encontra-se ausente em Harvey uma avaliação do presente em termos do porvir, daquilo que se desdobrará nos quadros dessa civilização – para não falar do socialismo – nas próximas décadas. É como se a pós-história de que fala Jameson ([1991] 1997), outro marxismo contemporâneo importante, bloqueasse a consideração dos processos sociais com sua flecha lançada para diante. A luta pelo próprio socialismo acaba restrita, ao menos no momento ou no que escreve explicitamente, aos embates em torno à questão das cidades e transformações de menor alcance em seu âmbito, embora ele apresente as questões fundamentais, de longo alcance do socialismo-comunismo, relativas, por exemplo, à reversão da predominância do valor de troca e ao fim da alienação, sem indicar meios ou agentes para concretizá-las (HARVEY, 2014).

É aí, ao contrário, que encontramos o cerne da obra de Negri, o que ele de resto faz questão de frisar ao argumentar que toda a obra de Marx se constitui a partir dessa questão (NEGRI, 2005, p. 10). Isso implica tendências processuais de longuíssimo prazo e uma visão revolucionária abrangente, incluindo, enfim, um novo sujeito histórico. Sua obra é longa e variada, começando com o "obreirismo" italiano dos anos de 1960-1970 e se estendendo, reformulada, mas mantendo seus motivos originais, a partir da entrada do novo milênio, em particular com sua colaboração com Michael Hardt.

Inicialmente Negri se debruçou sobre a fábrica como o centro da vida operária e das possibilidades de emancipação, em contraposição à política do Partido Comunista Italiano; mas o fim do "trabalhador social" do fordismo deslocou sua visão para o conjunto das relações sociais como campo de embate – o qual ele travou no campo da ultraesquerda italiana inicialmente, de 1968 em diante. Um engajamento muito intenso com a filosofia, em particular Spinoza, deve ser assinalado, assim como com a teoria política moderna, que data, como bom italiano que é, da Renascença e do século XVI em diante. Isso o leva a discutir um dos temas fundamentais de sua obra: o "poder constituinte". Este, sempre em aberto, descansando sobre todos e cada um e devendo ser renovado a cada geração, estaria na base de toda a vida social e política (NEGRI, [1992] 2002). Além disso, Negri propõe uma nova teoria do valor, que supõe encontrar nos *Grundrisse* de Marx, de acordo com a qual a produção não material seria ela também produção de valor, bem como a ciência em si seria produtiva (diferentemente do que encontramos em *O capital*) (NEGRI, [1979] 2003).

Com *Império* Negri se lança, secundado por Hardt, a um empreendimento agora de envergadura global e em quadro teórico ampliado, inicialmente nos quadros do chamado movimento antiglobalização ou, mais adequadamente, alter-mundialista (HARDT; NEGRI, [2000] 2001). Uma situação de dominação mundial, pós-soberania, desterritorializada e dirigida pela biopolítica, caracterizaria o mundo contemporâneo. Os Estados Unidos cumpririam um papel organizador – prático e em termos dos fundamentos de sua constituição vinculada aos espaços abertos –, mas já não exclusivo dentro desse novo sistema imperial. A influência de Nietzsche e do pós-estruturalismo se faz robusta, com os fluxos e a flexibilidade das relações, processes e identidades se destacando, mas temas anteriores perduram. Isso é verdadeiro em particular quanto a sua preocupação com a emancipação, pensada por fora, contudo da dialética, e sem mediações. Se o Império é mero "parasita" (não um "vampiro", como o capital, que, segundo Marx, organiza a produção material e de mais-valia), pode a esta altura ser descartado sem problemas. Ele apenas suga a energia das massas sem por si nada produzir, embora a "subsunção real" (termo de Marx) generalizada de toda a sociedade ao capital tenha enfim se realizado. O comunismo estaria, a rigor, ao alcance da mão, de fato já realizado na vida cotidiana, sob a casca oca da dominação capitalista-imperial. Um proletariado universal, produtor de valor material, porém também de cognição e sentimentos, produtor de um valor agora desmedido e incomensurável, diferentemente do valor de troca calcado na matéria, a teoria oficial de Marx, será assim o coveiro do Império. Trata-se da "multidão" – unitária e plural ao mesmo tempo, diferentemente de uma ideia de "povo" homogêneo –, termo caro à filosofia política, incluindo a obra de Spinoza, que, ela também lutando para se desterritorializar (daí a ênfase na imigração), realizará essa revolução social. Por esse imediatismo e o descarte de capital e estado de maneira absoluta, Negri foi já classificado como anarquista, definição que recusa, preferindo a de comunista. Mas é claro que esses são processos tendenciais, ou seja, que se desdobram aprofundando seu caráter, nos quadros da dominação assim como em seu potencial emancipatório, sustentados pelos próprios conflitos sociais.

Em suma, partindo de uma concepção marxista mais tradicional, em que a classe operária seria a classe revolucionária, Negri, em particular com a colaboração de Hardt, chegou a um ponto de vista mais original, segundo o qual seria a multidão, incluindo de longe a maioria da população, que produz cultura e afeto, a portadora histórica do comunismo, que se encontra quase realizado aqui e agora, em vez de atravessarmos um processo que passaria por uma longa transição socialista (o que de fato vem já de seu primeiro estágio "obreirista"). De todo modo, aos poucos Hardt e Negri foram absorvendo críticas. Embora sustentando ainda uma perspectiva sempre de ruptura e acentuando a pluralização e a plasticidade da vida social, com seus "monstros" (ou seja, pela multiplicação das diferenças entre os indivíduos), que não deveria supor-se calcados ou tributários de uma essência, assim como temas transversais como os do feminismo ou do antirracismo, eles acentuaram, enfim, a pobreza e se mostram mais cuidadosos quanto aos efeitos da violência política. Em especial, vale destacar que vieram a conceber a necessidade de mediação, a qual deveria enfim ser feita pelo "comum". Este seria, ao que parece, uma forma de organização da multidão, no caminho da emancipação (HARDT; NEGRI, [2004] 2005; 2011).

Embora criticando a noção de "comum", tal qual formulada na obra de Hardt e Negri, ao apontarem (exageradamente, creio) um cunho reificado em sua formulação, é a própria ideia de "comum" como "atividade" que Dardot e Laval (2015), com seu marxismo com tinturas proudhonianas, abraçam em sua própria forma de construção de uma perspectiva emancipatória. Eles buscam originalidade exatamente ao sublinharem que o comum é antes de tudo aquilo que *fazemos* juntos. Por aí encontraríamos uma possibilidade de reconstrução do comunismo.

Também no campo da filosofia, Zizek avança muitas e variadas reflexões, em cujo centro encontra-se um engajamento com Hegel, Marx e Lacan. Muito do que tem a dizer refere-se a estes autores ou à defesa de "causas perdidas", em termos das derrotas históricas do século XX sofridas pelo comunismo (ZIZEK, [2008] 2011). Ao mesmo tempo, ele pretende reforçar o "materialismo dialético", voltando a seus autores preferidos, debate com contemporâneos políticos na busca pelos conflitos e nosso tempo (Negri, Laclau) e buscando se engajar com a neurociência, de modo de fato a retomar o marxismo (ZIZEK, [2006] 2008). Talvez de maior interesse aqui seja enfatizar sua concepção, bastante sofisticada, mas nem sempre fácil de captar, do conceito de "ideologia". Ele se refere com certeza às condições sociais de produção das ideias que dominam a vida social[3]. Porém destaca-se aí também o papel da subjetividade na construção de um "imaginário" (e deste na daquela) que não corresponde ao que somos e a nossas possibilidades, talvez inclusive no que tange ao futuro, em uma sociedade emancipada (ZIZEK, 1989). Vale notar ainda que nas obras de Zizek a cultura de massas cumpre papel de relevo, em particular o cinema, do qual continuamente se ocupa.

Enfim, vale determo-nos brevemente na "ecologia política" de Leff. Ele pretende constituir uma nova disciplina, que iria mais além da separação entre sociedade e natureza, rompendo com a tradição cartesiana ocidental – colonizadora – e tudo o que se lhe seguiu e que se calca na aberta dominação da natureza – e sua superexploração[4]. Uma concepção filosófica e científica, que corresponderia a uma concepção social mais ampla, em que uma nova maneira de compreender o ser se desvela, abriria novas vias para pensarmos um mundo de sustentabilidade, para além da modernidade, do capitalismo e do desenvolvimento, no que a América Latina teria grande contribuição a dar, em uma situação de pluralidade cultural.

---

3. O próprio Marx seria o inventor, nesse sentido, do "sintoma". Na verdade, tese enunciada de forma problemática, uma vez que é a própria mais-valia, e não seus efeitos de ofuscação, que se coloca no centro da análise de Zizek.

4. D resto, é visível a influência da Escola de Frankfurt e de Heidegger, além de muitas outras vertentes filosóficas e da biologia/ecologia.

Uma racionalidade ambiental, contrária à irracionalidade que atravessa o mundo contemporâneo, poderia assim se constituir (LEFF, [2004] 2006).

Estas são, sem dúvida, formas de pensamento crítico. Harvey, Negri e Zizek evidenciam, ademais, de maneira imediata por seu vínculo com o marxismo, mais ou menos tradicionalmente concebido, a pulsão da liberdade, da igualdade e da solidariedade que subjaz à própria ideia de comunismo e aos processos de emancipação; dúvidas quanto a seu alcance neste último, não obstante. Leff não é estranho à perspectiva da emancipação, mas seu tema é antes a dominação da natureza, com a qual deveríamos encontrar outras maneiras de interagir e a ela ser/pertencer, para além da racionalidade moderna.

O quanto há de empiricamente orientado na obra de cada um desses autores se abre sem embargo a certo questionamento, que é um questionamento também da própria sociologia, cuja capacidade para forjar elos entre teoria geral e questões de cunho empírico não se tem mostrado lá muito satisfatória. Todos estes são obviamente autores pós-metafísicos, não por acaso filiados ao marxismo direta ou indiretamente, ademais de outras pós-metafísicas, como a heideggeriana. Ou seja, descartam construções em princípio meramente especulativas, ainda que na prática acabem retornando por vezes a elas. Há muito de sociológico em especial nas obras Harvey e Negri, ainda que este último tenha vindo a emprestar ênfase mais forte a uma discursividade generalizante cujos resultados podem ser discutíveis, sem falar das consequências políticas problemáticas de sua trajetória e maneira de formular a emancipação. Pode a sociologia retomar este tipo de discussão, mas tanto teórica quanto empiricamente de maneira científica antes que meramente discursiva?

Sociologia global e emancipação, teoria social e tendências de desenvolvimento

Atravessando este texto, de maneira explícita, encontra-se a demanda de um critério imanente que justifique a crítica e o pensamento radical. Ou seja, a partir do potencial que a própria realidade apresenta – e mais precisamente, como logo veremos, em função de tendências suas de desenvolvimento; sem que, por outro lado, esteja este potencial realizado, permanecendo como uma tensão oriunda de promessas feitas pela modernidade, porém não cumpridas. Explicitei tal critério como aquele que implica liberdade e igualdade – ou, mais precisamente, *liberdade igualitária*, porquanto uma somente faça sentido em sua radicalidade como estando definida pela outra, implicando *o mesmo grau de poder social* de todos os indivíduos e coletividades. Assim, podemos conceber uma "teoria crítica ecumênica", híbrida inclusive ao mesclar-se com civilizações que não a moderna tal qual inicialmente emergiu, e agora nos quadros de uma modernidade global heterogênea, sem que por isso se converta em um projeto amorfo à medida que aquele critério é mantido (DOMINGUES, 2011; [2012] 2013). À liberdade igualitária teria de somar-se uma mais avançada solidariedade entre os seres humanos, bem como uma nova concepção da natureza, como propõe a ecologia política, a despeito de seus excessos discursivos e ainda que à dominação e à exploração extrema da natureza dificilmente possa suceder uma mera sustentabilidade, dadas as condições e demandas da maior parte da população do planeta, problema complexa e que exige pensamento e experimentações radicais.

Além disso, porém, é preciso enfatizar outro ponto, em parte ligado àquele, mas sociologicamente mais amplo e de cunho mais propriamente analítico, se bem que também diagnóstico do presente, o qual se encontra ausente, excetuando-se a obra de Negri, que o contém até exageradamente, nas teorias críticas e radicais contemporâneas. Trata-se da questão das *tendências* de desenvolvimento da modernidade. Este foi tema central em toda a trajetória da sociologia e das ciências sociais de modo mais geral, mas nas últimas décadas acabou por ser ou descartado ou ao menos secundarizado[5]. Um pensamento crítico e radical que não dê atenção a este tema dificilmente se mostrará capaz de divisar mais precisamente as condições, possibilidades e direção da emancipação, guiada de forma normativa imanente pela liberdade igualitária, a solidariedade e a responsabilidade em relação a natureza. É verdade que a criatividade social é processo contínuo e que tanto os marxismos quanto as teorias da modernização exageraram na identificação de inevitabilidades do desenvolvimento histórico. Tampouco a identificação de direcionalidades e contradições nos permitiria predizer o futuro simplesmente, a começar pelo fato de se há tendências há sempre contratendências ou outras tendências autônomas e contrapostas, cujo peso relativo se modifica ao longo do próprio desenvolvimento social e de suas inflexões.

Decerto é possível superar esses exageros e temperar nosso esforço de identificação de tendências, pós-metafisica e empiricamente, para além do empiricismo, e assim fazendo-as analiticamente fundadas, sobre as quais possamos atuar de maneira criativa e emancipatória (DOMINGUES, 1999; 2017). Identificar as falhas, limites e contradições do presente, abrir a imaginação e dar espaço à criatividade, a partir das possibilidades e tendências imanentes da realidade. Eis aí, creio, uma boa agenda contemporânea de retomada da herança da sociologia clássica e da teoria crítica, com um sentido radical e fortemente emancipatório.

Referências

BOLSTANSKI, L. (2009). *De la critique – Précis de sociologie de l'émancipation*. Paris: Gallimard.

BOLSTANSKI, L.; CHIAPELLO, E. ([1999] 2009). *O novo espírito do capitalismo*. São Paulo: Martins Fontes.

---

5. Afora as ideias raramente elaboradas – ou, ao contrário, excessivamente – há um par de décadas, na obra de Luhmann, acerca da *diferenciação* social e/ou *racionalização*, ambas presentes em Habermas.

BOLSTANSKI, L.; THÈVENOT, L. (1991). *De la justification – Economie de la grandeur*. Paris: Gallimard.

DARDOT, P.; LAVAL, C. (2015). *Commun – Essai sur la revolution au XXIᵉ siécle*. Paris: La Découverte.

DOMINGUES, J.M. (1999). *Criatividade social, subjetividade coletiva e a modernidade brasileira contemporânea*. Rio de Janeiro: Contra Capa.

DOMINGUES, J.M. (2011). *Teoria crítica e (semi)periferia*. Belo Horizonte: UFMG.

DOMINGUES, J.M. ([2012] 2013). *Modernidade global e civilização contemporânea – Para uma renovação da teoria crítica*. Belo Horizonte: UFMG.

DOMINGUES, J.M. (2017). *História e emancipação social – O retorno da teoria social*. Rio de Janeiro: Civilização Brasileira.

FRASER, N. (1997*). Justice Interruptus – Critical Reflections on the Post-Socialist Condition*. Nova York/Londres: Routledge.

FRÈRE, B. (org.) (2015). *Le Tournant de la théorie critique*. Paris: Desclée de Brower.

GARCÍA LINERA, A. (2009). *La potencia plebeya – Acción colectiva y identidades indígenas, obreras y populares en Bolivia*. Buenos Aires: Clacso.

GRAEBER, D. (2001). *Toward an Anthropological Theory of Value*. Nova York e Basingstoke: Palgrave.

GRAEBER, D. (2004). *Fragments of an Anarchist Anthropology*. Chicago: Prickly Paradigm.

GRAEBER, D. (2009). *Direct Action – An Ethnography*. Oakland: AK.

GRAEBER, D. (2011). *Commonwealth*. Cambridge: Harvard University Press.

GRAEBER, D. ([2014] 2016). *Dívida – Os primeiros 5.000 anos*. 2. ed. São Paulo: Três Estrelas.

GRAEBER, D. (2015). *The Utopia of Rules – On Technology, Stupidity, and the Secret Joys of Bureaucracy*. Brooklin/Londres: Melville.

HARDT, M.; NEGRI, A. ([2000] 2001). *Império*. Rio de Janeiro: Record.

HARDT, M.; NEGRI, A. ([2004] 2005). *Multidão – Guerra e democracia na era do império*. Rio de Janeiro: Record.

HARVEY, D. ([1989] 2005). *A condição pós-moderna*. São Paulo: Loyola.

HARVEY, D. ([2003] 2004). *O novo imperialismo*. São Paulo: Loyola.

HARVEY, D. (2014). *Seventeen Contradictions and the End of Capitalism*. Nova York: Oxford University Press

HONNETH, A. ([2011] 2015). *O direito da liberdade*. São Paulo: Martins Fontes.

JAMESON, F. ([1991] 1997). *Pós-modernismo, ou a lógica cultural do capitalismo tardio*. São Paulo: Ática.

LACLAU, E. ([2005] 2013). A razão populista. São Paulo: Ed. Três.

LACLAU, E.; MOUFFE, C. (1985*). Hegemony and Socialist Strategy – Towards a Radical Democratic Politics*. Londres/Nova York: Verso.

LAHIRE, B. ([1998] 2002). *O homem plural – Determinantes da ação*. Petrópolis: Vozes.

LEFF, E. ([2004] 2006). *Racionalidade ambiental – A reapropriação social da natureza*. Rio de Janeiro: Civilização Brasileira.

NEGRI, A. ([1979] 2003). *Marx oltre Marx – Quaderno di lavoro sui Grundrisse*. Roma: Manifestolibri.

NEGRI, A. ([1979] 2003). *The Politics of Subversion: A Manifesto for the Twenty--First Century*. 2. ed. Cambridge: Polity.

NEGRI, A. ([1992] 2002). *O poder constituinte – Ensaio sobre as alternativas da modernidade*. Rio de Janeiro: DP&A.

OFFE, C. ([1971] 1973). Spätkapitalismus – Versuch einer Begriffbestimung. *Struturprobleme des kapitalistischen Staates*. Frankfurt am Main: Suhrkamp.

QUIJANO, A. (2005). Colonialidade do poder, eurocentrismo e América Latina. In: LANDER, E. (org.). *A colonialidade do saber: eurocentrismo e ciências sociais – Perspectivas latino-americanas*. Buenos Aires: Clacso.

SANTOS, B.S. (1995). *Pela mão de Alice – O social e o político na pós-modernidade*. São Paulo: Cortez.

SANTOS, B.S. (2000). *A crítica da razão indolente – Contra o desperdício da experiência*. São Paulo: Cortez.

SANTOS, B.S. (2002). Para uma sociologia das ausências e uma sociologia das emergências. *Revista Crítica de Ciências Sociais*, v. 63.

SANTOS, B.S. (2010). *Refundación del Estado en América Latina – Perspectivas desde una epistemología del Sur*. Lima: Instituto Internacional de Derecho y Sociedad.

SVAMPA, M. (2016). *Debates latinoamericanos – Indianismo, desarrollo, dependencia y populismo*. Buenos Aires: Edhasa.

TAPIA, L. (2008). *Política salvaje*. Buenos Aires/La Paz: Clacso/Muela del Diablo.

ZIZEK, S. (1989). *The Sublime Object of Ideology*. Londres/Nova York: Verso.

ZIZEK, S. ([2006] 2008). *A visão em paralaxe*. São Paulo: Boitempo.

ZIZEK, S. ([2008] 2011). *Em defesa das causas* perdidas. São Paulo: Boitempo.

Sobre os autores

Adelia Miglievich-Ribeiro é doutora pelo PGCSA-IFCS-UFRJ, com pós-doutorados no ProPEd-UERJ e no PPGSol-UnB. Professora -associada do Departamento de Ciências Sociais (DCSO) e do Programa de Pós-graduação em Ciências Sociais (PGCS) na Universidade Federal do Espírito Santo. Atua nos temas de teoria social, sociologia dos intelectuais, estudos pós(de)coloniais e pensamento social brasileiro. Bolsista PQ-produtividade-CNPq, nível 2.

Antonio Augusto Pereira Prates é professor titular aposentado pela UFMG, mestre em Sociologia pela State University of New York at Stony Brook e doutor em Sociologia pela UFMG. Coautor do livro *Desigualdade e expansão do Ensino Superior na sociedade contemporânea: o caso brasileiro do final do século XX ao princípio do século XXI*, trabalha nas áreas de teoria sociológica, sociologia das instituições e organizações, com ênfase nas instituições de ensino superior.

Barbara Freitag nasceu em 1941 na Alemanha e viveu a sua infância e juventude no Brasil. Estudou sociologia, psicologia e filosofia em Frankfurt e Berlim e defendeu seu doutorado na Universidade Técnica de Berlim (1972). Fez seu pós--doutorado (Habilitation) na Universidade Livre de Berlim (1983). Lecionou sociologia e psicologia social em Zurique, Friburgo, Frankfurt, Berlim e Praga como professora visitante em diferentes épocas. No Brasil integrou a equipe de professores e pesquisadores do Departamento de Sociologia da UnB, a partir de 1972, sendo nomeada professora titular em 1987. Aposentou-se nesta universidade em 2003, lecionando ainda por vários semestres a convite das universidades federais de Salvador, Recife e Curitiba nos cursos de pós-graduação e pesquisa com ênfase em Teoria Sociológica e teorias urbanas. Publicou 37 livros e uma dezena de ensaios, concentrando-se na obra de cientistas como Florestan Fernandes, Jean Piaget, Theodor Adorno, Jürgen Habermas (em coedição com Sergio Paulo Rouanet). Destacam-se, entre seus livros temáticos: *Escola, Estado e sociedade*; *Viajando com Langsdorff: itinerários de Antígona; Itinerâncias urbanas* e, mais recentemente um livro autobiográfico: *Minhas cidades formadoras*.

Carlos Alfredo Gadea é doutor em Sociologia Política pela UFSC (Universidade Federal de Santa Catarina), com pós-doutorados na Universidade de Miami (USA) e na Universidade de Leipzig (Alemanha). Docente e pesquisador dos Programas de Pós-graduação em Ciências Sociais e da Educação da Unisinos (Universidade do Vale do Rio dos Sinos). Realiza pesquisa na área de teoria social contemporânea com foco nos estudos sobre pós-modernidade e política e estudos culturais latino--americanos. Pesquisador 1 do CNPq.

Carlos Benedito Martins é mestre em Ciências Sociais pela Pontifícia Universidade Católica de São Paulo (1979) e doutor em Sociologia pela Universidade de Paris V (René Descartes) (1986). Realizou pós-doutorado em Sociologia pela Universidade de Colúmbia (2006-2007). É professor titular do Departamento de Sociologia da Universidade de Brasília. Suas áreas de atuação são: teoria social, sociologia da educação e do ensino superior. Foi presidente da Sociedade Brasileira de Sociologia (SBS) entre 2015 e 2019.

Carlos Eduardo Sell é doutor em Sociologia Política pela UFSC (Universidade Federal de Santa Catarina) com dois pós-doutorados realizados na Universidade de Heidelberg (Alemanha). É pesquisador do CNPq e realiza pesquisa na área de teoria sociológica alemã, com foco no pensamento de Max Weber. Publicou, pela Editora Vozes, o livro *Max Weber e a racionalização da vida*.

Cynthia Lins Hamlin é doutora em Pensamento Político e Social pela Universidade de Sussex, tendo realizado estágios pós-doutorais no Programa de Pós-Graduação em Sociologia da UFPE e no Centro de Ontologia Social da Escola Politécnica Federal de Lausanne. É professora titular da Universidade Federal de Pernambuco, com atuação nas áreas de teoria social e metodologia das ciências sociais.

Diogo Silva Corrêa é doutor em sociologia pela École des Hautes Études en Sciences Sociales (Ehess), em cotutela com o Instituto de Estudos Sociais e Políticos da Universidade do Estado do Rio de Janeiro (Iesp-Uerj). É professor titular do Programa de Pós-Graduação em Sociologia Política da Universidade de Vila Velha (UVV) e professor visitante da Ehess. Também é coordenador do Laboratório de Estudos de Teoria e Mudança Social (Labemus – UFPE/UVV) e pesquisador do Centre d'Études des Mouvements Sociaux (Cems-Ehess) e do Groupe de Sociologie Pragmatique et Réflexive (GSPR-Ehess).

Fabrício Monteiro Neves é doutor em Sociologia, docente-associado do Departamento de Sociologia da Universidade de Brasília e bolsista produtividade do CNPq. Realiza pesquisas nas áreas de estudos sociais em ciência e tecnologia e teoria social.

Frédéric Vandenberghe, com doutorado da École des Hautes Études en Sciences Sociales em Paris (1994), é professor de sociologia no IFCS-UFRJ. Ensinou em várias universidades na Europa, nos Estados Unidos e no Brasil. Trabalha na área da teoria social geral com concentração na teoria da ação e com atenção aos fundamentos filosóficos das ciências sociais.

Gabriel Peters é professor do Departamento de Sociologia da Universidade Federal de Pernambuco (UFPE). É coordenador do Laboratório de Estudos em Teoria e

Mudança Social (Labemus), escrevendo com frequência no seu blog (https://blogdolabemus.com/). Também é autor de dois livros: *Percursos na teoria das práticas sociais: Anthony Giddens e Pierre Bourdieu* (Annablume, 2015) e *A ordem social como problema psíquico: do existencialismo sociológico à epistemologia insana* (Annablume, 2017).

Guilherme José da Silva e Sá é doutor em Antropologia Social pelo Programa de Pós-graduação em Antropologia Social/Museu Nacional – UFRJ. Professor-adjunto e pesquisador do Departamento de Antropologia da Universidade de Brasília, no qual é líder do grupo de pesquisa Laboratório de Antropologia da Ciência e da Técnica (LACT) – UnB/CNPq e bolsista de Produtividade em Pesquisa CNPq nível 2. Atua na área de antropologia, com ênfase em antropologia da ciência e tecnologia e relações entre naturezas e culturas.

Hermílio Santos é doutor em Ciência Política pela Freie Universität Berlin, com pós-doutorado em Sociologia realizado na Universität Göttingen (Alemanha). É docente na PUCRS e realiza pesquisa nas áreas de narrativas biográficas, violência e sociologia de Alfred Schütz. É documentarista, tendo dirigido, dentre outros, *Mundo da Vida – A sociologia de Alfred Schütz*. Também é pesquisador-visitante no Centre for Film and Screen, da University of Cambridge (com bolsa Capes).

João Paulo Bachur é graduado em direito e doutor em Ciência Política pela USP, com pós-doutorado em Filosofia pela Universidade Livre de Berlim, como bolsista da Fundação Alexander von Humboldt. É professor do mestrado no Instituto Brasiliense de Direito Público, em Brasília, com pesquisa na área de teoria sociológica e teoria política.

Jordão Horta Nunes é doutor em Sociologia pela USP (Universidade de São Paulo). Docente da Universidade Federal de Goiás (UFG), realiza pesquisas nas áreas de trabalho, gênero e identidade. Suas principais referências provêm da sociologia francesa, do interacionismo simbólico e da sociologia crítica.

José Luiz Ratton é professor e pesquisador do Departamento de Sociologia e do Programa de Pós-Graduação em Sociologia da UFPE.

José Maurício Domingues é doutor em Sociologia pela London School of Economics and Political Science, professor do Iesp-Uerj e pesquisador do CNPq. Trabalha com teoria social, teoria sociológica e teoria crítica, em uma perspectiva global. Tem vários livros publicados em português, espanhol e inglês.

Josias Vicente de Paula Júnior possui mestrado em Sociologia pela Universidade Federal de Pernambuco (2002) e doutorado em Sociologia pela Universidade Federal da Paraíba (2012). É professor na Universidade Federal Rural de Pernambuco (UFRPE). Tem experiência na área de Sociologia, com ênfase em teoria social, atuando principalmente nos seguintes temas: política, cultura e pensamento social brasileiro.

Leopoldo Waizbort é professor de Sociologia na USP e pesquisador do CNPq. Realizou um mestrado sobre T.W. Adorno, traduziu a sociologia da música de M. Weber, doutorou-se sobre G. Simmel e desde então perdeu-se no labirinto de interesses variados e dispersivos, com um interesse constante por autores alemães. É autor dos livros: *As aventuras de Georg Simmel* (2000, com reedições) e *A passagem do três ao um: crítica literária, sociologia, filologia* (2007).

Paulo Henrique Martins é doutor em Sociologia pela Universidade de Sorbonne (Paris I) com pós-doutorado na Universidade de Nanterre (Paris X). Professor permanente do Programa de Pós-Graduação em Sociologia da UFPE. Foi presidente da Associação Latino-Americana de Sociologia (ALAS) (2011-2013). Pesquisador de produtividade 1B do CNPq. Desenvolve pesquisas sobre teorias sociológicas, teoria pós-coloniais e estudos sobre dádiva e poder. Tem livros e artigos científicos sobre estes temas, entre os quais: *Itinerários do dom: teoria e sentimento* (Rio de Janeiro: Ateliê de Humanidades, 2019) e *Critical Theory of Coloniality* (Londres: Routledge, 2022).

Rodrigo de Castro Dias é doutor e mestre em Sociologia pelo Instituto de Filosofia e Ciências Sociais da Universidade Federal do Rio de Janeiro (IFCS-UFRJ).

Sérgio Costa é professor titular de Sociologia da Freie Universität Berlin, Alemanha. Suas áreas principais de pesquisa e interesse são: desigualdades sociais, diferenças culturais, teoria social contemporânea, e especialmente teorias pós-coloniais.

Coleção sociologia

- *A educação moral*
  Émile Durkheim
- *A pesquisa qualitativa*
  VV.AA.
- *Quatro tradições sociológicas*
  Randall Collins
- *Introdução à Teoria dos Sistemas*
  Niklas Luhmann
- *Sociologia clássica – Marx, Durkheim, Weber*
  Carlos Eduardo Sell
- *O senso prático*
  Pierre Bourdieu
- *Comportamento em lugares públicos*
  Erving Goffman
- *A estrutura da ação social - Vols. I e II*
  Talcott Parsons
- *Ritual de interação*
  Erving Goffman
- *A negociação da intimidade*
  Viviana A. Zelizer
- *Os quadros da experiência social*
  Erving Goffman
- *Democracia*
  Charles Tilly
- *A representação do Eu na vida cotidiana*
  Erving Goffman
- *Sociologia da comunicação*
  Gabriel Cohn
- *A pesquisa sociológica*
  Serge Paugam (coord.)
- *Sentido da dialética – Marx: lógica e política - Tomo I*
  Ruy Fausto
- *A emergência da teoria sociológica*
  Jonathan H. Turner, Leonard Beeghley e Charles H. Powers
- *Análise de classe – Abordagens*
  Erik Olin Wright
- *Símbolos, selves e realidade social*
  Kent L. Sandstrom, Daniel D. Martin e Gary Alan Fine
- *Sistemas sociais*
  Niklas Luhmann
- *O caos totalmente normal do amor*
  Ulrich Beck e Elisabeth Beck-Gernsheim
- *Lógicas da história*
  William H. Sewell Jr.
- *Manual de pesquisa qualitativa*
  Mario Cardano
- *Teoria social – Vinte lições introdutórias*
  Hans Joas e Wolfang Knöbl

- *A teoria das seleções cultural e social*
  W.G. Runciman
- *Problemas centrais em teoria social*
  Anthony Giddens
- *A construção significativa do mundo social*
  Alfred Schütz
- *Questões de sociologia*
  Pierre Bourdieu
- *As regras do método sociológico*
  Émile Durkheim
- *Ética econômica das religiões mundiais - Vol. I*
  Max Weber
- *Ética econômica das religiões mundiais - Vol. III*
  Max Weber
- *Teoria dos sistemas na prática - Vol. I – Estrutura social e semântica*
  Niklas Luhmann
- *Teoria dos sistemas na prática - Vol. II – Diferenciação funcional e Modernidade*
  Niklas Luhmann
- *Teoria dos sistemas na prática - Vol. III – História, semântica e sociedade*
  Niklas Luhmann
- *O marxismo como ciência social*
  Adriano Codato e Renato Perissinotto
- *A ética protestante e o espírito do capitalismo*
  Max Weber
- *As fontes do poder social - Vol. 1 – Uma história do poder desde o início até 1760 d.C.*
  Michael Mann
- *Mente, self e sociedade*
  George Herbert Mead
- *As fontes do poder social - Vol. 2 – O surgimento das classes e dos Estados-nações, 1760-1914*
  Michael Mann
- *As fontes do poder social - Vol. 3 – Impérios globais e revoluções, 1890-1945*
  Michael Mann
- *As fontes do poder social - Vol. 4 – Globalizações, 1945-2011*
  Michael Mann
- *Teoria sociológica contemporânea – Autores e perspectivas*
  Carlos Eduardo Sell e Carlos Benedito Martins (orgs.)

Leia também!

Conecte-se conosco:

 facebook.com/editoravozes

 @editoravozes

 @editora_vozes

 youtube.com/editoravozes

 +55 24 2233-9033

www.vozes.com.br

Conheça nossas lojas:
www.livrariavozes.com.br

Belo Horizonte – Brasília – Campinas – Cuiabá – Curitiba
Fortaleza – Juiz de Fora – Petrópolis – Recife – São Paulo

  Vozes de Bolso

EDITORA VOZES LTDA.
Rua Frei Luís, 100 – Centro – Cep 25689-900 – Petrópolis, RJ
Tel.: (24) 2233-9000 – E-mail: vendas@vozes.com.br